基本邏輯

劉福增　著

作者簡介

　　本書作者劉福增台大教授，主授邏輯、邏輯哲學、語言哲學、弗列格、羅素、維根斯坦、老子和先秦名家；在美國加州大學研究期間，從當代邏輯大師丘崎(A. Church)學數理邏輯、數理哲學；國際著名邏輯家張辰中(C. C. Chang)學集合論；國際知名哲學教授鄧南倫(K. S. Donnellan)和伯吉(C. T. Burge)學語言哲學；國際知名哲學家卡普蘭(D.Kaplan)學邏輯形上學。1983、1987、1991、1995 年夏天，分別到奧地利莎士堡、舊蘇聯莫斯科、瑞典斯德哥爾摩，和義大利佛羅倫斯參加第七、八、九和十屆「國際邏輯、方法學及科學哲學會議」。1984 及 1986 年夏天，到德國巴登-巴登，參加第一、三屆「國際資訊學、系統研究學及人工頭腦學會議」。1984、1985、1986、1988、1989 年及 1998 年夏天，到奧地利維也納參加第九、十、十一、十三、十四及二十一屆「國際維根斯坦研討會」。1988 年夏天，到保加利亞伐爾那參加「數理邏輯會議」。1989 年夏天到美國夏威夷大學參加第六屆「國際中國哲學會議」。1990 年夏天到韓國漢城大學參加「未來文明的哲學觀照會議」。1995 年夏天到南京，參加江蘇邏輯年會研討會。1998 年夏天到武漢，參加殷海光學術研討論。

序

　　本書是從三十多年的邏輯教學經驗——大部分在台大，參考歐美邏輯教本，並加入個人研究邏輯的心得，撰寫的基本邏輯教本。

　　大學的基本邏輯課，不論當通識教育或一般課程的，因學分和上課時數的不同，包含的內容和教材範圍也會不同。學分和上課時數較多的，可能包含論證的分析，演繹邏輯（或形式邏輯），非形式的謬誤，和方法論等。通常所謂邏輯，或嚴格意義的邏輯，和基本邏輯的核心部分，應該指演繹邏輯或形式邏輯。這是大學基本邏輯課程最少應講的，應有的標準內容。本書就是以這部分為內容。

　　現代的標準邏輯書本和教本，非常講究系統方式呈現。標準的基本邏輯課要講的，是語句邏輯和述詞邏輯這兩個前後緊密相關的邏輯系統。為給讀者做準備，在介紹這兩個系統之前，對邏輯及邏輯這門學問，以及論證的觀念，要做一些解說。本書第一到第十章，就含蓋這些。為了學生、老師和讀者的可能需要，在這十章之外，另加其他論題三章，即范恩圖解與類稱論證，真值樹法和設基系統。

　　任何基本邏輯課，都要講語句邏輯，即第一到第五章，和范恩圖解，即第十一章。在講述詞邏輯時，如果不準備涉入較複雜的關係述詞，而只講一元述詞，則可依第六到第八章次序講。如果準備講關係述詞，則可依第六到第九章次序，或一開始就把第九章的關係述詞，併入或融入去講。第十二章的真值樹法雖然是一種很巧妙的證法，但我們還是建議，在講完或讀完第四到第十章的「直線」或「線性」證法後，有時間再講再讀。第十三章的設基系統，是為對自然演繹系統和設基系統的「比較」，或對設基系統的方法和觀念有興趣的讀者提供的。

　　任何教本的撰寫，都會考慮章節的長短。本書的撰寫，除了講究邏輯的概念、技術和原理以外，也很重視邏輯內在系統的結構和樣態。為了這種重視，有時候我比較沒有去計較這個長短。一些邏輯概念、技

術、方法和原理的仔細和進一步說明，放在例子裡。

　　當代捷裔美籍邏輯家，邏輯的愛因斯坦，戈代爾(K. Gödel, 1906-1978)說：「邏輯包含所有其他科學的基本觀念和原理。」美國數學家和哲學家，劍橋大學和倫敦大學數學教授和哈佛大學哲學教授懷德海(A. White-head, 1861-1947)斷然說：「沒有邏輯就沒有科學。」因為，所有科學知識和科學系統，須用基本的邏輯觀念和原理來編識和構作。美國哲學家和數學家皮亞士(C. S. Peirce, 1839-1914)說：「我們有權要求邏輯教我們的道地的第一課是，如何使我們的觀念清楚。」美國邏輯家，哈佛大學哲學教授蒯英(W.V.O. Quine, 1908-2000)說：「在科學和日常討論上，邏輯最顯著的目的是推論的辯護和批判。邏輯主要在設計技術來顯示一個敘說，確或不確從第一個敘說邏輯的跟隨而來。」

　　華裔經濟學家蔣碩傑清楚的說：「學經濟學和其他科學一樣，首要訓練獨立思考的能力，邏輯和數學是兩樣重要的必備工具。我在慶應大學時幸而學了些基本的邏輯，於是膽子也壯了些。做學生時代的文章就敢批評凱因斯，卡爾多，庇古這些當紅的學者，就是拜學了些邏輯之賜。」

　　美國總統傑佛遜(T. Jefferson, 1743-1826)說：「在一個共和國裡，人民要由理性和說服，不要由暴力來引導。因此，推理的技術就成為第一重要了。」當代波裔美籍數學家和邏輯家，柏克來加州大學數學教授塔斯基(A. Tarski, 1902-1984)說：「我相信，邏輯知識的廣大普及，可正面加速人類關係正常化程序。」

　　在這些邏輯嘉言錄上，我想加一句：邏輯是思想的顯微鏡，也是思想的望遠鏡。

　　華文文明傳統是一個沒有邏輯的傳統。在這個文明傳統長大的人認真學些邏輯，是在世界許多傑出歷史文明之前，建立自尊和增長文明競爭力的必要條件。

　　三十多年來，我已在大學邏輯課堂教過三萬多學生。1966 年到2001 年，也已撰寫和編譯十六本邏輯的書。雖然在邏輯這門學問和這道文明的傳播上，做了一些工作，但總覺得有什麼還沒有做的。現在寫完這本基本邏輯教本後，欣慰多了。

　　每在邏輯的研究，教學和撰述時，心頭總會念起以往受教的邏輯老師。台大當年邏輯老師，殷海光教授堅決、熱烈鼓吹邏輯的呼聲，和他邏輯思考敏銳的典型，一直令人感動、難忘。洛杉磯加州大學(UCLA)一直是研究和學習邏輯的世界重鎮。當年我曾在那裡上了許多著名邏輯教授的課，例如張辰中(C.C.Chang)，嘉理錫(D. Kalish)，卡普蘭(D. Kaplan)和恩德頓(H. B. Enderton)等教授的。尤其是獲得邏輯大師丘崎(A. Church)教授的啓導最多。我上過他三十六學分的課。在他的導引，走過一些邏輯大山脈，爬了一些頂尖邏輯山峰，看到了美妙奇麗的邏輯世界。1995年在義大利佛羅倫斯，參加國際邏輯會議上聽到他剛過逝的消息時，令我思念不已。

　　我也時常向邏輯同道台大數學系洪成完教授請益。

　　這本書要獻給丘崎和殷海光老師，和我的母親。母親一生做工辛苦，靠雙手把我養大。她在菜園種菜，在烈日下幫別人曬穀，挑稻苗，摘地豆，我都記得。

　　我要感謝從前的學生企業家郭功志，侄親藥師林良助支持本書出版，朋友李啓鑾幫助出版事誼，心理出版社總經理許麗玉女士，總編輯吳道愉先生熱心支持通識教育叢書，我的學生張志光，龔琳翔和林志謙幫助本書的校對。

　　最後，我也要感謝我的太太秀教。她完全料理家務，照顧小孩，連每餐都端好飯給我，雖然偶爾會罵我連飯都不會端，使我有全部時間讀書，教書，研究和著述。

　　乘二刷之際，把一些錯誤和沒校好的地方改過來。大部分是眞理大學的邱茂波老師指出來的，特此致謝。

劉福增

國立台灣大學

目 錄

序 ⋯⋯⋯⋯⋯⋯⋯⋯⋯⋯⋯⋯⋯⋯⋯⋯⋯⋯⋯⋯⋯⋯ ii

部一 語句邏輯

第一章 引言

1. 什麼是邏輯 ⋯⋯⋯⋯⋯⋯⋯⋯⋯⋯⋯⋯⋯⋯⋯⋯⋯ 1

2. 論證：前提，結論與意圖 ⋯⋯⋯⋯⋯⋯⋯⋯⋯⋯ 7

3. 論證的辨認 ⋯⋯⋯⋯⋯⋯⋯⋯⋯⋯⋯⋯⋯⋯⋯⋯ 17

4. 論證的並列與相架 ⋯⋯⋯⋯⋯⋯⋯⋯⋯⋯⋯⋯⋯ 24

5. 演繹論證與歸納論證 ⋯⋯⋯⋯⋯⋯⋯⋯⋯⋯⋯⋯ 30

6. 眞假，有效性，健全性，強度，與有說服力 ⋯⋯⋯ 37

7. 論證形式與有效性 ⋯⋯⋯⋯⋯⋯⋯⋯⋯⋯⋯⋯⋯ 46

第二章 語句連詞

1. 簡單語句與複合語句 ⋯⋯⋯⋯⋯⋯⋯⋯⋯⋯⋯⋯ 53

2. 語句連詞與語句的符示 ⋯⋯⋯⋯⋯⋯⋯⋯⋯⋯⋯ 54

3. 眞值與眞值表 ⋯⋯⋯⋯⋯⋯⋯⋯⋯⋯⋯⋯⋯⋯⋯ 60

4. 連言 ⋯⋯⋯⋯⋯⋯⋯⋯⋯⋯⋯⋯⋯⋯⋯⋯⋯⋯⋯ 63

5. 否言 ⋯⋯⋯⋯⋯⋯⋯⋯⋯⋯⋯⋯⋯⋯⋯⋯⋯⋯⋯ 67

6. 選言 ⋯⋯⋯⋯⋯⋯⋯⋯⋯⋯⋯⋯⋯⋯⋯⋯⋯⋯⋯ 70

7. 如言 ⋯⋯⋯⋯⋯⋯⋯⋯⋯⋯⋯⋯⋯⋯⋯⋯⋯⋯⋯ 74

8. 雙如言 ······ 80

9. 複雜語句的符示 ······ 83

10. 真函連詞與非真函連詞 ······ 90

第三章　真值表及其應用

1. 真值計算 ······ 95

2. 真值表的構作 ······ 101

3. 套套言，矛盾言，與適真言 ······ 109

4. 邏輯涵蘊與邏輯等值 ······ 115

5. 一致與不一致 ······ 122

6. 真值表與有效性檢試方法 ······ 129

7. 有效性的短切檢試 ······ 137

8. 機械的決定程序 ······ 144

第四章　證明方法

1. 證明方法，演繹方法，語句推演，與語句演算 ······ 149

2. 變詞與常詞，句式與代換例 ······ 151

3. 證明的要點與過程 ······ 158

4. 八個基本推演規則 ······ 160

5. 推演規則的檢視 ······ 185

6. 導衍與證明 ······ 187

7. 證明的構作與策略 ······ 189

8. 十個取代規則 ······ 196

9. 更多的證明策略 ······ 213

第五章　如言證法與導謬法

1. 兩大證法 ······ 225

2. 如言證法 ······ 226

3. 導謬法 ······ 240

4. CP 與 RAA 的綜合應用 ······ 253

5. CP 與 RAA 的證明策略 ⋯⋯⋯⋯⋯⋯⋯⋯⋯ 266

6. 定理及其證明 ⋯⋯⋯⋯⋯⋯⋯⋯⋯⋯⋯ 273

7. 導衍與論證的無效和前提的不一致 ⋯⋯⋯⋯⋯ 273

8. 推演規則的一致，獨立與完備 ⋯⋯⋯⋯⋯⋯ 277

部二　述詞邏輯

第六章　單稱語句與通稱語句

1. 個子與性質；名稱與述詞 ⋯⋯⋯⋯⋯⋯⋯⋯ 283

2. 全稱量號（詞）與存在量號 ⋯⋯⋯⋯⋯⋯⋯ 288

3. 自由變詞與約束變詞 ⋯⋯⋯⋯⋯⋯⋯⋯⋯ 299

4. 語句的更精細的符示 ⋯⋯⋯⋯⋯⋯⋯⋯⋯ 307

第七章　述詞邏輯裡的證明

1. 從語句推演擴大到述詞推演或量號推演 ⋯⋯⋯ 315

2. 四個量號規則的初步解說 ⋯⋯⋯⋯⋯⋯⋯ 316

3. UI, EI, UG 與 EG 及其六個主要限制 ⋯⋯⋯⋯ 326

4. 量號的互換 ⋯⋯⋯⋯⋯⋯⋯⋯⋯⋯⋯⋯ 340

5. 量號推演的熟練與錯誤避免 ⋯⋯⋯⋯⋯⋯ 345

6. 述詞邏輯裡的定理與不一致 ⋯⋯⋯⋯⋯⋯ 352

第八章　述詞邏輯裡的無效

1. 反例與無效 ⋯⋯⋯⋯⋯⋯⋯⋯⋯⋯⋯⋯ 361

2. 自然解釋法 ⋯⋯⋯⋯⋯⋯⋯⋯⋯⋯⋯⋯ 362

3. 模體宇域法 ⋯⋯⋯⋯⋯⋯⋯⋯⋯⋯⋯⋯ 368

4. 述詞邏輯裡的一致與不一致 ⋯⋯⋯⋯⋯⋯ 376

第九章　關係述詞邏輯

1. 詞句邏輯，一元述詞邏輯與關係述詞邏輯 ⋯⋯ 379

2.關係述詞與多元述詞 ⋯⋯⋯⋯⋯⋯⋯⋯⋯⋯⋯ 381

3.多重量號 ⋯⋯⋯⋯⋯⋯⋯⋯⋯⋯⋯⋯⋯⋯⋯ 384

4.日常語句的多重量號符示 ⋯⋯⋯⋯⋯⋯⋯⋯⋯ 390

5.關係述詞邏輯的證明 ⋯⋯⋯⋯⋯⋯⋯⋯⋯⋯⋯ 398

6.再講量號規則的限制 ⋯⋯⋯⋯⋯⋯⋯⋯⋯⋯⋯ 402

7.關係述詞邏輯的定理 ⋯⋯⋯⋯⋯⋯⋯⋯⋯⋯⋯ 413

8.關係述詞邏輯裡的無效與一致 ⋯⋯⋯⋯⋯⋯⋯ 414

9.關係述詞邏輯的一致性，完備性與不可決定性 ⋯⋯ 418

第十章　等同與確定描述詞

1.等同 ⋯⋯⋯⋯⋯⋯⋯⋯⋯⋯⋯⋯⋯⋯⋯⋯⋯ 421

2.等同與若干常用的邏輯字眼 ⋯⋯⋯⋯⋯⋯⋯⋯ 426

3.確定描述詞 ⋯⋯⋯⋯⋯⋯⋯⋯⋯⋯⋯⋯⋯⋯⋯ 435

4.關係的一些基本性質 ⋯⋯⋯⋯⋯⋯⋯⋯⋯⋯⋯ 439

5.含等同號的定理 ⋯⋯⋯⋯⋯⋯⋯⋯⋯⋯⋯⋯⋯ 445

部三　其他論題

第十一章　范恩圖解與類稱論證

1.范恩圖解 ⋯⋯⋯⋯⋯⋯⋯⋯⋯⋯⋯⋯⋯⋯⋯⋯ 449

2.類稱語句的范恩圖解 ⋯⋯⋯⋯⋯⋯⋯⋯⋯⋯⋯ 452

3.類稱論證有效性的范恩圖解檢試 ⋯⋯⋯⋯⋯⋯ 455

4.等值與一致性的范恩圖解檢試 ⋯⋯⋯⋯⋯⋯⋯ 460

5.范恩圖解的限制 ⋯⋯⋯⋯⋯⋯⋯⋯⋯⋯⋯⋯⋯ 463

第十二章　真值樹法

1.語句邏輯的真值樹法 ⋯⋯⋯⋯⋯⋯⋯⋯⋯⋯⋯ 469

2.語句邏輯裡的一致與不一致 ⋯⋯⋯⋯⋯⋯⋯⋯ 469

3.真值樹規則 ⋯⋯⋯⋯⋯⋯⋯⋯⋯⋯⋯⋯⋯⋯⋯ 472

4. 語句邏輯裡的有效與無效 ……………………………………… 478

5. 等值，套套言，矛盾言與適眞言 ……………………… 484

6. 述詞邏輯的眞值樹法 …………………………………………… 489

7. 述詞邏輯裡的一致與不一致 ……………………………… 490

8. 述詞邏輯裡的有效與無效 …………………………………… 493

9. 無限樹支與不可決定 …………………………………………… 496

10. 定理與眞值樹法 ………………………………………………… 501

第十三章　設基系統

1. 自然演繹系統與設基系統 …………………………………… 505

2. 歐基理德幾何與設基系統 …………………………………… 506

3. 語句邏輯的設基系統(SAS) ………………………………… 510

4. SAS 的展開：定理與導出規則 ………………………… 516

5. 後視語言與 SAS 的後視定理 …………………………… 530

6. SAS 的一致性 ……………………………………………………… 530

7. SAS 設基的獨立性 ……………………………………………… 534

8. SAS 的完備性 ……………………………………………………… 538

9. 述詞邏輯的設基系統(PAS) ……………………………… 542

10. 自然演繹法與設基法的對照 ……………………………… 545

偶數題答案………………………………………………………………… 549

參考書目………………………………………………………………………580

中英名詞索引………………………………………………………………581

本書作者著作一覽表……………………………………………………589

部一：語句邏輯

第一章
引言

1. 什麼是邏輯

　　每個人，不論東方西方，南方還是北方的，都使用邏輯——邏輯概念，邏輯方法和邏輯原理，但不是每個人都對邏輯做過思考反省。邏輯不但是一門很有理論趣味的學問，而且是很有實用價值的學問。學習邏輯的主要目的是，幫助你做更精緻的**邏輯分析**，更有批判的**推理**(reasoning)。

　　邏輯(logic)這門知識和學問，有很長的歷史。[①]通常被尊稱為邏輯之父的是兩千三百多年前，古希臘大哲學家亞里士多德(Aristotle, 384-322 B.C.)。亞里士多德的先驅，對構作能說服人的論證技術，拒絕別人的論證技巧，一直很有興趣。第一個給論證的分析和評定，設計有系統的判準的，是亞里士多德。亞里士多德邏輯叫做**三段論邏輯**(syllogistic logic)。這個邏輯的基本元素是詞語(terms)，而依這些詞語如何在論證裡安排，來評定論證的好壞。亞里士多德也分類一些非形式謬誤。他寫的講述邏輯的著作，包含在他過逝以後，學生為他收集的論文集《求知工具》(*Organon*)。[②]邏輯可當求知的工具，從一開始就確立起來。自此以

①「邏輯」一詞是英文「logic」的純音譯。「邏輯」這個詞組在用來音譯「logic」以後，在中文裡才有和英文「logic」一字相當意義。日本把「logic」譯為「論理學」。孫中山曾把它譯為「理則學」。

後，邏輯、文法以及數學一直成爲西方高等教育共同必習科目。尤其是
自西方第一所大學創建八百多年以來，邏輯一直是一門相當於今天所謂
通識教育的課程。

　　亞里士多德之後的一百多年，斯多哥(Stoic)學派的哲學家克里西帕
(Chrysippus,279-206 B.C.)發展一種邏輯，其中基本元素是整個語句或命
題。他把每個命題處理做眞或假，並且發展從複合命題成分的眞假，決
定複合命題的眞假的規則。他給邏輯連詞(connectives)的眞函(truth func-
tional)解釋奠定基礎，並且引進自然演繹(natural deduction)的觀念。

　　克里西帕過世後一千三百年間，邏輯上相當少創造性作品。希臘醫
生加林(Galen,A.D. 129-199)發展了複合類稱三段論理論，但大半哲學家
侷限於註釋亞里士多德和克里西帕的著作，波秀斯(Boethius, c. 480-524)
是著名的例子。

　　歐洲中世紀第一個主要邏輯家是法國哲學家阿培拉德(Peter Abe-lard,
1079-1142)。阿培拉德重構和精構由波秀斯傳承的亞里士多德和克里西
帕的邏輯。他創造一種遍性理論，把通稱詞語的普遍性格追蹤到人心裡
的概念，而不是如同亞里士多德堅持的心外的「自然」。此外，阿培拉
德區分由於形式而爲**有效**(valid)和由於內容而爲有效的論證。但他堅持
只有形式的有效性，是「完美的」或決定性的。

　　阿培拉德之後，中世紀期間，邏輯的研究，由許多哲學家的努力繁
盛。在牛津哲學家奧康(William of Occam, c. 1285-1349)獲致最後表現。
奧康花了很多注意在**然態邏輯**(modal logic)，一種涉及諸如可能性(possi-
bility)，必然性(necessity)，信念和懷疑等概念的邏輯。他也做了有效和
無效三段論形式的廣含研究，並對一種*後視語言*(metalanguage)概念的發
展做了貢獻。所謂後視語言，是一種用來討論諸如字詞，詞語，命題等
等的高階語言。

　　在十五世紀中葉，對中世紀的邏輯有一個反動。修辭取代邏輯而爲
注意焦點。在中世紀已經開始喪失其獨特認同的克里西帕的邏輯，一股

---

②要注意的，「logic」（邏輯）一詞是亞里士多德之後五百年，亞力山大(Alexander
　of Aphrodisias)才以其具有現代這個意義開始使用。

腦兒被忽略了，而亞里士多德邏輯只在極其簡單表現上被學習。直到兩百年後，經由德國哲學家和數學家來布尼茲(G. W. Leibniz, 1646-1716)的著作，才現復甦。

來布尼茲是一個天才，他企圖發展一種符號語言或「演算」(calculus)，可以用來解決所有爭論形式的，不論在神學，哲學或國際關係。來布尼茲的規劃和努力，雖然未盡其功，使他有時被尊稱為符號邏輯之父。來布尼茲符號化邏輯的努力，在十九世紀布拉格出生的波扎諾(Bernard Bolzano, 1781-1848)實現出來。

以上從克里西帕到波扎諾的發展，是現代邏輯史家研究所得較細緻的觀察。但就身處那個期間的學界和思想界的一般體察來說，中世紀時，亞里士多德的邏輯著作比任何其他人的受到推崇，因此中世紀思想家把三段論看成邏輯的中心重要部分。這種看法持續到近現代；十八世紀末，最偉大的德國哲學家康德(Kant, 1724-1804)的說法，反映當時多數思想家的看法。他聲稱邏輯是一門已完備的學科，其要義已充分被了解，其中沒有什麼新的原理留待發現。

然而，十九世紀中末葉，數學家加入邏輯的研究以後，證明康德那種看法是錯的。數學家以其慣用的方法研究邏輯，用特定的符號表示邏輯要研究的對象，也就是研究對象的符號化，並且對符號化的式子做演算。這種符號化和演算的研究，剛好抓到了邏輯的根本性質，因此使邏輯的研究，雨後春筍般，有突破性的發展。符號邏輯的著作，由許多哲學家和數學家去做，包括英國數學家狄摩根(A. DeMorgan, 1806-1871)，布爾(G. Boole,1815-1864)，傑芳斯(W. S. Jevons, 1835-1882)，和范恩(John Venn, 1834-1923)，其中一些人以取其名的邏輯定理和技術，聞名今世。在同一時期，英國哲學家穆勒(J.S. Mill, 1806-1873)倡導歸納邏輯。布爾顯示語句邏輯遠比先前得到的更豐富。他並且設計有力的新方法處理該支邏輯，並且一般化三段論。

十九世紀末葉，德國數學家、邏輯家和語言哲學家弗列格(Frege, 1848-1925)創建量號邏輯理論，並重塑邏輯演展形態，使邏輯堂堂進入現代形式和生態。邏輯史上，常稱亞里士多德為邏輯之父或傳統(traditional)邏輯之父，稱弗列格為現代(modern)邏輯之父。依亞里士多德邏輯

的樣態講的邏輯，叫做傳統邏輯。依弗列格重建樣態發展的，叫做現代邏輯。

二十世紀初，英國哲學家和邏輯家懷德海(A. Whitehead, 1861-1947)和羅素(B.Russell, 1872-1970)這對師生，共同研究十年後，在他們著名的著作《數理原論》(*Principia Mathematica*)有系統發展弗列格重建的新邏輯，並試圖建立純數學可以單單從邏輯導出的弗列格說法。

在二十世紀，邏輯的許多工作，把焦點放在邏輯系統的形式化，以及處理這些系統的完備性(completeness)和一致性(consistency)的問題。捷克裔美國邏輯家戈代爾(K.Gödel, 1906-1978)，在 1930 年首次證明了述詞演算的完備性。1931 年，更證明了不完備定理(incompleteness theorem)。這一定理說，任何適合於數論的形式系統，都存在一個不可決定的式子，這一式子或其否言都不能從這種形式設基系統(axiom system)導出來。其他的發展包括多值邏輯和然態邏輯的形構。最近，邏輯給數位電腦電路概念的基礎技術，提供重要貢獻。

弗列格以後重建的現代邏輯，並不以任何方式與傳統亞里士多德邏輯相矛盾。然而，兩者有兩個重要方面的不同。一，現代邏輯更一般，處理更多樣的推理形式。二，它使用更多符號，形態和方法更近乎數學。

邏輯雖然已有二千三百多年的歷史，在歷史上，廣泛並深遠的影響西方文明生長和發展的根底，但所有這些都不發生在中華文明傳統上。也就是說，中華文明傳統沒有邏輯，沒有受經創建的邏輯影響的文明。中華文明的典籍上找不到講純邏輯的核心概念，也找不到講抽象的邏輯法則。[3]懷德海曾經斷然的說：「沒有邏輯，就沒有科學。」

就基本層面說，邏輯是研究區分好的（正確的）論證(argument)（或推理）與壞的（不正確的）論證（或推理）的方法和原理。美國著名邏輯家丘崎(A.Church,1903-1995)教授說：「邏輯是一門以抽掉命題的質料

---

[3]這裡所謂中華文明傳統上沒有邏輯，是指沒有演繹(deductive)邏輯及講演繹邏輯的核心概念。《墨辯》講的，是涉及一些方法論和語言哲學的東西。《公孫龍子》講的，是一些語言哲學和認識論的東西。都沒有涉及演繹邏輯的概念和法則。

或內容,僅僅處理命題的邏輯形式為方法,有系統的研究命題的一般結構,以及有效推演(valid inference)的一般條件的學問。」我們可把這裡的「命題」(proposition)一詞,了解為語句(sentence),話語,或敘說(statement)。④把「有效推演」了解為「正確推理」(correct reasoning)。把命題的內容抽掉不問,是因為命題的內容與有效推演無關,有關的是命題的邏輯形式。

初學一門學問的人,除了想問這門學問是什麼或講什麼,必定也好奇的想問,學這一學問有什麼用處。前面提過邏輯課的一些目的。在此,讓我們總括學邏輯的幾點用處。

第一,學習邏輯可使你的觀念和思想更清楚,思考、判斷和推理更正確。美國哲學家和邏輯家皮亞士(C. S. Peirce, 1839-1914)明白的說:「我們有權要求邏輯教我們的,名符其實的第一課是,如何使我們的觀念清楚。」邏輯的研究要對語句和語詞的語意和語法結構,以及語句和語詞表達或對應的思想和概念結構,做精緻的邏輯分析。這些分析活動以及由此獲得的基本邏輯概念和原理,很有助觀念和思想的清楚。這裡,邏輯可看做是思想的顯微鏡。

美國哈佛大學著名哲學家和邏輯家蒯英(W. V. P. Quine, 1908-2000)說:「在其應用於科學和日常討論上,邏輯最顯著和值得注意的目的是,推論的辯護和批評。邏輯主要關心設計技術來顯示,某一敘說從或不從另一敘說『邏輯地跟隨而來』」。他也說:「邏輯法則是我們的概念架構的最中心最關鍵的敘說。」學習邏輯,使我們熟悉這些邏輯法則,知道如何做推論和論證的辯護和批評。

沒有上過邏輯課或讀過邏輯課本的人,有沒有邏輯觀念?如果有,是怎麼得來的?答案是有,但只是一些初步和模糊的。其一是學自日常生活已顯現或含藏的邏輯觀念。其二是,較哲學的說,人心(human

---

④在西方當代的邏輯和語言哲學上,語句(sentence),命題(proposition)和敘說(statement)這些語詞,常有很細緻的區分,邏輯課本的編者也常有所區分和選擇。在本書,我們暫且把這些當同義詞,它們的共同特徵是有「真假」可言。此外,我們也要使用「話語」當這些的同義詞。

mind)的一個基本和重要層面，可視爲是一個邏輯有機體(logical organism)，甚至是一部邏輯機器(logical machine)。只要生理上正常發展，它的活動自然產生相當的邏輯機能和現象。但得自這兩者的邏輯觀念，是初步的，模糊的。一定要經過「後天」的自我或他人的訓練，才會精緻起來。

第二，可幫助你了解知識的結構和系統（或任何講究結構和系統的事物）。任何一門知識都是由這門知識的基本觀念和基本法則和原理，連接組織而成的。這些「連接線」，最基本的，就是「邏輯線」，也就是基本的邏輯觀念和原理。一門邏輯的結構和系統，基本的就是由所使用的邏輯觀念和原理呈現出來。這樣，學了邏輯，自然有助我們了解知識的結構和系統。這正如同學了建築學的人，有助了解各種建築物的結構。

現代邏輯的創建者弗列格說：「邏輯的法則不是自然的法則，而是自然的法則的法則。」人對自然的發現所寫成的普遍敘說，形成了自然的法則。依邏輯的法則把諸自然的法則連成一科學或科學體系。這樣，邏輯的法則不是直接描述自然的普遍敘說。它是諸自然的法則據以形成一門知識的法則，所以是自然的法則的法則。對自然來說，邏輯的法則是第二層次的。知識的結構和系統，基本的要由據之而形成的邏輯法則顯現出來。

正如同可把弗列格看做邏輯的牛頓，可把戈代爾看做是邏輯的愛因斯坦。他說：「它（邏輯）是一門優先於所有其他科學的科學。它包含所有科學的基本觀念和原理。」這裡所謂優先是指邏輯上的優先，即邏輯上的依據。數學的原理不需依據物理學，反之，物理學的許多原理需依據數學的。這樣，數學就優先於物理學。戈代爾說的是，所有的科學都需要邏輯的原理。反之，邏輯卻不需依據其他任何科學的原理。上述弗列格和戈代爾的說法，異曲同工。這樣，了解邏輯的法則和原理，自然有助了解知識的結構了。在這裡，邏輯可以看做是思想的望遠鏡。

在使觀念和思想的清楚，推理的正確上，兩千三百年前亞里士多德一創建邏輯時，就明白看到邏輯的這些用處。但在了解知識的結構上，邏輯的用處直到十九世紀末弗列格以後，才更顯著看到。這是因為在這

以後，邏輯本身才更有系統的建構，以及像弗列格等邏輯家對邏輯的建構性質有更深入的觀察。

第三，形式(formal)邏輯或符號(symbolic)邏輯的技術，廣泛地使用在數學，電腦，和哲學分析和語言分析上。在電腦使用上有一個引人玄思的描述。英國哲學家和邏輯家羅素(B. Russell, 1872-1970)，是二十世紀初，現代邏輯發展的關鍵人物。著名的傳記作家克拉克(R. W. Clark)在《羅素的一生》一書開頭說：「當他出生時，老女王仍然有三個十載的興衰威凌；當他去逝時，人已在月球上走路。當他年輕時，人們仍然以無私的愉悅追求數學的邏輯核心；在他去逝以前，已經看到邏輯促成了電腦工業的卵子。」羅素當年就是一個追求邏輯核心的年輕人。

第四，邏輯可以增進講理的人間關係。波蘭裔美國邏輯家塔斯基(A. Tarski, 1902-1983)說：「我並不幻想，邏輯思想的發展，在人間關係的正常化歷程上，會特別有非常本質的影響；但是我確實相信，邏輯知識的廣泛傳播，可以積極貢獻加速這個歷程。因為一方面，藉使在其自己領域的概念的意義弄精確和一致，以及強調在任何其他範圍裡的這種精確和一致的必要性，邏輯可使願意這樣做的人之間較佳了解的可能。另一方面，藉改進和磨銳思想的工具，邏輯使人更具批判——因而使他們較少可能被似是而非的推理迷誤。在今天的世界各地，這種推理不斷被揭發。」

第五，邏輯不但有實用的價值，而且有豐富的內在趣味和價值。著名的邏輯教本的作者柯比(I. M. Copi)說：「遵循亞里士多德，我們從兩個不同觀點看邏輯：一方面，邏輯是評定推理正確性的工具；另一方面，使用做工具的邏輯原理和方法，本身就是被有系統的探究的內在和重要理論。」我們認為，一門知識和學問本身的科學性、哲學性和藝術性愈高，內在的趣味和價值愈高。邏輯就是一門高度具有這三方面特性的學問。邏輯也是一門既可從純形式看，也可從世界結構或人心結構或機制看的學問。

2. 論證：前提，結論，與意圖

(A) 前提，結論與意圖

邏輯教本一般的講法是，邏輯主要研究論證(argument)，尤其是要提供區分好的和壞的，正確的和不正確的論證的技術、方法和原理。那麼，什麼是論證呢？

通常講有真(true)和假(false)可言的話時，我們是把它當真講的。有時候，我們還相當堅持它為真，因而預料或實際上有人質疑我們的講話時，我們會提出種種理由(reason)，論據(evidence)，或根據(ground)來支持這個講話。這時候，這個講話就變成我們的**主張**(claim)。在我們實際提出這些理由、論據或根據時，在邏輯上，我們就提出一個論證。例如，試看下面一段話：

例1　老子很吝嗇。因為所有的哲學家都很吝嗇，而老子是哲學家。

我們可以說，說話者在這裡，提出「老子很吝嗇」這個主張。在他提出這個主張時，他可能預期一些老子迷會根據諸如老子的「水善利萬物而不爭」和「不貴難得之貨」的說法，對這個主張提出質疑。或者實際上有人提出了質疑。這時為堅持他的主張，並準備說服質疑者。於是他提出「所有的哲學家都很吝嗇」和「老子是哲學家」當理由，支持他的主張。這時候，這個說話者便提出一個論證。

這樣，在邏輯上，**一個論證是論證者提出的一組語句，論證者主張(claim)其中一個語句為真、有道理或可接受，而以其他語句的真、道理或可接受來支持這個主張，或當支持這個主張的理由或根據。這些當理由或根據的語句，是這個論證的前提(premises)，當主張的語句是結論(conclusion)。**例如，前面例1可視為是一個論證。結論是「老子很吝嗇」這個主張。前提是「所有的哲學家都很吝嗇」和「老子是哲學家」這些理由。為了分析和討論的方便，我們可把這個論證寫成這樣的方式：

例2.1　所有的哲學家都很吝嗇。
　　　　老子是哲學家。
　　　　─────────────────────────
　　　　∴老子很吝嗇。

或寫成：

例 2.2　　1. 所有的哲學家都很吝嗇。
　　　　　2. 老子是哲學家。
　　　　　∴3. 老子很吝嗇。

例 2.1 和例 2.2 的不同，只在後者前提和結論都有標號，前者沒有。在需要參指那一前提時，有標號比較方便。前提和結論之間的橫線，除了表示「所以」，還有輔助劃分前提和結論的功能。在左邊有其他語句或符號時，爲清楚起見，也可寫成「∕∴」。

　　從前面論證的定義，可以看到，論證要有客觀和主觀兩方面的要素。在客觀方面要有兩個或更多的語句。因爲一個論證的前提和結論，至少各需一個語句，而語句要嘛是寫的，要嘛是說的。前者可看到，後者可聽到，所以是客觀的。但下列這組語句是論證嗎？

例 3　　所有的哲學家都很吝嗇。
　　　　老子是哲學家。
　　　　老子很吝嗇。

不是。如果是，則必可找到前提和結論，但找不到。不可以說最後一句是結論，因爲沒有什麼告訴我們它是，結論未必都在最後出現。例 3 看似和例 1 一樣，但有重要的不同。例 1 有區分前提和結論的「因爲」一詞，例 3 沒有。這種告訴我們有論證存在的詞語，是**論證指示詞**(argument indicators)。論證指示詞是一種意思表示，把一組語句分成前提和結論。這樣，一個論證除了要有客觀要素，也要有主觀要素。我們可把這種主觀要素，叫做論證的**意圖**(intention)。向來把論證說成是由前提和結論組成時，是把這種意圖包含或隱含在前提和結論這兩個相對的語詞或觀念裡的。如果沒有這種意圖存在，則兩組語句之間不會形成前提和結論的關係。爲了使這個隱含的成分明顯，我們要把意圖、前提和結論並列爲論證的三個成分。

　　進一步說，一個論證不單只是語句聚合，它具有一個結構。就這種結構來說，一個論證具有兩個特徵。一，論證者必須主張如果前提爲眞

則結論也應為眞。也就是，他在主張前提會支持結論，會使相信結論成為合理。二，他必須主張前提確實為眞。在一起做這兩個主張時，他的目的在給把結論當眞接受提出一個理由或證據。後面將看到，我們時常要利用這兩個特徵，來區分容易和論證混淆的語句聚合和序列，例如推理(reasoning)、推論(inference)和解說（說明）(explanations)等。

(B) 前提與結論的次序

設 P_1 和 P_2 代表前提，Q 代表結論。在論證裡前提和結論出現的次序，⑤常有下列三種前後情形：

(1)　P_1, P_2, Q。

(2)　Q, P_1, P_2。

(3)　P_1, Q, P_2。

第一種是前提先出現，然後結論。這是最常見的。例如：

例4　國民年所得上升了，而人口沒有增加。所以每人所得必定上升。

例5　這隻兔子不是跑進第一條小徑，就是跑進第二條或第三條。牠沒有跑進第一條，也沒有跑進第二條。所以，必定跑進第三條。

第二種是結論先出現，然後前提。這也是常見的。例如：

例6　每個法律都是惡的，因為每個法律都違反自由。

例7　規劃中的這條高速公路不應興建，因為會使許多人要搬離家園，自然資源豐富的沼澤乾枯，增加車輛流量和已經高量的空氣污染，以及一般說來，創傷山川的優美。

一個論證的結論未必要在結尾或在開頭陳述，常可放在不同前提的中間，像三明治。例如：

例8　張太太是美女，李太太是美女，劉太太也是美女。她們都來自台灣嘉義。所以，嘉義是美女之鄉。再說，湯蘭花也是阿里山美女呀。

---

⑤前提的「前」和一個論證中前提實際出現，實際寫出或說出的時空「前後」無關。這裡的「前」是指在邏輯上先前被設想或證明了的命題，或由之導致結論的命題。

例 9 回教思想家的靈感的眞正和原創來源，是可蘭經和穆罕默德的格言。因此很清楚的，回教哲學家不是希臘思想的複寫抄本，因爲它主要並且特別關涉原自回教，並且和回教相關的問題。

在例 8，結論是「嘉義是美女之鄉」，之前之後的命題是前提。例 9 的結論是「回教哲學家不是希臘思想的複寫抄本」，之前和之後的命題是前提。

有兩點要注意的。一，在一個討論裡，前提和結論的三種出現次序，可交互出現。二，前提和結論的出現次序，在邏輯上和論證是否正確無關。有關的是邏輯以外寫作和說話的方便和修辭，尤其是說話的影響力和感染力。一般說來，第一種，即 (P_1, P_2, Q)，即前提先出現，然後結論，是通常方式，因爲在論證中，通常前提是聽眾或讀者較易接受的。從較易接受的前提出發，導致較不易接受的結論，是較好的講話方式。第二種，即 (Q, P_1, P_2)，即結論先出現，然後前提。這種方式有兩個相反的情形。一個是結論容易接受的，大家期待的是理由和論證。另一個則是明知大家反對結論，但爲了「強打」，故一開始，就和聽眾站在對立地位，然後打倒聽眾。但這種做法不但理由和證據要強，論證者的口才或文筆要好，在聽眾或讀者尚未「離棄」之前，要說服他們。在前提很多時，常採用第三種，即 (P_1, Q, P_2)，即先提出部分前提，然後結論，再提其他前提。在前提很多時，如果等提完才講結論，聽眾會不耐煩。因此，最好適時提出結論，再提沒講完的前提。

(C) 論證指示詞：結論指示詞與前提指示詞

在論證的分析裡，一個重要的工作是，論證出現時要能夠辨認它，它的前提和結論。前提和結論出現的次序有三種，因此我們不能夠以它們在論證構成中的地點來辨認。那麼要如何辨認呢？有時候可利用附加論證的不同部位的特別字詞。這些字詞或短語，是論證指示詞(argument indicators)。其中用來引進結論的，是結論指示詞(conclusion indicators)。結論指示詞出現時，通常表示後面跟隨的是論證的結論。下面部分列舉英文裡的結論指示詞，括號裡寫是一些對應的中文詞語或翻譯：

therefore（所以，因此）　　　　hence（因此）

whence（由之）　　　　　　　　wherefore（因此）

thus（這樣）　　　　　　　　　so（所以）

accordingly（於是）　　　　　　in consequence（結果）

consequently（因此）　　　　　proves that（顯示為）

as a result（結果）　　　　　　for this reason（基於這理由）

for these reasons（基於這些理由）

it follows that（跟隨而來的是）

we may conclude（我們可結論說）

I conclude that（我下結論說）

it must be that（必定是）

which shows that（顯示為）

which means that（意味說）

which entails that（涵包說）

which implies that（涵蘊說）

which allows us to infer that（允許我們推論說）

which points to the conclusion that（指出結論說）

　　在論證指示詞中，用來標示前提的，是**前提指示詞**(premiss indi-cators)。前提指示詞出現時，通常表示後面跟隨的是論證的前提。下面部分列舉英文裡的前提指示詞：

since（因為，由於）　　　　　because（因為）

for（因為）　　　　　　　　　as（因為）

in that（因為）　　　　　　　seeing that（因為，鑑於）

follow from（從…跟隨而來）　as shown by（如同…顯示的）

inasmuch as（由於）　　　　　given that（設有）

owing to（由於）　　　　　　as indicated by（如同…顯示的）

the reason is that（理由是）

for the reason that（基於…的理由）

may be inferred from（可從…推論）

may be derived from（可從…導出（獲得））

may be deduced from（可從…推出）

in view of the fact that（由於…這個事實）

　　有時候一個論證並不含有論證指示詞。這時候，我們要問：那一個語句或敘說是被（暗中）主張從其他的跟隨而來的？說話者企圖證明和顯示什麼？段落中的要點是什麼？這些問題的回答應指向結論。例如，試看：

> 例 10.1　太空計劃未來幾年應增加經費。不但國防要依靠它，而且這計劃也要支付給它本身科技的永續發展。再說，在經常費上，這計劃不能實現它預期的潛力。

雖然這個文段不含任何論證指示詞，但是顯然是一個論證。結論是第一句話「太空計劃未來幾年應增加經費。」所有其他的敘說都在給這個結論提供支持。這樣，這個論證可分析爲：

> 例 10.2　國防要依靠太空計劃。
> 　　　　　太空計劃要支付它本身科技的永續發展。
> 　　　　　在經常費上，太空計劃不能實現它預期的潛力。
> 　　　　∴太空計劃未來幾年應增加經費。

(D) 未說出的前提或結論

　　雖然每個論證必須有前提和結論，但是在實際討論裡我們時常因一些理由，省略未提一些前提，甚或不提結論。爲了說話的簡潔，時間或篇福關係，論證者設想是常識的，或在討論中先前曾得到多數接受的前提，常被省略未提。例如，前面例 1 的論證更常這樣提出：

> 例 11　老子很吝嗇，因爲所有哲學家都很吝嗇。

在這裡顯然省略了前提「老子是哲學家」，因爲論證者想必認爲，老子是哲學家是常識的事，不必說出。說出了，反而累贅。又如，在一個評

審會上多數委員先前已同意，巴魯達是品學兼優的原住民學生，主任委員在評審會的結語，可能這樣說：

例 12　根據「優秀原住民學生獎勵辦法」，巴魯達應獲得本學年度的全額獎學金。

這個結語有一個論證，結論是巴魯達應獲得本學年度的全額獎學金。前提之一是，根據「優秀原住民學生獎勵辦法」。顯然，這裡有一個省略未提的前提，那就是，巴魯達是品學兼優的原住民學生。由於這是評審會的討論中，先前已獲得多數委員同意的，因此在結語中主委省略未提。

　　基於某些理由，論證者有時候甚至沒有或不明白說出結論。例如，在

例 13　如果阿蘭的學業成績和托福考試都非常好，她就不須申請很多大學的入學許可和獎學金。她這兩項成績都非常好。

這個論證裡，明顯的結論是阿蘭不須申請很多大學的入學許可和獎學金。因為太明顯了，論證者認為不必說出來。有時候為了某種修辭的理由，譬如論證者自己不好意思明講的，就故意留給聽眾或讀者去講。例如，

例 14　小葳對她的男朋友說：「你能討一個會煮菜，愛撒嬌，能歌善舞的太太，是三生有幸。我從小學就從我媽學會煮菜。我爸說我是天生的撒嬌高手。我從小就受姐的感染，載歌載舞。」

顯然，小葳在這裡要下的結論是，她的男朋友娶她，是他的三生有幸。但她不好意思明說，只講兩個前提，要她的男朋友自己下結論，一個甜美的結論。

　　論證者時常因一些忌諱，只提出前提，不明講結論。通常有法律，政治和社會三方面的忌諱。在法律上，有些罪只處罰公然和明講的，只是影射或隱含的，罪刑尚不成立。為了閃避法律責任，時常只提前提，不明講結論。例如，

例 15　在電視專欄裡，不斷信口雌黃的人，是瘋狗。李大同就是這樣信口雌黃的人。

這裡，顯然有個結論「李大同是瘋狗」未明白講出。公然或明白講某人是瘋狗會犯公然侮辱罪。有些結論明白講出雖然不致惹出法律上的麻煩，但可能引起政治上論證者不喜歡的反響。這時候，只講前提，讓聽眾或讀者自己去下結論，以便收到恰到好處的論證效果。有些話明講出來在法律和政治上不會有什麼問題，但在社會上有所忌諱。例如，在我們的社會裡，大部分人不喜歡聽到明講某某人「死」或「過逝」的字眼。因此，在必須講到某某人「死」或「過逝」時，通常會隱而不明說。例如，當醫生必須告知病患家人準備後事時，可能這樣說：通常一個人病情如何時，生命最多維持兩個禮拜。很不巧的，某某的病情就是如此。下面的結論就留待家人自己去下了，醫生不會明說。

習題 1-1

Ⅰ.下列各題都含有論證，依例 2.1 的方式列出前提和結論：

1.劉揚會當選，因為民調顯示他穩健領先。

2.政客是自私的嗎？當然是：他們是人。

3.任何可被 10 整除的數可被 2 整除。任何可被 2 整除的數可被 3 整除。所以，任何可被 10 整除的數可被 3 整除。

4.對每樣存在的東西上帝願望某些善。因此，由於愛任何東西不過是對這東西願望善，顯然上帝愛每樣存在的東西。

5.只有愛因斯坦的萬有引力理論，能夠解說黑洞和物質不對稱的起源。因此，萬有引力是自然裡不對稱的原因和起源。單從萬有引力能夠解說自然裡的所有不對稱出現。因此，沒有必要在熱力學，在時間不對稱的物理學，解說黑洞的特別地位，以及在自然裡解說不對稱。

6.宇宙的膨脹是根據已知的物理學，應用於天文的觀察。我們觀察到，有一個反映一個基底空間膨脹的有系統的銀河群星膨脹。這種膨脹的古跡，十分近似相配我們的銀河系裡最古老群星的年代。

7. 重視「獨立自主」，因而不參加政黨的人，實際上是喪失獨立自主，因為他們放棄在初選階段參與決定。

8. 飛彈比城市容易防禦，有兩個理由：一，飛彈位置小而堅固，城市大而易受攻擊；二，飛彈位置的防禦被看做有效的，如果能保全飛彈的一半，而城市的防禦須保全全部。

9. 藝術家和詩人注視世界，尋找其中的關連和次序。但是他們把他們的觀念轉變成油畫，大理石藝術作品，或詩情想像。科學家嘗試發現不同象目、不同事件間的關連。為表達他們發現的次序，他們創建假設和理論。這樣，偉大的科學理論容易比做偉大的藝術和文學。

10. 思考是人的不朽靈魂的功能。上帝給每個男女不朽的靈魂，但沒給任何其他動物或機器。因此沒有動物或機器會思考。

11. 很難估量由動物感覺的痛苦，因為痛苦是主觀的，而且動物不會說話。

12. 理性的人使他自己適應世界；不理性的人堅持嘗試使世界適應他自己。所以，所有進步依靠不理性的人。

13. 超自然現象的研究，在科學領域之外。所以，科學既不證明也不否認神的存在。

14. 我開始做這些初步的思考：一個自由社會是一個多元社會，一個多元社會是一個從許多宣傳來源的社會，而對付宣傳需要廣泛有批判的理知，這主要是教育的產物。

15. 亞當史密斯很久以前就說，獨佔是良好管理的敵人，因為獨占摧毀控制公司花費和維持最高生產的動機。

16. 動物的生命沒有水不能生存。這意味說，月球上沒有生命，因為月球上沒有水。

17. 憲法應只由一般性規定組成；理由是，這些規定必須是恒久的，這些規定也不能計算可能的事物變遷。

18. 時間的衡量有兩個不同層面。為日常和一些科學的目的，我們想要知道鐘點，以便我們能夠安排事情的先後。在大部分的科學工作裡，我們想要知道一件事情持續多久。這樣，任何時間標準必須能夠回答「那是什麼時間」和「它持續多久」的問題。

19. 十六世紀之末，君主政體盛行，並趨向專制。德國和義大利是獨裁君主統

治的雜湊，西班牙幾乎是獨裁的，在英國君權從未這樣強大，而在十七世紀來臨時，法國的君主政體逐漸成爲歐洲的最顯赫、最堅固的強權。

20.世界政府和權力平衡在許多方面是對立的。世界政府意指一個中央權力，一個長恒的世界警察力量，以及這個力量會行動的清楚規定的條件。一個權力平衡的系統具有許多最高權力，每個控制它自己的軍隊。對大多數人來說，世界政府現在似乎是不可獲得的。

Ⅱ.試列舉中文裡可能當做前提指示詞或結論指示詞的詞語或短語。

Ⅲ.試從中文的書本或報章雜誌找出五個論證，並依例 2.1 的方式把前提和結論列舉出來。

3.論證的辨認

論證的辨認，至少有三個問題：什麼是論證，什麼不是論證，和論證的層層相架和交織。辨認東西的一個簡單有效的做法是，問這個東西是什麼**和**不是什麼。在前節，我們講了論證是什麼。我們說，論證是由前提，結論和意圖組成的一個結構。沒有意圖的一些散列或並列的語句，並不形成一個論證（參看例 3 ）。在本節，要進一步指出並討論一些不是論證，但容易和論證相混的文段或語句。

我們知道，一個論證客觀上至少要有兩個語句。一個表示主張和結論的，一個表示至少一個前提的。主觀上要有一個意圖。這個意圖要有三個意思表示。一，主張結論爲眞或有道理，二，肯定前提爲眞或有道理，三，拿前提的眞或道理當證據(evidence)來支持結論的眞或道理。在區分論證和其他非論證的文段或文句上，這三種意思表示非常有用。缺少這三種意思之一的，就不是論證。這三種意思表示，也是形成前提和結論，以及這兩者之間的相對關係的主觀因素。

不是所有文段或文句含有論證。**警告**(warning)，**勸告**(advice)，**信念**(belief)和**意見**(opinion)的**敘述**(statement)，**報告**(report)，**說明性文段**(expository passage)，**例示**(illustration)，一般都不是論證。

另有三種時常會和論證相混，需要特別注意的是**如言語句**(conditional sentence)或**如言敘說**(conditional statement)，**解說**(explanation)，和

推理(reasoning)。

(A) 如言語句

如言語句(conditional sentence)或簡稱**如言**(conditional)是一個「如果…則（就）(if…then)」的語句。例如，

例 16 如果台灣隊第一，則美國隊第二。

這個語句是一個如言。每個如言由兩個成分語句組成。由「如果」引進的成分語句，叫做**前件**(antecedent)，由「則」或「就」引進的，叫做**後件**(consequent)。⑥在上面例 16，前件是「台灣隊第一」，後件是「美國隊第二」。這個例子斷說，台灣隊第一和美國隊第二之間的一個條件關連。但不是所有如言（語句）都表示條件關連的。試看，

例 17 如果阿里山下大雨，則八掌溪河水上漲。

這個如言表示的是，前件「阿里山下大雨」，與後件「八掌溪河水上漲」之間的因果關連。

如言語句或敘說不是論證。因為，在一個論證裡前提斷說或認定為真，結論由於被主張是從前提跟隨而來，或得到前提的支持，也被斷說為真。但在一個如言裡，前件和後件都沒被斷說為真。所斷說的是，**如果**前件**真**，**則**後件**真**。例如，如言「如果玉山下雪，則登山隊提早下山」，並沒有斷說玉山下雪，也沒有斷說登山隊提早下山。它只斷說，**如果**玉山下雪**則**登山隊提早下山。這樣，前件和後件都沒有被斷說，因此這個如言不是論證。

---

⑥例 17 這個語句可以寫成下列各種形式：
　　⑴**如果**台灣隊第一，美國隊**就**第二。
　　⑵**如果**台灣隊第一，美國隊第二。
　　⑶台灣隊第一，**則**美國隊第二。
　　⑷台灣隊第一，美國隊**就**第二。
　　⑸美國隊第二，**如果**台灣隊第一。
這裡「前件」和「後件」的「前」「後」，是指邏輯上的條件關係的前後，與語句出現的時間或空間的前後次序無關。

然而有些如言語句，看來像似論證的，因爲它如同論證那樣，表示推論或推理過程。試看，

例 18　(1)如果新竹和嘉義都產柿子，則新竹產柿子。
　　　　(2)如果鐵比水銀密度小，則鐵會浮在水銀中。

很像一個論證的結論與前提在推論上連結一起那樣，這些如言的後件與前件在推論上連接在一起。但這些如言不是論證。一個論證是以一種特別方式表示一個推論。這個方式就是，以一個或多個前提提出證據，以及一個被主張是從這個證據跟隨而來的結論。因爲一個如言的前件沒有被斷說爲眞，它沒有提出證據，而一個論證必須在前提提出證據。

雖然單一的如言語句不是論證，但一個如言常用做一個論證的前提或結論。試看

例 19　如果天下雨，則路濕。
　　　　天下雨。
　　　　所以，路濕。
例 20　如果今年春雨來得早，我家會豐收。
　　　　如果我家豐收，則我家大姐將出嫁。
　　　　所以，如果今年春雨來得早，我家大姐將出嫁。

單一的如言語句雖然不是論證，但它在邏輯上非常重要，因爲它常被用來表示必要條件與充分條件的關連。條件或事件 A 是條件或事件 B 的**充分條件**(sufficient condition)，每當 A 成立或出現時，B 就成立或出現。例如，爲偶數是可被 2 整除的充分條件。在棒球賽中出現全壘打時，是攻隊至少得一分的充分條件。

在另一方面，條件或事件 B 是條件或事件 A 的**必要條件**(necessary condition)，每當 B 不成立或沒有 B 出現時，A 就不成立或不出現。例如，爲哺乳動物是爲人的必要條件。烏雲密布是下雨的必要條件。

結合這兩個概念來說，全壘打是得分的充分條件，但不是必要條件，因爲有許多不是全壘打的得分安打。爲哺乳動物是爲狗的必要條件，但不是充分條件，因爲有許多哺乳動物不是狗。

把充分條件放在前件，必要條件放在後件，可用如言表示充分條件

和必要條件。前面舉的例子可表示為：

例 21　如果一數是偶數，則可被 2 整除。

如果是人，則必定是哺乳動物。

如果是全壘打，則至少得一分。

為了參考，讓我們把論證和如言語句，格式化如下：

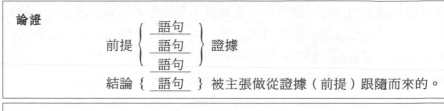

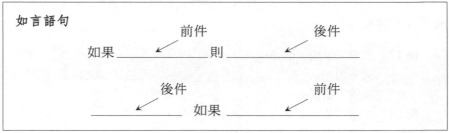

(B) 解說與論證

有一種不是論證，但由於常使用「因為」等也用來表示論證的詞語，而常被認為是論證的文段或文句的，是**解說**(explanations)。下面是一些例子：

例 22　(1)阿蘭今天上課遲到，因為她昨晚開夜車準備邏輯考試。（假定對話者都知道阿蘭今天上課遲到。）

(2)車子開不動了，因為沒有油了。（假定是駕駛對乘客的講話。）

(3)牛能消化草，人不能，因為在人找不到牛消化系統裡含有的酵素。

每個解說由兩個相異的成分組成，即待解說項和解說項。**待解說項**(explanandum)是描述要解說的事件或現象的語句或敘說，而**解說項**(explanans)是設想要做解說的語句或敘說。在上面例 22 的(1)，待解說項是

語句「阿蘭今天上課遲到，」解說項是「阿蘭昨晚開夜車準備邏輯考試。」

　　解說有時被誤認為是論證，因它時常含有指示詞「因為」，並且也斷說待解說項和解說項為真。但解說不是論證。首先，在一個解說，解說項是要來顯示**為什麼**(why)一些東西是如此，而在一個論證，前提是要來證明一些東西**是**如此。在上面例 22 的⑴，既然大家都知道阿蘭今天上課遲到，因此「阿蘭昨晚開夜車準備邏輯考試」這個敘說，不是要來證明阿蘭今天上課遲到**這個事實**，而是要來顯示**為什麼**遲到。在⑵，車子不動了是坐在車子裡的人都知道的**事實**，因此沒有油是要來解說**為什麼**車子開不動，不是要來證明車子不動，因為大家都已知道車子不動了，因此車子不動沒有什麼要證明的。同樣的，在⑶，實際上每個人知道人不能消化草。這個文段是要來解說**為什麼**人不能消化草。

　　在區分解說和論證時，首先找出當待解說項或結論的語句。然後問：這個語句斷說的是一個已接受的事實嗎？如果答案「是」，則問：文段的其餘是要來使人明白為什麼有這事實嗎？如果答案再「是」，則這個文段是解說。反之，如果這個語句斷說的是一個有爭議的事實，而且文段的其餘是要使人相信它**是**事實，則這個文段是論證。簡單的說，解說主要在說明意義和事實，論證主要在證明真理。

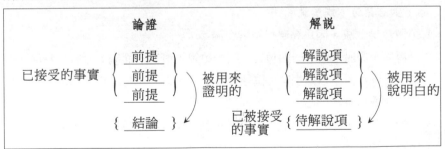

⑶ 論證，推理與推論

　　雖然「論證」，「推理」(reasoning)和「推論」(inference)這些詞語在意義上密切相關，但不是同義詞。這些用詞之間的相關和異同，有幾點要注意的。

　　首先，邏輯書本通常都把論證一詞當基本術語，因此有明確的定

義。邏輯書本上也常使用推理和推論這些詞語，甚至把「推理」當書名，但似乎把它當邏輯的日常用語或半術語，很少有明確的定義。

其次，在講論證時，注意的是前提和結論所形成的結構或論證結構。在講推理和推論時，則注意從當出發點的語句、敘說和命題，通到當終點的語句、敘說和命題的心理和思想的做行(acts)和過程。

再說，在實際使用上，這三詞常常寬鬆互用。在提出一個論證時，時常也會牽連前提到結論的過程。但在邏輯上追究論證的正確性時，我們不過問這個過程本身。在做推理和推論時，我們也常從一個被肯定的語句當出發或根據來進行。但是，要注意的，雖然在論證裡，前提和結論一定是被肯定的語句，敘說或命題，在推理和推論裡，當出發的語句，敘說或命題，卻未必是被肯定的，而可以是被「假定」的。換句話說，推理和推論不必從已知，或已被肯定的真理出發，而可從假定的真理出發。在邏輯的論斷上，這是論證與推理或推論最不同的地方。

習題 1-2

I. 試決定下列文段，那些是論證。把是論證的依例 2 的方式寫出來。不是論證的，決定它是警告，勸告，信念或意見的陳述，描述，報告，說明，例示，如言語句，或解說。

1. 菜價今早上漲，因為颱風已登陸台灣。

2. 長得瘦小的殷老師，一頭短髮，眼光敏銳，清瞿的面貌，含有一股倔強的氣質，嘴角似乎永遠抿緊。講話聲音不大，以一句句殷氏術語串成的演講詞，展露精確與明晰。

3. 知識之精練，有賴於方法。所用方法粗，則所得知識粗；所用方法精，則所得知識精。

4. 新聞自由是最重要的憲法保障的自由。沒有它，我們其他的自由會立即受到威脅。再說，它提供增進新自由的支點。

5. 中國的傳統重講道德，講理，但沒有講理這一格。中國出過倫教家，出過禮法家；但未曾出過歐基理德，未曾出過亞里士多德；至於像近代的培根，現代的愛因斯坦和羅素這類的人，更未曾出過。

6. 現在的和史前的環境的結合，給橫跨蒙古首都烏蘭巴托之南和之西數百哩地區，促成如此多化石的保存。在恐龍和哺乳動物起源的時代，這地區是大盆地，埋放在沙地裡的骨頭更確實會變成化石。自 40 百萬年以來，這地區很少受到地質騷動或人的干擾。但風和氣候的侵蝕，已暴露許多恐龍和早期哺乳動物的遺跡。

7. 哲學的門類有許多種。例如，(1)天地萬物怎樣來的（宇宙論）；(2)知識思想的範圍，作用，及方法（知識論與語言哲學）；(3)人生在世應該如何行為（人生哲學）；(4)怎樣才可使人有知識，能思想，行善去惡（教育哲學）；(6)人生究竟有何歸宿（宗教哲學）。

8. 人類無可救藥，信奉宗教的證據很豐富。史前和原始部落，顯示他們的宗教衝動，在信仰靈魂和圖騰的儀式。從文明的黎明以來，多樣宗教發展，每樣都很複雜。

9. 大學的年輕人的學習是要獲得知識，不是學手藝。我們都須學如何養自己，但也須學如何生活。在現代世界裡，我們需要許多工程師，但我們不想要一個現代工程師的世界。

10. 銀，水銀，以及所有除了鐵和鋅以外的金屬，都可溶在稀硫酸裡，因為它沒有與氧足夠的親和力，從它與硫磺，硫酸，或氫的結合與它分離出來。

11. 從古希臘時代以來，兩種相異的運動似乎對了解宇宙是很重要的：天體運動和地球上物體運動。在伽利略和牛頓以前，這兩種運動被看做分離的事項。

12. 一個黑洞是一個具有非常大引力的物體，沒有東西能夠逃脫它，甚至宇宙裡最快東西的光，也不能。任何接近一個黑洞的東西被吸進這個物體，並且如掉進一個黑洞而消失。因為連光都不能逃脫，這個洞像是黑的。

13. 唯一的理由，我們現在能夠感到關心生活的品質，而不是擔心下一餐在那裡，是來自我們有偉大的工業，當做一個社會，建立在無盡的物質富有。

14. 商人讚揚競爭，喜愛獨佔。理由不是如一些經濟學家講的，獨佔保證一個「平靜的生活」──很少有這回事，而是獨佔有更大利潤的希望。

15. 這偉大的國家將如其不朽而不朽，將振興和繁榮。因此，首先，讓我斷定我堅定的信念是，唯一的東西我們必須恐懼的是恐懼本身──無名的，不理性的，不合理的恐怖，這恐怖會癱瘓上進所需努力。

16. 計算機器的存在證明，計算不涉及數字的意義，只涉及運算的形式法則；因為只有這些法則機器可以構作來遵守，機器沒有知覺數字的意義。

17. 背信絕不會昌盛：是什麼理由呢？因為如果昌盛，沒有人敢稱它背信。

18. 如果地球的磁場消失，則范艾倫(Van Allen)輻射帶會被摧毀。如果范艾倫輻射帶被摧毀，則強烈的宇宙線會衝擊地球。因此，如果地球的磁場消失，強烈的宇宙線會衝擊地球。

19. 直到生命的後期，男人比女人較少可能發展骨質疏鬆，和少嚴重遭受這種痛苦，因為他們平均有百分之三十更多的骨質，而不會突然終止更年期出現的動情激素。

20. 抗議倡議的文學改革的四百個法國醫學學生，在馬賽焚燒他們白色實驗服，然後前進到碼頭，把一個警察投入海裡。警察被漁夫救起。約三百個法律學生在里昂上演類似的抗議，當局說與警察衝突有些受傷。六個學生被逮捕。

Ⅱ. 試從中文報章雜誌或書本，找出四個文段，看似論證但最好了解為解說的，並指出待解說項和解說項。

Ⅲ. 試從中文報章雜誌或書本，找出三個從「假定」出發的推理文段。

4. 論證的並列與相架

在一個論述的文段或討論(discourse)裡，除了可含有論證，也可能含有警告，信念或意見的陳述，描述，報告，釋意，例示，解說等非論證的文字。即使就論證來說，也時常不是單一的論證，尤其不是單一的簡單論證，而時常是並行或層層相架的論證。做好適當的論證分析，除了要除去無關的材料，分離出前提和結論，也要理出論證的並行和相架的種種樣態。

為了梳理論證的種種樣態，首先要決定論證的「單位」。也就是，我們要以什麼標準來決定「一個論證」或論證的「個數」。在邏輯上，我們以「結論」的個數當認定的標準。有幾個（相對於前提的）結論，就有幾個論證。但這裡所謂有「幾個」論證，是要就「某一個」文段，篇幅或討論來說的。

我們可用一種**論證圖示**(argument diagram)來表示邏輯上種種樣態的論證。設①，②，…等的數字圓圈，代表一個語句，敘說或命題，或代表論證裡的一個前提或結論。箭號「→」表示前提與結論的關係，箭頭表示結論，箭尾表示前提。右括波（號）「｝」表示括波左邊的諸語句，敘說或命題，或者前提「連合」(link, conjoint)起來支持括波右邊箭頭指的結論。這樣，論證的基本樣態可圖示如下：

⑴**最簡形**(the simplest form)：一個前提①直接支持結論②。可圖示為：

　　　　① → ②

⑵**連鎖**(chain)或**連續**(serial)：一個前提①直接支持結論②，這個結論依次當一個前提，直接支持另一個結論③。可圖示為：

　　　　① → ② → ③

⑶**連合**(conjoint)前提：兩個或更多前提①和②，連合一起直接支持結論③。可圖示為：

⑷**會聚**(convergent)前提：兩個或更多前提①和②，每個各自獨立直接支持結論③。可圖示為：

　　　　①
　　　　　＼→③
　　　　②／

⑸**多重**(multiple)結論：一個前提①直接支持兩個或更多結論②和③。可圖示為：

　　　　　　　＞②
　　　　①＜
　　　　　　　＞③

(6)**並行**(parallel)論證：在一個文段或討論裡，有兩個或更多沒有論
　　證關連的論證，一個前提①直接支持結論②，另一個前提③直接
　　支持結論④。可圖示為：

　　　　　①→②
　　　　　③→④

以上可視為是論證的基本樣態。有兩點要注意的。一，上面圖示中
的兩個前提，結論或論證，可以推廣到三個或更多。二，上面任何一樣
態可以與自己或其他任何樣態結合，形成層層相架，和更複雜的論證樣
態。例如，

例23　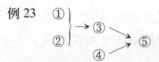

　　　在這個例子裡，前提①和②連合支持結論③，③依次當前提和前
　　提④各自獨立支持結論⑤。

例24　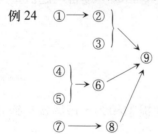

　　　在這裡，前提①支持結論②，②依次當前提和前提③連合一起獨
　　立支持結論⑨；前提④和⑤連合支持結論⑥，⑥依次當前提獨立
　　支持⑨；前提⑦支持結論⑧，⑧依次當前提獨立支持⑨。

現在讓我們舉例說明前面所講論證的六種基本樣態。

例25　①阿土必定能夠贏得這次全台運動大會百米冠軍，②因為這次所
　　　有參賽者的最好記錄，都和阿土的有一段距離。
　　　這個論證顯然可以圖示為：

②→①

例 26　①人類器官的買賣，諸如心臟，腎臟，眼角膜，應爲非法。②允許人類器官的買賣，將不可避免導致只有有錢的人能夠移植。③這是因爲稀少東西當買賣的商品時，價錢必定上漲。

這個論證可圖示爲：

③→②→①

例 27　因爲①我把邏輯教本放在書桌上或書包裡，而②它不在書桌上，③所以必定在書包裡。

這個論證可圖示爲：

①
　　⎫→③
②

例 28　基於下面理由之一，我堅信，①明年的就業機會必定大大增加。一，②景氣將快速復甦。二，③國家的十大建設明年同時開工。

這個論證可圖示爲：

②
　　↘①
③　↗

我們是根據「下面理由之一」的陳述，把這個論證圖示爲會聚前提的。也就是了解爲，理由或前提②和③各自獨立支持結論①。如果文段陳述的是「下面理由」，而不是「下面理由之一」，則這個論證就要圖示如下了：

②
　　⎫→①
③

這表示前提②和③連合一起，而不是各自獨立支持結論①。

例 29　①外太空使用武器的發展，打開充滿龐大科技困難的無限制戰場之間。②因此，這種武器的發展，無疑將擴大列強之間的武器競賽。③此外，它會花費競爭者數百億可用於人道目的的巨款。

這個論證可圖示爲：

$$①\left\langle\begin{array}{l}②\\③\end{array}\right.$$

例 30　①台灣隊會得第一，②因爲美國隊會被打敗；③日本隊會得第
二，④因爲古巴隊會被打敗。

　　　　這個論證可圖示爲：

　　　　② → ①

　　　　④ → ③

　　　　這個文段含有兩個並行的論證。

下面讓我們舉三個層層相架的論證的例子。

例 31　①當父母年紀大而窮困時，子女應有照顧他們的義務。②顯然，
子女有欠他們的父母。③父母把他們帶到世界，並且在他們還不
會照料自己時照料他們。④這個欠債可以由成長了的子女照料父
母適當解除。

　　　　這個文段裡的論證可圖示爲：

$$\left.\begin{array}{l}③ → ②\\④\end{array}\right\} → ①$$

例 32　①民主政治的法律，一般傾向增進最大可能多數人的福利，因爲
②這些法律出自多數公民，他們雖然容易錯誤，但對與他們的利
益相反的不會有興趣。③反之，貴族政治的法律，傾向於集中利
益和權力於少數人；因爲④貴族政治依其本性形成一個少數。因
此可以說，⑤民主政治的目的在其立法上比貴族政治更有用。

　　　　這個文段裡的論證可圖示爲：

$$\left.\begin{array}{l}② → ①\\④ → ③\end{array}\right\} → ⑤$$

例 33　爲什麼應實施選擇性砍伐？①亞馬遜河森林一英畝有 20 到 60 棵
樹，但只有一或兩棵可供工業之用。②只有這些樹可有砍伐經濟
價值，因爲③探察需要高消耗油的重貴裝備。④這種機器只能借
砍大，產量又很高的樹才能償還。⑤選擇性砍伐的主要好處是年
幼的樹得到更多光和水，⑥加速森林的自然成長周期。⑦應實施

選擇性砍伐。

這個文段裡的論證可圖示爲：

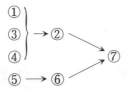

習題 1-3

Ⅰ.試用本節講的圖示法，圖示下列各文段裡的論證。有些與論證無關的文字
　不應包含在圖示裡。

1.每個沒有學過一年微積分而選這門課的學生，都學的很差。你的成績單顯
　示只學過一個學期的微積分。因此，你可能很難得到還好的成績。這樣，
　我建議你現在再選微積分，以後再選這門課。

2.一株樹被暴風雨吹倒了。電力被切斷了，因爲樹倒下時壓倒電線桿。

3.濟慈是最偉大的浪漫派詩人。一個偉大的抒情詩人對聲音與意義，思想與
　感情之間的相關性，必定具有靈敏的感受。濟慈當然對這種感受具有顯著
　程度。所以，他必定比他同時代的最好詩人，拜倫和雪萊，要好。

4.許多專家認爲，美國加州灣區可能很快有大地震。因此，加州當局應預謀
　未來幾年地震的可能。災禍保險是在災禍發生時，保護你和你的財產的一
　個方法。因此，爲你自己和家庭，你要參加災禍保險。

5.許多人認爲，賄賂罪行不會延伸到競選捐款。然而，從法律的觀點，無數
　的競選捐款實際上是賄賂。一個賄賂是給與有公職的人以任何價值或利益
　的東西，企圖非法影響那個人。競選捐款當然是一些有價值或利益的東
　西。再說，每個從遊說者或特別利益團體來的捐款，是給來企圖影響投票
　的，而在每個重要的選擇中有許許多多這種捐款。

6.幾乎每個你看到的廣告，顯然是以某種方式，設計來欺騙顧客的：他們不
　想你去讀的印的很小；話寫的含混。顯然，產品不是以一種科學和平衡的
　方式提出。因此，在買賣的事情上，缺少正直。

7. 沒有諸自由意志這種東西。心由某種原因誘致願望這或那，而該原因由另一原因決定，等等回溯。

8. 超級新星似乎都在它們最高亮度發出約相同量的光。如果它們是微暗的，它們一定很遙遠；如果是光亮的，則它們依一種可預知的程度接近。這樣，它們被認為是相當可靠的距離指示者。

9. 除了為一些別的目的，財富是沒有什麼好追求的，因為它本身並沒有帶給我們什麼善，只當我們使用它，不論是為支持身體或為一些類似的目的。

10. 一個疾病的存在由客觀的，即器官的決定因素產生的徵兆顯現出來。這樣，疾病是器官的。由於心理失常不是器官的，因此心理疾病不是疾病。

11. 如果你想你的電腦能夠在一毫微秒（時間單位，＝ 10^{-9} 秒）內操作一點資料，沒有信號線路可以長於 15 公分，因為那大致是一個電子信號在一個毫微秒可能夠行進的距離。

12. 死刑的反對者，有時候主張廢止的根據說，死刑太殘酷和異常，因此是不容許的懲罰。根據這些反對者，沒有剝奪一個人生命的，可以是一種通常的懲罰。而且這是殘酷的，要一個人等一段要被吊死，電刑，或以毒氣結束他生命的時間。因此，無論當一種阻止犯罪的方法是多麼有效，處死是錯誤而必須避免的。

5. 演繹論證與歸納論證

在邏輯上我們研究論證的最重要目的，是要區分好的和壞的論證，正確的和不正確的論證。為了做這種區分，我們必須把論證分為兩類：**演繹的**(deductive)和**歸納的**(inductive)。⑦因為它們的正確性有不同的區

---

⑦西方傳統上就有演繹論證和歸納論證之分。但傳統的講法有錯。我們現在講的分法是現在邏輯教本上更改後的。傳統的講法說，一個正確的演繹論證是從一般到特定，或從更一般到較少一般，而一個正確的歸納論證，則是從特定到一般，或從較少一般到更一般。這種說法是不正確的。正確的演繹論證並不都從一般到特定。例如，它常從一般到相等的一般。例如

　　　沒有魚生活在陸上。

　∴任何生活在陸上的不是魚。

分標準。

我們說過，在論證裡，論證者是拿前提的眞來支持結論的眞的。這種支持在論證者的心目中有兩種很不一樣的分量和程度；也就是有兩種不同的主張和堅持。一種是說，這個論證的結論**必然**（必定）(necessarily)從前提跟隨而來(follow from)。也就是，前提這樣支持結論，那就是，如果（所有）前提爲眞，則結論不可能爲假，也就是必然爲眞。另一種，反之是說，結論**或然、大概**或**很可能**(probably)從前提跟隨而來。也就是，前提這樣支持結論，那就是，如果前提爲眞，則結論或然、大概或很可能爲眞。論證提出者以前一種主張或方式提出論證時，我們說他提出**演繹論證**(deductive argument)；反之，以後一種主張或方式提出論證時，他提出**歸納論證**(inductive argument)。

這麼說來，演繹和歸納之分，基本的要以論證者主觀的意向或意圖來決定嗎？是的，這是本書的說法。我們將陸續指出這種說法的適當性。雖然這種區分基本上要決定於論證者的主觀意圖，但實際上，並不全然是主觀的，因爲有一些「客觀」因素，我們可以依以決定一個論證是演繹還是歸納。我們知道的，純數學和純邏輯裡的論證，都應視爲是演繹的。此外，下面三種因素有助我們評定演繹還是歸納。即(1)特別指示詞的出現，(2)前提與結論之間推論連繫的性質，和(3)論證者使用的論證的特性或形式。

做結論時，如果論證者使用像「可能」「大概」(probable)，「未必」(improbable)，「似眞實的」(plausible)，「不似眞實的」(implausible)，「有可能的」(likely)，「不像是的」(unlikely)，我們可拿這些指示詞當理由，把論證看做是歸納的。反之，如果論證者使用像「必然（必

演繹論證也常從特定到特定。例如，

　　　阿土到日本或美國留學。

　　　阿土沒到日本留學。

　∴阿土到美國留學。

再說，正確的歸納也常從特定到特定。例如

　　　新竹隊今年獲得第一。

　∴新竹隊明年也會獲得第一。

定）」(necessarily)，「確 然」(certainly)，「絕 對」(absolutely)，或「「確
定」(definitely)等字眼，則可把論證看做演繹的。例如，

例 34　藍隊大部分的左打者是強棒。阿土是藍隊的左打者。所以阿土很
　　　　可能是強棒。

例 35　如果一個物質是一種不發生作用的氣體，則它是惰性的。因此，
　　　　由於氬是一種不發生作用的氣體，它必定是惰性的。

例 34 最好解釋為歸納的，而例 35 為演繹的。

　　演繹和歸納指示詞，雖然通常可依以提示正確的解釋，但是如果它
提示的解釋與其他的一些判準相衝突時，我們可能會忽視這些指示詞。
論證者為給結論加強語氣，時常會使用「一定」怎樣，但不是提示要把
論證當演繹的。

　　在區分演繹和歸納時，第二個要考慮的因素是前提與結論之間推論
連繫的性質。如果這個連繫是結論必然從前提跟隨而來的，則這個論證
顯然應為演繹的。當我們說結論從前提「必然」跟隨而來時，我們的意
思是前提這樣支持結論，即如果前提為真，則絕對不可能結論為假。反
之，如果結論不必然從前提跟隨而來，而是或然或很可能跟隨而來，則
通常最好把這個論證看做是歸納的。例如，

例 36　凡世界網球高手都手腳敏捷。
　　　　阿格西是世界網球高手。
　　　　所以，阿格西手腳敏捷。

例 37　藍隊大部分的左打者是強棒。
　　　　阿土是藍隊的左打者。
　　　　所以阿土是強棒。

在例 36，結論從前提必然跟隨而來，所以論證是演繹的。如果我們認定
所有世界網球高手手腳敏捷，和阿格西是世界網球高手，則絕對不可能
阿格西不是手腳敏捷。在例 37，結論並不必然從前提跟隨而來，但很可
能跟隨而來。換句話說，如果前提真，則根據這前提，很可能結論為
真。這樣，這個論證雖然不像例 34 那樣，在結論中有指示詞「很可
能」，但由於前提和結論之間，有這種很可能的推論連繫性質，因此最

好看做是歸納的。

有時候我們須從另一個因素來評定是演繹還是歸納，那就是論證者使用的論證的特性和形式。

(A) 一般可看做演繹的

有五個這種類型的論證，即根據數學的論證，根據定義的論證，類稱三段論，假言三段論，和選言三段論。

(1)根據數學的論證

即結論依據一些純算術或幾何運算或測量的論證。例如園丁可以根據一隻猴子一天要吃 5 個蘋果，和養的 78 隻猴子當前提，推出或算出結論，一天要為猴子準備 $5 \times 78 = 390$（個）蘋果。由於在純數學裡所有論證都是演繹的，我們通常也能夠把依據數學的論證看做是演繹的。然而有一個顯著的例外，即依據統計的論證。這種論證通常最好解釋做歸納。

(2)根據定義的論證

在**根據定義的論證**(argument from definition)裡，我們主張，其結論可以僅僅依據前提或結論裡使用的一些字詞的定義而得到。例如，有人可能論證說，狗是以母乳哺育幼兒的，因為狗是哺乳動物；或是，a 是可被 2 整除的，因為它是偶數。這兩個論證是演繹的，因為根據「哺乳動物」和「偶數」的定義，其結論從前提必然跟隨而來。

(3)類稱三段論

所謂三段論(syllogism)，一般說來，是指兩個前提和一個結論組成的論證。一個**類稱**(categorical)三段論是一個三段論，其中每個語句或命題由「所有（凡）」(all)，「沒有」(no)或「有些」(some)這些邏輯字眼開始。例如，

例 38　凡動物都會死。
　　　　凡人是動物。
　　　　所以，凡人都會死。

這是一個典型的類稱三段論。⑧這類論證最好處理做演繹的。

(4)如言三段論

如言三段論(conditional syllogism)是一個三段論，⑨其中具有如言語句當一個或兩個前提。例如，

例 39　如果月球可居住，則火星可居住。
　　　　如果火星可居住，則木星可居住。
　　　　所以，如果月球可居住，則木星可居住。

例 40　如果凝灰岩可漂浮，則有些岩石可漂浮。
　　　　凝灰岩可漂浮。
　　　　所以，有些岩石可漂浮。

雖然有些這種形式的論證，有時候可以解釋爲歸納的，但演繹的解釋通常最適當。

(5)選言三段論

選言三段論(disjunctive syllogism)是一個三段論，其中具有選言語句（即「或者」語句）當前提。例如，

例 41　胡適寫《邏輯新引》或是殷海光寫這本書。
　　　　胡適沒寫《邏輯新引》。
　　　　所以，殷海光寫《邏輯新引》。

如同如言三段論，這種論證通常最好當演繹的。

(B) 一般可看做歸納的

一般說來，在歸納論證裡，結論的內容是要以某種方式「超出」前提的。這種論證可以有種種形式：對未來的預測，類比論證，歸納推廣，根據權威，根據記號，和因果推論等等。

(1)預測

在一個**預測**(prediction)裡，前提講現在或過去的一些已知事件，而結論則超出這個事件，進行到相對未來的某一事件。例如，有人論證

---

⑧這裡所謂「類稱」，主要是指其前提和結論是講類與類或類與分子關係的。
⑨這裡「假言」的「假」是「假如」的「假」，不是「真假」的「假」。

說，因為已經觀察到某一氣象現象在菲律賓東北方海面發展，因此兩三天之內會有颱風侵襲台灣。或者論證說，因為這兩天美國道瓊指數大漲，因此台灣股票這幾天也會上漲。幾乎每個人都知道，未來的事不能確實知道；這樣，一個論證對未來做預測時，通常有理由把它看做歸納。

(2)類比論證

類比論證(argument by analogy)是依據兩個事物之間存在的類似或相似而做的論證。由於有這種類似的存在，因此我們就說，一個影響較熟悉的事物的某一條件，也會影響類似但較不熟悉的事物。例如，某人主張說，科學是拿事實建造的，因為這正如同房子是拿石頭或磚建造的。這種類比或類似的理由，當然沒有必然，只有或然的力量。因此類比論證顯然是歸納。

(3)歸納推廣

歸納推廣(inductive generalization)是從某一類的若干分子（選樣）具有某一性質，進行到說這一類的大部分，甚至所有的分子，也具有這一性質的論證。例如，有人論證，這一卡車農民黨一號的芒果特別美味，因為從這卡車芒果選出的幾個都非常好吃。這個例子例示在歸納論證裡使用統計。

(4)根據權威的論證

一個**根據權威的論證**(argument from authority)是一個其結論依據某一推定的權威或證人所做陳述。例如，有人論證說，這條山路明年會開通，因為有關當局已有這個計劃。或者檢察官論證說，某人犯謀殺罪，因為有幾個目擊者做了這個證詞。這些論證基本上是或然的，因為有關當局的計劃可能改變，目擊者可能說謊或說錯。

(5)根據信號的論證

一個**根據信號**的論證是一個從某一信號進行到這一信號表示的事物的論證。例如，有人可能根據某一路標而下結論說，他應走那一條路。這個結論只是或然的，因為這個路標可能標錯或被人移動。

(6)因果推論

　　一個**因果推論**(causal inference)裡含藏這樣的論證，即從一個原因進行到一個結果，或反過來，從一個結果進行到一個原因。例如，從一陣打雷，然後看到火燒山，於是就論證說，這打雷致使火燒山，或這火燒山是打雷致使的。由於特定的因果事例決不能被確定的知道，因此通常要把這種論證解釋為歸納的。

習題 1-4

Ⅰ.下列論證最好解釋做演繹還是歸納？說明你的決定使用的判準（即指示詞的出現，前提與結論之間推論連繫的性質，或論證的特性或形式）。

1.鄰居的燈還亮著，因此他一定在家。

2.等腰三角形的底角相等，因此等腰三角形頂角的平分線平分底邊。

3.如果有空間這東西，則它會在一些東西裡，因為所有的存有都在一些東西裡，而在一些東西裡的東西是在空間裡的。所以空間會在空間裡，以此類推。因此，沒有空間這東西。

4.所有的牛是哺乳動物而且有肺。所有的鯨是哺乳動物而且有肺。所有的人是哺乳動物而且有肺。所以，很可能所有的哺乳動物有肺。

5.生存競爭不可避免從所有有機生物容易高速率增加跟隨而來。每樣生物，雖然在自然生命之世產卵或種子，但在生命的某一時間必定遭受毀滅，在某一時期或偶然年分，它的分子以幾何增加原理迅速變成異常大，使得沒有一個地方能夠支持產物。因此，個體的生產超過可能的生存時，每個場合必定有生存競爭。一個個體與同類的另一個體，與不同類的個體，或是與生命的物質條件等的競爭。

6.《大英百科全書》有論邏輯的條款。《大美百科全書》，像《大英百科全書》，是一本優越的參考書。因此，《大美百科全書》可能也有論邏輯的條款。

7.由於基於祂願望它的那理由，上帝願望的每樣事物都是公正的，非選民的可怕命運並不違反正義的原理。

8.每個提高人格的法律是公正的。每個貶低人格的法律是不公正的。所有種

族隔離的規定是不公正的，因爲種族隔離扭曲靈魂，傷害人格。

9. 比薩斜塔上的瓷片上說，伽利略在那裡做落體實驗。一定的，伽利略確實在那裡做了這個實驗。

10. 所有街頭幫派是牽連犯罪的組織。有些街頭幫忙不涉及宗教活動。所以，有些牽連犯罪的組織不涉及宗教活動。

11. 心與靈魂的本性是物質的；因爲推四肢時，我們看到，從睡中喚醒身體，改變面容，翻轉整個人；而不觸及身體時，我們看到，沒有這些效應會發生。我們不是必須承認心與靈魂是物質的嗎？

12. 如果小孩被抑壓，在成長時他們在心理上會受苦。然而，一個小孩要麻被抑制，要麻被允許自由表現。這樣，如果一個成人心理上沒有受苦，在小孩時必定被允許自由表現。

13. 一個教師的影響常有問題。使一個藝術家偉大和獨特的，必須從他自己創造出來。拉斐爾（義大利畫家），米開蘭基羅，海頓，莫扎特以及所有偉大的大師，他們不朽的創作歸功於那一個老師？

14. 或許人類行爲的大部分根據推論來運行。大部分時間，我們就是沒有我們的行爲依以根據的事實。然而爲使我們所做有意義，預期我們將來應做什麼，我們必須做假定，推結論。

6. 眞假，有效性，健全性，強度，與有説服力

　　上節指出，邏輯上研究論證最重要目的，是要區分好壞，和正確不正確的論證。爲了做這種區分，首先必須把論證分爲兩種，即演繹論證和歸納論證，因爲區分這兩種論證的好壞或正不正確的標準和概念不一樣。

　　一個論證，不論好或壞的，具有兩個基本特徵，也就是論證者的兩個基本主張和堅持。一個是主張他的前提爲眞，另一個是主張如果這些前提爲眞，則結論也應爲眞（主張的前提的眞與結論的眞之間的邏輯連繫強度，有必然和或然兩種）。評定論證的好壞時，注意這兩個特徵是很重要的，因爲我們的評定就是要針對這兩個特徵或主張做的。

　　一個論證如果確實如提出者主張的，前提爲眞，而且如果前提爲眞

時結論為真，則論證是好的，否則是壞的。這樣，當一個人提出一個不能令人滿意的論證時，他會以兩個方式弄錯。一是，主張前提為真裡弄錯。在這裡，他犯了一個**事實的**(factual)錯誤，他從不真的前提做推論。另一個是，主張如果前提真，則結論也應為真，可是實際並非如此。這是一個**邏輯的**錯誤，由弄錯前提與結論的邏輯關連所致。在邏輯上，我們主要關心的是這第二種錯誤。邏輯的職責不在告訴我們，在推理時我們要從什麼前提出發（除了我們應從邏輯上一致的前提出發），而在幫助我們看出結論理該如何與前提發生關連。

　　有幾點要注意的。一，雖然前提事實上的真假不是邏輯主要要關心的，但在實用上，評定一個論證的好壞——廣義的好壞——時，還是須要知道它是真還是假。二，不論演繹或歸納，前提事實上的真假問題都一樣。因此，前提為真的主張，在那一種論證都一樣。三，雖然前提事實上的真假不是邏輯主要要關注的，但前提真假的概念，尤其是「如果前提為真」的概念，是在我們關注前提與結論的邏輯關連時，必須要使用的。

　　在追究和評定論證者對前提和結論的邏輯關連的主張，有沒有錯，好還是壞時，要以什麼標準和概念來評定呢？乍看之下似乎不易回答，其實不然。如果前提與結論的邏輯關連**確實**如同論證者的主張那樣，那麼這個論證在**邏輯上**就是好的，正確的。反之，如果並不確實那樣，則是壞的，不正確的。現在有一個關鍵點，那就是，在前提與結論的邏輯關連上，論證者必定做兩種不同的主張之一。我們曾依這不同的主張，把論證區分為演繹和歸納。這樣，在追究和評定論證者對前提和結論的邏輯關連的主張，是好還是壞時，要就這不同的主張本身去做。這樣，就要以不同標準和概念去評定。也就是要以不同標準和概念來評定演繹論證和歸納論證。

　　在一個演繹論證裡，論證者主張結論必然從前提跟隨而來。換句話說，主張如果前提為真，則結論不可能為假（即必然為真）。這樣，所謂確實如同論證者所主張，就是指結論必然從前提跟隨而來。也就是，前提這樣支持結論，即前提為真時，結論不可能為假（即必然為真）。這樣的論證就是好的，正確的。為了與好的歸納論證有所區分，以及為

了與計較前提的眞假的論證的好壞有所區分，我們將把這樣的好論證，稱爲**有效的**(valid)。反之，如果一個演繹論證的結論並不必然從前提跟隨而來；或者說，如果前提爲眞時，結論可能爲假（即不必然爲眞），則爲**無效**(invalid)。大部分邏輯教本使用有效和無效這一詞語，評定演繹論證的這種邏輯關連的好壞。

從這些定義，有兩個直接的結果。一，在有效與無效之間沒有中間地帶。沒有「幾乎」(almost)有效或「幾乎」無效的論證。如果結論必然跟隨而來，則論證有效；如果不必然，則論證無效。二，有效性與眞假之間只有「間接」關係。也就是說，前提和結論實際上的眞假，與論證的有效或無效沒有必然的關係。只有前提與結論之間的條件關係與有效性有關。要論證爲有效，前提或結論不一定要爲眞；所要的僅只是，**如果**前提爲眞（即**假定**(assume)前提爲眞），結論不可能爲假。下面是一個（實際上）假前提和假結論，但爲有效的論證。

例 42　　所有傑出的科學家是男士。
　　　　居禮夫人是傑出的科學家。
　　　　所以，居禮夫人是男士。

這個論證顯然有效，因爲**如果**兩個前提都眞，則結論必定爲眞；但第一個前提和結論實際都假。

假的前提和假的結論並不阻止一個論證爲有效，眞的前提和眞的結論也不保證有效。下面是一個眞前提和眞結論，但無效的論證。

例 43　　日本首都在東京或是美國首都在華盛頓。
　　　　日本首都在東京。
　　　　所以，美國首都在華盛頓。

問題不是前提和結論是否爲眞，而是前提是否支持結論，即如果它們爲眞（假定爲眞），則結論不可能爲假，因爲這正是論證者在邏輯上的主張。在例 43，雖然前提和結論實際都眞，但是在前提爲眞的認定下，結論也有爲假的可能，因爲在日本首都仍在東京時，美國首都有從華盛頓遷到別處的可能。

在下面表 1-1，我們例示演繹論證裡，前提的真假和結論的真假的種種可能結合。檢視這個表時，注意不允許既有有效論證又有無效論證的唯一真假組合是，真前提和假結論。換句話說，除了這個情況以外，前提和結論的真假是與有效性無關的。任何一個具有真前提和假結論的演繹論證，必然無效。這也許是演繹論證的一切裡，最重要的事實。

表 1.1

	有　　　效	無　　　效
真前提 真結論	所有哺乳動物有肺。 所有鯨是哺乳動物。 所以，所有鯨有肺。 〔健全〕	所有的人都會過世。 孔子會過世。 所以，孔子是人。 〔不健全〕
真前提 假結論	沒有這種論證	日本首都在東京或是中國首都在廣州。 日本首都在東京。 所以，中國首都在廣州。 〔不健全〕
假前提 真結論	所有的魚是哺乳動物。 所有鯨是魚。 所以，所有的鯨是哺乳動物。	所有哺乳動物有翅。 所有鯨有翅。 所以，所有鯨是哺乳動物。 〔不健全〕
假前提 假結論	所有的酒是啤酒。 可口可樂是酒。 所以，可口可樂是啤酒， 〔不健全〕	所有的哺乳動物有翅。 所有的鯨有翅。 所以，所有的哺乳動物是鯨。

表 1.1 例示的演譯論證的有效性與前提和結論的真假間的關連，可摘述如下：

前　提	結　論	有效性
真	真	？
真	假	無效
假	真	？
假	假	？

　　雖然論證前提實際的眞假，不是邏輯主要關注的，但在評定「整個」論證的好壞時，也是要計較的事項。這樣，如果我們有一語詞來評定連同計較前提好壞的，也是有用的。我們要把**有效**而且前提爲**眞**(true)的演繹論證，叫做**健全的**(sound)。把無效或前提爲假，或無效前提又假的演繹論證，叫做**不健全的**(unsound)。這裡所謂前提爲眞，當然是指**所有**前提都眞。所謂前提爲假，則指只要有一個爲假。由於有效的演繹論證是，如果前提爲眞，則結論必然爲眞，而且由於一個健全的論證事實上確實具有眞前提，因此依定義，每個健全的論證也一樣會具有眞結論。這樣，一個健全的論證是充分意義的「好」演繹論證。

　　其次講歸納論證。我們把歸納論證定義爲論證者主張結論只或然或可能從前提跟隨而來。這樣，如果結論事實上確實從前提或然或可能跟隨而來，就是一個好的歸納論證。爲了和演繹論證的「好」有所區別，我們要把這種好，說是**強的**(strong)。換句話說，**強歸納論證**(strong inductive argument)是一個這樣的歸納論證，即如果前提爲眞（或假定爲眞），則結論或然或可能爲眞。反之，**弱**(weak)**歸納論證**是一個結論並不或然或可能從前提跟隨而來的歸納論證。換句話說，弱歸納論證是，如果前提爲眞，結論並不或然或可能爲眞。下面有兩個歸納論證，頭一個是歸納弱，第二個是強：

例 44　這棵樹有一百個芒果。
　　　　任意摘下的三個是成熟了。
　　　　所以，大槪一百個都成熟了。

例 45　這棵樹有一百個芒果。
　　　　任意摘下的八十個是成熟了。
　　　　所以，大槪所有一百個芒果都成熟了。

演繹論證的有效與無效是「兩極」的，沒有中間地帶，但歸納論證的強與弱，容納程度。上面第一個論證不是絕對弱，第二個也不是絕對強。兩個論證都會受任意選擇較多或較少選樣，而增強或削弱。

　　如同有效和無效，強與弱只間接與真假關連。在決定強弱上重要的是，如果前提真，結論是否或然或可能為真。下面是一個前提假，結論可能假的強歸納論證：

　　例 46　今年冬天阿里山每天都下雪。因此，明年冬天阿里山多半時候大概會下雪。

事實上阿里山很少下雪。但是如果假定今年冬天阿里山每天下雪，則明年冬天阿里山多半時候下雪的機率很大。

　　反之，一個歸納論證的前提為真，結論可能真的事實，並不一定使論證強。下面是一個前提真，結論可能真的弱歸納論證。

　　例 47　二三十年來，台灣的大學院校數量愈來愈多。這樣，將來好大學的素質可能降低。

即使前提為真，結論可能會真，但這個前提並不提供很可能的支持說，將來台灣好大學的素質會降低。表 1.2 例示歸納論證的前提和結論的真假種種可能組合。如同演繹論證，真假（或可能的真假）除了在真前提和可能為假的結論以外，與歸納論證的強度問題無關。任何具有真前提和可能為假的結論的歸納論證，都是弱的。

表 1.2

	強	弱
真前提可能的真結論	過去多年台灣平地很少下雪。所以，明年台灣平地大概不會下雪。〔有說服力〕	今夏台灣有很多颱風。所以，明年夏天台灣可能有很多颱風。〔沒說服力〕
真前提可能的假結論	沒有這種論證	過去在台灣念過高中而獲得諾貝爾獎的有兩人（李遠哲和丁肇中）。所以，在台灣念過高中未來二十年會獲得諾貝爾獎的可能有兩人以上。
假前提可能的真結論	所有以前美國總統信奉基督教。（甘迺迪總統信奉天主教）。所以，下任美國總統大概也信奉基督教。〔沒說服力〕	過去美國已有一位女性總統。所以，未來十年美國也可能再出現一位女性總統。〔沒說服力〕
假前提可能的假結論	過去所有通過台灣海峽的颱風都登陸台灣。所以，明年通過台灣海峽的颱風也都會登陸台灣。〔沒說服力〕	胡適是天文學家。所以，他可能寫過星座算命的書。

　　表 1.2 例示的歸納論證的強度與其前提和結論的真假之間的關連，可摘述如下：

前　提	結　論	強　度
真	可能真	？
真	可能假	弱
假	可能真	？
假	可能假	？

　　一個**強**而具有**真前提**的歸納論證是**有說服力的**(cogent)，而不強或前提不真的歸納論證是**沒說服力的**(uncogent)。由於一個有說服力論證的結

論，真實的為真前提所支持，每個有說服力論證的結論，或然或可能為真。

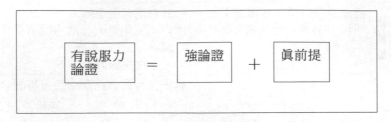

總結說來，不論一個論證是演繹還是歸納，在好壞的評定裡，牽涉兩個基本上相分離的問題：

1.前提（的真）支持結論（的真）嗎？
2.前提真嗎？

對第一個問題的回答，決定一個演繹論證是有效還是無效，以及一個歸納論證強還是弱。然後，假定論證為有效或強，對第二個問題的回答，決定一個演繹論證是健全還是不健全，以及一個歸納論證有說服力還是沒說服力。

對前提和論證的種種評定可圖示如下。注意，在邏輯裡，我們通常不說一個論證為「真」或「假」，也不說一個敘說或前提「有效」或「無效」，「強」或「弱」。

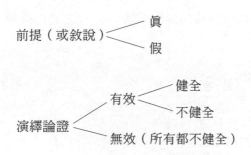

　　最後有幾點要注意的。首先，除了純數學和純邏輯的論證都是演繹的以外，在日常生活和其他所有討論上，演繹和歸納時常交互出現。做論證的評定時，由於演繹和歸納的標準和概念不一樣，因此必須先做演繹和歸納的區分。無法確實做區分時，最好分別依演繹或歸納評定，看具有有效無效，或強弱。其次，在一般討論裡，我們也常無區分演繹和歸納，而做論證的「好壞」或「正不正確」的評定。必要的時候，最好進一步做「有效無效」或「強弱」的評定。再說，本書自此以後將專注演繹論證的討論。因此，除非特別說明，所謂論證，專指演繹論證。

習題 1-5

I.決定下列論證是演繹還是歸納。如果是演繹，決定有效還是無效。如果是歸納，決定強還是弱。

1.因有些水果是綠的，有些水果是蘋果。所以，有些水果是綠蘋果。

2.李遠哲是台灣人，他是諾貝爾化學獎得主。所以，至少有一個台灣人是諾貝爾獎得主。

3.支加哥是加拿大的城市，加拿大是美國的一部分。所以支加哥是美國的城市。

4.合歡山前天下雪了。今天上山去也一定可看到雪。

5.阿土幾天來一直輸牌。因此，他今天很可能贏回來。

6.這座山不是臥龍，就是藏虎。它不臥龍，所以必定藏虎。

7.嘉義在台中之南，新竹在台中之北。所以，台中在新竹與嘉義之間。

8.因為 $x + y = 12$，$x = 7$。所以，$y = 2$

9.去年鳥巢築得很高，而颱風很少。今年築得很低，恐怕颱風很多。

10.統計顯示，接受流行性感冒預防注射的人，86%沒有感冒。我在一個月前

做了預防注射。因此，我應可以免疫，即使現在正在流行感冒。

Ⅱ.從報章雜誌或書本，找出兩個演繹論證，並顯示有效還是無效。

Ⅲ.從報章雜誌或書本，找出兩個歸納論證，並說明強還是弱。

7. 論證形式與有效性

我們知道的，一個（演繹）論證爲有效，如果前提爲眞時結論不可能爲假；反之，如果前提爲眞時結論可能爲假，則爲無效。這個有效無效的定義，可以說是有效無效的標準。有了這個標準在手邊，面對一些簡單的論證時，我們理應能夠很快決定有效還是無效。試看下面三個論證：

例 48　(a)　如果天下雨，則路濕。
　　　　　　天下雨了。
　　　　　　所以，路濕。

　　　　(b)　如果天下雨，則路濕。
　　　　　　天沒下雨。
　　　　　　所以，路不濕。

　　　　(c)　如果天下雨，則路濕。
　　　　　　路濕了。
　　　　　　所以，天下雨。

依論證有效性的定義和標準，很容易決定上面例(a)有效，因爲如天下雨則路濕爲眞，而且天眞的下雨了，則路必然濕。反之，例(b)無效，因爲天沒有下雨，路也有濕的可能；自來水管壞了或灑水車灑水，都可能使路濕。例(c)也無效，因爲路濕了，也未必是下雨；自來水管壞了，灑水車灑水，也會使路濕。

然而，論證稍爲複雜，就很不容易靠直覺來決定有效或無效了。例如，試看下面的論證：

例 49　如果沒有政府的農業補助，則有政府的農業控制。如果有政府的農業控制，則沒有農業蕭條。農業蕭條或生產過剩。事實上，沒

有生產過剩。因此，有政府的農業補助。

這個論證就不容易靠直覺來決定有效或無效了。再複雜一點的，單靠直覺幾乎不能夠決定了。那要怎麼辦呢？數學的問題可給我們很好的提示。在數字或數學的問題上，單靠直覺我們無法或很難想出或算出時，我們要靠「算法」或數學公式和數學方法來決定，也就是要靠運算(operation)來解決。這樣，想必我們也可，並且也應靠運算來幫助解決有效性問題。由於我們的運算主要解決有效性問題，因此在出發找運算論證的方法和模式時，第一步要知道的是，**什麼**和論證的**有效性**相關。試看下面三個論證：

例 50　(a)　地球是圓的**或者**2 + 3 = 7。

地球不是圓的。

所以，2 + 3 = 7。

(b)　UCLA（洛杉磯加州大學）在洛杉磯**或者**靜宜大學在台中。

UCLA 在洛杉磯。

所以，靜宜大學在台中。

(c)　雪是綠的**或者**玉山高 3952 公尺。

雪不是綠的。

所以，玉山高 3952 公尺。

現在我們要問，這三個論證那一個有效，那一個無效？爲什麼？首先，我們或許會覺得怪怪的，論證(a)的第一個前提的選言(disjunctions)的兩個選項(disjunct)之間沒有什麼關連，怎麼會是選言語句。這個質疑不難回答。怪怪，只是少見多怪而已。常見就不怪了。再說，在邏輯上任何有眞假可言的語句，都可用來形成複合語句，不管它們之間有什麼關連。

在回答上述問題時，要注意的。一，在決定有效性時，不要把不相干的東西引進來。二，要嚴格依據有效性的定義，也就是有效性的標準來決定。要決定上面諸論證的有效性時，不相干的前提和結論的實際的眞和假，尤其是明顯的眞和假，常被引進來不當的干擾我們的決定。例如(a)的前提「地球不是圓的」和結論「2 + 3 = 7」的假，可能被當做決定論證爲無效的根據；(b)的前提和結論的明顯爲眞，可能被當做決定論

證爲有效的根據。但這樣的決定是錯的。前提和結論實際的眞假，和論證的有效性無關。

實際上，論證(a)是有效的，因爲雖然它的第二前提和結論實際上爲假，但是如果假定前提爲眞時，結論不可能爲假。因爲，如果第一個（選言）前提爲眞，則選項「地球是圓的」和「2＋3＝7」之中，至少有一個爲眞。現在如果第二個前提「地球不是圓的」爲眞，則「地球是圓的」爲假。這樣，「2＋3＝7」即結論必定爲眞。其次，論證(b)爲無效，因爲雖然它的前提和結論都眞，但在前提爲眞之下，結論「靜宜大學在台中」可能爲假。因爲在前提爲眞時，只保證選項之一爲眞。現在由於第二個前提（假定）爲眞，即第一個前提的第一個選項爲眞。這樣，在假定第一個前提爲眞之下，其第二個選項，即結論「靜宜大學在台中」可能爲假。依決定論證(a)爲有效的同一方式，可決定論證(c)爲有效。

旣然前提和結論實際的眞假和論證的有效性無關，那麼什麼和有效性有關呢？假定下列簡寫：

A_1＝「地球是圓的」

B_1＝「2＋3＝7」

A_2＝「UCLA 在洛杉磯」

B_2＝「靜宜大學在台中」

A_3＝「雪是綠的」

B_3＝「玉山高 3952 公尺」

我們可把例 50 的三個論證分別表示爲：

(a) A_1 或者 B_1。	(b) A_2 或者 B_2	(c) A_3 或者 B_3
非 A_1。	A_2	非 A_3
所以，B_1。	所以，B_2	所以，B_3
（有效）	（無效）	（有效）

我們知道(a)有效，(b)無效，(c)有效。從這些部分符號化，可以明顯看出，論證(a)和(c)的論證**形式**(form)或**結構**(structure)是一樣的，但(b)則不

同。而論證(a)和(c)都有效，(b)無效。這提示我們，與論證的有效性有關的，是否是論證形式？邏輯家的回答是：是。

論證形式的概念在邏輯頂重要。所謂一個（有效）論證不可能具有一個真前提和假結論，實在是說，它具有某種形式，這一形式不允許有前提真結論假的實例(instance)。反之，所謂一個（無效）論證**可以**(could)有真前提和假結論，是說，這個論證具有一種形式，這種形式可有真前提和假結論的論證實例。這樣，決定一個論證有效無效的，是論證的**形式**。設小寫字母 p 和 q 代表任意語句。那麼，前面例 50 的證(a)和(c)顯然具有

(i)　　p 或者 q。

　　　　非 p。

　　　　所以，q。

這樣的論證形式。論證(b)則具有

(ii)　　p 或者 q。

　　　　p。

　　　　所以，q。

這樣的論證形式。我們要知道的，不但例 50 的論証(a)和(c)是有效的，任何具有上面論證形式(i)的實例都有效。反之，不但例 50 的論證(b)無效，任何具有論證形式(ii)的實例都無效。

為了能夠看出形式如何決定有效性，務必非常清楚一個**形式**(form)與其**實例**(instance)的區別。形式是一般樣式或結構，是從所有具有這個樣式的特定題材抽象得到的，而實例是展示這個形式的個別有意義的例子。在上面的討論裡，(i)是例 50 的論證(a)和(c)的**形式**，**樣式**(pattern)或**結構**(structure)，而這兩個個別論證，是這個形式的**實例**。

在做了形式與實例的區別以後，有效性的定義，可以更精確一些。我們需要區分一個論證（實例）的有效性與一個論證形式的有效性，而前者的定義要依靠後者。**一個論證（實例）是有效的，恰好如果**(if and only if)**這個論證是一個有效論證形式的實例，或是這個論證具有一個有**

效的論證形式。一個論證形式是有效的，恰好如果這個論證形式沒有這樣的實例，其中所有前提為真而結論為假。一個論證形式是無效的，恰好如果這個論證形式有一個這樣的實例，其中所有前提為真而結論為假。

這個無效性的另一種定義，直接提出**證明**(prove)無效的方法。如果我們察覺一個論證可能無效，可用這個方法來證明它無效。首先分離並寫出這個論證的形式，然後給這個形式找出一個使前提為真和結論為假的實例。如果確實找出這種實例，根據上述無效的定義，就證明了這個論證或論證形式為無效。這種證明無效的方法，叫做**反例法**(counter-example method)。試看下面的論證：

> 例 51　　如果鵝鑾鼻在台灣南端，則鼻頭角在台灣北端。
> 　　　　　鼻頭角在台灣北端。
> 　　　　　所以，鵝鑾鼻在台灣南端。

這個論證的前提和結論雖然都真，但無效。我們用反例來證明。設 *p*，*q* 為任意語句。那麼這個論證顯然具有這樣的形式：

> 如果 *p* 則 *q*。
> *q*。
> 所以，*p*。

現在構作一個如下的反例，證明這個論證形式和例 51 的論證無效：

> 例 52　　如果 3 可被 2 整除，則 6 可被 2 整除。
> 　　　　　6 可被 2 整除。
> 　　　　　所以，3 可被 2 整除。

這個論證顯然具有上面那個形式，因此是這個形式的一個實例。同時由於這個實例的前提都真但結論卻假，因此它對這個形式構成反例。這樣就證明了這個形式以及例 51 的論證為無效。

有幾點要注意的。一，一直不能找到反例，不能證明形式為有效，除非能證明所找出的實例是這一形式的所有可能的實例。二，一般說

來，不能用實例來證明一個形式為有效，除非這些實例是這一形式的所有可能實例。三，一個論證的形式時常不是明顯的，要使它明顯需要做語句意義的分析。

論證有種種可能的形式。這些不同的形式是由種種邏輯字眼(logical words)形成和呈現的。譬如，

例 53　(a)　所有老虎是動物。
　　　　　　 所有哺乳動物是動物。
　　　　　　 所以，所有老虎是哺乳動物。
　　　　 (b)　有些動物是老虎。
　　　　　　 所有老虎不是哺乳動物。
　　　　　　 所以，有些動物不是哺乳動物。
　　　　 (c)　沒有哺乳動物是老虎。
　　　　　　 有些動物不是老虎。
　　　　　　 所以，所有動物是哺乳動物。

設 A ＝「老虎」，B ＝「動物」，C ＝「哺乳動物」。那麼，例 53 的三個論證的形式可分別寫成：

(a)　所有 A 是 B。　　(b)　有些 B 是 A。
　　 所有 C 是 B。　　　　 所有 A 不是 C。
　　 所以，所有 A 是 C。　　 所以，有些 B 不是 C。
(c)　沒有 C 是 A。
　　 有些 B 不是 A。
　　 所以，所有 B 是 C。

最後要知道的，論證的形式基本上決定於前提和結論的語句形式，尤其是語句的邏輯形式。這樣，要分析論證的形式，須從語句的邏輯形式做起。

習題 1-6

決定下列論證有效還是無效。如果無效，提出一個反例。

1. 有些進化論者是不相信聖經的人，因為沒有上帝創造人類說者是進化論者，而有些相信聖經的人不是上帝創造人類說者。

2. 所有青蛙是爬蟲動物。有些爬蟲動物有毒。所以，有些青蛙有毒。

3. 有些傳教士是有錢人。所有有錢人會到天堂。所以，有些傳教士會到天堂。

4. 所有銀河是中心含有黑洞的結構體，因此所有銀河是類星球體，因為所有類星球體是中心含有黑洞的結構體。

5. 如果二氧化碳在大氣中，則植物有二氧化碳的來源。因此，由於植物有二氧化碳的來源，二氧化碳在大氣中。

6. 如果動物類是固定不變的，則進化是神話。進化不是神話，因為動物類不是固定不變的。

7. 不是阿里山和大霸尖山都在南台灣。大霸尖山不在南台灣。所以，阿里山在南台灣。

8. 不是維根斯坦就是徐志摩，到劍橋大學留學。維根斯坦到劍橋大學留學。所以，徐志摩沒到。

第二章
語句連詞

1.簡單語句與複合語句

在邏輯，這是十分重要的，要能夠分析語句的邏輯形式和論證形式，因為有效性就是形式或結構的事。當然可有種種不同**層次**(level)的形式分析和結構分析。論證的形式基本的決定於前提和結論的語句的邏輯形式。語句有不同複雜層次的形式。本章將做最基本層次的分析。這個層次的形式主要是由「而」（並且，and），「不」（非，並不，並非），「或者」（或是），「如果…則」(if…them)，「恰好如果」(if and only if)這些**邏輯字詞**(logical words)或**語句連詞**(sentence connectives)形成。這些字詞表現語句的某種邏輯形式或邏輯意義，所以是邏輯字詞。這些字詞是用來連結語句，形成新語句的，所以是語句連詞。

什麼是語句形式或語句結構？這是很難，甚至無法用語言直接說出來的東西。但我們可以經由追究語句連詞在語句裡所起的邏輯作用和功能，顯現出來。

分析語句形式或結構的第一步，是要能夠區分簡單語句或原子語句(atomic sentene)和複合語句或分子語句(molecular sentene)，以及辨認複合語句的簡單成分。**複合語句**(compound sentence)是一個含有其他完整語句當成分的語句。例如，

例 1　(a)　作家鍾肇政是龍潭人，**而**李橋是苗栗人。

(b) 孔子**不是**名家。

(c) 朱自清寫〈背影〉**或者**徐志摩寫〈再別康橋〉。

(d) **如果**颱風來襲，**則**菜價會上漲。

上面四句分別以「作家鍾肇政是龍潭人」和「作家李橋是苗栗人」，「孔子是名家」，「朱自清寫〈背影〉」和「徐志摩寫〈再別康橋〉」，和「颱風來襲」和「菜價會上漲」等這些完整的語句當成分，因此它們都是複合語句。但下例的語句則不是：

例2 (a) 我昨晚看到的彗星很亮。

(b) 如果一數是偶數，則它可被二整除。

因為，(a)除了它本身沒有其他完整的語句，詞組「我昨晚看到的慧星」不是語句。在(b)「一數是偶數」和都「它可被二整除」不是完整的語句。

　　簡單語句(simple sentence)是不是複合，不含任何其他完整語句當成分的語句。例如，上面例 2 的(b)是簡單語句。這句話其實就是「凡偶數可被 2 整除」這個簡單語句。下面都是簡單語句：

例3 (a) 水是氧和氫的化合物。

(b) 2 與 3 之和是 5。

(c) 殷海光和徐復觀是湖北同鄉。

　　本書第二到第五章要講的是不考慮簡單語句內部結構，而發展的那部分的邏輯。由於它是以完整語句為處理和運作單位和對象，因此叫做**語句邏輯**(sentential logic)或**命題邏輯**(propositional logic)。

2.語句連詞與語句的符示

　　語句邏輯只關注利用語句連詞，把簡單語句結合成更複雜語句的方式。語句連詞是用來從較簡單的語句建造更複雜語句的詞組。更精確說，一個語句連詞應該含空格寫出，用以表示什麼地方應放置語句，用來形成一個適當的複合語句。如果語句放錯地方，以錯誤方式拿連詞來

結合，會產生無意義的結果。這樣，我們要把「語句連詞」定義為，**語句連詞是一個含有空格的詞組，並且拿完整的語句填充這些空格時，所得結果是語句**。例如，連言(conjunction)連詞會是：＿＿＿，而＿＿＿。使用這個連詞的例子是：「美國在太平洋東邊，**而**台灣在太平洋西邊。」

　　在中文和英文，有許多語句連詞，但在本書發展的語句邏輯，將只使用五種。下面是一些語句連詞，空格可填各種適當的語句：

例4　　＿＿＿，而＿＿＿（＿＿＿ and ＿＿＿）
　　　　並不（並非）＿＿＿(it is not the case that ＿＿＿)
　　　　＿＿＿或者＿＿＿（＿＿＿ or ＿＿＿）
　　　　如果＿＿＿則＿＿＿(if ＿＿＿ than ＿＿＿)
　　　　＿＿＿恰好如果＿＿＿(＿＿＿ if and only if ＿＿＿)
　　　　＿＿＿除非＿＿＿(＿＿＿ unless ＿＿＿)
　　　　既非＿＿＿也非＿＿＿(neither ＿＿＿ nor ＿＿＿)
　　　　並不都＿＿＿(not both ＿＿＿)

　　注意，上面第二個連詞「並不＿＿＿」，只含可給一個語句的空格，而其他連詞則有兩個空格，結合兩個語句。前者叫做**一元**(one-place)連詞，後者叫做**二元**(two-place)連詞。可能有三元，甚至 *n* 元的，但在日常用語裡很少用。「既非＿＿＿也非＿＿＿更非＿＿＿」可視為三元連詞。

　　在本書的語句邏輯，將只使用「而（且）(and)」，「非(not)」，「或者(or)」，「如果…則（就）(if…then)」，和「恰好如果(if and only if)」這五種語句連詞，並依次用「·」（點號），「～」（波號），「∨」（楔號），「⊃」（蹄號），「≡」（參槓號）等記號來代表。由這五種連詞或連號形成的語句，在邏輯上分別叫做連言(conjunction)，否言(negation)，選言(disjunction)，如言(conditional)，和雙如言(biconditional)。這些語句連號也可依次叫做連言號，否言號，選言號，如言號，和雙如言號。設 *P* 和 *Q* 分別代表語句。我們可把這些連號，其形成語句，連詞的意義，及樣本翻譯，表列如下：

連　號	連詞及語句名稱	意　義	樣本翻譯
·	連言（號）	而（且）(and)	$(P \cdot Q)$
～	否言（號）	不(not)	$\sim P$
∨	選言（號）	或者(or)	$(P \lor Q)$
⊃	如言（號）	如果…則(if…then)	$(P \supset Q)$
≡	雙如言（號）	恰好如果(if and only if)	$(P \equiv Q)$

在連言 $(P \cdot Q)$ 裡，P 和 Q 叫做**連項**(conjuncts)；在選言 $(P \lor Q)$ 裡，P 和 Q 叫做**選項**(disjuncts)；在如言 $(P \supset Q)$ 裡，P 叫做**前件**(antecedent)，Q 叫做**後件**(consequent)。

　　分析語句的邏輯形式或結構時，為了盡可能精確抓住這種形式和結構，最好借助符號化來做。誠如丘崎(A. Church)教授說的：「為邏輯分析的目的，為避免自然語言的不適當，首先必須把自然語言翻譯成一種更精確的記法。」這種做法，在數學已司空見慣。

　　這裡我們最好有**句式**(formula)這個概念。所謂句式就是用符號來表示的語句。我們將用**單一大寫（英文）字母**來表示最簡單的句式。這種句式將充做語句邏輯所有其他句式的建造磚，用來代表簡單的（非複合的）日常語句。以英文語句為討論對象時，為了好記，一般將使用語句的第一個字母，或至少某一個讓人容易與所符示的語句聯想的字母，來符示。例如，

　　例 5　(a)　用 T 符示「Taiwan is a beautiful island」（台灣是美麗之島）。
　　　　　(b)　用 M 符示「All martyrs were saints」（所有烈士是聖人）。

以中文語句為討論對象時，除了使用英譯的聯想字母，只好利用臨時約定。除有特別考慮，通常依字母次序表示。例如，

　　例 6　(a)　用 H 符示「新竹(Hsin-chu)的風很大」。
　　　　　(b)　用 A（臨時約定）符示「無名天地之始」。

　　我們將用這樣的方式構成更複雜的句式。首先，設有任意一個句式（未必是簡單的），我們可把否言號「～」放在這一句式前面，獲得一

個否言句式。例如，用 L 表示「老子是哲學家」，那麼：

例7　(a)　$\sim L$　老子**不**是哲學家。

　　　(b)　$\sim L$　**並非**老子是哲學家。

　　　(c)　$\sim L$　老子是哲學家是**假的**。

其次，設有任意兩個句式，我們可以拿四種二元連詞之一，放在它們之間來結合它們，並把所得圍在括號裡。例如用 T 代表「台灣隊第一」，A 代表「美國隊第二」，可形成下列基本的複合語句：

例8　(a)　$(T \cdot A)$ 台灣隊第一，**而**美國第隊二。

　　　(b)　$(T \vee A)$ 台灣隊第一**或者**美國第隊二。

　　　(c)　$(T \supset A)$ 如果台灣隊第一，**則**美國第隊二。

　　　(d)　$(T \equiv A)$ 台灣隊第一**恰好如果**美國第隊二。

當然也可有：

例9　(a)　$\sim(T \cdot A)$ **並不是**台灣隊第一**以及**美國第隊二。

　　　(b)　$\sim(T \vee A)$ **並不是**要嘛台灣隊第一要嘛美國第隊二。

　　　(c)　$\sim(T \supset A)$ **並不是**如果台灣隊第一則美國第隊二。

　　　(d)　$\sim(T \equiv A)$ **並不是**恰好如果台灣隊第一則美國第隊二。

　　使用這五種連號，可以構作任何複雜程度的句式。設 T 和 A 代表如前，J 代表「日本隊第二」，K 代表「韓國隊第三」。那麼，我們可構作諸如下例更複雜的句式：

例10　(a)　$[(T \cdot J) \vee (A \cdot K)]$

　　　　　　台灣隊第一日本隊第二，或者美國隊第二韓國隊第三。

　　　 (b)　$[(A \cdot J) \supset (T \vee K)]$

　　　　　　如果美國隊和日本隊並列第二，則台灣隊第一或韓國隊第三。

　　　 (c)　$[(T \equiv A) \cdot \sim J]$

　　　　　　台灣隊第一恰好如果美國隊第二，而日本隊不是第二。

顯然，可依此繼續寫下去，但當做例子已夠了。理論上，句式的長度沒有上限。但有實際的限度，例如紙張、墨水、電腦的大小、時間和精力。

在前面句式的構作中，我們已暗中使用括號「（　）」和「[　]」來表示連號作用的**範圍**(scope)，用以避免句式的歧義。例如，

例 11　（沒使用括號時）句式 $T \cdot A \supset K$ 可有下面兩種閱讀和解釋：
(a)　$[(T \cdot A) \supset K]$
　　　如果台灣隊第一美國隊第二，則韓國隊第三。
(b)　$[T \cdot (A \supset K)]$
　　　台灣隊第一，而且如果美國隊第二則韓國隊第三。

例 12　（沒有括號時）句式 $\sim T \cdot A$ 也有兩種閱讀：
(a)　$[(\sim T) \cdot A]$
　　　台灣隊不是第一，而美國隊第二。
(b)　$\sim (T \cdot A)$
　　　並不是台灣隊第一美國隊第二。

這裡的情況如同在算術裡的；沒有括號，式子 $6 \div 3 \times 2$ 有歧義而沒有確定的值。如括成 $(6 \div 3) \times 2$，則得值 4，即 $(6 \div 3) \times 2 = 4$；如括成 $6 \div (3 \times 2)$，則得值 1，即 $6 \div (3 \times 2) = 1$。有三點要注意。一，我們要像寫一般數學式子那樣，使用 **括弧**(parentheses)「（　）」，**括方**(brackets)「[　]」，和**括波**「{　}」這三種括號。例如，我們可有 $\{[(T \cdot A) \supset J] \vee K\}$ 這樣的句式。二，最外層的括號可省略不寫，例如前面這個句式可寫成 $[(T \cdot A) \supset J] \vee K$，但如果主連詞是連言號「·」時，為避免和句點相混，我們不省略最外層的括號。三，否言號「～」的範圍恒為跟在後面最小的句式。這樣，我們可把 $[(\sim T) \vee A]$ 寫成 $\sim T \vee A$。

我們也需要**子句式**(subformula)和**主連詞**（號）(main (major) connectives)這些用詞。所謂子句式是指句式的一部分，而且又是句式的。（任何一個句式是它本身的一個子句式。）一個句式的主連號（詞）是這一句式裡作用範圍最大，也就是作用到整個句式的連號（詞）。主連號徵定這一句式是連言，否言，選言，如言，還是雙如言。

例 13

句式	主連號	句式別	子句式
(1)$\sim T \supset A$	$\supset$	如言	$T, A, \sim T, \sim T \supset A$
(2)$\sim[(T \vee A) \supset J]$	$\sim$	否言	$T, A, J, T \vee A, (T \vee A) \supset J,$ $\sim[(T \vee A) \supset J]$
(3)$[(T \vee A) \cdot \sim (J \supset K)]$	$\cdot$	連言	$T, A, J, K, T \vee A, J \supset K, \sim(J \supset K), (T \vee A) \cdot \sim(J \supset K)$
(4)$\sim[(J \vee A) \equiv (\sim A \supset J)]$	$\sim$（第一個）	否言	$J, A, J, \sim A, J \vee A, \sim A \supset J,$ $(J \vee A) \equiv (\sim A \supset J), \sim[(J \vee A) \equiv (\sim A \supset J)]$
(5)$\sim(T \vee A) \equiv (\sim A \supset J)$	$\equiv$	雙如言	$T, A, J \sim A, T \vee A, \sim A \supset J,$ $\sim(T \vee A), \sim(T \vee A) \equiv (\sim A \supset J)$

習題 2-1

I.下列語句那些是簡單的，那些是複合的？並說出複合語句的所有簡單成分：

1.蘇軾與蘇轍是兄弟。

2.蘇洵是蘇軾與蘇轍的父親。

3.蘇軾與蘇轍是宋代人。

4.吾生也有涯，而知也無涯。

5.北冥有魚，其名為鯤。

6.彭明敏和殷海光是同時代的台大教授。

7.劉福增是殷海光的學生，也是丘崎(A. Church)的學生。

8.要嘛颱風要來，要嘛風和日麗。

9.你來否則我不去。

10.夫道，覆載萬物者也。

II.試指出下列各句式的主連號（詞）：

1.$(A \vee B) \supset C$

2.$(A \cdot B) \vee \sim(B \cdot C)$

3.$\sim[\sim(A \vee B) \supset C]$

4. $[\sim A \lor (B \supset C)] \equiv \sim D$

5. $\{[(F \cdot \sim G) \supset C] \equiv D\} \lor (B \supset C)$

6. $A \supset [B \supset (C \supset \{D \supset [E \supset (F \supset G)]\})]$

Ⅲ. 把語句符號化有什麼用處？

Ⅳ. 除了我們講的五種語句連詞，再列出幾種中文和英文的語句連詞。

Ⅴ. 在日常語句裡，如果由於語句連詞而產生歧義時，我們要如何消除這種歧義？試舉例說明。

3. 眞値與眞値表

在上節，我們藉符號化，呈現五種語句連詞所形成的語句結構和形式。在探求顯示論證有效性的方法中，還要引進語句的眞假觀念。一個語句，例如，「玉山高 3952 公尺」有眞假可言，這是常見的。但有不少語句，即使是直敘的(declarative)，例如「孫悟空一躍十萬八千里」，有沒有眞假可言，很模糊，不確定，而且見仁見智。這些「爭議」我們在此不討論。在本書講的邏輯裡，要預設或假定，**一個語句必定為眞(true)或為假**(false)。也就是，(1)我們討論的語句，必須具有一個**眞值**或**眞假値**(truth value)，以及(2)語句的眞值，要嘛爲**眞**要嘛爲**假**，但不能同時既眞又假。這樣，我們講的是一個**二值邏輯**(two-valued logic)。所謂二值邏輯是說，在我們的邏輯運作中，使用的任何語句必定具有眞值的眞或假之一，而且沒有既眞又假。

也要知道的，邏輯也有講**多値**(many-valued)的。在這種系統裡，研究具有三種可能的值（例如，眞，假，和未定），四種可能的值（例如，必然眞，適然眞，適然假，和必然假），甚或更多可能的值。但這些是特別的學科，在標準邏輯裡使用的語句是單純的眞或假。

本書不但要在二值邏輯的假定下講語句的眞假，而且在語句邏輯，只講那些其眞假僅僅由其成分的簡單語句的眞假，唯一決定的語句。例如，「泰國的首都在曼谷(Bangkok)，**而**印度的首都在新德里(New Delhi)」這個複合語句。這個連言(conjunction)的眞假，由其成分的簡單語

句，即連項(conjuncts)「泰國的首都在曼谷」，簡寫爲 B，和「印度的首都在新德里」，簡寫爲 N，唯一決定。這樣，連言 $(B \cdot N)$ 的眞值，即眞假值，由連項 B 和 N 的眞假值唯一決定。從 $(B \cdot N)$ 這個連言，可以非常明確看出，有而且只有兩個連項都眞，即泰國的首都在曼谷，印度的首都在新德里，這個連言才眞。只要有一個連項爲假，即只要泰國的首都不在曼谷，或印度的首都不在新德里，這個連言就假。講的明細一點就是，當 B 眞 N 眞時 $(B \cdot N)$ 眞，當 B 眞 N 假，B 假 N 眞，和 B 假 N 假時，$(B \cdot N)$ 假。用 T 和 F 分別表示眞的值和假的值，可把這四種可能用一個表表示如下：

	B	N	$(B \cdot N)$
(1)	T	T	T
(2)	T	F	F
(3)	F	T	F
(4)	F	F	F

把一個語句或句式的種種可能眞假組合，列舉出來的表格，叫做**眞值表**或**眞假值表**(truth table)。在眞值表中，垂直線把整個表分成左右兩欄。左欄列舉句式裡所有不同字母可能有的眞假（由 T 和 F 表示）組合；這些眞假組合是依每一字母可有眞(T)和假(F)兩種值，以及排列組合原則組成的。右欄列舉所論複合語句或句式，以及其眞值計算和所得眞值。由於可以有系統的列出左欄的所有組合，我們可給複合句式的眞值計算提出規則。對每一組合，可以算出複合句式的眞值是什麼。同時由於我們是在二值邏輯的認定下計算，這些是唯有的可能組合，因此我們將有一個完備的規則。

　　爲了討論方便，我們要給眞值表裡的項目一些稱呼。除了前面講的所謂左右欄以外，我們將把由每個字母或每個連號（詞）所形成的上下垂直序列，叫做**行**(column)。每個字母的行，是**基行**(basic column)或**始行**(initial column)；這些行上的眞假值，是依排列組合原則列舉的，而且表上的所有眞值計算，都從這些眞假值開始，所以它是基本的，起始的。主連號（詞）所在的行，是**主行**(main (major) column)或**終行**(final column)；由於它是表現整個句式的真值的行，所以是主行。由於它是每個真假組合計算終結的行，所以是終行。在真值表上，由 T 和 F 所形成的水平序列，叫做**列**(row)。如前面的表所示，有第一，第二，第三和第四四個列。

上面句式 $(B \cdot N)$ 的 B 和 N，是實際語句的簡寫或符示。這種簡寫和符示，產生一個重要作用。那就是把一個語句隱而不顯的「語句形式」顯現出來。經由簡寫和符示，如果把「原語句」的語句意義抽掉，而把簡寫的符號看做是不具特定意義的語句，而只是一般的代表語句，即代表任意語句，則原語句所具有的語句形式，就可充分顯露出來。這樣，可給這裡的句式 $(B \cdot N)$ 做兩種不同但相關的了解和解釋。一種是，句式 $(B \cdot N)$ 是原語句單純的**符示**(symbolization)，也就是 B 和 N 代表原語句原來的選項語句。一種是，句式 $(B \cdot N)$ 是原語句的形式化(formalization)，也就是 B 和 N 不再代表原連項語句，而只抽象的、一般的代表語句。爲了給這兩種了解有明顯的區分，我們可用句式 $(p \cdot q)$ 來表示後者。在此，小寫字母 p 和 q 分別表示「任意語句」。在現代邏輯裡，常把這種代表原語句本身的 B 和 N，叫做**語句常詞**(sentence constants)，而把代表任意語句的 p 和 q，叫做**語句變詞**(sentence variable，)。這裡常詞和變詞的用法，是從數學那裡推廣引伸而來的。在數學裡，我們把式子 $x + a$ 裡的 x 叫做變詞（變數），把 a 叫做常詞（常數）。這裡的常詞 a 是指某一特定的數，而變詞 x 則指不特定的數，它是一個數的佔位者(place holder)。意思是說，在那個位置上可放置任何所要討論的數。同樣的，在句式 $(B \cdot N)$ 裡，B 和 N 代表或指的是某一特定的語句，所以也是常詞。而在 $(p \cdot q)$ 裡，p 和 q 代表或指的不是特定的語句，而是任何語句，所以也是變詞。這樣，在形式化和一般化後，相應於前面句式 $(B \cdot N)$ 的真值表，我們可有爲連言的一個一般化的真值表如下：

p	q	$(p \cdot q)$
T	T	T
T	F	F
F	T	F
F	F	F

4.連言

大致說來，由使用像「而（且）(and)」等連言詞（連言詞句連詞）形成的複合語句，例如，「台灣隊第一，**而**美國隊第二」，叫做**連言**(conjunctions)，而由「而」連接的語句，例如「台灣隊第一」和「美國隊第二」，叫做連言的**連項**(conjuncts)。

現在我們要關心的是，連言的眞假怎樣由連項的眞假決定。這種眞假的決定情形，與語句，譬如連言等的邏輯形式，有內在的邏輯關連。就連言來說，顯然當而且只當兩個連項爲眞時，連言才眞，否則連言爲假。譬如，設 T 代表語句「台灣隊第一」，A 代表語句「美國隊第二」，**點**「·」代表連言詞「而（且）」。那麼，語句「台灣隊第一，而美國隊第二」，可符示爲 $(T \cdot A)$。現在把剛剛所講連言的眞假決定情形，更仔細說出。首先，如果 T 和 A 都眞（即如果台灣隊第一，美國隊第二），則複合語句 $(T \cdot A)$ 爲眞。其次，如 T 眞 A 假，則 $(T \cdot A)$ 假。第三，如果 T 假 A 眞，則 $(T \cdot A)$ 假。最後，如果 T 和 A 都假，則 $(T \cdot A)$ 假。我們可用下面「而（且）(and)」的**眞值表**給**連言**的眞值計算提出這樣的規則：

p	q	$(p \cdot q)$
T	T	T
T	F	F
F	T	F
F	F	F

從左至右依次讀各列。這個表告訴我們，如果 p 和 q 都眞，則 $(p \cdot q)$ 眞；如果 p 眞 q 假，則 $(p \cdot q)$ 假；如果 p 假 q 眞，則 $(p \cdot q)$ 假；最後，如果 p 和 q 都假，則 $(p \cdot q)$ 假。

關於連言和連言眞值表，要注意幾點：

(1)這裡的 p 和 q 是語句變詞，即 p 和 q 可以是任何語句，因此這裡的連項可以是**任何**句式，簡單或複合的。例如，$(p \cdot q)$ 可以是更複雜的句式實例 $\{[(A \lor B) \supset C] \cdot \sim(D \equiv E)\}$。這個實例會眞，恰好如果 $[(A \lor B) \supset C]$ 眞，$\sim(D \equiv E)$ 也眞。

(2)邏輯雖然有二千三百多年很長的歷史，但其研究一直多半停在用日常語言來呈現的狀態。直到一百年前開始才大量使用符示的方式研究。就符示的眞值表來說，二十世紀的二十年代才出現。除了大大方便運算以外，語言符號化的另一重要功能，在使我們更容易看到原來使用日常語言表現不容易看到的重要東西。例如，就前面的眞值表來說，很容易使我們看到，這個表顯示的連言句式的所有可能眞值組合，恰切徵定了連言號「·」，也就是連言詞「而（且）」的某種邏輯意義。連言號「·」如同在眞值表上所起的那種眞值組合作用，就是連言號「·」，即連言詞「而（且）」的邏輯意義。

從表上，可以看到連言號「·」是一種運算號（詞）(operator)。它的運算就是 $(p \cdot q) = (T \cdot T) = T$，$(p \cdot q) = (T \cdot F) = F$，$(p \cdot q) = (F \cdot T) = F$，和 $(p \cdot q) = (F \cdot F) = F$。這個運算是二元運算(binary operation)。這樣，我們可問二元運算的三個基本問題。可交換嗎？可以，因爲 $(p \cdot q) = (q \cdot p)$；可結合嗎？可以，因爲 $[p \cdot (q \cdot r)] = [(p \cdot q) \cdot r]$；可分配嗎？這要看分配到其他什麼運算號而定。

(3)由於連言是可結合的，因此可把一個具有 n 個連項的連言寫成「連續的」連言。以四個連項的連言爲例，可把 $\{P_1 \cdot [P_2 \cdot (P_3 \cdot P_4)]\}$ 寫成 $(P_1 \cdot P_2 \cdot P_3 \cdot P_4)$。在眞值上連言有這樣的特色，即一個連言要**所有**連項都眞才眞，只要有一個連項假就假。

(4)熟悉中文的人可能已覺察到，前面舉的**中文**連言的例子「台灣隊第一，**而**美國隊第二」，用道地的中文說或寫，應該是「台灣隊第一，美國隊第二」。這兩者的不同是，前者有連言詞「而（且）」，後者沒有。中文裡的連言，沒說出或寫出連言詞的比說出或寫出的要多。例如，下面是連言的例子：

例 14　(a) 孟子說人性是善的，告子說性無善不善，荀子說性是惡的。

（胡適：《中國古代哲學史》）。

(b) 屈原〈天問〉的內容是當時的科學思想，〈離騷〉、〈遠遊〉
的內容是當時的哲學思想。（馮友蘭：《中國哲學史新編》）。

在這裡，連言的兩個連項只用逗點「，」分開。在句子很短的場合，甚
至兩個連項**純粹並列**，中間沒有逗點。例如，

例 15　(a) 山高月遠。
　　　　(b) 出生入死。（老子：《道德經》）
　　　　(c) 周道衰孔子沒。（韓愈：〈原道〉）

連言(a)的連項是「山高」和「月遠」；(b)的連項是「出生」和「入死」；(c)
的連項是「周道衰」和「孔子沒」。反之，在英文，每個連言必定有連言
詞。中英文相對之下，我們可以說，在中文，連言詞常被省略，或是不
發達。

　　⑸有些語句表面看來是簡單語句，但實際上是連言複合語句的一種
簡寫。例如，

例 16　弗列格(Frege)**和**戈代爾(Gödel)是現代偉大的邏輯家。

至少在邏輯分析上，這個語句可看成是「弗列格是現代偉大的邏輯家」
和「戈代爾是現代偉大的邏輯家」的連言，可符示為 $(F \cdot G)$。但在下例
含有「和」的語句，則有不同的邏輯結構：

例 17　羅素(Russell)**和**維根斯坦(Wittgenstein)是師生。

這個語句不是連言，而是單純的簡單語句，因此不可符示為 $(R \cdot W)$，因
為「是師生」這個述詞和「是現代偉大的邏輯家」不一樣，前者是二
元，即關係述詞，後者則為單純的一元述詞。二元述詞「是師生」必須
以一個有序對(ordered pair)為主詞，因此在例 17 中，「羅素和維根斯
坦」不可分開。但在例 16 中，「是現代偉大的邏輯家」是單純一元述
詞，主詞「弗列格和戈代爾」理應分開，現在「合在一起」只是一種簡
寫。

　　⑹在邏輯，尤其是在語句邏輯，我們可結合任兩個語句形成一個連

言。不需要求兩個語句在內容或題材上有什麼關連。任何結合，不論怎樣荒謬，都被允許的。當然，我們通常對像「阿土喜愛阿蘭，而 6 可被 2 整除」這種語句不感興趣，雖然在語句邏輯裡允許它。

⑺雖然連項的先後次序，在日常用語上有時候很必要，但在語句邏輯裡我們要忽視這種次序。試看下例：

例 18　扒手偷了錢，**而**走進人叢。

這句話和「扒手走進人叢，而偷了錢」可能有不同的意思。雖然兩者都有「扒手偷了錢」和「扒手走進人叢」的意思，但前者可能有扒手偷了錢「以後」，走進人叢「去躲藏」的意思，而後者則可能有扒手走進人叢去偷錢的意思。在語句邏輯，只處理連項的真假問題，不處理連項之間「因果關係」，也就是只處理「而且」，不處理「而且然後」的意思。

⑻除了「而（且）(and)」，中英文字詞「but（但是）」，「however（然而）」，「yet（然而）」，「also（也）」，「still（然而）」，「although（雖然）」，「moreover（再說）」，「nevertheless（雖然但是）」，「on the other hand（反之）」，「despite（儘管）」，「雖然…但是」，「不但…還」，等等，甚至逗點和分點，也都可以用來連結兩個語句，形成一個單一的語句，都可以符示為 $(p \cdot q)$。下面是一些連言句式：

例 19　(a) $(A \cdot \sim B)$
　　　　(b) $[(E \vee F) \cdot (G \vee H)]$
　　　　(c) $\{[(R \supset T) \vee (S \supset U)] \cdot [W \equiv X) \vee (Y \equiv Z)]\}$

例 20　設 $I =$「台灣是一個島嶼」，$M =$「台灣有許多高山」。那麼下例的每個語句都可以符示為連言 $(I \cdot M)$：
　　　　(a) 台灣是一個島嶼，有許多高山。
　　　　(b) 台灣是一個島嶼，**但**有許多高山。
　　　　(c) **雖然**台灣是一個島嶼，**但**有許多高山。
　　　　(d) **雖然**台灣是一個島嶼，**也**有許多高山。
　　　　(e) 台灣是一個島嶼，**然而**有許多高山。
　　　　(f) 台灣是一個島嶼，**可是**有許多高山。
　　　　(g) 台灣是一個島嶼，**不過**有許多高山。

5. 否言

試看下例的兩句話：

例 21 (a) 老子是哲學家。

(b) 老子**不是**哲學家。

比較(a)和(b)，首先發現，(b)多了一個**否言詞**(negative connective)「不（是）(not)」（或「非」）。其次，如果(a)為**真**，即如果老子是哲學家，則(b)為假，即老子**不是**哲學家。反之，如果(a)為**假**，即老子不是哲學家，則(b)為**真**，即**不是**老子**不是**哲學家。像這樣，在一個語句（例如(a)）的適當地方添加否言詞「不（非）」，而且**需要的話調整這個語句的一些邏輯字詞**，如果所得語句（例如(b)）的真值與原來語句（例如(a)）的恰好相反，則這一所得語句是原來語句的**否言**(negation)。而原來的語句是這個否言的成分語句。例如，例 21 裡的(b)就是(a)的否言。設 L =「老子是哲學家」，則「老子不是哲學家」可符示為 $\sim L$。這裡**波號**(tilde)表示否言詞「不是」或「並不是」(it is not the case that)。這樣，如果 L 真則 $\sim L$ 假；如果 L 假則 $\sim L$ 真。這種任何語句 p 與其否言 $\sim p$ 之間的關連，可表示在下列的真值表：

p	$\sim p$
T	F
F	T

這可以摘述為 p 的否言 $\sim p$，會具有與 p 對反的真值或真假值。

關於否言或否言句式有幾點須注意：

(1)在使用否言號 $\sim$ 時，我們恆把它解釋為支配後面跟著的最小的句式範圍。例如，在 $(\sim p \cdot q)$ 裡，否言號只支配 p，並不支配 $(p \cdot q)$；也就是 $(\sim p \cdot q)$ 的意思是 $[(\sim p) \cdot q]$，不是 $[\sim (p \cdot q)]$。這樣 $(\sim p \cdot q)$ 是連言，不是否言。一個句式要為否言，其最前面那個否言號的範圍必須及於整個句式。

例 22　(a) ~(A ∨ B) ⊃ (C · D) 不是否言，而是如言。

　　　　(b) [~(A ∨ B) · (C · D)] 不是否言，而是連言。

　　　　(c) ~[(A ∨ B) · (C · D)] 是否言。

在了解否言號作用範圍的約定以後，一般都會很容易看出「~」的範圍。但是，在日常語句，否言詞作用的範圍，則常不明確，因而產生歧義。甚至含有前置否言詞的語句，並不是否言。例如，

例 23　(a) 我不去巴黎**和**倫敦。

　　　　(b) **不是**太陽上升，**就是**地球在運轉。

上面語句(a)有兩種可能的解釋。一，我**既**不去巴黎**也**不去倫敦。也就是，巴黎和倫敦我**都不去**。二，我**不會**巴黎和倫敦都去。也就是，巴黎和倫敦至少有一個我不去。沒有學過邏輯或語言分析的人，恐怕會先入為主認定其中一個解釋，以為那是唯一的解釋。前一個解釋為 (~p · ~q)；是連言，不是否言。後一個解釋為~(p · q)；是否言。(b)雖然表面上含有否言詞「不是」，但整個語句其實是選言 p ∨ q，也就是，(b)其實是語句「太陽上升，或者地球在運轉」。

　　(2)從前面**否言**的定義，我們知道，一個否言必須是就另一個語句來說的。所謂否言，用符號來表示，很簡單，那就是，~p 是 p 的否言。但是，在日常語句上，大部分就不是像例子 21 的那麼簡單了。也因此，前面我們給否言所做定義較轉折一點。這個定義有三個要點：

　(i)否言是就原語句多加一個否言詞所得。

　(ii)否言的真值必須和原語句恰好相反，

　(iii)在日常語句上，一個否言的形成往往要同時調整或變換原語句的一些邏輯字詞。

試看下例：

例 24　(a) **所有**英語國家在北半球。

　　　　(b) 所有英語國家**不在**北半球。

　　　　(c) **不是**所有英語國家在北半球。

　　　　(d) **有些**英語國家**不在**北半球。

(b)，(c)和(d)雖然比(a)多一個否言詞「不」，而且在某一個意義上，都是對(a)的一種否定，但(b)不是(a)的否言，因爲它們的眞値不是恰好相反，而(c)和(d)則是，因爲(c)，(d)和(a)的眞値恰好相反。語句(c)可視爲是由語句(a)前言添加範圍及於整個語句的否言詞「不是」得到的。就中文的造句而言，這不是十分自然。語句(a)最自然的否言是(d)。(d)可視爲是在(a)的適當地方添加否言詞「不」，並且把(a)裡的全稱詞「所有(all)」改爲偏稱詞「有些(some)」，而得到的。再看下例：

例25　(a) **有些**英語國家在北半球。
　　　(b) 有些英語國家**不**在北半球。
　　　(c) **不是**有些英語國家在北半球。
　　　(d) **所有**英語國家**不**在北半球。
　　　(e) **沒有**英語國家在北半球。

(b)不是(a)的否言，因爲(a)和(b)可同眞，澳大利亞和紐西蘭是英語國家，但不在北半球。(c)，(d)和(e)是(a)的否言。(c)可視爲把否言詞「不是」放在(a)整個語句前面得到的，但不是十分自然。(d)可視爲在(a)的適當地方添加否言詞「不」，並且把「有些」改爲「所有」，而得到的。(e)可視爲把否言詞「沒」放在(a)整個語句前面得到的。

　　從例24和25看來，要獲得一個語句的否言，在要調整或變換原語句的邏輯字詞上，似乎不困難，但並非如此。試看下例：

例26　(a) **如果**天下雨，**則**路濕。
　　　(b) **如果**天下雨，**則**路**不**濕。
　　　(c) **如果**天**不**下雨，**則**路濕。
　　　(d) **如果**天**不**下雨，**則**路**不**濕。
　　　(e) 天下雨，**但**路**不**濕。

我們要指出的，(b)，(c)和(d)都**不是**(a)的否言，(e)才是。爲什麼呢？恐怕要等本章，甚至更後面才能說清楚。從前面例24，25和26看來，要得到一個語句的否言，一般說來不是那麼簡單，恐怕非學邏輯不可。

　　(3)最後有兩點。一，否言的哲學意義，是很「深奧的」，很不好講。二，否言在語言上**非常重要**。如果不用否言，很多話會講不出來。

6.選言

　　兩個語句用選言詞「或者(or)」連接而成的複合語句,叫做**選言**(dis-junction),所連接的兩個語句,叫做選言的**選項**(disjuncts)。例如,「台灣隊(*T*)第一**或者**美國隊(*A*)第二」是選言,而「台灣隊第一」和「美國隊第二」是這個選言的選項。

　　不論是中文的「或者」或英文的「or」,在日常使用上都有兩個不同的意義。一個是**可兼容的**(inclusive)。這一意義的,只要有一個選項真,選言就真;兩個選項都真時,選言也真。我們將用楔號「∨」表示這個意義的選言或選言詞。上面那個例子,顯然是可兼容的。這樣,可符示為 *T* ∨ *A*。首先,如果 *T* 和 *A* 都真,*T* ∨ *A* 真。其次,如果 *T* 真 *A* 假,則 *T* ∨ *A* 真。第三,如果 *T* 假 *A* 真,則 *T* ∨ *A* 真。最後,如果 *T* 和 *A* 都假,則 *T* ∨ *A* 假。任何選言 *p* ∨ *q* 與其選項 *p* 與 *q* 之間的這種關係可寫成下列的真值表:

p	*q*	*p* ∨ *q*
T	T	T
T	F	T
F	T	T
F	F	F

這個表可摘述為:只在兩個選項都假時,可兼容的「或者」算做假。其中一個選項為真或兩個選項都真時,這個選言看做真。

例 27　下例各句式為選言:
(a) ∼*C* ∨ *D*
(b) (*F* · *G*) ∨ (∼*K* · ∼*L*)
(c) [*P* · (*Q* ⊃ *R*)] ∨ [*S* · (*T* ≡ *U*)]

　　選言詞「或者(or)」的另一個意義,是**不可兼容的**(exclusive)。根據這一意義,**恰好**一個選項為真時,選言才真。兩個選項都真或都假時,選言為假。例如,在世界十項全能錦標賽上,當我們說:「楊(Yang)傳廣奪冠**或者**強生(Johnson)奪冠」時,這個選言的「或者」應了解為不可兼

容，因為楊傳廣和強生不會兩人都奪冠。因此，恰好楊傳廣或強生之中一個人奪冠時，這個選言為真。

　　我們要知道，不論是中文的「或者」，還是英文的「or」，依語句的文法本身，無法決定可兼容還是不可兼容。通常須依語句的內容或語境來決定。關於這個歧義，有幾種情況要注意。首先，時常我們選擇那一個解釋是無關緊要的，因為那一個意義一樣充用。例如，試看式子「$x \leq y$」，即「$x < y$ **或者** $x = y$」。把這裡的「或者」了解為可兼容還是不可兼容的，沒有不同。兩個選項都真時，這兩個意義才會有不同。但是，選項為「$x < y$」和「$x = y$」時，事實上或在說話者的心目中，都不會產生兩者都真的情況。

　　然而在兩個選項可否同真會產生爭議時，最好把同真的情形排除，而明白說成：

$$p \text{ 或者 } q \text{ 但不是兩者(but not both)。}$$

這可符示為 $[(p \lor q) \cdot \sim(p \cdot q)]$。例如，客人用完餐後，侍者可以這樣問：「您要茶**或者**咖啡」。但當侍者發現客人不熟悉餐廳的消費習慣時，為避免結帳爭議，可這樣問：「您要茶**或者**咖啡，但**不是兩者**喲！」。

　　也要注意的。用前面真值表定義的選言號「$\lor$」「單純的」來符示，也就是符示為 $p \lor q$ 時，我們就明確把它解釋為**可兼容的**。我們為某種考慮想解釋為**不可兼容**時，必須符示為 $[(p \lor q) \cdot \sim((p \cdot q)]$。在此，$\sim(p \cdot q)$ 就把可兼容的情形排除。試看下面的論證：

例 28　阿土這個星期一或星期三要到香港。（M 或者 W）
　　　　阿土這個星期一到香港。(M)
　　　　所以，阿土這個星期三沒到香港。($\sim W$)

如果把第一個前提的選言解釋為可兼容的，也就是把它符示為 $M \lor W$，則所得論證無效。因為解釋為可兼容，即符示為 $M \lor W$ 時，表示 M 或 W 至少有一個為真；這樣就不排斥 M 和 W 有**同真**的可能。當同真時，從第二個前提 M 的真，就推不出結論，即推不出 $\sim W$。但是，如果把

「或者」了解爲不可兼容的，即了解爲兩個選項不能同眞，也就是把它符示爲 $[(M \lor W) \cdot \sim(M \cdot W)]$，則原論證就有效了。因爲旣然第一個前題的兩個選項不能同眞，則在第二個前提裡肯定其中一個選項時，就可以否定另一選項了，也就是推出所示結論，即推出 $\sim W$ 了。

一般說來，不論是中文的「或者」，還是英文的「or」，除非說話者明示爲不可兼容，或者語句的內容或語境顯示爲不可兼容，通常可用選言號「$\lor$」去符示。

拉丁文裡有相異的字詞來表示「或者」(or)：*vel* 表示可兼容的，*aut* 表示不可兼容的。在現代邏輯裡，爲喚起「vel」的記憶，習慣於用「$\lor$」來表示可兼容意義的「或者」：「$p \lor q$」。本書以後所謂選言，就是指這個意義的。需要明示不可兼容的時，可寫成：「p 或者 q 但不是兩者」，符示爲 $[(p \lor q) \cdot \sim(p \cdot q)]$。

關於選言，還有一些要注意的：

(1)除了眞假交換的功能以外，選言的解說恰如連言的。顯然，連言的形式性質必定重現爲選言的性質。這樣，像連言那樣，選言是可結合，可交換，和重同的。我們可把 $(p \lor q) \lor r$ 和 $p \lor (q \lor r)$ 無差別的寫爲 $(p \lor q \lor r)$；可交換 $p \lor q$ 和 $q \lor p$；可把 $(p \cdot p)$ 化爲 p，$p \lor p$ 化爲 p。又在 n 項選言 $(p_1 \lor p_2 \lor \cdots p_n)$ 中，只要有一項眞，則整個選言爲眞；所有選項都假，整個選言才假。這和在連言的，只要有一項爲假，整個連言爲假；所有連項都眞，整個連言才眞，形成有趣的對偶。

(2)在日常語言中，有若干字詞有「或者」的意思。例如，

例 29　設 B ＝「小鳥高歌」，G ＝「小草漫舞」。下列各語句都可符示爲 $B \lor G$。

(a) 小鳥高歌**或者**小草漫舞。

(b) **要嘛**小鳥高歌，**要嘛**小草漫舞。

(c) **不是**小鳥高歌，**就是**小草漫舞。

(d) 小鳥高歌，**否則**小草漫舞。

(e) 小鳥高歌，**還是**小草漫舞。

注意(b)到(e)可當選言詞「或者」使用的其他連詞。再看下例：

例 30 (a) 不論你去不去,我都去。
(b) 不論風大不大,天氣都很涼。

例 30 的(a)和(b)都具有 $[(p \vee \sim p) \cdot q]$ 這種形式。(a)裡的「你去不去」應該是「你去」和「你不去」的並列和簡寫。完整的全句應該是「你去**還是**你不去」。這裡「還是」如同例 29(e)裡的「還是」,是「或者」的意思。

習題 2-2

Ⅰ.使用點號,波號和楔號的真值表定義,以及地理知識,決定下列各句的真假:

1.(馬尼拉是菲律賓的首都)∨(馬尼拉是印尼的首都)

2.∼[(吉隆坡是馬來西亞的首都)·(曼谷是泰國的首都)]

3.∼(馬尼拉是印尼的首都)∨∼(新德里是印度的首都)

4.(新加坡是新加坡的首都)·∼(新加坡是新加坡的首都)

5.[(新德里是印度的首都)·(馬尼拉是印尼的首都)]∨[(新德里是印度的首都)·∼(馬尼拉是印尼的首都)]

6.(馬尼拉是印尼的首都)∨∼[(新加坡是新加坡的首都)·(馬尼拉是印尼的首都)]

7.∼[∼(曼谷是泰國的首都)·∼(吉隆坡是馬來西亞的首都)]

8.[(新德里是印度的首都)∨∼(仰光是緬甸的首都)]∨∼[∼(新德里是印度的首都)·∼(吉隆坡是馬來西亞的首都)]

Ⅱ.設 A, B, C 為真語句,P, Q, R 為假語句。決定下列各句的真假。

1.$\sim B \vee P$

2.$(A \cdot P) \vee (B \cdot R)$

3.$\sim (P \cdot \sim Q) \vee (B \cdot \sim C)$

4.$[\sim (Q \vee R) \cdot (\sim P \vee R)]$

5.$\sim [(B \cdot Q) \cdot \sim (C \cdot B)]$

6.$\sim [(A \cdot B) \vee \sim (B \cdot A)]$

7.$\sim \{[(\sim A \cdot B) \cdot (\sim P \cdot Q)] \cdot \sim [(A \cdot \sim C) \vee \sim (\sim R \cdot \sim Q)]\}$

8.$\sim \{\sim [(A \cdot \sim B) \vee (P \cdot \sim Q)] \cdot [(\sim B \vee R) \vee (A \vee \sim R)]\}$

Ⅲ.設 A, B 為真，G, F 為假，P 和 Q 的值未知。試決定下列各句的真假。

1. $A \lor P$　　　　　　　　　　　2. $P \lor \sim P$

3. $(Q \cdot \sim Q)$　　　　　　　　　4. $\{\sim Q \cdot [(P \lor Q) \cdot \sim P]\}$

5. $[(\sim A \lor D) \cdot (\sim P \lor G)]$　　6. $\sim [P \lor (B \cdot G)] \lor [(P \lor B) \cdot (P \lor G)]$

7. $\sim [\sim P \lor (\sim Q \lor F)] \lor [\sim (\sim P \lor Q) \lor (\sim P \lor G)]$

8. $\{\sim [(P \cdot Q) \lor (Q \cdot \sim P)] \cdot \sim [(P \cdot \sim Q) \lor (\sim Q \cdot \sim P)]$

Ⅳ.設 $G=$「以正治國」，$O=$「以奇用兵」，$Q=$「以無事取天下」，$C=$「以古之道御今之有」。試符示下列各句：

1. 不是以正治國，就是以奇用兵。

2. 以正治國，以奇用兵，以無事取天下。

3. 以正治國，以奇用兵，至少其一。

4. 既非以正治國，也非以奇用兵，而是以無事取天下。

5. 以無事取天下，否則以古之道御今之有。

6. 並不以正治國，以奇用兵。

7. 除非以無事取天下，否則以古之道御今之有。

8. 或以正治國或以奇用兵，否則以無事取天下，以古之道御今之有。

7. 如言

除了「而（且）(and)」，「不(not)」，「或者(or)」以外，在日常語言扮演重要角色的語句連詞是「如果…則（就）(if-then)」。一個具有「如果 p，則 q」形式的語句，叫做**如言**(conditional)。由「如果」引進的語句 p，叫做如言的**前件**(antecedent)，由「則」引進的 q，叫做**後件**(consequent)。例如，「如果台灣隊第一，則美國隊第二」是如言，「台灣第一」是前件，「美國第二」是後件。在中文「如果…則（就）」形式的如言，有種種變體和省略寫法。例如，

例 31　下列各句都是如言「**如果**台灣隊第一，**則**美國隊第二」的變體或省略寫法：

(a) **如果**台灣隊第一，美國隊**就**第二。

(b) **如果**台灣隊第一，美國隊第二。

(c) 台灣隊第一，**則**美國隊第二。

(d) 台灣隊第一，美國隊**就**第二。

(e) 美國隊第二，**如果**台灣隊第一。

　　現在讓我們看如言的眞假，如何由前件和後件的眞假決定。首先，如言眞假的決定沒有連言、否言和選言那麼直截了當，相當周折。一個如言斷說的是，在任何情況下如果前件爲眞後件也眞。它沒有斷說前件爲眞，而只斷說**如果**前提眞，則後件也眞。也沒有斷說後件爲眞，而只斷說後件爲眞**如果**前件爲眞。一個如言基本的是斷說存於前件和後件之間的上述條件關係。

　　我們知道的，一個連言爲眞恰好如果兩個連項爲眞；一個選言爲眞恰好如果一個或兩個選項爲眞。那麼，在什麼情況下一個如言爲眞呢？像以前那樣，設 T ＝「台灣隊第一」，A ＝「美國隊第二」。讓我們用蹄號「$\supset$」表示如言詞「如果⋯則」，我們可把「如果台灣隊第一，則美國隊第二」符示爲 $T \supset A$。

　　顯然，一般很清楚明確的，當前件「台灣隊第一」，即 T 爲眞，後件「美國隊第二」，即 A 也眞時，整個如言，即 $T \supset A$ 也眞。當前件 T 眞，後件 A 假時，則如言 $T \supset A$ 爲假。然而當前件「台灣隊第一」爲假時，不論後件「美國隊第二」是眞是假，如言「如果台灣隊第一，則美國隊第二」的眞假就**不知如何**是好了。這可寫成下表：

	T	A	$T \supset A$
(1)	T	T	T
(2)	T	F	F
(3)	F	T	?
(4)	F	F	?

當 T 眞 A 眞時，$T \supset A$ 眞，如列(1)；當 T 眞 A 假時，$T \supset A$ 假，如列(2)；當 T 假時，不論 A 是眞是假，$T \supset A$ 的眞假不知如何，如列(3)使。我們可把列(3)和(4)出現的情形，看做是語言的**失功**(idle)。當一句話使用如言形式「如果⋯則」時，我們專注的是，前件眞時，後件是眞是假。

如果後件眞，則如言眞；如果假，則假。這是清楚明確的。但是當前件
爲假時，我們就不會注意後件是眞是假，因而也不會注意整個如言是眞
是假了。如果是就一般使用的觀點來分析如言的眞假，講到這裡似乎就
可以了。可是，我們現在要講邏輯，要講論證的有效性，尤其是要講由
如言組成的論證的有效性。我們知道，論證的有效性要由前提的眞和結
論的眞或假之間的條件關係決定的。因此，一個如言的各種可能的眞值
情況一定要明確，否則如言就不可以出現在具有有效性的論證裡。而如
言又是日常語言上經常使用的，尤其涉及論證的場合。這樣，我們非給
前面眞值表第三和第四兩列決定眞假值不可。邏輯家經過種種考慮後，
認爲應該給這兩列爲**眞**。

首先舉出讓這兩列爲眞的若干理由。

(i)設若「如果台灣隊第一，則美國隊第二」這句話是你講的。那
麼，當台灣隊**不是**第一，即 T 爲假，美國隊爲第二，即 A 爲眞時，如果
有人說你講了**假話**，你會接受嗎？不會，因爲想必你會辯解說：我**只**說
如果台灣隊第一，則美國隊第二，我**沒有**說台灣隊**不**是第一時，美國隊
是不是第二；因此，當台灣隊**不**是第一時，不論美國隊是第二（前面眞
值表第三列）還是**不是**第二（第四列），我都沒有講假話；我沒講假
話，我就講了**眞話**。這樣，一個假前件的如言，必定爲眞。要指出的，
從不是假話推得眞話，必須要有一個假定；那就是**二値**(two-valued)邏輯
的假定。所謂二値邏輯的假定是說，假定這個邏輯處理的語句不是具有
眞的値，就是具有假的値，但不具有旣眞也假的値。這正是本書講的邏
輯所具有的假定。

(ii)試看這句話：「**如果**台灣隊第一**而且**美國隊第二，**則**台灣隊第
一」（即 $(T \cdot W) \supset T$）。不論台灣隊是否第一，美國隊是否第二，即不
論 T 和 W 是眞是假，我們總會認爲這句話，即 $(T \cdot W) \supset T$ 爲眞。但
是，當 T 假時，$(T \cdot W)$ 就假。於是，這句話的前件和後件都假。可是，
我們總認爲這句話爲眞。這樣，就使我們必須接受，一個如言的前件和
後件都假時，整個如言爲眞。

(iii)從直覺上我們知道，「**如果**台灣第一，**則**美國第二」這句話和「台
灣第一但美國不是第二，是假的」等値。也就是 $T \supset W$ 和 $\sim(T \cdot \sim W)$ 等

值。我們知道當 T 假 W 眞或 T 假 W 假時，$\sim(T \cdot \sim W)$ 爲眞，也就是
$T \supset W$ 爲眞。這可從下列眞值表看出來：

p	q	$\sim(p \cdot \sim q)$	$p \supset q$
T	T	T	T
T	F	F	F
F	T	T	T
F	F	T	T

　(iv) $p \supset q$ 眞值表的第三第四列，除了我們給的眞眞(TT)以外，還有
如下的三種情形：

		我們的講法	其他可能的講法		
p	q	1. $p \supset q$	2. $p \supset q$	3. $p \supset q$	4. $p \supset q$
T	T	T	T	T	T
T	F	F	F	F	F
F	T	T	F	T	F
F	F	T	F	F	T

但這些可能講法都不適當。我們不能採用第二種講法(FF)，那是連言的
眞值表，如言「如果 p 則 q」與連言「p 而（且）q」當然應有所不同。
同理，我們不能採用第四種講法，因爲那是我們在後面即將講的**雙如言**
(biconditional)的眞值表。最後，如果把第三種講法和左邊第二行的眞假
可能比較，我們看到它只表示 q，因 q 的眞假也是(TFTF)，而「如果 p
則 q」和僅只 q 當然應有所不同。

　(v)給第三第四列都爲眞的極關鍵理由是，用如此定義的「如言」和
如言號「$\supset$」來處理論證時，會使**有效**的論證爲有效，**無效**的論證爲無
效。這是論證形式的分析，最需要掌握的。

　以上定義的如言「如果 p 則 q」，寫成「$p \supset q$」，叫做**實質如言**(material conditional)。這樣，實質如言 $p \supset q$ 可寫成：

p	q	$p \supset q$
T	T	T
T	F	F
F	T	T
F	F	T

這個表可摘述如下。一個如言要視爲假的唯一
情況是：前件眞而後件假。前件假時如言眞，
後件眞時如言眞。

關於如言和如言號「⊃」，有幾點要注意的：

⑴試看下例：

例 32　(a) **如果**太陽從東方升起來，**則**明天要交邏輯作業。

　　　　(b) **如果**阿里山在嘉義，**則**海水是鹹的。

有人會覺得這兩個「如言」有點奇怪，因爲它們的前件與後件之間好像風馬牛不相干，沒有什麼關連。因此，它們好像**不成語句**。在講連言時，我們講過的，在語句邏輯裡要處理的是語句的眞假如何由其成分語句的眞假決定。與這種決定相關的是語句的眞假值，不是成分語句之間的什麼內容上的關連。這在如言也一樣。因此如言前後件之間的內容上的關連與這裡要處理的無關。例 32 的兩個如言的前件和後件，都有明確的眞假可言。這就足夠使它們成爲我們要處理的如言。

⑵有兩種語句表面上看，似具有「如果…則…」的如言形式，實際上不能處理做**實質如言**。看下例：

例 33　(a) **如果**一個人是哲學家，**則**他必定喜歡咬文嚼字。

　　　　(b) **如果**一數是偶數，**則**它可爲 2 整除。

這裡(a)和(b)兩個語句表面上雖具有「如果…則」的形式，實際上不具有 $p \supset q$ 這種形式；它們不是實質如言。這可用兩個理由來說。一個是，這兩個如果語句的「前件」和「後件」本身沒有眞假可言，因爲我們不能說前件「一個人是哲學家」或「一數爲偶數」是眞還是假，因爲它既不眞也不假。也不能說後件「他必定喜歡咬文嚼字」或「它可爲 2 整除」是眞還是假，因爲它沒有特指誰或什麼東西。另一個理由是，在 $p \supset q$ 中，主連詞是 ⊃，但在(a)和(b)中主連詞不是「如果……則」而是範圍最大最高的「所有」(all)，因爲(a)和(b)實際上是分別下列的(a')和(b')：

　　(a') **所有**哲學家必定喜歡咬文嚼字。

　　(b') **所有**偶數可爲 2 整除。

這樣，像上面(a)和(b)這樣的「如言」是**一般化如言**(generalized conditional)。這種如言不可符示爲 (p⊃q)。我們將在後面第六章處理這種如

言。

其次讓我們看所謂**反事實如言**(contrafactual conditional)。試看下例：

例34　(a)如果李遠哲沒有轉化學系，他不會獲得諾貝爾化學獎。
　　　(b)如果美國科學和文明落後，則很少人會到美國留學。

首先要知道的，不像英文，中文在文法上沒有所謂虛擬（或假設）語氣，可用來表示反事實如言。因此必須從語意或其他語境來決定一個語句是否是反事實如言。現在讓我們認定上面例 34 的(a), (b)為反事實如言。這個認定也是適當的，因為它們的前件和後件明顯為假，以及顯然是以虛擬和反事實的假設性來講話。這些反事實如言顯然不能以實質如言的「⊃」來解釋，因為在實質如言中，如果前件假，則整個如言為真，而反事實如言的前件必定為假。這樣，如果把它解釋為實質如言，則**所有**反事實如言必定都真。但我們知道，我們是以有時候反事實如言為真，有時候為假來使用它的。反事實如言的適當分析，必須超過僅只真假，而考慮到如言的前後件裡講到的事項之間的因果關連或類屬關係，這不屬於邏輯，而是屬於意義理論或科學哲學的事。

(3)在日常用語上，下列一些詞語可視同「如果」：若是，假如，倘若，設若，假使，假設，當等等。

(4)注意「只有」(only if)，「除非」(unless)，「只要」(provided)與「如果」(if)的關連。

例35　設 W ＝「你多等待」，C ＝「阿蘭會來」。試看下列每一語句及其符號化。
　　　(a)**如果**你多等待，阿蘭**就**會來。　　　W ⊃ C
　　　(b)**只有**你多等待，阿蘭才會來。　　　～W ⊃ ～C
　　　(c)**除非**你多等待，（否則）阿蘭不會來。
　　　　～W ⊃ ～C
　　　(d)**只要**你多等待，阿蘭**就**會來。　　　W ⊃ C

充分條件(sufficient condition)和**必要**(necessary)**條件**是方法論上的重要觀念。這些觀念常用上述詞語說出來。當 p 真或成立 q 就真或成立

時，p 是 q 的充分條件。反之，當 p 假或不成立 q 就假或不成立時，p 是 q 的必要條件。換句話說，當有事態 p 時就有事態 q，則事態 p 是事態 q 的充分條件。反之，當沒有事態 p 時就沒有事態 q，則事態 p 是事態 q 的必要條件。例如，天下雨路就濕，因此天下雨是路濕的充分條件。這樣，在要表示充分條件時，我們常說：**只要**天下雨，路就濕。又如，假定用功是得高分的必要條件時，我們常說：**只有**用功才得高分。

8. 雙如言

　　不論在日常討論或科學探討裡，我們有時候會說，一件事 p 發生時，**恰好**在相同情況裡另一件事也發生。例如，我們會說，恰好在阿蘭出去時，阿土進來；或者說，恰好在台灣隊第一時，美國隊第二。這些話說的明確一點，可以這樣說，「當阿蘭出去時，阿土進來，**而且**當阿土進來時，阿蘭出去」；「如果台灣隊第一，則美國隊第二，**而且**如果美國隊第二，則台灣隊第一」。這兩個說法都具有 $[(p \supset q) \cdot (q \supset p)]$ **雙如言**(bicondional)的一般形式。這個形式顯然是兩個相關如言的連言，即兩個前後件互換的如言的連言。這種「if p then q, and if q then p」的講法在數學和邏輯裡最多。數學家和邏輯家爲了簡潔（和懶惰），簡單說成「p if and only if q」。這樣，後者實際上只是前者的簡寫，沒有什麼神秘的。在造句上

$$p \text{ if and only if } q$$

可以看成是

$$p \text{ if } q, and \ p \text{ only if } q$$

的簡寫。「p if q」就是「if q then p」，而「p only if q」，就是「if p then q」。「p if and only if q」，就是「if p then q, and if q then p」的簡寫。我們要把中文「恰好如果」當英文雙如言詞「if and only if」的標準翻譯。這樣，「p 恰好如果 q」或「恰好如果 p，則 q」是「如果 p 則 q，而且如果 q 則 p」的簡寫。在把「如果 p 則 q」了解爲實質如言，即表示爲 p

⊃ q 時，可把由這樣的實質如言定義成的雙如言，叫做**實質雙如言**(material biconditional)。我們要用三槓號「≡」表示實質雙如言詞「恰好如果」(if and only if)。這樣，所有前面對實質如言講的，準用於實質雙如言。

實質雙如言 $p \equiv q$ 的眞假値可依實質如言決定的方式去做。但在這裡我們要取捷徑。因爲既然 $p \equiv q$ 是 $[(p \supset q) \cdot (q \supset p)]$ 的簡寫，我們就由後者去決定好了。後者在而且只在兩種情況之下爲假：p 眞 q 假，以及 p 假 q 眞。這可如下表顯示：

p	q	$(p \supset q) \cdot (q \supset p)$	$p \equiv q$
T	T	T　T　T	T
T	F	F　F　T	F
F	T	T　F　F	F
F	F	T　T　T	T

雙如言爲眞如果成分語句的眞值相同，如列 1 和 4；雙如言爲假如果成分語句的眞值不同，如列 2 和 3。

有幾點要注意的：

⑴在日常用語上，無疑會講雙如言的內容，但不明顯。英文片語「just in case」接近雙如言詞「if and only if」。在「恰好（剛好，正好，恰恰）如果」以外，「當而且只當」，「有而且只有」等，也是表示雙如言的。尤其要表示充分又必要條件時，常用「有而且只有」。例如，

例 36　(a) **有而且只有**阿土買一棟別墅給阿蘭，她才嫁給他。

　　　　(b) **有而且只有**熟讀一本邏輯教本和演練習題，才能夠清楚懂得論證的有效性。

⑵下面是一些雙如言式子：

例 37　(a) $M \equiv \sim T$

　　　　(b) $(B \lor D) \equiv (A \cdot C)$

　　　　(c) $[K \lor (F \supset I)] \equiv [\sim L \cdot (G \lor H)]$

⑶雙如言詞「恰好如果」(if and only if)常用在講⑴定義，⑵定理，定律，法則。試看下例的定義：

例 38　設 A, B 爲類(class)。那麼，

(a) 我們稱 A **包含於** B（寫成 $A \subseteq B$），對任何一個項目，**如果**它是 A 的分子，則它也是 B 的分子。

(b) 我們稱 A **包含於** B，對任何一個項目，**恰好如果**它是 A 的分子，則它也是 B 的分子。

再看下例的定理：

例 39　設 $\langle x, y \rangle$ 爲有序對(ordered pair)。那麼，

(a) **如果** $\langle u, v \rangle = \langle x, y \rangle$，則 $u = x, v = y$。

(b) $\langle u, v \rangle = \langle x, y \rangle$ **恰好如果** $u = x, v = y$。

要注意的，在做定義時，不論用（單）如言或雙如言，在了解上，皆認爲是相同的講法。也就是，即使使用如言，也要解讀爲**雙如言**，因爲在定義上，尤其在形式系統裡，我們通常認定，被定義端和定義端是等值的。這樣，在實用上，如言和雙如言定義沒有不同。但在比較正式的定義裡，傾向用雙如言。在定理，定律和法則上，則不一樣。使用如言講的定理成立時，可從前件推到後件，但反之未必然。使用雙如言的定理成立時，則可做雙向推論。

我們已經引進了五種語句連詞，就我們目的而言已經夠了。這些連詞（號）的定義，每個可利用它的眞値表精確述敍出來，如：

p	$\sim p$		p	q	$(p \cdot q)$		p	q	$p \vee q$
T	F		T	T	T		T	T	T
F	T		T	F	F		T	F	T
			F	T	F		F	T	T
			F	F	F		F	F	F

p	q	$p \supset q$		p	q	$p \equiv q$
T	T	T		T	T	T
T	F	F		T	F	F
F	T	T		F	T	F
F	F	T		F	F	T

我們最好如同熟記加，減，乘，除運算表那樣，熟記這些表。沒有精通這些表，不能夠精通語句邏輯。我們必須知道，表**每列**的眞值是什麼。下面是每個連詞眞值決定的摘述：

(i) **否言** ~p 的**眞值**恰好與 p 的相反。

(ii) **連言** $(p \cdot q)$ 為**眞**，如果 p 和 q 都眞；否則為假。

(iii) **選言** $p \lor q$ 為**假**，如果 p 和 q 都假；否則為眞。

(iv) **實質如言** $p \supset q$ 為**假**，如果 p 眞 q 假；否則為眞。

(v) **實質雙如言** $p \equiv q$ 為**眞**，如果 p 和 q 具有相同的眞值；否則為假。

9. 複雜語句的符示

語句的文法結構通常會反映它的邏輯結構。許多語句可以遵循文法結構正確的符示，拿邏輯的對應符號「~」，「·」，「∨」和「⊃」等來取代諸如「不」，「而（且）」，「或者」，和「如果…則」等連詞。下面是一些簡單語句符示的例子。我們要用語句中插進的英文字第一個字母，代表所在簡單語句。

例 40　　(i) **否言**

(a) 孫(Sun)中山**不是**邏輯家。　　　　　　　　　　　　~S

(b) 合(He)歡山**沒有**下雪。　　　　　　　　　　　　　~H

(c) **不是**印度(India)土地**不**大。　　　　　　　　　　~~I

(d) 神父(father)**決不**結婚。　　　　　　　　　　　　~F

(e) 地球(earth)是宇宙中心是**假的**。　　　　　　　　　~E

(ii) **連言**

(a) 萊因河發源於阿爾卑斯山(Alps)，流入北
海(North)。　　　　　　　　　　　　　　　　　$(A \cdot N)$

(b) 帛琉(Palau)**和**關島(Guam)都在太平洋。　　　　　$(P \cdot G)$

(c) 波士頓有著名學府哈佛大學(Harvard)**和**麻
州理工大學(MIT)。　　　　　　　　　　　　　　$(H \cdot M)$

(d) **雖然**埃及歷史(history)悠久，**但**貧窮(poor)

落後。 $(H \cdot P)$

(e) 新加坡(Singapore)是新興進步的國家，**儘管**
歷史(history)很短。 $(S \cdot H)$

(f) 許多朋友(friend)和我餞行，聖(Sheng)陶**也**在。 $(F \cdot S)$

(iii) **選言**

(a) 在堡壘住的英雄，**或**據險自豪(pride)，**或**
縱橫馳騁(gallop)。 $P \vee G$

(b) **不是**哲學太難(difficult)，**就是**哲學沒有用
(useful)。 $D \vee \sim U$

(c) **要嘛**太陽(sun)繞地球，**要嘛**地球(earth)繞
太陽。 $S \vee E$

(d)你(you)去，**否則**我(I)去。 $Y \vee I$

(iv) **如言**

(a) **如果**今年豐收(harvest)，我家大姐**就**要出
嫁(marry)。 $H \supset M$

(b) 我必得 A，**如果**我選邏輯(logic)。 $L \supset A$

(v) **雙如言**

(a) 這液體是一種酸(acid)，**恰好如果**這石蕊色
質試紙是藍色(blue)。 $A \equiv B$

(b) **當而且只當**阿土買一棟房子(house)給阿蘭，
她**才**嫁給(marry)他。 $H \equiv M$

　　語句的符示或符號化是一種翻譯。正如同一切翻譯，沒有一定的好方法好法則可循，符示也沒有。雖然如此，但有一些好要領，好策略。

　　符示較複雜語句的最好策略是，逐步認出**待符示語句**的主連詞，再給其中的連詞或成分語句，適當的連號和語句字母。試看下例各句及其符示。

例41　(a) 胡適(Hu)**與**李登輝(Li)到康乃爾大學留學，**或者**胡適**與**趙元任(Chao)到那兒留學。

　　　　　$(H \cdot L) \vee (H \cdot C)$

　　　(b) 胡適**或**李登輝到康乃爾大學留學，**但**趙元任**沒**到那兒留學。

$$(H \vee L) \cdot \sim C$$

(a)語句符示為 $(H \cdot L) \vee (H \cdot C)$，是因為主連詞是「或者」，而其次各選項的主連詞是「與」。比較之下，(b)的主連詞是「但」；「但」與「而（且）」等值。而左連項的主連詞為「或」，右連項的為「沒」。故整句符示為 $[(H \vee L) \cdot \sim C]$。在逐步認出主連詞下，可把一個非常複雜的複合語句，分解成較容易處理的部分。

　　其次要注意的是，標點以及附加的修飾詞語。試看下例各句及其符示：

例42　(a) 使人知孝悌(A)、忠信(B)、禮義(C)、廉恥(D)、綱常(E)、倫紀(F)、名教(G)、氣節(H)以明體。

　　　　　$(A \cdot B \cdot C \cdot D \cdot E \cdot F \cdot G \cdot H)$

　　　　(b) 心(mind)要靈，手(hand)要熟，二者不可缺一。

　　　　　$(M \cdot H)$

　　　　(c) 喝茶(tea)，喝咖啡(coffee)，任選一（但非二者）。

　　　　　$[(T \vee C) \cdot \sim (T \cdot C)]$

設 A ＝「使人知孝悌以明體」，B ＝「使人知忠信以明體」，…。我們知道，語句(a)裡的諸逗點「、」是當連言詞用的。這是一個有八個連項**並列**的連言。由於連言詞的運算可結合，因此可並列符示為 $(A \cdot B \cdot C \cdot D \cdot E \cdot F \cdot G \cdot H)$。在處理上，我們可由任一連言詞當主連詞形成一個**標準**連言，如 $(A \cdot (B \cdot (C \cdot (D \cdot (E \cdot (F \cdot (G \cdot H)))))))$。不是所有逗點「，」或「、」都當**連言詞**，有時候也當選言詞，要看前後文和語境。在語句(b)，由於有「二者不可缺一」的修飾或限制語，因此顯然為連言 $(M \cdot H)$。但在(c)中，由於修飾語為「任選一」以及習俗或「但非二者」，因此為不可兼容的選言 $[(T \vee C) \cdot \sim (T \cdot C)]$。

　　有時候在一個複雜的複合語句中，連詞和當連詞用的逗點交相使用。試看下例的語句及其符示：

例43　偷拍案裡有很大的陰謀，不但是集團性的計劃犯罪，而且在全局中，張三只是一個執行者的角色，全案幕後還有尚未曝光的重量級人士。

$(A \cdot B \cdot C \cdot D)$

（設 A ＝「偷拍案裡有很大的陰謀」，B ＝「集團性的計劃犯罪」，C ＝「張三是陰謀的執行者」，D ＝「幕後有已曝光的重要級人士」。）

這個複合語句可視爲並立連言，其中有用逗點和連言詞「不但……而且」當連言詞的。

其次，要小心決定否言詞的正確範圍。這與前面討論否言時講的，要否定一個語句，尤其是略爲複雜一點的，不是那麼容易，是一個問題的兩面。

例 44　設 E ＝「武則天是皇帝」，C ＝「武則天是廚子」。試看下列各句及符示：

(a) 武則天**不**是皇帝。

　　$\sim E$

(b) 武則天**不**是皇帝**和**廚子。

　　(i)$\sim (E \cdot C)$ 或 (ii)$(\sim E \cdot \sim C)$？

(c) 武則天**不**是皇帝**或**廚子。

　　(i)$\sim (E \vee C)$ 或 (ii)$(\sim E \vee \sim C)$？

由於(a)是很簡單的語句，因此否言詞「不」就單純的以整個語句爲範圍。但(b)和(c)較複雜，否言詞「不」要以那個語句爲範圍不很清楚，因此便有(i)和(ii)的歧義。在(b)，否言詞「不」分別以 $(E \cdot C)$ 或 E 以及 C 爲範圍，在(c)則分別以 $(E \vee C)$ 或 E 或 C 爲範圍。爲消除這些歧義，我們可重寫爲：

(b') (i)武則天**不**是**既**是皇帝**又是**廚子。

　　 (ii)武則天**不**是皇帝，**也**不是廚子。

(c') (i)武則天**不**是**或**是皇帝**或是**廚子。

　　 (ii)武則天**不**是皇帝**或不**是廚子。

一般說來，符示有簡寫的複合語句時，要先恢復未簡寫的形式。

例 45　試看下列語句及符示：

徐志摩到劍橋大學(Cambridge)**或**牛津大學(Oxford)留學。

$$C \lor O$$

我們知道，例 45 實際上是複合語句「徐志摩到劍橋大學留學**或**徐志摩到牛津大學留學」的簡寫。因此要符示爲 $C \lor O$。但是在下述情況下，把簡寫的複合語句符示爲單一字母，例如 H，也不要緊。那就是，在論證過程中，這個選言始終結合在一起，其選項從未分開。這時候這個選言在所在論證中實際上可視爲一個「沒分」的簡單語句。

我們說過，符示較複雜語句的最好策略是，逐步認出待符示語句的主連詞，再給其中的連詞和成分語句適當的連號和語句字母。在**符示語句**的過程中，我們一方面做語句邏輯結構的分析，一方面做連詞和成分語句的符示。在做分析和符示時，可有兩種做法。一種是分析到那裡就符示到那裡。另一種是，等完全分析好以後才符示。前一種對自己而言比較直覺方便，後一種在給別人看時比較不會錯亂，但兩種在邏輯上都對。在採取後一種做法時，如果是給自己做的，每一步驟愛怎麼符示就怎麼符示。但你的過程也要給別人看時，有由大至小和由小至大兩種不同方向的做法。這裡所謂大小是指連詞範圍的大小。要注意的，由於「文字的語句」通常較長，因此爲了操作方便，分析到一有**最簡成分語句**出現時，就予以符示。試看下例：

例 46　設 P＝「這塊土地闢爲公園」，L＝「這塊土地闢爲休閒果園」，I＝「你去投資開發」，D＝「破壞山川原貌」，A＝「後代子孫會很感念」，H＝「後代子孫有福」。那麼，下面語句可逐次符示如下：

如果這塊土地闢爲公園或休閒果園，則如果你去投資開發，而不破壞山川原貌，則後代子孫會很感念和有福。

⑴ 如果 P 或 L，則如果 I 而且非 D，則 A 和 H。

⑵（P 或 L）$\supset$（如果 I 而且非 D，則 A 和 H）

⑶ $(P \lor L) \supset$ [如果 I 而且非 D，則 $(A \cdot H)$]

⑷ $(P \lor L) \supset$ [（I 而且非 D）$\supset (A \cdot H)$]

⑸ $(P \lor L) \supset [(I \cdot$ 非 $D) \supset (A \cdot H)]$

⑹ $(P \lor L) \supset [(I \cdot \sim D) \supset (A \cdot H)]$

從⑴到⑹是依每個成分語句主連詞範圍，由大至小次序符示。再看下例各句及符示情形：

例 47　(a) 設 M =「現任縣長會參選連任」，C =「現任縣長要競選活動」，W =「現任縣長會當選」。那麼，下面語句可逐次符示如下：

現任縣長不會參選連任，除非他不用競選活動而會當選。

⑴ 非 M 除非非 C 而 W。

⑵ $\sim M$ 除非 $\sim C$ 而 W。

⑶ $\sim M$ 除非 $(\sim C \cdot W)$

⑷ $\sim(\sim C \cdot W) \supset \sim M$

(b) 設 S =「現任縣長確信他會當選」。其他設定如(a)。那麼下面語句可逐次符示如下：

現任縣長會不做競選活動而參選連任，只有他確信他會當選。

⑴ 非 C 而 M 只有 S。

⑵ $\sim C$ 而 M 只有 S。

⑶ $(\sim C \cdot M)$ 只有 S。

⑷ $\sim S \supset \sim(\sim C \cdot M)$

(c) 設 P =「政黨徵招現任縣長參選」，F =「政黨為現任縣長募足競選經費」。其他設定如(a)。那麼，下面語句可逐次符示如下：

現任縣長不會不做競選活動而參選連任，除非政黨徵招他參選並且政黨為他募足競選經費。

⑴ 非 (非 C 而 M) 除非 P 和 F。

⑵ $\sim(\sim C$ 而 M 除非 $(P \cdot F)$

⑶ $\sim(\sim C \cdot M)$ 除非 $(P \cdot F)$

⑷ $\sim(P \cdot F) \supset \sim(\sim C \cdot M)$

(d) 設 V =「開發觀光區」，H =「興建大醫院」。其他設定如(a)。那麼，下面語句可逐次符示如下：

為了不做競選活動而當選，現任縣長將須開發觀光區和興建大醫院。

⑴ 為了非 C 而 W，V 和 H。

⑵ 為了 $\sim C$ 而 W，$(V \cdot H)$

(3) 為了$(\sim C \cdot W)$，$(V \cdot H)$

(4) $\sim(V \cdot H) \supset \sim(\sim C \cdot W)$

在以上(a)到(d)的符示中，我們採取由小至大範圍的連詞符示。再看下面幾個比較簡單的符示：

例 48　設 K＝「到桂林賞景」，C＝「到張家界賞景」，H＝「到西安探古」，T＝「到敦煌探古」。試看下列語句及符示：

(a) 到桂林，但不到張家界賞景。　　　　　　　　$(K \cdot \sim C)$

(b) 如果到桂林賞景，則不到張家界。　　　　　　$K \supset \sim C$

(c) 如果到張家界賞景，則到西安或敦煌探古。　　$C \supset (H \vee T)$

(d) 如果到張家界賞景而不到敦煌探古，則到西安
探古。　　　　　　　　　　　　　　　　　$(C \cdot \sim T) \supset H$

(e) 到張家界賞景和到敦煌探古，或是到西安探古。　$(C \cdot T) \vee H$

下面是一些略複雜的例子：

例 49　設 S＝「股票上漲」，I＝「利率上漲」，T＝「稅上漲」，M＝「台幣增值」，B＝「貿易平衡改進」。試看下列語句及其符示：

(a) 如果股票上漲而利率沒上漲，則台幣增值和貿
易平衡改進。　　　　　　　　　　　　　$(S \cdot \sim I) \supset (M \cdot B)$

(b) 如果股票上漲，則台幣增值和貿易平衡改進
——如果利率沒上漲。　　　　　　　　　$S \supset [\sim I \supset (M \cdot B)]$

(c) 如果貿易平衡沒改進，則股票沒上漲，或台幣
沒增值，或利率上漲。　　　　　　　$\sim B \supset [(\sim S \vee \sim M) \vee I]$

再看下面「至少」、「至多」和「恰好」有多少個**語句為真**的符示或表示法。

例 50　設 G＝「我去希臘」，I＝「我去義大利」，S＝「我去西班牙」。試看下列各句及其符示或表示法：

(a) 希臘，義大利，西班牙，我**不都**去。

$\sim(G \cdot I \cdot S)$

(b) 希臘，義大利，西班牙，我**只**去**兩國**。

$(G \cdot I \cdot \sim S) \vee (\sim G \cdot I \cdot S) \vee (G \cdot \sim I \cdot S)$

(c) 希臘，義大利，西班牙，我**至少**去**兩**國。

$(G \cdot I \cdot S) \vee (G \cdot I \cdot \sim S) \vee (\sim G \cdot I \cdot S) \vee (G \cdot \sim I \cdot S)$

(d) 希臘，義大利，西班牙，我**至多**去**兩**國。

$\sim (G \cdot I \cdot S)$

(e) 希臘，義大利，西班牙，我**都**去。

$(G \cdot I \cdot S)$

(f) 希臘，義大利，西班牙，我**都不**去。

$(\sim G \cdot \sim I \cdot \sim S)$

習題 2-3

設 P ＝「你去」，Q ＝「我去」，R ＝「他去」。符示下列各句：

1. 如果不是你去，我不去。

2. 只有你去，他才去。

3. 只要我去，他就去。

4. 如果你去，則我或他不去。

5. 如果你去，我和他都不去。

6. 除非你去，否則我和他都不去。

7. 恰好你去，我和他都去。

8. 不論你去不去，我和他有一個去。

9. 既非你去，也非我去，而是他去。

10. 如果你不去，則除非他去，否則我不去。

11. 要嘛你，否則我和他都不去。

12. 即使你去，我也不去。

13. 並非你去，我和他就不去。

14. 並非你不去，我和他就不去。

10.真函連詞與非真函連詞

我們把「truth function」譯為「真值函應」，簡稱為「真函」。邏輯

裡的眞函和數學裡的數函(number function)（或「函數」）都是**函應**(func-tion)的一種。眞函的觀念在現代語句邏輯上很重要，但本書不像許多基本邏輯教本那樣，在講語句連詞或語句**運算詞**(operator)一開頭就引進眞函。就如數函那樣，眞函對一般讀者，不是一個容易在直覺上明白易懂的觀念。在還沒有熟悉語句連詞以前，就同時引進，在教學和教本的撰寫上，似乎不是較好的策略。了解語句連詞的初步觀念和眞假運算以後，再引進也不遲。

　　雖然眞函和數函都是函應的一種，但在實際的發展上，邏輯的眞函是從數學的數函引伸而來的。一般讀者想必已從中學數學課本，得知函應或數函的觀念。我們可以從若干不同層面講述眞函這個觀念。在此要從本書的目的，最容易了解的來講。

　　前面幾節引進和定義的五種語句連詞（號）「·」（而且），「～」（非），「∨」（或者），「⊃」（如果——則）和「≡」（恰好如果）有一個顯著而重要的特徵，爲了避免初學者混雜，我們起初暫時不提。這個特徵就是，由這些連詞形成的複合語句，例如 $(p \cdot q)$，$\sim p$，$p \vee q$ 等的眞假值，**完全由其成分語句的眞假值唯一決定**。這個特徵有幾個要點：

(i)一個由這些連詞所形成的複合語句的**眞假值**，是由它的成分語句的**眞假值**決定的。也就是，這些複合語句的眞假值**產生自**成分語句的眞假值。與複合語句的眞假值有關的，是成分語句的眞假值，不是其**內容**。

(ii)一個複合語句的**成分語句**可以有**許多**，而且有不同的**層級**。這裡所謂一個複合語句的眞假值，**完全**由它的成分語句的眞假值決定的「成分語句」，嚴格的說，是指「直接成分語句」。例如，複合語句 $(p \cdot q)$ 的直接成分語句是 p 和 q，$\sim p$ 的直接成分語句是 p，而複合語句 $[(p \supset p) \cdot r] \vee p$ 的直接成分語句是 $[(p \supset q) \cdot r]$ 和 p，而前者（也是複合語句）$[(p \supset q) \cdot r]$ 的直接成分語句是 $p \supset q$ 和 r，依次前者 $p \supset q$ 的直接成分語句是 p 和 q。

(iii)最後一個要點是**唯一決定**。所謂唯一決定是說，複合語句的眞假值除了是由成分語句的眞假值決定以外，並且是唯一決定的。這裡的唯一性是指，一個複合語句的成分語句的眞假值，一旦

決定以後，由此產生的複合語句的真假值有而且只有一種。例如在 $p \supset q$ 中如果 p 和 q 的值分別為真和假，則 $p \supset q$ 的值為假而且只有假。這種唯一性，可以從前面給五種語句連詞寫的真值表，看的一清二楚。

像這樣，在值之間有這樣的唯一決定關係的，在數學傳統上，很早就關注到的一個基本而重要的事項。試看式子 $2x$ 或 $2 \times x$。讓我們在正整數的範圍裡來講。我們每給這個式子裡的 x 一個值或數，譬如 1，2，3，4…等等，就分別得到一個並且僅只一個對應的值或數 2，4，6，8…等。現在可把這種賦值和得值的**對應**(correspondence)用

$$2x = y \quad （\text{或 } 2 \times x = y）$$

來表示。也就是，我們給 x 一數，就得 y 一數並且僅只一數。也就是說，在 $2x = y$ 裡，數 y 是由數 x 唯一決定的。而在這個決定中，乘法「×」起由一數**產生**(produce)另一數而且僅只一數的作用和運算。這種產生唯一一值或一數的乘法性質，數學上叫做**函應的**(functional)。讀者很容易察覺，加減乘除的運算都是函應的。現代邏輯，從數學借用或推廣這種函應的觀念，把前面討論的會產生唯一決定作用的五種連詞，為了和其他不具有這種性質的連詞有所區別（以及為了其他方便），也把這五種以及其他具有這種運算性的連詞，叫做函應的。我們知道數學裡的函應是關涉數與數之間的，所以是**數函**(number function)。而邏輯裡的函應是關涉真值(truth value)與真值之間的，所以是真函(truth function)。專講這部分的邏輯，也叫真函邏輯，語句邏輯或命題邏輯。

我們知道，像我們在前面講的和定義的五種語句連詞，是真函的。也就是，由這些連詞所形成的複合語句的真值，由它的成分語句的真值唯一決定。這樣，依定義，一個語句連詞所形成的複合語句，如果它的真值不由它的成分語句的真值唯一決定，則這一連詞是**非真函的**(non-truth-functional)。在日常語言裡，我們常見這種非真函連詞。我們很容易看出一個連詞為非真函。一個連詞所形成的複合語句的真值，只要不由它的成分語句的真值決定，或唯一決定，則這一連詞就不是真函的。例如，連詞「在…後」(after)和「因為」(because)，就不是真函的。試

看：

例 51　**在**馬來西亞獲得第一**後**，印度獲得第二。

這個複合語句的連詞是「在……後」，成分語句是「馬來西亞獲得第一」和「印度獲得第二」。要注意的，成分語句的**每一**眞值組合，都能夠決定複合語句的一個眞值，才可以說複合語句的眞值由成分語句決定。這樣，只要成分語句有一個眞值組合**不能**決定複合語句的，則形成這一複合語句的連詞就不是眞函的。連詞「在…後」爲非眞函，因爲僅僅從兩個成分語句的眞值，而不考慮前後兩個語句所敘述事件發生或不發生時候的先後，**不能**決定**整個**複合語句的眞值。例如，僅僅知道或假定兩個成分語句爲眞，而不知道或沒假定印度獲得第二是在馬來西亞獲得第一之後發生的，則不能說這個複合語句爲眞，更不能說是假，而是條件不夠決定是眞還是假。試看下列：

例 52　(a) 李遠哲在 1986 年獲得諾貝爾化學獎，**因爲**他在化學研究的傑出表現。
　　　　(b) 李遠哲在 1986 年獲得諾貝爾化學獎，**因爲**他在新竹中學的優異學業。

這兩個複合語句的連詞都是「因爲」，語句結構顯然也相同。但這裡的連詞「因爲」爲非眞函，因爲同樣具有語句結構「 p 因爲 q 」的(a)和(b)，雖然成分語句都眞，但顯然複合語句(a)爲眞，(b)爲假，因爲李遠哲是在 1986 年獲得諾貝爾化學獎，並且是因爲他在化學研究的傑出表現而獲得，而不是因爲他在新竹中學的優異學業而獲得，雖然他在新竹中學的學業很優異。

　　本書不處理非眞函連詞的問題。本節之提出這個觀念，主要爲和眞函連詞做區分。不處理非眞函連詞，並不意味含有非眞函連詞的語句，我們不能處理。我們會把以非眞函連詞爲**主連詞**的複合語句，當一個**單一**語句來處理。

習題 2-4

試舉例顯示下列語句連詞**不是**真函的。

1. 在……前
2. It is possible that（可能）。
3. It is necessary that（必定）。

第三章
眞值表及其應用

1. 眞值計算

　　我們知道的，所謂**眞值**(truth value)，是眞假值的簡稱。所謂**眞值表** (truth table)，是用來顯示一個語句，尤其是複合語句，種種可能的眞值組合，尤其是從其成分語句的眞值，產生語句的眞值過程的表格。我們在前章，很直覺的利用簡單的眞值表，給五種眞函連詞做定義。眞值表可以構作的很複雜。我們也將利用眞值表來定義一些重要的基本邏輯觀念，顯示語句邏輯前提的一致性，和論證的有效性。

　　在眞值表的運作上，有兩個基本工作，即眞值表的構作和眞值計算 (computing truth value)。這兩者在前章已講了一些，本章要進一步講。眞值計算和數（值）計算一樣，都是一種計算，但是兩者根據的計算規則不同，計算的範域(domain)也不同。數計算的加減乘除等規則，是大家熟悉的；數計算的範域是整數或實數等。眞值計算的規則，可用前章爲五種連詞寫的眞值表顯示出來；眞值計算的範域是眞與假。

　　正如同數的計算可有種種書寫格式，眞值計算也有。爲參考起見，現在把五種語句連詞的基本眞值表簡寫如下：

p	q	$\sim p$	$(p \cdot q)$	$p \vee q$	$p \supset q$	$p \equiv q$
T	T	F	T	T	T	T
T	F	F	F	T	F	F
F	T	T	F	T	T	F
F	F	T	F	F	T	T

試看下例：

例 1　設 $a = 3$，$b = 2$，$c = 4$。試計算下式：
　　　$\{[(a + b) \times a - c] + (c - a)\} \div 2$
　　　原式 $= \{[(3 + 2) \times 3 - 4] + (4 - 3)\} \div 2$
　　　　　$= \{[5 \times 3 - 4] + 1\} \div 2$
　　　　　$= \{[15 - 4] + 1\} \div 2$
　　　　　$= \{11 + 1\} \div 2$
　　　　　$= 12 \div 2$
　　　　　$= 6$

這是數學上，我們熟悉的計算和書寫。我們可模仿這個計算和書寫，計算真函句式的真值。首先，可把上面的基本真值表寫成計算式子或公式如下：

　　否言　　$\sim p = \sim T = F$
　　　　　　$\sim p = \sim F = T$
　　連言　　$(p \cdot q) = (T \cdot T) = T$
　　　　　　$(p \cdot q) = (T \cdot F) = F$
　　　　　　$(p \cdot q) = (F \cdot T) = F$
　　　　　　$(p \cdot q) = (F \cdot F) = F$
　　選言　　$p \vee q = T \vee T = T$
　　　　　　$p \vee q = T \vee F = T$
　　　　　　$p \vee q = F \vee T = T$
　　　　　　$p \vee q = F \vee F = F$
　　如言　　$p \supset q = T \supset T = T$

$$p \supset q = \text{T} \supset \text{F} = \text{F}$$
$$p \supset q = \text{F} \supset \text{T} = \text{T}$$
$$p \supset q = \text{F} \supset \text{F} = \text{T}$$

雙如言　　$p \equiv q = \text{T} \equiv \text{T} = \text{T}$
$$p \equiv q = \text{T} \equiv \text{F} = \text{F}$$
$$p \equiv q = \text{F} \equiv \text{T} = \text{F}$$
$$p \equiv q = \text{F} \equiv \text{F} = \text{T}$$

試看下例：

例2　設 A, B, C 爲眞，D 爲假。試計算下列如言句式的眞值：

$$[(A \cdot B) \supset \sim(D \vee \sim B)] \supset (\sim A \vee C)$$

原式 $= [(\text{T} \cdot \text{T}) \supset \sim(\text{F} \vee \sim \text{T})] \supset (\sim \text{T} \vee \text{T})$　　(1)
$$= [\text{T} \supset \sim(\text{F} \vee \text{F})] \supset (\text{F} \vee \text{T}) \qquad (2)$$
$$= [\text{T} \supset \sim \text{F}] \supset \text{T} \qquad\qquad\qquad (3)$$
$$= [\text{T} \supset \text{T}] \supset \text{T} \qquad\qquad\qquad\quad (4)$$
$$= \text{T} \supset \text{T} \qquad\qquad\qquad\qquad\quad (5)$$
$$= \text{T} \qquad\qquad\qquad\qquad\qquad\quad (6)$$

這個計算標示有六步。步(1)依設定，給語句字母眞假值。從步(2)起開始計算，凡可**直接**計算的部分，每步都予以計算。步(1)可直接計算的，由前至後，依序爲連言 $(\text{T} \cdot \text{T})$，第一個否言$\sim$T 和第二個否言$\sim$T。計算結果分別爲 T，F，和 F。依序寫到相關位置，而得步(2)。步(2)可直接計算的，是選言 F $\vee$ F 和 F $\vee$ T。計算分別得 F 和 T，寫在相關位置而得步(3)。步(3)可直接計算的，是否言$\sim$F。計算得 T，寫在相關位置而得步(4)。步(4)可直接計算的是如言 T $\supset$ T。計算得 T，寫在相關位置得步(5)。計算步(5)得 T，得步(6)。我們可把這種計算和書寫，叫做**橫式法**(horizontal method)。

我們也可把眞值計算，寫如下例的**箭頭法**(arrow method)：

例 3　設 A, B, C 為眞，D 為假。求下列如言的眞值。

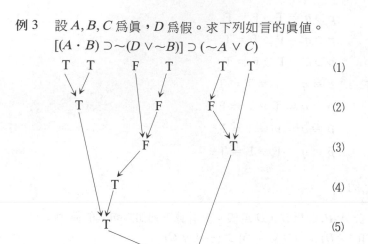

$$[(A \cdot B) \supset \sim(D \vee \sim B)] \supset (\sim A \vee C)$$

首先要注意，表中所有的 T（眞）和 F（假），都上下垂直對準一個語句（字母）或連詞。所有的 T 和 F 上下排成六列。列(1)是依設定寫的每個語句字母的眞值。列(2)由左至右，A 眞 B 眞使得連言 $(A \cdot B)$ 為眞，B 眞使得否言 $\sim B$ 為假，A 眞使得否言 $\sim A$ 為假。在列(3)，D 假 $\sim B$ 假使得選言 $D \vee \sim B$ 為假；$\sim A$ 假 C 眞使得選言 $\sim A \vee C$ 為眞。列(4)，$D \vee \sim B$ 假使得否言 $\sim(D \vee \sim B)$ 為眞。列(5)，$(A \cdot B)$ 眞 $\sim(D \vee \sim B)$ 眞，使得如言 $(A \cdot B) \supset \sim(D \vee \sim B)$ 為眞。列(6)，因所求如言的前後件都眞，故整個如言為眞。

　　箭頭法生動易懂，因此在初學語句的眞值計算時，許多學生覺得是好的方法。但是，這種方法費時費篇幅，因此一旦領會了基本觀念以後，最好轉到一種更普通，更簡潔的方法，叫做**平列法**(tabular method)。平列法其實只是不用箭頭的箭頭法。代之，把眞值直接放在每個成分語句的主連詞下面。這樣，這個語句的眞值，就是這個語句的主連詞下面的眞值。我們用平列法，把例 3 的如言寫成下例：

例4　$[(A \cdot B) \supset \sim(D \vee \sim B)] \overset{\downarrow}{\supset} (\sim A \vee C)$
　　　T T T　T T F F F T　T　F T　T T

注意我們用箭頭表示主連詞。再看下例：

例5　設 A, B, C 爲眞，D, E, F 爲假。先用平列法，再用箭頭法，計算所示否言的眞値。

(a) 平列法

$\overset{\downarrow}{\sim} \{[\sim A \equiv (B \vee C)] \cdot \sim [\sim D \supset (E \vee F)]\}$
T　F T F T T　T　F T　T F F　F F F

(b) 箭頭法

$\sim \{[\sim A \equiv (B \vee C)] \cdot \sim [\sim D \supset (E \vee F)]\}$

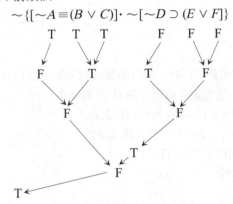

這裡，因 $\sim A$ 假，$B \vee C$ 眞，故雙如言 $\sim A \equiv (B \vee C)$ 假。因 $\sim D$ 眞，$E \vee F$ 假，故如言 $\sim D \supset (E \vee F)$ 假，而其否言眞。這樣，這個否言裡的連言爲假，而這個連言的否言，即整個否言爲眞。注意最左邊的否言號是以右邊整個句式爲範圍。

熟悉了基本眞値表以後，有下面一些短切計算規則可用：

(i) 如果有一個連項假，則整個連言假。

(ii) 如果有一個選項眞，則整個選言眞。

(iii) 如果前件假，則整個如言眞。

(iv) 如果後件眞，則整個如言眞。

這樣，有些語句雖然我們不知其中一些成分語句的真值，也有可能知道和計算其真值。

例 6　設 A, B 真，C, D 假，P, Q 真值未知。試求下列各句的真值：

(a) $(C \supset P) \supset (B \vee D)$

$= (F \supset ?) \supset (T \vee F)$

$= T \supset T$

$= T$

　　以「?」表示真值未知。因前件為假，可知如言為真，故 (F $\supset$?)

為真。

(b) $\sim (A \vee C) \supset \sim(? \vee ?)$

$= \sim(T \vee F) \supset \sim?$

$= \sim T \supset ?$

$= F \supset ?$

$= T$

　　選項的真值都未知時，選言的真值也未知，故 $(? \vee ?) = ?$。前件為假時，既知如言為真，故 (F $\supset$?) = T。

(c) $[P \equiv (Q \cdot A)] \supset [(\sim P \vee Q) \supset (C \supset D)]$

$= [? \equiv (? \cdot T)] \supset [(\sim? \vee ?) \supset (F \supset F)]$

$= [? \equiv ?] \supset [(? \vee ?) \supset T]$

$= ? \supset [? \supset T]$

$= ? \supset T$

$= T$

　　後件為真時，既知如言為真，故 (?$\supset$T) 為真。

(d) $(A \cdot P) \vee (B \cdot Q)$

$= (T \cdot ?) \vee (T \cdot ?)$

$= ? \vee ?$

$= ?$

　　故計算不出真值。

有一點要注意的，在這裡所謂 P, Q 的真值**未知**，是指 P, Q 有真值，但不知是真還是假。一個複合語句如果含有沒有真值的成分語句，則這個語

句沒有眞函邏輯上的眞值可言，**不是計算不出**眞值。

習題 3-1

Ⅰ.設 A, B 眞，C, D, E 為假。試計算下列各句的眞值。

1. $(\sim A \vee D) \supset E$
2. $\sim [(A \cdot \sim B) \supset (C \cdot \sim D)]$
3. $(\sim C \cdot \sim D) \equiv [A \supset \sim (D \cdot E)]$
4. $(A \equiv B) \equiv (C \equiv D)$
5. $[(C \cdot D) \vee (A \cdot \sim B)] \supset [(D \vee B) \cdot (E \vee \sim B)]$
6. $[(E \cdot A) \vee \sim (D \cdot B)] \supset [(B \vee C) \cdot D]$
7. $\sim \{[(A \supset \sim B) \supset \sim C) \supset \sim D]\}$
8. $\sim [\sim (B \vee \sim A) \vee \sim (\sim B \vee D)] \supset \sim (E \vee A)$

Ⅱ.設 A, B 眞，C, D, E 假，G, H, I 眞值未知。試計算下列各句的眞值。如果無法計算，說明為什麼？

1. $(A \vee B) \equiv [(H \vee I) \supset B]$
2. $\sim (C \vee \sim D) \supset [G \equiv (\sim I \cdot H)]$
3. $(A \cdot C) \supset [(E \cdot G) \supset \sim (\sim B \cdot H)]$
4. $[(D \supset G) \supset \sim H] \supset I$
5. $\sim \{[I \vee (G \equiv \sim B)] \cdot \sim A\}$
6. $[E \supset \sim (C \cdot \sim A)] \supset \sim [\sim B \supset (\sim D \vee \sim G)]$

2. 眞值表的構作

在前章，我們一直很直覺使用簡單的眞值表，來幫助定義和說明各種眞函連詞。由於我們還要進一步應用較複雜的眞值表，因此有必要對眞值表的構作及閱讀，做詳細的說明。

讓我們複習一下有關眞值表的一些用語。試看下例的眞值表：

例 7

		↓				
p	q	$(p \vee \sim q)$	⊃	q		
T	T	T T F	T	T		
T	F	T T T F	F	F		
F	T	F F F T	T	T		
F	F	F T T F	F	F		

這裡，垂線左邊的是**左欄**，右邊的是右欄。或者由左至右依垂線劃分為第一，第二，第三⋯欄。每個字母和每個連詞，與真假字母「T」「F」上下垂直，構成**行**(column)。行可分**基行**(base column)或**始**(initial)**行**，**主行**(main column)或**終**(final)**行**，和**中**（middle）**行**。每個字母那一行，是基行或始行，因爲它是計算的基底，以及由它開始。例如所有 p 和 q 那些行，是基行。主連詞那行是主行或終行，它是計算終結，以及呈現整個語句真值的行。例如，如言號 ⊃ 那行是主行，必要時可在上方用下箭號標示。其他的行是中行。由水平的「T」「F」形成的序列，叫**列**(line, row)。自上至下，可分爲第一，第二，⋯列。有了這些用語和標示，我們可用坐標方式，指出表上任一項目——位置和真值。

其次講標準真值表的構作方法。上例就是一個標準真值表。現以此爲例，依序構作如下：

⑴構作真值表，第一步是決定所需**列數**。一個標準的真值表，是要把一個語句或句式的**所有可能**的真值（真假）情況，**不多不少**表示出來。所謂不多不少，是指不重複和不缺少。因爲每**一列**代表一個可能的真值安排，**總列數**等於成分語句字母(sentence letter)的所有可能真值組合數。設 L 代表列數，n 代表**不同**語句字母數，則列數可由下列公式算出來：

$$L = 2^n \quad （注意：不是 n^2 !）$$

由於每個字母有真假**兩個**可能的值，因此 n 個不同字母，就有 $2 \times 2 \times \cdots$ 乘 n 次 2（即 2^n）的可能真值組合。注意，這裡的 n 是指不同語句字母**種數**，**不是**指所論語句出現的字母數。例如在上例 $(p \vee \sim q) \supset q$ 裡，雖然有**三個**字母**出現**，但只有**兩種**，即 p 和 q，不同字母。依這個公式，

可得下表：

不同語句字母數	眞值表的列數
1	2
2	4
3	8
4	16
5	32
6	64
⋮	⋮
n	2^n

　　(2)例如爲語句 $(p \lor \sim q) \supset q$ 構作眞值表。首先把語句的所有不同字母，依字母次序，由左至右，寫在左欄上方；把語句寫在右欄上方，並用向下箭號寫在主連詞上方，如：

$$
\begin{array}{cc|c}
 & & \downarrow \\
p & q & (p \lor \sim q) \supset q \\
\hline
 & & \\
 & & \\
 & & \\
 & & \\
\end{array}
$$

其次，因有 p 和 q **兩**種不同字母，故得 $2^n = 2^2 = 4$（列）。即這個眞值表須 4 列。然後依這個列數，即 4，按一定方式給每一字母指定可能的眞值。這有若干方式。本書採用如下方式。把列數 4 分成一半得 2，然後在最左字母 p 下方，給列的頭一半，即頭 2 列，指定 T，後一半，即後 2 列，指定 F。因列數是 4，有兩個 T 和兩個 F：

$$
\begin{array}{cc|c}
 & & \downarrow \\
p & q & (p \lor \sim q) \supset q \\
\hline
T & & \\
T & & \\
F & & \\
F & & \\
\end{array}
$$

這樣就實際標出整個表的列數，即 4 列。

其次再把該數，即 2，分成一半得 1，在右邊其次一個不同字母 q 下方，寫一個 T，一個 F，再一個 T，一個 F，如下：

p	q	$(p \lor \sim q) \supset q$
T	T	
T	F	
F	T	
F	F	

在此，如果再把該數，即 1，分成一半則得 1/2，而不是整數，這表示沒有什麼值須再指定的，而實際上 q 右邊也沒有其他不同字母了。我們依上述方式給語句字母指定真值，就可把字母的所有和每一可能的真值組合，不多不少指定好。這樣，這個表就舉盡了整個可能的值域。

(3)現在準備好計算這個語句本身的真值。首先把真值寫在右欄每個字母下方。這只是把左欄的 T 和 F，抄在右欄相應的位置：

p	q	$(p \lor \sim q) \supset q$
T	T	T　　T　T
T	F	T　　F　F
F	T	F　　T　T
F	F	F　　F　F

(4)其次從可以**直接**計算真值的行開始，逐次計算到主行或終行。

p	q	$(p \lor \sim q) \supset q$
T	T	T　FT　T
T	F	T　TF　F
F	T	F　FT　T
F	F	F　TF　F
		1

繼續逐次計算連詞的真值：

$$\begin{array}{cc|ccc}
&&&\downarrow&\\
p & q & (p \vee \sim q) & \supset & q\\
\hline
T & T & T\ T\ F\ T & T\\
T & F & T\ T\ T\ F & F\\
F & T & F\ F\ F\ T & T\\
F & F & F\ T\ T\ F & F\\
&&&2\ \ 1&
\end{array}$$

⑸在完成語句主連詞下方的眞値以後，眞値表就完成。表下方標示的數碼，表示計算眞値的次序。

$$\begin{array}{cc|ccccc}
&&&&\downarrow&&\\
p & q & (p & \vee & \sim q) & \supset & q\\
\hline
T & T & T & T & F\ T & T & T\\
T & F & T & T & T\ F & F & F\\
F & T & F & F & F\ T & T & T\\
F & F & F & T & T\ F & F & F\\
&&&2 & 1 & 3 &
\end{array}$$

有幾點要注意的：

(i)本章介紹的構作程序和方式，是教科書上常見的。有的教科書，也採不同的方式。不論採什麼方式，背後根據的邏輯（以及數學）原理都一樣。初學者最好先熟悉其中一種。

(ii)也可只寫右欄部分，省略左欄不寫，如：

$$\begin{array}{ccccc}
&&\downarrow&&\\
(p \vee \sim q) & \supset & q&&\\
\hline
T\ T\ F\ T & T & T\\
T\ T\ T\ F & F & F\\
F\ F\ F\ T & T & T\\
F\ T\ T\ F & F & F
\end{array}$$

在構作這種簡式眞値表時，我們一開始就依所講方式，把眞値指定給語句每個字母下方。但要注意的，在構作「完整」標準眞値表時，由於有完全依字母次序，自左至右寫字母的左欄，因此不論語句中的字母次序實際如何出現，都可依字母的固定次序，給字母下方指定眞値 T 和 F。

但在沒有左欄的簡式裡，當語句中的字母，有不依字母次序出現時，要依字母次序還是依實際自左至右的次序指定眞值，便有約定的問題。試看下例：

例 8　(a)

$$\overset{\downarrow}{(\sim q \equiv p) \vee q}$$

F T F T	T T	
T F T T	T F	
F T T F	T T	
T F F F	F F	
1　2	3	

(b)

$$\overset{\downarrow}{(\sim q \equiv p) \vee q}$$

F T F T	T T	
F T T F	T T	
T F T T	T F	
T F F F	F F	
1　2	3	

這裡，(a)和(b)是完全相同的語句；句中字母沒依字母次序由左至右出現。(a)表可視爲標準眞值表的簡式，也可視爲是依字母次序，不是依字母自左至右出現的次序，指定眞值。(b)則依字母自左至右實際出現次序，指定眞值。從兩個表的主行，可看到它們的眞值完全相同。這告訴我們，依那一方式給字母指定眞值，在邏輯上都一樣。問題是，在實際構作上要採取用方式(a)還是(b)。我們的採用和建議是：

(i) 爲了全書的一致和講述方便，避免一些可能的混淆，本書將一律採用方式(a)，即完全和優先依字母次序指定眞值，不論其實際出現的次序。

(ii) 但讀者實際使用時，爲了某些方便，採用方式(b)也可以。

(iii) 不論採用那一方式，自己要知道所採用的方式。在和別人討論時，最好事先告知採用的方式。

(iv) 不論採用那一方式，在同一個討論裡，最好採用同一個方式。

現在看含有三個不同語句字母眞值表構作的例子。試看下例。

例 9　(1)
$$(R \lor {\sim}Q) \equiv [(R \cdot P) \supset {\sim}P]$$

T	T
T	T
T	T
T	T
F	F
F	F
F	F
F	F

首先，我們採用簡式。這個語句雖然有字母的**五個**出現，但只有 P, Q 和 R **三種**不同字母。在 $L = 2^n$ 中，這裡的 $n = 3$，因此這個眞值表共有 $(2^n = 2^3 =)$ 8 列。依字母次序是 P, Q, R。8 列的一半是 4 列。這樣，首先給 P 行下方的頭 4 列寫 T，後 4 列寫 F。

(2)
$$(R \lor {\sim}Q) \equiv [(R \cdot P) \supset {\sim}P]$$

T	T	T
T	T	T
F	T	T
F	T	T
T	F	F
T	F	F
F	F	F
F	F	F

其次，4 列的一半是 2 列。依字母次序第二個字母是 Q。這樣，在 Q 行下方，自上至下，依兩個 T 和兩個 F 的輪換，給 Q 指定眞值，直到第八列，或與已指定眞值的 P 行的眞值下方底部**同長**爲止。

(3)　$(R \vee \sim Q) \equiv [(R \cdot P) \supset \sim P]$

T	T	T	T	T
F	T	F	T	T
T	F	T	T	T
F	F	F	T	T
T	T	T	F	F
F	T	F	F	F
T	F	T	F	F
F	F	F	F	F

其次，2 列的一半是 1 列。依字母次序，第三個字母是 R。這
樣，在 R 行下方，自上至下，依一個 T 和一個 F 的輪換，給 R
指定眞值，直到第八列，或與已指定眞值的列**同長**爲止。這樣
就完成所有基行的眞值指定。

(4)　$(R \vee \sim Q) \equiv [(R \cdot P) \supset \sim P]$

T	F T	T T T	F T
F	F T	F F T	F T
T	T F	T T T	F T
F	T F	F F T	F T
T	F T	T F F	T F
F	F T	F F F	T F
T	T F	T F F	T F
F	T F	F F F	T F
	1	1	1

其次，我們從可以**直接**計算的部分計算，即從否言 $\sim Q$，連言
$(R \cdot P)$ 和否言 $\sim P$ 計算。

⑸　　　　　　↓
$(R \lor \sim Q) \equiv [(R \cdot P) \supset \sim P]$

T T F T	T T T F F T
F F F T	F F T T F T
T T T F	T T T F F T
F T T F	F F T T F T
T T F T	T F F T T F
F F F T	F F F T T F
T T T F	T F F T T F
F T T F	F F F T T F
2 1	1　2 1

現在可以直接計算的，是選言 $R \lor \sim Q$ 和如言 $(R \cdot P) \supset \sim P$。

⑹　　　　　↓
$(R \lor \sim Q) \equiv [(R \cdot P) \supset \sim P]$

T T F T	F	T T T F F T
F F F T	F	F F T T F T
T T T F	F	T T T F F T
F T T F	T	F F T T F T
T T T T	T	T F F T T F
F F F T	F	F F F T T F
T T T T	T	T F F T T F
F T T F	T	F F F T T F
2 1	3	1　2 1

最後計算整個雙如言。

最後要注意的。前面幾個例子裡，為了說明才寫成好幾個表，來構作「一個」眞値表。實際構作時，只須寫如⑹的一個表。

3. 套套言，矛盾言，與適眞言

在介紹眞値計算和眞値表的構作以後，現在要應用這些來定義和說明一些基本邏輯用語和觀念。

　　我們知道，一個（眞函）複合語句的眞值，由它的成分語句的眞值唯一決定。這種決定會產生邏輯上有趣和重要的三種不同情形。一種是如同我們常見的日常語句。對這種語句，它的成分語句的有些眞值會使它的眞值爲**眞**，有些會使它的眞值爲**假**。爲和另兩種不常見的極端情形的語句區分，邏輯上把這種常見的語句或句式，叫做**適眞言**(contingency)。另兩種極端情形之一是，不論它的成分語句的眞值如何，都會使這一語句或句式爲**眞**。也就是，不論成分語句的眞值如何，都**不會**使它爲**假**。邏輯上，把這種語句或句式，叫做**套套言**(tautology)。另一種極端情形是，不論它的成分語句的眞值如何，都會使這一語句或句式爲**假**。也就是，不論成分語句的眞值如何，都**不會**使它爲**眞**。邏輯上，把這種語句，叫做**矛盾言**(contradiction)。

　　利用眞值表，我們可把上述三種語句或句式講的更清楚。在這之前，先講一下如何**閱讀**眞值表。試看下例：

例 10
$$
\overset{\downarrow}{p \supset (\sim q \cdot p)}
$$

(1)　T F　F T F T
(2)　T T　T F T T
(3)　F T　F T F F
(4)　F T　T F F F

我們不要忘記，包括這個例子裡的所有我們討論的語句符號式子，或句式裡的字母，都是**語句字母**(sentence letter)。所謂語句字母，顧名思義，這些字母是要代表**語句**的。也不要忘記，我們一直關注的是複合語句的眞值成分語句的眞值，以及兩者之間的決定關係。這樣，在討論譬如語句 $p \supset (\sim q \cdot p)$ 的眞值時，追根究底，我們是在討論以語句代換語句字母 p 和 q 所得語句，尤其是計較代換以及代換所得語句的眞值的。爲討論方便，邏輯上常把給一個語句或句式的成分語句字母，指定個別的語句或眞值，**或和**所得結果，叫做語句或句式的（語句）**解釋**(interpretation)或**代換例**(substitution instance)。我們對一個**解釋**或代換例關注的，可以是個別**語句**或**眞值**。如果解釋所得的語句或眞值是**眞的**，則這一解釋是**眞的解釋**；如果所得是假的，則是**假的解釋**。解釋或代換例的眞值

觀念，如同以後將看到的，在邏輯上很有用，很重要。

　　現在以上述例 10 為例，來**閱讀**眞值表。正如一切閱讀那樣，眞值表的閱讀有不同層次。首先，可有**語法**或**語形的**(syntatical)閱讀和**語意的**(semantic)閱讀。在語法的閱讀裡，只提到符號本身。但在語意的閱讀要講到**符號的意義**。前面所謂的解釋，是語意閱讀。

　　試看上述例 10。首先，如果拿 T 分別代換 p 和 q，則得列⑴，而在主行得 F，即整個語句或句式得 F。其次，如果拿 T 和 F 分別代換 p 和 q，則得列⑵，即主行得 T，即整個語句或句式得 T。以下類推。這是一種語法的閱讀。

　　在另一方面，首先拿一個**真的語句**代換 p，一個真的語句（這個語句和前一個眞的語句可相同，可不相同）代換 q，則在列⑴的主行顯示，得一個**假的語句**。其次，如果拿一個**真的語句**代換 p，一個**假的語句**代換 q，則列⑵的主行顯示，得一個**真的語句**。以下類推。在語句邏輯和眞函邏輯，這裡的「眞假語句」可以用「眞假」來取代。也就是，我們可用拿眞或假代換 p 或 q，而不必說出「語句」。再者，可用**可能情況**(possible situation)或**可能世界**(possible world)的觀念來閱讀眞值表。這樣，對上例，首先，我們可以說，在一個可使 p 為眞，q 也為眞的可能情況或可能世界，可使 $p \supset (\sim q \cdot p)$ 為假，如列⑴所示。其次，在一個可使 p 為眞 q 為假的可能情況或可能世界裡，可使 $p \supset (\sim q \cdot p)$ 為**真**，如列⑵所示。以下類推。這些是語意的閱讀。

　　現在利用眞值表，進一步定義和說明套套言，矛盾言，和適眞言。試看下列三句及其眞值表：

例 11　(a)
$$
\begin{array}{c}
 \downarrow \\
\overline{p \supset (\sim q \vee p)} \\
\end{array}
$$

T T	F T T T	
T T	T F T T	
F T	F T F F	
F T	T F T F	（**套套言**）

(b)

$$\frac{[(p \supset q) \overset{\downarrow}{\cdot} (p \cdot \sim q)]}{}$$

T	T	T	F	T	F	F	T
T	F	F	F	T	T	T	F
F	T	T	F	F	F	F	T
F	T	F	F	F	F	T	F

（矛盾言）

(c)

$$\frac{p \overset{\downarrow}{\vee} (\sim q \equiv p)}{}$$

T	T	F	T	F	T
T	T	T	F	T	T
F	T	F	T	T	F
F	F	T	F	F	F

（適眞言）

注意這三個表的主行，發現一個有趣的情形。表(a)主行的眞值**都眞**；表(b)的**都假**；表(c)的**有眞也有假**。這些剛好分別是前面講的套套言，矛盾言，和適眞言的例子。因爲表(a)顯示，給成分語句 p 和 q 的所有可能的眞值指定，都會使所論語句爲眞；表(b)顯示，給成分語句的所有可能的眞值指定，都會使所論語句**爲假**；而表(c)顯示，給成分語句的眞值指定，**有**的會使所論語句爲**眞**，**有**的爲**假**。這樣，我們可用眞值表來定義上述三種語句。一個（眞函）語句或句式爲**套套言**，恰好如果它的眞值表主行的眞值**都眞**。一個語句或句式爲**矛盾言**，恰好如果它的主行的眞值都**假**。一個語句或句式爲**適眞言**，恰好如果它的主行的眞值**有眞有假**。換句話說，一個語句或句式爲套套言，恰好如果在所有可能情況或可能世界裡它都眞；一個語句或句式爲矛盾言，恰好如果在所有可能情況或可能世界裡它都假；一個語句或句式爲適眞言，恰好如果在**有些**可能情況或可能世界裡它爲眞，在有些裡則爲假。

　　有幾點要注意的：

　　(i)這三種語句的區分，僅僅就眞函複合語句講的，不是就一切有眞假可言的語句。例如，「a 是 a」和「牛是牛」雖然在所有可能世界都眞，但它不屬於套套言。

　　(ii)套套言和矛盾言的觀念雖然在語句邏輯裡很重要，但在日常語言裡很少見，只在不經心場合會碰到。它的邏輯哲學性格很複雜。

⒤一個套套言與一個矛盾言所形成的**選言**，會是一個套套言，因為一個選言為眞，只要有一個選項為眞，而套套言當一個選項，因而這個選言必定有一個選項為眞，因而它必定為眞。反之，一個套套言與一個矛盾言所形成的**連言**，會是一個矛盾言，因為一個連言為假，只要有一個連項為假，而矛盾言當一個連項，因而這個連言必定有一個連項為假，因而它必定為假。兩個適眞言所形成的**連言**，我們不確定知道它是什麼。它也許是適眞言，例如如果這兩個適眞言是 p 和$\sim q$，則它們的連言是 $(p \cdot \sim q)$。或者它也許是矛盾言，例如如果它們是 p 和$\sim p$，則其連言是 $(p \cdot \sim p)$。但我們確知它**不是**套套言，因為它的主行至少有一列是假的。還有，不但兩個套套言所形成的雙如言是一個套套言，而且兩個矛盾言所形成的雙如言也是一個套套言。這很明顯。

⒥適眞言不用說，套套言和矛盾言也可就日常用語來說。試看下例：

例 12　(a) 雪是白的或是雪不是白的。
　　　　(b) 天下人很多，但天下人也不多。
　　　　(c) 如果費用上漲，則或是價格和費用都上漲，或是費用上漲但價格沒上漲。

設 S ＝「雪是白的」。那麼(a)可符示為 $S \vee \sim S$，這顯然為套套言。設 P ＝「天下人很多」。那麼(b)可符示為 $(P \cdot \sim P)$，這是矛盾言。但這裡前後兩句的「人」如果有歧義，則(b)應符示為諸如 $(P \cdot \sim Q)$ 了。這樣，就不是矛盾言了。設 C ＝「費用上漲」，R ＝「價格上漲」。那麼(c)可符示為 $C \supset [(R \cdot C) \vee (C \cdot \sim R)]$。用眞值表顯示，這個符號式是套套言。

習題 3-2

Ⅰ.用眞值表決定下列那些語句是套套言，矛盾言，或適眞言。

1. $\sim (A \cdot \sim A)$
2. $\sim (A \equiv \sim A)$
3. $(A \equiv \sim B) \vee (\sim A \equiv \sim B)$
4. $[A \supset (A \supset B)] \supset B$

5. $(A \supset B) \supset [\sim(B \cdot C) \supset \sim(C \cdot A)]$

6. $(A \cdot C) \equiv (\sim A \vee \sim C)$

7. $(A \equiv B) \equiv [(A \cdot B) \vee (\sim A \cdot \sim B)]$

8. $(A \cdot \sim B) \supset [(A \vee C) \vee \sim C]$

9. $[(A \supset B) \supset C] \equiv [(B \supset A) \supset C]$

10. $[(A \supset B) \cdot (B \supset A)] \equiv [(A \cdot B) \vee (\sim A \cdot \sim B)]$

Ⅱ.下列那些語句是套套言，矛盾言，適真言，或不在這三類。

1. 不是你去，就是我去。

2. 不是你去，就是你不去。

3. 道可道非常道。

4. 牛是牛，馬是馬。

5. 牛非牛，馬非馬。

6. 有而且只有地球是圓的它才會自轉。

7. 太陽不但從東方升起來，而且從東方落下去。

8. 如果我去美國則我不去美國，而且如果我不去美國則我去美國。

Ⅲ.問答題

1. 設 $(p \vee q)$ 真，q 為任意語句。我們能知 p 的真值嗎？

2. 設 $(p \cdot q)$ 假，q 為任意語句。我們能知 p 的真值嗎？

3. 有使 $(p \cdot \sim p)$ 為套套言的語句 p 嗎？

4. 如果 $(p \equiv q)$ 真，我們能知 $(p \vee \sim q)$ 的真值嗎？

5. 套套言，矛盾言，或適真言的否言是什麼？

6. 適真言與矛盾言所形成的選言是什麼？

7. 適真言與套套言所形成的選言是什麼？

8. 適真言與套套言所形成的連言是什麼？

9. 兩個矛盾言所形成的雙如言是什麼？

10. 以矛盾言為前件，以適真言為後件的如言是什麼？

11. 以套套言為前件，以適真言為後件的如言是什麼？

12. 以套套言為前件，以矛盾言為後件的如言是什麼？

13. 兩個適真言形成的雙如言是什麼？

14.兩個適眞言形成的選言是什麼

4.邏輯涵蘊與邏輯等值

在介紹了套套言，矛盾言和適眞言以後，講幾個直接相關的重要邏輯觀念。試看下列兩個眞值表：

例 13　(a)　$p \supset q$ ↓　　　　(b)　$\sim p \vee q$ ↓

$p \supset q$	$\sim p \vee q$
T T T	F T T T
T F F	F T F F
F T T	T F T T
F T F	T F T F

再看這兩個表的主行，發表它們的眞值都依序爲 TFTT，也就是相同，也就是**眞眞假假一一對應**。我們稱**兩個眞值表相同**，恰好如果它們主行的眞值相同，也就是它們主行的眞值眞眞假假一一對應。這個定義省略了「基行的眞值相同」這個條件，因爲完整的寫，應該是：「恰好如果它們的基行以及主行的眞值相同」。在正常情況下，這個省略是可允許的，因爲當我們要比較主行的眞值是否相同時，要先把對應的基行的眞值**對準**，譬如在這個例子裡，把(a)和(b)的 p 行之間以及 q 行之間的眞值對準，否則比較主行的眞值是否相同沒有意義。在以字母次序，依相同方式給要比較的眞值表的基行，指定眞值後，諸表基行的眞值自然就對準了。因此把基行對準的條件省略不寫，是允許的。由於這裡表(a)和(b)的主行的眞值相同，因此這兩個表相同。

在此以及以後，我們最好注意到與「兩個眞值表相同」或「相同的兩個眞值表」之相同觀念或相同情形的不同用語或說法。首先，所謂兩個眞值表相同，其實就是兩個眞值表的主行相同。所謂**主行相同**，是指主行的**眞值相同**。所謂主行的眞值相同，是指給每個表的基行或成分語句指定各種可能的眞值時，主行所得眞值都相同。所謂兩個眞值表相同，是在所有可能情況或可能世界裡，兩個表或兩個語句的眞值都相同。我們可依需要使用這些意義相同的不同用詞和講法。

　　我們稱兩個語句或句式爲**邏輯等值**(logically equivalent)，或更特別爲**套套等值**(tautologically equivalent)，如果它們具有相同的眞值表，也就是它們的眞值表主行的眞值相同。這種等值稱爲**套套**等值，是因爲當 p 與 q 的眞值表相同時，雙如言 $p \equiv q$ 爲套套言，所以可用套套一詞稱呼它。這樣，我們可以構作眞值表來檢試或決定語句間的邏輯等值或套套等值。例如上面例 13 的兩個眞值表就告訴我們，語句(a)和(b)是邏輯等值的，因爲它們的眞值表相同。再看下例：

例 14　(a)　(i)
$$\overset{\downarrow}{\sim (p \cdot q) \supset \sim p}$$

```
F  TTT  TF T
T  TFF  FF T
T  FFT  TT F
T  FFF  TT F
```

(ii)
$$\overset{\quad\downarrow\qquad\quad\downarrow}{\sim q \supset \sim (p \vee q)}$$

```
F T T  F T T T
T F F  F T T F
F T T  F F T T
T F T  T F F F
```

(b)　(i)
$$\overset{\qquad\downarrow}{\sim q \supset \sim p}$$

```
F TT F T
T FF F T
F TT T F
T FT T F
```

(ii)
$$(p \overset{\downarrow}{\cdot} \sim q)$$

```
T F F T
T T T F
F F F T
F F T F
```

這個例子(a)的表(i)和(ii)主行相同，即都是 TFTT，因此語句(i)和(ii)邏輯等值或套套等值。但(b)的表(i)和(ii)的主行並不相同，(i)的是 TFTT，(ii)的是 FTFF，因此(i)和(ii)並不套套等值，但還不能說不邏輯等值，因爲如同將在後面講的，有的邏輯等值的語句，眞值表並不相同。我們引進套套等值這觀念，主要是要講兩個語句，諸如(b)的(i)和(ii)的眞值表不相同時，可以有某種不等值的觀念來講它們的邏輯關係。在語句邏輯，不妨把邏輯等值和套套等值，當相同的用語。

　　現在有一個問題。兩個語句或句式的成分語句或語句字母不完全相同，甚至完全不同時，能用眞值表法決定它們是否邏輯等值嗎？要檢查兩個眞值表是否等值時，須要**對準**兩者之間的所有基行，也就是一者的每個成分語句或字母，一定要對準另一者相同的成分語句或字母。現在

兩者的成分語句有所不同，因此**似乎**有的成分語句沒有可對準的成分語句。但這種疑慮是不必要的。現在先講如何來檢查兩個成分有不同的語句。試看下例：

例 15　(a)　(i)　$\underset{\sim p}{\downarrow}$　　　　(ii)　$\underset{(q\cdot\sim p)\vee\sim p}{\downarrow}$

F T	T F F T　F F T
F T	F F F T　F F T
T F	T T T F　T T F
T F	F F T F　T T F

(b)　(i)　$\underset{\sim p}{\downarrow}$　　　　(ii)　$\underset{(q\vee\sim p)\supset\sim p}{\downarrow}$

F T	T T F T　F F T
F T	F F F T　T F T
T F	T T T F　T T F
T F	F F T F　T T F

這個例子的(a)和(b)，都是各依(i)和(ii)兩個語句**一起**考慮，有 p 和 q **兩種**不同成分語句或字母，而應有**列數** $2^n = 2^2 = 4$，構作而成的。(a)的(i)和(ii)的主行，都是 FFTT，所以(i)和(ii)是**相同**的眞值表，因此語句(i)和(ii)，即 $\sim p$ 和 $(q\cdot\sim p)\vee\sim p$ 等值。反之，(b)的(i)和(ii)的主行不同；前者是 FFTT，後者是 FTTT。所以，(i)和(ii)，即 $\sim p$ 和 $(q\vee\sim p)\supset\sim p$ 不等值。現在可能有個疑慮。語句(i)，即 $\sim p$，沒有字母 q，而(ii)有，兩者怎麼可比對呢？這個疑慮是多餘的，因爲在把要比對的諸語句一起考慮，**一共**有多少種不同的成分語句或字母時，**等於**給要比對的諸語句提供了所有應有的成分語句或字母。我們做這，依據一個簡單的邏輯原理。這個原理是 p 與 $p\vee(q\cdot\sim q)$ 是等值的。由於 $(q\cdot\sim q)$ 是矛盾言，因此是假的，因此 $p\vee(q\cdot\sim q)$ 的眞值完全由 p 決定。p 眞它就眞，p 假就假。因此，p 與 $p\vee(q\cdot\sim q)$ 等值。這樣，任何語句與 p 比對，等於與 $p\vee(q\cdot\sim q)$ 比對；反之亦然。因此，在 p 比對而需要字母 q，也就是需要 q 當基行時，就可利用這個原理來做。這樣，例 15(a)的(i)和(ii)的比對，可以看做是下例(a)和(b)的比對，因爲 $\sim p$ 與 $\sim p\vee(q\cdot\sim q)$ 等值。

例 16　(a)

$$\underset{\downarrow}{\sim p \lor (q \cdot \sim q)}$$

```
F T F  T F F  T
F T F  F F T  F
T F T  T F F  T
T F T  F F T  F
(1) (2)
```

(b)

$$(q \cdot \sim p) \lor \underset{\downarrow}{\sim p}$$

```
T F F T  F F T
F F F T  F F T
T T T F  T T F
F F T F  T T F
```

這裡(a)和(b)的主行相同，都是 FFTT，而且(a)和(b)都有相同的基行 p 和 q，所以(a)和(b)可比對，兩者等值。現在，由於$\sim p$ 與$\sim p \lor (q \cdot \sim q)$ 等值，所以例 15(a)的(i)可以視為是例 16 的(a)，因此我們可以用構作例 15(a)(i)與(ii)做比對。也就是說，例 16(a)行(1)可視同行(2)，因此在實際構作時，我們構作例 15(a)的(i)就可以，不必較繁複的構作例 16 的(a)。再看下例：

例 17　(a)　(i)

$$(\sim p \overset{\downarrow}{\cdot} q)$$

```
F T F T
F T F T
F T F F
F T F F
T F T T
T F T T
T F F F
T F F F
```

(ii)

$$(\sim p \cdot q) \overset{\downarrow}{\lor} [(\sim p \cdot q) \cdot \sim r]$$

```
F T F T  F   F  F F T
F T F T  F   F  F T F
F T F F  F   F  F F T
F T F F  F   F  F T F
T F T T  T   T  F F T
T F T T  T   T  T T F
T F F F  F   F  F F T
T F F F  F   F  F T F
```

(b)　(i) $\overset{\downarrow}{(\sim q \vee p)}$　　(ii) $(r \supset \sim q)\overset{\downarrow}{\cdot}[(\sim p \vee r) \supset q)]$

$(\sim q \vee p)$	$(r \supset \sim q)\cdot[(\sim p \vee r) \supset q)]$
F T T T	T F F T F　F T T T　T T
F T T T	F T F T T　F T F F　T T
T F T T	T T T F F　F T T T　F F
T F T T	F T T F F　F T F F　T F
F T F F	T F F T F　T F T T　T T
F T F F	F T F T T　T F T F　T T
T F T F	T T T F F　T F T T　F F
T F T F	F T T F F　T F T F　F F

這個例子(a)的(i)和(ii)的主行，都是 FFFFTTFF，所以語句(i)和(ii)等值，但(b)的(i)的主行是 TTTTFFTT，(ii)的是 FTFTFTFF。兩者不同，故語句(i)和(ii)不等值。自第一列起比對兩個主行的眞值時，一遇到不同，即可停止，決定兩者不相同。

　　另一個與邏輯等值密切相關，一樣重要，甚至更常用的概念是**邏輯涵蘊**(logical implication)，或更特別的**套套涵蘊**(tautologically implication)。在邏輯上，邏輯涵蘊比邏輯等值簡單，至少條件較少。我們可用邏輯涵蘊來定義邏輯等值。我們先介紹邏輯等值，是因爲在直覺上邏輯等值比邏輯涵蘊好懂。如同邏輯等值是兩個語句或句式之間的一種關係，邏輯涵蘊也是。我們稱一個語句或句式**邏輯涵蘊**另一個，如果在它們的眞值表上，沒有前者爲眞後者爲假的列。試看下列：

例18　(a)　(i)

$p \equiv q$			(ii)	$q \supset p$		
T	T	T		T	T	T
T	F	F		F	T	T
F	F	T		T	F	F
F	T	F		F	T	F

(b)　(i) $\overset{\downarrow}{\sim(p \vee q)}$　　(ii) $\overset{\downarrow}{\sim q}$

$\sim(p \vee q)$	$\sim q$
F T T T	F T
F T T F	T F
F F T T	F T
T F F F	T F

(c)　(i)

	$[(p \supset q) \overset{\downarrow}{\cdot} (q \supset r)]$
(1)	T T T T T T T
(2)	T T T F T F F
(3)	T F F F F T T
(4)	T F F F F T F
(5)	F T T T T T T
(6)	F T T T T F F
(7)	F T F T F T T
(8)	F T F T F T F

(ii)

	$p \overset{\downarrow}{\supset} r$
(1)	T T T
(2)	T F F
(3)	T T T
(4)	T F F
(5)	F T T
(6)	F T F
(7)	F T T
(8)	F T F

這個例子的(a)，(b)和(c)的語句(i)都邏輯涵蘊(ii)，因為在(a)，(i)的第一和四列為眞時，(ii)的第一和四列也眞；在(b)，(i)的第四列為眞時，(ii)的也眞；在(c)，表(i)的第一，五，七和八列為眞時，(ii)的對應列也都眞。

　　邏輯等值是一種**對稱**(symmetric)關係。也就是，如果語句 p 與 q 邏輯等值，則 q 與 p 也是。但邏輯涵蘊不像邏輯等值，不是對稱關係。語句 p 邏輯涵蘊 q，未必意味 q 也邏輯涵蘊 p。在前面例18的各語句(i)都涵蘊(ii)，但(ii)未必涵蘊(i)。在(a)，(ii)的第二列為眞，但(i)的為假，故(ii)不涵蘊(i)。在(b)，(ii)的第二列為眞，但(i)的為假，故(ii)不涵蘊(i)。在(c)，(ii)的第三列為眞，但(i)的為假，故(ii)不涵蘊(i)。

　　要注意的，**當兩個語句 p 和 q 彼此邏輯涵蘊時，它們必定邏輯等值**。p 涵蘊 q 是說，在眞值表上沒有使 p 眞 q 假的列。而說 q 涵蘊 p 是說，在眞值表上沒有使 q 眞 p 假的列。如果我們有這種雙向的邏輯涵蘊，則沒有 p 和 q 一眞一假的列，也就是沒有眞值不同的列。這樣，它們的眞值表必定相同，所以它們邏輯等值。

　　正如同在邏輯等值，我們可用可能情況或可能世界來說明邏輯涵蘊。我們可以說，沒有可能情況或可能世界會使 p 眞 q 假時，p 邏輯涵蘊 q。也就是，在任何可能情況或可能世界都會使 p 眞 q 也眞時，p 邏輯涵蘊 q。

　　邏輯涵蘊和邏輯等值的觀念，當然可用於日常語句。試看下列：

例19　下面各題語句(a)是否邏輯等值(b)，或涵蘊(b)？
　　　　(a)(i) 有而且只有做好水土保持和環境美化，台灣才再會是美麗之

島。

(ii) 如果台灣不做好水土保持或環境美化，它不再會是美麗之
島。

(b) (i) 那是假的，如果三月中旬前春雨不來，農田不休耕。

(ii) 三月中旬以前春雨不來，而農田休耕。

設 W ＝「台灣做好水土保持」，E ＝「台灣做好環境美
化」，I ＝「台灣再會是美麗之島」。那麼(a)的(i)和(ii)可分別
符示為 $(W \cdot E) \equiv I$ 和 $(\sim W \lor \sim E) \supset \sim I$。再看下列眞值表：

(i)	$(W \cdot E) \equiv I$	(ii)	$(\sim W \lor \sim E) \supset \sim I$
(1)	T T T　T T		F T F　F T　T F T
(2)	F F T　F T		T F T　F T　F F T
(3)	T T T　F F		F T F　F T　T T F
(4)	F F T　T F		T F T　F T　T T F
(5)	T F F　F T		F T T　T F　F F T
(6)	F F F　F T		T F T　T F　F F T
(7)	T F F　T F		F T T　T F　T T F
(8)	F F F　T F		T F T　T F　T T F

(i)的第一，四，七和八列為眞，(ii)的對應列也都眞，所以語句(i)
涵蘊(ii)。但(ii)的第三列為眞，但(i)的第三列為假，所以(ii)不涵蘊
(i)。

設 S ＝「三月中旬前春雨來」，L ＝「農田休耕」。那麼(b)的(i)和
(ii)可分別符示為 $\sim(\sim S \supset \sim L)$ 和 $(\sim S \cdot L)$。再看下列眞值表：

(i)	$\sim(\sim S \supset \sim L)$	(ii)	$(\sim S \cdot L)$
	F F T T T F T		F T F T
	T T F F F T		T F T T
	F F T T T F		F T F F
	F T F T T F		T F F F

表(i)和(ii)的主行的眞值相同，都是 FTFF，所以(i)和(ii)等值。

　　邏輯涵蘊和邏輯等值的概念，在邏輯上不但是基本的，而且應用非
常廣，我們務必學好。

5. 一致與不一致

　　兩個語句之間，除了有涵蘊和等值的重要邏輯關係外，還有一致和不一致的重要關係。如果一組前提**不**一致，它使論證幾乎無用，因為任何東西會從不一致的前提跟隨而來，包括結論及其否言。這點我們很快會顯示。這樣要前提一致，是非常重要的。那麼，什麼是一致？先從較容易了解的不一致講起。我們稱一個語句**組為不一致**(inconsistent)，如果它們的真值表**沒有一列**同真，換句話說，它們不能同時為真。要注意的，通常不但講兩個語句之間的可否同真的一致不一致，還講更多語句之間的一致不一致。因此，在定義一致不一致時，我們常講**一組語句**。這一組語句可由兩個或更多語句組成。又一組語句不一致是指沒有一個可能情況或可能世界，可使這一組語句同真。試看下例各組語句是否一致：

例 20　(a)　(i)
$$\begin{array}{c} \downarrow \\ \underline{\sim(p \lor \sim q)} \\ \text{F T T F T} \\ \text{F T T T F} \\ \text{T F F F T} \\ \text{F F T T F} \end{array}$$
　　(ii)
$$\begin{array}{c} \downarrow \\ \underline{(p \cdot \sim q)} \\ \text{T F F T} \\ \text{T T T F} \\ \text{F F F T} \\ \text{F F T F} \end{array}$$

　　　　(b)　(i)
$$\begin{array}{c} \downarrow \\ \underline{\sim q \supset \sim p} \\ \text{F T T F T} \\ \text{T F F F T} \\ \text{F T T T F} \\ \text{T F T T F} \end{array}$$
　(ii)
$$\begin{array}{c} \downarrow \\ \underline{[(\sim p \cdot \sim q) \lor (p \cdot \sim q)]} \\ \text{F T F F T　F T F F T} \\ \text{F T F T F　T T T T F} \\ \text{T F F F T　F F F F T} \\ \text{T F T T F　T F F T F} \end{array}$$
　(iii)
$$\begin{array}{c} \downarrow \\ \underline{\sim p \supset q} \\ \text{F T T T} \\ \text{F T T F} \\ \text{T F T T} \\ \text{T F F F} \end{array}$$

組(a)的(i)和(ii)不一致，前者的真值是 FFTF，後者是 FTFF，沒有一列同真。組(b)的(i)，(ii)和(iii)也不一致，(i)的真值是 TFTT，(ii)的是 FTFT，(iii)的是 TTTF，沒有一列三者同真。要注意的，在(b)是(i)，(ii)和(iii)**三者同時**比對，沒有一列三者同真，雖然其中兩個，譬如(i)和(ii)的第四列，(ii)和(iii)的第二列同真，但這裡是三者同時比對，不是比對其中兩者。

　　有了語句組的不一致概念以後，我們將稱一組語句為**一致**(consistent)，如果它們的真值表主行至少有一列同時為真；換句話說，它們可

以同時爲眞。試看下例各組語句是否一致：

例21　(a)　(i)

$$\overset{\downarrow}{\sim q \supset p}$$

```
F T T T
T F T T
F T T F
T F F F
```

(ii)

$$[(p \vee \sim q) \overset{\downarrow}{\cdot} (\sim q \supset p)]$$

```
T T F T T  F T T T
T T T F T  F T T F
F F F T F  T F T T
F T T F F  T F F F
```

(b)　(i)

$$\overset{\downarrow}{(p \vee q) \supset q}$$

```
T T T T T
T T F F F
F T T T T
F F F T F
```

(ii)

$$\sim p \overset{\downarrow}{\supset} \sim(p \cdot q)$$

```
F T T F T T T
F T T T T F F
T F T T F F T
T F T T F F F
```

(iii)

$$(p \cdot q) \overset{\downarrow}{\equiv} (\sim p \cdot \sim q)$$

```
T T T F F T F F F T
T F F T F T F T T F
F F T T T F F F F T
F F F T T F T T T F
```

(c)　(i)

$$\overset{\downarrow}{\sim q \equiv p}$$

```
F T F T
F T F T
T F T T
T F T T
F T T F
F T T F
T F F F
T F F F
```

(ii)

$$r \overset{\downarrow}{\supset} (\sim p \vee q)$$

```
T T F T T T
F T F T T T
T F F T F F
F T F T F F
T T T F T T
F T T F T T
T T T F T F
F T T F T F
```

(a)是一致的，因爲(i)和(ii)的第一列都眞。(b)也一致，因爲(i)，(ii)和(iii)的第三列都眞。(c)也一致，因爲(i)(ii)的第四列都眞。

　　檢查語句組的一致和不一致，在要領上有個不同的地方。只要我們發現**有一列**是同眞的，則可判定是一致的，因此可立即停止檢查。但要等到**所有的列**都不同眞，才可判定是不一致的。檢查一致不一致與檢查涵蘊或等值一樣，一定要對準要檢查的語句的所有基行。例21的(c)就顯示這點。

　　前面第三節講的套套言，矛盾言與適眞言，和第四節講的涵蘊和等值，以及本節講的一致與不一致，明顯的有密切關係，但前三者與後四者有所不同。這個不同是，前三者是就**單一**(single)語句的**性質**講，而後

四者，基本上是就兩個或更多語句之間的**關係**講的。

我們可以說，兩個語句 p 和 q 是**等值的**，如果它們所形成的**雙如言**，即 $p \equiv q$，是套套言。在邏輯上，也會把以雙如言為主連詞的套套言，叫做**邏輯等值言**（式）(logical equivalent sentence (formula))。一個語句 p 涵蘊另一語句 q，如果以前者為前件，以後者為後件的**如言**，即 $p \supset q$，是套套言。在邏輯上，也會把以如言為主連詞的套套言，叫做**邏輯涵言**（式）(logical implicative sentence (formula))。一組語句 $\{p_1, p_2, \cdots\cdots p_n\}$ 是不一致的，如果這些語句形成的**連言**，即 $(p_1 \cdot p_2 \cdots p_n)$，是矛盾言。在邏輯上，也會把一個矛盾言或不可能為真的語句，叫做不一致言。反之，一組語句是一致的，如果這些語句形成的連言，是適真言或套套言。在邏輯上，也會把一個適真言或套套言，叫做**一致言**。

我們使用一致和不一致來檢查日常語句，是常見的。試看下例各組語句是否一致。

例 22　(a) (i)如果有戰爭，則武器繼續製造。

　　　　　　(ii)沒有戰爭，但武器繼續製造。

　　　　　　(iii)不是沒有戰爭，就是武器不繼續製造。

　　　　(b) (i)只有郵務人員不減少或郵薪增加，郵資才增加。

　　　　　　(ii)郵薪增加恰好如果郵務人員減少。

　　　　　　(iii)如果郵薪增加或郵務人員不減少，則郵資會增加。

要看一組語句是否一致，最好先做符示。設 W＝「有戰爭」，A＝「武器繼續製造」。那麼，(a)各句可符示為 (i) $W \supset A$，(ii) $(\sim W \cdot A)$，(iii) $\sim W \vee \sim A$。它們的真值表是：

(a) (i)
$$\overset{\downarrow}{W \supset A}$$

T	T	T
F	T	T
T	F	F
F	T	F

(ii)
$$(\sim W \overset{\downarrow}{\cdot} A)$$

F	T	F	T
T	F	T	T
F	T	F	F
T	F	F	F

(iii)
$$\sim W \overset{\downarrow}{\vee} \sim A$$

F	T	F	F	T
T	F	T	F	T
F	T	T	T	F
T	F	T	T	F

因第二列都真，故(a)組一致。

設 N＝「郵務人員減少」，S＝「郵薪增加」，R＝「郵資增加」。那麼，(b)各句可符示為(i) $\sim (\sim N \vee S) \supset \sim R$，(ii) $S \equiv N$，(iii) $(S \vee$

~N) ⊃ R。

它們的眞値表是：

			↓			↓			↓	
(b) (i) ~(~N ∨ S) ⊃ ~R				(ii)	S ≡ N		(iii)	(S ∨ ~N) ⊃ R		

(b) (i) $\sim(\sim N \vee S) \overset{\downarrow}{\supset} \sim R$　(ii) $S \overset{\downarrow}{\equiv} N$　(iii) $(S \vee \sim N) \overset{\downarrow}{\supset} R$

(i)	(ii)	(iii)
F F T T T　T F T	T T T	T T F T　T T
T F T F F　F F T	F F T	F F F T　T T
F F T T T　T T F	T T T	T T F T　F F
T F T F F　T T F	F F T	F F F T　F T
F T F T T　T F T	T F F	T T T F　T T
F T F T F　T F T	F T F	F T T F　T T
F T F T T　T T F	T F F	T T T F　F F
F T F T F　T T F	F T F	F T T F　F F

(i)的眞値是 TFTTTTTT，(ii)的是 TFTFFTFT，(iii)的是 TTFTTTFF，
第一列同時爲眞，故(b)組不一致。

　　套套言，矛盾言，適眞言，等値，涵蘊，一致和不一致等這些概
念，在邏輯上非常基本和重要。嚴格的邏輯分析，思考和推理，幾乎都
在這些概念中運行，雖然未必明白使用這些用語。要學好邏輯思考，最
好熟練這些用語和概念。從成分語句的眞値，我們可計算得一個語句的
眞値，並且根據這些眞値徵定這一語句的特別性質，以及語句間的特別
關係。不但如此，其實我們也可從另一方向，從語句的這些特別性質，
或語句間的這些特別關係，（逆）計算或推出其成分語句應有或可有的
眞値。試看下列。

例23　問 A 和 B 在那些眞値組合之下，可使語句 (~A · B) ⊃ (~B ∨ A)
　　　成爲套套言，矛盾言或適眞言？查看下面的眞値表：

$(\sim A \cdot B) \overset{\downarrow}{\supset} (\sim B \vee A)$

F T F T　T　F T T	
F T F F　T　T F T T	
T F T T　F　F T F F	
T F F F　T　T F T F	

F T F T　T　F T T
F T F F　T　T F T T
T F T T　F　F T F F
T F F F　T　T F T F

首先只要沒有第三列，這個語句都眞，因此只要沒有 A 假 B 眞的

情形，其他 A 和 B 的所有可能的眞值組合，都可使這個語句爲套言。反之，只有 A 假 B 眞，可使這個語句爲矛盾言。其次只要有 A 假 B 眞，以及 A 和 B 的任何其他一種眞值組合，可使這個語句爲適眞言。

例 24　設 $(\sim A \supset B)$ 涵蘊 $(\sim C \cdot B)$，C 爲眞。問能決定 A 和 B 的眞值嗎？查看下面兩個眞值表：

(a)

↓
$\sim A \supset B$
(1) F T T T
(2) F T T T
(3) F T T F
(4) F T T F
(5) T F T T
(6) T F T T
(7) T F F F
(8) T F F F

(b)

↓
$(\sim C \cdot B)$
F T F T
T F T T
F T F F
T F F F
F T F T
T F T T
F T F F
T F F F

依設定，$(\sim A \supset B)$ 涵蘊 $(\sim C \cdot B)$，因此首先要把左表爲眞右表爲假那些列排除，即把(1)，(3)，(4)和(5)列排除。剩下各列的眞值情形是：

	A	B	C
(2)	T	T	F
(6)	F	T	F
(7)	F	F	T
(8)	F	F	F

因 C 爲眞，故只有列(7)符合，因此可決定 A 假 B 假。

習題 3-3

Ⅰ.用真值表決定下列那一題的語句對邏輯等值。

1. $\sim (p \cdot q)$ 與 $(\sim p \vee \sim q)$

2. $p \equiv \sim q$ 與 $[(p \supset q) \cdot (p \supset \sim q)]$

3. $(p \cdot \sim p)$ 與 $(p \vee \sim q)$

4. $\sim p \equiv q$ 與 $\sim (p \equiv q)$

5. $p \supset (q \supset r)$ 與 $q \supset (p \supset r)$

6. $\sim(p \cdot \sim q)$ 與 $(\sim p \cdot \sim q) \vee (p \vee q)$

7. $(p \cdot q) \vee (q \cdot r)$ 與 $(\sim p \cdot \sim q) \vee (\sim q \cdot \sim r)$

8. $p \equiv q$ 與 $(p \cdot q) \vee (\sim p \cdot \sim q)$

Ⅱ.用眞值表決定下列各題(a)邏輯涵蘊(b)，或(b)邏輯涵蘊(a)，或都是。

1.(a) $\sim p$ (b) $\sim p \vee q$

2.(a) $\sim(\sim p \vee \sim q)$ (b) $(p \vee q)$

3.(a) $[\sim(p \supset q) \cdot q]$ (b) $[(p \cdot q) \cdot (p \equiv \sim q)]$

4.(a) $[\sim(p \vee q) \cdot r]$ (b) $[\sim(r \cdot p) \cdot \sim(r \cdot q)]$

5.(a) $[(p \supset q) \cdot (q \supset r)]$ (b) $p \supset r$

6.(a) $q \vee s$ (b) $\{(p \supset q) \cdot [(r \supset s) \cdot (p \vee r)]\}$

Ⅲ.用眞值表決定下列各組語句是否一致。

1. $p \equiv q$, $\sim p \vee \sim q$

2. $p \equiv q$, $p \equiv \sim q$

3. $p \supset q$, $\sim p \vee \sim q$, $\sim(q \supset p)$

4. $(p \vee q) \supset p$, $\sim(p \vee q) \supset \sim p$, $p \equiv \sim q$

5. $p \equiv \sim q$, $\sim(p \supset q)$, $p \supset (p \vee q)$

6. $(p \supset q) \vee (p \supset r)$, $\sim(q \vee r)$, p

Ⅳ.符示下列各對語句，並檢試它們有沒有邏輯涵蘊和邏輯等值。

1.(a)不論利率上升或不上升，失業會增加。

  (b)失業會增加。

2.(a)農田將休耕，如果三月中以前春雨不來。

  (b)只要三月中以前春雨沒有不來，農田不休耕。

3.(a)如果有而且只有租稅增加，教育經費才會提升，則執政黨不會獲得支持。

  (b)如果執政黨沒獲得支持，則租稅增加但教育經費沒有提升，或者教育經費提升，但租稅沒有增加。

4.(a)台灣隊第一恰好如果日本隊沒第一。

(b)台灣隊第一或日本隊第一。

5.(a)有而且只有揚揚在美國上班,小葳才會到美國溜達。

(b)除非小葳有小積蓄,否則她不會到美國溜達。

6.(a)如果花蓮有好山好水,則很多人在那裡設置別墅,而且如果很多人在花蓮設置別墅,則那裡有好山好水。

(b)要麻花蓮有好山好水和很多人在那裡設置別墅,要麻花蓮沒有好山好水和沒有很多人在那裡設置別墅。

V.決定下列各組敘說是否一致。

1.(a)如果是台灣的夏天,則是澳洲的冬天。

(b)既不是台灣的夏天,也不是澳洲的冬天。

2.(a)如果上帝希望人飛,祂會給人翅膀。

(b)上帝沒有給人翅膀。

(c)或是上帝沒有希望人飛,或是祂沒有給人翅膀。

3.(a)夏威夷在台灣西邊。

(b)要麻夏威夷不在台灣西邊,要麻馬紹爾群島在南太平洋。

(c)馬紹爾群島不在南太平洋。

4.(a)不是今年冬天不冷,就是台大校園杜鵑花早開。

(b)台大校園杜鵑花沒有早開,或是今年冬天不冷。

(c)今年冬天不冷,台大校園杜鵑花也沒有早開。

5.(a)牆是藍色的,窗簾是橘色的。

(b)如果牆是藍色的,則除非窗簾不是橘色,也不是淡紅色,否則窗簾不相配。

(c)窗簾相配。

6.(a)蘭嶼隊會得第一。

(b)如果蘭嶼隊是由二軍組成,則不會得第一。

(c)蘭嶼隊不是由二軍組成。

(d)如果蘭嶼隊是由二軍組成,會得第一。

VI.試決定下列各題所問語句字母的最多可能真值。

1.設 $(\sim A \cdot B) \supset A$ 涵蘊 $\sim A \equiv B$。問 A 和 B 的真值如何?

2.設 $[\sim B \cdot (B \supset \sim A)]$ 與 $A \equiv \sim C$ 等值。問 A, B 和 C 的眞値如何？

3.設 $B \supset (A \vee \sim B)$ 與 $\sim A \supset (\sim B \equiv A)$ 一致。問 A 和 B 的眞値如何？

4.設 $(B \cdot \sim A) \supset (\sim A \vee B)$ 與 $(\sim A \supset B) \vee (\sim B \equiv A)$ 不一致，問 A 和 B 的眞値如何？

VII.謝法(Sheffer)的單劃(stroke)語句連詞（號）「 | 」具有下列的眞値表：

p	q	$p \mid q$
T	T	F
T	F	T
F	T	T
F	F	T

根據這個眞値表，我們很容易把下面四種語句連詞定義如下（「… ＝ df …」的意思是，左邊定義成右邊，即左邊和右邊在定義上等值）：

$$\sim p = \mathrm{df}\ p \mid p$$
$$(p \cdot q) = \mathrm{df}\ (p \mid q) \mid (p \mid q)$$
$$(p \vee q) = \mathrm{df}\ (p \mid p) \mid (q \mid q)$$
$$(p \supset q) = \mathrm{df}\ p \mid (q \mid q)$$

試用眞値表顯示上面定義的正確。

6. 眞値表與有效性檢試方法

上面幾節，已經利用眞値表檢試單一語句，是否爲套套言，矛盾言或適眞言，語句之間是否涵蘊或等值，語句組是否一致。現在我們要利用眞値表檢試語句邏輯裡論證是否有效。這是眞値表的一個重要用途。

論證有效性的眞値表檢試，還要使用一些相關的補助概念，項目或方法。依這些補助項目的不同，我們可把論證有效性的眞値表檢試，分使用反例，套套言，矛盾言和短切法(short-cut method)等四個方式來講。前三個本節講，最後一個下節講。

(一) 使用反例

　　我們知道，一個論證爲有效，恰好如果其（所有）前提爲眞時，結論不可能爲假，也就是在所有可能情況或可能世界裡，所有前提爲眞時，結論不可能爲假。也可以說，一個論證爲有效，恰好如果它具有一個有效的論證形式。而一個論證形式爲有效，恰好如果沒有解釋使得它的所有前提爲眞結論爲假。在語句邏輯也可以說，一個論證形式爲有效，恰好如果眞值表上沒有前提爲眞結論爲假的列。

　　一個論證形式的**反例**(counterexample)，是指顯示論證形式爲無效的例子。在眞值表上，前提爲眞結論爲假的一列，可視爲是這一論證形式的一個反例，因爲它顯示這個形式不是有效。這樣，我們可以說，一個論證形式是有效的，恰好如果它沒有反例；也就是眞值表上，沒有前提眞結論假的一列。

　　這樣，我們可把要檢試的論證形式的諸前提的眞值表，寫在前提和結論的「分界垂線」左邊，把結論的眞值表寫在右邊，分別稱爲左欄和右欄。這樣寫成的諸眞值表，可稱爲**比較的**(comparative)眞值表。然後，試著在這個比較的眞值表上找反例。如果找不到任何一列反例，則論證形式有效；如果找到一列反例，則無效。

　　設一個證證的前提爲 $p_1, p_2, \cdots, p_n$，結論爲 q。可把這個論證寫成橫式和直式如下：

　　　　橫式　　$p_1, p_2, \cdots, p_n$　　$/\therefore q$

　　　　直式　　p_1

　　　　　　　　p_2

　　　　　　　　$\vdots$

　　　　　　　　p_n　　$/\therefore q$

　　例 25　　試用眞值表檢試下列論證是否有效：

　　　　$p \lor q$，$\sim q$　　$/\therefore p$

　　　　現在構作比較的眞值表如下：

$$\begin{array}{c|c|c}
\overset{\downarrow}{p \vee q} & \sim q & p \\
\hline
\text{T T T} & \text{F} & \text{T} \\
\text{T T F} & \text{T} & \text{T} \leftarrow \\
\text{F T T} & \text{F} & \text{F} \\
\text{F F F} & \text{T} & \text{F} \\
\end{array}$$

左欄前提的表上只有列 2 都眞，而右欄結論的表上列 2 也眞。故找不到前提都眞結論爲假的列，即找不到反例，因此論證（形式）有效。右欄第二列的箭號「←」，用來表示我們在注意該列。

例 26　試用眞值表檢試下列論證的有效性：

$\sim(p \cdot q) \supset \sim(p \vee q), \quad \sim(p \cdot \sim q) \quad /\therefore \sim(q \cdot \sim p)$

現在構作比較的眞值表如下：

$$\begin{array}{c|c|c}
\sim(p \cdot q) \overset{\downarrow}{\supset} \sim(p \vee q) & \sim(p \overset{\downarrow}{\cdot} \sim q) & \sim(q \overset{\downarrow}{\cdot} \sim p) \\
\hline
\text{F T} \quad \text{T F} \quad \text{T} & \text{T T F F} & \text{T T F F} \\
\text{T F} \quad \text{F F} \quad \text{T} & \text{F T T T} & \text{T F F F} \\
\text{T F} \quad \text{F F} \quad \text{T} & \text{T F F F} & \text{F T T T} \leftarrow \\
\text{T F} \quad \text{T T} \quad \text{F} & \text{T F F T} & \text{T F F T} \\
\text{2} \quad \text{1} \quad \text{3 2} \quad \text{1} & \text{3 1 2 1} & \text{3 1 2 1} \\
\end{array}$$

對表的構作，補充說明：

　　(i)考慮比較的眞值表共有多少種不同字母，用以決定比較的表需要**幾列**。這裡只有 p 和 q 兩種不同字母，故需要四列。

　　(ii)比較的諸語句，依實際出現次序，由左至右，分別構作和進行計算。

　　(iii)先構作和計算左邊第一個表。如果語句中有完全依五種連詞的基本表出現的子句，就先依基本表的眞值，在這些子句的主行依序寫完眞值。在這第一個表上，$(p \cdot q)$ 和 $p \vee q$ 就是這樣的子句。因此，在它們的主行寫完眞值，如行 1 所示。然後依序完成行 2 和 3。

　　(iv)構作第二個表。先在 p 行和否言 $\sim q$ 的 $\sim$ 行寫好眞值，如 1 所示。然後依次完成行 2 和 3。

　　(v)最後構作最右，即結論的表。首先在 q 行和否言 $\sim p$ 的 $\sim$ 行寫好眞值，如 1 所示。然後依次完成行 2 和 3。

最後，檢視結論的表，發現只有第三列爲假。但第一個表的該

列，即第三列爲假。因此沒有前提都眞結論爲假的列。故這個論證**有效**。

例 27 用眞值表決定下列論證的有效性：

$$H \vee G , H \supset \sim K , K \quad /\therefore \sim G$$

$H \vee G$	$H \supset \sim K$	K	$\sim G$
T T T	T F F	T	F
T T T	T T T	F	F
F T T	F T F	T	F ←
F T T	F T T	F	F
T T F	T F F	T	T
T T F	T T T	F	T
F F F	F T F	T	T
F F F	F T T	F	T
1 2 1	1 2 1	1	1

如同前例那樣，先對表的構作說明：

(i)這個比較的表，共有 G, H 和 K 三種相異字母，因此各表要有 $2^n = 2^3 = 8$（列）。

(ii)就第一個表來說，語句 $H \vee G$ 雖然表面上具有選言基本表的模樣，但要寫八列，因此不適合直接「抄寫」基本表。這樣，我們就要先寫出基本行 G 和 H 的眞值，如行 1 所示，以便正確計算出主行的眞值，如行 2 所示。

(iii)就第二個表來說，由於 $\sim K$ 是單純否言，只要知道 K 的眞值，立即可正確寫出 $\sim K$ 的眞值，因此 $\sim K$ 和 H 可同時寫出眞值，如行 1 所示，然後計算出 $H \supset \sim K$ 的眞值，如行 2 所示。

(iv)第三個表 K 和最後一個表 $\sim G$ 可直接寫出眞值，自不待言。最後，檢視結論的表，發現第一列假，但第二個表的第一列也假，故該列不是反例。結論的第二列假，但第三個表的第二列也假，故該列也不是反例。結論的第三列假，而所有前提的第三列都眞，故該列是**反例**。只要找到一個反例，就足夠顯示論證**無效**。其他的列不必檢視了。

例 28 用眞值表檢試下面的論證是否有效：

邏輯很難或是沒有很多學生喜歡它。如果數學容易，則邏輯不很

難。因此，如果很多學生喜歡邏輯，則數學不容易。

設 D＝「邏輯很難」，L＝「很多學生喜歡邏輯」，M＝「數學容易」。那麼，可把這個論證符示爲：

$D \vee \sim L$，$M \supset \sim D$ 　／$\therefore L \supset \sim M$

構作比較的眞値表如下：

$D \vee \sim L$	$M \supset \sim D$	$L \supset \sim M$
T T F	T F F	T F F ←
T T F	F T F	T T T
T T T	T F F	F T F
T T T	F T F	F T T
F F F	T T T	T F F ←
F F F	F T T	T T T
F T T	T T T	F T F
F T T	F T T	F T T
1 2 1	1 2 1	1 2 1

結論只有列 1 和 5 爲假。第二個前提的列 1 爲假，故列 1 不是反例。第一個前提的列 5 爲假，故列 5 也不是反例。這樣就找不到任何反例了，因此論證有效，因爲具有一個有效的論證形式。

(二) 利用套套言

我們知道，一個論證爲有效，恰好如果所有前提爲眞時，結論不可能爲假。設這一論證的前提爲 p_1, p_2, …, p_n，結論爲 q。所謂所有的前提爲眞，即指由諸前提所形成的連言爲眞，即 $(p_1 \cdot p_2 \cdots p_n)$ 爲眞。前提爲眞時，結論不可能爲假，可視爲是以前提爲前件，結論爲後件的**如言**不可能爲假，即爲套套言，也就是

$(p_1 \cdot p_2 \cdot \cdots p_n) \supset q$

這個如言爲套套言。反過來說，如果這個如言爲套套言，則以它的前件當前提，後件當結論的論證爲有效；因爲前提眞時，結論不可能爲假。

例 29　用眞値表檢試下面論證是否有效：

如果天下雨，則路濕。天下雨了。所以路濕。

設 R＝「天下雨了」，W＝「路濕」。那麼可把這論證符示為

$R \supset W, R \quad \therefore W$

現在把諸前提形成一個連言 $[(R \supset W) \cdot R]$，以它為前件，結論 W 為後件，形成如言，並構作真值表如下：

$$[(R \supset W) \cdot R] \overset{\downarrow}{\supset} W$$

T	T T	T T
F	F T	T F
T	F F	T T
T	F F	T F
1	2 1	3 1

因主行的值都真，這個如言是套套言。因此，論證**有效**。

例 30　用真值表檢試下面論證是否有效：

如果天下雨，則路濕。天沒下雨。所以，路不濕。

依前例的符號約定，可構作下面如言的真值表，檢試論證的有效性：

$$[(R \supset W) \cdot \sim R] \overset{\downarrow}{\supset} \sim W$$

T	F F	T F
F	F F	T T
T	T T	F F	←
T	T T	T T
1	2 1	3 1

主行第三列為假，故這個如言不是套套言，也就是顯示前件為真時後件有假的可能，也就是前提為真時，結論有假的可能。故論證**無效**。

要注意的。設 p 為前提，q 為結論，即有一個論證 $p \ / \therefore q$；而 $p \supset q$ 是一個以前提 p 為前件，結論 q 為後件的如言。在這裡，論證 $p \ / \therefore q$ 和如言 $p \supset q$ 之間，雖然有如下的對應，但兩者是不同的東西。這個對應是，前提和前件，結論和後件對應，但它們在思想和言說上的邏輯地位不同；同時，在語句邏輯上，論證 $p \ / \therefore q$ 為有效，恰好如果 $p \supset q$ 為套

套言。但是 p ／∴ q 是一個論證，而 $p \supset q$ 是一個語句，一個如言。

例31　用眞值表檢試論證 $p \vee q, r \vee \sim q, p \vee r$ ／∴ $\sim p \vee \sim r$ 的有效性。
構作論證對應如言的眞值表如下：

$$\{(p\vee q)\cdot[(r\vee\sim q)\cdot(p\vee r)]\} \supset (\sim p\vee\sim r)$$

T	T	T	T	T	T	F		T	T	T	T		F	F		F	F	←
T	T	T	F	F	F	F		F	T	T	F		T	F		T	T
T	T	F	T	T	T	T		T	T	T	T		F	F		F	F
T	T	F	T	F	T	T		T	T	T	F		T	F		T	T
F	T	T	T	T	T	F		T	F	T	T		T	T		T	F
F	T	T	F	F	F	F		F	F	F	F		T	T		T	T
F	F	F	F	T	T	T		T	T	T	T		T	T		T	T
F	F	F	F	T	T		F	F	F	F		T	T		T	T
1	2	1	4	1	2	1		3	1	2	1		5	1		2	1

主行第一列爲假，故如言不是套套言。因此論證**無效**。在實際構
作時，一遇到主行爲假，即可停止計算，判定論證無效。

(三) 利用矛盾言

我們已經熟悉，一個論證爲有效，恰好如果前提爲眞時結論不可能
爲假。也就是說，承認一個有效論證的前提而又否定它的結論，是矛盾
的。設 p ／∴ q 是一個有效的論證。那麼 $(p\cdot\sim q)$ 是一個矛盾言。如果
p ／∴ q 是一個有效論證，則 $p \supset q$ 爲套套言。利用眞值表可證得 $p \supset q$
和 $\sim(p\cdot\sim q)$ 等值。這樣，如果 $p \supset q$ 爲套套言，則 $\sim(p\cdot\sim q)$ 也是。如
果 $\sim(p\cdot\sim q)$ 是套套言，則 $p\cdot\sim q$ 必定是矛盾言。這樣，正如同我們可
檢試 $p \supset q$ 是否爲套套言，決定論證 p ／∴ q 是否有效，也可檢試 $(p\cdot\sim q)$
是否爲**矛盾言**，決定 p ／∴ q 是否有效。換句話說，我們可看諸前提與
結論的**否言**所形成的連言是否爲矛盾言，決定論證是否有效。如果是矛
盾言，則論證有效，否則無效。

更一般來說，論證 $p_1, p_2 \cdots, p_n$ ／∴ q 是否有效，可檢試以前提 $p_1, p_2 \cdots, p_n$
的連言 $(p_1\cdot p_2 \cdots \cdot p_n)$，和結論 q 的否言 $\sim q$ 的**連言**是否爲矛盾言來決
定。如果是矛盾言，則有效；如果不是，則無效。現在就以前面例29，30

和 31 的論證爲例來檢試，以便對照。

例 32　　(a) $R \supset W$，R　　／∴ W

　　　　　(b) $R \supset W$，　$\sim R$　　／∴ $\sim W$

　　　　　(c) $p \lor q$，$r \lor \sim q$，$p \lor r$　　／∴ $\sim p \lor \sim r$

(a)
$$\underline{\{[(R \supset W) \cdot R] \overset{\downarrow}{\cdot} \sim W\}}$$

T	T	T	F	F
F	F	T	F	T
T	F	F	F	F
T	F	F	F	T
1	2	1	3	1

主行都假，故爲矛盾言，因此論證有效。

(b)
$$\underline{\{[(R \supset W) \cdot \sim R] \overset{\downarrow}{\cdot} \sim \sim W\}}$$

T	F	F	F	T	F
F	F	F	F	F	T
T	T	T	T	T	F	←
T	T	T	F	F	T
1	2	1	3	2	1

主行第三列爲眞，故不是矛盾言，因此論證無效。

(c)

$\{[(p \lor q)\cdot (r \lor \sim q)]\cdot (p \lor r)\}$	$\downarrow$ $\sim(\sim p \lor \sim r)$
T T T T T T　F　　T T T T　T T　F　　F　　F	←
T T T F F F　F　　F T T F　　F F　　T　　T	
T T F T T T　T　　T T T T　　T F　　F　　F	
T T F T F T　T　　T T T F　　F F　　T　　T	
F T T T T T　F　　T F T T　　F T　　T　　F	
F T T F F F　F　　F F F F　　F T　　T　　T	
F F F F T T　T　　F F T T　　F T　　T　　F	
F F F F F T　T　　F F F F　　F T　　T　　T	
1 2 1 3 1 2　1　　4 1 2 1　　5　1　　2　　1	

主行第一列爲眞，故**不是**矛盾言，因此論證**無效**。主行第二列以後可以不必計算了，故漏寫。

7. 有效性的短切檢試

在前節不論使用反例，套套言或矛盾言那一種方法或概念，利用眞值表檢試論證的有效性時，我們的舉例小心翼翼不讓符示論證的字母，或句式的字母，超過三種不同的。因爲構作眞值表時，表的**列數**會因不同字母種數的增加，急速增加。一個**完整**眞值表的列數應爲 2^n 列，其中 n 爲不同字母的種數。這樣，2 種不同字母，要爲 $4(2^2)$ 列；3 種，$8(2^3)$ 列；4 種，$16(2^4)$ 列；5 種，$32(2^5)$ 列；6 種，$64(2^6)$ 列；10 種，$1024(2^{10})$ 列；20 種，$1,048,576(2^{20})$ 列。論證的處理，會遇到四五種以上不同字母，是常見的事。這樣，我們不是會遭遇「巨表」的困局了嗎？幸好，我們能避免這種冗長的瑣碎細節，只要我們充分了解以上所講眞值表檢試法，並且熟記基本眞值表的計算。我們現在要提出一種所謂**短切法**(short-cut method)來避免上述冗長，以便簡潔檢試論證的有效性。

在前節我們利用反例來檢試論證是否有效時，是從一個完全構作和計算好的眞值表去找反例的。但這樣做，我們很可能構作和計算了許多不必要的列，因爲這些列一定不會成爲反例的列。這樣，如果我們從一開始就「瞄準」可能成爲反例的列著手，而不理或省略那些不會成爲反

例的列，則可以大大減少找反例的時間、精力和篇幅。現在要問的是，那些列可能成為反例呢？很簡單，那就是前提都真，結論為假的列。這樣，我們一開始就去找這樣的列，**盡所有可能**去找。如果找不到，就是表示沒有反例。這樣就可決定論證為有效了。一旦找到一個反例，可立即停止，決定論證無效。這種瞄準可能反例去找反例的方式很多。我們現在要介紹其中一個簡便的方式。由於這種方式，一般都會「切掉」一些，甚至很多真值表的不必要部分，所以叫做短切法。在使用短切法時，一個有用的策略和程序，是**瞄準**(zero in)和**逆算**(backward computing)。這樣，我們要介紹的策略和程序，可以叫做**瞄準逆算法**。這個方法的要點和程序是：

(1)瞄準前提和結論，給前提為**真**(T)，結論為**假**(F)的真值指定。然後盡一切可能**逆算**去找出基行或每個字母的真值組合。

(2)在這樣的真值指定後，掃瞄前提和結論，看看有沒有立即直接可逆算出**唯一的**真值組合。如果有，就立即算出這個真值組合。如果沒有，一般先從結論開始逆算。

(3)當我們對某一個前提或結論做逆算時，由這個逆算所得的真值組合，如果在其他前提或結論可以立即直接做逆算時，就當這個逆算的同一個步驟，立即做逆算。

(4)如有參考必要，可在各行下面標示數碼。

(5)在逆算出一個**唯一**的真值組合裡，如果發現有真假相矛盾的真值組合，立即停止逆算，因為這個矛盾告訴我們，我們找不到反例。這樣，就可判定論證**有效**。

(6)在逆算出每一基行或每個字母都得到一個真值，**而且**沒有矛盾產生時，也立即停止逆算，因為**這個**真值組合，就是我們找到的一個**反例**。這樣，就可判定論證**無效**。

現在先用例 32 的論證為例，說明上述瞄準逆算法。

例 33　用短切法檢試論證 $R \supset W, R \ /\therefore W$ 的有效性。

$$R \supset W, \quad R \quad \mid \quad W$$
$$\quad T \qquad T \quad \mid \quad F$$

首先給前提（主行）指定值眞 T，結論值假 F，如上表。在開始逆算時，立即發現第一個前提的前件 R 和後件 W，可以得到**唯一的**眞值組合是 T 和 F，如下表數碼 1 所示：

$$R \supset W, \quad R \quad \mid \quad W$$
$$TTF \qquad T \quad \mid \quad F$$
$$1 \quad 1 \qquad\qquad \mid$$

但我們立即發現，在第一前提的 T 的指定下，這裡數碼 1 的眞值組合，是不可以的，即有矛盾。這樣，我們在第一前提前件 R 和後件 W 下方寫問號「？」，表示這不可能和有矛盾，如下表數碼 1 下面的「？」所示：

$$R \supset W, \quad R \quad \mid \quad W$$
$$TTF \qquad T \quad \mid \quad F$$
$$1 \quad 1 \qquad\qquad \mid$$
$$? \quad ? \qquad\qquad \mid$$

這個不可能和矛盾（的出現）告訴我們，這個論證沒有反例，故**有效**。

以上我們用三個表來說明，但實際做時，可以只用一個像第三個那樣的表。

例 34　用短切法檢試 $R \supset W, \sim R \ / \therefore \sim W$ 的有效性。

$$\qquad\qquad \downarrow \qquad\qquad \downarrow$$
$$R \supset W, \quad \sim R \quad \mid \quad \sim W$$
$$\quad T \qquad\quad T \quad \mid \quad F$$

先給前提指定 T，結論指定 F，如上表。在開始逆算時，我們看到，這個表上的所有 R 行可得 F，所有 W 行可得 T，如下表數碼 1 所示：

$$\qquad\qquad \downarrow$$
$$R \supset W, \quad \sim R \quad \mid \quad \sim W$$
$$FTT \qquad TF \quad \mid \quad F \ T$$
$$1 \ 1 \qquad\quad 1 \quad \mid \qquad 1$$

結果，每個基行，即每個字母，都逆算得到一個值，即 R 得 F，W 得 T，**而且**沒有不合的情形。這就找到了反例。這些 R 和 W 的眞值組合，就構成一個前提眞和結論假的反例。故論證**無效**。

實際做時，當然可只用最後一個表。

例 35　用短切法檢試 $p \lor q, r \lor \sim q, p \lor r \diagup \therefore \sim(\sim p \lor \sim r)$ 的有效性。

$$
\begin{array}{ccc|c}
\downarrow & & & \downarrow \\
p \lor q, & r \lor \sim q, & p \lor r & \sim(\sim p \lor \sim r) \\
\text{T} & \text{T} & \text{T} & \text{F}
\end{array}
$$

首先，給前提指定 T，結論指定 F，如上表。其次，發現在這些指定下，結論的選言號「$\lor$」行下，可以直接得到唯一的值 T，因此第一步先寫出這個值，如下表數碼 1 所示（前提都還不能直接得到唯一的值，故暫不逆算）：

$$
\begin{array}{ccc|c}
\downarrow & & & \downarrow \\
p \lor q, & r \lor \sim q, & p \lor r & \sim(\sim p \lor \sim r) \\
\text{T} & \text{T} & \text{T} & \text{F} \quad\quad \text{T} \\
& & & \quad\quad\quad 1
\end{array}
$$

現在，前提和結論都不能立即直接逆算出唯一的真值組合。由於結論只有一個，通常前提不只一個，而且通常前提會比較複雜，因此，此時通常可從結論前進推算。現在讓我們看，結論在上表**得值 F**，其基行或字母有幾種可能的真值組合。真值表

$$
\begin{array}{l}
\sim(\sim p \lor \sim r) \\
\hline
\text{F} \quad \text{T F T T F} \\
\text{F} \quad \text{T F T F T} \\
\text{F} \quad \text{F T T T F}
\end{array}
$$

告訴我們，p 和 r 有 FF, FT 和 TF 三種可能的真值組合。邏輯上，可從任一組真值去逆算。但實際做時，最好先全面觀察，看那一組較容易獲得基行的可能真值組合。我們發現，從 p 為 T 和 r 為 F，或 p 為 F 和 r 為 T 逆算較好。因為，在 p 為 T 和 r 為 F 時，可使第一個前提 $p \lor q$ 和第三個前提 $p \lor r$ 為 T，這符合給它們所做的真值指定。而 r 為 F 雖然沒有使第二個前提 $r \lor \sim q$ 為真，但也沒有使它為假，而因這裡 q 的值未受任何限制，因此可給 q 指定 F，而使這個前提為 T。這樣，就在上述的逆算和推算下，我們得到每個基行，即每個字母的真值如下：

$$\downarrow$$
$p \vee q,\ r \vee \sim q,\ p \vee r \mid \sim(\sim p \vee \sim r)$
TTF　FT　F TTF ｜ F　　TT　F
1 2　　　2 1　1 ｜　　　1 1　　1

這些基行所得眞值，彼此都沒有矛盾。因此，找到反例，故論證**無效**。

我們也可從 p 爲 F 和 r 爲 T 出發，依類似程序，得到各基行的眞值如下表：

$$\downarrow$$
$p \vee q,\ r \vee \sim q,\ p \vee r \mid \sim(\sim p \vee \sim r)$
FTT TT　T FTT ｜ F　　FT　T
1 2 1　　2 1 1 ｜　　　1　　1

這些基行所得眞值，都沒有矛盾，故找到反例。

現在假定從 p 和 r 都爲 F 出發。那麼，立即會

$$\qquad\quad\downarrow\qquad\qquad\qquad\downarrow$$
$p \vee q,\ r \vee \sim q,\ p \vee r \mid \sim(\sim p \vee \sim r)$
T　　T　　FTF ｜ F　F　　F
　　　　　　　1 1 ｜　　1　　1
　　　　　　　? ? ｜

發現，在兩個選項都假的情況下，不符合第三個前提 $p \vee r$ 爲 T 的眞值指定，故得不到這個眞值組合。我們在這個前提的 p 和 r 行下方寫「？」，表示不可能，如上表。但我們不能因此斷定找不到反例，因爲 p 和 r 還有其他兩個可能的眞值組合。我們必須在所有可能的眞值組合都**算完**，而仍然找不到反例時，才可說找不到反例。

例36　用短切法檢試 $p \equiv q$，$q \equiv p$　／∴$(p \cdot q)$ 的有效性。

首先依短切法給前提和結論設值如下表：

$p \equiv q$，　　　$q \equiv p$ ｜ $(p \cdot q)$
　　T　　　　　　　T ｜　F

使結論 $(p \cdot q)$ 爲 F 的眞值組合有 FT, TF 和 FF 三種。現在假定我們從 FT 起逆算，立即會遇到下表所示矛盾：

$p \equiv q$，	$q \equiv p$	$(p \cdot q)$
F T T	T T F	F F T
1　1	1　1	1　1
?　?	?　?	

也就是會在第一個前提遇到 p 假 q 真與 $p \equiv q$ 真的矛盾，以及在第二個前提遇到 q 真 p 假與 $q \equiv p$ 為真的矛盾。這樣，從這個起點找不到反例。因此，讓我們從第二個可能的起點，p 真 q 假出發逆算。可是，也立即遇到下表所示矛盾：

$p \equiv q$，	$q \equiv p$	$(p \cdot q)$
T T F	F T T	T F F
1　1	1　1	1　1
?　?	?　?	

這樣，從這第二個起點也找不到反例。最後，從第三個可能起點，p 假 q 假出發。我們立即得到基行可能的真值組合，如下表所示：

$p \equiv q$，	$q \equiv p$	$(p \cdot q)$
F T F	F T F	F T F
1　1	1　1	1　1

這樣，我們終於找到反例。因此，論證**無效**。

我們舉這個簡單的例子，想要講兩點。一，要一步一步去找可能的反例，直到找到一個或所有可能都找完。二，在做兩次或更多次逆算時，可寫成單一的表。以這個例子為例，可把以上四個表，寫成如下單一的表：

$p \equiv q$，	$q \equiv p$	$(p \cdot q)$
F T T	T T F	F F T
1　1	1　1	1　1
?　?	?　?	
T　F	F　T	T　F
1　1	1　1	1　1
?　?	?　?	
F　F	F　F	F　F
1　1	1　1	1　1

在這，把這個表分三層。層與層間用一條略長的橫線「—」分開。把真值指定的表編進第一層，即第一個嘗試。只要記住各語句主行的真值指定是固定不變的，很容易做可能的逆算。當然，

就這個例子以及其實際做的短切法而言，比做完整眞值表更冗長。但一般說來，短切法配合觀察和洞見，差不多會比整個眞值表簡潔明快。

例 37　用短切法檢試下面論證的有效性：

$$(p \lor q) \supset (r \lor s) \, , \; p \supset \sim r \; \big| \; p \supset (s \lor q)$$

| T T F T | F F F | T T T F | T F F F |
| 1 2 2 | 3 4 2 | 1 | 2 3 | 1 | 2 1 2 |

?

依數碼次序說明：

(i)因結論爲 F，故前件 p 爲 T，後件 s ∨ q 爲 F；所有前題裡的 p 爲 T。如數碼 1 所示。

(ii)因結論的後件 s ∨ q 爲 F，使 s 和 q 都爲 F。這樣，其他地方的 s 和 q 也都 F。又因第一個前提的前件 p ∨ q 的選項 p 爲 T，故這個前件也 T。第二個前提的前件 p 爲 T，故後件 ~r 要爲 T。如數碼 2 所示。

(iii)因第二前提的後件 ~r 爲 T，故所有 r 都爲 F，如數碼 3 所示。

(iv)因第一個前提的前件爲 T，故後件 (r ∨ s) 應爲 T，由於 r 爲 F，s 也 F，(r ∨ s) 應爲 F，這就矛盾了。故在數碼 4 下面寫「?」。這樣，在前提和結論的眞值指定下，逆算不出基行可能的眞值組合，也就是找不到反例。故論證**有效**。

這個論證有四種不同字母。如果構作完整眞值表需要 16 列，但用短切法，我們只用一列。短切法可能產生的簡潔、明快和解題力，由此可見。

例 38　用短切法檢試下列論證是否有效：

如果台灣隊獲勝，則美國隊或日本隊獲前三名。如果美國隊獲前三名，則台灣隊不會獲勝。如果古巴隊獲前三名，則日本隊不會獲前三名。台灣隊獲勝。所以，如果台灣隊獲勝，古巴隊不會獲前三名。

設 T ＝「台灣隊獲勝」，A ＝「美國隊獲前三名」，J ＝「日本隊獲前三名」，C ＝「古巴隊獲前三名」。可把這個論證符示如下：

$T \supset (A \lor J)$，$A \supset \sim T$，$C \supset \sim J$，T　$/\therefore T \supset \sim C$

$$T \supset (A \lor J) \text{,} \quad A \supset \sim T \text{,} \quad C \supset \sim J \text{,} \quad T \quad \big| \quad T \supset \sim C$$

TT FTT	FTFT	TT TF T		TFFT
1　324	3　212	2　34 1		1　12
?		?		

依數碼次序說明如下：

(i)因結論爲 F，故結論的前件 T 爲 T，結論 ~C 爲 F，故所有字母 T 爲 T；如數碼 1 所示。

(ii)因 ~C 爲 F，故 C 爲 T；因 T 爲 T，故 ~T 爲 F；因第一前提的前件爲 T，故後件 A ∨ T 爲 T；如數碼 2 所示。

(iii)因第二前提的後件爲 F，故前件 A 爲 F；因 J 爲 F，故 ~J 爲 T；如數碼 3 所示。

(iv)第一前提的 J 應爲 T，但第三前提的 J 應爲 F，故相矛盾。這樣，就找不到反例了。故論證**有效**。

8. 機械的決定程序

　　讀者可能發現，眞值表的計算就像數學裡的加減乘除，只要依據規定或定義的計算規則，必定能計算出一定的結果。這樣，眞值表法是一個完全**機械的**(mechanical)方法，不需智巧或深思；其程序可以，而且已經由一部機械完成。換句話說，眞值表的程序，即所描述的一組規則，是一個**算法**(algorithm)，如果忠實遵循，恆能產生正確的「是」或「不是」的答案。任何**恆能**給**任何**論證的有效性問題，提出一種機械程序的，叫做有效性的**決定程序**(decision procedure)。這樣，眞值表法是語句邏輯有效性的決定程序；當然不只這一種。

　　不是所有邏輯系統，都有機械決定程序。例如，本書後頭要介紹的關係述詞邏輯，就不適合這些方法。語句邏輯的什麼特徵使有這些機械的檢試方法呢？有三個重要性質，使它具有這些機械決定程序，這是許多系統缺少的。一，在每個論證或論證形式裡，只有有限個語句字母或變詞(variable)。二，這是一種二值(two-valued)邏輯；這是說，每個字母或變詞只能夠有眞或假的值或代換例。這兩種特徵合在一起，使得可以把字母或變詞的所有可能的眞假組合列舉出來。三，所有的連詞或運算

詞是眞函的。這是說，一旦我們列舉了可能的眞值，我們可給每個可能計算結果。這樣，我們就知道了一個論證的前提和結論的可能的眞值，因而我們所需是來檢核，是否有任何前提眞結論假的情形。這種機械決定程序的觀念和尋找，在當代自動化理論裡，非常重要。

習題 3-4

Ⅰ. 使用完整眞值表，決定下列論證或論證形式有效或無效。

1. $\sim(p \lor q)$ 　 $/\therefore (\sim p \cdot q)$

2. $p \supset q$ 　 $/\therefore p \supset (p \cdot q)$

3. $p \supset q$ ， $p \lor \sim q$ 　 $/\therefore p \equiv q$

4. $p \lor q$ ， $\sim p \lor \sim q$ 　 $/\therefore \sim p \equiv q$

5. $(p \lor q) \supset (p \cdot q)$ ， $\sim(p \lor q)$ 　 $/\therefore \sim(p \cdot q)$

6. $p \supset q$ ， $p \supset \sim q$ ， $\sim q \supset p$ 　 $/\therefore p \lor \sim q$

7. $(p \lor q) \supset \sim r$ ， $r \equiv \sim q$ 　 $/\therefore q \supset p$

8. $p \supset (\sim q \cdot \sim r)$ ， $\sim r \equiv q$ 　 $/\therefore r \lor \sim p$

9. p 　 $/\therefore (q \supset r) \equiv (\sim q \lor r)$

10. $(p \supset q) \lor (q \supset r)$ ， $\sim r \supset \sim(p \cdot q)$ 　 $/\therefore q \supset \sim p$

Ⅱ. 使用短切法顯示上面Ⅰ各題的有效或無效。

Ⅲ. 使用短切法決定下列各論證的有效性。

1. $p \equiv (q \lor r)$ ， $\sim r \lor q$ 　 $/\therefore p \supset q$

2. $[(p \cdot q) \cdot \sim r]$ ， $(p \lor q) \supset \sim r$ ， $\sim(p \supset q) \supset \sim(q \supset p)$ 　 $/\therefore \sim(p \supset r)$

3. $p \supset q$ ， $\sim r \lor s$ ， $(q \lor s) \supset t$ ， $\sim t$ 　 $/\therefore \sim(u \lor r)$

4. $p \supset q$ ， $\sim(q \lor r)$ ， $s \supset (r \lor p)$ ， $t \supset (s \lor u)$ 　 $/\therefore \sim t$

5. $\sim(p \cdot q) \supset \sim(r \lor s)$ ， $\sim p \equiv (t \lor w)$ ， $(r \cdot w) \equiv z$ 　 $/\therefore z \supset \sim s$

6. $(p \lor q) \supset r$ ， $(r \lor s) \supset \sim t$ 　 $/\therefore p \supset \sim t$

7. $(q \cdot \sim r) \equiv \sim p$ ， $p \equiv (r \lor s)$ ， $\sim s \lor (\sim r \supset p)$ ， $\sim q$ 　 $/\therefore s$

8. $(r \supset \sim p) \lor (q \cdot \sim s)$ ， $\sim q \equiv (p \supset s)$ ， $(p \cdot \sim r)$ ， 　 $/\therefore p \supset (s \lor \sim q)$

9. $[p \cdot (q \lor r)]$ ， $(p \cdot r) \supset \sim(s \lor t)$ ， $(\sim s \lor \sim t) \supset \sim(p \cdot q)$ 　 $/\therefore s \equiv t$

10. $(p \lor q) \supset r$，$r \supset (q \lor s)$，$p \supset (\sim t \supset q)$，$(t \supset q) \supset \sim s$　$/\therefore q \equiv r$

IV. 利用下列各論證裡提示的字母，符示下列各論證。然後用真值表或短切法，決定是否有效。

1. 如果火星上有乾河床(R)，則水曾在火星表面流動(F)。火星上有乾河床。所以水曾在水星表面流動。

2. 如果礦物燃料的燃燒以現行速率繼續下去(C)，則溫室效應會出現(G)。如果溫室效應出現，則世界溫度會上升(T)。因此，如果礦物燃料的燃燒以現行速率繼續下去，則世界溫度會上升。

3. 稻米會豐收(R)只有氣候溫暖(W)而且既沒有颱風(T)也不乾旱(D)。只有恰好如果乾旱則氣候溫暖，草莓才豐收。所以，稻米和草莓不會都豐收。

4. 如果我不既節食(D)也運動(E)，則我會胖(W)。我運動只有我不太累(T)或太懶(L)。如果我節食，則我會太累除非我吃維他命(V)。我沒有吃維他命，所以我會胖。

5. 如果人完全理性(R)，則所有一個人的行動能夠事先預測(P)或者宇宙基本上是決定的(D)。不是所有一個人的行動能夠事先預測。這樣，如果宇宙不是基本上是決定的，則人不是完全理性的。

6. 如果蒙大拿州遭遇乾旱(M)，則如果內華達州有它正常的微雨量(N)，則奧勒岡州的水供應會大大減少(O)。內華達州有它正常的微雨量。因此，如果奧勒岡的水供應大大減少，則蒙大拿州遭遇乾旱。

7. 如果小葳學科學(S)，則她準備謀生(E)。如果她學人文(H)，則她準備過好的生活(L)。如果她準備謀生或準備過好的生活，則她的大學生涯過的好(C)。但是她的大學生涯過的不好。所以，她沒有學科學或人文。

8. 如果我工作(W)，則我賺錢(M)。但是如果我懶惰(L)，則我逍遙自在(E)。然而，如果我工作，則我不逍遙自在，而如果我懶惰，則我不賺錢。我工作或我懶惰。所以，我逍遙自在恰好如果我不賺錢。

9. 如果我們去歐洲(E)，我們旅遊斯堪的那維亞(S)。如果我們去歐洲，則如果我們旅遊斯堪的那維亞，則我們訪問挪威(N)。如果我們旅遊斯堪的那維亞，則如果我們訪問挪威，則我們將在狹灣旅遊(F)。所以，如果我們去歐洲，我們將在狹灣旅遊。

10.如果有邪惡(E)，則不是上帝不願阻止邪惡，就是上帝不能夠阻止邪惡。
如果上帝是全能的，則祂能夠阻止邪惡。如果上帝仁慈，則祂願意阻止邪
惡。如果上帝存在，則祂全能和仁慈。但是有邪惡。所以，上帝不存在。

第四章
證明方法

1.證明方法，演繹方法，語句推演，與語句演算

本章以及後面幾章要講的語句邏輯或命題邏輯，在章名上，邏輯教本有不同的標法。例如：證明(proof)方法，演繹(deduction)方法或自然(natural)演繹，語句推演(sentential inference)或基本推演，和語句演算(calculus)等名稱。這些都是就這個部分的邏輯的某個重要層面，而標題的。實際取怎樣的章名，有任意選擇的，有考慮整本書的貫串的，有強調某個層面的。這些標題的「意義」和概念，我們以後不時會講到。

本章標題為「證明方法」。本章以及下面幾章語句邏輯的構作和展開，有幾個目的。首先，把語句邏輯本身**系統化**(systematization)。前面兩章，尤其是第二章，可看做為這個系統化做準備，提供「磚」、「水泥」和一些技術。其次，這個系統化可視為是更大更複雜邏輯系統的基本建構。更大更複雜的邏輯系統，就要建立在這個語句邏輯系統上。語句邏輯是邏輯系統的最基礎部分。再說，這個系統化不但給我們提供最基本、最常用的有效**證明方法**，尤其是「演繹」證明方法，同時也就是把這些在日常生活，科學和學術活動上，行之正確和有效的**推理**(reasoning)活動遵循的程序和法則，**明文化**起來。這些明文化的證明和推理方法，在教育和訓練正確的證明和推理上，非常有用。

推理一詞，我們常用。但什麼是推理呢？在邏輯上，所謂推埋，可

以說是拿真理當對象來做推論、推演、推導、推引或移動。也就是，在邏輯上，**如果**我給你一個**真理**(truth)，那麼如果你從**這個**真理也推出**一個**真理（這個真理和前一真理，可以是不同的，也可以是相同的一個），則你的**推理**是正確的，或是有效的。反之，如果你推出的**未必**是一個真理，甚至是一個**假理**(falsity)，則你的推理是不正確或無效的。要注意的，正確的推理，未必一定要從已知真理出發。推理，不論實際上做的是否正確，都可以從**假定為真**的真理出發，不一定要從實際為真或已知為真的出發。

證明(prove, proof)一詞，在數學，以及其他科學裡常用，在日常生活裡也常用。但什麼是證明呢？

基本邏輯的首要目的，在找尋種種方法顯示或證明論證的正確性或有效性。在論證很簡單的時候，可以靠直覺來決定論證的有效性。但稍微複雜以後，僅僅靠直覺就不夠了。我們必須用演算(operation)的方法來彌補直覺之不足，並展開理性的邏輯演算力量，顯示或證明論證的正確性或有效性。

上章，已經利用真值表和真值計算(compute)的「演算」來做這。本章，我們要提出一種完全不同的方法，來演證(demonstrate)（演繹）論證的有效性：證明方法。不像真值表法那樣，要同時「一舉」檢試前提和結論，看看是否有反例，或前提是否涵蘊結論。現在我們的做法是，從前提出發，經由一系列相對簡單的中間推論或推演，一步一步進行，直到獲得結論。這種程序，實際上和日常生活裡我們做的推理方式非常接近，甚至完全一樣。在西方，把這種證明方法明文化或半明文化，已有很長的歷史。兩千三百年前，亞里士多德發展第一個證明系統，歐基理德(Euclid)約在相同時候，發展幾何的證明方法。反之，前面講的真值表法，卻是二十世紀二十年代的發明。真值表法和證明方法，在邏輯上顯然是相互獨立的。如同我們已經知道的，不用求助證明，而學得真值表法。而不用真值表法顯然也可以講證明方法。但兩者可以比照說明。這兩種方法有一個非常重要的關連。我們可用真值表法來顯示構作證明裡使用的規則。

在使用證明方法「證明」論證的有效時，我們須做兩件事。一件

是，一步步明白顯示，如何從前提達到結論。這是要明白「看到」，從前提通到結論的「**實際**」**路線**。另一件是，明白顯示，**如果**前提**真**，結論**必定真**。也就是，顯示前提的眞，的確**保證**結論的眞。我們要提出一組**涵蘊的推演（推論）規則**(implicational inference rules)來**同時**做這兩件事。我們將在後面提出這些規則，並且說明它如何做這些事。

非常重要的，正如同使用眞值表時，必須熟記五個基本表，使用證明方法構作論證有效的證明時，必須熟記這些推演規則。這些規則，大部分很直覺，不難記。

我們將會發現，證明方法比眞值表的使用，有趣並具挑戰性，而且在開始的時候，很可能令人挫折。這是因爲，不像眞值表法，沒有定好的遵循程序。我們無法爲證明的構作提出保證行的通的規定。**證明方法裡，沒有算法，沒有機械程序**。我們必須使用想像和智巧，嘗試錯誤，而獲得證明。這是挑戰和挫折的來源。另一方面，當我們獲得證明，解決問題時，會感到眞正完成一些事情。

2. 變詞與常詞，句式與代換例

在前面幾章，我們一直很直覺和非形式的使用我們處理的語句。在即將系統化的語句邏輯裡，有必要把要處理的語句，交待得更清楚。

首先，我們有**常詞**(constant)和**變詞**(variable)的基本區分。一個**常詞**是一個具有一個**確定的，個別的值**的詞項，而**變詞**，大體說來，則是一個可以代表任一值的詞項。在代數裡，例如，2, 5, 17 1/2，甚或 π 是常詞，因爲它們的值恒一定和相同。在數學，也常用英文小寫字母 a, b, c 等代表常詞。反之，字母 x, y, z 等常用做**變詞**，意思是說，它們可以取**任何**或**某某**（數）值，或代表任何或某某數。它們是佔位者(place holder)，依必要或我們規定的範圍，被規定範圍內的任何或某某數代換(substituted for)。常詞可**代換**變詞，也就是我們可以拿一個常詞來代換變詞。這種代換的結果，可以叫做變詞或含有變詞的式子(formula)的**代換例**(substitution instance)。

例 1　(a) 在式子 $x + y = y + x$ 裡，我們拿 3 代 x，5 代換 y，而得代換例 $3 + 5 = 5 + 3$。也可拿 1/2 代 x，9 代換 y，而得另一代換例 $1/2 + 9 = 9 + 1/2$。

　　　 (b) 在式子 $2x + a = b - 3y$ 裡，可拿 4 代 x，7 代 y，而得 $2 \times 4 + a = b - 3 \times 7$ 的代換例。注意，這裡 a 和 b，以及 $2x$ 裡的 2 和 $3y$ 裡的 3 都是常詞。

　　在數學，由於變詞和常詞都是在數的範圍，因此這些變詞和常詞是數(numerical)變詞和數常詞。顯然，可把變詞和常詞的觀念延伸或推廣到邏輯的討論。在語句邏輯，可把變詞和常詞推廣到語句，也就是把它們的值推廣到語句。這樣，就有**語句**(sentential)**變詞**（或敘說變詞或命題變詞）和**語句常詞**（或敘說常詞或命題常詞）。在邏輯，尤其在本書，我們拿中間的英文小寫**字母** $p, q, r, s, \cdots$ 表示語句變詞。語句變詞本身沒有意義或真值，但它是用來代表任何，或某某個別語句，簡單的或複合的；或是取任何，或某某個別語句當一個代換例。我們用英文大寫字母 $A, B, C, \cdots$ 等表示語句常詞，代表確定的，個別的語句或日常語句。不像變詞，語句常詞具有確定的真值。當然，在邏輯，可時常考慮一個語句或語句常詞**可能的**真值；這時候，語句常詞，尤其是用字母表示的，**可視為**變詞。

　　讓我們把語句變詞或語句常詞，或由語句連詞連接變詞或常詞而形成的合法詞組，叫做式子(formula)。例如，$p, q, H, G, p \supset q, (H \cdot G)$ 都是式子。至於由變詞和常詞形成的詞組，諸如 $p \lor H$，是什麼，本書暫不討論。這樣，語句變詞和語句常詞，是式子的**簡單**(simple)成分。像 $p, q,$ $(p \cdot q), \sim q \supset (p \lor r)$ 等只含語句變詞，或和語句連詞的式子，叫做**句式**(sentence forms)。像 $A, H, G, A \equiv G, B \supset (\sim C \cdot H)$ 等只含語句常詞，或和語句連詞的式子，叫做**語句**(sentence)。這樣，句式是由 $p, q, \cdots$ 等小寫字母，或變詞，或和語句連詞組成的。而語句是由大寫字母，常詞，或和語句連詞組成的。句式以變詞當成分或最小單位，而語句則以常詞當成分或最小單位。句式和語句可以是簡單的或複合的。

　　句式本身一般沒有**確定的**真值，但可有或為真或為假的真值。例如

句式 p 或 $p \supset q$ 本身沒有確定的真值，因它不是確定的真，也不是確定的假，但有或為真或為假的可能。一個句式本身雖然不是語句，但它的代換例卻是。**我們拿某一語句——簡單或複合的——代換一個句式裡的每一變詞，就得這一句式的一個代換例，**也是一個語句。

關於句式與其代換例，有幾點要注意的。

⑴我們說過，句式是含語句變詞或和語句連詞的詞組或式子。由於我們講的式子是由五種基本連詞組成的，而複合句式或複合語句，是至少含一個語句連詞的句式或語句。這樣，我們便有五種基本的複合句式，即：

$\sim p$

$(p \cdot q)$

$p \lor q$

$p \supset q$

$p \equiv q$

所有的複合句式和語句，必定是這種句式的代換例之一，也就是具有這五種句式的形式或結構之一。也就是，任何複合句式和語句的主連詞，必定是五種語句連詞之一。

例2　(a) 下列各句，都是 $\sim p$ 的代換例：

　　　$\sim C$

　　　$\sim (G \lor H)$

　　　$\sim [(A \equiv D) \cdot (B \equiv G)]$

　　(b) 下列各句，都是 $(p \cdot q)$ 的代換例：

　　　$(F \cdot \sim G)$

　　　$[(B \supset C) \cdot (D \lor H)]$

　　　$\{[(P \supset Q) \lor (R \equiv S)] \cdot [(W \cdot X) \lor (Y \equiv Z)]\}$

　　(c) 下列各句，都是 $p \lor q$ 的代換例：

　　　$\sim B \lor \sim C$

　　　$(P \supset \sim Q) \lor (\sim K \cdot L)$

　　　$[H \cdot (P \supset Q)] \lor [A \lor (B \equiv \sim C)]$

　　(d) 下列各句，都是 $p \supset q$ 的代換例：

$A \supset \sim B$

$(H \lor G) \supset (\sim D \cdot E)$

$[A \lor (C \supset \sim T] \supset [\sim A \equiv (M \cdot \sim N)]$

(e) 下列各句，都是 $p \equiv q$ 的代換例：

$H \equiv \sim G$

$(B \supset C) \equiv (\sim A \lor B)$

$\sim [K \lor (A \supset B)] \equiv \sim [\sim C \cdot (G \equiv \sim H)]$

　　複合句式和複合語句的基本形式是前述五種。那麼，簡單(simple)句式和簡單語句有沒有基本形式？如果有，是怎樣的？說起來，可能有人不相信的，在語句邏輯，簡單句式的形式就是語句變詞 $p, q, r, \cdots$, 本身。每個語句變詞就是簡單句式的形式，也就是**原子**(atomic)形式。從代換的運行，很容易看到，每個語句，不論是簡單或複合的，都是語句變詞的代換例。

　　(2)每個句式與其代換例有一個重要關係，即每個代換例都具有（原）句式的形式。我們在做代換時，就是在掌握這個關係下進行。但原句式未必具有代換例的形式，而這也不是我們要的關係。為了獲得具有原句式形式的代換例，代換要注意幾點：

　　(i)被代換的是語句變詞，代換的可以是簡單語句（即語句常詞），也可以是複合語句。例如，在句式 $p \supset (\sim p \cdot q)$ 中，可被代換的是 p 和 q，但$\sim p$ 或 $(\sim p \cdot q)$ 不可。這與以後要講的等值取代不同。在等值取代，句式或語句的任何「部分」都可被取代。但在等值取代裡，被取代的和取代的要等值。

　　(ii)代換要**一律**(uniform)代換。所謂一律代換，是指一個變詞要被代換時，它在句式裡的**每個出現**都要被代換，不可一些被代換，一些沒有；同時，相同的變詞都要拿相同的語句去代換。

　　例3　下列那些符號式是句式 $\sim p \supset (q \cdot \sim p)$ 的代換例？

(a) $\sim B \supset (A \cdot \sim B)$

(b) $\sim (C \lor D) \supset [H \cdot \sim (C \lor D)]$

(c) $\sim (A \cdot C) \supset [(A \cdot C) \cdot \sim (A \cdot C)]$

(d) $\sim (C \lor D) \supset [q \cdot \sim (C \lor D)]$

(e) $\sim B \supset (A \cdot \sim K)$

(a)是，因爲它是拿 B 代換 p，A 代換 q，從這個句式得到的。

(b)是，因爲它是拿 $(C \vee D)$ 代換 p，H 代換 q，從這個句式得到的。

(c)也是，因爲它是拿 $(A \cdot C)$ 代換 p 和 q，從這個句式得到的。注意，我們可拿相同的語句代換不同的變詞，只要是一律代換。

(d)不是，因爲 q 未被代換，仍然是變詞。

(e)不是，因爲對 p 沒有做一律代換。句式 $\sim p \supset (q \cdot \sim p)$ 當做該句式的「形式」，兩個 p 的位置必須保持相同的句式或語句。

例4　語句 $\sim(A \cdot B) \supset (C \vee D)$ 是下列所有句式的一個代換例：

(a) p（原子句式）

(b) $p \supset q$（基本複合句式之一）

(c) $\sim p \supset q$

(d) $p \supset (q \vee r)$

(e) $\sim p \supset (q \vee r)$

(f) $\sim(p \cdot q) \supset r$

(g) $\sim(p \cdot q) \supset (r \vee s)$

(a)這個語句是拿整個這個語句代換 p 得到的。

(b)這個語句是拿 $\sim(A \cdot B)$ 代換 p，$(C \vee D)$ 代換 q，從 $p \supset q$ 得到的。

(c)這個語句是拿 $(A \cdot B)$ 代換 p，$(C \vee D)$ 代換 q，從 $\sim p \supset q$ 得到的。

(d)這個語句是拿 $\sim(A \cdot B)$ 代換 p，C 代換 q，D 代換 r，從 $p \supset (q \vee r)$ 得到的。

(e)這個語句是拿 $(A \cdot B)$ 代換 p，C 代換 q，D 代換 r，從 $\sim p \supset (q \vee r)$ 得到的。

(f)這個語句是拿 A 代換 p，B 代換 q，$(C \vee D)$ 代換 r，從 $\sim(p \cdot q) \supset r$ 得到的。

(g)這個語句是拿 A 代換 p，B 代換 q，C 代換 r，D 代換 s，從 $\sim(p \cdot q) \supset (r \vee s)$ 得到的。

　　(3)一個句式和語句可有層層相架的不同層次的形式和和結構，其中含有的每個語句連詞，都呈現一個形式和結構。主連詞呈現的是主形式和主結構，其他連詞呈現的是子形式和子結構。當我們說一個代換例須具有（原）句式的形式和結構時，是指不但要具有相應的主形式和主結

構，同時也要具有相應的子形式和子結構。這些要求的理由，很快會說明。

例 5　句式 ~$(p \lor q) \supset (r \cdot s)$ 具有的主形式和子形式是這樣的。首先，主形式是如言；前件是否言，其原式是選言；後件是連言。這樣，下面這些都是它的代換例：

~$(A \lor B) \supset (C \cdot D)$

~$[(H \equiv G) \lor F] \supset [(B \supset C) \cdot (D \lor E)]$

~$[C \lor (C \supset D)] \supset (E \cdot E)$

因為這些語句具有上述句式的主形式和子形式。但是，下面這些不是它的代換例：

(a)　$(\sim A \lor B) \supset (C \cdot D)$

(b)　~$(P \lor Q) \equiv (T \cdot S)$

(c)　~$[(A \lor B) \cdot (B \supset C)] \supset [(B \lor C) \cdot (D \supset E)]$

(a)不是，因為前件不是否言。

(b)不是，因為主連詞不是如言。

(c)不是，因為前件否言的原語句不是選言。

　　(4)在句式與代換例的關連中，要抓住的有而且只有兩個條件。一個是絕對條件，即代換例必須具有由語句連詞呈現的句式的所有形式，包括主形式和子形式。這樣，如果不具有句式的某一形式，就不會是該句式的代換例。另一個是相對條件，即代換例的所有字母必須是常詞，也就是是語句，但這條件是相對的。

　　相關於這個絕對條件，有一個把**邏輯形式**(logical form)與**邏輯等值**(logical equivalence)混淆的錯誤。例如，顯然，語句 A 與 ~~A 是邏輯等值，也就是它們的真值完全相同。雖然邏輯等值，但是這兩個語句不是同一個句式的代換例。A 只是諸多原子句式 $p, q, r, \cdots$ 的代換例，但 ~~A 是 $p, \sim p, \sim\sim p, q, \sim q, \sim\sim q, r, \cdots$ 等原子句式或複合句式的代換例。A 與 ~~A 雖然等值，但前者是簡單語句，後者是複合語句。它們的等值和代換的觀念無關。等值與真值相關，與形式和結構不相關。代換則與形式和結構相關。

　　和前述相對條件相關的，是所謂一個語句的**擴張式**(expanded

form)。如果我們拿一個變詞有系統的取代一個語句裡的（常詞）字母，則獲得這個語句的一個擴張式。例如，我們拿變詞 p, q, r 有系統的取代語句 $\sim(A \vee B) \supset (\sim A \cdot C)$ 裡的 A, B, C，則可得這個語句的擴張式 $\sim(p \vee q) \supset (\sim p \cdot r)$，也就是獲得這個句式。其實要獲得這個句式，也未必須要經由這種語法上的取代。我們可以藉由**淘空** A, B, C 裡的語句**內容**，而僅僅保留它們佔位者的地位，而獲得**句式** $\sim(A \vee B) \supset (\sim A \cdot C)$。這樣，一個語句的符號化，不但是符號化，同時可視爲也在**句式化**。這樣，在一種意義上，符號化的語句，可視同句式來處理。

習題 4-1

Ⅰ.下列各題那些語句是其句式的代換例？是的，説出如何代換得來；不是的，説出理由。

　　1.句式 $p \supset q$

　　　(a) $A \supset B$　　　　　　　　　　(b) $\sim A \supset (B \supset C)$

　　　(c) $\sim A \vee \sim B$　　　　　　　　(d) $\sim(A \supset B)$

　　2.$\sim \sim p$

　　　(a) A　　　　　　　　　　　　(b) $\sim(\sim A \supset B)$

　　　(c) $(\sim A \vee \sim B) \supset C$　　　　(d) $\sim \sim \sim A$

　　3.$p \supset \sim(q \cdot r)$

　　　(a) $A \supset (\sim B \cdot \sim C)$　　　　　(b) $C \supset \sim(C \cdot \sim A)$

　　　(c) $(A \vee B) \supset \sim[(A \vee B) \cdot C]$　(d) $(A \vee B) \supset \sim[A \vee (B \cdot C)]$

　　4.$p \vee (\sim p \cdot q)$

　　　(a) $\sim \sim A \vee (\sim \sim \sim A \cdot B)$　　(b) $(A \vee \sim A) \supset (\sim A \cdot B)$

　　　(c) $(A \supset B) \vee [\sim(A \supset B) \cdot \sim(A \supset B)]$　(d) $A \vee (\sim B \cdot C)$

Ⅱ.試決定下列為代換例的（原）句式。例如，$A \supset \sim B$ 是 p，$p \supset q$ 和 $p \supset \sim q$ 的代換例。

　　1.$(H \cdot \sim G)$

　　2.$\sim A \supset \sim B$

　　3.$[J \cdot (K \vee L)]$

4. $\sim(R \lor \sim S)$

5. $\sim(B \cdot C) \supset (H \equiv \sim D)$

6. $(H \cdot G) \equiv \sim H$

3. 證明的要點與過程

　　證明的目的是要獲得可靠和令人信服的知識。科學和數學裡的證明，就是好例子。證明的要點，中文「證明」一詞恰巧抓住。那就是，「證」與「明」。所謂證，是指邏輯的保證，也就是真理的保證。所謂明，是指心理的明白，也就是讓人心理「看到」。證明就是要做證和明這兩種活動。有保證的真理，未必會讓人心理「看到」和明白。例如，直角三角形弦的平方等於兩股平方之和，是有邏輯保證的，因為古希臘哲學家和數學家早在兩千五百多年前已證明了，但相信我們多數人並未「看到」這個弦和兩股相等的「現象」或「真理」。因此，如果你要人「看到」的話，你必須在他面前「明白的」顯示給他看。另一方面，我們覺得十分明白的東西，也未必有保證，甚至是假的。例如，在大晴天，如果你到台北淡水海邊或歐洲黃金海岸，向海望去，你看到的必定是**海和晴天連成一線**。但證據顯示不是這樣。因此，我們以為明白看到的，未必是真理，因此需要證明。

　　在演證（演繹）論證的有效性上，我們就要做這種「證」和「明」的證明。先讓我們簡單描述我們要做的這種演證的證明方法的過程。等後，再說明為什麼這種過程，就在做「證」與「明」。

　　在我們的證明方法裡，要從前提出發，然後從前提導出或推出(derive, deduce)獲致所要結論的一系列中間步驟。在這裡，我們做的是去構作一**連串**的推理(reasoning)或推論、推演(inference)，其中每一新步驟都是從先前的一個或多個步驟跟隨而來的。例如，我們有下例的論證：

　　例6　新竹隊第一(H)，東京隊第二(T)。如果新竹隊第一，東京隊第二，而且嘉義隊前三名(C)或上海隊前三名(S)，則馬尼拉隊殿後(M)或新德里隊殿後(N)。如果馬尼拉隊殿後，則溫哥華隊缺席(V)。溫哥

華隊沒缺席，廣州隊爭殿軍(*K*)。嘉義隊不是前三名，而上海隊前
三名。所以新德里隊殿後。

現在把這個論證符示，並標示號碼如下：

1. $(H \cdot T)$
2. $[(H \cdot T) \cdot (C \lor S)] \supset (M \lor N)$
3. $M \supset V$
4. $(\sim V \cdot K)$
5. $(\sim C \cdot S)$ 　　　　$/ \therefore N$

有了這五個前提，我們能夠以下列方式，一步步（以號碼和符號
式）推結論，即新德里隊殿後。

6. S	上海隊前三名（從步驟 5）	
7. $C \lor S$	嘉義隊前三名或上海隊前三名（從步驟 6）	
8. $[(H \cdot T) \cdot (C \lor S)]$	新竹隊第一，東京隊第二，而且嘉義隊前三名或者上海隊前三名（從步驟 1 和 7）	
9. $M \lor N$	馬尼拉隊殿後或新德里隊殿後（從步驟 2 和 8）	
10. $\sim V$	溫哥華隊沒缺席（從步驟 4）	
11. $\sim M$	馬尼拉隊沒殿後（從步驟 3 和 10）	
12. N	新德里隊殿後（從步驟 9 和 11）	

從前提 1-5 出發，然後從這些前提一步一步導出或推出步驟 6 到
12，最後獲得結論 *N*。這個導衍，推演或推論「證明」了這個論證爲**有
效**；因爲它顯示了結論可從前提導衍出來，並且保證了如果前提眞，則
結論必定爲眞。這個顯示和保證可以這樣看出來。如果步驟 5 眞，則步
驟 6 眞。如果步驟 6 眞，則步驟 7 眞。如果步驟 1 和 7 眞，則步驟 8
眞。如果步驟 2 和 8 眞，則步驟 9 眞。如果步驟 4 眞，則步驟 10 眞。
如果步驟 3 和 10 眞，則步驟 11 眞。如果步驟 9 和 11 眞，則步驟 12
眞。以上一步一步的推論，由於簡明而嚴謹，因此明顯而可靠。所以具
有「證」和「明」的力量。但在根據這些明顯而可靠的步驟後，最後必
須做個非常有根據的「跳躍」推論，那就是從如果前提 1 到 5 眞，則結
論 *N 眞*，即步驟 12 眞。

上面 6 到 12 的步驟，有些非常明顯，也許有人會懷疑爲什麼我們

要麻煩去列舉它們。然而，很重要的，一個明白可靠的證明，每個單一的前進步驟要記錄下來；一個證明的整個要點是，要絕對**確定**結論是從前提跟隨而來的，而我們能夠獲得這種確定性的唯一方法是，非常精確和非常完整。這是說，不把任何東西視作當然，而要把我們做的每個推演、推論實際寫下來，不論多平凡。爲了避免不經意的疏忽，我們有必要寫下每個步驟。注意，我們也給每個步驟做辯護(justification)，講憑籍，寫出是從那些列導出的。這雖然不是證明本身的部分，但爲了給自己以及別人「查證」的方便，在實用上最好寫上。給每個步驟標號，主要是方便寫辯護。

在一個證明裡，每個步驟必須從先前一個或多個步驟**邏輯的跟隨而來**(logically follow from)；每個個別推演必須**有效**(valid)。保障這的方法是，要求在證明裡每個步驟**要根據一定的推演（推論）規則**(rules of in-ferences)。這些規則是一種格式，或形式，可用變詞或文字寫出；它們保證決不會從眞前提得出假結論來，因爲在我們提出它們時，就以保證這點來構作。我們將提出的這些規則，只是一些正確的規則；事實上，我們可有無限多個規則可用。我們在後面要提出的規則，非常基本，非常常見常用，並且對語句邏輯完全充分夠用。沒有有效的論證不能用這些規則證得的。在本章，要提出八個基本規則。

4. 八個基本推演規則

對本章以及本書以後將提出的推演規則，有幾點要注意的：

(i)爲了使用和討論方便，邏輯教本會給這些規則特定的名稱，但不同教本，可能給不同名稱。本書將取通俗，常用，和較直覺的名稱。讀者最好能記住這些名稱及其英文簡寫。

(ii)我們將使用變詞和符號式提出這些規則，並輔以文字敘述和說明。讀者最好熟記這些符號表示，以及理解文字敘述。

(iii)這些規則和符號表示的直覺意義，並不難懂。它們只是反映我們日常直覺上，行之有效的推論模式，並精緻化而已。因此，讀者最好先領會它們的直覺意義，這樣不但容易熟記符號表示，而且也能寫出符號

表示。

　㈣這些規則，一定是針對某一個或兩個語句連詞的可行運算或推演所做。最好要記住是對那些個連詞。

　㈤這些規則在邏輯性格上是**可用的參引規則**，而不是**必用的導致規則**。也就是說，這些規則不是告訴我們，我們**必須**做什麼，某一步驟必須使用那一個。它們告訴我們的，寧是我們**可以**做某一推演。這些推演雖然不一定可以通到所要結論。

　㈥依這些規則所做推演，如果通到所要結論，則可以明確產生「證明」作用。也就是能夠明白顯示如何從前提通到結論，以及保證，如果前提眞，則所通到的結論必定也眞。

　㈦雖然不像眞值表的計算那樣，熟記五個語句連詞的基本眞值表，是做好計算的必要條件，熟記這些眞值表對這些推演規則的了解和應用，必定大有幫助。

　㈧我們要熟記這些規則，尤其是它們的符號表示和形式，否則就不能夠做好本章以及以後要講的推演和證明的工作。我們不必記這些規則實際提出的次序。

　最後，要再強調的，這些規則是要當「證明」用的，我們也針對這點設計。爲了使能夠明白看到，每一步驟的推演，前後清楚銜接，因而也能夠明白看到，如何從一個論證的前提通到結論的線索，我們用容易「看到」的符號，以及非常直覺的方式，來構作這些規則。同時爲了顯示前提的眞確實保證結論的眞，也就是顯示如果前提眞則結論必定眞，我們除了可用基本語句連詞的眞值表來了解以外，也可利用前章講的邏輯涵蘊和邏輯等值的觀念來說明。

　我們知道的，如果 p_1，或 p_1 和 p_2 一起，或 p_1, p_2 和 p_3 一起邏輯涵蘊 q，則當 p_1 眞，或 p_1 和 p_2 眞，或 p_1, p_2 和 p_3 眞時，q 眞。這樣，我們可以從 p_1，或 p_1 和 p_2，或 p_1, p_2 和 p_3，正確或有效的推出，導出，或推演出 q。語句或句式之間存在的邏輯涵蘊樣式很多。邏輯教本根據實用和邏輯的理由，常選擇一些當推演規則。

　我們首先要提出的推演規則，叫做**肯定前件規則**（*modus ponens*），簡記爲 MP。

⑴ 肯定前件規則(MP)

$$p \supset q$$
$$\underline{p}$$
$$/\therefore q$$

為說明這個規則及其在證明裡的應用，讓我們看下例：

例7　如果揚揚上密西根大學(M)，則小葳上北京大學(P)。揚揚上密西根大學。所以，小葳上北京大學。

首先，把論證符示為：$M \supset P$，M　$/\therefore P$
現在構作證明如下：

1. $M \supset P$　　　　P（前提(premise)）
2. M　　　　　　　P
3. P　　　　　　　1, 2 MP

這個證明的左欄是由一序列的語句或句式組成。列1和2是（符號化了的）前提。列3是應用肯定前件規則(MP)，從列1和2得來的。證明的右欄寫各該列根據什麼理由而得來，用P表示前提。這樣，在一個證明裡，左欄是一列列的語句或句式，右欄是根據的規則和列碼。嚴格說，右欄的註示，只是證明的參考部分，不是本質部分。這個證明顯示，如果前提（即列1和2）真，則結論（即列3）真，因為 MP 保證這點。故論證有效。

這樣，從這個例子，可以看到，一個**證明**(proof)可以定義為：一序列的語句，所有這些語句或為論證的前提，或為根據推演規則從這序列先前的語句跟隨而來的——因為它們是這些規則呈現的有效論證形式的結論的代換例——，而這序列最後一個語句是論證的結論。

對這個定義，有幾點說明：

(i)在證明序列出現的語句只有兩種，即前提和依推演規則從先前列得到的語句。這樣，右欄寫的理由，相應的也只有兩種：前提(P)和推演規則。在邏輯上，雖然一個前提在證明的任一列都可出現，但無需特別考慮時，可依在論證出現的次序，依序寫在證明的序列上，以便參引。

(ii)所有用語句變詞呈現的推演規則，都是一個有效的論證形式。就肯定前件規則(MP)

$$p \supset q$$
$$\underline{p}$$
$$q$$

來說，我們用眞值表法顯示它的有效如下：

$p \supset q$	p	q
T	T	T
F	T	F
T	F	T
T	F	F

用反例來說，結論 q 只在列 2 和 4 爲假(F)，但在該二列前提不能同眞，因爲在列 2，第一前提爲假(F)，在列 4 第二前提爲假。所以，論證形式有效。用涵蘊來說，只有列 1 兩個前提都眞(T)，但在列 1 結論也眞，故前提涵蘊結論。故論證形式有效。我們知道，一個論證形式有效時，它的所有代換例論證都有效。在依推演規則進行推演時，也就是在進行證明的構作時，我們就在做一個有效論證形式的代換例。例如在前面例 6，依 MP 從列 1 和 2 推演到列 3 時，我們實際就在做 MP 的一個代換例。由於 MP 是一個有效論證形式，因此例 7 證明裡的列 1, 2 和 3 就是一個有效的代換例。當然這個代換例很簡單。但任何複雜的代換例，其根據的邏輯原理完全相同。所有以後用變詞構作的推演規則，可依相同的邏輯原理得到說明。

　　要注意的，MP 是針對當**主連詞**的如言「⊃」運行的。再看下例：

例 8　證明 $A \supset (B \vee C)$, $(B \vee C) \supset \sim D$, A ／∴ $\sim D$

　　1. $A \supset (B \vee C)$ 　　　　P（前提）
　　2. $(B \vee C) \supset \sim D$ 　　　P
　　3. A 　　　　　　　　　　P
　　4. $B \vee C$ 　　　　　　　1, 3 MP
　　5. $\sim D$ 　　　　　　　　2, 4 MP

例 9 證明 $P \supset (Q \supset R), P \supset Q, P \; / \therefore R$
    1. $P \supset (Q \supset R)$ P
    2. $P \supset Q$ P
    3. P P
    4. $Q \supset R$ 1, 3 MP
    5. Q 2, 3 MP
    6. R 4, 5 MP

注意，下例的導衍裡含有**錯誤的**推演步驟：

例 10   1. $(A \supset B) \supset (\sim C \supset D)$ P
          2. $A \supset \sim C$ P
          3. A P
          4. $B \supset (\sim C \supset D)$ 1, 3 MP   **（有錯）**
          5. $\sim C$ 2, 3 MP
          6. $B \supset D$ 4, 5 MP   **（有錯）**

在這個導衍裡，列 4 和 6 是錯誤的。做這些錯誤導衍的人，可能以為對一個語句或句式裡任何部分的如言「⊃」，都可進行 MP。但我們提過的，MP 以及在後要講的許多規則，只能對**主連詞**。列 1 前件裡的如言「⊃」和列 4 後件裡的如言「⊃」都不是主連詞。換句話說，列 1 和 3，以及 4 和 5，都不是 MP 的代換例。

我們也可以用另一個方式敘述肯定前件規則。那就是，肯定一個如言，同時**肯定**這個如言的**前件**，則可以也**肯定**它的**後件**。肯定前件規則之名，顯然從這一說法得來。

另一個基本推演規則，也含一個如言當前提的，叫做**否定後件規則**（*modus tollens*），簡稱為 MT。

(2) 否定後件規則(MT)

$$p \supset q$$
$$\sim q$$
$$\overline{\qquad\qquad}$$
$$/ \therefore \sim p$$

MT：在證明的一列設有一個如言，在另一列有它後件的否言，則在這兩列後面的任一列，我們可以推出它前件的否言。

這個規則是說，肯定一個如言，同時**否定**這個如言的**後件**，則可以**否定**它的**前件**。試看下例：

例 11　如果武漢隊贏(*W*)，則廣州隊得前三名(*K*)。廣州隊沒得前三名。所以，武漢隊沒贏。

首先符示論證：$W \supset K,\ \sim K\ /\therefore \sim W$

構作導衍證明如下：

1. $W \supset K$　　　　　　P
2. $\sim K$　　　　　　　　P
3. $\sim W$　　　　　　　　1, 2 MT

例 12　如果市長連任沒成功(*R*)，則執政黨將失利(*P*)。如果市長連任成功，則在野黨(*N*)將得利。在野黨沒得利。所以執政黨失利。

符示論證為：$\sim R \supset P,\ R \supset N,\ \sim N\ /\therefore P$

1. $\sim R \supset P$　　　　　　P
2. $R \supset N$　　　　　　　P
3. $\sim N$　　　　　　　　　P
4. $\sim R$　　　　　　　　　2, 3 MT
5. P　　　　　　　　　　1, 4 MP

肯定前件和否定後件，是演繹證明裡，一再會使用的規則。任何時候，一個如言及其前件都真時，後件也真。如果一個如言及其後件的否定都真時，前件的否言也真。

但有兩個常見，並且與這些論式貌似的無效論式。這些無效的論證，惡名昭彰，也有傳統的名稱：

(i)**肯定後件的謬誤**(fallacy)

$$\begin{array}{l} p \supset q \\ \underline{\qquad q \qquad} \times \\ /\therefore p \end{array}$$

在邏輯上，我們常把一個在某些地方有錯誤的論證，證明，推理，推論和推演，叫做**謬誤的**(fallacious)。上面這個論式無效，所以它是謬誤的。可用反例和真值表顯示它的無效如下：

$$
\begin{array}{cc|c}
p \supset q & q & p \\
\hline
T & T & T \\
F & F & T \\
T & T & F \quad \leftarrow \\
T & F & F \\
\end{array}
$$

第三列前提都眞，但結論假。這是反例，故論式無效。試看下例謬誤的論證：

例 13　如果阿土伯捐地興學，則該山莊將有美好的小學。該山莊有美好的小學。所以，阿土伯捐地興學。

這個論證具有論式：$p \supset q, q / \therefore p$，但顯然無效；因爲該山莊有美好的小學，可能因別人而不是因阿土伯捐地，或可能因政府徵收土地。

另一個常見的謬誤論式是：

(ii)**否定前件的謬誤**

$$
\begin{array}{c}
p \supset q \\
\sim p \\
\hline
/ \therefore \sim q
\end{array} \quad \times
$$

這個論式無效，讀者很容易用反例和眞值表證明。下面是犯這種謬誤的論證：

例 14　如果日本隊能打敗古巴隊，則台灣隊也能打敗古巴隊。日本隊不能打敗古巴隊。所以，台灣隊也不能打敗古巴隊。

這個論證明白說的是，如果日本隊能打敗古巴隊，則台灣隊也能。但既沒有明白說，也沒有隱含說，如果日本隊不能打敗古巴隊，則台灣隊也不能。

第三個有名和常用的推演規則，是如言三段論(conditional syllogism)，簡寫爲 CS；這個規則也是處理如言「⊃」的。

(3) 如言三段論規則(CS)

$$p \supset q$$
$$q \supset r$$
$$p \supset r$$

CS：在證明的一列設有一個如言，在另一列有一個以前者的後件當前件的如言，則在這兩列後面的任一列，可以推出一個以前者的前件當前件，後者的後件當後件的如言。

先解釋這個論式和規則的名稱。前提和結論都是如言，故名為如言。「三段論」(syllogism)一詞，為亞里士多德所創用，用來指一種類型的論證，前提是兩個語句，加上結論，故為「三段」；這些語句的主詞與述詞之間，有特別關係。歐洲中世紀的邏輯，借用「三段論」一詞裡的「三段」來稱呼語句邏輯裡的規則。這裡的「三段論」和亞里士多德原來所指的，不是相同形式的論證。

這個規則告訴我們，如言是**傳遞的**(transitive)。即如果第一個語句涵蘊第二個，第二個涵蘊第三個，則第一個涵蘊第三個。下面是一個如言三段論：

例 15　如果今年春雨來得早(S)，則我家將豐收(H)。如果我家豐收，則我家大姐將出嫁(M)。所以，如果今年春雨來得早，我家大姐將出嫁。

這個論證可符示為：$S \supset H, H \supset M / \therefore S \supset M$；顯然有效。

這個論式有「頭」接「尾巴」的情形，所以也常叫做**連鎖**(chain)三段論或連鎖推論。它的連鎖可以推廣到 n 項：

$$p_1 \supset p_2$$
$$p_2 \supset p_3$$
$$\cdots\cdots$$
$$p_{n-1} \supset p_n$$
$$p_1 \supset p_n$$

在這個連鎖中，當做連鎖的中介項要恰切相同。例如：

例 16　(a) 論證 $(A \lor B) \supset (C \cdot D), (C \cdot D) \supset (E \cdot \sim F)$
　　　　$/ \therefore (A \lor B) \supset (E \cdot \sim F)$，是適當的代換例，因為第一前提和第

　　　　　二前提之間的中介項 $(C \cdot D)$ 完全相同。

(b) 但論證 $(A \vee B) \supset (\sim C \cdot D)$, $(C \cdot D) \supset (E \cdot \sim F)$

　　／∴$(A \vee B) \supset (E \cdot \sim F)$，**不是**適當的代換例，因爲擬爲的中介項第一前提的後件 $(\sim C \cdot D)$ 和第二前提的前件 $(C \cdot D)$ 不完全相同。

這樣，不是任兩個如言都可以當如言三段論的前提。它們必須共有一個中介項這個非常特別的關係。一個如言的前件必須恰切是另一如言的後件。

　　前面三個規則告訴我們如何運行如言。其次兩個非常簡單，告訴我們如何運行連言。第一個告訴我們如何**使用**一個連言當**前提**，也就是我們可從一個連言導出什麼。這個規則叫做**簡化**(simplification)規則，簡寫爲 Simp。

(4) 簡化規則(Simp)

$$\frac{(p \cdot q)}{/\therefore p} \qquad \frac{(p \cdot q)}{/\therefore q}$$

Simp：在證明的一列設有一個連言，則在這列後面的任一列，可以推出它的任一連項。

這個規則告訴我們，如果有一個連言當前提，則我們可以推出它的任一連項當結論。這樣，這個規則有兩個形式。一個連言斷說兩個連項都眞，因此我們應能夠分開推出任一個。其實，我們可把這個規則推廣如下：

$$\frac{(p_1 \cdot p_2 \cdots \cdot p_n)}{p_k}$$

試看下例：

例 17　從「秦淮河裡的船，比北京萬生園、頤和園的船好，比西湖的船好，比揚州瘦西湖的船也好。」可以正確和有效的推出：(i)秦淮河裡的船，比北京萬生園的好。(ii)秦淮河裡的船，比北京頤和園的船好。(iii)秦淮河的船，比西湖的船好。(iv)秦淮河的船，比揚州瘦西湖的船好。

一樣也要記得的，簡化規則只應用於前提的主連詞是連言。試看下例：

例 18　論證 $(A \cdot B) \supset \sim C \ / \therefore (A \supset \sim C)$，**不是**這個規則的適當應用，因為子語句 $(A \cdot B)$ 的連言「·」，不是整個語句的主連詞。

再說，下面的「簡化」，是錯誤的：

$$\frac{p \vee q}{/\therefore p} \times \qquad \frac{p \vee q}{/\therefore q} \times$$

因爲主連詞不是連言。當我們肯定一個選言時，只是說選項之一爲眞，那一爲眞沒有斷說；因此我們不能確定的推出那一選項。如果做這個錯誤的推演，可叫做**簡化選言**的謬誤。

例 19　$\{[(A \cdot B) \supset \sim(C \equiv D)] \cdot (G \vee \sim H)\} \ / \therefore (G \vee \sim H)$，是簡化規則的適當應用。

有人也許會問，像連言簡化那麼簡單的論式，一看就知道是正確有效的，何必定做規則？邏輯教本這麼做，主要是在建造**推演系統**時，要滿足和講究邏輯的嚴格性。邏輯嚴格性要求，在一個系統裡出現的項目要交待清楚，說出來源。如果沒有這個規則，則在從 $(p \cdot q)$ 推出 p 或 q 時，就說不出邏輯的理由。

另一個有關連言「·」的規則，是**連言**(conjunction)規則，簡寫爲 Conj。

(5) 連言規則(Conj)

$$\frac{\begin{array}{c}p\\q\end{array}}{/\therefore (p \cdot q)}$$

Conj：在證明的一列設有一個語句或句式，在另一列有另一個語句或句式，則在這兩列後面的任一列，可以推出以該兩列爲連項的連言。

這個規則告訴我們，如果有兩個分開的語句，則可以推出它們的連言。試看下例：

例 20　證明 $(\sim A \cdot B), B \supset \sim C \ / \therefore (\sim A \cdot \sim C)$

$$1.(\sim A \cdot B) \qquad\qquad P$$
$$2. B \supset \sim C \qquad\qquad P$$
$$3. B \qquad\qquad\qquad 1, Simp$$
$$4. \sim C \qquad\qquad\quad 2, 3\ MP$$
$$5. \sim A \qquad\qquad\quad 1\ Simp$$
$$6.(\sim A \cdot \sim C) \qquad\quad 4, 5\ Conj$$

連言規則實際上允許我們，把證明裡的任兩列放在一起，形成一個連言。我們可把簡化規則想做把一個連言分開，連言規則把它們放在一起。

處理選言的規則比處理連言的稍微複雜一點，但還是十分簡單。**選言三段論**(disjunctive syllogism)規則（簡寫爲 DS）告訴我們，如何**使用**前提裡的選言，而**添加**(addition)規則（簡寫爲 Add）告訴我們，如何**導出**一個選言當結論。

(6) 選言三段論規則(DS)

$$\begin{array}{c} p \vee q \\ \sim p \\ \hline /\therefore q \end{array} \qquad \begin{array}{c} p \vee q \\ \sim q \\ \hline /\therefore p \end{array}$$

DS：在證明的一列上設有一個選言，在另一列有它選項之一的否言，則在這兩列後面的任一列，可以推出其他選項。

也就是說，肯定一個選言，同時**否定**它一個選項的否言，則可以**肯定**另一選項。這個論式顯然有效。當我們肯定一個選言時，是說至少有一個選項爲眞。現在否定一個選項，即斷定該選項爲**假**。這樣，另一選項就爲眞了。試看下例：

例 21　孔子寫《道德經》(*C*)或是老子寫《道德經》(*L*)。孔子沒寫《道德經》。所以，老子寫《道德經》。

　　　　這個論證可符示爲：$C \vee L, \sim C /\therefore L$；顯然有效。

使用這個規則有幾點要注意的。首先，必須確定第二個前提是第一個前提的**選項之一的否言**，而不是任何舊否言。例如，

例 22　$[A \vee \sim(B \supset C)], \sim(B \supset C) /\therefore A$，**不是**選言三段論的例子，因爲第二個前提 $\sim(B \supset C)$ 不是第一個前提第二個選項的否言。爲從

第一個前提推得 A，我們需要**雙**否言 $\sim\sim(B \supset C)$。

其次，如果選言的選項有兩個以上，譬如三項，則否定其中一選項，可以推出的是選言其餘的整個，但推不出其餘的某一**選項**。也就是可有：

$$
\begin{array}{l}
p_1 \vee p_2 \vee p_3 \\
\quad \sim p_1 \\
\hline
/ \therefore (p_2 \vee p_3)
\end{array}
$$

但**不能**有：

$$
\begin{array}{l}
p_1 \vee p_2 \vee p_3 \\
\quad \sim p_1 \\
\hline
\quad / \therefore p_2
\end{array} \quad \times
$$

或

$$
\begin{array}{l}
p_1 \vee p_2 \vee p_3 \\
\quad \sim p_1 \\
\hline
\quad / \therefore p_3
\end{array} \quad \times
$$

最後，肯定一個選言，同時肯定其中一個選項，**推不出**另一選項的**否言**，即**不可有**

$$
\begin{array}{ll}
p \vee q & p \vee q \\
p & \quad q \\
\hline
/ \therefore \sim q & / \therefore \sim p
\end{array} \quad \times
$$

這樣錯誤的推論，叫做**肯定選項的謬誤**。下例是這樣的謬誤：

例 23　《數理原論》(*Principia Mathematica*)的作者，不是懷德海(W)，就是羅素(R)。懷德海是它的作者。所以，羅素不是。

這個論證可符示為：$W \vee R, W / \therefore \sim R$。這是一個無效的論證；因為一本書可以有兩個或更多的共同作者，我們不能說懷德海是它的作者，就推論說羅素不是，因為第一個前提沒有排斥羅素是作者的可能性。實際上，羅素是這本書的共同作者，但這個事實與這個論證是否有效無關。

例 24　證明 $A \vee B, C \supset D, A \supset C, \sim D \quad / \therefore B$

1. $A \lor B$	P
2. $C \supset D$	P
3. $A \supset C$	P
4. $\sim D$	P
5. $A \supset D$	2, 3 CS
6. $\sim A$	4, 5 MT
7. B	1, 6 DS

處理選言的另一規則，是**添加**規則。

(7) **添加規則**(Add)

$$\frac{p}{/\therefore p \lor q} \qquad \frac{q}{/\therefore p \lor q}$$

Add：在證明的一列設有一個語句，則在這列後面的任一列，可以推出以該語句爲一個選項的任何選言。

這個規則告訴我們，**設有一個語句**，我們可以推出以該語句當一個選項的**任何**選言。由於這個當前提的語句可以在結論裡出現做任一（左或右）項的選項。這個規則再次具有如上所示兩種形式。這個規則有效，是很明顯的。我們記得，只要有**一個**選項爲眞，一個選言就眞。這樣，一旦我們有一個語句，或證明了一個語句爲眞，則含有這個語句當一個選項的**任何**選言爲眞。

有幾點要注意。首先，在添加規則裡所添加的**是選項，不是連項**。因此，下面的論式是錯誤的：

$$\frac{p}{/\therefore(p \cdot q)} \times \qquad \frac{q}{/\therefore(p \cdot q)} \times$$

因爲 p 或 q 的眞雖然保證選言 $p \lor q$ 的眞，但不保證連言 $(p \cdot q)$ 的眞。其次，所謂**任何**語句的「任何」是怎樣的。由於從 p 推到 $p \lor q$（由 q 推到 $p \lor q$ 的情況也一樣）中，q 可以**不在**前提 p 或任何其他前提出現，也就是不受任何前提限制，因此它可以是任何語句。換句話說，我們可以添加**任何**我們喜歡或所要的語句當另一選項。這使添加規則非常有用。它可使我們從語句 A 推出語句 $A \lor B$，以及 $A \lor \sim B$。其實，我們可添加任

何複雜的語句。例如，從 A 推出 $A \vee \{\sim[Z \equiv \sim(X \cdot Y)] \supset (P \vee Q)\}$。它不但可以使我們爲了中介，引進所需字母或語句，例如從 $(A \vee B) \supset C$ 和 A 推出 C，也可使我們推出一個含有前提裡未出現的字母或語句的結論，例如從 $(A \cdot B)$ 推出 $[(A \vee H) \cdot (B \vee \sim G)]$，如同下面兩例所示。

例 25　試證 $(A \vee B) \supset C, A \quad /\therefore C$

1. $(A \vee B) \supset C$	P
2. A	P
3. $A \vee B$	2 Add
4. C	1, 3 MP

例 26　試證 $(A \cdot B) \quad /\therefore [(A \vee H) \cdot (B \vee \sim G)]$

1. $(A \cdot B)$	P
2. A	1 Simp
3. B	1 Simp
4. $A \vee H$	2 Add
5. $B \vee \sim G$	3 Add
6. $[(A \vee H) \cdot (B \vee \sim G)]$	4, 5 Conj

還要注意的。添加規則可以用在任何語句或句式；也就是，前提可以是任何形式的。然而這個規則的**結論**，卻必須恒爲一個選言的形式；也就是，必須恒有選言當**主**連詞，而以前提當一個選項。從 $A \supset C$ 推到 $(A \vee B) \supset C$ 是不對的，因爲結論的主連詞**不是**選言，雖然它含有一個選言當子語句。

最後一點。不要混淆**添加**規則和**連言**規則。前者以一個**選言**當結論，後者則以一個**連言**當結論。依添加的選言結論，只需要一個單一的語句當前提，而連言的結論則需要兩個語句。

我們八個基本推演規則的第八個，叫做**兩難論**(dilemma)規則，簡寫 Dil。二難論有若干變體，這裡講的是標準體的。

(8) 兩難論規則(Dil)

$p \supset q$
$r \supset s$
$p \lor r$
––––––––––
$/\therefore q \lor s$

Dil：在證明的二列設各有一個如言，在另一列有一個由這二列如言的前件形成的選言，則在這三列後面的任何一列，可以推出一個以該兩個如言的後件形成的選言。

　　兩難論規則是我們引進的規則中，唯一需要引用**三列**的。它告訴我們，設有兩個如言以及它們的前件所形成的選言，我們可以推出它們的後件形成的選言。我們最好就利用這個了解來記住這個論式，而不必強記上列的符號論式。

　　兩難論很有名。它有名不在邏輯理論本身，而在日常論辯的使用。我們知道「dilemma」一詞，是進退兩難的意義。很多人喜歡在論辯的時候，使用這個論式，使對方左右為難，陷入困局。但用「兩難」取名，有先入為主的偏見，因為如同很快可以看的，我們也可以利用這個論式獲得「左右逢源」的雙喜。這樣，這個論法也可叫做雙喜論法。

　　大致說來，一個人進退維谷，當他必須在二擇一中選擇其一，而這二者都是不好的，令人不愉快的。傳統上所謂兩難論是指一種論證，把對手陷入進退兩難。在論辯裡，我們使用兩難論，給對手提供二選一中，必須做選擇，然後顯示或證明不論做那一選擇，對手勢必陷入不可接受的結論。例如，我們可能以下例的兩難論，為難對手。

　　例27　如果你娶阿蘭(L)，你會窮倒一生(P)。如果你娶阿香(H)，你會吃不消(S)。你要嘛娶阿蘭，要嘛娶阿香。因此，你不是窮倒一生，就是吃不消。

　　　　這個論證可符示為：$L \supset P, H \supset \sim S, L \lor H /\therefore P \lor \sim S$；有效。

　　這種論證是設計來使對手陷入進退兩難的窘境。頭兩個前提是如言；它們也可用連言連結起來。第三個前提是選言。它們的次序，可依需要調整。結論是另一選言。當兩個選項相同時，變成簡單語句。我們在前面提過，兩難論未必有一個令人不愉快的結論。它可以是雙喜論。試看下例的雙喜論。

　　例28　如果我學人文，我享受人生。如果我學科技，我找到好職業。我

不是學人文就是學科技。所以，我享受人生或找到好職業。

　　邏輯教本對兩難論的首要興趣，在於如何對付兩難論的為難和攻擊。傳統上，認為有三種方法閃避或反擊兩難論的結論，並有特別名稱，都和一個兩難論具有兩個（或更多）「角」(horns)相關。這三種破壞兩難論的方法，叫做「閃避鋒角」(escaping between horns)，「抓鋒角」(grasping the dilemma by the horn)，和「以反兩難論(counteridilemma)反擊」。要注意的，這些都不是要證明兩難論為無效的方法；而寧是，在不排斥兩難論的形式有效性之下，去避開或反擊它的結論。

　　所謂閃避角的方法，有消極和積極兩面。消極面是去否定選言前提為真，即顯示它為假。可表示如下：

$$\downarrow$$
$$p \vee r$$
$$\text{F F F}$$

在消極做法之下，可進一步積極提出第三個選擇，並且顯示，在這個選擇之下，可有令人愉快的結論。可表示如下：

$$t$$
$$t \supset u$$

這裡 t 表示第三個選項，而 u 表示我們喜歡的結論。我們可把整個閃避鋒角法表示如下：

$$p \supset q$$
$$r \supset s$$
$$\sim(p \vee r)（即(\sim p \cdot \sim r)）$$
$$t$$
$$t \supset u$$
$$\overline{\qquad\qquad\qquad\qquad}$$
$$/ \therefore u$$

在這裡，我們不動原兩難論的如言前提。但由於我們否定了選言前提，即做了～$(p \vee r)$，則從這些如言再也得不出令人不愉快的原來的選言結論 $q \vee s$ 了。當然，這只是消極的使對手的「兩難論」，得不到令我方不愉快的預想結論。如果能乘機提出第三個選項 t，並且提出在這個選項下令人欣喜的結果，即提出 $t \supset u$，而 u 是令人欣喜的，則會更積極的建

立我方。例如，下例可以看做是對前面例 25 的兩難論，提出閃避角，而且更正面建立有利我方的結論。

例 29　不錯，如果我娶阿蘭(L)，我會窮倒一生(P)；如果我娶阿香(H)，我會吃不消(S)。但是，我既不娶阿蘭，也不娶阿香，我娶阿英(Y)。如果我娶阿英，我享受甜美(E)和富有(R)。所以，我會享受甜美和富有。

這個反論證可符示爲：$L \supset P, H \supset \sim S, (\sim L \cdot \sim H), Y, Y \supset (E \cdot R)$ $/\therefore (E \cdot R)$；這是一個有效論證。要注意，這裡雖然沒有拒絕原論證的如言前提 $L \supset P$ 和 $H \supset \sim S$，但由於拒絕了選言前提 $\sim(L \vee H)$（注意 $(\sim L \cdot \sim H)$ 和 $\sim(L \vee H)$ 等值），因此也顯示了原論證得不到 $P \vee \sim S$ 的結論。在這反論證裡，也正面提出 $(E \cdot R)$ 的主張。

　　要注意的，僅只閃避鋒角本身，並沒有證明結論爲假，而僅僅顯示論證沒有給接受結論，提供適當的根據。例如，僅僅提出不娶阿蘭和不娶阿香，並沒證明受論證者不會窮倒一生和吃不消。然而，再提出一些額外的論證，譬如娶阿英，則可顯示該論證的結論不眞。

　　在選言前提無懈可擊，諸如選項舉盡的時候，是不可閃避鋒角的。必須尋找閃避結論的另外方法。方法之一是抓鋒角，這涉及拒絕一個或兩個如言前提；可用下表三列中之一列去做：

$$[(p \supset q) \overset{\downarrow}{\cdot} (r \supset s)]$$

```
  T F F F
          F T F F
  T F F F T F F
```

例如對前面例 25 的兩難論，可以抓鋒角說，如果我娶阿蘭，我不會窮倒一生，阿蘭的家庭雖然很窮，但我娶了她以後，可幫她找一份高薪的工作。或是說，如果我娶阿香，也不會吃不消。我能抓住她的脾氣，「化干戈爲甜美」。

　　以反兩難論反擊兩難論，是最有趣和機敏的方法，但它很少是強有力令人信服的，我們很快看到這點。爲反擊一個兩難論，我們構作另一

個兩難論，即反兩難論，其結論與原論證的相反。在反擊中**任何**兩難論都可使用，但理想上最好取一些原兩難論含有的相同成分，來築造。其一般形式可表示如下：

$$p \supset q'$$
$$r \supset s'$$
$$p \lor r$$
$$/\therefore q' \lor s'$$

在原兩難論中，q 和 s 是令人不愉快的。現在我們以可令人愉快的 q' 和 s' 去取代，而得令人愉快的結論 $q' \lor s'$。這裡含有原論證選言前提 $p \lor r$ 原封不動，並含有原論證的成分 p 和 r。這雖不是全然，但多少，甚至相當「以子之矛攻子之盾」，而「成全自己」。例如，對前面例 25 的兩難論，可提下例的反兩難論。

例 30　如果我娶阿蘭(L)，我享受甜美(E)。如果我娶阿香(H)，我富有(R)。不錯，我要嘛娶阿蘭，要嘛娶阿香。所以嗎，我不是享受甜美，就是富有。

這個論證可符示爲：$L \supset E, H \supset R, L \lor H \quad /\therefore E \lor R$

這個反兩難論並沒有直接證明原結論爲假，但至少提出可與原結論分庭抗禮，「各說各話」的「一半眞理」。大大解除，至少鬆動原論證製造的困局。

有兩個著名的兩難論及其反論證的例子，自古希臘以來，傳頌兩千多年。講兩難論的時候，如果不去復頌，似乎沒水準，沒講完。第一個例子是古雅典的母親和想從政的兒子的故事。兒子想從政，跟母親商量。母親反對，提出下例的兩難論證：

例 31　母親論證說：「如果你做的公正(J)，人們會憎惡你(P)。如果你做的不公正，上帝會憎惡你(G)。你要嘛做的公正，要嘛做的不公正。因此，不是人們會憎惡你，就是上帝會憎惡你。

這個論證可符示爲：$J \supset P, \sim J \supset G, J \lor \sim J \quad /\therefore P \lor G$

兒子回答說：「母親，依妳自己的論證，我應該從政。因爲，如

果我做的公正(J)，上帝會喜愛我(G')。如果我做的不公正，人們會
喜愛我(P')。所以，不論我怎麼樣，上帝和人們都會喜愛我。

這個反兩難論可符示為：$J \supset G', \sim J \supset P', J \vee \sim J \quad / \therefore G' \vee P'$

在公共討論裡，兩難論是最強的辯論武器之一。像這個反擊，幾乎從相
同的前提推出相反的結論，顯現極大的修辭技巧。但是如果仔細檢查兩
難論和反兩難論，我們會看到它們的結論並不如乍看那樣相反。

　　第一個兩難論的結論是，兒子會被人們或上帝憎惡，而反兩難論的
結論則說，兒子會被上帝或人喜愛。但這兩個結論完全可相容。反兩難
論只建立與原論證不同的結論。兩個結論很可以都真，因此沒有完全拒
絕。但是在爭辯的激情中，分析是不受歡迎的，而如果這種反擊出現在
公共辯論，普通的聽眾會壓倒的同意，這個反擊破壞了原論證。在邏輯
上，這些是各說各話，「一半真理」。但在實用上，這種反兩難論常會
認為（當然是誤認），在「全真」這邊。

　　不是所有兩難論和反兩難論，只是各說各話，「見仁見智」。有
的，一方有理。有一個最著名的古典例子，顯示這。老師普洛塔(Prota-
goras)和學生尤阿斯(Euathlus)之間，有一個千年傳頌的官司。普洛塔是
公元五世紀前古希臘的老師。他教許多學科，但專精訴訟。年輕人尤阿
斯想當律師，但無力付學費。他與普洛塔訂合約，等他打贏第一次官司
才付。尤阿斯學完後，很久沒付學費。普洛塔等的不耐，向法院請求尤
阿斯交付。訴訟開始時，普洛塔向法官提出一個凌厲的兩難論，如下
例：

例 32　如果尤阿斯敗訴(L)，則他得付學費給我(P)（依法庭判決）。如果
　　　　他勝訴(W)，則他也得付學費給我（依合約）。他不是敗訴，就是
　　　　勝訴。所以，無論如何尤阿斯得付學費給我。

　　　　這個論證可符示為：$L \supset P, W \supset P, L \vee W \quad / \therefore P$

情況似乎對尤阿斯很不利，但他已學會論辯的技術和修辭。青出於藍，
勝於藍。在反駁中，向法庭提出如下例的反兩難論：

例 33　如果我勝訴(W)，則我不須付學費給普洛塔(P)（依法庭判決）。如

果我敗訴(L)，我也不須付學會給普洛塔（依合約，我第一次打贏官司才須付）。我無非勝訴或敗訴。所以我不須付學費給普洛塔。

尤阿斯的反論證可符示為：$W \supset \sim P, L \supset \sim P, W \lor L$ /∴ $\sim P \lor \sim P$（即$\sim P$）。這也可視為是一個標準的（反）兩難論，而且有效。

讓我們檢視這師生之間「千年」論辯。正反兩個論證都有效，但結論相矛盾，一個P，一個$\sim P$。這告訴我們，一定有一個的前提為假（有效的論證也可有假的前提）。這個論證的選言前提$W \lor L$相同，而且選項也舉盡。這樣，毛病要在如言前提去找。學生尤阿斯反兩難論的如言前提應沒有問題。老師普洛塔主兩難論的第一個如言前提，也沒有問題。現在剩下的，有問題的恐怕在第二個如言，即「如果尤阿斯勝訴，依合約他也得付學費給普洛塔。」有幾點要注意的，一，我們的問題假定學生尤阿斯畢業後，打官司，不論是為己或為人，都尚未勝訴過。二，這次師生之間的官司，是在爭論，進行中的案件，在未結案前，任何人不得以案件預期的結果為根據，請求和主張什麼。這樣，由於學生尤阿斯這次是否勝訴，尚未決定，因此老師普洛塔不得根據預期的尤阿斯的勝訴，來主張什麼。當然，如果尤阿斯這次勝訴了，普洛塔可根據它以及合約，在「另一次」的官司裡請求給付學費。所以，普洛塔的第二個如言前提是假的，不能成立。這樣，他的前提就無法支持結論。

在使用以上引進的八個基本推演規則或有效論式上，有兩個重要的限制。一個是，這些推演或形式**只是單向**的。例如，它們允許依添加規則，從A推演到$A \lor B$，但沒允許從$A \lor B$推演到A。這種單向的推演或形式，叫做**涵蘊的推演規則**(implicational rules of inference)或**涵蘊的論式**(implicational argument forms)。另一個限制是，這些規則只可應用於**整個的列**，不可應用於一列的部分。例如，我們不可依簡化規則從$(A \lor B) \supset E$推到$B \supset C$。

<table>
<tr><td colspan="3" align="center">涵蘊的推演規則</td></tr>
<tr>
<td>1.肯定前件(MP)

$p \supset q$
$\underline{\quad p \quad}$
$/ \therefore q$</td>
<td>2.否定後件(MT)

$p \supset q$
$\underline{\quad \sim q \quad}$
$/ \therefore \sim p$</td>
<td>3.如言三段論(CS)

$p \supset q$
$\underline{q \supset r}$
$/ \therefore p \supset r$</td>
</tr>
<tr>
<td>4.簡化(Simp)

$\underline{(p \cdot q)} \quad \underline{(p \cdot q)}$
$/ \therefore p \qquad / \therefore q$</td>
<td>5.連言(Conj)

p
$\underline{\quad q \quad}$
$/ \therefore (p \cdot q)$</td>
<td>6.選言三段論(DS)

$p \vee q \qquad p \vee q$
$\underline{\sim p} \qquad \underline{\sim q}$
$/ \therefore q \qquad / \therefore p$</td>
</tr>
<tr>
<td>7.添加(Add)

$\underline{\quad p \quad} \quad \underline{\quad q \quad}$
$/ \therefore p \vee q \quad / \therefore p \vee q$</td>
<td colspan="2">8.二難論(Dil)

$p \supset q$
$r \supset s$
$\underline{p \vee r}$
$/ \therefore q \vee s$</td>
</tr>
</table>

習題 4-2

I.給下列證明的每列，寫出由之而來的列和根據的推演規則。

1.　　1. $A \supset \sim C$　　　　　　　　　P

　　　2. $D \supset E$　　　　　　　　　　P

　　　3. $(\sim \sim C \cdot A)$　　　　　　　P　$/ \therefore E$

　　　4. A

　　　5. $A \vee D$

　　　6. $\sim C \vee E$

　　　7. $\sim \sim C$

　　　8. E

2.　　1. $A \supset (B \supset C)$　　　　　P

　　　2. $\sim \sim F$　　　　　　　　　　P

　　　3. $\sim D \supset A$　　　　　　　　P

　　　4. $\sim C \vee \sim F$　　　　　　　P

5. ~D   P   ／∴ ~B

6. ~D ⊃ (B ⊃ C)

7. B ⊃ C

8. ~C

9. ~B

3.   1. F ⊃ G   P

     2. (F · ~D)   P

     3. G ⊃ C   P   ／∴ (C · ~D)

     4. F

     5. F ⊃ C

     6. C

     7. ~D

     8. (C · ~D)

4.   1. (E ∨ ~H) ⊃ [R · (~S ∨ T)]   P

     2. L   P

     3. (L ∨ M) ⊃ (E · F)   P   ／∴ [E · (~S ∨ T)]

     4. L ∨ M

     5. (E · F)

     6. E

     7. E ∨ ~H

     8. [R · (~S ∨ T)]

     9. ~S ∨ T

     10. [E · (~S ∨ T)]

5.   1. (~P ∨ ~Q) ⊃ ~R   P

     2. ~Q ⊃ (R ⊃ S)   P

     3. Q ⊃ R   P

     4. ~P   P   ／∴ Q ⊃ S

     5. ~P ∨ ~Q

     6. ~R

     7. ~Q

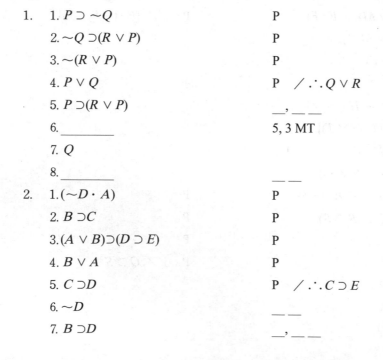

        8. $R \supset S$

        9. $Q \supset S$

6.   1. $P \supset (Q \supset \sim R)$ P

      2. $(S \cdot R)$ P

      3. $(Q \cdot S)$ P

      4. $S \supset P$ P   / $\therefore \sim R \vee S$

      5. $S \supset (Q \supset \sim R)$

      6. S

      7. $Q \supset \sim R$

      8. Q

      9. $\sim R$

      10. $\sim R \vee S$

II. 在下列各題的證明裡，有些列故意漏寫或不完整，有些理由欄也漏寫一些列碼或引用的推演規則。漏寫的空格用底線表示。把漏寫的補足，完成證明。

1.   1. $P \supset \sim Q$ P

      2. $\sim Q \supset (R \vee P)$ P

      3. $\sim (R \vee P)$ P

      4. $P \vee Q$ P   / $\therefore Q \vee R$

      5. $P \supset (R \vee P)$ __，__ __

      6. _____   5, 3 MT

      7. Q

      8. _____   __ __

2.   1. $(\sim D \cdot A)$ P

      2. $B \supset C$ P

      3. $(A \vee B) \supset (D \supset E)$ P

      4. $B \vee A$ P

      5. $C \supset D$ P   / $\therefore C \supset E$

      6. $\sim D$ __ __

      7. $B \supset D$ __，__ __

8. $\sim B$　　　　　　　　　＿，＿＿＿

9. _____　　　　　　　　＿，8 DS

10. _____　　　　　　　　　9 __

11. $D \supset E$　　　　　　　　　＿，＿＿＿

12. _____　　　　　　　　　＿，＿＿＿

3.　1. $A \supset \sim(C \vee B)$　　　　P

　　2. $C \supset (D \cdot E)$　　　　P

　　3. $(A \cdot C)$　　　　　　P　／∴$C \vee B$

　　4. A　　　　　　　　　*3,*

　　5. $A \vee C$　　　　　　__Add

　　6. $\sim(C \vee B) \vee$__　　1, __, 5 Dil

　　7. C　　　　　　　　__Simp

　　8. __$\vee B$　　　　　__Add

4.　1. ____$\supset \sim C$　　　　P

　　2. $(\sim D \vee \sim E) \supset \sim F$　　P

　　3. $(\_ \cdot \sim \sim C)$　　　　P　／∴$\sim(\sim A \vee \sim B) \vee G$

　　4. $\sim A$　　　　　　　3 Simp

　　5. __$\vee \sim B$　　　　4 ____

　　6. $(\sim A \vee \sim B) \vee (\sim D \vee \sim E)$　　__Add

　　7. _____　　　　　1, 2, 6 __

　　8. $\sim \sim C$　　　　　　3 Simp

　　9. ____　　　　　　　7, 8 DS

　　10. _____　　　　　　1, 8 MT

　　11. _____　　　　　10 __

5.　1. $(L \supset M) \supset (N \equiv O)$　　P

　　2. $(P \supset \sim Q) \supset (M \equiv \sim Q)$　　P

　　3. _____$\supset [(R \equiv S) \supset (L \supset M)$　　P

　　4. $(P \supset \sim Q) \vee$ ____　　P

　　5. $N \vee O$　　　　　　／∴$(M \equiv \sim Q) \vee (N \equiv O)$

　　6. _____　　　　4, 5 ____

7. $[(R \equiv S) \supset (L \supset M)$　　　　　　___, ___ ___

8. _____　　　　　　　　1, 7 ___

9. _____　　　　　　　2, 4, 8 ___

6.　1. $(A \cdot B) \supset (\sim C \vee \sim D)$　　　P

　　2. $(\sim E \vee \sim F) \supset (A \cdot C)$　　　P

　　3. $[\sim E \cdot \sim (A \cdot C)]$　　　P　／∴ $\sim(\sim E \vee$ ___ $)$

　　4. $\sim E$　　　　　　　　　　___

　　5. ___ $\vee \sim F$　　　　　4 ___

　　6. _____ $\vee (A \cdot B)$　　　5 ___

　　7. $(\sim C \vee \sim D) \vee$ ___　　　___, ___, ___ ___

　　8. $\sim (A \cdot C)$　　　　　___ ___

　　9. $(\sim C \vee$ __ $)$　　　　7, ___ ___

　　10. $\sim(\sim E \vee$ __ $)$　　　___, ___ ___

Ⅲ.構作導衍證明下列論證為有效。

　1. $\sim M, N \supset G, N \vee M$　／∴ G

　2. $(A \supset B) \supset C, \sim D \vee A, \sim D \supset (A \supset B), \sim A$　／∴ C

　3. $(A \equiv C) \vee D, (A \equiv C) \supset B, \sim B$　／∴ $(D \cdot \sim B)$

　4. $A \vee (B \supset C), C \supset D, (B \supset D) \supset E, (F \cdot \sim A)$　／∴ $(E \cdot F)$

　5. $A \supset (B \supset C), D \vee (B \vee E), E \supset F, (A \cdot \sim D)$　／∴ $C \vee F$

　6. $(N \vee O) \supset P, (P \vee Q) \supset R, Q \vee N, \sim Q$　／∴ R

Ⅳ.首先使用下列各兩難論證裡提示的字母，符示各論證。然後對這些兩難論做一些反駁或提出反兩難論反擊，並略加說明。

　1. 如果周公知道管叔將反叛而仍然派他監督殷(K)，則周公不仁(J)。如果周公不知道他將反叛而派他，則周公不智(I)。周公知道或是不知道。故周公不是不仁，就是不智。

　2. 如果你結婚(M)，你有家室之累(H)。如果不結婚，你孤獨寂寞(L)。你不是結婚就是不結婚。所以，你不是有家室之累，就是孤獨寂寞。

　3. 空屋強暴案，如果連某甲做DNA比對的基本動作都不懂(K)，那警方就是無知(I)；如果懂得做卻故意不做，就是怠忽職守(M)；如果做了卻不敢面對結果，曲意掩飾眞象(D)，那就是自欺欺人(C)。無論如何，都對人難以

交代。

4. 如果律師替有罪的委託人辯護(D)，則他們幫助將來犯罪(C)；但是如果律師把他們打發走(S)，則律師損及委託人公平受審的權利(R)。律師必須要嘛替有罪的委託人辯護，要嘛把他們打發走。所以，律師不是幫助將來犯罪，就是損及委託人公平受審的權利。

5. 上帝不是全能的。因為，所謂全能是指無所不能。顯然，上帝要嘛能夠創造一個祂自己拿不起來的石頭，要嘛不能夠。如果上帝能夠，則祂不是全能，因為那石頭祂拿不起來。如果不能夠，則祂更不是全能，因為祂不能夠。

6. 如果一個演繹論證的結論超出前提，則論證無效，而如果不超出，則這論證沒弄出什麼新東西。一個演繹論證的結論要嘛超出前提，要嘛不超出。所以，演繹論證不是無效，就是沒弄出什麼新東西。

5. 推演規則的檢視

我們現在已講了八個基本的有效推演規則。讀者要熟記它們，以及其名稱；也要了解這些規則的文字描述，以便知道每個規則能為你做什麼。在實際構作證明，策略規劃，和思考進取的計劃時，這是非常重要的。也要記得的，我們所給的規則是一種**形式**。它們含有語句**變詞**，可拿簡單或複雜的任何語句，命題或敘說當代換例。再說，不要忘記這些規則是處理主連詞，以及處理那些連詞：MP, MT 和 CS 是蹄號規則；Simp 和 Conj 是點號規則；Add 和 DS 是楔號規則。Dil 結合蹄號和楔號。

我們一直把推演規則裡的小寫字母 $p, q, r, s\cdots$ 等，看做語句變詞，把這些規則的應用，看做是這些變詞形式的代換例。其實就符號的推演或演算來說，可以更直覺，我們可把這些語句變詞，看做**後視語句字母**(meta-sentential letter)。所謂後視語句字母，是說這些字母是稱指或代表任意語句的，不論是簡單或複雜的。這樣，任何語句，只要具有這些後視語句字母所形成的某一後視語句的（語句）形式，則都是這一後視語句所稱指的語句。這樣，任何句式的代換例，都可看做是這一句式相應的後視句式稱指的語句。

　　現在讓我們回頭看看，爲什麼應用這些推演規則的結果是正確的。這個問題很好回答。那就是在構作這些規則時，我們就把它們構作成眞函有效的論證形式的。這是說，任何這些規則的實例，即代換例，都沒有眞前提和假結論的情形。換句話說，我們的規則都**眞値保持**(truth preserving)。這樣，如果前提都眞，即使中間步驟連鎖非常長，我們可以確定，最後的結論也將爲眞。如果對這些規則有懷疑，只要構作一個小眞値表就可查證。

　　讀者很可能問，爲什麼本書，實際上絕大部分的邏輯教書，只允許諸如前面講的八個基本推演規則，以及包括後面將要講的若干少數規則，而沒允許其他也是正確的規則？邏輯教本採用若干有限規則，有理論，美學，經驗和實用等方面的考慮。其實這些考慮是相互關連的。在理論上，我們的規則必須**夠用**(sufficient)；所謂夠用，簡單的說，就是我們的規則要足夠使我們證明所有有效論證。其次，任何理論或系統的構作，以及日常實用上，規則的選擇，也經常要做美學和經濟的考慮。就實用來說，我們所選這些規則，不論日常討論還是科學討論，是最常用的。再說，爲了訓練學生能在適當有限規則下，證出所有有效論證，在訓練階段，我們故意不讓學生太自由使用可用的規則。當然，在離開這個階段，進入實際應用的時候，任何正確和有效的規則都可應用。

　　邏輯問題解決的策略與下棋的非常類似。我們所提推演規則相當於下棋規則。這些規則決定在一個論證或證明中，那些步驟（行進）是被允許的。但是通常在一個證明的某一點上，它們允許多步驟，而只有其中非常少數可能導致「贏得比賽」，也就是，導出論證的結論。沒有人能夠確定告訴你，那些步驟**一定**會導出所要結論。但是**好的策略原則**會大大幫助我們，找到或感覺到那些步驟最可能或較可能獲得結論。然而，要記住的，正如同下棋策略原則不是下棋規則的部分，邏輯策略原則也不是邏輯原則的部分。事實上，邏輯策略不屬於辯護的系絡，而寧是發現的系絡，因爲它並不是辯護證明裡的行進，而寧是幫助發現致勝的行進。爲證明的一列做辯護的，必須都是一個有效的論證形式或推演規則。進一步提出有用的證明策略以前，讓我們講一下導衍和證明。

6. 導衍與證明

導衍(derivations)與證明，是邏輯運行上非常基本而重要的觀念。這兩者的「實體」幾近相同，但它們有重要的主觀因素的不同。在前面幾節，我們實際上已經時常使用導衍和證明這些用語和觀念，尤其是證明，已做了一些說明。今後，我們要經常做導衍和證明。因此，有必要對它做進一步解說。

如同我們已看到的，決定論證有效性的證明方法，從前提出發，並且導（衍）出(derive)一系列中間步驟，直至達到結論。我們所做的是去構作一**連串**的推理，每一步驟是先前諸步驟的一個結子。這個推理連串，顯示結論確實是從前提跟隨而來的。我們要確保，在證明的構作裡，沒有邏輯空隙；在我們的推理連串裡，沒有弱連結。如果一個嘗試的證明含有即令只一個不正確的步驟，推理連串就斷了，證明就失敗，因為我們沒有顯示結論從前提跟隨而來。為保證證明序列的邏輯嚴密，在證明裡，每個不是前提的步驟，必須要有**辯護**；證明它是依推演規則之一，從先前步驟——前提或中間步驟——跟隨而來。前提只註明前提來辯護。在證明裡，前提**假定**為真。我們的證明是，**如果**前提真，則結論必定為真。我們不是在證明，在任何情況下，結論必定為真。

這樣，**在證明裡，我們要求每個單一步驟要辯護為不是前提，就是依推演規則之一，從先前前提或步驟跟隨而來的。**在每個步驟右邊，書寫它是一個前提（簡記為 P）；如果不是，它是依那一規則從先前那些列得來的。下面就是這樣寫成的證明：

例 34　　1. $A \lor (\sim B \supset C)$　　　　　　P
　　　　　2. $C \supset D$　　　　　　　　　　P
　　　　　3. $(\sim B \supset D) \supset E$　　　　　P
　　　　　4. $(F \cdot \sim A)$　　　　　　　　　P　／∴. $(E \cdot F)$
　　　　　5. $\sim A$　　　　　　　　　　　4 Simp
　　　　　6. $\sim B \supset C$　　　　　　　　1, 5 DS
　　　　　7. $\sim B \supset D$　　　　　　　　2, 6 CS

8. E	3, 7 MP
9. F	4 Simp
10. $(E \cdot F)$	8, 9 Conj

在「證明」一詞外，有「導衍」一詞，有種種方便和必要。迄今，我們一直講設有所要結論的證明；在這裡我們的問題和目標是，構作一系列有辯護的中間步驟，達到所要結論。如果這樣達到結論，或以這樣的目標在做推演，是在做證明。但是，有時候，我們不知道設想的結論是什麼，或不在達成特定的結論，而在別的什麼，例如，在嘗試推出一些不一致的東西。時常，我們只想推出假設或前提的結子，看看從這些假設或前提會得出什麼，而沒有會得出什麼結果的先在觀念。這種未必導致特定結論的結子推演，就是我們所謂**導衍**。所以，**導衍(derivation)是一序列的語句或句式，其中每一步驟要嘛是前提或假設，要嘛是依推演規則從先前步驟跟隨而來的。簡單的說，一個導衍是一序列有辯護的步驟。**例如，下例是一個導衍。

例 35		
	1. $[\sim A \vee \sim A \vee B)] \supset (A \vee B)$	P
	2. $\sim A \supset \sim (B \vee C)$	P
	3. $[\sim \sim (B \vee C) \cdot (\sim B \vee \sim A)]$	P
	4. $(\sim \sim A \vee B) \supset \sim (A \vee B)$	P
	5. $\sim \sim (B \vee C)$	3 Simp
	6. $\sim \sim A$	2, 5 MT
	7. $\sim B \vee \sim A$	3 Simp
	8. $\sim \sim A \vee B$	6 Add
	9. $\sim B$	6, 7 DS
	10. $\sim (A \vee B)$	4, 8 MP
	11. $\sim A \vee \sim (A \vee B)$	10 Add
	12. $A \vee B$	1, 11 MP
	13. $[\sim B \cdot (A \vee B)]$	9, 12 Conj

例 35 只是一個導衍，因為它是一序列的語句，每一列不是前提，就是依推演規則之一，從先前的列推出的。但它不是證明，因為我們沒有用這個序列或導衍來證明什麼。列 13 不是結論，因為沒有什麼表示

它是結論；我們不要以爲導衍最後的一列一定是結論。導衍最後一列，可能只是巧合暫時中止的結子。注意例 35 和 34 以及以前許多例子的不同。在例 34 和以前許多例子裡，我們都寫結論「／∴ ──」，但例 35 沒有寫，因此列 13 不是結論。

　　和導衍對照，**證明**(proof)是一個通往某處的步驟序列，在這個序列裡，我們到達事先瞄準的某一確定的結論。然而，導衍與證明的「實例」幾近相同或重疊。兩者之間**唯一**的不同是，在一個證明裡，我們知道要通往何處，而在一個導衍裡我們單只推出能夠從前提或假定推出的東西。事實上，**每個**證明也是一個導衍，因爲證明的每個步驟必須有辯護。一個證明只是有一些特別的東西──導衍要朝向以及以它爲結束的結論。這樣，可把證明簡單定義爲：**一個證明是一個導衍，其中最後一個步驟是所要結論**。在邏輯，我們常說構作一個導衍來證明論證有效。

7. 證明的構作與策略

　　構作論證有效性的證明，是基本邏輯最重要部分。然而，證明的構作不是一種機械程序；沒有精確方法，沒有一組訓令，可建議我們導致所要結論的步驟系列。證明的構作時常需要洞見和智巧。即使熟知推演規則，我們時常會覺得不知如何出發，或一旦出發了，不能夠繼續下去。證明雖然沒有法則可尋，但如果熟悉一些策略原則，必定很有助益。

　　也許最重要的策略原則是，**尋找和推演規則相當的形式**。試看下例的論證及其證明。

例 36　　1. $[A \supset (\sim B \lor C)] \supset [\sim E \equiv (D \cdot F)]$　　　　P

　　　　2. $\sim [\sim E \equiv (D \cdot F)]$　　　　　　P　／　∴　$\sim [A \supset (\sim B \lor C)]$

　　　　3. $\sim [A \supset (\sim B \lor C)]$　　　　　　　1, 2 MT

初學的人也許會被這個論證裡大量的字母，或前提的複雜所擊倒，而不能夠發現證明。但是，如果能夠從某基本形式來看前提和結論，我們會

發現證明是十分簡單的。我們看到列 1 前提的主連詞是如言，而具有形式 $p \supset q$。列 2 的主連詞是否言，具有形式 $\sim q$，因列 2 所否定的是列 1 的後件 q。這樣，頭兩列具有形式 $p \supset q$ 和 $\sim q$。顯然在此有機會使用否定後件規則(MT)獲得 $\sim p$，在此就是所要結論 $\sim[A \supset (\sim B \lor C)]$。

　　這個證明提示了另一策略原則：在不同的兩列上出現相同的語句（部分語句間的，或部分語句與整個語句間的相同）時，給這兩列尋找應用 MP, MT, DS 或 CS 的方式。當然，不要忘記注意前提或前列的主連詞。如果我們有如言的一列，尋找是否有可應用 MP, MT 或 CS 的另一列。如果有選言的一列，尋找是否有可應用 DS 的方式。如果有否言的一列，看看能否使用 MT 或 DS。

　　在尋找相同的語句時，尤其要注意**小語句**，尤其是字母語句及其否言。如果有，盡量看能否應用它。試看下例的論證及證明。

例 37
1. $F \supset G$		P
2. $F \lor H$		P
3. $\sim G$		P
4. $H \supset (G \supset I)$		P　　／∴ $F \supset I$
5. $\sim F$		1, 3 MT
6. H		2, 5 DS
7. $G \supset I$		4, 6 MP
8. $F \supset I$		1, 7 CS

首先，列 3 有小語句 $\sim G$。我們看到它可與列 1 的如言應用 MT，而得 $\sim F$，如列 5 所示。列 5 是小語句 $\sim F$；它可與列 2 的選言應用 DS，得 H，如列 6 所示。列 6 是小語句 H；它可與列 4 的如言應用 MP，得 $G \supset I$，如列 7 所示。列 1 如言後件字母 G 和列 7 如言前件字母 G 相同，可應用 CS，得 $F \supset I$，如列 8 所示。

　　有些證明，有時即使相當簡單，但我們可能就看不出如何出發；不能夠使用由上至下的方法，因為我們不知道什麼東西可以從前提開始推出。在這種情形裡，使用由底至上或**逆推**(working backward)方法，很有幫助。為做這，首先要檢視結論，然後檢查前提，看看結論如何可以從它們出現，然後一步步**由底至上**，推出獲得結論所需項目。為使用這種

方法，我們不但須熟記推演規則，而且要知道它們能為我們做什麼。試看下例：

例 38　　(a) 1. $\sim P \supset Q$　　　　　　　　P
　　　　　　　2. $H \supset R$　　　　　　　　　P
　　　　　　　3. $R \supset \sim P$　　　　　　　P
　　　　　　　4. H　　　　　　　　　　　P　／∴ Q
　　　　　　　$\vdots$
　　　　　　　$\sim P$
　　　　　　　Q　　　　　　　　　　　1, ＿ MP
　　　　　(b) 1. $\sim P \supset Q$　　　　　　　　P
　　　　　　　2. $H \supset R$　　　　　　　　　P
　　　　　　　3. $R \supset \sim P$　　　　　　　P
　　　　　　　4. H　　　　　　　　　　　P　／∴ Q
　　　　　　　5. R　　　　　　　　　　　2, 4 MP
　　　　　　　6. $\sim P$　　　　　　　　　　3, 5 MP
　　　　　　　7. Q　　　　　　　　　　　1, 6 MP

首先，我們應能夠看到，如果我們使用什麼方式導出 $\sim P$，就能夠得到結論 Q，如(a)所示。然後，以相同方式，顯然如果我們使用前提 3，即列 3，能夠獲得 $\sim P$，則就獲得 $\sim P$。這樣，完成證明所要的對前提 2（列 2）和前提 4（列 4），使用 MP 獲得 R。填好列碼，完整的證明如(b)所示。再說，注意字母或小語句之間的關連。例如，在結論的字母 Q 與前提之一裡的小語句 $\sim P$，$\sim P$ 與 R，和 R 與 H。除了整個證明的逆推，其次也時常很有用的是，追蹤在論證中出現的字母之間的關連，從結論開始。然後，從與結論最遠的字母開始證明。在上例，最遠的字母是 H。

　　再看下例。

例 39　　1. $F \supset (G \vee \sim H)$　　　　　P
　　　　　2. $G \supset C$　　　　　　　　　　P
　　　　　3. $(F \vee B) \supset D$　　　　　　P
　　　　　4. $(F \cdot \sim C)$　　　　　　　　P　／∴ $(\sim H \cdot D)$

5. F	4 Simp
6. $F \vee B$	5 Add
7. D	3, 6 MP
8. $G \vee \sim H$	1, 5 MP
9. $\sim C$	4 Simp
10. $\sim G$	2, 9 MT
11. $\sim H$	8, 10 DS
12. $(\sim H \cdot D)$	7, 11 Conj

再用逆推來說明這個證明。首先，結論是連言，因此要做的是先分別去獲得連項$\sim H$和D，然後依連言規則把它們連在一起。D應不難獲得，因為它當前提 3 如言的後件出現。這樣只要有前件$F \vee B$，可依 MP 導出。為獲得$F \vee B$，可用 Add 或 Dil。檢查前提，看到在前提 4 有F，它是連言的連項。這樣可依 Simp 得F，依 Add 得$F \vee B$，依 MP 得D，如列 5, 6 和 7 所示。另一半是$\sim H$。它當前提 1 如言後件的選項出現。從列 1 和 5，依 MP，得$G \vee \sim H$。這樣，如果有$\sim G$，則依 DS，就得$\sim H$。G當前提 2 的前件出現，因此如果有後件C的否言$\sim C$，則依 MT，就可得$\sim G$。在前提 4，有$\sim C$當連項；那麼，依 Simp，可得$\sim C$。這樣，如列 8, 9, 10 和 11 所示，我們分別得到$G \vee \sim H$，$\sim C$，$\sim G$，和$\sim H$。有了D（列 7）和$\sim H$（列 11），依 Conj，可得$(\sim H \cdot D)$，如列 12 所示。

　　有一點要指出的，不論從前提到結論的由頂至下的「順推」，或從結論到前提的由底至上的「逆推」，我們實際所做和所講，只是其中一種「途徑」而已。一個問題，尤其是複雜的，通常有若干，甚至許多不同但一樣正確的途徑，通往結論。只要每個步驟是有辯護的，並且終究得到結論，如何通往結論，無關緊要，即使我們的方式是迂迴的。

　　再看一個例子。

例 40	1. $(\sim A \cdot H) \supset (B \vee F)$	P
	2. $\sim A \supset (B \supset D)$	P
	3. $(\sim A \cdot H)$	P
	4. $A \vee (F \supset E)$	P ／∴ $D \vee E$
	5. $B \vee F$	1, 3 MP

6. $\sim A$ 3 Simp

7. $B \supset D$ 2, 6 MP

8. $F \supset E$ 4, 6 DS

9. $D \lor E$ 6, 7, 8 Dil

首先，注意結論是選言 $D \lor E$。要得到這個選言，可先得選項之一，即 D 或 E，再依 Add。或是，利用兩難論(Dil)得 $D \lor E$。瀏覽一下前提，似乎無法單獨獲得 D 或 E；這樣先從 Dil 去嘗試。從前提 2 和 4，看到當部分語句如言 $B \supset D$ 和 $F \supset E$ 的後件的 D 和 E。這樣，除了有 $B \supset D$ 和 $F \supset E$ 之外，也有 $B \lor F$ 的話，就可依 Dil 獲得結論 $D \lor E$。再說，從前提 1 和 3 依 MP，立即得到 $B \lor F$，如列 5 所示。其次，從前提 3 得 $\sim A$ 如列 6 所示。再次，從列 2 和 6 依 MP，和從列 4 和 6 依 DS，分別得 $B \supset D$ 和 $F \supset E$，如列 7 和 8 所示。最後，從 5, 7 和 8 依 Dil 得到 9。

在這裡，相對於我們已有的推演規則，參考前面各證明的構作和說明，可以摘述證明策略的要點如下：

(i)為了應用 MP, MT, CS 或 DS，尋找重複的語句或語句部分。例如，就 $(\sim A \lor B) \supset L$ 和 $L \supset (\sim R \lor D)$ 來說，L 就是重複的語句；就 $[A \lor (\sim B \supset C)] \supset [\sim D \lor (C \cdot E)]$ 和 $\sim [\sim D \lor (C \cdot E)]$ 來說，$\sim D \lor (C \cdot E)$ 就是重複的語句。

(ii)小語句極其有用。

(iii)從結論做分析和逆推。

(iv)開發新資訊，使用未使用過的前提。教本的習題，通常所給前提都要用到，才可完成證明。因此尚未用過的，宜先使用。

(v)在證明的任一列，需要使用前提或先前諸列未出現過的字母時，使用 Add 引進這個字母。結論含有在前提未出現的字母時，也一樣。

在結束本節前，試看下列實際問題的證明。

例 41 證明下列論證為有效：

如果核能成為我們主要能源(N)，則會有可怕的意外(A)或嚴重的廢料處理問題(W)。如果有嚴重的廢料處理問題和鈾費增加(I)，則台灣將削減能消耗(C)。只有防護不適當(S)，才會有可怕意外。核

能將成為我們主要能源，鈾費會增加，但防護不會不適當。所以，台灣將削減能消耗。

這論證可符示和證明如下：

1. $N \supset (A \lor W)$	P
2. $(W \cdot I) \supset C$	P
3. $A \supset \sim S$	P
4. $[(N \cdot I) \cdot \sim \sim S]$	P ／∴ C
5. $(N \cdot I)$	4 Simp
6. N	5 Simp
7. I	5 Simp
8. $\sim \sim S$	4 Simp
9. $A \lor W$	1, 6 MP
10. $\sim A$	3, 8 MT
11. W	9, 10 DS
12. $(W \cdot I)$	7, 11 Conj
13. C	2, 12 MP

例42 證明下列論證為有效：

不是科學家不知道他們自己講什麼(S)，就是太陽終將燒燬(B)和地球終將變黑變冷(E)。如果科學家不知道他們自己講什麼，則火星有很多生物(M)。如果地球變黑變冷，則人類將移居其他星球(H)或者將死光(D)。火星沒有生物，人類也不會死光。所以，人類將移居其他星球。

論證可符示和證明如下：

1. $\sim S \lor (B \cdot E)$	P
2. $\sim S \supset M$	P
3. $E \supset (H \lor D)$	P
4. $(\sim M \cdot \sim D)$	P ／∴ H
5. $\sim M$	4 Simp
6. $\sim \sim S$	2, 5 MT
7. $(B \cdot E)$	1, 6 DS
8. E	7 Simp
9. $H \lor D$	3, 8 MP
10. $\sim D$	4 Simp

11. H 　　　　　　　　　　　9, 10 DS

習題 4-3

Ⅰ.使用八個基本涵蘊推演規則，證明下列論證為有效。要寫出每列的根據。

1. $A \lor B, [(P \supset Q) \cdot [(A \lor B) \supset C]$ 　／∴ $C \lor H$

2. $(\sim G \cdot \sim H) \supset J, G \supset K, H \supset K, \sim K$ 　／∴ J

3. $(\sim P \lor \sim Q) \supset \sim R, \sim Q \supset (R \supset S), Q \supset R, \sim P$ 　／∴ $Q \supset S$

4. $(\sim D \cdot A), B \supset C, (A \lor B) \supset (D \supset E), C \supset D$ 　／∴ $C \supset E$

5. $Q \supset R, \sim S \supset (T \supset U), S \lor (Q \lor T), \sim S$ 　／∴ $R \lor U$

6. $(A \lor B) \supset (\sim C \lor \sim D), [B \cdot (\sim D \supset \sim E)], \sim C \supset \sim F$ 　／∴ $\sim E \lor \sim F$

7. $\sim J \supset [\sim A \supset (D \supset A)], \sim A \lor J, \sim J$ 　／∴ $\sim D$

8. $\sim P \supset [P \lor (S \supset R)], \sim R \supset [R \lor (P \supset R)], (S \lor E) \supset \sim R, S \lor E$ 　／∴ E

9. $[\sim G \cdot \sim (D \cdot E)] \supset (B \supset \sim D), E \supset H, [\sim (D \cdot E) \cdot \sim R], \sim G \lor (D \cdot E),$
　 $\sim (D \cdot E) \supset (B \lor E)$ 　／∴ $\sim D \lor H$

10. $[\sim E \cdot (S \lor G)], J \supset (\sim S \lor E), B \supset C, \sim C, (\sim B \lor C) \supset J$
　 ／∴ $[(J \lor H) \cdot \sim S]$

Ⅱ.依提示的字母符示下列論證，並證明為有效。

1.如果上海隊(S)或深圳隊(C)贏，則東京隊(T)和馬尼拉隊(M)都輸。上海隊贏。所以東京隊輸。

2.如果普通小孩每天看電視超過四小時(W)，則他的想像力會增進(P)或者他變成受期待的固定興奮所制約(C)。普通小孩的想像力不由看電視增進。普通小孩每天看電視也超過四小時。所以，普通小孩受期待的固定興奮所約制。

3.如果有第十個行星存在(P)，則它的軌道與其他行星的垂直(P)。不是有第十個行星對恐龍之死負責(D)，就是它的軌道不與其他行星垂直。第十個行星不對恐龍之死負責。所以，第十個行星不存在。

4.如果繼續調查(C)，則新證據會出現(N)。如果新論證出現，則若干政要會牽連(I)。如果若干政要牽連，則新聞將停止公開宣傳案件(S)。如果繼續

調查涵蘊新聞停止公開宣傳案件，則新證據出現涵蘊繼續調查。沒繼續調查。所以，新證據沒出現。

8.十個取代規則

許多在語句邏輯有效的論證，僅僅使用八個基本涵蘊規則，證明不出來。例如，僅僅使用這些推演規則，不能證明下例顯然有效的論證：

例 43　如果台大隊得第一(T)，則成大隊得第二(C)。如果北大隊得第一(P)，則成大隊沒得第二。所以，如果台大隊得第一，則北大隊沒得第一。

1. $T \supset C$　　　　　　　　　　P
2. $P \supset \sim C$　　　　　　　　P　／∴ $T \supset \sim P$

要證明這個論證爲有效，需要另外的規則。

在語句邏輯的任何（眞函）複合語句裡，如果裡面的某一成分語句被另一個具有相同眞值的語句取代，則所得複合語句的眞值保持不變。這樣，如果前者眞，後者也眞；這樣，從前者可以有效推出後者。同樣的，如果後者眞，前者也眞，因此從後者也可以有效推出前者。這樣，我們就有**雙向**推演。

現在我們就要提出十個這種雙向推演的**取代規則**(replacement rules)。這些規則允許我們從任何語句，推出以與該語句的任何成分語句**邏輯**等值的任何其他語句，取代該成分語句所得的任何語句。例如，雙否言(double negaton)(DN)規則說，p 與 $\sim\sim p$ 邏輯等值；利用這個規則我們可從 $A \supset \sim\sim B$ 推出下列任何語句：

$A \supset B$, $\sim\sim A \supset \sim\sim B$, $\sim\sim(A \supset \sim\sim B)$，或 $A \supset \sim\sim\sim\sim B$。

我們將用四個點「∷」當取代號。例如雙否言規則可寫成 $p :: \sim\sim p$，移出規則可寫成 $(p \cdot q) \supset r :: p \supset (q \supset r)$。使用這些規則時，如果有這個規則一邊實例的語句，則可拿另一邊對應實例的語句取代它。本書如同許多教本，選用十個常用取代規則，依序添入前後八個推演規則之後。先表列如下，再舉例說明：

取代規則：任何下列邏輯等值的句式或語句，在它們出現的任何地方，都可以彼此取代。

9. 雙否言(DN)	$p :: \sim\sim p$
10. 交換(Com)	$(p \cdot q) :: (q \cdot p)$
	$(p \lor q) :: (q \lor p)$
11. 結合(Assoc)	$[(p \cdot q) \cdot r] :: [p \cdot (q \cdot r)]$
	$[(p \lor q) \lor r] :: [p \lor (q \lor r)]$
12. 重同(Dup)	$p :: (p \cdot p)$
	$p :: (p \lor p)$
13. 狄摩根(DeM)	$\sim(p \cdot q) :: (\sim p \lor \sim q)$
	$\sim(p \lor q) :: (\sim p \cdot \sim q)$
14. 雙如言(BC)	$(p \equiv q) :: [(p \supset q) \cdot (q \supset p)]$
	$(p \equiv q) :: [(p \cdot q) \lor (\sim p \cdot \sim q)]$
15. 質位同換(Contrap)	$(p \supset q) :: (\sim q \supset \sim p)$
16. 如言(Cond)	$(p \supset q) :: (\sim p \lor q)$
17. 移出(Exp)	$[(p \cdot q) \supset r] :: [p \supset (q \supset r)]$
18. 分配(Dist)	$[p \cdot (q \lor r)] :: [(p \cdot q) \lor (p \cdot r)]$
	$[p \lor (q \cdot r)] :: [(p \lor q) \cdot (p \lor r)]$

　　現在要引進的這些等值取代規則，其應用與前面引進的涵蘊推演規則，有兩個重要方式的不同。在講第一個取代規則雙否言(DN)時，將以它為例，講述這些不同。在直覺上，取代規則可能更好懂。在數學我們知道，拿與一個式子裡的某一成分相同的東西取代該成分，所得結果與該式子相同，至少在運算上可以視為完全相同。在語句邏輯，等值就是相同的東西。這樣，等值的語句或句式，不論在什麼地方，都可以彼此取代。

　　如同涵蘊推演規則，我們不但要熟記取代規則的符號表示，而且要抓住其中呈現的邏輯觀念，以及日常的直覺意義。也要知道，取代規則是推演規則的一種，因為它有「取代」以及由此而具有的一些特徵，所以另外叫它「取代規則」。不要忘記的，取代號「::」左右兩邊的句式為邏輯等值，用真值表立即可顯示出來。

我們要引進的形式上最簡的第一個取代規則，是**雙否言**(double nega-tion)(DN)。

(9) **雙否言規則**(DN)

$$p \therefore \sim\sim p$$

這個規則告訴我們，設有一個有兩個接連否言號在前的句式，我們可拿沒有這些否言號的相同句式取代它，並且反之亦然。換句話說，**需要的時候，一個句式可以去掉雙否言號**。下列諸例都是 DN 的實例：

例 44　(a)　$\sim\sim A$ / $\therefore A$ 和 A / $\therefore \sim\sim A$

(b)　$(A \lor B)$ / $\therefore \sim\sim(A \lor B)$ 和 $\sim\sim(A \lor B)$ / $\therefore (A \lor B)$

(c)　$A \supset B$ / $\therefore A \supset \sim\sim B$ 和 $A \supset \sim\sim B$ / $\therefore A \supset B$

(d)　$(A \cdot B) \supset [C \lor (A \cdot B)]$ / $\therefore \sim\sim(A \cdot B) \supset [C \lor (A \cdot B)]$ 和 $\sim\sim(A \cdot B) \supset [C \lor (A \cdot B)$ / $\therefore (A \cdot B) \supset [C \lor (A \cdot B)]$

(e)　$(A \cdot B) \supset [C \lor (A \cdot B)$ / $\therefore \sim\sim(A \cdot B) \supset [C \lor \sim\sim(A \cdot B)]$ 和 $\sim\sim(A \cdot B) \supset [C \lor \sim\sim(A \cdot B)]$ / $\therefore (A \cdot B) \supset [C \lor (A \cdot B)]$

(f)　老子是哲學家 / $\therefore$ 老子**不是不是**哲學家；和老子**不是不是**哲學家 / $\therefore$ 老子是哲學家。

也要注意的，在 DN 取代裡，兩個否言號必須**接續，中間沒有東西**；外層的否言必須否定**一個否言**，不是否定例如一個連言或選言等的。例如，$\sim(\sim A \cdot B)$ / $\therefore (A \cdot B)$ 就不是 DN 的例子，因為在 $\sim(\sim A \cdot B)$ 中，外層語言號否定的是括號裡面的整個連言，不是連項 $\sim A$。

現在我們要講前面提到的取代規則和涵蘊推演規則應用的兩個重要不同。首先，取代規則是**對稱的**(symmetric)，也就是，它是**雙向進行的**。設有左邊的一例，則我們可以拿右邊對應的例子取代它，**而且**設有右邊的一例，則我們**也**可拿左邊對應的例子取代它。反之，涵蘊推演規則是單向的；設有前提，我們可推出結論，但不能做另一向的推演。例如，前面例 44 裡的(a)—(f)，每一例依 DN 可做雙向推論。但是，試看下例：

例 45　(a)　A / $\therefore A \lor B$ 是 Add 的實例；反之，$A \lor B$ / $\therefore A$，則**不是**。

(b)　{[~($A \lor B$)⊃~C]·~C} ／∴ ~($A \lor B$)⊃~C 是 Simp 的實例；
但~($A \lor B$) ⊃ ~C ／∴ {[~($A \lor B$) ⊃ ~C]· ~C} **不是**。

其次，**取代規則可以應用於句式或語句的任何部分句式或語句，以及整個句式或語句**；也就是，**它可用在子句式或子語句**。涵蘊推演規則並不這樣。前面例 44 的各個實例顯示，DN 各應用於任何子語句，包括整個語句。但涵蘊推演規則只可應用於主連詞。例如，

例 46　應用 Simp，可得 [($A \cdot B$)·($A ⊃ ~C$)] ／∴ ($A \cdot B$) 或可得 [($A \cdot B$)·($A⊃~C$)] ／∴ ($A ⊃ ~C$)，但**不可得** [($A \cdot B$)·($A ⊃ ~C$)]／ ∴ [$A \cdot (A⊃~C)$]，也**不可得** [($A \cdot B$)·($A⊃~C$)]／∴ [$B \cdot (A⊃~C)$]。

在應用上有這些不同，其理由是，取代號兩邊的語句恒為邏輯等值；也就是，對每個可能的代換例，它們具有相同的真值。這是說，我們使用取代規則推出的**結論**，都會和前提具有相同的真值。這樣，在使用這些規則時，不論從那一個方向推演，都不會從真前提推出假結論。

⑽　**交換規則**(Com)

$(p \cdot q) :: (q \cdot p)$

$(p \lor q) :: (q \lor p)$

交換(commutatiom)規則告訴我們，可以顛倒連言和選言裡成分語句的次序。也就是，顛倒由連詞「·」或「∨」連結的語句次序，不改變它們所形成的複合語句的真值。下例各題的⑴和⑵語句等值：

例 47　(a)　⑴ UCLA 是美國名校，MIT 也是美國名校。
　　　　　　⑵ MIT 是美國名校，UCLA 也是美國名校。
　　　　(b)　⑴台灣隊得第一或是日本隊得第一。
　　　　　　⑵日本隊得第一或是台灣隊得第一。

這是說，連言和選言運算可交換。但要注意，如言「⊃」不可交換，顯然 $p⊃q$ 和 $q⊃p$ 不等值。例如「如果天下雨，則路濕」和「如果路濕，則天下雨」不等值。雙如言「≡」可交換，即 $p≡q$ 與 $q≡p$ 等

值，但本書未直接把它列入取代規則。我們知道，在數學，加法和乘法
可交換，但減法和除法不可。試看下例。

例 48　$5 + 3 = 3 + 5$

　　　　$5 \times 3 = 3 \times 5$

　　　　$5 - 3 \neq 3 - 5$

　　　　$5 \div 3 \neq 3 \div 5$

例 49　(a) $(A \supset B) \vee (C \equiv D) \ / \ \therefore (C \equiv D) \vee (A \supset B)$ 和

　　　　　　$(C \equiv D) \vee (A \supset B) \ / \ \therefore (A \supset B) \vee (C \equiv D)$ 是 Com 的應用。

　　　　(b) $(A \equiv B) \vee (\sim C \cdot D) \ / \ \therefore (A \equiv B) \vee (D \cdot \sim C)$ 和

　　　　　　$(A \equiv B) \vee (D \cdot \sim C) \ / \ \therefore (A \equiv B) \vee (\sim C \cdot D)$ 是 Com 的應用。

　　　　(c) $(H \vee G) \supset (\sim D \cdot E) \ / \ \therefore (\sim D \cdot E) \supset (H \vee G)$ **不**是 Com 的應
　　　　　　用。

(11) 結合規則(Assoc)

　　　　$[(p \cdot q) \cdot r] :: [p \cdot (q \cdot r)]$

　　　　$[(p \vee q) \vee r] :: [p \vee (q \vee r)]$

　　結合(association)規則告訴我們，**如果有一串連項或選項，如何歸組
並不緊要**。或者說，在這種連串中，括號如何移動並不改變它們出現的
複合語句的真值。下例(a)和(b)裡的語句(1)和(2)，顯然一樣或等值。

例 50　(a) (1)羅素是哲學家和邏輯家，也是諾貝爾文學獎得主。

　　　　　　(2)羅素是哲學家和諾貝爾文學獎得主，也是邏輯家。

　　　　(b) (1)朱自清到過威尼斯，萊因河，或倫敦旅遊。

　　　　　　(2)朱自清到過威尼斯，倫敦，或萊因河旅遊。

　　要注意的，結合規則只對連言和選言成立，對如言和雙如言不成
立。這樣，

例 51　(a) $A \supset (B \supset C)$ 與 $(A \supset B) \supset C$ 並不等值。

　　　　(b) $A \equiv (B \equiv C)$ 與 $(A \equiv B) \equiv C$ 並不等值。

也要注意的，Assoc 也只對一個連串裡所有連詞**都是連言**，或**都是選言**

才成立。例如，

例 52　(a) $[(A \cdot B) \vee C]$ 與 $[A \cdot (B \vee C)]$ 不等值。

　　　　(b) $[(A \vee B) \cdot C]$ 與 $A \vee (B \cdot C)$ 不等值。

下例是這個規則的應用。

例 53　(a) $\sim P \supset [Q \vee (\sim R \vee S)] \ / \ \therefore \sim P \supset [(Q \vee \sim R) \vee S]$

　　　　(b) $[(\sim J \cdot K) \cdot \sim L] \supset \sim M \ / \ \therefore [\sim J \cdot (K \cdot \sim L)] \supset \sim M$

在數學，類似的結合規則是加法和乘法，但結合對減法和除法不成立。

例 54　(a) $(5 + 2) + 7 = 5 + (2 + 7)$

　　　　(b) $(5 \times 2) \times 7 = 5 \times (2 \times 7)$

　　　　(c) $(5 - 2) - 7 \neq 5 - (2 - 7)$

　　　　(d) $(5 \div 2) \div 7 \neq 5 \div (2 \div 7)$

最後，由於連言和選言是可結合的，因此在寫一連串的連項或選項時，可以省略其中的括號，並列書寫諸連項或選項：

$(p_1 \cdot p_2 \cdot \cdots \cdot p_n)$

$(p_1 \vee p_2 \vee \cdots \vee p_n)$

(12) 重同規則(Dup)

　　　$p :: (p \cdot p)$

　　　$p :: (p \vee p)$

重同(duplication)規則告訴我們，如果一個連言或選言裡的兩個連項或選項相同，則這個連言或選言就與這個連項或選項等值。也可以說，**p 可被它本身的連言或選言取代**。下例裡每一題的(1)和(2)等值。

例 55　(a) ⑴羅蜜歐喜愛朱麗葉。

　　　　　　 ⑵羅蜜歐喜愛朱麗葉，羅蜜歐喜愛朱麗葉

　　　　(b) ⑴她嫁給我。

　　　　　　 ⑵要嘛她嫁給我，或是她嫁給我。

　　要注意的，重同對如言和雙如言都不成立。$p \supset p$ 和 $p \equiv p$ 都是套套言，但 p 在眞值表上有眞也有假。p 與 $p \supset p$ 或與 $p \equiv p$ 都不等值，因此不可相互取代。

例 56　下面兩者都是 Dup 的實例：
（a）$[(A \vee B) \cdot (A \vee B)] \equiv (C \supset D)$　　$/ \therefore (A \vee B) \equiv (C \supset D)$
（b）$(B \supset C) \vee (\sim D \cdot \sim D)$　　$/ \therefore (B \supset C) \vee \sim D$

　　在運算系統裡重同規則是少有的，但在集合論，交集和聯集運算是重同的。

例 57　設 A 爲集合，下列兩式成立：
（a）$A \cap A = A$（A 與 A 的交集與 A 相等）
（b）$A \cup A = A$（A 與 A 的聯集與 A 相等）

　　下面的證明，用到剛講的取代規則。

例 58　　1. $(F \cdot G) \supset E$　　　　　　　　　P
　　　　　2. $\sim B$　　　　　　　　　　　　　P
　　　　　3. $[(B \vee \sim C) \vee \sim C] \vee \sim E$　　　P
　　　　　4. $(G \cdot F)$　　　　　　　　　　P　　$/ \therefore \sim C$
　　　　　5. $(F \cdot G)$　　　　　　　　　　4 Com
　　　　　6. E　　　　　　　　　　　　　1, 5 MP
　　　　　7. $\sim \sim E$　　　　　　　　　　6 DN
　　　　　8. $(B \vee \sim C) \vee \sim C$　　　　　3, 7 DS
　　　　　9. $B \vee (\sim C \vee \sim C)$　　　　8 Assoc
　　　　10. $B \vee \sim C$　　　　　　　　　9 Dup
　　　　11. $\sim C$　　　　　　　　　　　2, 10 DS

(13) 狄摩根規則(DeM)

$$\sim (p \cdot q) :: (\sim p \vee \sim q)$$
$$\sim (p \vee q) :: (\sim p \cdot \sim q)$$

　　這些規則叫做狄摩根規則(De Morgan's rules)。狄摩根(1806-1871)是英國 19 世紀數學家和邏輯家，現代符號邏輯創建者之一。中世紀邏輯

家已發現這些規則，狄摩根強調它的重要性。邏輯書本常把它叫做狄摩根規則。DeM 告訴我們，可以拿一個對應的兩個否定選項的選言，取代一個**否連言**(negated conjunction)，和拿一個對應的兩個否定連項的連言，取代一個**否選言**(negated disjunction)。首先，舉兩個實例。下例各題(1)和(2)等值。

例 59　(a)　(1)邏輯(L)和微積分(C)，我不會都選。
　　　　　　　$\sim(L \cdot C)$
　　　　　　(2)邏輯或微積分，我至少一個不選。
　　　　　　　$\sim L \vee \sim C$
　　　　(b)　(1)我不選邏輯或（和）微積分。
　　　　　　　$\sim(L \vee C)$
　　　　　　(2)我既不選邏輯，也不選微積分。
　　　　　　　$(\sim L \cdot \sim C)$

例 60　(a)　下面是 DeM　$\sim(p \cdot q) :: (\sim p \vee \sim q)$ 的應用：
　　　　　　$\sim(\sim H \cdot G)$　　／∴$(\sim\sim H \vee \sim G)$
　　　　　　$(A \supset B) \supset (\sim C \vee \sim D)$　　／∴$(A \supset B) \supset \sim(C \cdot D)$
　　　　(b)　下面是 DeM　$\sim(p \vee q) :: (\sim p \cdot \sim q)$ 的應用：
　　　　　　$\sim(A \vee \sim B)$　　／∴$(\sim A \cdot \sim\sim B)$
　　　　　　$(\sim F \cdot \sim\sim G) \vee (J \equiv K)$　　／∴$\sim(F \vee \sim G) \vee (J \equiv K)$

　　現在講明白一點，為什麼 DeM 規則的左右兩邊等值。首先，第一式的左邊 $\sim(p \cdot q)$，是說，p 和 q 都真是假的；意思是說，p 與 q 至少有一為假。p 與 q 至少有一為假，就是$\sim p$ 和$\sim q$ 至少有一為真，即 $\sim p \vee \sim q$，這就是右邊的式子。第二式的左邊 $\sim(p \vee q)$，是說，p 和 q 至少有一個真是假的，就等於說 p 和 q 都假，即 $(\sim p \cdot \sim q)$，此即為右式。

　　從數學我們知道，去括號和添括號的運算，非常重要。在 DeM，從左至右，可視為是去括號；從右至左，是添括號。再說，不斷從左至右運算，最後可把否言號「$\sim$」移到每個語句字母前面，即每個簡單語句前面。這非常有助邏輯理論的操作和應用。

　　要注意的，在使用 DeM 時，要確定否定的是整個連言或選言。這將由把連言或選言放在括號裡面表示出來。

例 61　～$(A \cdot B) \lor (C \supset D)$ ／ ∴ $[～(A \cdot B) \cdot ～(C \supset D)]$ **不是** DeM 的應用，因為左邊第一個否言號不是否定整個選言。

最後要記住的，**一個連言的否言會是一個選言**，不是另一個連言，而**一個選言的否言會是一個連言**，不是另一個選言。

(14) 雙如言規則(Bic)

$(p \equiv q) :: [(p \supset q) \cdot (q \supset p)]$

$(p \equiv q) :: [(p \cdot q) \lor (～p \cdot ～q)]$

我們知道的，**雙如言**(biconditional)**是兩個相關的如言所形成的連言**。雙如言 $p \equiv q$ 的意思是，「p 恰好如果 q (p if and only if q)」；它的意思恰好是，「如果 p 則 q，而且如果 q 則 p」；也可以說是，「p 和 q 或是同真，或是同假」。這個定義或簡說，將反映在雙如言規則(Bic)。Bic 告訴我們，雙如言可拿兩個如言的連言，或兩個連言的選言來取代，反之亦然。

有了這個規則以後，我們現在可以從含有三槓號的語句做推演。而且也可利用雙如言的意義，來做推演。如果我們有一個雙如言，以及三槓號一邊的語句，則使用 Bic, Simp 和 MP，可推出另一邊的語句。例如，

例 62　1. $J \equiv (～L \lor K)$ 　　　　　　　　　P

　　　　2. $～L \lor K$ 　　　　　　　　　　　　P　／ ∴ J

　　　　3. $\{[J \supset (～L \lor K)] \cdot [(～L \lor K) \supset J]\}$ 　　1 Bic

　　　　4. $(～L \lor K) \supset J$ 　　　　　　　　3 Simp

　　　　5. J 　　　　　　　　　　　　　　　　2, 4 MP

設有一個雙如言，以及一邊的**否言**，則使用 Bic, Simp 和 MT，也可推出另一邊的否言。例如，

例 63　1. $J \equiv (～L \lor K)$ 　　　　　　　　　P

　　　　2. $～(～L \lor K)$ 　　　　　　　　　　P　／ ∴ $～J$

　　　　3. $\{[J \supset (～L \lor K)] \cdot [(～L \lor K) \supset J]\}$ 　　1 Bic

4. $J \supset (\sim L \lor K)$ 3 Simp

5. $\sim J$ 2, 4 MT

再說，設有一如言，以及兩邊連言的**否言**，則使用 Bic, DS 和 Simp，我們可推得兩邊各有的否言。例如，

例 64   1. $(A \supset \sim B) \equiv (E \lor G)$ P

           2. $\sim[(A \supset \sim B) \cdot (E \lor G)]$ P $/ \therefore \sim(A \supset \sim B)$

           3. $\{[(A \supset \sim B) \cdot (E \lor G)] \lor$ 1 Bic

              $[\sim(A \supset \sim B) \cdot \sim(E \lor G)]\}$

           4. $[\sim(A \supset \sim B) \cdot \sim(E \lor G)]$ 2, 3 DS

           5. $\sim(A \supset \sim B)$ 4 Simp

           同理可推出 $\sim(E \lor G)$

設有一如言，以及兩邊否言的連言的否言，則使用 Bic, DS 和 Simp，可推出兩邊。

⒂ **質位同換規則**(Contra)

     $(p \supset q) :: (\sim q \supset \sim p)$

質位同換(contraposition)規則告訴我們，設有一個如言，我們可用這個如言的前後件的否言的顛倒次序所形成的如言，取代這個如言。$p \supset q$ 和 $\sim q \supset \sim p$ 等值，是很好理解的。例如，「如果天下雨，則路濕」和「如果路**沒**濕，則天**沒**下雨」等值；「如果揚揚到加州去，則小葳也去」和「如果小葳沒去加州，則揚揚也沒去」等值。要注意，在 Contra 時，不但要否定前件和後件，而且也要顛倒次序。例如，

例 65   (a) $\sim(B \supset \sim D) \lor (A \equiv \sim C)$ $/ \therefore \sim(\sim \sim D \supset \sim B) \lor (A \equiv \sim C)$

             是 Contra 的一例。

        (b) $\sim(B \supset \sim D) \lor (A \equiv \sim C)$ $/ \therefore \sim(\sim D \supset B) \lor (A \equiv \sim C)$

             不是 Contra 的一例。

Contra 讓我們想起否定後件規則(MT)；從左到右，MT 說，設有如言 $p \supset q$，則如果 $\sim q$ 則 $\sim p$。Contra 比 MT 包括多，因為它從右至左，也

從左到右，而且也可應用於子語句。除了在證明中常用以外，Contra 在證明方法上還有一個大用。那就是，當要你證明 $p \supset q$ 或 $\sim q \supset \sim p$ 時，時常很難直接證出 $p \supset q$ 或 $\sim q \supset \sim p$。這時，我們可先證 $\sim q \supset \sim p$ 或 $p \supset q$，最後利用 Contra，證得 $p \supset q$ 或 $\sim q \supset \sim p$。

　　讓我們舉個應用剛剛引進的三個規則的例子。

例 66
1. $(J \cdot K) \supset L$	P
2. $[M \cdot \sim(\sim J \cdot M)]$	P
3. $\sim(\sim M \equiv L) \supset \sim J$	P　／∴ $\sim K$
4. M	2 Simp
5. $\sim(\sim J \cdot M)$	2 Simp
6. $J \supset(\sim M \equiv L)$	3 Contra
7. $\sim \sim J \vee \sim M$	5 DeM
8. $\sim \sim M$	4 DN
9. $\sim \sim J$	7, 8 DS
10. J	9 DN
11. $\sim M \equiv L$	6, 10 MP
12. $[(\sim M \supset L) \cdot (L \supset \sim M)]$	11 Bic
13. $L \supset \sim M$	12 Simp
14. $\sim L$	8, 13 MT
15. $\sim(J \cdot K)$	1, 14 MT
16. $\sim J \vee \sim K$	15 DeM
17. $\sim K$	9, 16 DS

　　證明的一個好策略是，從容易和顯然可以獲得較簡單或較小語句，逐步進行。在第二個前提有一個連言，用 Simp，立即有如列 4 和 5。從前提 3，用 Contra，可得較這個前提小的語句，如列 6。對列 5 用 DeM，也可得較簡單的語句，如列 7。對列 4 用 DN，再對列 7 用 DS，就可得 $\sim \sim J$。再用 DN 就得 J 了，如列 8, 9 和 10。

　　列 6，有以 J 為前件的如言，列 10 有 J，用 MP 獲得列 11 的雙如言。有了這個雙如言，用 Bic 和 Simp，立即可得相應的單如言。由於列 8 有 $\sim \sim M$，所以我們選擇以 $\sim M$ 為後件的單如言，如列 11, 12 和 13。

接著，對列 8 和 13 進行 MT，得列 14 的~L。有了 ~L，自然對列 1 進行 MT，因為那裡有我們企望的字母 K。得到列 15 以後，自然進行 DeM，如列 16。最後，對列 9 和 16 用 DS，終於得到列 17 的~K。

⒃ 如言規則(Cond)

$(p \supset q) :: (\sim p \vee q)$

如言(conditional)規則告訴我們，設有一**如言**，我們可以拿以這個如言的前件的否言當左選項，後件當右選項的選言，來取代這個如言。這個規則(Cond)可視為是拿否言「~」和選言「∨」來定義如言「⊃」。對照之下，雙如言規則(Bic)為拿兩個相關如言的連言，來定義雙如言「≡」。這樣，在邏輯上，Cond 理應比 Bic 優先和簡單，因而 Cond 應比 Bic 先引進才對。本章十八個推演規則引進的次序，並沒有計較邏輯的優先性和複雜性；我們主要考慮的是日常的常用性和好懂性。較常用和較好懂的先引進。

把「p 恰好如果(if and only if) q」($p \equiv q$) 定義為與「如果 p 則 q，並且如果 q 則 p」($[(p \supset q) \cdot (q \cdot p)]$)等值，或與「$p$ 與 q 或為同真，或為同假」($(p \cdot q) \vee (\sim p \cdot \sim q)$) 等值，比把「如果 p 則 q」($p \supset q$) 定義為與「非 p 或者 q」($\sim p \vee q$) 等值，在直覺上的確好懂的多。說「如果你去掃廁所 (Y)，則我也去(I)」($Y \supset I$)，與「你不去掃廁所或者我去掃廁所」($\sim Y \vee I$) 等值，直覺上似乎很難領會出來。日常語言的一個很普遍的現象是，兩句意思相同的話，一個說得好懂，一個說得不好懂。上面掃廁所的話，顯然第一句好懂，第二句不好懂。

但「不是你去掃廁所，就是我去掃」這句話，顯然就是「如果你不去掃廁所，我就去掃」($\sim Y \supset I$)，或是「要嘛你去掃廁所，要嘛我去掃」($Y \vee I$)。這樣，$\sim Y \supset I$ 就與 $Y \vee I$ 等值。現在拿~Y 分別去取代這兩個句式裡的 Y，結果 $\sim \sim Y \supset I$ 也與~$Y \vee I$ 等值。這樣，$Y \supset I$ 就與 ~$Y \vee J$ 等值。這樣，略轉過彎，直覺上也可看出 $p \supset q$ 是與 $\sim p \vee q$ 等值的。

有人也許會說，用真值表不是馬上可顯出 $p \supset q$ 與 $\sim p \vee q$ 等值嗎？

何必拐彎抹角？用眞値表，當然很快能夠顯示這些推演規則有效。但我們的考慮是，推演規則不但要在形式上有效，而且在直覺也要顯然正確，因爲我們要這些規則，確實反映日常正確推理的實況。

下面是使用 Cond 證明的例子。

例 67　　1. $\sim J$　　　　　　　　　　　　　P　　／∴ $J \supset K$
　　　　　2. $\sim J \vee K$　　　　　　　　　　1 Add
　　　　　3. $J \supset K$　　　　　　　　　　 2 Cond

例 68　　1. $P \supset Q$　　　　　　　　　　 P　　／∴ $P \supset (Q \vee \sim R)$
　　　　　2. $\sim P \vee Q$　　　　　　　　　 1 Cond
　　　　　3. $(\sim P \vee Q) \vee \sim R$　　　　 2 Add
　　　　　4. $\sim P \vee (Q \vee \sim R)$　　　　 3 Assoc
　　　　　5. $P \supset (Q \vee \sim R)$　　　　　4 Cond

例 69　　1. $A \supset B$　　　　　　　　　　 P
　　　　　2. $A \vee B$　　　　　　　　　　　P　　／∴ B
　　　　　3. $\sim \sim A \vee B$　　　　　　　 2 DN
　　　　　4. $\sim A \supset B$　　　　　　　　 3 Cond
　　　　　5. $\sim B \supset \sim \sim A$　　　　 4 Contra
　　　　　6. $\sim B \supset A$　　　　　　　　 5 DN
　　　　　7. $\sim B \supset B$　　　　　　　　 1, 6 CS
　　　　　8. $\sim \sim B \vee B$　　　　　　　 7 Cond
　　　　　9. $B \vee B$　　　　　　　　　　　8 DN
　　　　10. B　　　　　　　　　　　　　　9 Dup

最後，要注意不要混淆 $\sim p \vee q$ 和 $\sim(p \vee q)$。前者可用 Cond，而後者則用 DeM，而不用 Cond。例如，

例 70　(a)　$\sim[A \vee (B \supset C)] ／ ∴ A \supset (B \supset C)$ **不是** Cond 的一例。
　　　　(b)　$\sim[A \vee (B \supset C)] ／ ∴ [\sim A \cdot \sim(B \supset C)]$ 是 DeM 的一例。

(17) **移出規則**(Exp)

$$[(p \cdot q) \supset r] :: [p \supset (q \supset r)]$$

移出(exportation)規則的左邊說，如果有 p 和 q 兩者，則有 r；右邊

說，如果有 p，那麼如果有 q 則有 r。它抓住的直覺觀念是說，如果兩個語句的連言 $(p \cdot q)$ 涵蘊第三個語句 r，則第一個語句 p 涵蘊第二個語句 q 涵蘊第三個語句 r；反之亦然。這兩者之間的等值很明顯。例如，

例 71　下面兩句等值：
(a) 如果阿蘭富有而且漂亮，則揚揚將娶她。
(b) 如果阿蘭富有，那麼如果她也漂亮，則揚揚將娶她。

例 72　(a) $[(\sim H \supset J) \cdot (K \vee L)] \supset M$　／∴$(\sim H \supset J) \supset [(K \vee L) \supset M]$ 是 Exp 的一例。

(b) $\sim A \supset [\sim(B \cdot C) \supset \sim(D \equiv \sim E)]$　／∴$[\sim A \cdot \sim(B \cdot C)] \supset \sim(D \equiv \sim E)$ 也是 Exp 的一例。

(c) $(A \cdot B) \supset C$　／∴$[(A \supset B) \supset C]$ **不是** Exp 的一例。

例 73　1. $\sim A \supset (B \supset E)$ 　　　　　P　／∴$B \supset (\sim A \supset E)$
2. $(\sim A \cdot B) \supset E$ 　　　　　1 Exp
3. $(B \cdot \sim A) \supset E$ 　　　　　2 Com
4. $B \supset (\sim A \supset E)$ 　　　　3 Exp

在日常講話中，在被好多層「如果」纏繞時，時常可利用 Exp 把它「擺平」。例如，可把前面例 71 (b)的「兩層」「如果」，說成如 (a)的「一層」「如果」。

⒅ 分配規則(Dist)

$$[p \cdot (q \vee r)] :: [(p \cdot q) \vee (p \cdot r)]$$
$$[p \vee (q \cdot r)] :: [(p \vee q) \cdot (p \vee r)]$$

分配(distribution)規則告訴我們，連言可分配到選言，選言可分配到連言。這是一個非常有力的規則，因為它可使一個語句裡的任兩個簡語句，以連言或選言的形式結合在一起。這種結合可使得到一些我們想要的語句特徵。在 Dist，我們有如同狄摩根規則(DeM)那種連言和選言之間的交叉關係。對一個連言應用 Dist，得到的應是選言；對一個選言應用 Dist，得到的應是連言。在數學，乘法可分配到加法或減法。例如，

例 74　(a) $5 \times (7 + 3) = (5 \times 7) + (5 \times 3)$ 是 Dist 的一例。

(b) $5 \times (7 - 3) = (5 \times 7) - (5 \times 3)$ 也是 Dist 的一例。

在直覺上，Dist 兩邊語句的等值，不難看到。就第一式來說，左邊 $[p \cdot (q \vee r)]$ 是說，p 眞而且 q 或 r 之中至少有一個眞。右邊 $(p \cdot q) \vee (p \cdot r)$ 是說，$(p \cdot q)$ 和 $(p \cdot r)$ 中至少有一個眞，不論那一個眞 p 都眞，而且 q 或 r 中至少有一個眞。這樣，左邊和右邊不就等值了嗎？就第二式來說，左邊 $p \vee (q \cdot r)$ 是說，p 和 $(q \cdot r)$ 中至少有一個眞。當然如果 $(q \cdot r)$ 眞，則 q 和 r 都眞。右邊 $[(p \vee q) \cdot (p \vee r)]$ 是說，$p \vee q$ 和 $p \vee r$ 同眞。這是說，要嘛 p 眞，要嘛 q 和 r 眞。這也就是說，p 和 $(q \cdot r)$ 中至少有一個眞。這樣，左邊和右邊不就等值了嗎。例如，

例 75　(a) $[(\sim A \supset B) \cdot (\sim C \vee D)]$ ／∴ $[(\sim A \supset B) \cdot \sim C] \vee [(\sim A \supset B) \cdot D]$ 是 Dist 的一例。

　　　(b) $[(\sim A \vee B) \vee (\sim C \cdot D)]$ ／∴ $\{[(\sim A \vee B) \vee \sim C] \cdot [(\sim A \vee B) \vee \sim D]\}$ 也是 Dist 的一例。

例 76
1. $A \supset B$	P
2. $A \supset \sim C$	P　／∴ $A \supset (B \cdot \sim C)$
3. $\sim A \vee B$	1 Cond
4. $\sim A \vee \sim C$	2 Cond
5. $[(\sim A \vee B) \cdot (\sim A \vee C)]$	3, 4 Conj
6. $\sim A \vee (B \cdot \sim C)$	5 Dist
7. $A \supset (B \cdot \sim C)$	6 Cond

例 77
1. $\sim H \supset G$	P
2. $K \supset G$	P　／∴ $(\sim H \vee K) \supset G$
3. $[(\sim H \supset G) \cdot (K \supset G)]$	1, 2 Conj
4. $[(\sim \sim H \vee G) \cdot (\sim K \vee G)]$	3 Cond 兩次
5. $[(G \vee \sim \sim H) \cdot (G \vee \sim K)]$	4 Com 兩次
6. $G \vee (\sim \sim H \cdot \sim K)$	5 Dist
7. $(\sim \sim H \cdot \sim K) \vee G$	6 Com
8. $\sim (\sim H \vee K) \vee G$	7 DeM
9. $(\sim H \vee K) \supset G$	8 Cond

習題 4-4

Ⅰ.給下列證明的各列，填寫依據的列數和推演規則：

1. 　1. $H \equiv G$　　　　　　　　　P
　　2. $H \supset (G \supset J)$　　　　　P
　　3. $\sim J$　　　　　　　　　P　／∴ $\sim G$
　　4. $(H \cdot G) \vee (\sim H \cdot \sim G)$
　　5. $(H \cdot G) \supset J$
　　6. $\sim (H \cdot G)$
　　7. $(\sim H \cdot \sim G)$
　　8. $\sim G$

2. 　1. $(A \cdot B) \supset \sim C$　　　　P
　　2. $A \vee D$　　　　　　　　P
　　3. B　　　　　　　　　　P　／∴ $\sim C \vee D$
　　4. $(B \cdot A) \supset \sim C$
　　5. $B \supset (A \supset \sim C)$
　　6. $A \supset \sim C$
　　7. $\sim \sim C \supset \sim A$
　　8. $\sim \sim A \vee D$
　　9. $\sim A \supset D$
　　10. $\sim \sim C \supset D$
　　11. $C \supset D$
　　12. $\sim C \vee D$

3. 　1. $I \supset (S \cdot T)$　　　　　P
　　2. $(J \vee K) \supset (I \cdot L)$　　P　／∴ $J \supset T$
　　3. $\sim (J \vee K) \vee (I \cdot L)$
　　4. $\{[\sim (J \vee K) \vee I] \cdot [\sim (J \vee K) \vee L)]\}$
　　5. $\sim (J \vee K) \vee I$
　　6. $I \vee \sim (J \vee K)$

      7. $I \vee (\sim J \cdot \sim K)$

      8. $[(I \vee \sim J) \cdot (I \vee \sim K)]$

      9. $I \vee \sim J$

     10. $\sim I \vee (S \cdot T)$

     11. $[(\sim I \vee S) \cdot (\sim I \vee T)]$

     12. $\sim I \vee T$

     13. $\sim J \vee I$

     14. $J \supset I$

     15. $I \supset T$

     16. $J \supset T$

4.   1. $C \vee A$ P

      2. $A \equiv (B \cdot C)$ P

      3. $\sim A \supset B$ P   / $\therefore A$

      4. $[A \cdot (B \cdot C)] \vee [\sim A \cdot \sim (B \cdot C)]$

      5. $\sim \sim A \vee B$

      6. $A \vee B$

      7. $A \vee C$

      8. $[(A \vee B) \cdot (A \vee C)]$

      9. $A \vee (B \cdot C)$

     10. $\sim \sim A \vee (B \cdot C)$

     11. $\sim \sim A \vee \sim \sim (B \cdot C)$

     12. $\sim [\sim A \cdot \sim (B \cdot C)]$

     13. $[A \cdot (B \cdot C)]$

     14. A

5.   1. $P \supset (\sim Q \vee R)$ P

      2. $(S \cdot T) \supset \sim R$ P

      3. $P \vee \sim Q$ P   / $\therefore S \supset (T \supset \sim Q)$

      4. $\sim Q \vee P$

      5. $Q \supset P$

      6. $Q \supset (\sim Q \vee R)$

7. $Q \supset (Q \supset R)$

8. $(Q \cdot Q) \supset R$

9. $Q \supset R$

10. $\sim R \supset \sim Q$

11. $(S \cdot T) \supset \sim Q$

12. $S \supset (T \supset \sim Q)$

6. 1. $[A \cdot (B \lor C)]$ P

     2. $A \supset [B \supset (D \cdot E)]$ P

     3. $(A \cdot C) \supset \sim(D \lor E)$ P   ／∴$D \equiv E$

     4. $(A \cdot B) \supset (D \cdot E)$

     5. $(A \cdot C) \supset (\sim D \cdot \sim E)$

     6. $(A \cdot B) \lor (A \cdot C)$

     7. $(D \cdot E) \lor (\sim D \cdot \sim E)$

     8. $D \equiv E$

Ⅱ.使用十八個推演規則，證明下列論證為有效。

1. $\sim C \lor \sim D,\ A \supset (C \cdot D)$ ／∴$\sim A$

2. $A \supset B, C \equiv D, \sim C \supset \sim B$ ／∴$A \supset D$

3. $\sim C \equiv A, \sim(F \cdot H) \supset \sim C, \sim(A \lor B)$ ／∴$(F \cdot \sim B)$

4. $B \supset (C \supset E), E \supset (J \lor H), \sim S, J \lor S$ ／∴$B \supset \sim C$

5. $H \supset \sim(A \supset B), H \lor B$ ／∴$H \equiv \sim B$

6. $(E \cdot G), [(D \supset E) \cdot (E \supset D)], (D \equiv E) \supset \sim(G \cdot \sim H)$ ／∴$(G \cdot H)$

7. $\sim A \supset (B \cdot C), (D \supset \sim E) \supset (\sim B \cdot \sim A), (E \lor D) \supset C$ ／∴C

8. $(T \cdot P), P \supset R, Q \supset S, T \supset (\sim R \lor \sim S)$ ／∴$\sim Q$

9. 更多的證明策略

在前面第七節介紹證明策略時，我們僅就八個涵蘊推演規則來講。現在增加了十個取代規則，我們的證明和證明策略，勢必更複雜。再者，我們必須非常徹底熟練規則，因為證明策略的主要部分，就在知道什麼地方使用什麼規則。不過實際上有點吊詭的是，要多做證明才會熟

練這些規則；而等證明做多了，自然就熟練規則了；這時候所謂策略變成不重要了，因爲證明的事，已水到渠成。

　　這裡我們要提出一些所謂**小證明**(proof bits)。這些小片證明是標準進程，恒能插進一個證明，獲得一定結果。例如，設有一連項的否言$\sim p$或$\sim q$，我們恒能導出一個否定的連言$\sim(p \cdot q)$。又設有$p \equiv q$和$\sim p$，我們恒能導出$\sim q$。在一個更複雜的證明，時常需要這些小證明。現在先把這些小片證明及其描述表列如下：

(1) q ／ $\therefore p \supset q$ (2) $\sim p$ ／ $\therefore p \supset q$	如果後件眞或前件假，則如言眞。 (1)和(2)
(3) $\sim p$ ／ $\therefore \sim(p \cdot q)$ (4) $\sim q$ ／ $\therefore \sim(p \cdot q)$	如果連項之一假，則整個連言假。 (3)和(4)
(5) $\sim(p \vee q)$ ／ $\therefore \sim p$ (6) $\sim(p \vee q)$ ／ $\therefore \sim q$	如果一個選言假，則每一選項必定假。
(7) p, q ／ $\therefore (p \equiv q)$ (8) $\sim p, \sim q$ ／ $\therefore (p \equiv q)$	如果兩邊（句式或語句）都眞或都假，則雙如言眞。(7)和(8)
(9) $\sim(p \supset q)$ ／ $\therefore p$ (10) $\sim(p \supset q)$ ／ $\therefore \sim q$	如果一個如言假，則前件眞，後件假。
(11) $p, \sim q$ ／ $\therefore \sim(p \supset q)$	如果前件眞，後件假，則如言假。
(12) $p, \sim q$ ／ $\therefore \sim(p \equiv q)$ (13) $\sim p, q$ ／ $\therefore \sim(p \equiv q)$	如果一邊（句式或語句）眞一邊假，則雙如言假。(12)和(13)

　　有兩點要注意。一，除了上列十三個小證明外，還有其他小證明，例如$\sim(p \supset q)$ ／ $\therefore \sim(p \equiv q)$，但因太明顯了，故未列。二，要記住小證明與眞值表法的結果之間，有一個確切的平行。凡根據眞值表爲有效的，能夠用我們的證明證明出來，並且反之亦然。熟練眞值表的讀者，應該很容易看出上列十三個小論證或小證明爲有效。例如，眞值表告訴我們，後件眞時如言爲眞(1)；前件假時如言眞(2)。上列小証明大半成對。在下例裡，我們選擇其一來證明，未證明的當做習題。下例標示的

小題號為上表各小證明的號碼，以便對照。

例 78 (1)　　1. q　　　　　　　　　　　P　　／∴.$p \supset q$

　　　　　　2. $\sim p \vee q$　　　　　　　1 Add

　　　　　　3. $p \supset q$　　　　　　　　2 Cond

　　　結論裡有前提沒有的字母 p，因此要用 Add 添進去。為了能夠直接用 Cond，把 $\sim p$ 添做左選項。

　　(3)　　1. $\sim p$　　　　　　　　　　P　　／∴.$\sim(p \cdot q)$

　　　　　　2. $\sim p \vee \sim q$　　　　　　1 Add

　　　　　　3. $\sim(p \cdot q)$　　　　　　　2 DeM

　　　結論為 $\sim(p \cdot q)$，即為 $\sim p \vee \sim q$。為 DeM，故添進 $\sim q$。

　　(5)　　1. $\sim(p \vee q)$　　　　　　　P　　／∴.$\sim p$

　　　　　　2. $(\sim p \cdot \sim q)$　　　　　1 DeM

　　　　　　3. $\sim p$　　　　　　　　　　2 Simp

　　　遇有否言號在括號前時，儘可用 DeM 把它「解開」。

　　(7)　　1. p　　　　　　　　　　　P

　　　　　　2. q　　　　　　　　　　　P　　／∴.$p \equiv q$

　　　　　　3. $\sim q \vee p$　　　　　　　1 Add

　　　　　　4. $q \supset p$　　　　　　　　3 Cond

　　　　　　5. $\sim p \vee q$　　　　　　　2 Add

　　　　　　6. $p \supset q$　　　　　　　　5 Con

　　　　　　7. $[(p \supset q) \cdot (q \supset p)]$　　4, 6 Conj

　　　　　　8. $p \equiv q$　　　　　　　　7 Bic

　　　設有 p 和 q，為證明如言 $p \equiv q$，我們只要導出兩個如言 $p \supset q$ 和 $q \supset p$，然後用 Conj 和 Bic。如果有小證明(1)可用，這個證明可簡寫為：

　　　　　　1. p　　　　　　　　　　　P

　　　　　　2. q　　　　　　　　　　　P　　／∴.$p \equiv q$

　　　　　　3. $q \supset p$　　　　　　　　1 (1)

　　　　　　4. $p \supset q$　　　　　　　　1 (1)

　　　　　　5. $[(p \supset q) \cdot (q \supset p)]$　　3, 4 Conj

　　　　　　6. $p \equiv q$　　　　　　　　5 Bic

　　(9)　　1. $\sim(p \supset q)$　　　　　　P　　／∴.p

　　　　　　2. $\sim(\sim p \vee q)$　　　　　1 Cond

$$3. (\sim\sim p \cdot \sim q) \qquad 2\ \text{DeM}$$
$$4. \sim\sim p \qquad 3\ \text{Simp}$$
$$5. p \qquad 4\ \text{DN}$$

要用 DeM 時，括號裡的主連詞必須是連言或選言。用 Cond 把如言變成選言。

(11)
$$1. p \qquad\qquad\qquad\qquad \text{P}$$
$$2. \sim q \qquad\qquad\qquad\qquad \text{P} \quad / \therefore \sim(p \supset q)$$
$$3. (p \cdot \sim q) \qquad\qquad\qquad 1,\ 2\ \text{Conj}$$
$$4. (\sim\sim p \cdot \sim q) \qquad\qquad 3\ \text{DN}$$
$$5. \sim(\sim p \vee q) \qquad\qquad 4\ \text{DeM}$$
$$6. \sim(p \supset q) \qquad\qquad\quad 5\ \text{Cond}$$

有 p 和 $\sim q$ 時，首先想到的是 Conj。爲了得出括號前有否言號的結論，必須想法用 DeM。

在能夠使用下面一章要介紹的非常有用和有力的如言（條件）證法 (conditional proof, CP) 以前，要導出一個如言的最好方法是，在導出正確的對應選言以後，使用 Cond。在前面的小證明裡，我們就這樣做了一些。現在由於有分配規則 (Dist)，當然再加上 Cond 和 DeM 等，我們可做較複雜一點的例子了。

例 79
$$1. J \supset (K \cdot L) \qquad\qquad\qquad \text{P} \quad / \therefore J \supset K$$
$$2. \sim J \vee (K \cdot L) \qquad\qquad\qquad 1\ \text{Cond}$$
$$3. [(\sim J \vee K) \cdot (\sim J \vee L)] \qquad 2\ \text{Dist}$$
$$4. \sim J \vee K \qquad\qquad\qquad\qquad 3\ \text{Simp}$$
$$5. J \supset K \qquad\qquad\qquad\qquad 4\ \text{Cond}$$

我們當然不可以對前提的後件直接用 Simp，以獲得 $J \supset K$，因爲後件的連言不是整個前提的主連詞。這樣，我們就要用 Cond 和 Dist，以便得到結論 $J \supset K$ 了。

例 80
$$1. [(A \supset B) \cdot (A \supset C)] \qquad\qquad \text{P} \quad / \therefore A \supset (B \cdot C)$$
$$2. [(\sim A \vee B) \cdot (\sim A \vee C)] \qquad 1\ \text{Cond（兩次）}$$
$$3. \sim A \vee (B \cdot C) \qquad\qquad\qquad 2\ \text{Dist}$$
$$4. A \supset (B \cdot C) \qquad\qquad\qquad 3\ \text{Comd}$$

例 81
$$1. [(A \supset B) \cdot (C \supset B)] \qquad\qquad \text{P} \quad / \therefore (A \vee C) \supset B$$

2. $[(\sim A \lor B) \cdot (\sim C \lor B)]$　　　　　1 Cond（兩次）

3. $[(B \lor \sim A) \cdot (B \lor \sim C)]$　　　　　2 Com（兩次）

4. $B \lor (\sim A \cdot \sim C)$　　　　　3 Dist

5. $(\sim A \cdot \sim C) \lor B$　　　　　4 Com

6. $\sim (A \lor C) \lor B$　　　　　5 DeM

7. $(A \lor C) \supset B$　　　　　6 Cond

這兩例，都用了 Dist。在證明裡，Dist 的常用和重要，遠比以為的多。

　　在前面講八個涵蘊推演規則的證明策略時，我們強調短語句，尤其是字母或其否言。這個策略現在一樣有用。現在也可用等值取代規則，來分解語句。DeM 在這方面尤其有用。每當有否定的複雜語句時，可用 DeM 產生較簡單的語句，尤其是這個複雜語句在證明中看不出可當一個整體使用的時候。試看下例。

例82　　1. $A \supset [C \supset (D \cdot \sim E)]$　　　　P

　　　　2. $\sim (B \cdot \sim C)$　　　　P

　　　　3. $\sim (D \lor \sim A)$　　　　P　／∴ $\sim B$

　　　　4. $\sim B \lor \sim \sim C$　　　　2 DeM

　　　　5. $(\sim D \cdot \sim \sim A)$　　　　3 DeM

　　　　6. $\sim \sim A$　　　　5 Simp

　　　　7. A　　　　6 DN

　　　　8. $C \supset (D \cdot \sim E)$　　　　1, 7 MP

　　　　9. $B \supset \sim \sim C$　　　　4 Cond

　　　10. $B \supset C$　　　　9 DN

　　　11. $B \supset (D \cdot \sim E)$　　　　8, 10 CS

　　　12. $\sim D$　　　　5 Simp

　　　13. $\sim D \lor \sim \sim E$　　　　12 Add

　　　14. $\sim (D \cdot \sim E)$　　　　13 DeM

　　　15. $\sim B$　　　　11, 14 MT

結論 $\sim B$ 是字母的否言，想法從前提得到小語句，想必有用。用 DeM 分解前提 2 和 3，首先得到列 4 和 5。列 5 是連言，用 Simp 先得列 6 的 $\sim \sim A$，因前提 1 的前件為 A。對列 6 的 $\sim \sim A$ 用 DN 得到 7 的 A，

對列 7 和 1 用 MP，得列 8。列 8 前件爲 C，列 4 的選項有～B 和～～
C。因此希望利用 C 當橋樑引出結論所需的 B。對列 4 用 Cond，得到
9，對列 9 用 DN 得到 10。接著對列 8 用 CS 得列 11。我們所要結論
爲～B，因此如果有～($D \cdot \sim E$)，則對列 11 用 MT，就可得～B。而依
DeM，～($D \cdot \sim E$)即～$D \lor \sim\sim E$。從列 5 依 Simp，我們有～D，如列
12。給～D 依 Add 添加～～E 得～$D \lor \sim\sim E$，如列 13。對列 13 用
DeM，得列 14 的～($D \cdot \sim E$)。這樣，就可對列 11 用 MT 得～B 了，如
列 15。

　　這個證明提示一些須要考慮的策略。讓我們把不在結論出現，而只
在一個前提出現的字母，叫做單現(unique occurrence)字母或單現。例
如，前面例 82 中的字母 E 就是單現。對單現字母，可有兩種處理。一
種是儘快把它「擺開」。這主要想法把它處理做連言連項的一部分，然
後依 Simp 取下另一連項，就不再管它，如下面兩個例子所示。一種是
儘快把它「撞掉」，那就是在另一適當的字母或語句上，依 Add 另添一
個它上去。所得語句與該單現所在子語句，經依某一推演規則，讓它
「功成身退」而自相撞掉。例如在上例，對列 12 的～D 添加單現 E 的
雙否言，得列 13，再依 DeM 得列 14，列 14 的～($D \cdot \sim E$) 與列 8 的後
件，依 MT 而得～B，從此 E 就自相撞掉了。當然在這個例子上，這樣
撞掉已是證明最後階段。但原則上愈快撞掉愈好。試看下面兩例。

例 83	$1.(A \cdot B) \lor (C \cdot D)$	P
	$2.\sim C$	P　／∴A
	$3.\{[(A \cdot B) \lor C] \cdot [(A \cdot B) \lor D]\}$	1 Dist
	$4.(A \cdot B) \lor C$	3 Simp
	$5.(A \cdot B)$	2, 4 DS
	$6. A$	5 Simp
例 84	$1.[(A \lor B) \cdot (D \cdot F)] \lor [(A \lor B) \cdot C]$	P　／∴$C \lor F$
	$2.\{(A \lor B) \cdot [(D \cdot F) \lor C]\}$	1 Dist
	$3.(D \cdot F) \lor C$	2 Simp
	$4. C \lor (D \cdot F)$	3 Com
	$5.[(C \lor D) \cdot (C \lor F)]$	4 Dist

      6. $C \vee F$ 5 Simp

上面例 83 裡，B 和 D 是單現。首先在列 4 把 D 擺開，然後在列 6 把 B 擺開。在例 84 裡，A, B 和 D 都是單現，但 A 和 B 在同一個前提出現兩次，但還是單現。在列 2 首先擺開 A 和 B 的一個出現。在列 3 就完全把 A 和 B 擺開。在列 6 也把 D 擺開了。要注意的，這裡所謂「擺開」和「撞掉」不是規則性觀念，而是策略性觀念。

有一點要注意的，雖然用 DeM 去除否言號，常使我們得到較易處理的語句，例如例 82 的列 4 和 5，但我們也常用 DeM 增加括號前的否言號，以便用相應的規則，例如例 82 的列 14。

在不確知如何進行時，有些行進我們幾乎自動會去做的。那就是，使用 Simp 分解非重複的連言。使用 Bic 分解非重複的雙如言。

如果有的前提為選言，有的為如言，則用 Cond 把如言變為選言，或把選言變為如言，常會有用。試看下例。

例 85   1. $\sim A \vee B$ P
               2. $D \vee A$ P
               3. $D \supset C$ P /∴ $\sim C \supset B$
               4. $A \supset B$ 1 Cond
               5. $\sim\sim D \vee A$ 2 DN
               6. $\sim D \supset A$ 5 Cond
               7. $\sim C \supset \sim D$ 3 Contra
               8. $\sim C \supset A$ 6, 7 CS
               9. $\sim C \supset B$ 4, 8 CS

在這裡，我們用 Cond 把列 1 的選言變成列 4 的如言；用 DN 把列 2 變成列 5，接著用 Cond 把列 5 變成列 6 的如言。接著用 Contra 和 CS，得到結論 $\sim C \vee B$，如列 7, 8, 9。這些基本上是把選言變成如言的例子。再看下例。

例 86   1. $A \supset B$ P
               2. $\sim C \vee B$ P /∴ $(A \vee C) \supset B$
               3. $\sim A \vee B$ 1 Cond

4. $B \vee \sim C$	2 Com
5. $B \vee \sim A$	3 Com
6. $[(B \vee \sim A) \cdot (B \vee \sim C)]$	2, 3 Conj
7. $B \vee (\sim A \cdot \sim C)$	6 Dist
8. $(\sim A \cdot \sim C) \vee B$	7 Com
9. $\sim(A \vee C) \vee B$	8 DeM
10. $(A \vee C) \supset B$	9 Cond

首先，在這裡把列 2 的選言變成如言，沒有用。因為如言 $C \supset B$ 與其他前提結合，沒有明顯方式可使用。反之，如果把如言變成選言，在結合兩個選言後，可應用 Dist，如列 3, 4, 5, 6 和 7。然後利用 Com 和 DeM，得到列 10 的如言結論。

　　這個證明提示一個非常有用的常見模式。在其他方式都未能成功以後，把所有如言（以及雙如言）用 Cond 等加以分解，使得所有前提都只含有連詞「·」，「～」和「∨」。然後再找重組方式，使得能夠得到一個含有和結論相同的語句。一旦得到這樣的列，通常離證明的完成不遠。

　　前面講證明策略時，一再強調從**結論逆推**。這種做法和分析，在任何證明裡都非常有用。再讓我們舉個例子。

例 87	1. $E \supset D$	P
	2. B	P
	3. $\sim(C \vee D) \vee \sim(B \vee E)$	P
	4. $G \equiv \sim E$	P　／∴ $G \vee H$
	5. $B \vee E$	2 Add
	6. $\sim\sim(B \vee E)$	5 DN
	7. $\sim(C \vee D)$	3, 6 DS
	8. $(\sim C \cdot \sim D)$	7 DeM
	9. $\sim D$	8 Simp
	10. $\sim E$	1, 9 MT
	11. $[(G \supset \sim E) \cdot (\sim E \supset G)]$	4 Bic
	12. $\sim E \supset G$	11 Simp
	13. G	10, 12 MP

14. $G \lor H$ 13 Add

這裡，首先我們看到結論 $G \lor H$ 裡的 H，不在前提出現，而且又是一個選項。因此，只要能從前提推出結論的另一選項 G，依 Add，就可得到結論 $G \lor H$。從前提 4，即 $G \equiv \sim E$，得知要得到 G，須先得到 $\sim E$。而要得到 $\sim E$，顯然要從得到 $\sim D$ 著手。而要得到 $\sim D$，須從得到前提 3 中的選項 $\sim(C \lor D)$ 著手。而要得到這個選項，須從另一選項的否言 $\sim\sim(B \lor C)$ 著手。在前提 2，我們有 B，這樣要得到 $\sim\sim(B \lor C)$ 就不難了。

這樣，從前提 2 依 Add，得到列 5。從列 5 依上述逆推分析，我們依序在列 10 得到 $\sim E$。從前提 4，依 Bic，再依 Simp，得到 $\sim E \supset G$，如列 10, 11 和 12。從列 10 和 12，再依 Add，我們得到結論列 14 的 $G \lor H$，如列 13 和 14。

逆推方法的部分工作是，要知道能夠推出種種語句的方式。例如，要得到一個**雙如言**，通常是先分開得到兩個如言，並把它們連結起來，然後用 Bic。為導出一個**選言**，有幾個方法。我們可用 Add, Dil, Cond 或 DeM。在某些情況裡，甚至 Dist 也適合。

一般說來，為得到連言，可先分開得到連項，然後結合它們。為得到**如言**，可用 CS, Cond, Exp 或 Contra。為得到**否言**，可用 MT, DN 或 DeM 和 Simp。

最後，我們可有一些最重要的證明策略如下：

(i)用 DeM, Simp 和 Bic 分解複雜的語句。

(ii)用 DeM, Dist, Simp 或其他相關規則，「擺開」或「撞掉」單現字母。

(iii)有如言和選言並存時，用 Cond。

(iv)再次，從結論做逆推分析和推演。

最後讓我們看看下面兩個例子。

例 88　試用導衍證明下面的論證為有效：

如果心和腦是等同的(I)，則腦是肉體的東西(B)恰好如果心是肉體的東西(M)。如果心是肉體的東西，則思想是物質的東西(T)。思

想不是物質的東西，而腦是肉體的東西。所以心和腦不等同。

論證可符示和證明如下：

1. $I \supset (B \equiv M)$ 　　　　　　　P
2. $M \supset T$ 　　　　　　　P
3. $(\sim T \cdot B)$ 　　　　　　　P 　／∴ $\sim I$
4. $\sim T$ 　　　　　　　1 Simp
5. B 　　　　　　　3 Simp
6. $\sim M$ 　　　　　　　2, 4 MT
7. $(B \cdot \sim M)$ 　　　　　　　5, 6 Conj
8. $(\sim\sim B \cdot \sim M)$ 　　　　　　　7 DN
9. $\sim(\sim B \vee M)$ 　　　　　　　8 DeM
10. $\sim(B \supset M)$ 　　　　　　　9 Cond
11. $\sim(B \supset M) \vee \sim(M \supset B)$ 　　　　　　　10 Add
12. $\sim[(B \supset M) \cdot (M \supset B)]$ 　　　　　　　11 DeM
13. $\sim(B \equiv M)$ 　　　　　　　12 Bic
14. $\sim I$ 　　　　　　　1, 13 MT

例89　試用導衍證明下面論證爲有效：

如果不是工資漲(W)就是價格漲(P)，則將通貨膨脹(I)。如果通貨膨脹，則立法院必須管制它(C)，要不人民將受苦(S)。如果人民受苦，立法委員將受責罵(R)。立法院將不管制通貨膨脹，而立法委員也不受責罵。所以，工資不漲。

論證可符示和證明如下：

1. $(W \vee P) \supset I$ 　　　　　　　P
2. $I \supset (C \vee S)$ 　　　　　　　P
3. $S \supset R$ 　　　　　　　P
4. $(\sim C \cdot \sim R)$ 　　　　　　　P 　／∴ $\sim W$
5. $\sim C$ 　　　　　　　4 Simp
6. $\sim R$ 　　　　　　　4 Simp
7. $\sim S$ 　　　　　　　3, 6 MT
8. $(\sim C \cdot \sim S)$ 　　　　　　　5, 7 Conj
9. $\sim(C \vee S)$ 　　　　　　　8 DeM
10. $\sim I$ 　　　　　　　2, 9 MT
11. $\sim(W \vee P)$ 　　　　　　　1, 10 MT

$$12.(\sim W \cdot \sim P) \qquad\qquad 11 \text{ DeM}$$
$$13.\sim W \qquad\qquad 12 \text{ Simp}$$

習題 4-5

Ⅰ.在本章第 9 節,我們提出了十三個小論證或小證明。其中一半以上,已在該節例 76 證明了。下列幾個未在那裡證明,試完成其證明。為參引方便,各題依那裡的數碼。

(2) $\sim p$ / ∴ $p \supset q$

(4) $\sim q$ / ∴ $\sim (p \cdot q)$

(6) $\sim (p \lor q)$ / ∴ $\sim q$

(8) $\sim p, \sim q$ / ∴ $(p \equiv q)$

(10) $\sim (p \supset q)$ / ∴ $\sim q$

(13) $\sim p, q$ / ∴ $\sim (p \equiv q)$

Ⅱ.試構作下列各論證的證明。

1. $(A \supset \sim B) \supset C, \sim (A \cdot B)$ / ∴ $C \lor \sim B$

2. $[(J \cdot K) \cdot L] \supset M, N \supset [(L \cdot J) \cdot K]$ / ∴ $\sim N \lor M$

3. $C \lor \sim (E \lor F), B, (B \cdot C) \supset E$ / ∴ $C \equiv E$

4. $\sim B \supset (C \cdot E), B \equiv \sim D, B \supset \sim E$ / ∴ $D \equiv E$

5. $E \equiv \sim (J \cdot K), \sim (L \supset J), (A \cdot E) \supset (C \supset G), \sim [C \lor (E \cdot G)]$ / ∴ $\sim (A \lor J)$

6. $(M \supset N) \supset (L \cdot J), G \supset (H \cdot I), [(L \supset \sim G) \cdot M] \supset N, J \supset (H \cdot K)$ / ∴ $I \lor K$

7. $K \supset [(L \lor M) \supset R], (R \lor S) \supset T$ / ∴ $K \supset (M \supset T)$

8. $H \supset (I \supset F), H \equiv I, \sim (H \lor I) \supset F$ / ∴ F

Ⅲ.依提示字母,符示並證明下列各論證為有效。

1.如果價格高(P),則工資高(W)。價格高或者有價格控制(C)。同時,如果有價格控制,則沒有通貨膨脹(I)。然而,有通貨膨脹。所以,工資高。

2.「星球大戰」提供防禦核子攻擊(P)並且應予展開(D),恰好如果它能夠打下導彈飛彈(C)。但是,並非或是「星球大戰」能夠打下彈導飛彈或是它提供防禦核子攻擊。所以,「星球大戰」不應展開。

3.如果小葳工作(W),則她賺錢(M),但是如果她懶惰(I),則她享受人生(E)。

要嘛她工作，要嘛她懶惰。然而，如果她工作，則她沒享受人生，而如果她懶惰，則她沒賺錢。所以，小葳享受人生恰好如果她沒賺錢。

4. 如果揚揚去野餐(P)，則他穿運動衫(S)。如果他穿運動衫，則他沒參加宴會(B)和舞會(D)。如果他沒參加宴會，則他仍然有入場券(T)，但他並不仍然有入場券。他參加舞會。所以，他沒去野餐。

第五章
如言證法與導謬法

1. 兩大證法

當你非常熟練前章提出的十八個推演規則以後，你一定會覺得這些規則「沒什麼」，因為你會覺得一個好的推理，本來就應該合乎這些規則，而且你平常也時常這樣推。如果你這樣覺得，至少對一半。因為基本邏輯的推演規則，本來就沒有超出日常直覺邏輯的法則。邏輯教本不過是把這些對一般人有點依稀的直覺，加以明文化和形式化。但人類思想發展上，這種明文化和形式化，並不輕而易舉。華文文明傳統上，就沒有做過這種明文化和形式化的工作。這樣，如果把這種工作認為沒什麼，那就不對了。

在介紹十八個推演規則時，不但抓住並呈現直覺上正確推理的觀念，並且在形式上也抓住並表現有效推論的觀念。其實，何只這十八個，任何在直覺上能抓住這種正確性，在形式上能抓住這種有效性的規則，需要的話，都可以引進來當推演規則。現在，在十八個之外，要再引進兩個，當做語句邏輯的推演規則。我們把它稱為兩大證法，主要因為它們的邏輯力量非常強，用起來非常方便，能使許多證明變成簡單容易，在日常推理和學科證明上，經常有意無意用到。

現代的邏輯教本，大部分也引進這兩個規則。依其特徵，分別叫做**如言（條件）證法**(conditional proof)，簡記為 CP，和**導謬法**（拉丁語：

reductio ad absurdum (proof)；英文：reduces to an absurdity ），簡記為 RAA。要注意的，這兩個規則和以前的十八個，在直覺和邏輯根據上，基本上沒有兩樣，但在「寫法」上有差別。在西方的演繹學科歷史上，這兩種證法雖然自古希臘的斯多哥學派，已很明白使用，但如言證法這個名稱，在當代才有，而導謬法的名稱，自斯多哥學派以後就有了。尤其在數學課本上，不但有這個名稱，而且在證明裡，不時使用，雖然對這個方法本身不常說明白。

2.如言證法

在數學課本上，常可看到下列形式的問題及其證法和證明：

設　　　$p_1, p_2, \cdots, p_n$

試證　　$q \supset r$

證明　　p_1

　　　　⋮

　　　　p_n

　　　　q

　　　　⋮

　　　　r

故此題得證(QED)。

這個問題是說，設有 $p_1, \cdots, p_n$ 這些前題。那麼，有如言 $q \supset r$ 的結論。在證明時，通常會把題目給的前提先排出來，如上面直列的 $p_1, \cdots, p_n$。然後，好像很自然的，把待證的如言的前件 q，不知不覺當前提用。然後，連同所給前提一起，推出結論的後件 r。一旦推出 r，立即就說：「此題得證」。在數學教本和教室裡，這樣就算大功告成。但是邏輯敏銳，富批判反省的學生可能會問：這裡所謂**此題得證**，應該是說，設有前提 $p_1, \cdots, p_n$；那麼可推出結論 $q \supset r$。但是，這個證明所做的只是從前提 $p_1, \cdots, p_n$ 和 q 推出 r 而已，並沒有從 $p_1, \cdots, p_n$ 推出 $q \supset r$ 啊？怎麼從 p_1, $\cdots, p_n$ 和 q 推出 r，就立即「跳到」從 $p_1 \cdots, p_n$ 可推出 $q \supset r$？這裡有一個邏輯「空隙」，甚至「鴻溝」。這裡的確是有某種「跳躍」。這個跳躍有沒

有邏輯的「支撐」？如果有，是什麼？

　　在回答這個問題前，讓我們看一些數學裡「此題得證」的做法。

　　例1　設 a, b, x 為實數。

　　　　　試證 $(a > b) \supset (a + x > b + x)$

　　　　　證明

　　　　　1. a, b, x 是實數　　　　　（設有）

　　　　　2. $a > b$

　　　　　3. $a - b = p$，p 是實數（＞的定義）

　　　　　4. $a + x - b - x = p$　（加 x 和 $- x$）於 3 的左邊，依設基(ax-iom)：$a + 0 = a$ 和 $0 + a = a$，以及 $a +(- a)= 0$ 和 $(- a)+ a = 0$）

　　　　　5. $(a + x)-(b + x)= p$　（依定理：$-(a - b + c)=- a + b - c$）

　　　　　6. $a + x > b + x$　　　　（從 5 依＜的定義）

　　　　　7. 此題得證(QED)。

　　例2　設 $\triangle ABC$ 中，$\overline{AB} = \overline{AC}$，$\overline{AE} = \overline{CE}$

　　　　　試證：$(\overline{AD} = \overline{BD}) \supset (\overline{BE} = \overline{CD})$

　　　　　證明：

　　　　　1. 設有 $\triangle ABC$　　　（設有）

　　　　　2. $\overline{AB} = \overline{AC}$　　　　　　（設有）

　　　　　3. $\overline{AE} = \overline{CE}$　　　　　　（設有）

　　　　　4. $\overline{AD} = \overline{BD}$

　　　　　5. $\overline{AE} = \frac{1}{2}\overline{AC}$　　　　　$(3, \overline{AC} = \overline{AE} + \overline{CE})$

　　　　　6. $\overline{AD} = \frac{1}{2}\overline{AB}$　　　　　$(4, \overline{AB} = \overline{AD} + \overline{BD})$

　　　　　7. $\overline{AE} = \overline{AD}$　　　　　　$(2, 5, 6)$

　　　　　8. $\triangle ABE \cong \triangle ACD$　　　$(2, \angle A = \angle A, 7, \text{SAS})$

　　　　　9. $\overline{BE} = \overline{CD}$　　　　　　(8)

　　　　　10. 此題得證(QED)。

上面兩例的證明，顯然都有從 $p_1, \cdots, p_n$，q 推出 r，所以從 $p_1, \cdots, p_n$ 可推出 $q \supset r$ 的形式。即在例 1，當推出 $a + x > b + x$ 時，就說也推出 $(a > b) \supset(a + x > b + x)$；在例 2，當推出 $\overline{BE} = \overline{CD}$ 時，就說也推出（$\overline{AD} =$

$\overline{BD}$) $\supset$ ($\overline{BE} \supset \overline{CD}$)。向來，數學教本和教室，都默認這種推法和證法。但在當代邏輯，要把這默認說清楚，講明白並明文化。

　　首先，要從形式上說明為什麼這樣的證法是有效的。為了說明方便，把前面寫的設有的前提 p_1, …, p_n 簡化為 p。這樣，要說明的是，為什麼從 p, q 推出 r 時，就可說從 p 推出 $q \supset r$。我們可把這用橫式說成，如果證明 $p, q \diagup \therefore r$，則就證明 $p \diagup \therefore q \supset r$。或用直式說成，如果證明

$$\frac{\begin{array}{c} p \\ q \end{array}}{r}$$

則就證明

$$\frac{p}{q \supset r}$$

有一點要指出的，在形式上，有效性是可用涵蘊(implication)來說明的。我們可以說，$\alpha \diagup \therefore \beta$ 為有效，恰好如果 α 涵蘊 β。這樣，如果可從 p 和 q 導出 r，也就是 p, $q \diagup \therefore r$ 有效，則如言 $(p \cdot q) \supset r$ 為套套言或必定為真。依移出規則，$(p \cdot q) \supset r$ 與 $p \supset (q \supset r)$ 等值。因此，如果 $(p \cdot q) \supset r$ 為套套言或必定為真，則 $p \supset (q \supset r)$ 也為套套言或必定為真。當 $p \supset (q \supset r)$ 為套套言或必定為真時，p 涵蘊 $q \supset r$。p 涵蘊 $q \supset r$ 時，$p \diagup \therefore q \supset r$ 必定有效。這樣，在形式上，我們就顯示了，如果證明 $p, q \diagup \therefore r$ 有效，則就證明 $p \diagup \therefore q \supset r$ 有效。或者說，如果證明

$$\frac{\begin{array}{c} p \\ q \end{array}}{r}$$

則就證明

$$\frac{p}{q \supset r}$$

　　這樣，要證明 $p \diagup \therefore (q \supset r)$，可經由證明 $p, q \diagup \therefore r$ 來完成。也就是，要證明

$$\frac{p}{q \supset r}$$

可經由證明

$$\frac{\begin{array}{c} p \\ q \end{array}}{r}$$

來完成。這樣，我們在形式上就顯示或證明了，當我們從 p 和 q 推出或導出 r 時，就可以說**僅僅**從 p 推出或導出 $q \supset r$。從 p 和 q 導出 r，就可說僅僅從 p 導出 $q \supset r$。這個原理或證法，當代邏輯教本叫做**如言**(conditional proof)(CP)**證法**。這裡如言證法的「如言」，是就要證明的結論 $q \supset r$ 是一個如言，以及在形式上要明白說出和寫出所得結論時，要進行所謂**如言化**(conditionalization)的程序，而取名的。

使用如言證法，有兩大好處。一，可使許多，甚或大部分較困難的證明變成簡單容易。二，有的證明沒有使用它不能完成。我們可從直覺看出第一個好處。在使用如言證法時，多了一個前提 q 可用，**而且要導**出的 r 比不用如言證法時要導出的 $q \supset r$，在邏輯結構上簡單。這樣，自然使證明變爲較簡單。

讓我們舉例說明如何構作和書寫如言證法。簡單說，要證明論證 p /∴ $q \supset r$，如要使用如言證法(CP)時，在題目所給的前提 p 之外，並**暫時假定**(assume)結論的前件 q，看看在有 p 和 q 當前提之下，是否能導出 r。如果能，我們就可推出 $q \supset r$。

例 3　爲方便目視和說明，證明寫成**初步**和**完成**兩個格式。

　　(a)初步

1. $(D \lor \sim E) \supset F$	P
2. $(A \lor \sim B) \supset (\sim C \cdot D)$	P /∴ $A \supset F$
→3. A	ACP
4. $A \lor \sim B$	3 Add
5. $(\sim C \cdot D)$	2, 4 MP
6. D	5 Simp

7. $D \lor \sim E$	6 Add
8. F	1, 7 MP
9. $A \supset F$	3-8, CP

(b)完成

1. $(D \lor \sim E) \supset F$	P
2. $(A \lor \sim B) \supset (\sim C \cdot D)$	P　／∴ $A \supset F$
3. A	ACP
4. $A \lor \sim B$	3 Add
5. $(\sim C \cdot D)$	2, 4 MP
6. D	5 Simp
7. $D \lor \sim E$	6 Add
8. F	1, 7 MP
9. $A \supset F$	3-8, CP

(c)寫法說明

⑴讓我們把格式(b)裡含箭頭的框線，叫做箭框。這樣，上面初步格式(a)和完成格式(b)的不同，只在有沒有箭框。當然這個箭框是要表示一些意義的。

⑵為了用 CP，在列 3，拿結論的前件 A 做假定(assumption)並用箭頭表示。這個箭頭是在列 3 引進 A 時，就寫的。在列 3 右邊，寫 ACP；這是為 CP 證法的假定(assumption for CP)的簡寫。

⑶從列 3 起，我們要從這列或和連同前面諸列前提一起，試圖導出結論的後件 F。在列 8，導出了 F。從列 3 以及前面的列 1 和 2 到列 8，完全依照以前講的推演方式做。

⑷在列 9，我們做了**如言化**(conditionalization)推演。這個如言化是以列 3 的整個語句 A 為前件，列 8 的整個語句為後件形成一個如言做的。我們是根據從列 3 的假定 A，到推出 F 的列 8 的一系列步驟，以及 CP 來做這個如言化的。因此，在右邊，寫 3-8 CP，意思是「根據列 3 到 8，以及 CP」。在直覺上是說，如果假定 A 為真，則這個導結 F 也真，也就是 $A \supset F$ 真。我們說過，如果從 p 和 q 推出 r，也就是證明

$$\frac{p}{\frac{q}{r}}$$

則就從 p 推出 $q \supset r$，也就是證明

$$\frac{p}{q \supset r}$$

我們可把這個例子裡，前提 1 和 2 看做是這裡的 p；列 3 的 A 看做 q，列 8 的 F 看做 r。這樣，現在由於我們從列 1, 2 和 3，即從 p 和 q，導出了列 8 的 F，即導出了 r，則就僅僅從列 1 和 2，即僅僅從 p，導出列 9 的 $A \supset F$，即導出 $q \supset r$。我們把這個「情況」和「概念」寫在列 9。在列 9，一方面寫出結論（由如言化得來），二方面寫出根據「3-8, CP」。

(5) 要注意 $q \supset r$ 僅僅根據 p，而沒根據，也不必根據 q 這一概念。為了把這一「不根據 q」，即不根據 A 表明清楚，以及格式化，我們從表示列 3 為假定的箭頭線尾，向下劃線，直到由前提及列 3 導出的列 8 的 F，再向右畫一條適當長的線段，形成一個箭框，如完成格式(b)的箭框所示。我們可把箭框底部水平部分，叫做**框底**。要注意在進行如言化時，就要在前一列底下，即在如言化這一列上面，劃框底。

(6) 我們要這個箭框表示三點：

(i) 箭框**裡面**所做導衍和證明，是而且只是在題目設有的前提之外，**暫時**假定另一個前提（即ACP）之下，所做的**子導衍**(sub-derivation)和**子證明**(subproof)。要注意的，如言化這一列，例如上例的列 9：$A \supset F$，不在這個子證明裡。

(ii) 箭框裡的諸列，「功成身退」，等於被箭框劃掉或撤銷(discharge)了。為了「查證方便」才把它保留在那裡，只要我們知道箭框表示的是什麼，這個保留「無害」。要注意的，這裡劃掉或撤銷的，只是**暫時假定**的前提，**以及**由它直接或間接導出的列。

(iii) 由於箭框裡的諸列已劃掉或撤銷了，因此，在如言化那列以後，如果還要繼續做推演，則那些劃掉的列不能再引用。一是因它們已劃掉；二是因箭框裡子證明的諸列，只能在**該**子證明

裡使用，不能「跳出來」使用。

(7)在一個子證明裡，例如上面列 3 到 8，任何後面一列都可對假定前提那列，即列 3，做如言化。我們實際做如言化的，是所要結論。

　　在構作一個如言的證明時，CP 會給我們極大幫助，尤其是前提和結論頗為複雜的時候。不須使用繁複的規則去操作長而複雜的語句，我們可以僅只假定前件——一個較簡單的語句，再把證明分成較容易的小證明。這樣，可使沒有它我們做起來會很困難，甚至實際上做不出來的證明，在使用它以後，變成十分簡單，至少相對簡單。試看下例。

例 4	1. $(A \lor B) \supset (C \cdot \sim D)$	P
	2. $(L \lor F) \supset \sim (G \lor H)$	P
	3. $(\sim G \cdot E) \supset (A \cdot \sim J)$	P ／∴ $(L \cdot E) \supset \sim D$
→	4. $(L \cdot E)$	ACP
	5. L	4 Simp
	6. E	4 Simp
	7. $L \lor F$	5 Add
	8. $\sim (G \lor H)$	2, 7 MP
	9. $(\sim G \cdot \sim H)$	8 DeM
	10. $\sim G$	9 Simp
	11. $(\sim G \cdot E)$	6, 10 Conj
	12. $(A \cdot \sim J)$	3, 11 MP
	13. A	12 Simp
	14. $A \lor B$	13 Add
	15. $(C \cdot \sim D)$	1, 14 MP
	16. $\sim D$	15 Simp
	17. $(L \cdot E) \supset \sim D$	4, 16 CP

　　首先，如果不用 CP，簡直不知如何下手推演。即使推來推去推成了，我們會發現不但過程複雜，而且列數幾達一倍，即三十多列以上。但是用 CP，在假定 $(L \cdot E)$ 之下，我們能夠用所有最基本的規則——Simp, Add, MP——而不必用較複雜的取代規則。使用 CP，不但使證明

簡短，而且進程也容易得多。現在描述這個規則本身。

如言證法(CP)

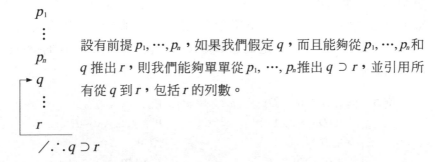

$$p_1$$
$$\vdots$$
$$p_n$$
$$q$$
$$\vdots$$
$$r$$
$$/ \therefore q \supset r$$

設有前提 $p_1, \cdots, p_n$，如果我們假定 q，而且能夠從 $p_1, \cdots, p_n$ 和 q 推出 r，則我們能夠單單從 $p_1, \cdots, p_n$ 推出 $q \supset r$，並引用所有從 q 到 r，包括 r 的列數。

例5　每個正確的 CP 應用，含有下列要素：
(a) 由 CP 辯護的語句，必須是一個如言。
(b) 該如言的前件必須是所假定的前提。
(c) 該如言的後件必須是前一列那個語句。
(d) 箭框表示所假定的前提和子證明的範圍。

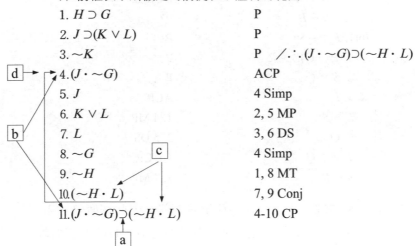

1. $H \supset G$	P	
2. $J \supset (K \vee L)$	P	
3. $\sim K$	P	$/ \therefore (J \cdot \sim G) \supset (\sim H \cdot L)$
4. $(J \cdot \sim G)$	ACP	
5. J	4 Simp	
6. $K \vee L$	2, 5 MP	
7. L	3, 6 DS	
8. $\sim G$	4 Simp	
9. $\sim H$	1, 8 MT	
10. $(\sim H \cdot L)$	7, 9 Conj	
11. $(J \cdot \sim G) \supset (\sim H \cdot L)$	4-10 CP	

一般來說，在用 CP 證法時，我們把假定和自這個假定以後，所有導致企圖去導出的導結，圍在箭框裡。圍在箭框裡的步驟系列，叫做子證明，因為它是一個證明裡的一個小證明；在 CP，這個子證明顯示，如果前件眞則後件眞。CP 子證明的第一步是假定——待證如言的前

件——而子證明的最後一步是如言的後件。一個假定的範圍，包括而且只包括子證明的諸步驟，由箭框圍起來。在應用 CP 以及推出待證的如言那列，我們引用在子證明裡的所有列。這是因為沒有**一個**列足以顯示前件涵蘊後件；是所有列一起顯示這個涵蘊，因此須引用所有這些。

　　以上的 CP 舉例，只是**最基本格式**的，我們還有應用性的變式(variant)或擴大。舉些例子。

例 6　(a) 1. $B \supset (C \cdot D)$ 　　　　　 P

　　　　 2. $(D \cdot B) \supset A$ 　　　　　 P　　／∴ $A \vee \sim B$

　　　　 3. B 　　　　　 ACP

　　　　 4. $(C \cdot D)$ 　　　　　 1, 3 MP

　　　　 5. D 　　　　　 4 Simp

　　　　 6. $(D \cdot B)$ 　　　　　 3, 5 Conj

　　　　 7. A 　　　　　 2, 6 MP

　　　　 8. $B \supset A$ 　　　　　 3-7 CP

　　　　 9. $\sim B \vee A$ 　　　　　 8 Cond

　　　　 10. $A \vee \sim B$ 　　　　　 9 Com

　　(b) 1. $P \supset \sim S$ 　　　　　 P

　　　　 2. $(P \supset Q) \supset \sim R$ 　　　　　 P

　　　　 3. $S \vee Q$ 　　　　　 P　　／∴ $\sim R$

　　　　 4. P 　　　　　 ACP

　　　　 5. $\sim S$ 　　　　　 1, 4 MP

　　　　 6. Q 　　　　　 3, 5 DS

　　　　 7. $P \supset Q$ 　　　　　 4-6 CP

　　　　 8. $\sim R$ 　　　　　 2, 7 MP

　　就例子的(a)來說，結論 $A \vee \sim B$ 不是如言，因此好像無法用 CP，其實不然。在技術上，我們可找能夠很快得到這個結論的如言做起。一個做法是，去找可與這個結論等值的如言，並且最好這個如言的前件是馬上可利用的。我們發現，如言 $B \supset A$ 與 $A \vee \sim B$ 等值，而且其前件 B 馬上可與前提 1 進行 MP。因此，想法用 CP 去**先**得到 $B \supset A$。於是在列 3 拿 B 做 ACP。在列 8 做 CP 得到 $B \supset A$。

　　就(b)來說，結論是 $\sim R$，我們很難像(a)那樣做。現在「換個腦筋」，

去找一個如言；利用這個如言可以和前提一起，很快推出～*R* 的。我們發現 *P* ⊃ *Q* 就是這樣的如言；因為它與前提 2 進行 MP，立即就得到～*R* 了。這樣，在列 4 引進 *P* 做 ACP。在列 7 就得到 *P* ⊃ *Q*，列 8 得到～*R*。

　　從這兩個例子可以看到，CP 的應用不是一定要對結論直接做，我們可對任何需要的語句做。這樣，CP 的活用和妙用就大了。再看下例。

例 7　(a) 1. ～*B* ⊃ (～*C* · *D*)　　　　　P
　　　　 2. ～*C* ⊃ (*A* · ～*B*)　　　　　P
　　　　 3. *A* ⊃ ～*B*　　　　　　　　　P　／∴～*C* ≡ *A*
　　　　 4. ～*C*　　　　　　　　　　　ACP
　　　　 5. (*A* · ～*B*)　　　　　　　　2, 4 MP
　　　　 6. *A*　　　　　　　　　　　　5 Simp
　　　　 7. ～*C* ⊃ *A*　　　　　　　　4-6 CP
　　　　 8. *A*　　　　　　　　　　　　ACP
　　　　 9. ～*B*　　　　　　　　　　　3, 8 MP
　　　　 10. (～*C* · *D*)　　　　　　　1, 9 MP
　　　　 11. ～*C*　　　　　　　　　　　10 Simp
　　　　 12. *A* ⊃ ～*C*　　　　　　　　8-11 CP
　　　　 13. [(～*C* ⊃ *A*) · (*A* ⊃ ～*C*)]　　7, 12 Conj
　　　　 14. ～*C* ≡ *A*　　　　　　　　13 Bic

　　　(b) 1. *J* ⊃ (～*K* · *L*)　　　　　P
　　　　 2. *G* ⊃ (*H* · *I*)　　　　　　P
　　　　 3. *J* ∨ *G*　　　　　　　　　P　／∴.*H* ∨ ～*K*
　　　　 4. *J*　　　　　　　　　　　　ACP
　　　　 5. (～*K* · *L*)　　　　　　　　1, 4 MP
　　　　 6. ～*K*　　　　　　　　　　　5 Simp
　　　　 7. *J* ⊃ ～*K*　　　　　　　　4-6 CP
　　　　 8. *G*　　　　　　　　　　　　ACP
　　　　 9. *H* · *I*　　　　　　　　　　2, 8 MP
　　　　 10. *H*　　　　　　　　　　　　9 Simp
　　　　 11. *G* ⊃ *H*　　　　　　　　8-10 CP
　　　　 12. *H* ∨ ～*K*　　　　　　　3, 7, 11 Dil

　　這個例子顯示兩點。一，在**一個**證明裡，可以做兩次或更多**並列**的 CP 和小證明，如(a)和(b)所示。二，這些並列的 CP 和小證明，可以直接對結論做，如(a)；也可**間接**對結論做，如(b)。

　　在(a)，結論 $\sim C \equiv A$ 是雙如言，而可視爲是如言 $\sim C \supset A$ 和 $A \supset \sim C$ 的連言。這樣，可先對這兩個如言用 CP，然後用 Conj 和 Bic，如列 7, 12, 13 和 14。在(b)，結論 $H \vee \sim K$ 爲選言，不能直接用 CP。但即使找出與它等值的如言，譬如 $K \supset H$，用起 CP 來，也看不出立即的方便，而如果能得到如言 $J \supset \sim K$ 和 $G \supset H$，則和選言 $J \vee G$ 一起用兩難論(Dil)，則可立即獲得結論 $H \vee \sim K$。這樣，先分別對 $J \supset \sim K$ 和 $G \supset H$ 用 CP，如列 7 和 11，我們得到這兩個如言，再與列 3 一起用 Dil，最後獲得結論 $H \vee \sim K$，如列 12。

　　我們不但可並列使用 CP 和小證明，也可在 CP 小證明裡再做 CP 的小證明，也就是可有小證明裡的小證明。試看下例。

例 8　(a)部分完成

1. $\sim C \vee D$	P	
2. $\sim A \supset B$	P	$/\therefore \sim A \supset [\sim D \supset (B \cdot \sim C)]$
3. $\sim A$	ACP	
4. $\sim D$	ACP	
5. B	2, 3 MP	
6. $\sim C$	1, 4 DS	
7. $(B \cdot \sim C)$	5, 6 Conj	
8. $\sim D \supset (B \cdot \sim C)$	4-7 CP	

(b)完全完成(i)

1. $\sim C \vee D$	P	
2. $\sim A \supset B$	P	$/\therefore \sim A \supset [\sim D \supset (B \cdot \sim C)]$
3. $\sim A$	ACP	
4. $\sim D$	ACP	
5. B	2, 3 MP	
6. $\sim C$	1, 4 DS	
7. $(B \cdot \sim C)$	5, 6 Conj	
8. $\sim D \supset (B \cdot \sim C)$	5-7 CP	

9. $\sim A \supset [\sim D \supset (B \cdot \sim C)]$　3-8 CP

(c)完全完成(ii)

1. $\sim C \vee D$　　　　　　　　　P

2. $\sim A \supset B$　　　　　　　　P　／∴ $\sim A \supset [\sim D \supset (B \cdot \sim C)]$

3. $\sim A$　　　　　　　　　ACP

4. B　　　　　　　　　2, 3 MP

5. $\sim D$　　　　　　　　ACP

6. $\sim C$　　　　　　　　1, 5 DS

7. $(B \cdot \sim C)$　　　　　　4, 6 Conj

8. $\sim D \supset (B \cdot \sim C)$　　5-7 CP

9. $\sim A \supset [\sim D \supset (B \cdot \sim C)]$　3-8 CP

　　為檢視和說明方便，我們把這個含有子證明的子證明的證明，分(a)部分完成，(b)完全完成(i)，和(c)完全完成(ii)三個格式。先看(a)(b)兩個。結論 $\sim A \supset [\sim D \supset (B \cdot \sim C)]$ 這個如言含有兩層如言。主如言的前件是 $\sim A$。在列3引進 $\sim A$ 當 ACP。這樣，一個以 $\sim A$ 為首的子證明就開始。這個子證明除了具有主證明的前提之外，另添 $\sim A$ 當它的前提。這個前提當然只屬於這個子證明，不屬於其他證明。在以 $\sim A$ 開始的子證明裡，我們的目標是在推出這個子證明的結論 $\sim D \supset (B \cdot \sim C)$（主證明的結論的後件），而這個結論本身又是一個如言，如果需要可以對它再用CP。於是，在列4引進這個結論的前件 $\sim D$ 當 ACP。這樣，我們就在以列3的 $\sim A$ 為首的子證明**裡面**用CP，構作一個以 $\sim D$ 為假定的子證明。在列7，我們推得後件。於是在列8，拿列7對列4進行如言化，並用箭框圍住列4到列7，如(a)。在列8，得到 $\sim D \supset (B \cdot \sim C)$ 之後，等於在列3的 $\sim A$ 假定之下，推得主證明結論的後件。因此，在列9，拿列8對列3進行如言化，並用箭框把列3到列8圍起來（其實這裡圍的只是列3和列8，因為列4到列7已劃掉了），如(b)的列9。這樣，我們就有(b)所示子證明裡的子證明。

　　(c)基本上和(b)一樣，只是在列3之後，先行對列2和3進行MP得到列4，然後在列5再做一個子證明裡的子證明。我們並列(b)和(c)兩種格式，在指出兩種寫法都可以。在(c)，表面上看，列4的 B 好像不在以

列 5 的〜*D* 為首的子證明裡，其實仔細看看，它是在這個子證明裡，因為在列 7 引用了它。

　　有時候，使用移出規則(Exp)從結論做點逆推，譬如，依 Exp，*A*⊃[*B*⊃(*C*⊃*D*)] 與 (*A*・*B*・*C*)⊃*D* 等值，可避免多用 CP 和箭框。例如，試看下例同一個論證的兩個證法。

例 9　(a) 證法(i)

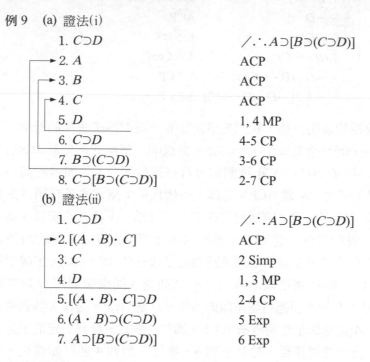

	1. *C*⊃*D*	／∴ *A*⊃[*B*⊃(*C*⊃*D*)]
	2. *A*	ACP
	3. *B*	ACP
	4. *C*	ACP
	5. *D*	1, 4 MP
	6. *C*⊃*D*	4-5 CP
	7. *B*⊃(*C*⊃*D*)	3-6 CP
	8. *C*⊃[*B*⊃(*C*⊃*D*)]	2-7 CP

(b) 證法(ii)

1. *C*⊃*D*	／∴ *A*⊃[*B*⊃(*C*⊃*D*)]
2. [(*A*・*B*)・*C*]	ACP
3. *C*	2 Simp
4. *D*	1, 3 MP
5. [(*A*・*B*)・*C*]⊃*D*	2-4 CP
6. (*A*・*B*)⊃(*C*⊃*D*)	5 Exp
7. *A*⊃[*B*⊃(*C*⊃*D*)]	6 Exp

　　我們講過，使用 CP 有兩大好處。一，使許多證明變得簡短容易。這讀者可在做下面的習題中，充分體驗出來，並從偶數題的答案中看出來。二，使一些沒有它不能夠證明的論證，變成可以證明。在這裡，我們舉個簡單的例子。在後面介紹定理(theorem)時，可以看到更多。論證 *A*⊃*B* ／∴ *A*⊃(*A*・*B*)，一看，就知道有效。例如，「如果天下雨，則路濕。／∴ 如果天下雨，則天下雨而且路濕」這個論證必定有效。但僅僅使用十八個推演規則，無法證明。但使用 CP，很快就證明出來。例如，

例 10　1. $A \supset B$　　　　　　　　　　$/ \therefore A \supset (A \cdot B)$

　　　　2. A　　　　　　　　　　　　ACP

　　　　3. B　　　　　　　　　　　　1, 2 MP

　　　　4. $(A \cdot B)$　　　　　　　　2, 3 Conj

　　　　5. $A \supset (A \cdot B)$　　　　2-4 CP

習題 5-1

I.首先用 CP 證明下列論證，其次不用 CP，單單用十八個推演規證明。比較
　其長度和難度看看。

1. $(P \lor Q) \supset R$　　$/ \therefore P \supset R$

2. $P \supset Q, R \supset S$　　$/ \therefore (P \lor R) \supset (Q \lor S)$

3. $A \supset (\sim B \supset C), B \supset (C \supset \sim D)$　　$/ \therefore A \supset (\sim B \supset \sim D)$

4. $\sim A \supset (B \supset C), D \supset \sim C, \sim E \supset D, \sim (C \cdot E)$　　$/ \therefore B \supset A$

5. $\sim J \supset (K \supset L), M \supset (\sim J \supset K), M \supset \sim J$　　$/ \therefore M \supset L$

6. $(A \lor B) \supset C, K \supset [(L \lor \sim M) \supset A]$　　$/ \therefore K \supset (\sim M \supset C)$

7. $\sim (D \lor A) \supset C, A \supset B$　　$/ \therefore \sim (B \lor C) \supset (D \cdot \sim A)$

8. $\sim D \lor A, \sim D \supset (E \cdot \sim F), A \supset (B \cdot C)$　　$/ \therefore \sim F \lor B$

II.試用提示的字母符示下列論證，並用 CP 證明它們為有效。

1. 如果你種鬱金香(T)，則你的花園會早開花(E)，而如果你種紫菀(A)，則你
　的花園會慢開花(L)。因此，如果你種鬱金香或紫菀，則你的花園會早開
　花和慢開花。

2. 如果小葳想到俄國留學(R)，則她要學俄文(S)。如果她學俄文，則她要選
　俄文(A)——除非她不想到俄國留學。如果她選俄文，則她要買俄文字典
　(D)——除非她不要學俄文。因此，如果小葳想到俄國留學，她要買俄文
　字典。

3. 如果張教授發表論文(C)，則李教授講評(L)。如果李教授講評，則講評不
　會既公正(F)又友善(A)。然而講評是友善的。所以，如果張教授發表論文，
　講評不會友善。

4.如果監獄擁擠(J)，則危險嫌犯在他們自己具結下將被釋放(D)。如果監獄擁擠而且危險嫌犯在他們自己具結下被釋放，則犯罪將增加(C)。如果沒建新監獄(N)而犯罪增加，則無辜受害者將付犯罪代價(I)。因此，如果監獄擁擠，則無辜受害者將付犯罪代價。

3.導謬法

不論在日常討論或學科討論裡，雖然我們的推理、推論和推演，尤其是演繹，自古至今一直都或多或少使用現代邏輯教本上所謂的如言證法和導謬法。但如言證法的名稱現代才有，反之，導謬法，不但從古希臘幾何學家歐基理德（Euclid，紀元前三世紀）已明白使用，而且古來就有它的名稱，因此它有個拉丁名「*reductio ad absurdum*」。在導出他的幾何定理(theorems)時，歐基理德時常從假定他想證明的東西的相反者，即他想證明的命題或語句的否言開始。如果這個假定導致一個矛盾，或「化致一個荒謬」(reduces to an absurdity)，則該假定必定爲假，因而它的原語句——要證的定理——必定爲眞。

這個證法，一直使用。後來在數學和邏輯書上，常稱它爲「間接證法」(indirect proof, IP)。但我們要指出的，「間接證法」的名稱在邏輯上並不正確，因此我們將使用暗示性良好的「導謬法」，這個在幾何和代數很早就明白使用的名稱。但也如同如言證法那樣，雖然一直使用，但直到現代邏輯，才有進一步討論這個證法的合理性，和邏輯上的正確性。

先讓我們看看，數學上使用導謬法的例子。

例 11　設 n 爲整數，n^2 爲偶數。
試證 n 爲偶數。
證明：
1. n 爲整數。　　　　　　　　　　（前提）
2. n^2 爲偶數。　　　　　　　　　　（前提）
3.設 n **不是**偶數。　　　　　　　（假定）
4.以 2 除 n 必有餘數 1。　　　　　（從 3 ）

5. 可令 $n = 2k + 1$，k 為整數。　　　（從 4）

6. $n^2 = (2k + 1)^2 = 4k^2 + 4k + 1$　　　（從 5）

7. $4k^2 + 4k + 1$ 不是偶數，即 n^2 不是偶數（偶數定義，以及從 6）

8. (2)與(7)互相矛盾　　　　　　　　（從 2 和 7）

9. 此題得證(QED)：n 是偶數。

例 12　試證 $\sqrt{2}$ 為無理數。

(a)　證明的準備工作

　(i)實數 r 是一個**有理數**(rational number)（或「有比」(ratio)數），恰好如果有整數 m, n 而 $m \neq 0$，使得 $r = \dfrac{n}{m}$。一個實數不是有理數，就是無理數(irrational number)（或「無比」數）。

　(ii)一個正整數 p 是**質數**(prime number)，恰好如果除了 1 和 p（即它本身）外，p 沒有其他約數，例如 2, 3, 17, 23 都是質數。

　(iii)兩個整數 p 和 q 是**互質的**(relatively prime)，恰好如果除了 1 外它們沒有共同約數，例如 7 與 9 互質，12 與 35 也是。

　(iv)引理(lemma)A：如果一個整數 x 的平方是偶數，則 x 也是偶數。此即上面例 11。

(b)　證明

1. 假定 $\sqrt{2}$ 為有理數　　　　　　　（假定）

2. 有正整數 m, n 而 $m \neq 0$，使得 $\sqrt{2} = \dfrac{n}{m}$，
   並且使得 m, n 互質（因如果有共同約數，
   可約去使 m, n 無共同約數）。　　　（從 1，及互質的
   　　　　　　　　　　　　　　　　　　　定義）

3. $\sqrt{2} = \dfrac{n}{m}$ 兩邊乘以 m，然後各自平方，
   得 $2m^2 = n^2$ 或 $n^2 = 2m^2$。　　　　（從 2）

4. n^2, m^2, 和 $2m^2$ 為整數　　　　　　（整數乘法閉包）

5. n^2 是整偶數，因 n^2 是形式 $2k^2$，其中
   k 是整數 m^2。

6. n 為**整偶數**。　　　　　　　　　　（從 5 及引理 A）

7. $n = 2r$，r 是整數　　　　　　　　　（偶數定義）

8. 拿 $2r$ 代換 $n^2 = 2m^2$ 裡的 n 得 $4r^2 = 2m^2$，
   或 $m^2 = 2r^2$，其中 m^2 和 r 為整數。　　（從 3）

9. 以處理列 3 的 $n^2 = 2m^2$ 同一方式處理

$m^2 = 2r^2$，得 m^2 爲偶數，即 m 爲**整偶數**。　（從 3, 8 引理 A）

10. m 和 n **不互質**，因至少有共同約數 2。　　（從 6 和 9）

11. m 和 n 互質（從 2），又 m 和 n 又不互質

（從 10），故彼此矛盾。

12. 所以 $\sqrt{2}$ 不是有理數，故爲無理數。　　　（定義(i)）

例 13　設有設基(postulate)1：設有任意兩個不同的點，則而且只有一條線含有這兩個點。試證兩條不同的線至多相交於一點。

證明：

1. 假定有兩條線相交於兩點。　　　　（假定）

2. 但任兩條線至多相交於一點。　　　（設基 1）

3. (1)與(2)相矛盾。

4. 兩條不同的線至多相交於一點。

例 14　設有平面內二直線 L_1, L_2 被一直線斜截，其內錯角相等。試證 L_1 與 L_2 平行。

證明：

1. 設有平面內二直線 L_1, L_2，被一直線斜截於 A 與 B，內錯角 $\alpha = \beta$，如圖 1：

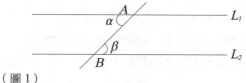

（圖 1）

2. 假定 L_1 與 L_2 不平行。（假定）

3. L_1 與 L_2 相交於截線 AB 左邊或右邊之一點。假定相交於右邊之一點 E。如圖 2：（平行的定義）

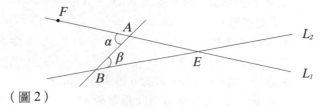

（圖 2）

4.設 F 為 L_1 上一點,以 AB 為準,與 E 不同邊上。

5.∠FAB 是△ABE 的外角,而∠ABE 是∠FAB 的一個不相鄰內角。 依三角形外角定理,∠FAB > ∠ABE。

6.但∠FAB =α,∠ABE =β,故 $\alpha>\beta$。但依前提(列1)$\alpha=\beta$,故 有矛盾。

7. L_1 與 L_2 平行。

前面四個例子(例 11-14),都是依導謬法(RAA)所做證明。雖然證明的數學內容不同,但有一個共同的基本邏輯模式。這個模式就是,以證明 $p_1, \cdots, p_n$, $\sim q$ $/\therefore (r \cdot \sim r)$, 來證明 $p_1, \cdots, p_n /\therefore q$。也就是,以證明

$$\begin{array}{c} p_1 \\ \vdots \\ p_n \\ \sim q \\ \hline (r \cdot \sim r) \end{array}$$

來證明

$$\begin{array}{c} p_1 \\ \vdots \\ p_n \\ \hline q \end{array}$$

或更簡潔說,以證明 $p, \sim q$ $/\therefore (r \cdot \sim r)$,來證明 $p /\therefore q$,或以證明

$$\begin{array}{c} p \\ \sim q \\ \hline (r \cdot \sim r) \end{array}$$

來證明

$$\begin{array}{c} p \\ \hline q \end{array}$$

也就是說,當我們要證明以 p 為前提,q 為結論的論證為有效時,可這樣證明,即以結論 q 的否言,即 $\sim q$,當一個假定的前提,或和前提 p 導出一個矛盾 $(r \cdot \sim r)$;如果導出這樣的矛盾,則就從 p 或零前提導出 q。前面例 11 的前提 n 為整數,「n^2 為偶數」相當於這裡的 p,「n 為偶

數」相當於 q。「n^2 為偶數又 n^2 不是偶數」相當於 $(r \cdot \sim r)$。這樣，我們是以證明

> n 為整數。
> n^2 為偶數。
> n 不是偶數。
> ─────────────
> n^2 為偶數又不為偶數。

來證明

> n 為整數。
> n^2 為偶數。
> ─────────────
> n 為偶數。

現在讓我們先認定這種證明模式正確，有效，舉些邏輯例子。

例 15 **(a) 初步格式**

1. $D \vee A$	P
2. $(\sim B \vee D) \supset E$	P
3. $A \supset (C \cdot \sim B)$	P　／∴ E
→4. $\sim E$	ARAA
5. $\sim(\sim B \vee D)$	2, 4 MT
6. $(\sim \sim B \cdot \sim D)$	5 DeM
7. $\sim D$	6 Simp
8. A	1, 7 DS
9. $(C \cdot \sim B)$	3, 8 MP
10. $\sim \sim B$	6 Simp
11. $\sim B$	9 Simp
12. $(\sim B \cdot \sim \sim B)$	10, 11 Conj
13. E	4-12 RAA

(b) 完成格式

1. $D \vee A$	P
2. $(\sim B \vee D) \supset E$	P
3. $A \supset (C \cdot \sim B)$	P　／∴ E
4. $\sim E$	ARAA
5. $\sim(\sim B \vee D)$	2, 4 MT
6. $(\sim \sim B \cdot \sim D)$	5 DeM

7. ~D	6 Simp
8. A	1, 7 DS
9. (C · ~B)	3, 8 MP
10. ~~B	6 Simp
11. ~B	9 Simp
12. (~B · ~~B)	10, 11 Conj
13. E	4-12 RAA

(c)寫法說明

(1)格式(b)，有和 CP 證明類同的箭框。

(2)為了使用導謬法(RAA)，在列 4，拿結論的否言~E 當假定(ARAA, assumption for RAA)。用箭頭表示這。這個箭頭在列 4 引進~E 時，就寫的。在列 4 右邊，寫「ARAA」；這是使用 RAA 證法的假定的簡寫。

(3)從列 4 起，或和連同前面諸列前提，試圖導出**一個矛盾**——任何矛盾。在列 12，導出矛盾 (~B · ~~B)。

(4)在列 13，做**矛盾推演**(inference by contradiction)；拿列 12 的矛盾 (~B · ~~B) 當一個根據對列 4 的假定~E 做推演，得出 E。由於這個推演不是僅僅根據列 4 或 12，而是根據列 4 到 12 以及 RAA，才能表達清楚。因此在這列的右邊寫「4-12 RAA」。（直覺）意思是，在假定了~E 之後，我們推出一個矛盾，即一個假來，因此~E 必定為假，所以 E 為真。

(5)前面說過，如果我們從 p 和~q 推出一個矛盾 (r · ~r)，也就是證明

$$\frac{\begin{array}{c} p \\ \sim q \end{array}}{(r \cdot \sim r)}$$

有效，則就從 p 推出 q，也就是證明

$$\frac{p}{q}$$

有效。我們可把這個例子裡，前提 1 到 3 看做是這裡的 p；列 4 的~E 看做~q，列 12 的 (~B · ~~B) 看做是 (r · ~r)。這樣，現在我們從列 1 到 4，即從 p 和~q，導出了列 12 的 (~B · ~~B)，即導出了 (r · ~r)，則就僅僅從列 1 到 3，即僅僅從 p，導出

13 的 *E* 了，即導出 *q*。我們把這個情況和概念寫在列 13。在這
列，一方面寫出結論 *E*，二方面寫「4-12 RAA」。我們也完全依
CP 證明那樣，在適當地方劃箭框，如(b)完成格式。

(6)這個箭框告訴我們的要點，完全像 CP 證法裡的，只是這裡做的
是 RAA 子證明，CP 那裡做的是 CP 子證明。但這兩種子證明，
如同我們很快要講的，有非常密切關係。

我們現在要把導謬法(RAA)正式敘述如下：

(2) 導謬法(RAA)

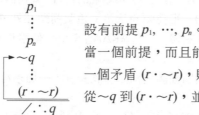

設有前提 $p_1, \cdots, p_n$。如果我們假定結論 q 的否言 $\sim q$
當一個前提，而且能夠從 $\sim q$ 或和前提 $p_1, \cdots, p_n$ 導出
一個矛盾 $(r \cdot \sim r)$，則我們可以推出結論 q，並且引用
從 $\sim q$ 到 $(r \cdot \sim r)$，並包括後者的所有列。

如同在 CP，使用 RAA 時有一定的模式，以及必須滿足的條件。首
先，**RAA 的結論恒為我們所假定的語句的相反者**，例如，我們假定的
為 $\sim q$ 時，結論為 q。其次，在使用 RAA 時，**恒假定我們要證明的語句
的相反者**。如果我們要證明 q，則就假定 $\sim q$；反之，如果我們要證明 $\sim$
q，則也可就假定 $\sim\sim q$ 或 q。這樣，RAA 子證明裡的**第一步會是我們
想導出的結論的相反者**。最後，RAA 子證明裡的**最後一步是一個矛盾
言**。

為 RAA 的目的，**一個矛盾（言）**指的是，**一個語句與其否言的連結
或連言**。這個語句可以只是一個字母，或是一個具有兩個以上字母的複
合語句。例如，$(A \cdot \sim A)$, $[(A \equiv B) \cdot \sim (A \equiv B)]$, $\{[(A \vee (B \cdot \sim C)] \cdot \sim [A \vee (B$
$\cdot \sim C)]\}$ 等。但要注意的，有些語句的結合，**看似**是矛盾言，其實不
是，例如，$[(A \vee B) \cdot (A \vee \sim B)]$。這裡，第一個語句**只有部分**被否言；但
要為一個矛盾言，**整個**第一個語句在第二個連項裡必須被否定。一個合
適的矛盾言，會是 $[(A \vee B) \cdot \sim (A \vee B)]$，其中第二個連項恰好是第一個的
否言。還有，使用 RAA 的結論可以是任何形式，任何複雜程度的，單

一字母，連言，否言，選言，如言，和雙如言都可以。最後，我們導出的矛盾言，可以包括由假定本身組成的。如果我們假定~A，而想法導出 A，則連言 (A · ~A) 是一個完全好的矛盾言，而允許我們依 RAA，得出 A。

再看一個 RAA 的例子，檢視 RAA 證法本身。

例 16　1. $A \supset B$　　　　　　　　　P
　　　　2. $C \supset D$　　　　　　　　　P
　　　　3. $(B \lor D) \supset E$　　　　　P
　　　　4. $\sim E$　　　　　　　　　　P　／∴ $\sim (A \lor C)$
　　　　5. $\sim \sim (A \lor C)$　　　　　ARAA
　　　　6. $A \lor C$　　　　　　　　　5 DN
　　　　7. $B \lor D$　　　　　　　　　1, 2, 6 Dil
　　　　8. E　　　　　　　　　　　3, 7 MP
　　　　9. $(E \cdot \sim E)$　　　　　　4, 8 Conj
　　　10. $\sim (A \lor C)$　　　　　　5-9 RAA

從前面的講述和舉例，可以說，導謬法(RAA)的邏輯觀念和原理是，證明論證

$$\frac{\begin{array}{c} p \\ \sim q \end{array}}{\therefore (r \cdot \sim r)}$$

就等於或涵蘊證明論證

$$\frac{}{\diagup \therefore q} \quad p$$

首先要問的是，為什麼要利用證明 $p, \sim q \diagup \therefore (r \cdot \sim r)$ 來證明 $p \diagup \therefore q$。其理由和 CP 的一樣。使用 RAA 有兩大好處。一，一般說來會使證明簡單容易。二，有許多問題沒有使用 RAA 或 CP，證不出來。讓我們從直覺上說明第一個好處。只要稍微檢視，不難看到，至少有兩點可使證明 $p, \sim q \diagup \therefore (r \cdot \sim r)$ 比證明 $p \diagup \therefore q$ 會容易。一，多了一個條件~q 可用。二，證明前者時，所要導出的是任何矛盾 $(r \cdot \sim r)$，這是多向過程；

而證明後者時，所要導出的是 q，這是單向。多向當然比單向容易。其次，僅僅用十八個推演規則，我們證不出來 $A \supset B$ ／∴ $A \supset (A \cdot B)$。可是用 CP 或 RAA，則可證明。在前面例 10，我們用 CP 證明。現在用 RAA 證明如下。

例 17　1. $A \supset B$　　　　　　　　　　　　P　／∴ $A \supset (A \cdot B)$
　　　　2. $\sim[A \supset (A \cdot B)]$　　　　ARAA
　　　　3. $\sim[\sim A \vee (A \cdot B)]$　　　2 Cond
　　　　4. $[\sim \sim A \cdot \sim (A \cdot B)]$　3 DeM
　　　　5. $\sim \sim A$　　　　　　　　　　4 Simp
　　　　6. A　　　　　　　　　　　　　5 DN
　　　　7. B　　　　　　　　　　　　　1, 6 MP
　　　　8. $\sim (A \cdot B)$　　　　　　　　4 Simp
　　　　9. $\sim A \vee \sim B$　　　　　　　8 DeM
　　　10. $\sim B$　　　　　　　　　　　　5, 9 DS
　　　11. $(B \cdot \sim B)$　　　　　　　　7, 10 Conj
　　　12. $A \supset (A \cdot B)$　　　　　　2-11 RAA

　　　現在有一個重要問題：爲什麼 RAA 證法是正確有效的呢？也就是，爲什麼證明 $p, \sim q$ ／∴ $(r \cdot \sim r)$ 就等於或涵蘊證明 p ／∴ q 呢？這可從兩方面來說。首先是從抽象和簡潔的邏輯原理來說。如果我們證明了 $p, \sim q$ ／∴ $(r \cdot \sim r)$ 爲有效，則 $(p \cdot \sim q) \supset (r \cdot \sim r)$ 爲套套言。但 $(p \cdot \sim q) \supset (r \cdot \sim r)$ 與 $p \supset q$ 等值；這可從下列兩個比較眞值表看出：

↓ $(p \cdot \sim q) \supset (r \cdot \sim r)$	↓ $p \supset q$
(1)　T F F T T　　F	T T T
(2)　T F F T T　　F	T T T
(3)　T T T F F　　F	T F F
(4)　T T T F F　　F	T F F
F F F T T　　F	F T T
F F F T T　　F	F T T
F F T F T　　F	F T F
F F T F T　　F	F T F

首先，因 $(r \cdot \sim r)$ 為矛盾言，故上面左邊句式後件的主行都假。其次，左右兩表，除了第 3 和 4 列都假以外，其他都眞。故左右兩個句式等值。由於 $(p \cdot \sim q) \supset (r \cdot \sim r)$ 為套套言，故 $p \supset q$ 也為套套言，即 p 涵蘊 q，即 $p \diagup \therefore q$ 有效。

其次，讓我們塡加一些直覺和細節。先舉例 12 的 $\sqrt{2}$ 為無理數的 RAA 證明為例。首先，要證的「$\sqrt{2}$ 為無理數」可視為我們這裡的 q。為證明 q，我們假定 $\sqrt{2}$ 為有理數，即假定 $\sim q$。然後，從這個假定以及相關定義和定理，導出一個矛盾，即 **m 和 n 互質又不互質**，這可視為是 $(r \cdot \sim r)$。然後，就斷定說 $\sqrt{2}$ 為無理數，即斷定 q。現在要問的是，我們實際做的只是在 $\sqrt{2}$ 為有理數的假定，即 $\sim q$ 的假定下，導出一個矛盾而已，我們並沒有「明文」或「直接」推出 $\sqrt{2}$ 為無理數，即 q 這個結論。為什麼在導出一個矛盾之後，可以「一躍」「跳到」$\sqrt{2}$ 為無理數的結論呢？這一躍跳到的推理，在數學，甚至邏輯書本上，向來人云亦云溜過去，但在邏輯探究裡，需要說清楚。實際上只要仔細想想，不難得到初步的回答。導出一個矛盾，就導出一個假。現在假定我們推演的過程沒有錯，這樣，會導出假來，**想必**是那個「$\sqrt{2}$ 為有理數」，即 $\sim q$ 的假定是錯了。既然 $\sqrt{2}$ 為有理數或 $\sim q$ 是錯的，那麼 $\sqrt{2}$ 就是無理數了或是 q 了。這是很好理解的。

但是邏輯感敏銳的人可能會進一步追問說，還有其他可能。那就是，(i)結論的否言，即 $\sqrt{2}$ 為有理數或 $\sim q$ 沒錯，錯的是題目給的前提，例如 p，或推演過程中引用的根據，譬如引理 A；(ii)這兩者都錯。沒有學過邏輯的人，恐怕不好回答這個追問。我們要指出的，不論那種情形，只要導出一個矛盾，我們就可以推出結論說 $\sqrt{2}$ 為無理數，即推出 q。為什麼呢？

要回答這，要先指出兩點。一，先前一再講的，說證明了 $p \diagup \therefore q$ 為有效，就等於說證明了 p 涵蘊 q，或可從 p 推出 q，反之亦然。二，在邏輯上，從一個不一致的前提可以推出任何語句或命題，包括任何矛盾。這也是說，一個不一致的語句或命題**涵蘊**任何語句或命題。這可以從下例看出。

例 18　1. $(r \cdot \sim r)$　　　　　　　　　　P
　　　　2. $q \vee (r \cdot \sim r)$　　　　　　　1 Add
　　　　3. $[(q \vee r) \cdot (q \cdot \sim r)]$　　　2 Dist
　　　　4. $q \vee r$　　　　　　　　　3 Simp
　　　　5. $\sim r$　　　　　　　　　　1 Simp
　　　　6. q　　　　　　　　　　4, 5 DS

　　我們用 $(r \cdot \sim r)$ 表示一個不一致的語句。現在以它當前提，我們導出了 q。因 q 不在前提出現，因此它可以代表任何語句。其實在列 2 做 Add 時，我們可添進任何語句，以完全相同方式，在列 6 獲得該語句。這就顯示了一個不一致語句涵蘊任何語句，也就是從一個不一致語句可以推出任何語句。這樣，如果在結論的否言，即 $\sqrt{2}$ 爲有理數或$\sim q$ 以外，有其他不一致的前提或根據在這個推演裡，則我們在這個推演，或其後繼中，可以推出任何語句，包括推出 $\sqrt{2}$ 爲無理數。因此在這種情形下，我們一樣可以下結論說 $\sqrt{2}$ 爲無理數或 q。這樣，RAA 的成立，完全可以得到證明和說明。

　　有一點要注意的，在上面顯示 RAA 爲正確和有效裡，依據一個中心概念，即涵蘊。即不但當我們從 p 和$\sim q$ 推出 $(r \cdot \sim r)$ 時，$(p \cdot \sim q)$是涵蘊 $(r \cdot \sim r)$ 的，而且 $p, \sim q /\therefore (r \cdot \sim r)$ 也是涵蘊 $p /\therefore q$ 的。因此 RAA 顯現的推演也完全是涵蘊的。這樣，如果從 p 和$\sim q$ 推出 $(r \cdot \sim r)$，則就從 p 推出 q 之間，完全是依涵蘊關係或涵蘊規則來推演的，沒有非涵蘊的東西做「中介」。因此，如果從 $p \supset q$ 和 p 推出 q 的肯定前件規則(MP)，或從 $p \supset q$ 和 $q \supset r$ 推出 $p \supset r$ 的如言三段論規則(CS)，在邏輯上是「直接推演」的話，則從如果從 $p, \sim q$ 推出 $(r \cdot \sim r)$，則就從 p 推出 q 的導謬法(RAA)，也是「直接的」。這樣，把導謬法叫做「間接證明」(indirect proof)是錯誤的，因爲它沒有什麼「中介」，沒有什麼間接。當然有些推演規則的前提與結論之間，在直覺上似乎比其他的更清楚。但我們無法依直覺來分直接和間接。前提與結論之間可以引進多少「個」涵蘊的連串，在邏輯上不可決定。因此，我們也不能依中間連串的有無或多少來劃分所謂直接和間接。這樣，我們不但不用「間接證法」來稱

呼 RAA，而且也不贊同用。

　　要注意的，使用 RAA 時，有些列可能誤導我們，以為我們已經推出結論了，其時**還沒有**。試看下例。

例 19　(a)錯誤的導衍和證明(ⅰ)

1. $G \supset \sim H$	P
2. $H \vee (\sim G \cdot J)$	P　／∴ $\sim G$
3. $\sim \sim G$	ARAA
4. G	3 DN
5. $\sim H$	1, 4 MP
6. $(\sim G \cdot J)$	2, 5 DS
7. $\sim G$	6 Simp

　　　(b)錯誤的導衍和證明(ⅱ)

1. $G \supset \sim H$	P
2. $H \vee (\sim G \cdot J)$	P　／∴ $\sim G$
3. $\sim \sim G$	ARAA
4. G	3 DN
5. $\sim H$	1, 4 MP
6. $(\sim G \cdot J)$	2, 5 DS
7. $\sim G$	6 Simp

　　　(c)正確的導衍和證明

1. $G \supset \sim H$	P
2. $H \vee (\sim G \cdot J)$	P　／∴ $\sim G$
3. $\sim \sim G$	ARAA
4. G	3 DN
5. $\sim H$	1, 4 MP
6. $(\sim G \cdot J)$	2, 5 DS
7. $\sim G$	6 Simp
8. $(G \cdot \sim G)$	4, 7 Conj
9. $\sim G$	3-8 CP

　　使用 RAA 時，導出的矛盾 $(r \cdot \sim r)$ 中的 r，可以是任何語句，其中包括結論 q 本身。當 r 為 q 時，不小心會弄成上例(a)和(b)中的錯誤。如

果像(a)那樣，以為在列 7 導出～G 時就導出結論～G，那就錯了。因為
列 7 依列 6，而列 6 依次依列 2 和 5，而列 5 依列 1 和 4，而列 4 依列
3。因此列 7 也依列 3，但列 3 不是題目所給前提，因此結論不能依它，
故列 7 不是結論。它與結論相同，只是巧合。在(b)，列 3 到列 6 筐掉
了，但列 7 的～G，仍然要依列 3。(c)才完全正確，因列 9 是～G，那是
結論，而且它只依前提 1 和 2。

習題 5-2

I.首先使用十八個推演規則，然後使用 RAA，證明下列各題。比較兩者的長
度和難度。

1. $\sim H \supset G, \sim(G \cdot \sim H)$ /∴.H

2. $(J \vee K) \supset (L \cdot M), L \supset \sim M$ /∴ $\sim J$

3. $\sim H \supset G, J \supset [K \vee \sim(H \vee G)]$ /∴ $\sim K \supset \sim L$

4. $(A \vee D) \supset M, \sim(B \vee C), R \equiv (C \cdot T), \sim R \equiv A$ /∴ $\sim(M \supset C)$

5. $C \supset (\sim A \cdot \sim B), \sim B \supset \sim D$ /∴ $\sim(C \cdot D)$

6. $C \vee D, \sim B \vee D, \sim A \supset (B \vee C)$ /∴ $A \vee C$

II.使用提示的字母符示下列論證，並用 RAA 證明為有效。

1. 南投山區是好住人的地方(N)，只要你能夠躲開土石流(E)。綠島不是好住
人的地方(G)，如果南投山區是好住人的。綠島或蘭嶼(L)是好住人的地
方。蘭嶼不是好住人的地方。因此，你不能躲開土石流。

2. 如果政府赤字以現有狀況繼續下去(C)，而且經濟開始蕭條(R)，則國家債
息不堪忍受(D)，而政府還不出借債。如果經濟開始蕭條，則政府還不出
借債。因此，政府赤字將不以現有狀況繼續下去或是經濟不開始蕭條。

3. 如果非洲和澳洲不能飛的鳥有共同祖先(A)，則非洲和澳洲曾一度更接近
一起(C)或是這些鳥的最親近共同祖先有飛的能力(F)。但是如果牠們沒有
共同祖先或是最親近共同祖先有飛的能力，則這是趨同演化的令人驚奇的
情況。因此或是這是趨同演化的令人驚奇的情況，或是非洲和澳洲曾一度
更接近一起。

4. 雄鳥的鮮艷必定是自然淘汰(N)或性淘汰(S)的結果。如果是自然淘汰的結

果，則牠必定幫助牠們適應環境(*A*)。如果雌鳥色盲(*B*)，則牠不會是性淘汰的結果。因此，如果雌鳥色盲，則雄鳥的鮮艷必定幫助牠們適應環境。

4. CP 與 RAA 的綜合應用

在前面兩節，我們引進了兩個非常有用和有力的證法和推演規則：CP 和 RAA。初學的人，可能感覺到這兩個證法用起來，直覺上好像沒有十八個推演規則那麼明白和容易。其實不然，只要熟練，這兩個證法，更輕便有力。在本節，依下列要點，對這兩個證法做綜合性的舉例說明。

㈠ CP 和 RAA 的使用樣態很多

讓我們把一個導衍和證明裡，只使用一次 CP 或 RAA 的，叫做 CP 或 RAA 的單一使用。我們知道的，在一個證明裡，每一次 CP 或 RAA，就在這個證明裡形成一個子證明。在我們前面的舉例裡，CP 或 RAA 的使用，幾乎在寫好設有(given)的前提後，立即開始引進 CP 或 RAA 假定，並且是直接對結論本身做的。我們可把依上述情形做的 CP 和 RAA 證明，叫做 CP 和 RAA 證明的基本模式(basic pattern)。我們要指出的，只要依 CP 和 RAA 基本模式一樣的邏輯原理，可給 CP 和 RAA 做許多變化使用。現在舉例說明。

⑴在一個證明裡，除了直接對結論使用 CP 和 RAA 外，也可以很自由的對需要的語句使用 CP 和 RAA。例如，

例20　1. *J*∨*K*　　　　　　　　P
　　　2. *L*⊃(*M* · *K*)　　　　P
　　　3. *J*⊃(*L* · ~*M*)　　　P　　／∴.(*K* · ~*J*)
→ 4. *J*　　　　　　　　　ARAA
　　　5. (*L* · ~*M*)　　　　3, 4 MP
　　　6. *L*　　　　　　　　5 Simp
　　　7. (*M* · *K*)　　　　　2, 6 MP
　　　8. *M*　　　　　　　　7 Simp

9. ～M	5 Simp
10. (M · ～M)	8, 9 Conj
11. ～J	4-10 RAA
12. K	1, 11 DS
13. (K · ～J)	11, 12 Conj

這個證明的結論是 (K · ～J)，但我們沒有直接對這個結論使用 RAA。反之，爲了先得到～J 而對它使用 RAA。在列 11 得到～J 後，可以很容易推出結論 (K · ～J)，如列 12 和 13。沒有直接對結論使用 ACP 的例子，可參看前面例 6 和 7。

   (2)可在證明的中間或任何列開始使用 CP 和 RAA，不是非在寫好前提後立即開始不可。例如，

例 21	1. [A · ～(C∨D)]	P
	2. A⊃[(B∨E)⊃(G · C)	P　／∴ ～(B∨D)
	3. A	1 Simp
	4. (B∨E)⊃(G · C)	2, 3 MP
	5. ～(C∨D)	1 Simp
	6. (～C · ～D)	5 DeM
	7. ～～B	ARAA
	8. B	7 DN
	9. B∨E	8 Add
	10. (G · C)	4, 9 MP
	11. C	10 Simp
	12. ～C	6 Simp
	13. (C · ～C)	11, 12 Conj
	14. ～B	7-13 RAA
	15. ～D	6 Simp
	16. (～B · ～D)	14, 15 Conj
	17. ～(B∨D)	16 DeM

這個例子除了顯示在證明的任何一列可使用 CP 和 RAA 以外，也顯示可以不必直接對結論使用 CP 和 RAA。這個例子的結論是～(B∨D)。

⑶如同前面第二節講 CP 時講的，在一個證明裡，可以並列使用兩個或更多 CP，也就是可以有兩個或更多並列的 CP 或 RAA 子證明。例如，

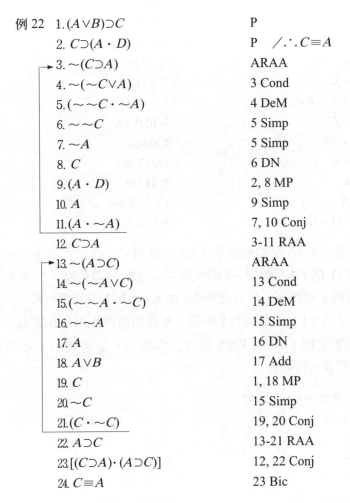

例 22　1.$(A \lor B) \supset C$　　　　　　P

2. $C \supset (A \cdot D)$　　　　　　P　　／∴$C \equiv A$

3. $\sim(C \supset A)$　　　　　ARAA

4. $\sim(\sim C \lor A)$　　　　　3 Cond

5. $(\sim\sim C \cdot \sim A)$　　　　4 DeM

6. $\sim\sim C$　　　　　　5 Simp

7. $\sim A$　　　　　　　5 Simp

8. C　　　　　　　　6 DN

9. $(A \cdot D)$　　　　　　2, 8 MP

10. A　　　　　　　　9 Simp

11. $(A \cdot \sim A)$　　　　　7, 10 Conj

12. $C \supset A$　　　　　　3-11 RAA

13. $\sim(A \supset C)$　　　　ARAA

14. $\sim(\sim A \lor C)$　　　　13 Cond

15. $(\sim\sim A \cdot \sim C)$　　　14 DeM

16. $\sim\sim A$　　　　　　15 Simp

17. A　　　　　　　　16 DN

18. $A \lor B$　　　　　　17 Add

19. C　　　　　　　　1, 18 MP

20. $\sim C$　　　　　　　15 Simp

21. $(C \cdot \sim C)$　　　　　19, 20 Conj

22. $A \supset C$　　　　　　13-21 RAA

23. $[(C \supset A) \cdot (A \supset C)]$　　12, 22 Conj

24. $C \equiv A$　　　　　　23 Bic

這個例子除了顯示 RAA 的並列使用外，也顯示了 RAA 可不必直接對結論。CP 的並列使用，可參看前面例 7。

⑷也如同 CP 那樣，RAA 子證明可在 RAA 子證明裡使用。例如，

例 23　1. $\sim J \lor \sim K$　　　　　　P

2. $J \lor K$		P　／∴ $\sim (J \equiv K)$
3. $J \equiv K$		ARAA
4. $[(J \supset K) \cdot (K \supset J)]$		3 Bic
5. $\sim \sim J$		ARAA
6. J		5 DN
7. $J \supset K$		4 Simp
8. K		6, 7 MP
9. $\sim K$		1, 5 DS
10. $(K \cdot \sim K)$		8, 9 Conj
11. $\sim J$		5-10 RAA
12. $K \supset J$		4 Simp
13. $\sim K$		11, 12 MT
14. K		2, 11 DS
15. $(K \cdot \sim K)$		13, 14 Conj
16. $\sim (J \equiv K)$		3-15 RAA

這個例子顯示 RAA 子證明裡的 RAA 子證明，也顯示在子證明的子證明中，在列 11 為 RAA 假定 $\sim J$ 的技術性。這個技術性是，如果有 $\sim J$，則依 DS 從列 2 可得 K；而且從列 4，依 Simp 和 MT 可得 $\sim K$。這樣就可導出一個矛盾。CP 子證明的子證明，可從前面例 8 和 9 看出來。

(5)在一個證明裡，CP 和 RAA 可以交相使用。這兩者不但可以並列，而且可以相含。例如，

例 24　(a) CP 和 RAA 的並列

1. $A \supset B$		P　／∴ $(A \cdot B) \equiv A$
2. A		ACP
3. B		1, 2 MP
4. $A \cdot B$		2, 3 Conj
5. $A \supset (A \cdot B)$		2-3 CP
6. $\sim [(A \cdot B) \supset A]$		ARAA
7. $\sim [\sim (A \cdot B) \lor A]$		6 Cond
8. $[\sim \sim (A \cdot B) \cdot \sim A]$		7 DeM
9. $\sim \sim (A \cdot B)$		8 Simp

10.$(A \cdot B)$	9 DN
11. A	10 Simp
12.$\sim A$	8 Simp
13.$(A \cdot \sim A)$	11, 12 Conj
14.$(A \cdot B) \supset A$	6-13 RAA
15.$\{[(A \cdot B) \supset A] \cdot [A \supset (A \cdot B)]\}$	5, 14 Conj
16.$(A \cdot B) \equiv A$	15 Bic

(b) CP 與 CP 的並列

1. $A \supset B$	$/\therefore (A \cdot B) \equiv A$
2. A	ACP
3. B	1, 2 MP
4.$(A \cdot B)$	2, 3 Conj
5. $A \supset (A \cdot B)$	2-4 CP
6.$(A \cdot B)$	ACP
7. A	6 Simp
8.$(A \cdot B) \supset A$	6-7 CP
9. $\{[A \supset (A \cdot B)] \cdot [(A \cdot B) \supset A]\}$	5, 8 Conj
10.$(A \cdot B) \equiv A$	9 Bic

在上例的(a)裡 CP 和 RAA 並列，(b)裡則 CP 本身並列。當然，在實際證明時，我們會採取(b)策略，現在只爲說明 CP 和 RAA 可並列，才採用(a)。(a)的後半部長些。

顯然，在 CP 子證明裡可使用 RAA。例如，

例 25	1.$(\sim C \cdot E)$	P
	2. $A \supset [\sim B \supset (C \cdot D)]$	P　$/\therefore A \supset (B \cdot E)$
	3. A	ACP
	4.$\sim B \supset (C \cdot D)$	2, 3 MP
	5.$\sim B$	ARAA
	6.$(C \cdot D)$	4, 5 MP
	7. C	6 Simp
	8.$\sim C$	1 Simp
	9.$(C \cdot \sim C)$	7, 8 Conj
	10.$\sim \sim B$	5-9 RAA

11. B	10 DN
12. E	1 Simp
13.$(B \cdot E)$	11, 12 Conj
14. $A \supset (B \cdot E)$	3-13 CP

列 5 到 9 的 RAA 子證明，是在列 3 到 13 的 CP 子證明裡做的。在 RAA 子證明裡，也可以做 CP 子證明。例如，

例 26
1. $A \supset B$	P
2.$(C \cdot A)$	P ／∴ $B \vee D$
3. $\sim(B \vee D)$	ARAA
4. C	ACP
5. $(\sim B \cdot \sim D)$	3 DeM
6. $\sim B$	5 Simp
7. $\sim A$	1, 6 MT
8. $C \supset \sim A$	4-7 CP
9. $\sim C \vee \sim A$	8 Cond
10. $\sim(C \cdot A)$	9 DeM
11.$[(C \cdot A) \cdot \sim(C \cdot A)]$	2, 10 Conj
12. $B \vee D$	3-11 RAA

列 4 到 7 的 CP 子證明，是在列 3 到 11 的 RAA 子證明裡做的。以上舉的都是一個證明裡兩個子證明的例子，也就是兩個假定的例子。顯然，子證明或假定的次數沒有限制，只要最後我們把這些假定**撤銷**(discharge)。

㈡有辯護的步驟與證明：定義的修訂

在第三章，我們把證明定義做獲得結論的一個有辯護的步驟(justified steps)序列；把有辯護的步驟，定義做一個前提，或應用設有的推演規則之一，從先前的步驟導出的一個步驟。但現在，由於我們也可以做**假定**(assumption)，因而我們的定義必須修訂，以便容納這些新步驟。這個修訂非常簡單，並且剛好會如同期待的：我們只不過給有辯護步驟的定義，添加我們現在可以做的假定。這樣，修訂後的定義將是：一個有

辯護的步驟是一個前提，一個假定，或是依所給推演規則之一，從先前步驟跟隨而來的一個步驟。一個證明仍然是一個導衍（一個有辯護步驟序列），其中最後一步是所要結論。但我們現在也可把它定義為一個步驟序列，其中每個步驟必須是一個前提，一個假定，或是依所給推演規則之一，從先前步驟跟隨而來的一個步驟，而在序列的最後一個步驟是所要結論。

㈢假定的撤銷及 CP 和 RAA 的限制

　　為使用 CP 或 RAA 而引進的假定，與前提的立足點不同。一個證明的前提，至少就該證明來說，是被認定為真來使用的，而一個假定則只是在證明過程中暫時引進來當「橋樑」用的。一個假定是依一種相關的邏輯原理，為某一特定目的引進來的。在 CP，是看後件是否會從前件跟隨而來，而在 RAA，則看是否有一個矛盾跟隨而來。一旦這假定達成其目的：為 CP 導出了後件，為 RAA 導出了一個矛盾（言），則必須使它失功，或予**撤銷**(discharge)。撤銷一個假定的觀念，與一個假定的**範圍**的概念——從假定到後件或矛盾言的步驟組——恰好相合。**撤銷一個假定就是隔絕該假定的範圍，結束該子證明**。一旦達到子證明的最後一個步驟，我們就達到目標，知道在這假定下，依我們所知邏輯概念和原理，什麼會發生。這時候，這個假定已經不再需要，要予撤銷。

　　要注意的，CP 或 RAA 的結論，也就是在 CP，證明了 $p, q \ /\therefore r$，就證明了 $p \ /\therefore q \supset r$ 裡的如言 $q \supset r$；在 RAA，證明了 $p, \sim q \ /\therefore (r \cdot \sim r)$，就證明了 $p \ /\therefore q$ 裡的 q，即 $\sim q$ 的否言，是**不包含**在假定的範圍內的，也就是不出現在子證明裡的。這是說，這結論不是**從**假定導出的，因而可獨立於這假定來斷說，即使我們引進這假定的目的是要證明結論 $q \supset r$ 或 q。這在前面介紹 CP 和 RAA 時，已經說明和證明。

　　我們在應用 CP 或 RAA 那步驟或那列，**撤銷** CP 假定(ACP)或 RAA 假定(ARAA)。例如，在例 25 的列 10 應用 RAA 時，撤銷列 5 的 RAA 假定；在列 14 應用 CP 時，撤銷列 3 的 CP 假定。在例 26 的列 8 應用 CP 時，撤銷列 4 的 ACP；在列 12 應用 RAA 時，撤銷列 3 的 ARAA。

　　有若干限制與撤銷假定的觀念有關。首先，在證明中所做的每個假

定，最後都要撤銷。理由是，在一個證明裡，我們的目標是要僅僅從設有或所給的前提導出結論。如果無法撤銷假定，而須保留它，則我們實際上就添加了其他前提，那就沒有給所提問題提出答案。其次，一樣重要的，一個假定一旦撤銷，我們就不可以再使用該假定，或任何落在該假定範圍裡的步驟。在一個假定範圍裡導出的步驟，都應看做是爲 CP 或 RAA 的特定目的，導出來的暫時步驟。在爲 CP 完成產生如言的後件，或爲 RAA 產生矛盾以後，如同假定本身那樣，它們功成身退。這是很合理的，因爲這些步驟只是在該假定下導出的，而一旦這個假定被撤銷，我們就不再在它的範圍裡運行。這樣，一旦假定被撤銷，這個假定以及在它範圍內的任何步驟不可再用。換句話說，一旦假定被撤銷，則在它的子證明裡的任何步驟不可再用。下例的兩個「證明」就有違反這種限制的步驟。

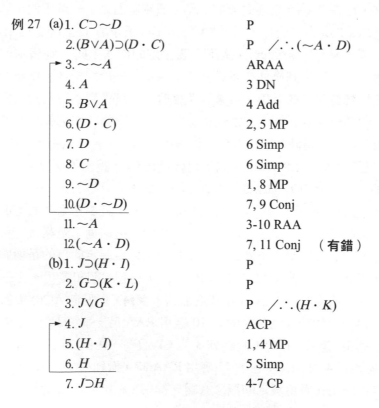

例 27　(a) 1. $C \supset \sim D$　　　　　　　P
　　　　 2. $(B \lor A) \supset (D \cdot C)$　　P　／∴. $(\sim A \cdot D)$
　　　　 3. $\sim \sim A$　　　　　　　　ARAA
　　　　 4. A　　　　　　　　　　　3 DN
　　　　 5. $B \lor A$　　　　　　　　4 Add
　　　　 6. $(D \cdot C)$　　　　　　　2, 5 MP
　　　　 7. D　　　　　　　　　　　6 Simp
　　　　 8. C　　　　　　　　　　　6 Simp
　　　　 9. $\sim D$　　　　　　　　　1, 8 MP
　　　　 10. $(D \cdot \sim D)$　　　　　7, 9 Conj
　　　　 11. $\sim A$　　　　　　　　　3-10 RAA
　　　　 12. $(\sim A \cdot D)$　　　　　7, 11 Conj　　（**有錯**）

(b) 1. $J \supset (H \cdot I)$　　　　　P
　　 2. $G \supset (K \cdot L)$　　　　P
　　 3. $J \lor G$　　　　　　　　P　／∴. $(H \cdot K)$
　　 4. J　　　　　　　　　　ACP
　　 5. $(H \cdot I)$　　　　　　　1, 4 MP
　　 6. H　　　　　　　　　　5 Simp
　　 7. $J \supset H$　　　　　　　4-7 CP

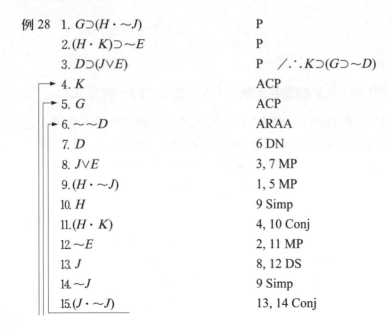

8. G	ACP
9. $(K \cdot L)$	2, 8 MP
10. K	9 Simp
11. $G \supset K$	8-10 CP
12. $(H \cdot K)$	6, 10 Conj **（有錯）**

在上面的(a)證明裡，雖然列 1 到 11 的導衍都正確，但列 12 不正確，因爲在列 11 做 RAA 時，列 3 的假定被撤銷了，因而在它引進的子證明裡的步驟不可再用，但在列 12 卻用了子證明的列 7。實際上，(a)是一個無效的論證，可用反例眞值表法來顯示。在(b)，列 4 和 8 的假定已被撤銷，因此在列 12 不可再用在它們範圍內的列 6 和 10。實際上，(b)也是一個無效的論證。

現在來看撤銷假定的第三個限制。這個限制是，在一個假定的範圍裡做的另一個假定，必須以它們被做的逆序撤銷。如果我們在第一個假定範圍裡做第二個假定，以及在第二個假定範圍裡做第三個假定，則第三個假定必須最先撤銷，第二個其次，第一個最後。下例裡假定的撤銷，就依這個程序。

例 28	1. $G \supset (H \cdot \sim J)$	P
	2. $(H \cdot K) \supset \sim E$	P
	3. $D \supset (J \lor E)$	P ／∴. $K \supset (G \supset \sim D)$
	4. K	ACP
	5. G	ACP
	6. $\sim \sim D$	ARAA
	7. D	6 DN
	8. $J \lor E$	3, 7 MP
	9. $(H \cdot \sim J)$	1, 5 MP
	10. H	9 Simp
	11. $(H \cdot K)$	4, 10 Conj
	12. $\sim E$	2, 11 MP
	13. J	8, 12 DS
	14. $\sim J$	9 Simp
	15. $(J \cdot \sim J)$	13, 14 Conj

16. ~D	6-15 RAA
17. G⊃~D	5-16 CP
18. K⊃(G⊃~D)	4-17 CP

在這裡，我們首先假定 K，因為這是我們要證明的東西的前件；然後嘗試導出後件 G⊃~D。這本身是一個如言，以 G 為前件，因此在列 5 假定 G，嘗試導出~D。為得到~D，為做 RAA 而在列 6 假定~D 的否言，即~~D，並嘗試導出一個矛盾。一旦所有假定都做了，其餘的證明順利進行。注意在上例中，假定的撤銷，是依所做逆序做的，即最後做的假定最先撤銷，其餘類推。要注意的，在一個證明裡，諸子證明可以並列或被包含，但不可交叉。也就是，我們的箭框可以並列或包含，但不能交叉。例如，如果有下面這樣交叉的箭框，一定做錯了什麼。

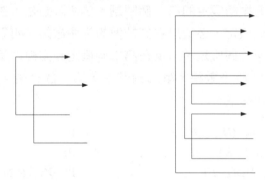

㈣ CP 與 RAA 的邏輯關係：RAA 是 CP 的一個變式

我們以上好像把 CP 與 RAA 當兩個獨立的證法來講，實際上這兩個證法的關係非常密切，因為在邏輯上 RAA 不過是 CP 的一個變式、變樣，或某種縮寫而已，雖然在實際證明時，有時候用 CP 要比 RAA 簡短。試看下例中同一個論證的(a)和(b)「兩種」證法。

例 29 (a)

1. B⊃C	P
2. ~C∨(D‧E)	P ∕∴ D∨~B
3. ~(D∨~B)	ACP
4. (~D‧~~B)	3 DeM
5. ~~B	4 Simp

6. B	5 DN
7. C	1, 6 MP
8. $\sim\sim C$	7 DN
9. $(D \cdot E)$	2, 9 DS
10. D	9 Simp
11. $\sim D$	4 Simp
12. $D \vee (D \vee \sim B)$	10 Add
13. $D \vee \sim B$	11, 12 DS
14. $\sim (D \vee \sim B) \supset (D \vee \sim B)$	3-13 CP
15. $\sim\sim (D \vee \sim B) \vee (D \vee \sim B)$	14 Cond
16. $(D \vee \sim B) \vee (D \vee \sim B)$	15 DN
17. $D \vee \sim B$	16 Dup
(b) 1. $B \supset C$	P
2. $\sim C \vee (D \cdot E)$	P　／∴ $D \vee \sim B$
3. $\sim (D \vee \sim B)$	ARAA
4. $(\sim D \cdot \sim\sim B)$	3 DeM
5. $\sim\sim B$	4 Simp
6. B	5 DN
7. C	1, 6 MP
8. $\sim\sim C$	7 DN
9. $(D \cdot E)$	2, 8 DS
10. D	9 Simp
11. $\sim D$	4 Simp
12. $(D \cdot \sim D)$	10, 11 Conj
13. $D \vee \sim B$	3-12 RAA

　　首先看例子的(a)。用 CP 證明了論證。要注意的，不論是 CP 或 RAA，都不必直接對結論做假定。列 3 的 CP 假定$\sim (D \vee \sim B)$，雖然與結論 $D \vee \sim B$ 有關，但不是直接對它做 CP 假定。(b)是一個典型的 RAA 證明。現在讓我們仔細比較一下(a)與(b)的相同和不同。相同的是，兩者列 1 到列 11 的語句導衍序列完全相同，以及(a)的結論列 17 和(b)的結論列 13 完全相同，都是 $D \vee \sim B$。不同的有：(i)在(a)的列 3 右欄寫的是「ACP」，(b)的相同列寫的是「ARAA」；(ii)從列 12 以後，兩者的導衍

不同；(iii)就在列 3 兩者引進相同的語句當假定來做的證明來說，(a)的整個證明比(b)的長。在整個導衍上，(i)的不同是表面的，實際沒有什麼不同。在(a)(b)兩者列 3 的假定，不但語句相同，而且在證明過程中的角色也沒有什麼不同，不過是當假定而已。但在(a)寫的是 CP 假定(ACP)，在(b)寫的則為 RAA 假定(ARAA)，這怎麼會沒有不同呢？實際上，在證明裡寫的「ACP」和「ARAA」中，只有代表「假定」的「A」有標示證明過程的實質意義，而其中的「CP」和「RAA」，只有參考和提示之用，沒有實質意義。在列 3 引進假定時，這個假定是「中性」的，沒有 CP 和 RAA 假定之分。這樣，有些書本也只有標示「A」或「AP」，而沒有提示是 CP 或 RAA。我們之給「A」附加「CP」或「RAA」而寫成「ACP」或「ARAA」，只是**提示**說，我們後面準備做 CP 或 RAA。但這個提示，沒有給假定本身增加任何實質的意義。實際上有 CP 和 RAA 之分的，是在(a)的列 14 做 CP 和在(b)的列 13 做 RAA。這樣，在列 11（包含列 11）之前，(a)和(b)的導衍完全一樣；但在列 12 之後，兩者的導衍就不同了，但也只是「導衍」不同，即每列和每步所根據的推演規則有所不同而已，而所根據的邏輯基本原理都一樣，都是根據「涵蘊」的原理在進行。

　　在列 11 之前，有兩個相互矛盾的列，即列 10 的 D 和列 11 的 $\sim D$，值得注意。對任何一個**有效**的論證，當我們拿它的結論的否言，譬如這裡的 $\sim(D \lor \sim B)$ 當假定時，都會導出這樣相矛盾的兩列。在列 12 之後，我們是準備用 CP 還是 RAA 來推出結論，對這兩列做不同的使用。如果像(a)那樣，準備用 CP，則對其中以整個語句為範圍的否言號較少的列，例如列 10 的 D，依添加規則(Add)添加結論那個語句，即添加去掉最前一個否言號的被假定那個語句，例如 $D \lor \sim B$，而得例如 $D \lor (D \lor \sim B)$，如列 12 所示。為什麼這樣添加，馬上會知道。然後，拿相矛盾的另一語句，即 $\sim D$，與添加所得語句，即 $D \lor (D \lor \sim B)$，依 DS 得 $D \lor \sim B$，如列 13 所示。然後由列 13 對列 3 進行 CP，如列 14 所示。最後在列 17，我們獲得結論 $D \lor \sim B$。有幾點要說的。一，我們是利用子證明裡導出的兩個相互矛盾的語句，即列 10 的 D 和列 11 的 $\sim D$，導出我們想要的語句 $D \lor \sim B$。二，在子證明裡，我們之要導出和結論相同的語句

$D\vee\sim B$，那是因為在對列 3 的假定$\sim(D\vee\sim B)$做 CP 以後，可以最後依重同規則(Dup)獲得結論 $D\vee\sim B$，如列 17 所示。三，要注意的，在列 13 我們雖然獲得了和結論相同的語句 $D\vee\sim B$，但這裡的 $D\vee\sim B$ 是在我們引進的假定$\sim(D\vee\sim B)$ 為根據之下獲得的，而不是僅僅從前提為根據獲得的，因此，我們還沒有在列 13 從前提導出結論。列 13 之和結論相同，只是巧合。在列 17，我們才從前提導出結論。

現在要指出一個重要之點。在依(a)的方式做假定和用 CP 時，只要論證是有效的，則證明的最後六列或六步，一定會和(a)的最後六列，即列 12 到 17 的方式，完全相同。這個方式就像上段所講那樣。為明顯起見，我們可把整個(a)的證明格式寫成：

(a)
1. $\left.\begin{array}{}\\\\\end{array}\right\}p$ 　　　　　　　　　　　P
2. 　　　　　　　　　　　P　　／∴.q
3. $\sim q$ 　　　　　　　　　　ACP（或 A）
$\quad\vdots\quad\vdots$
10. r 　　　　　　　　　　…
11. $\sim r$ 　　　　　　　　　…
12. $r\vee q$ 　　　　　　　　10 Add
13. q 　　　　　　　　　　11, 12 DS
14. $\sim q\supset q$ 　　　　　　　3-13 CP
15. $\sim\sim q\vee q$ 　　　　　　14 Cond
16. $q\vee q$ 　　　　　　　　15 DN
17. q 　　　　　　　　　　16 Dup

比照之下，我們也可把整個(b)的證明格式寫成：

(b)
1. $\left.\begin{array}{}\\\\\end{array}\right\}p$ 　　　　　　　　　　　P
2. 　　　　　　　　　　　P　　／∴.q
3. $\sim q$ 　　　　　　　　　　ARAA（或 A）
$\quad\vdots\quad\vdots$
10. r 　　　　　　　　　　…

$$
\begin{array}{lll}
11. & \sim r & \cdots \\
12. & (r \cdot \sim r) & \text{10, 11 Conj} \\
13. & q & \text{3-12 RAA}
\end{array}
$$

比照(a)和(b)，可發現三點。一，任何有效論證，既可用上述(a)式，也可用(b)式完成證明。二，(a)(b)兩式大同小異，基本上沒什麼不同，只是(a)比(b)長一點。三，在(a)比(b)長**那部分**，對(a)來說，每個證明的方式或模式都一樣，因此，就實用的觀點來說，值得用較短的(b)式去取代(a)的。從這三點，可以說，(a)(b)兩式互為變式，也就是 CP 證法和 RAA 證法互為變式。

　　現在有一個問題，既然 RAA 做起來比較短，為什麼還要使用較長的 CP 呢？要注意的是，這裡所謂用 RAA 比用 CP 較短，只是就像上述(a)(b)兩式那樣做**假定**時，會產生 RAA 比 CP 短的結果，不是就任何方式做假定時，RAA 都會比 CP 短。例如，就例 29 同一個論證，我們可有下面 CP 證法。

例 30
$$
\begin{array}{lll}
1. & B \supset C & \text{P} \\
2. & \sim C \lor (D \cdot E) & \text{P} \quad /\therefore D \lor \sim C \\
3. & \sim D & \text{ACP} \\
4. & [(\sim C \lor D) \cdot (\sim C \lor E)] & \text{2 Dist} \\
5. & \sim C \lor D & \text{4 Simp} \\
6. & \sim C & \text{3, 5 DS} \\
7. & \sim D \supset \sim C & \text{3-6 CP} \\
8. & \sim \sim D \lor \sim C & \text{7 Cond} \\
9. & D \lor \sim C & \text{8 DN}
\end{array}
$$

這個 CP 論明比例 29(b)的 RAA 證明還短。實際上，不同的論證，CP 和 RAA 證明常有不同的難易和長短。同時，在實用上，人們也很自然的使用這兩者。這樣，在當代邏輯書本上，把這兩種證法都明文引進當推演規則。

5. CP 和 RAA 的使用策略

在前面討論 CP 和 RAA 中，實際上已陸續介紹了不少 CP 和 RAA 的使用策略。我們現在應該知道，使用 CP 和 RAA 可以大大簡化證明程序。

在使用這些規則時，最重要的是做**適當的假定**。如果要導出的結論或語句是一個如言，我們通常使用 CP。即使不是如言，如果與某一如言等值，可使用 CP 導出該語句。有時候，爲了導出 $p \supset q$，可先使用 CP 導出 $\sim q \supset \sim p$，然後用質位同換(Contra)得到 $p \supset q$。

爲導出雙如言，最好的方法時常是使用 CP 兩次，導出兩個如言，然後連結它們，再用 Bic。爲導出連言，一般說來，就各特別情況使用最好方法，分別先獲得連項。爲導出選言，我們可使用 Add 或 Dil；而現在有了 CP 以後，我們時常可以連合 Cond 使用這。如果我們導出譬如 $A \lor B$，我們可假定一個選項的否言 $\sim A$，導出 B，依 CP 推出 $\sim A \supset B$，用 Cond 得到 $\sim \sim A \lor B$，然後用 DN 得到 $A \lor B$。要導出一個否言或一個單一字母，如果沒有明顯的十八個規則可用，則最好的探進是使用 RAA。假定我們想證明的東西的相反者，然後想辦法導出一個矛盾。

RAA 是一個極其有力的規則，事實上可以用來導出任何語句。也就是，每個證明可以使用 RAA。因此，當所有其他嘗試或方便的嘗試未能成功時，可以使用 RAA。但是，不是一開始就慣常使用它，因爲有時使用它會使證明反而困難。在使用 RAA 時，應盡量把複雜的語句分解成較簡單位。這時常是找到矛盾的最快途徑。在結論是簡單語句或其否言時，RAA 尤其有用。因爲可使你立即有短語句可用，而使我們可以不須直接導出困難的短結論。使用 RAA，導出任何矛盾，就等於導出結論。

習題 5-3

使用 CP 或 RAA 證明下列論證。

1. $\sim C \lor (G \cdot H), B \supset (C \lor \sim D), A \supset (G \cdot D)$ 　／∴ $A \supset (C \cdot H)$
2. $F \lor D, E \supset C, \sim[B \cdot (C \lor D)]$ 　／∴ $B \supset (F \cdot \sim E)$
3. $A \supset (B \supset C), B \supset (C \supset \sim B)$ 　／∴ $\sim A \lor \sim B$
4. $F \supset (G \lor \sim J), J \supset (\sim G \lor K), (F \cdot J) \supset \sim K$ 　／∴ $\sim F \lor \sim J$

5. $E⊃(J∨K), K⊃\sim K, D⊃\sim(J \cdot L), H∨\sim(D⊃\sim L), A≡\sim(H \cdot J)$
　　$/\therefore D⊃(A⊃\sim E)$

6. $\sim(H \cdot S)⊃D, \sim(C∨D), K≡\sim(B⊃C), \sim(S \cdot J)∨\sim(H \cdot K)$　$/\therefore J⊃\sim B$

7. $J⊃[K⊃(L \cdot M)], L⊃[E⊃(G \cdot H)], A⊃\sim H$　$/\therefore(J \cdot K)⊃[J⊃(A⊃\sim E)]$

8. $(J∨K)⊃\sim L, M⊃(\sim A \cdot \sim B)$　$/\therefore(J∨M)⊃\sim(L \cdot A)$

6.定理及其證明

定理(theorem)一詞，似乎很熟，想必在什麼地方看過。是的，每個人一定在數學上做過一些「定理的證明」。通常我們會在像數學這種「形式」(formal)科學或形式系統裡看到定理。我們在以上講論證時，曾強調論證有前提和有結論。論證提出者主張，前提眞時結論眞。這裡所謂前提，是就各個特定的論證提出的。但在像數學這樣的形式系統裡，經常要討論和證明不須特定前提（但不是不須任何前提）而在該形式系統爲眞，或可證明的命題。這種命題，就是一般所謂定理。

就純邏輯和形式邏輯系統來說，我們也有許多不須特定前提而在該系統爲眞的命題或語句。在邏輯上，也把這種命題和語句，叫做定理。但絕大部分基本邏輯教本，包括本書，主要是爲一般讀者，而不是爲專門研究邏輯的人寫的，因此講的以論證爲主。然而，講一點定理的觀念和證明，對整個邏輯的基本了解，也很有用。就邏輯本身來說，定理可以說是論證的一種極端情形，即：沒有前提的論證。因此，在邏輯理論上，定理和論證沒有基本的不同。

在本書第四和本章的語句邏輯系統裡，有不須特定前提而爲眞的命題和語句。這些命題和語句，就是語句邏輯的定理。套套言(tautology)就是這類語句。有趣的是，語句邏輯的定理集合，恰好和套套言集合相同。也就是，語句邏輯的每個定理，都是套套言，以及每個套套言都是定理。

正如同一個論證是否有效須要證明，一個語句是否是定理也須要證明。正如同可用導衍來證明一個論證爲有效，也可用導衍來證明一個語句爲定理。在用導衍證明論證爲有效時，我們的導衍從前提開始，導出

最後一列的結論。這時候，這結論之眞是要依據那些前提之眞的。有一點在講 CP 和 RAA 時尚未指出，現在講定理時應指出的。那就是，在導衍裡每進行一次 CP 或 RAA，一定會劃掉或框掉一個而且僅只一個前提，包括當假定的前提在內。我們知道，在一個導衍裡可以依需要進行多次的 CP 或 RAA。這樣，有一種可能，那就是，我們的 CP 或 RAA 可能進行到把所有前提，包括當假定的前提在內，都劃掉或框掉。這時候，最後一列的結論就成爲**無前提**而爲眞，也就是不須依特定的前提而爲眞。這時候，這個最後一列的語句，就是一個定理。這樣，很明白的，所謂證明一個語句爲定理，就是構作一個導衍或證明，使得這個語句爲導衍最後一列，而所有前提都被劃掉或框掉。

這樣，在證明定理時，我們使用和其他證明恰好相同的方法和規則；唯一的不同是，在這裡我們沒有開始的前提。因此，爲了能夠開始，我們需要用能夠**做假定**的 CP 或 RAA。這樣，定理的證明一定需要用 CP 或 RAA，因爲沒有前提，這是我們能夠開始的唯一途徑。因此，定理證明的第一步一定是一個假定。我們可以用和前面相同的證明策略；例如，如果定理是一個如言，最好的方法是用 CP。我們將把「p 是定理」寫成「⊢p」；記號「⊢」，叫做「定理號」或「側 T 號」。試看下列定理的證明。

例 31　⊢$p \supset (p \lor q)$
　　　(a)用 CP 證明

1. p	ACP
2. $p \lor q$	1 Add
3. $p \supset (p \lor q)$	1-2 CP

　　　(b)用 RAA

1. $\sim[p \supset (p \lor q)]$	ARAA
2. $\sim[\sim p \lor (p \lor q)]$	1 Cond
3. $[\sim \sim p \cdot \sim(p \lor q)]$	2 DeM
4. $\sim \sim p$	3 Simp
5. $\sim(p \lor q)$	3 Simp
6. $(\sim p \cdot \sim q)$	5 DeM

7. ~p	6 Simp
8. (~p · ~~p)	4, 7 Conj
9. p⊃(p∨q)	1-8 RAA

上面(a)和(b)，分別用 CP 和 RAA 證明同一個定理。一個定理是如言時，用 CP 一般會比較簡短。

例 32 ⊢[p⊃(q⊃r)]⊃[(p⊃q)⊃(p⊃r)]

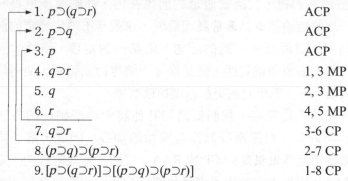

1. p⊃(q⊃r)	ACP
2. p⊃q	ACP
3. p	ACP
4. q⊃r	1, 3 MP
5. q	2, 3 MP
6. r	4, 5 MP
7. q⊃r	3-6 CP
8. (p⊃q)⊃(p⊃r)	2-7 CP
9. [p⊃(q⊃r)]⊃[(p⊃q)⊃(p⊃r)]	1-8 CP

這是子證明裡的子證明的典型證法。定理是一個如言。在列 1 拿前件當假定，企圖導出後件 (p⊃q)⊃(p⊃r)。這個後件又是一個如言，在列 2 拿它的前件 p⊃q 當假定，企圖導出後件 p⊃r。這個後件又是一個如言，在列 3 拿它的前件 p 當假定，企圖導出後件 r。在列 6 導出 r 以後，在列 7, 8 和 9 可做一連串的 CP，最後在列 9 證明了這個定理。

例 33 ⊢ p≡[p·(q⊃p)]

1. p	ACP
2. p∨~q	1 Add
3. ~q∨p	2 Com
4. q⊃p	3 Cond
5. [p·(q⊃p)]	1, 4 Conj
6. p⊃[p·(q⊃p)]	1-5 CP
7. [p·(q⊃p)]	ACP
8. p	7 Simp
9. [p·(q⊃p)]⊃p	7-8 CP
10. ({p⊃[p·(q⊃p)]}·[p·(q⊃p)]⊃p)	6, 9 Conj
11. p≡[p·(q⊃p)]	10 Bic

這是雙如言定理的典型證法。先分別用 CP 獲得兩個單如言，如列 6 和 9。用 Conj 結合這兩者，再用 Bic 獲得雙如言，如列 10 和 11。

例 34　⊢$[(p \lor q) \supset \sim r] \supset \sim (p \cdot r)$

1. $(p \lor q) \supset \sim r$		ACP
2. $\sim \sim (p \cdot r)$		ARAA
3. $(p \cdot r)$		2 DN
4. p		3 Simp
5. $p \lor q$		4 Add
6. $\sim r$		1, 5 MP
7. r		3 Simp
8. $(r \cdot \sim r)$		6, 7 Conj
9. $\sim (p \cdot r)$		2-8 RAA
10. $[(p \lor q) \supset \sim r] \supset \sim (p \cdot r)$		1-9 CP

這是 CP 子證明裡做 RAA 子證明的例子。

例 35　⊢$\sim [(p \equiv q) \cdot (p \cdot \sim q)]$

(a)用 RAA 證明

1. $\sim \sim [(p \equiv q) \cdot (p \cdot \sim q)]$		ACP
2. $[(p \equiv q) \cdot (p \cdot \sim q)]$		DN
3. $p \equiv q$		2 Simp
4. $(p \cdot \sim q)$		2 Simp
5. p		4 Simp
6. $\sim q$		4 Simp
7. $[(p \supset q) \cdot (q \supset p)]$		4 Bic
8. $p \supset q$		7 Simp
9. q		5, 8 MP
10. $(q \cdot \sim q)$		6, 9 Conj
11. $\sim [(p \equiv q) \cdot (p \cdot \sim q)]$		1-10 RAA

(b)用 CP 證明

1. $p \equiv q$		ACP
2. $[(p \supset q) \cdot (q \supset p)]$		1 Bic
3. $p \supset q$		2 Simp
4. $\sim p \lor q$		3 Cond
5. $\sim p \lor \sim \sim q$		4 DN

$$6. \sim(p \cdot \sim q) \qquad\qquad 5 \text{ DeM}$$

$$7. (p \equiv q) \supset \sim(p \cdot \sim q) \qquad\qquad 1\text{-}6 \text{ CP}$$

$$8. \sim(p \equiv q) \lor \sim(p \cdot \sim q) \qquad\qquad 7 \text{ Cond}$$

$$9. \sim[(p \equiv q) \cdot (p \cdot \sim q)] \qquad\qquad 8 \text{ DeM}$$

遇到定理是否言時，一般可如(a)，用 RAA 證明。但對定理的語句形式加以分析後，也可如(B)，用 CP 證明，而且比較短，但過程要多一點技巧。

例 36　$\vdash [p \supset (p \cdot q)] \lor [q \supset (p \cdot q)]$

(a)用 RAA 證明

1.	$\sim\{[p \supset (p \cdot q)] \lor [q \supset (p \cdot q)]\}$	ARAA
2.	$\{\sim[p \supset (p \cdot q)] \cdot \sim[q \supset (p \cdot q)]\}$	1 DeM
3.	$\sim[p \supset (p \cdot q)]$	2 Simp
4.	$\sim[\sim p \lor (p \cdot q)]$	3 Cond
5.	$[\sim\sim p \cdot \sim(p \cdot q)]$	4 DeM
6.	$\sim\sim p$	5 Simp
7.	$\sim(p \cdot q)$	5 Simp
8.	$\sim p \lor \sim q$	7 DeM
9.	$\sim q$	6, 8 DS
10.	$\sim[q \supset (p \cdot q)]$	2 Simp
11.	$\sim[\sim q \lor (p \cdot q)]$	10 Cond
12.	$[\sim\sim q \cdot \sim(p \cdot q)]$	11 DeM
13.	$\sim\sim q$	12 Simp
14.	$(\sim q \cdot \sim\sim q)$	9, 13 Conj
15.	$[p \supset (p \cdot q)] \lor [q \supset (p \cdot q)]$	1-14 RAA

(b)用 CP 證明

1.	$\sim[p \supset (p \cdot q)]$	ACP
2.	q	ACP
3.	$\sim[\sim p \lor (p \cdot q)]$	1 Cond
4.	$[\sim\sim p \cdot \sim(p \cdot q)]$	3 DeM
5.	$\sim\sim p$	4 Simp
6.	p	5 DN
7.	$(p \cdot q)$	2, 6 Conj
8.	$q \supset (p \cdot q)$	2-7 CP

9. $\sim[p \supset (p \cdot q)] \supset [q \supset (p \cdot q)]$　　　　　　　　　1-8 CP

10. $\sim\sim[p \supset (p \cdot q)] \lor [q \supset (p \cdot q)]$　　　　　　　　　9 Cond

選言的定理，雖然一般如(a)，用 RAA 證明，但略加分析後，可如(b)，用 CP 證明，簡短很多。

　　我們知道，論證 $p \diagup \therefore q$ 為有效時，$p \supset q$ 為套套言，反之亦然。而每個套套言，也是一個定理。因此，論證的證明和定理的證明，在邏輯上可以說是同一回事。但在日常討論上，我們關注的是論證，不是定理。因此，本書的討論，以論證為中心。

7. 導衍與論證的無效和前提的不一致

　　迄今我們只用導衍來顯示和證明論證的**有效**：結論**的確**從前提跟隨而來。怎麼沒有講顯示**無效**的呢？很不巧的，我們**無法用導衍來顯示論證的無效**。我們不能只因為不能夠找到證明或找到推出結論的導衍，就下結論說論證無效，因為有可能是因為技術差，知識還不夠，或其他因素沒找到。在邏輯和數學史上有許多例子，定理只是被猜是真的，好幾世紀都沒有找到證明。即使最好的邏輯家和數學家，有時候也不能夠給有效論證找到證明。因此，不論你是誰，未能找到證明，不能說證明不存在；它可能未被發現而已。

　　那麼，要如何顯示一個論證為無效呢？一個建議可能會說，嘗試去導出結論的否言。但這樣做有用嗎？沒用。導出結論的否言，並不意味不能夠導出結論本身。在本章第三節講導謬法時，指出並顯示過，如果前提不一致或矛盾，則能夠導出任何結論，包括某一結論及否言。因此，這個方法行不通。

　　為顯示一個論證無效，我們不能使用導衍方法；我們必須用譬如反例法。**為顯示一個論證為無效的唯一方法是構作或找一個反例**，即一個前提真而結論假的實例。現在由於我們的論證相當複雜了，所以一般說來這意味使用**短切真值法表**。在第三章，已講過這種方法。為溫故知新，再舉一個例子如下。

例 37　試用短切眞值表法，顯示下列論證無效：

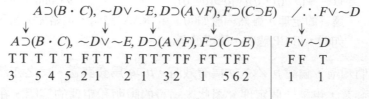

$$A \supset (B \cdot C), \sim D \vee \sim E, D \supset (A \vee F), F \supset (C \supset E) \quad / \therefore F \vee \sim D$$

$A \supset (B \cdot C),$	$\sim D \vee \sim E,$	$D \supset (A \vee F),$	$F \supset (C \supset E)$	$F \vee \sim D$
T T T T	F T T	F T T T T F	F T T F F	F F T
3　5 4 5 2 1	2 1	3 2　1	5 6 2	1　1

在前提爲眞和結論爲假的眞值指定下，依表下數字表示的次序，可以逆算出各字母可能的眞值。這表示有前提眞結論假的可能。故論證無效。

除了有效無效，論證前提的一致不一致，也是邏輯關懷的重要問題。我們知道，可用眞值表來顯示前提的一致和不一致。我們可用導衍的方法來做同樣的工作嗎？說起來弔詭，也好玩的，雖然可用導衍來證明論證有效，但不能用導衍來證明論證無效；而相反的，我們可用導衍來證明前提的不一致，但卻不能用它來證明前提的一致。

如果我們從前提導出一個矛盾，則這組前提就不一致。舉個簡單的例子來說，如果我們從前提 p 和 q 導出一個矛盾 $(r \cdot \sim r)$，以這些前提的連言 $(p \cdot q)$ 爲前件的如言 $(p \cdot q) \supset (r \cdot \sim r)$ 必定是套套言。而這個如言的後件 $(r \cdot \sim r)$ 爲矛盾言，所以一定爲假(F)。因這個如言爲套套言，因此主連詞「$\supset$」必定爲眞(T)。這樣，前件 $(p \cdot q)$ 必定爲假，所以 p 和 q 這組前提必定不一致。

例 38　試用導衍證明下列論證的前提不一致。

(a)1. $A \supset (B \vee C)$　　　　　　P

　　2. $\sim (\sim A \vee C)$　　　　　　P

　　3. $\sim B$　　　　　　　　　　P　$/ \therefore C$

　　4. $\sim A \vee (B \vee C)$　　　　　1 Cond

　　5. $\sim A \vee (C \vee B)$　　　　　4 Com

　　6. $(\sim A \vee C) \vee B$　　　　　5 Assoc

　　7. $(\sim A \vee C)$　　　　　　　3, 6 DS

　　8. $[(\sim A \vee C) \cdot \sim (\sim A \vee C)]$　　2, 7 Conj

(b)1. $\sim G \supset (H \vee J)$　　　　　　P

2. $H \supset J$	P
3. $\sim(J \lor G)$	P　$/\therefore \sim G \lor \sim J$
4. $(\sim J \cdot \sim G)$	4 DeM
5. $\sim J$	4 Simp
6. $\sim G$	4 Simp
7. $H \lor J$	1, 6 MP
8. H	5, 7 DS
9. $\sim H$	2, 5 MT
10. $(H \cdot \sim H)$	8, 9 Conj

(a)和(b)分別在 8 和 10 導出矛盾，因此這兩個論證的前提都不一致。由於只考慮前提一致問題，因此不必管結論。

有幾點要注意的。一，用導衍顯示前提的不一致時，要僅僅從論證所給的前提做導衍，不要引進任何假定。二，未能導出矛盾時，不能說前提為一致，因為可能是因為技術差或其他因素而沒導出矛盾，不是因為一致而導不出。三，當前提不一致時，什麼結論都能導出來，所以論證變成平白的有效。但有效的論證不一定保證結論真，除非前提真。

習題 5-4

Ⅰ.構作導衍證明下列定理。

1. $\vdash (p \lor q) \supset [(p \supset q) \supset q]$

2. $\vdash (p \lor \sim q) \supset [(\sim p \lor r) \supset (q \supset r)]$

3. $\vdash \sim [(p \equiv \sim q) \cdot \sim(p \lor q)]$

4. $\vdash \sim [(p \supset \sim p) \cdot (\sim p \supset p)]$

5. $\vdash (p \supset q) \supset \{[p \supset (q \supset r)] \supset (p \supset r)\}$

6. $\vdash (\sim p \lor q) \supset [(p \lor \sim q) \supset (p \equiv q)]$

7. $\vdash (p \equiv q) \equiv [(p \cdot q) \lor (\sim p \cdot \sim q)]$

8. $\vdash \sim(p \equiv q) \equiv [(p \cdot \sim q) \lor (q \cdot \sim p)]$

Ⅱ.試用導衍證明下列論證的前提不一致。

1. $A \supset (\sim B \cdot \sim C), B \lor C, A$　$/\therefore \sim C \supset B$

2. $(A \cdot \sim B), A \supset C, C \supset (B \vee \sim A) \quad / \therefore \sim B \vee \sim C$

3. $B \vee C, B \supset D, (B \cdot D) \supset C, C \supset (B \cdot \sim D) \quad / \therefore B \equiv \sim C$

4. $(\sim A \cdot \sim B), B \vee (\sim B \cdot C), \sim (A \vee B) \supset \sim (B \vee C) \quad / \therefore B \supset \sim C$

5. $G \supset (H \supset J), \sim [\sim J \vee (G \vee \sim K)], \sim \{\sim G \vee [J \supset (H \cdot K)]\} \quad / \therefore \sim (G \vee J) \supset K$

6. $\sim (B \equiv C) \supset A, D \supset \sim A, A \supset (D \cdot C), B \equiv \sim C \quad / \therefore \sim C \supset A$

Ⅲ.用提示的字母符示下列各論證,並決定有效或無效。如果有效,構作一個
　證明;如果無效,用反例真值表顯示它。

1. 如果小葳看電視(W)或去看電影(M),則她將不做邏輯功課(L)而考試會失
　 敗(F)。如果小葳沒看電視,則如果她快樂(H),則她不快樂。小葳將做邏
　 輯功課。因此她不快樂。

2. 要嘛啤酒罐(B)和飲料罐(S)應有押金,否則這些罐子會被沿公路拋棄(H)和
　 鄉下會像垃圾場(C)。如果這些罐子在公園(P)或沿公路拋棄,則飲料罐應
　 有押金。因此飲料罐應有押金。

3. 如果《聖經》確實為真(B),則上帝(G)和撒旦(D)都存在。如果上帝存在則
　 世界有善(W)。如果撒旦存在則世界有惡(E)。世界有善有惡。所以,《聖
　 經》確實為真。

4. 如果貨幣主義者是對的(M),則通貨膨脹增加(I)恰好如果貨幣供給增加太
　 快(S)。如果凱恩斯學派是對的(K),則通貨膨脹增加恰好如果失業減少
　 (D)。如果自由主義者是對的(L),則通貨膨脹增加只如果政府花費比收入
　 多(F)。政府花費比收入多只如果稅收太低(T)。失業沒減少,稅收也沒太
　 低,但通貨膨脹增加。因此,既非貨幣主義者,凱恩斯學派,也非自由主
　 義者是對的。

5. 如果六家高鐵站設在我家鄉,而且竹北交通四通八達,則我家鄉不再寧
　 靜。我家鄉寧靜,或是台大在竹北設校區和生物科技城設在東海。如果六
　 家高鐵站設在我家鄉,則竹北交通四通八達。所以,如果六家高鐵站設在
　 我家鄉,則台大在竹北設校區。

6. 如果我不學哲學(P)或不到獅頭山當和尚(S),則如果我學醫(M),我不會清
　 貧一生(L)。我沒學醫恰好如果我喜歡沉思宇宙(C)和對醫沒興趣(I)。我不
　 是喜歡沉思宇宙或不關心人間(H)。我清貧一生或者對醫有興趣和想賺錢
　 (E)。如果我對醫有興趣,我不會清貧一生。

8. 推演規則的一致，獨立與完備

　　相對於其他學問而言，當代邏輯研究的一個重要特徵是，不但研究一個邏輯**系統內的真理**，而且也研究一個邏輯系統當做**一個整體來看的真理**。如果前者的研究是邏輯研究的話，後者的研究可說是**後視邏輯**(metalogic)的研究。這樣，後視邏輯的研究，是當代邏輯研究的重要特徵。邏輯的研究，是發揮思想的顯微鏡；後視邏輯的研究，是發揮思想的望遠鏡。

　　我們以及本書講的語句邏輯系統，基本上是由五個基本語句連詞（號）和十八個推演規則，再加 CP 和 RAA 建造和決定的。在構作五個語句連詞的基本真值表，和推演規則時，除了盡量把握正確推理的直覺觀念以外，在形式運行上，也希望能夠嚴格做到從真語句，必定推出真語句的邏輯原理。也就是，不會從真語句推出假語句來。這是邏輯原理，尤其是演繹邏輯原理的絕對要求。通常，我們把滿足這個要求和條件的邏輯系統，叫做**一致的**(consistent)，健全的(sound)，或正確的(correct)。任何不滿足這個要求的系統是沒用的，因為從不一致的前提，可以推出任何結論，包括任何矛盾。一個有用的系統，必須要具有「好壞」的鑒別力。

　　要指出的是，本書的語句邏輯系統是一致的，也就是，在我們的系統，從真語句**必定**推出真語句，不會推出假語句。在構作我們的邏輯系統時，特別在意這種一致性，因為任何邏輯或其他非邏輯系統的建造，都要使用和依據邏輯系統。因此，如果邏輯系統本身不一致，別的系統就不可能是一致的了。

　　在邏輯上，一定要經嚴格的證明為一致，才可以說一個系統是一致的；而且也一定要經嚴格證明為不一致，才可以說是不一致的。沒有證明為一致，也沒有證明為不一致，則不知道是否一致。說出來會令人覺得驚奇的，我們常用的算術系統，到底是否一致，至今尚未證得。

　　我們說語句邏輯系統是一致，當然是已經由邏輯家嚴格證得了的。這個證明要使用所謂數學歸納法(mathematical induction)。在這個證法

裡，主要在顯示每個推演規則，包括 CP 和 RAA，對任何**長度**的眞語句，必定推出眞語句。我們在此不準備一一去做。前面引進每個推演規則時，都舉了一些例子來顯示這。我們的規則都是針對這點設計的。

其次要介紹的是推演規則的經濟性和**獨立性**(independence)。所謂經濟性是說，就希望我們的推演規則所要做和完成的任務來說，規則愈少愈簡單愈好。這也是知識建構上美學的要求。同經濟性重要相關是獨立性和實用性。如果從規則 p 可推出規則 q，則 q 不獨立於 p。當 q 不獨立於 p 時，q 能完成的工作 p 也能完成。這時候，在經濟上和邏輯功能上，相對於 p，q 是不經濟的，多餘的。我們在前面講 CP 和 RAA 時，曾舉例顯示，凡用 RAA 做的證明，都可用 CP 去做。可見，RAA 是不獨立於 CP 的。從經濟和獨立的角度來看，十八個推演規則之中頗多是多餘。試看下列各例。

例 39　1. $p \lor q$　　　　　　　　　　　　P

　　　　2. $\sim p$　　　　　　　　　　　　P　／∴ q

　　　　3. $\sim\sim p \lor q$　　　　　　　　1 DN

　　　　4. $\sim p \supset q$　　　　　　　　　3 Cond

　　　　5. q　　　　　　　　　　　　2, 4 MP

　　這個論式是選言三段論(DS)，可用 DN, Cond 和 MP 證得，可見它不獨立於共同的這後三者。

例 40　1. $p \supset q$　　　　　　　　　　　P

　　　　2. $\sim q$　　　　　　　　　　　　P　／∴ $\sim p$

　　　　3. $\sim q \supset \sim p$　　　　　　　1 Contra

　　　　4. $\sim p$　　　　　　　　　　　2, 3 MP

　　這個證明顯示否定後件規則(MT)可從 Contra 和 MP 推出，即不獨立於後兩者。

例 41　(a)1. $p \supset q$　　　　　　　　　　P　／∴ $\sim q \supset \sim p$

　　　　　2. $\sim q \lor p$　　　　　　　　1 Cond

　　　　　3. $q \lor \sim p$　　　　　　　　2 Com

　　　　　4. $\sim\sim q \lor \sim p$　　　　　3 DN

　　　　　5. $\sim q \supset \sim p$　　　　　　4 Cond

　　　　(b)1. $\sim q \supset \sim p$　　　　　　P　／∴ $p \supset q$

2. $\sim\sim q \vee \sim p$　　　　　　　　1 Cond

3. $q \vee \sim p$　　　　　　　　　　2 DN

4. $\sim p \vee q$　　　　　　　　　　3 Com

5. $p \supset q$　　　　　　　　　　4 Cond

由(a)和(b)的證明顯示質位同換規則(Contra)，不獨立於 Cond, Com, DN。要注意，(a)和(b)的導衍所依據的規則全部是**等值**取代規則，因此它的導衍是可逆的。這樣，從 $p \supset q$ 導出 $\sim q \supset \sim p$ 後，即可視為也可從 $\sim q \supset \sim p$ 導出 $p \supset q$。

例42　1. $(p \cdot q) \supset r$　　　　　　　　P　　/∴. $p \supset (q \supset r)$

2. $\sim (p \cdot q) \vee r$　　　　　　　1 Cond

3. $(\sim p \vee \sim q) \vee r$　　　　　　2 DeM

4. $\sim p \vee (\sim q \vee r)$　　　　　　3 Assoc

5. $\sim p \vee (q \supset r)$　　　　　　4 Cond

6. $p \supset (q \supset r)$　　　　　　　5 Cond

這個導衍依據的規則，全部是等值取代，因此它的導衍可逆。這樣，就可顯示移出規則(Exp)不獨立於 Cond, DeM 和 Assoc。

例43　1. $p \supset q$　　　　　　　　　P

2. $r \supset s$　　　　　　　　　P

3. $p \vee r$　　　　　　　　　P　　/∴. $q \vee s$

4. $\sim \sim p \vee r$　　　　　　　　3 DN

5. $\sim p \supset r$　　　　　　　　4 Cond

6. $\sim q \supset \sim p$　　　　　　　1 Contra

7. $\sim q \supset r$　　　　　　　　5, 6 CS

8. $\sim q \supset s$　　　　　　　　2, 7 CS

9. $\sim \sim q \vee s$　　　　　　　8 Cond

10. $q \vee s$　　　　　　　　　9 DN

這個論式是兩難論(Dil)。這個證明顯示它不獨立於 DN, Cond, Contra 和 CS。兩難論的前提有三個。就簡單的立場來看，它有點複雜和不直覺，但基於在日常討論上時常使用，因此邏輯教本常把它當一個基本的推演規則。

　　以上是我們的推演規則之間不獨立、不經濟的一些例子。有幾點要注意的。一，推演規則的獨立性是相對的，也就是某一規則是否獨立，

必須由其他那些規則來決定。還有獨立不獨立，一定要經證明才可以說。二，我們引進的推演規則，顯然比夠用多的多，這在純邏輯理論來看是很不經濟的。一般講純邏輯系統的推演規則就少的多。基本邏輯教本之要引進比較多的推演規則，基於兩個考慮。一，希望把日常討論上常用的有效論證形式，**原樣原本**呈現出來，供實用參考。二，如果推演規則太少，會使證明比較難做。爲了不使一般讀者承受不必要的困難和負擔，引進多一點的。

　　最後討論我們的語句邏輯系統是否完備(complete)。這個問題不但在邏輯理論上很有意義，而且會對一般知識理論和實用系統的建造，產生指導作用。所謂語句邏輯系統是否完備，用直覺的話說，是問我們語句邏輯系統所建構的資具和條件是否夠用。當然這裡所謂夠不夠用一定要就完成一定工作來講。我們的語句邏輯所要完成的工作是論證和定理的證明。這樣，我們可以說，一個語句邏輯系統是**完備的**，如果在這個系統裡爲有效的每個論證，都能夠在這個系統裡證明出來，以及在這個系統裡爲眞的每個語句和命題，也就是套套言，都能夠當定理證明出來。由於在語句邏輯裡的有效論證都可以寫成一個對應的套套言，以及定理一詞是就一定系統而言，我們可說，一個語句邏輯是完備的，如果每個套套言是定理。這樣，我們以及本書的語句邏輯完備嗎？答案是：完備。當然，這需要證明。這種證明和普通的實用邏輯無關，因此我們不準備在這裡做。在本書後面部三第十三章講設基(axiom)系統時，當做一個後視定理(metatherem)的例子，我們將會做。最後要注意的，我們這裡講的語句邏輯的完備，是就可在語句邏輯裡顯示爲有效的論證和爲眞的語句的證明而言。此外，一個不一致的系統，完全沒有用，因爲它無法幫我們區分論證是好是壞，一個語句是眞是假，因爲在這樣的系統裡，每個論證都可以爲有效和每個語句可當定理證明出來。但不完備的系統還是有用的，至少就它可證明出來的部分，是完全有用的。

如言證法與導謬法摘述

㈠**如言證法**(CP)

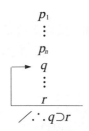

$$p_1$$
$$\vdots$$
$$p_n$$
$$q$$
$$\vdots$$
$$r$$
$$/\therefore q \supset r$$

(二)導謬法(RAA)

$$p_1$$
$$\vdots$$
$$p_n$$
$${\sim}q$$
$$\vdots$$
$$(r \cdot {\sim}r)$$
$$/\therefore q$$

(三) CP 和 RAA 使用上的限制

(1)在證明裡做的每個假定,最後須要撤銷。

(2)一個假定一旦撤銷了,它以及落在它範圍內的任何列,在證明裡不可再使用。

(3)在其他假定的範圍內的假定,必須以做它的逆序撤銷;也就是,任兩個箭框不可交叉。

(四)使用 CP 和 RAA 的一般指示

(1)在證明的任何一列,都可為 CP 和 RAA 引進一個假定,只要我們拿假定來辯護,也就是,只要把它標示為假定。

(2)使用 CP 時,假定要證明或想要的如言的前件,然後導出後件。使用 RAA 時,假定我們想證明的東西(語句)的否言,然後導出一個矛盾。從假定到後件(為 CP)或到矛盾(為 RAA)的所有列,說是在這假定範圍**裡面**的。

⑶在一個假定的範圍裡面的列串，叫做一個**子證明**。

⑷我們用箭框標示子證明。這個箭框是假定的**範圍標號**。這個箭框是由一個橫指假定的箭頭，以及由箭尾垂直到子證明最後一列，再向右橫寫的一個小線段組成。

⑸一個證明裡可以引進的假定數目沒有限制，而且可以在另一個假定的範圍裡面做假定。

⑹一個假定的範圍，在我們推出如言或想要的語句前一列結束。這個假定就在這點上**撤銷**。這樣，使用 CP 或 RAA 所導出的結果——如言或想要的語句，都不在假定的範圍裡面。用箭框底線表示假定已被撤銷。

部二　述詞邏輯

第六章
單稱語句與通稱語句

1.個子與性質；名稱與述詞

下例的兩個論證，顯然有效。

例1　(a)　所有的人是終有一死的。
　　　　　老子是人。
　　　　　所以，老子是終有一死的。

　　　(b)　所有動物是終有一死的。
　　　　　所有的人是動物。
　　　　　所以，所有的人是終有一死的。

但是僅僅使用前面幾章介紹的語句邏輯或命題邏輯，**無法**證明這些論證的有效。依語句邏輯，這兩個論證的論證形式，充其量是：

$$p$$
$$\frac{q}{\therefore r}$$

在語句邏輯裡，無法顯示這個論式為有效，因為如言 $(p \cdot q) \supset r$ 不會是套套言。但上面(a)和(b)顯然有效，其中的蹊蹺和癥結在那裡？一言以蔽之，在語句邏輯，我們處理的語句同論證結構，僅止於由語句連詞所呈現的；與上面兩個論證的有效性有關的，不只這樣的結構。由於在語句

邏輯，沒有把這些相關的語句結構呈現出來，因此無法處理像上述這些論證的有效性。這些相關的語句結構，是簡單(simple)語句的內部(internal)結構。為了能夠顯示這些，以及更多論證的有效性，我們須進一步分析和呈現簡單語句的內部結構。要處理這種語句內部結構的邏輯，叫做**述詞邏輯**(predicate logic)或**量號（詞）邏輯**(quantifier logic)。

試看語句

(1)老子(Lao Tzu)是人(human)。

在語句邏輯，把這個語句處理做一個單一的項目，例如用語句字母 L 代表這個語句，至於 L **裡面**有怎樣的（邏輯）結構，沒有表明。但現在在述詞邏輯，我們要對這個語句的**內部（邏輯）結構**，做分析和呈現。參照西方向來文法的講法，在這個語句裡，「老子」一詞是主詞(subject)，「（是）終有一死的」是述詞(predicate)。這個語句斷說，老子這個個子(individual)──這個人──具有一定性質(property)，即**是人**這個性質。這樣，讓小寫字母 l 名稱老子這個個子，大寫字母 H 義舉(denote)是人這個性質，則可把上面語句(1)表示和符示為

(2) Hl

本來，如果從(1)直接寫成應為 lH，但為種種方便，邏輯書上寫成 Hl。一個語句中的主詞和述詞那一個先寫，只是習慣和方便的事。要注意的，不像語句邏輯，把(1)分析和符示為單一的項目譬如 L，現在在述詞邏輯，我們把它分析和符示為主詞和述詞這兩個成分，即 l 和 M 兩個成分。經由這兩個成分及其組合，我們分析和呈現了像(1)這種簡單語句的內部結構。

由於像語句(1)，是對某一特定被名稱的個人──叫做老子的這個人，述說或斷說一些什麼──終有一死，我們可把這種語句叫做**單稱語句**(singular sentence)。我們可把單稱語句非常簡單的定義為**一個含有名稱**(name)**的語句**。這樣，一個簡單的單稱語句由兩個部分組成：指稱個子的名稱，和對被名稱的個子斷說一些什麼的述詞。那麼，要符示單稱語句，我們需要兩種符號：代表名稱的符號──**名稱字母**(name letters)，和代表述詞的符號──**述詞字母**(predicate letters)。原則上我們使用一個

名稱的英文字的頭一個字母的小寫，當名稱字母；使用一個述詞的英文
主幹字的頭一個字母的大寫，當述詞字母。例如，在語句「老子(Lao
Tzu)是人(human)」中，我們可用 *l* 當名稱字母，代表名稱「老子」，*H*
當述詞字母，代表述詞「是人」。在我們沒能知道一個中文名稱的相當
英文字詞，或一個中文述詞的相當英文字詞時，可臨時約定 *u* 至 *z*（這
些小寫字母另有用途）以外的任一小寫字母代表該名稱，和臨時約定的
任一大寫字母代表述詞。

例 2　下面是一些最簡單的單稱語句，及利用提示的英文字或字母所做符
　　　示：
　　　(a) 丘崎(Church)教授創辦《符號邏輯》(S)季刊。　　　　*Sc*
　　　(b) 阿里山(a)風景如畫(P)。　　　　　　　　　　　　　*Pa*
　　　(c) 東京(t)是一個大都市(C)。　　　　　　　　　　　　*Ct*
　　　(d) 9 (n)是一個奇數(O)。　　　　　　　　　　　　　　*On*
　　　(e) 《戰爭與和平》(w)是一部小說(N)。　　　　　　　　*Nw*
　　　(f) 老子(l)是終有一死的(M)。　　　　　　　　　　　　*Ml*
　　　在這裡，小寫字母，*c, a, t, n,w* 和 *l* 都用做名稱字母，大寫字母 *S*,
　　　P,C, O, N 和 *M* 則用做述詞字母。

在數學課本，可看到下例的語句或式子：

例 3　(a)　⑴ 4 是偶數。
　　　　　⑵ *a* 是偶數。
　　　　　⑶ *x* 是偶數。
　　　(b)　⑴ 5 大於 7。
　　　　　⑵ *b* 大於 7。
　　　　　⑶ *x* 大於 7。

在上例(a)或(b)裡的諸語句或式子，可以視爲有這樣的關係。(a)的⑵是拿
a 代表⑴裡的 4 得到的。⑴是拿 4 代換⑶裡的 *x*，從⑶得到的代換例；而
⑵是拿 *a* 代換⑶裡的 *x*，從⑶得到的代換例。⑶是拿 *x* 取代⑴的 4 或⑵
的 *a* 得到的式子。雖然(a)的⑴爲**真**，(b)的⑴爲**假**，但(b)的諸語句或式子
之間的關係，和(a)的諸語句或式子之間的上述關係完全一樣，即(b)的⑵

是拿 *b* 代表⑴裡的 5 得到的。⑴是拿 5 代換⑶裡的 *x*，從⑶得到的代換例；⑵是拿 *b* 代換⑶裡的 *x*，從⑶得到的代換例。⑶是拿 *x* 取代⑴的 5 或⑵的 *b* 得到的式子。

上例裡的 *a* 或 *b*，數學上叫做**常詞**（常數）(constant)。所謂常詞實際上就是名稱，即一個代表一個而且僅僅一個個子的記號。這裡的 *a* 和 *b* 之為名稱，和 4 和 5 之為名稱完全一樣，雖然我們知道數字 4 和 5 是代表那個數，但不知道 *a* 和 *b* 實際上代表那一數，但它們之代表一個而且僅只一個數，和 4 和 5 之代表一個而且僅只一個數，則完全一樣。一個記號之為名稱，在於它代表一個而且僅僅一個個子，至於那一個個子，則不是一個記號之為名稱需要問的。上例裡的 *x*，數學上叫做**變詞**（變數）(variable)。所謂變詞是一個小寫字母 *u, w, x, y, z* 等，用來當做任何名稱或常詞的佔位者，或拿任何名稱或常詞代換它會得一個代換例的。

我們可拿任一變詞取代上面例 2 諸語句中的名稱或名稱字母，而得到下例各**句式**(sentence form; formula)。

例 4　(a)　*x* 教授創辦《符號邏輯》(*S*)季刊。　　*Sx*
　　　 (b)　*y* 風景如畫(*P*)。　　　　　　　　　　*Py*
　　　 (c)　*z* 是一個大都市(*C*)。　　　　　　　　*Cz*
　　　 (d)　*x* 是一個奇數(*O*)。　　　　　　　　　*Ox*
　　　 (e)　*x* 是一部小說(*N*)。　　　　　　　　　*Nx*

由常詞或名稱字母與述詞字母組成的語句或式子，例如例 2 的 *Sc* 和 *Pa* 等，除了呈現比語句字母(sentence letters)更多語句內部的結構以外，其邏輯地位，與語句字母沒有兩樣。例如，它具有真假可言，也可當語句連詞連結的單位。現在做個記法約定。我們可把「設 *P* 義舉**是哲學家**這性質」寫成 *Px* =「*x* 是哲學家」；把「設 *l* 名稱老子這個個子」寫成 *l* =「老子」。這樣，

例 5　設 *Px* =「*x* 是哲學家」；*Ix* =「*x* 長生不老」；*l* =「老子」；*t* =「杜甫」；*s* =「孫悟空」。那麼，下列左邊的語句可符示為右邊的述詞邏輯記法：

(a)　老子是哲學家。　　　　　　　　　　　　　　　*Pl*

(b)　杜甫不是哲學家。　　　　　　　　　　　　　　$\sim Pt$

(c)　老子是哲學家或杜甫是哲學家。　　　　　　　　*Pl* ∨ *Pt*

(d)　要嘛老子長生不老，要嘛孫悟空長生不老。　　*Il* ∨ *Is*

(e)　老子是哲學家，但不長生不老。　　　　　　　　(*Pl* · $\sim$ *Il*)

(f)　不是老子和杜甫都是哲學家。　　　　　　　　　$\sim$(*Pl* · *Pt*)

(g)　如果孫悟空是哲學家，則不是老子不是

　　哲學家，就是杜甫不是。　　　　　　　*Ps* ⊃ ($\sim\sim$ *Pl* ⊃ $\sim$ *Pt*)

　　　關於如例 4 的由變詞和變詞字母所形成的**句式**，諸如 *Sx* 和 *Py* 等，有幾點要說的。首先，這些句式不是語句，其本身沒有真假可言。其次，在述詞邏輯裡，引伸起來，它們也可當語句連詞連結的項目。例如，相應於例 5 的各語句，也有下例的句式。

例 6　(a)　*x* 是哲學家。　　　　　　　　　　　　*Px*

　　　(b)　*y* 不是哲學家。　　　　　　　　　　　$\sim Py$

　　　(c)　*x* 是哲學家或 *y* 是哲學家。　　　　　*Px* ∨ *Py*

　　　(d)　要嘛 *x* 長生不老，要嘛 *y* 長生不老。　*Ix* ∨ *Iy*

　　　(e)　*x* 是哲學家，但不長生不老。　　　　　(*Px* · $\sim$ *Ix*)

　　　(f)　不是 *x* 和 *y* 都是哲學家。　　　　　　$\sim$ (*Px* · *Py*)

　　　(g)　如果 *x* 是哲學家，則不是 *y* 不是哲學家，

　　　　　就是 *z* 不是。　　　　　　　　　*Px*⊃($\sim\sim$ *Py* ⊃ $\sim$ *Pz*)

　　再說，如果我們拿常詞或名稱代換一個句式裡的（每個）變詞，則可得到這個句式的一個**代換例**(substitution instance)。一個句式可以有許多不同的代換例。所有這些代換例都具有一個共同的形式，這個形式就是由這個**句式**呈現出來。一個句式雖然沒有真假可言，但它的每個代換例都有。要注意的，一般說來，一個句式的代換例，有的為真，有的為假。但有的句式的每一個代換例都真，有的則都假。

例 7　(a)　*x* 是邏輯家。

　　　(b)　王浩是邏輯家。

　　　(c)　徐志摩是邏輯家。

(b) 和(c)可視爲是句式(a)的代換例，但(b)爲眞，(c)爲假。

例 8　下面是一些句式及其一些代換例。

句式　　　　　　　　代換例

(a)　Fx　　　　　　　　Fa，Fb，Fc，……

(b)　$\sim Gx \supset Hy$　　　　$\sim Ga \supset Hb$，$\sim Ga \supset Ha$，$\sim Gc \supset Ha$，…

(c)　$(Fx \vee Gx) \supset Hy$　　$(Fa \vee Ga) \supset Hb$，$(Fc \vee Gc) \vee Hc$，…

習題 6-1

使用提示的字母，符示下列語句或句式。

1. 吳濁流和鍾理和是台灣本土先驅作家。（w＝「吳濁流」；c＝「鍾理和」；Tx＝「台灣本土先驅作家」）

2. 殷海光喜歡咖啡，但不喜歡酒，而羅素都喜歡。（k＝「殷海光」；r＝「羅素」；Cx＝「x喜歡咖啡」；Wx＝x喜歡酒）

3. 維根斯坦在維也納聽了直覺主義大師布洛爾的演講，而如果維根斯坦眞的回頭搞哲學，則布洛爾會很高興。（w＝「維根斯坦」；Bx＝「x聽了直覺主義大師布洛爾的演講；Px＝「x眞的回頭搞哲學」；b＝「布洛爾」；Hx＝「x很高興」）

4. 如果 x 到大峽谷和黃石公園旅行，則 x 不到夏威夷或不到佛羅里達，但 x 不到黃石公園。（Gx＝「x到大峽谷」；Yx＝「x到黃石公園」；Hx＝「x到夏威夷」；Fx＝「x到佛羅里達」）

5. 如果老子和莊子都在台大開課，則除非庫律基(Kripke)來選課，否則他們都會沒有學生。（l＝「老子」；c＝「莊子」；Tx＝「x在台大開課」；k＝「庫律基」；Ax＝「x選課」；Sx＝「x有學生」）

6. 並非如果台灣隊不參加，則美國隊就會贏，但是如果日本隊參加，則瑞典隊會殿後。（t＝「台灣隊」；Ax＝x參加；a＝「美國隊」；Wx＝「x會贏」；j＝「日本隊」；s＝「瑞典隊」；Rx＝「x殿後」）

2. 全稱量號（詞）與存在量號

㈠全稱量號

前節，初步講了單稱語句。本節，要介紹與它相對的**通稱語句**(general sentences)或**量辨語句**(quantified sentences)。試看前面例 1 出現的另一語句：

　　(1)　所有的人是終有一死的。

在語句邏輯，這個語句如同前面分析的「老子是人」，充其量僅止分析成一個單一的項目，例如 *P*。但在述詞邏輯，我們要進一步分析它的內部結構。在日常使用裡，我們會以為像(1)這個語句，很簡單，不過是單純一句話而已，其實它的內部邏輯結構，有一點複雜。仔細去分析這個語句裡的每個詞語，譬如**所有**，**人**，和（**是**）**終有一死**，以及這些詞語之間的邏輯關係，則可把這個語句更精密的寫成：

　　(2)　對任何一個個子(individual)，如果它是人(human)則它是終有一死的(mortal)。

這個寫法或說法，從日常說話來說，沒有(1)的說法那麼順口，但它卻更能把這句話的邏輯結構顯現出來。為邏輯分析的精密，甚至好了解，我們盡可能藉用符號來表示日用語句和語詞。在上面(2)中，我們發現，「個子」和兩個「它」，相互稱指同一個元目。但是那一個元目並不特定，因此不便用名稱或常詞去代表。很巧的，我們可用上節引進的**變詞**(variable)來代表。這樣，可把(2)重寫為：

　　(3)　對任何一個 *x*，如果 *x* 是人則 *x* 是終有一死的。

我們發現，這個語句裡的句式「*x* 是人」和「*x* 是終有一死的」，可分別符示為 *Hx* 和 *Mx* 。這樣，可把(3)重寫為

　　(4)　對任何一個 *x*，如果 *Hx* 則 *Mx* 。

以及再寫為

　　(5)　對任何一個 *x*，$Hx \supset Mx$ 。

這裡，「對任何一個 *x*」這個短語，相當於英文的「for any *x*」或「given

any x」等。在英文邏輯書本上,把這些短語叫做**量詞**(quantifiers, phrases of quantity)。這些短語的語意是,對所論範域裡的任何一個元目,分子或每一個元目,分子來說。由於它講到一個類的每一分子或任一分子,所以是講到了類的**大小**(size),因此就牽涉到**類的量**,所以就是量詞。現在 也 要 符 示 量 詞,給 量 詞 簡 寫。邏 輯 家 從「any x」得 到 暗 示,取「any」的第一個字母「A」當量詞的簡寫。但為其他使用的同一個字母有所區分,上下顛倒為「∀」。這樣,可把⑸寫成

(6)　　$\forall x(Hx \supset Mx)$

這裡符號「$\forall x$」就是「對任何一個 x」這個短語的簡寫。為了表示 $\forall x$ 是作用到右邊整個式子,我們自動用括弧把後面的整個部分括起來。我們把 $\forall x$ 叫做**量號**。由於這個量號是講到所論項目的**每個**元目或**所有**元目,同時又為和很快將引進的另一種量號有所區分,把它叫做**全稱量號**(universal quantifiers)。為了種種方便,我們要把量號「$\forall x$」再簡寫為「(x)」,在後者括號「( )」是量號的一部分,不是普通的括號。這樣,最後把⑹寫成

(7)　　$(x)(Hx \supset Mx)$

這⑺可唸成「對任何一個 x,如果 x 是 H 則 x 是 M」或「對任何一個 x,如果 x 具有性質 H,則 x 具有性質 M」。

　　上面語句⑴到⑶,可以說是語句的邏輯分析和部分符號化,而⑶到⑺則可說是符號化。像「**所有的**(all)的人是終有一死的」或「$(x)(Hx \supset Mx)$」的語句,是講到**有多少的元目或人**具有什麼性質,而不像單稱語句那樣僅止講到特定的一個人。為和單稱語句區別,把它叫做**通稱語句**(general sentence);或叫做**量辨語句**(quantified sentence),因為我們給這種語句做量的辨識。

　　在把上面語句⑴分析和解釋為語句⑵時,採取了一個邏輯哲學和語言哲學的立場。在解釋像語句⑴「**所有的**(all)人是終有一死的」這種通稱語句時,有一個重要的問題。這個由邏輯字眼(logical word)「所有的(all)」所做斷說,到底有沒有做「**有人存在**」(there exists humans)的**存在**

意含(existence import)的斷說。為了種種方便，現在邏輯書本大都採取**沒有**存在意含的解釋。也就是，解釋為在說這句話時，並沒有說「有終有一死的人存在」。因此，從上面的語句(2)或(7)，我們不能有效的推出有終有一死的人存在。這種解釋不是沒有道理的。當一個學校，尤其是第一次剛要招新生的學校，在定「**所有**作弊的學生要受處罰」的校規時，這個通稱語句的校規，無論如何是**沒有斷說（該校已）有作弊的學生存在**。該條校規的適當解釋，應該是「對任何一個（該校）個子（學生），如果他（或她）作弊則他（她）要受處罰」。在這個解釋裡，顯然沒有斷說（該校）有作弊的學生存在。

通稱語句或量辨語句可分為**全稱語句**(universal sentences)和**存在語句**(existential sentences)兩種。一個全稱語句是斷說某一性質對所論的每樣東西或每個元目都真的語句；或者說，可用全種量詞（量號）做量辨的語句；或者說可前置一個全稱量號的語句。例如上面討論的「所有的人是終有一死的」或「$(x)(Hx \supset Mx)$」都是全稱語句。

語句「所有 H 是 M」及其符示 $(x)(Hx \supset Mx)$ 是典型的全稱語句。在日常語言，有許多方式說相同的東西。

例9　下列各語句都可符示為 $(x)(Hx \supset Mx)$：

(a)　H 是 M（如：人是終有一死的）。

(b)　一個 H 是 M（如：一個人是終有一死的）。

(c)　每個 H 是 M（如：每個人是終有一死的）。

(d)　任何 H 是 M（如：任何人是終有一死的）。

(e)　沒有 H 是不 M（如：沒有人是不終有一死的）。

(f)　每個是 H 的是 M（如：每個是人的是終有一死的）。

(g)　任何是 H 的是 M（如：任何是人的是終有一死的）。

(h)　如果有什麼是 H，則它是 M（如：如果有什麼是人，則它是終有一死的）。

(i)　凡是 H 的是 M（如：凡是人的是終有一死的）。

(j)　H 是都 M（如：人是都終有一死的）。

(k)　沒有是 H 的除非它是 M（如：沒有是人的除非它是終有一死的）。

(l)　沒有是 H 而不是 M（如：沒有是人而不是終有一死的）。

　　所有應解釋或符示爲 $(x)(Hx \supset Mx)$ 的「所有的人是終有一死的」這種形式的全稱語句，在西方邏輯傳統上，叫做**全稱肯定**(universal affirmative)語句。注意這個符示裡的（主）連詞是如言「$\supset$」。注意，不要把這種全稱肯定符示爲主連詞爲連言「·」的 $(x)(Hx \cdot Mx)$，因爲這個符示是說，對任一個 x，它**既**是人**又**終有一死；這等於說，所有的東西既是人又終有一死，這決不是語句「所有的人是終有一死的」的意思。顯然，「所有的東西既是人又終有一死」是假的，而「所有的人是終有一死」是眞的。一個適當符示的最低要求是，和原語句的眞假值相同。

　　語句連詞除了可以連結句式或語句，也可以連結全稱語句。例如

例 10　設 $C =$「x 是貓」，$Fx =$「x 愛吃魚」，$Dx =$「x 是狗」，$Bx =$「x 愛啃骨頭」。試看下面兩個語句及其符示。
　　(a)　所有的貓愛吃魚，而所有的狗愛啃骨頭。
　　　　$[(x)(Cx \supset Fx) \cdot (x)(Dx \supset Bx)]$
　　(b)　如果所有的貓愛吃魚，則所有的狗愛啃骨頭。
　　　　$(x)(Cx \supset Fx) \supset (x)(Dx \supset Bx)]$

　　否言號不但可放在全稱語句的前面，而且也可放在全稱語句**裡面**的任何**句式**前面。但不同地方的放置，對整個語句的作用不同。放在全稱語句前面的，是對這**整個**全稱語句的否定，放在裡面句式的，只對該句式否定。試看下例的兩個語句及其符示：

例 11　(a)　**不是**所有的人是終有一死的。
　　　　　　$\sim (x)(Hx \supset Mx)$
　　　　(b)　所有的人是**不**終有一死的。
　　　　　　$(x)(Hx \supset \sim Mx)$

首先，這裡(a)和(b)是兩個不同的語句，前者否定整個語句，後者否定語句裡的述詞，兩者說不同的東西。雖然兩者實際上都假，但是眞假條件不同。(a)是說，**不是**所有的人是終有一死的。這等於說，**有些**人是**不**終有一死的。但(b)是說，**所有**的人是**不**終有一死的。雖然我們實際知道(a)和(b)都假，但眞假條件不同。譬如，只要找到**一個**人**不**終有一死，(a)就眞，可是要找到**所有**的人**不**終有一死，才可顯示(b)爲眞。在西方傳統邏

輯上，相對於「所有的人是終有一死」這種**全稱肯定**語句，把像「**所有
的人是不終有一死**」，即 $(x)(Hx \supset \sim Mx)$ 這種形式的語句，叫做**全稱否定**
(universal negative)語句，並常把這種語句寫成「**沒有**(no)人是終有一死
的」。

　　一個全稱語句**裡面**，除了如 $(x)(Hx \supset Mx)$ 和 $(x)(Hx \cdot Mx)$ 可有如言
和連言以外，也可有如 $(x)\sim Ax$ 和 $(x)(Ax \lor Bx)$ 的否言和選言。其實是
可有任何語句連詞。試看下例。

　　例 12　注意下列各句及依提示述詞字母所做符示，並注意它們顯示的語句
　　　　　意含。
　　　　　⑴**每樣**東西是上帝創造的(G)　　　　　　　　　$(x)Gx$
　　　　　⑵**不是每樣**東西是上帝創造的。　　　　　　　$\sim(x)Gx$
　　　　　⑶**沒有**東西是上帝創造的。　　　　　　　　　$(x)\sim Gx$
　　　　　⑷**每樣**東西**不**是上帝創造的。　　　　　　　$(x)\sim Gx$
　　　　　注意⑶和⑷等值。
　　　　　⑸**不是每樣**東西**不**是上帝創造的。　　　　　$\sim(x)\sim Gx$
　　　　　⑹**沒有**烏鴉(C)是黑的(B)。　　　　　　　　　$(x)(Cx \supset \sim Bx)$
　　　　　⑺**每隻**烏鴉是**不**黑的。　　　　　　　　　　$(x)(Cx \supset \sim Bx)$
　　　　　注意⑹和⑺等值。
　　　　　⑻每樣東西是白的(W)或黑的(B)。　　　　　　$(x)(Wx \lor Bx)$
　　　　　⑼每樣東西是白的要不然每樣東西是黑的。　　$(x)Wx \lor (x)Bx$
　　　　　注意⑻和⑼並不等值。

習題 6-2

使用提示的字母，符示下列語句。

　1.所有事件有原因。（ $Ex=$「x是事件，$Cx=$「x有原因」）

　2.每個事件有原因。

　3.不是所有事件有原因。

　4.沒有事件有原因。

　5.如果羅素不聰明，則不是所有哲學家是聰明的。（$r=$「羅素」，$Ix=$「x
　　是聰明的」，$Px=$「x是哲學家」）

6.除非羅素是聰明的，否則所有哲學家是不聰明的。

仁存在量號

在邏輯分析上，和「所有的人是終有一死的」或 $(x)(Hx \supset Mx)$ 這種形式的**全稱肯定**語句並行的，有「**有些**(some)人是終有一死的」這種典型的基本語句。我們現在也要給這種語句的內部（邏輯）結構做分析。試看語句，

⑴**有些**(some)人(humans)是終有一死的(mortal)。

這個語句顯然可以更仔細的分析和說成：

⑵至少有一個個子，該個子是人而且該個子是終有一死的。

現在像前面那樣，可拿變詞「x」取代這裡的「個子」，而得

⑶至少有一個 x，x 是人而且 x 是終有一死的。

再拿述詞字母 H 和 M 分別取代這裡相當的述詞，並用連言號「·」取代「而且」，而得

⑷至少有一個 x，$Hx \cdot Mx$。

這裡短語「至少有一個 x」(there exists at least an x; there is at least an x)同時做了兩種斷說。一個是「至少一個什麼」的「量」的斷說；為了和**全稱**量詞「For any x」做區分，把它叫做**偏稱量詞**(particular quantifier)。另一個斷說是「有什麼」的「存在」的斷說。在現代邏輯裡，由於**存在**的概念比**偏稱**重要，因此把它叫做**存在量詞**（號）(existential quantifier)。現在也要給存在量詞做簡寫。邏輯家看中英文「existence」（存在）一詞第一個字母「E」，並把它側倒，用「$\exists x$」當存在量詞「至少有一個 x」的簡寫。這樣，可把⑷寫成：

⑸ $\exists x(Hx \cdot Mx)$

這裡括號「( )」是自動添加的，用來表示存在量號「$\exists x$」作用到它後面括號裡的整個句式。有的書也常把量號「$\exists x$」用括弧圍起來如「$(\exists x)$」來使用。

這樣，語句⑴或⑸的嚴格語意是說，（世界上）至少有一個元目，這個元目既具有 H 的性質，也具有 M 的性質；也就是，（世界上）有既具有 H 也具有 M 這些性質的元目；也就是，有既是人也是終有一死的個子。這就是「有些人是終有一死的」這句話的精確邏輯意義。在西方邏輯傳統上，把做這樣理解的「有些人是終有一死的」或 $\exists x(\,Hx \cdot Mx\,)$ 這種形式的語句，叫做**偏稱肯定**(particular positive)語句。

如同全稱語句那樣，任何語句連詞都可應用於整個偏稱語句，和偏稱語句裡面的句式或語句，我們可把偏稱語句「有些人是不終有一死的」符示為 $\exists x(Hx \cdot \sim Mx)$。在西方邏輯傳統上，在和偏稱肯定語句相對下，把像這種形式的語句，叫做**偏稱否定**(particular negative)語句。這種語句是說，至少有一個元目，它具有某一性質，但不具有某另一性質。

這樣，設 Dx =「x 是狗」，Lx =「x 是忠誠的」。那麼，我們有下列語句及其符示呈現的四種基本形式的語句：

(i)全稱肯定語句

　　例子：所有的狗是忠誠的。　　　　　　$(x)(Dx \supset Lx)$

(ii)全稱否定語句

　　例子：沒有狗是忠誠的。　　　　　　　$(x)(Dx \supset \sim Lx)$

(iii)偏稱肯定語句

　　例子：有些狗是忠誠的。　　　　　　　$\exists x(Dx \cdot Lx)$

(iv)偏稱否定語句

　　例子：有些狗是不忠誠的。　　　　　　$\exists x(Dx \cdot \sim Lx)$

當代偉大哲學家維根斯坦(Wittgeinstein)說，語言有數不盡多種的使用。我們也可以說，語句有許多可能的形式。上述四種形式，以及由它們組合而成的形式，可以說是比較常用的，最好能熟練它。

有人也許會問，為什麼不如同在諸如「所有的人是終有一死的」那樣，用如言「$\supset$」把諸如「有些人是終有一死的」那樣的存在語句或偏稱語句，符示為 $\exists x(Hx \supset Mx)$？一個正確符示的準則是：一個符示與其原語句必須保持相同的真假。我們拿顯然為假的偏稱語句「有些奇數可被 2 整除」來說。設 Ox =「x 是奇數」，Dx =「x 可被 2 整除」。現在

假定把這個偏稱語句符示為 $\exists x(Ox \supset Dx)$。利用語句演算的如言規則 (Cond)，這的符示可化為 $\exists x(\sim Ox \lor Dx)$。這個符示是說：至少有一個東西**或者**不是奇數**或者**是可被 2 整除。現在，只要有一個東西不是奇數，或者可被 2 整除，這個符示就真。姑且不問有沒有可被 2 整除的東西，但顯然世界上有不是奇數的東西，你手上的筆就不是。這是說，這個符示顯然為真，可是原語句為假，因此這種符示不正確。

例 13　注意下列各語句的邏輯意念，和依提示的字母所做符示。

(1)有些人是誠實的。（ $Px =$「x 是人」，$Hx =$「x 是誠實的)

$$\exists x(Px \cdot Hx)$$

(2)有些人是不誠實的。　　　　　　　　$\exists x(Px \cdot \sim Hx)$

注意(1)和(2)可以同真，因此它們彼此一致。

(3)宇宙裡有黑洞。（ $Bx =$「x 是宇宙裡的黑洞」）$\exists x Bx$

(4)**不是**有些人是誠實的。　　　　　　　$\sim \exists x(Px \cdot Hx)$

(5)所有的人是**不**誠實的。　　　　　　　$(x)(Px \supset \sim Hx)$

注意(4)和(5)等值。

(6)有些東西是神祕的。（ $Mx =$「x 是神祕的」）$\exists x Mx$

(7)有些東西是不神祕的。　　　　　　　　$\exists x \sim Mx$

注意(6)和(7)可同真。

(8)不是有些東西是神祕的。　　　　　　　$\sim \exists x Mx$

(9)沒有東西是神祕的。　　　　　　　　　$(x) \sim Mx$

注意(8)和(9)等值。

(10)有些人不誠實，而有些人是撒謊者。（ $Lx =$「x 是撒謊者)

$$[\exists x(Px \cdot \sim Hx) \cdot \exists x(Px \cdot Lx)]$$

(11)如果老子不誠實,則有些人是撒謊者。($l =$「老子」)

$$\sim Hl \supset \exists x(Px \cdot Lx)$$

全稱量號與存在量號之間，有可以彼此取代的重要關係。試看下例。

例 14　設 $Sx =$「x 是甜的」。試看下面三個語句及其符示：

(a)所有的東西是甜的。　　　　　$(x)Sx$

(b)**不**是有些東西**不**甜。　　　　$\sim \exists x \sim Sx$

(c)有些東西**不**甜是**假**的。　　　$\sim \exists x \sim Sx$

稍加思索，不難看到(a), (b)和(c)這三個語句等值，右邊的式子是它們各自
的符示。這樣，我們發現符示

　　　$(x)Sx$

和

　　　$\sim\exists x \sim Sx$

等值。這樣，符號 (x) 和$\sim\exists x\sim$就可彼此取代。換句話說，全稱量號 (x)
和由存在量號**直接前後**各有一個否言號所形成的符號 $\sim\exists x\sim$ 可以彼此
取代。在直覺上是，說「對任何一個 x，怎樣怎樣」與說「不是有些 x
不怎樣怎樣」是一樣的。試看下例。

　　例 15　設 $Tx =$「x是台灣的大學生」，$Ex =$「x琅琅上口講英語」。顯然，
　　　　　下面兩句是等值的。
　　　　　(a)所有的台灣大學生琅琅上口講英語。
　　　　　　$(x)(Tx \supset Ex)$
　　　　　(b)**並非**有些台灣大學生**不**琅琅上口講英語。
　　　　　　$\sim\exists x(Tx \cdot \sim Ex)$

我們知道，「有些台灣大學生不琅琅上口講英語」的符示是$\exists x(Tx \cdot \sim Ex)$。
這樣，「並非有些台大學生不琅琅上台講英語」的符示，就如此例(b)
的$\sim\exists x(Tx \cdot \sim Ex)$。依狄摩根規則(DeM)，這個式子可化為$\sim\exists x \sim (\sim Tx$
$\vee \sim\sim Ex)$。再依雙否言規則(DN)，得 $\sim\exists x \sim (\sim Tx \vee Ex)$。最後依如言
規則，得$\sim\exists x\sim (Tx \supset Ex)$。從例 15，可知 $(x)(Tx \supset Ex)$ 與$\sim\exists x\sim (Tx \supset$
$Ex)$ 等值。這樣，從這個例子也顯示符號 (x) 和 $\sim\exists x\sim$ 可以彼此取代。
從這也可以說，我們可拿符號$\sim\exists x\sim$，也就是存在量號$\exists x$和否言號$\sim$的
組合，來定義全稱量號 (x)。反之，我們也可拿全稱量號 (x) 和否言號的
組合，來定義存在量號。試看下例。

　　例 16　(a)有些東西是甜的。　　　　　$\exists xSx$
　　　　　(b)**並非**所有東西是**不**甜的。　$\sim(x)\sim Sx$

語句(a)和(b)等值，這樣符示 $\exists xSx$ 和$\sim(x)\sim Sx$ 也等值，因此符號 $\exists x$ 和
$\sim(x)\sim$ 可彼此取代。再看下例。

例 17 (a)有些台灣的大學生琅琅上口講英語。

∃x(Tx · Ex)

(b)**並非**所有台灣的大學生不琅琅上口等英語。

~(x)(Tx ⊃~ Ex)

此例的(a)和(b)也等值。(b)的 ~(x)(Tx ⊃~ Ex)，依 Cond，得 ~(x)(~ Tx ∨~ Ex)。再 依 DeM，得 ~(x)~(~~ Tx ·~~ Ex)。最 後 依 DN（兩 次），得 ~(x)~(Tx · Ex)。這樣 ∃x(Tx · Ex) 就與 ~(x)~ (Tx · Ex)等值 了。此例也顯示了 ∃x 與 ~(x)~ 可彼此取代。而可用 ~(x)~ 來定義 ∃x 。

習題 6-3

Ⅰ.利用提示的字母，符示下列語句。

1.有鬼。（ Gx ＝「x 是鬼」）

2.沒有鬼。

3.有不是鬼的。

4.有鬼是假的。

5.沒有是鬼的東西。

6.有是鬼的東西。

7.有的台灣西瓜甜，有的不甜。（ Wx ＝「x 是台灣西瓜」，Tx ＝「x 是甜 的」）

8.台灣西瓜有不甜的，則天會下紅雨。（R ＝「天會下紅雨」）

9.台灣西瓜都不甜，則猴子不會爬樹。（ Mx ＝「x 是猴子」，Cx ＝「x 會 爬樹」）

Ⅱ.利用提示的字母符示下列語句，並指出那一題中(a)和(b)等值。

1.(a)沒有東西是清楚的。（ Cx ＝「x 是清楚的」）

(b)每樣東西是不清楚的。

2.(a)不是每樣東西是漂亮的。（ Bx ＝「x 是漂亮的」）

(b)沒有東西是漂亮的。

3.(a)有些東西沒有目的。（ Px ＝「x 有目的」）

(b)有些東西有目的。

4.(a)沒有沒有目的的東西。

　(b)每樣東西有目的。

5.(a)所有的狗有跳蚤。（ $Dx =$「x 是狗」，$Fx =$「x 有跳蚤」）

　(b)每隻狗有跳蚤。

6.(a)有些狗有跳蚤。

　(b)有有跳蚤的狗。

7.(a)不是所有的狗有跳蚤。

　(b)有些狗沒有跳蚤。

3. 自由變詞與約束變詞

本節要介紹三個相關的問題和觀念。

首先介紹如何從一個沒有真假可言的**句式**，獲得有真假可言的語句。有一個方法我們已經知道的。就是拿常詞、專名或語句，代換句式裡的變詞，獲得語句。試看下例。

　例 18　(a) $p \supset q$

　　　　(b) $G \supset (\sim H \vee F)$

　　　　(c) $(B \supset \sim D) \supset \sim (H \cdot G)$

　　　　(d) 如果春雨來得早，我家會豐收。

　　　　(e) 如果台北隊第二或維也納隊第三，則洛杉磯隊不會殿後。

此例的(a)是一個**句式**，因為 p 和 q 是（語句）變詞。(b)-(e)可視為是拿常詞或語句代換變詞 p 和 q 得來的。例如，(b)是拿 G 代 p，$\sim H \vee F$ 代 q 得來的。(c)是拿 $B \supset \sim D$ 代 p，$\sim (H \cdot G)$代 q 得來的。(d)是拿「春雨來得早」代 p，「我家會豐收」代 q 得來的。(e)是拿「台北隊第二或維也納隊第三」代 p，「洛杉磯隊不會殿後」代 q 得來的。再看下例。

　例 19　(a) $Hx \supset Gx$

　　　　(b) $Ha \supset Ga$

　　　　(c) $Hb \supset Gb$

在此例裡，(a)是句式，因 x 是變詞。(b)和(c)是語句。(b)可視爲是拿常詞 a 代換 x，從(a)得到的。(c)是拿常詞 b 代換 x 從(a)得到的。再看下例。

例 20　(a) x 是哲學家。
　　　　(b) 老子是哲學家。
　　　　(c) 徐志摩是哲學家。
　　　　(d) 吳濁流是哲學家。

在此例，(a)是句式，因爲 x 是變詞。(b)-(d)是語句，可視爲是分別拿專名「老子」、「徐志摩」和「吳濁流」代換(a)裡的 x 得到的。

　　有了量號或量詞以後，可用它，從含有變詞 $x, y, \cdots$ 等的句式獲得語句。試看下例。

例 21　(a) x 是哲學家。
　　　　(b) $(x)($ x 是哲學家 $)$
　　　　(c) $\exists x($ x 是哲學家 $)$

此例如同例 20，(a)是句式。(b)和(c)是量辨語句或通稱語句。這兩個量辨語句可視爲是分別以量號 (x) 和 $\exists x$ 對句式，或更精確說，對句式裡相對的變詞 x，量辨得到的。全稱量辨(b)是說，每樣東西是哲學家。雖然是假，但是一個語句。存在量辨(c)是說，至少有東西是哲學說，也就是說，有哲學家，這是眞語句。再看下例。

例 22　設 $Ux =$「x 是大學」，$Px =$「x 有哲學系」。
　　　　(a) $(Ux \cdot Px)$
　　　　(b) $(x)(Ux \cdot Px)$
　　　　(c) $\exists x(Ux \cdot Px)$

在此例，(a)是句式，它是說，x 是大學而且 x 有哲學系。這個句式說的沒有眞假可言。(b)和(c)可以說是分別拿量號 (x) 和 $\exists x$ 對句式(a)做量辨，尤其是對(a)裡的變詞 x 做量辨得到的語句。全稱語句(b)是說，所有的東西是大學而且有哲學系。雖然不眞，但是語句。存在語句(c)是說，有些大學有哲學系。這爲眞，台灣大學和哈佛大學就有哲學系。

　　其次講量號的**範圍**(scope)。在運算裡，任何運算號都會發生運算的

範圍問題。語句連詞或連號是運算號，如同講過的，語句連號有運算範圍問題。說出來也許令人有點意外的，在述詞邏輯，量號也是以變詞為運算對象的**運算號**，因此量號也會發生運算範圍問題。試看下例。

　　例 23　述詞字母依前例。試讀出下面各語句或句式。
　　　　(a)　$\exists x(Ux \cdot Px)$
　　　　　　（i）至少有一個 x，x 是大學而且 x 有哲學系。
　　　　　　（ii）有些大學有哲學系。
　　　　(b)　$(\exists xUx \cdot Px)$
　　　　　　（i）至少有一個 x，x 是大學，而且 x 有哲學系。
　　　　　　（ii）有大學，而且 x 有哲學系。
　　　　(c)　$(Ux \cdot \exists xPx)$
　　　　　　（i）x 是大學，而且至少有一個 x，x 有哲學系。
　　　　　　（ii）x 是大學，而且有哲學系。

首先，量號的範圍要包括它本身。其次，我們常用括號來幫助決定運算號的範圍；括號直接前面或後面的運算號，要以整個括號裡面的東西為運算對象。這樣，這裡就有(a)裡的(i)和(ii)閱讀。在這樣的閱讀裡，量號 $\exists x$ 是以**整個** $(Ux \cdot Px)$ 這個句式為範圍。在起始對(b)做閱讀時，會遇到一個問題。那就是，(b)要讀成 $[(\exists xUx) \cdot Px]$ 還是 $\exists x(Ux \cdot Px)$。也就是量號 $\exists x$ 和連號「·」的作用發生競爭時，那一個優先。我們在直覺和形式上都認定和約定量號優先。因此在沒括號幫助決定時，量號的作用要優先於連號。這樣，我們就把(b)讀成它底下的(i)和(ii)。但(i)有點問題，它可讀成和(a)的(i)一樣，也可讀成(b)的(ii)。當然，後者才是適當的閱讀。(c)的閱讀應沒有什麼糾葛，但(i)表面上似乎有點混淆，也就是第一和第二個 x 似乎有關連，但仔細想，(i)的意思應是(ii)，(ii)清楚明確。

　　在上例(a), (b)和(c)的（適當和正確的）閱讀中，我們發現，在(a)，量號 $\exists x$ 的範圍（除了本身以外）及於（它後面的）整個句式 $(Ux \cdot Px)$。在(b)，量號 $\exists x$ 的範圍只及於 Ux，不及於 Px。在(c)，量號 $\exists x$ 的範圍當然只及於 Px。這樣，我們可用像下列句式下面的半框線，表示這些語句或句式中量號 $\exists x$ 的範圍：

(a) ∃x (Ux · Px)

(b) (∃xUx · Px)

(c) (Ux · ∃xPx)

這樣，可以說，一個語句或句式裡的量號的**範圍**(scope)，是這個量號本身連同緊跟這個量號後面**最小**的語句或句式。這樣，在前面(a)裡，緊跟在 ∃x 後面最小的句式是 (Ux · Px)，∃x 的範圍及於這個句式。在(b)，緊跟在 ∃x 後面最小的句式是 Ux ，它的範圍只及於 Ux ，不及於 Px 。在(c)，很明顯，不必說。試看下例。

例 24　試看下列各語句或句式底下半框線表示的量號範圍。

(a) [(x)Ax ⊃ Bx]∨[∃x(Dx · Ax)⊃ Cx]

(b) (x)[(Bx ∨ Cx)⊃ ∃x(Bx · Ax)]

　　從上面例 23 和 24 的量號範圍半框線，我們會看到一些問題。就例 23 的(b)來說，頭兩個變詞 x 和第三個變詞 x 似乎是不同的東西。這裡有兩個問題。一，前兩個 x 和第三個 x 有什麼（重要的）不同？二，如果兩者不同，為什麼在同一個語句或句式裡，可以用相同的符號「x」表示不同的東西呢？數學課本不是要禁止這樣做嗎？在例 24 的(a)，為什麼相同的變詞「x」，有的在全稱量號 (x) 的範圍，有的則在存在量號 ∃x 的範圍呢？在例 24 的(b)，為什麼變詞 x 的最後三個出現既在量號 ∃x 也在 (x) 的範圍呢？為解說這些，最好先有**自由變詞**(free variables)和**約束變詞**(bound variables)的概念。

　　在本章引進的所謂變詞，尤其是**個變詞**(individual variables)，是一個用來指稱所討論的東西或元目的符號。在邏輯上這種指稱有三種，即指稱所論東西的每一個，有些個（或至少一個），和一個而且僅只特定一個。在第三種情形時，這個變詞實際上是一個常詞或專名。除非我們

知道一個變詞確定是那一種指稱，否則任何含這種變詞的述詞或句式沒有真假可言。這樣，顯然可把變詞（實際是常詞或專名的除外）分為兩類。一類是確定是那種指稱的，即僅僅含有這種變詞的述詞或句式，是有真假可言的。另一類是不確定是那一種指稱的，含有這種變詞的述詞或句式是沒有真假可言的。試看下例。

例 25　設 Ux ＝「x 是大學」，Px ＝「x 有哲學系」，c ＝「加州理工學院」，m ＝「莫斯科大學」，k ＝「高雄火車站」。

(a)　(1)　Ux
　　　(2)　$(x)Ux$
　　　(3)　$\exists x Ux$
　　　(4)　Um
　　　(5)　Uk

(b)　(1)　Px
　　　(2)　$(x)Px$
　　　(3)　$\exists x Px$
　　　(4)　Pc
　　　(5)　Pm

(c)　(1)　$Ux \supset Px$
　　　(2)　$(x)(Ux \supset Px)$
　　　(3)　$(x)Ux \supset Px$
　　　(4)　$(x)Ux \supset Py$

(d)　(1)　$(Ux \cdot Px)$
　　　(2)　$\exists x (Ux \cdot Px)$
　　　(3)　$(\exists x Ux \cdot Px)$
　　　(4)　$(\exists x Ux \cdot Py)$

　　現在從真假或有沒有真假可言的觀點，來檢視這個例子的語句和句式。(a)的(1)說，x 是大學。這裡的 x 是一種變詞，它的意思，也就是它的指稱行為或作用是，所論元目，或是每個是大學，或是有些是大學，或是某一個而且僅只該一個是大學。由於這三個不同的指稱會產生不同的真假，而在這裡又沒有確定是那一種指稱，因此，在這裡，(1)的真假在邏輯上無法決定，因此(1)就沒有真假可言。在(2)，全稱量號使得變詞

x 指稱每個（所論）元目，因此(2)是說，每個元目是大學。這一般說
來，顯然為假。在(3)，存在量號使得變詞 x 指稱有些或至少一個元目。
因此(3)是說，有大學。這顯然為真。(4)是說，莫斯科大學是大學。這當
然是真。(5)是說，高雄火車站是大學；顯然為假。我們可完全依解說(a)
的方式，解說(b)。這樣，(b)的(1)是說，x 有哲學系。這沒有真假可言。
(2)是說，每個元目有哲學系；這應為假。(3)是說，有哲學系；這為真。
(4)是說，加州理工大學有哲學系；這是假，因為這所大學實際上沒有哲
學系。(5)是說，莫斯哥大學有哲學系；這是真。

從上例(a)和(b)的解說，可以看到諸如(a)的(1)的變詞 x 和(2)和(3)的變
詞 x 有基本的不同。這個不同就是，在(1)，變詞 x 沒有受到任何**相關**量
號的作用，也就是不在任何相關量號的範圍裡，因此它是那一種指稱不
確定；這樣就使含有它的句式(1)，沒有真假可言。反之，在(2)和(3)，變
詞 x 分別受到相關量號 (x) 和 $\exists x$ 的作用，也就是分別在這兩種量號的範
圍裡，因此它是那一種指稱是確定的。在(2)由於是受全稱量號 (x) 的作
用，因此變詞 x 指稱（所論元目的）每個元目；在(3)由於是受存在量
號 $\exists x$ 的作用，因此變詞 x 指稱有些元目。這樣就使(2)和(3)有真假可言；
(2)為假，(3)為真。

在述詞邏輯裡，把一個受到一個相關量號作用的變詞，諸如 $(x)Ux$
和 $\exists xPx$ 裡的 x，叫做**約束的**(bound)。反之，一個沒受到任何相關量號作
用的變詞，諸如 Ux 裡的 x，叫做**自由的**(free)。換句話說，在一個語句或
句式裡的一個變詞**出現**(occurrence)是約束的，恰好如果這個出現在一個
使用這**種**變詞的量號範圍裡。反之，一個變詞出現是自由的，恰好如果
這個出現不是約束的。這裡所謂約束，其意思是量號給變詞的指稱，予
以確定。

這樣，在上例(c)和(d)裡的(1)中，變詞 x 的兩個出現都是自由的；因
而兩個(1)句式沒有真假可言。在(2)中，變詞 x 的三個出現（包括在量號
裡出現的）都是約束的。(c)的(2)為假，因為它說每個大學有哲學系，但
至少加州理工學院(CIT)就沒有。但(d)的(2)為真，因為它說有些大學有哲
學系，至少莫斯科大學就有。在(c)和(d)的(3)中，變詞 x 的頭兩個出現為
約束，但第三個為自由。(c)的(3)說，如果每個元目是大學則 x 有哲學

家。這是一個如言；雖然其前件為假，由於後件沒有真假可言，因此整個如言也沒有真假可言。(d)的(3)說，有大學而且 x 有哲學系。這是一個連言；但由於右連項沒有真假可言，因此整個連言也沒有。從(3)的這些解說我們知道，在句式(3)中，雖然有變詞 x 的三個出現，但前面兩個是約束的，而第三個是自由的。由於有量號來幫助我們做約束和自由的區分，因此在一個語句或句式裡，即使用相同的變詞記號來承當不同的表示，也不會混淆。通常我們禁止或避免在同一個語句或討論裡，使用相同的記號表示不同的東西，是為避免混淆。因此，如果有有效的方法可避免混，諸如用量號，則用相同的變詞表示不同的東西，諸如 $(x)Ux \supset Px$ 裡的頭兩個 x 和第三個 x，也是合法的。雖然如此，為了方便眼睛識別，我們常把上述(3)寫成(4)，即 $(x)Ux \supset Py$ 或 $(\exists x Ux \cdot Py)$，或者 $(y)Uy \supset Px$ 或 $(\exists y Uy \cdot Px)$。

　　也要注意的，在一個語句或句式裡，相同字母的**自由**變詞的不同出現，都是同一個變詞。也就是，這些變詞出現都做相同的指稱，並且交互指稱。例如，前面例 24 的(a)，即

$$[(x)Ax \supset Bx] \lor [\exists x(Dx \cdot Ax) \supset Cx]$$

裡的 Bx 和 Cx 的自由變詞 x 的兩個出現，是同一個變詞。但在同一個語句或句式裡的相同字母的**約束**變詞的不同出現，未必是同一種變詞。例如在上面這個句式裡，$(x)Ax$ 和 $\exists x(Dx \cdot Ax)$ 裡，x 是相同字母的約束變詞。在 $(x)Ax$ 裡的 x 的兩個出現是同一個變詞，因為這些出現的指稱相同。在 $\exists x(Dx \cdot Ax)$ 裡的 x 的三個出現也是同一個變詞。但在 $(x)Ax$ 裡的 x 和在 $\exists x(Dx \cdot Ax)$ 的 x，是不相干的，雖然它們是相同的字母；它們各自有所在量號範圍內的指稱；它們是相同的字母只是巧合，這可從它們可用不同的字母來表示看出來。例如上面的句式可寫成下面三者或更多之一：

　　(i) $[(x)Ax \supset Bx] \lor [\exists y(Dy \cdot Ay) \supset Cx]$

　　(ii) $[(y)Ay \supset Bx] \lor [\exists x(Dx \cdot Ax) \supset Cx]$

(iii) $[(u)Au \supset Bx] \lor [\exists w(Dw \cdot Aw) \supset Cx]$

但從量號範圍半框線可以看出，它們是相同的句式。

現在讓我們看例 24 的(b)，即

$(x)[(Bx \lor Cx) \supset \exists x(Bx \cdot Ax)]$

問題是，這裡，語句 $\exists x(\ Bx \cdot Ax\ )$ 裡的變詞 x 的三個出現，**好像**同時受到全稱量號 (x) 和存在量號 $\exists x$ 的作用或約束。如果是，那麼變詞 x 的指稱如何？如果不是，則到底要受那一個量號約束？這很好回答，只要我們知道量號只能對自由變詞做約束；因爲所謂量號的約束，是在確定變詞的三種指稱中的一種而已。因此，一旦完成確定，就沒有什麼好確定的了。我們知道，上面這個語句是全稱語句；全稱量號 (x) 是以它後面括方「[ ]」裡面的**整個句式**爲作用的對象。這整個句式是一個如言，後件是存在語句 $\exists x(Bx \cdot Ax)$。而這個存在語句裡的變詞 x 的三個出現在當做如言的後件之前，已經受到存在量號的約束，因此它在可受最前面的全稱量號 (x) 作用之前，早已受存在量號的約束，它們的指稱早已確定，因此後來的全稱量號 (x) 不能再做什麼約束。這也就是說，在表面上，最前的全稱量號 (x) 的範圍雖然及於 $\exists x(Bx \cdot Ax)$ 這個語句，但它對這個語句裡的變詞 x 的三個出現不發生作用。因此它實際上只約束了前件 $(Bx \lor Cx)$ 裡的 x 的兩個出現，以及它本身裡的出現。這樣，量號就沒有重複約束的問題。

這樣，可以說，一個量號約束的除了有它本身的變詞以外，有而且只有在它範圍裡，與它本身相同的**自由出現**的變詞。試看下例。

例 26　指出下列句式裡的自由變詞，各量號的範圍以及實際約束到的變詞。

$\exists x[(Ax \lor By) \cdot (x)(Cx \supset Dx)] \supset (x)(Bx \cdot Cy)$

(1)三個量號的範圍如半框線所示。

(2) By 和 Cy 裡的 y 是自由變詞。

⑶第一個量號 ∃x 約束的除了它本身的變詞，只有 Ax 裡的 x。(x)(Cx
⊃ Dx) 雖然在它範圍裡，但由於這個語句裡的所有 x 出現已被 (x)
約束，因此不受 ∃x 約束。第二個量號 (x) 約束的除了它本身的
變詞以外，還有 Cx 和 Dx 裡的 x。第三個量號 (x) 約束它本身，
以及 Bx 的 x。

習題 6-4

下列語句或句式裡那些變詞出現是自由的，約束的。如果是約束的，受那一個
量號約束。

1. $(x)[(Fx \cdot Ga) \supset (Hx \cdot Fy)]$

2. $\exists x(Ax \lor By) \lor (Cx \cdot Da)$

3. $(x)Fx \supset \exists y(Cy \cdot Dx)$

4. $(x)(Ca \cdot Bx) \supset \exists y[Fy \supset (\sim Gx \lor Fx)]$

5. $\exists x Rx \lor (y)(By \cdot Px)$

6. $y > 0 \lor \exists y(y < 0)$

4.語句的更精細符示

一個日常語句的邏輯形式和結構，可以用不同粗細程度呈現出來，
尤其是用邏輯符示呈現出來。前面幾節，講了最基本和較粗略部分，現
在進一步講更精細的。本節先從下列三方面介紹。

㈠全稱量號或存在量號的決定

對通稱語句做量辨符示，即用全稱或存在量號符示時，須先決定用
的是全稱或存在量號。在有全稱詞或存在詞，例如，「所有」(all)或「有
些」(some)等明示的場合，很容易決定。例如，設 Cx＝「x 是貓」，Fx
＝「x 喜歡吃魚」。那麼，很容易把語句「**所有的**貓喜歡吃魚」和「**有些**
貓喜歡吃魚」，分別符示為

⑴　$(x)(Cx \supset Fx)$

和

(2)　　$\exists x(Cx \cdot Fx)$

可是，在沒有明示全稱或存在的場合，就會產生決定和選擇的問題。例如，要用全稱還是存在符示「貓喜歡吃魚」呢？邏輯本身無法幫助決定，因爲這是語言使用的問題。首先，說話者在場的話，最直接了當的方法是問他，是「所有的貓」還是「有些貓」。如果說話者不在場，則要看上下文或語境。還有，語句的內容性質和一般說話的習慣，有助決定。貓喜歡吃魚的，這是常識所知，而且少有反例。因此，一般要用**全稱**來符示「貓喜歡吃魚」。如果要說只是**有些**貓喜歡魚，通常須要加存在量詞說：「**有些**貓喜歡吃魚」。但通常，我們不會把「美國人喜歡喝可樂」和「德國人喜歡吃豬腳」了解爲「**所有的**美國人喜歡喝可樂」和「**所有的**德國人喜歡吃豬腳」。一般說來，如果要講的是「有些」，最好不要省略「有些」或其他相當用詞，譬如「很多」、「大部分」、「有時候」等。

「只有(only)」一詞是邏輯字眼，它可呈現全稱連同如言的結構。試看下例。

例 27　設 $Bx = $「$x$ 是小鳥」，$Sx = $「$x$ 會唱歌」。那麼，「只有小鳥會唱歌」可符示爲下列兩者之一：

(a) $(x)(Sx \supset Bx)$

(b) $(x)(\sim Bx \supset \sim Sx)$

(a) 是說：所有會唱歌的都是小鳥。

(b) 是說：所有不是小鳥不會唱歌。

(a) 和(b)說的就是：只有小鳥會唱歌。

例 28　試看下列各句及其符示。

(a) 沒有人懂得現代藝術。（$Px = $「$x$ 是人」，$Ax = $「$x$ 懂得現代藝術」）

$\sim\exists x(Px \cdot Ax)$ 或 $(x)(Px \supset \sim Ax)$

(b) 竊賊應扔進監獄。（$Bx = $「$x$ 是竊賊」，$Jx = $「$x$ 應扔進監獄」）

$(x)(Bx \supset Jx)$

(c) 只有善者會到天堂。（$Gx = $「$x$ 是善者」，$Hx = $「$x$ 會到天堂」）

$(x)(Hx \supset Gx)$　或　$(x)(\sim Gx \supset \sim Hx)$

(d) 笨的人有時候會顯得聰明。（ $Fx = $「$x$ 是笨的人」， $Cx = $「$x$ 會顯得聰明」）

$\exists x(Fx \cdot Cx)$

(e) 蛇吃老鼠。（ $Sx = $「$x$ 是蛇」， $Mx = $「$x$ 吃老鼠」）

$(x)(Sx \supset Mx)$

㈡用連言顯現結構更細的述詞或性質

試看下例的兩個論證。

例 29　(a)小葳到英國或法國留學。小葳沒到英國留學。所以，她到法國留學。

　　　(b)如果小葳到英國或法國留學，則揚揚到匈牙利留學。小葳到英國或法國留學。所以，揚揚到匈牙利留學。

　　設 $E = $「小葳到英國留學」，$F = $「小葳到法國留學」，$H = $「揚揚到匈牙利留學」。那麼，可把此例的兩個論證分別符示為

(a1) $E \vee F, \sim E$　$/\therefore F$

(b1) $(E \vee F) \supset H, E \vee F$　$/\therefore H$

這兩個符示可顯示這兩個論證都為有效。但現在假定，代之用「$W = $「小葳到英國或法國留學」」來符示，則這兩個論證可分別符示為

(a2) $W, \sim E$　$/\therefore F$

(b2) $W \supset H, W$　$/\therefore H$

在這兩個符示裡，我們發現，(a2)和(a1)不一樣，不能顯示(a)為有效（但也沒有顯示(a)為無效，而實際上(a1)已顯示(a)為有效），但(b2)和(b1)一樣，都顯示(b)為有效。(a1), (b1)和(a2), (b2)的不同，在前者的語句字母都代表簡單語句，而後者的 W 則代表複合語句。代表複合語句的字母就**少呈現**了語句的一些結構，W 就少呈現原語句為**選言**（如 $E \vee F$ 那樣）的結構，而這少呈現的結構，很可能就是顯示論證為有效所需要的。在述詞邏輯做符示時，也會遇到同樣的問題。在諸如 $(x)(Ax \supset Bx)$ 這個量辨的

語句裡，字母 A 和 B 既可視為述詞，也可視為表示性質。但在這裡只顯出 A 或 B 的單一結構，但實際上它可能具有更細更多未被表現出來的結構，而這些結構很可能就是我們顯示論證為有效或無效所需要的。很巧的，許多更細的述詞結構或性質結構，可用語句連詞表示出來。試看下例。

例 30　設 Ax ＝「x 是台灣產的西瓜」，Bx ＝「x 甜美又好看」，Tx ＝「x 是台灣產的」，Wx ＝「x 是西瓜」，Sx ＝「x 甜美」，Gx ＝「x 好看」。那麼「所有台灣產的西瓜甜美又好看」這個語句，可有下面四種符示：

(1)　$(x)(Ax \supset Bx)$

(2)　$(x)[(Tx \cdot Wx) \supset Bx]$

(3)　$(x)[Ax \supset (Sx \cdot Gx)]$

(4)　$(x)[(Tx \cdot Wx) \supset (Sx \cdot Gx)]$

這四種都是適當的符示，只有粗細的不同。當然在邏輯上所有粗的可用的地方細的都可用，但反之未必然。在這個例子裡，是用連言「‧」來顯現更細的結構。我們也可用其他連詞顯示。實際用那一種連詞，要適當了解原語句來決定。試看下例。

例 31　設 Dx ＝「x 是狗」，Cx ＝「x 是貓」，Px ＝「x 來表演」。試看下面各句及其符示：

(a)　狗和貓都來表演了。

　　$(x)[(Dx \vee Cx) \supset Px]$

(b)　狗或貓都來表演了。

　　$(x)[(Dx \vee Cx) \supset Px]$

(c)　來表演的都是狗和貓。

　　$(x)[Px \supset (Dx \vee Cx)]$

(d)　來表演的都是狗或貓。

　　$(x)[Px \supset (Dx \vee Cx)]$

也許有人以為，在語句連詞上「和(and)」一定表示連言，但實際上未必。此例裡，(a)和(c)都是很通暢的日用語句。在此「狗**和**貓」要符示為選言 $Dx \vee Cx$，不是連言 $(Dx \cdot Cx)$，因為 $(Dx \cdot Cx)$ 表示的是**既是狗又是**

貓，但沒有這樣的東西。而所有的或是 D 或是 C 的東西，就是指所有 D 的東西以及所有 C 的東西。然而，有的「和」是可用，甚至須用連言來符示的。例如，

例 32　設 Fx ＝「x 是前五名的學生」，Ex ＝「x 是學業總平均 85 分以上的學生」，Sx ＝「x 可獲得獎學金」。語句「前五名和學業總平均 85 分以上的學生都可獲得獎學金」，可有下面兩種**不同的**符示：

(a) $(x)[(Fx \cdot Ex) \supset Sx]$

(b) $(x)[(Fx \lor Ex) \supset Sx]$

(a)和(b)是不同的。在(a)，$(Fx \cdot Ex)$ 表示，前五名**以及**學業成績 85 分以上是獲得獎學金的必要條件。在(b)，$Fx \lor Ex$ 表示，這兩個條件**之一**，是必要條件。在這裡「和」字有歧義。但下例的兩個語句，就沒有歧義了。

例 33　(a) 前五名**而又**學業總平均 85 分以上的學生，都可獲得獎學金。

$(x)[(\ Fx \cdot Ex\ ) \supset Sx\ ]$

(b) 前五名**或**學業總平均 85 分以上的學生，都可獲得獎學金。

$(x)[(Fx \lor Ex) \supset Sx]$

在表示更細的述詞或性質的結構上，否言「～」也扮演重要角色。試看下例。

例 34　設 Lx ＝「x 是好看的」，Tx ＝「x 是好吃的」，Gx ＝「x 是芭樂」，Ex ＝「x 是貴的」。試看下列各句及其符示：

(a) 有些好看不好吃的芭樂很貴。

$\exists x[(Lx \cdot \sim Tx \cdot Gx) \cdot Ex]$

(b) 有些不好看但好吃的芭樂不貴。

$\exists x[(\sim Lx \cdot Tx \cdot Gx) \cdot \sim Ex]$

(c) 有些不好看不好吃的芭樂很貴。

$\exists x[(\sim Lx \cdot \sim Tx \cdot Gx) \cdot Ex\ ]$

「除非」(unless)一詞是邏輯字眼，常表示一種如言連同否言。試看下例。

例 35　依上題的符號約定，試看下列各句及其符示。從符示可了解它們較

　　　細的邏輯意含。
　　(a) 沒有芭樂是好吃的，除非好看又貴。
　　　(i) $(x)[(Gx \cdot Tx) \supset (Lx \cdot Ex)]$
　　　　也就是說，所有好吃的芭樂是好看又貴的。
　　　(ii) $(x)\{[Gx \cdot (\sim Lx \vee \sim Ex)] \supset \sim Tx\}$
　　　　也就是說，所有不好看或不貴的芭樂是不好吃的。
　　　(iii) $(x)\{[Tx \cdot (\sim Lx \vee \sim Ex)] \supset \sim Gx\}$
　　　　也就是說，所有好吃但不好看或不貴的東西，不是芭藥。
　　　上面(i)-(iii)的說法，都和(a)等值。
　　(b) 只有芭樂是好吃但不好看又不貴的。
　　　(i) $(x)[(Tx \cdot \sim Lx \cdot \sim Ex) \supset Gx]$
　　　　這是說，所有好吃、不好看又不貴的東西是芭樂。
　　　(ii) $(x)[\sim Gx \supset \sim (Tx \cdot \sim Lx \cdot \sim Ex)]$
　　　　這是說，所有不是芭樂的不會是好吃但不好看又不貴。
　　　這裡，(i)和(ii)也等值。

(三)量辨語句的複合

　　我們在前面曾提過量辨語句。現在要給它一個較明確的定義。所謂**量辨語句**(quantified sentence)或**量辨句式**(quantified form)，是指一個語句或句式，(1)最前面有一個量號（全稱或存在的），而且(2)這個量號的範圍及於整個語句或句式。我們當然可以用語句連詞來連結量辨語句或句式，複合成更複雜的語句或句式。一個連詞，否言，選言，如言，或雙如言不會是量辨語句，因為它們不會有以整個語句為範圍的語句最前面的量號。

　　例36　(a) $(x)Fx \vee (x)Gx$ 是由兩個全稱量辨形成的選言，不是量辨語句，因為最前面的量號範圍，不及於整個語句。
　　　(b) $(x)(Fx \vee Gx)$ 是量辨語句。
　　　(c) $(x)Fx \supset (x)Gx$ 是由兩個全稱量辨形成的如言，不是量辨語句，因最前面的量號只以前件為範圍。
　　　(d) $\sim \exists x[Fx \vee (x)(Gx \supset Hx)]$ 是一個否言，不是量辨語句，因語句最前面是否言號「$\sim$」，不是量號。
　　　(e) $(x) \sim [Fx \vee (Fx \supset Gx)]$ 是量辨語句。

有一點要注意的。當我們說一個語句是怎樣的語句,或什麼形式的語句,例如是否言,連言,量辨,或非量辨時,是就該語句「原樣」來講的。在邏輯上,可依等值關係而改變一個語句的形式,改變後的形式可能就不是原樣的了。例如,上例的(d)就其原樣而言是否言,不是量辨語句。但是我們可拿全稱量號來取代它的存在量號,而得 $(x)\sim[\ Fx \lor (x)(\ Gx \supset Hx)]$。這個語句就變成是量辨語句,而不是否言了。

例 37 設 $Px =$「x 是政客」, $Cx =$「x 是騙子」, $Mx =$「x 是牧師」, $Hx =$「x 是誠實的」。那麼,語句「不是每個政客是騙子,也不是每個牧師是誠實的」可符示為
$[\sim(x)(Px \supset Cx)\cdot \sim(x)(Mx \supset Hx)]$
這是兩個否言複合的連言。

例 38 設 $Px =$「x 是美國總統」,$Hx =$「x 是誠實的」,$n =$「尼克森」, $k =$「克林頓」。那麼,語句「如果每個美國總統是誠實的,則尼克森和克林頓不會不誠實」可符示為
$(x)(Px \supset Hx)\supset(\sim\sim Hn \cdot \sim\sim Hk)$
這是一個如言;前件是全稱量辨,後件是連言。

習題 6-5

Ⅰ.下列那些是量辨語句或句式。如果不是的,是那一種語句?

1. $\sim(x)(Ax \supset Bx)$

2. $[\exists x(Kx \cdot Jx)\cdot (x)Ax]$

3. $\exists x[(Fx \lor Gx)\equiv (Ax \cdot By)]$

4. $(x)\sim [Ax \cdot \exists y (Cy \cdot Bx)]$

5. $\sim\exists xFx \lor (x)(Ax \supset By)$

6. $\exists x[Fx \equiv (Gx \cdot Ky)]$

Ⅱ.使用提示的字母,符示下列各句。

1. 海獅是哺乳動物。($Sx =$「x 是海獅」,$Mx =$「x 是哺乳動物」)

2. 海獅住在這些洞裡。($Lx =$「x 住在這些洞裡」)

3. 只有蛇和蜥蜴在沙漠裡健旺。($Sx =$「x 是蛇」, $Lx =$「x 是蜥蜴」,Tx

　　＝「x 在沙漠裡健旺」）

4. 橘子和檸檬是柑橘屬水果。（ Ox ＝「x 是橘子」，Lx ＝「x 是檸檬」，Cx ＝「x 是柑橘屬水果」）

5. 熟蘋果是鬆脆好吃的。（ Rx ＝「x 是熟的，Ax ＝「x 是好吃的」，Cx ＝「x 是鬆脆的」，Dx ＝「x 是好吃的」）

6. 杜鵑花盛開恰好如果給它施肥。（ Ax ＝「x 杜鵑花」，Bx ＝「x 盛開」，Fx ＝「給 x 施肥」）

7. 小鳥會來桌上吃東西除非牠肚子飽。（ Bx ＝「x 是小鳥」，Ex ＝「x 來桌上吃東西」，Fx ＝「x 肚子飽」）

8. 貓和狗會咬人如果受驚或被襲擊。（ Cx ＝「x 是貓」，Dx ＝「x 是狗」，Bx ＝「x 會咬人」，Fx ＝「x 受驚」，Hx ＝「x 被襲擊」）

9. 如果李遠哲是諾貝爾獎得主，則有台灣人是諾貝爾獎得主。（ I ＝「李遠哲」，Nx ＝「x 是諾貝爾獎得主」，Jx ＝「x 是台灣人」）

10. 未熟的鱷梨沒人買的除非所有熟的很貴。（ Gx ＝「x 是未熟的」，Ax ＝「x 是鱷梨」，Px ＝「x 有人買」，Ex ＝「x 很貴」）

11. 瑞士手錶不貴，除非是金做的。（ Sx ＝「x 是瑞士的」，Wx ＝「x 是手錶」，Gx ＝「x 是金做的」）

12. 在研討會上的物理學家和天文學家會名列議程上，如果他們主持討論或發表論文。（ Px ＝「x 是物理學家」，Ax ＝「x 是天文學家」，Sx ＝「x 在研討會上」，Lx ＝「x 名列議程上」，Cx ＝「x 主持討論」，Rx ＝「x 發表論文」）

13. 有經驗的機械師報酬會高只如果所有無經驗的很懶惰。（ Ex ＝「x 有經驗」，Mx ＝「x 是機械師」，Wx ＝「x 報酬會高」，Lx ＝「x 很懶惰」）

14. 既非我的新車也非我的舊車會污染，但有些車會污染。（ n ＝「我的新車」，o ＝「我的舊車」，Px ＝「x 會污染」，Cx ＝「x 是車」）

第七章　述詞邏輯裡的證明

1. 從語句推演擴大到述詞推演或量號推演

從系統的觀點來說，前面第二到第五章，尤其是第四和第五章，是拿語句邏輯的**語言**和推演**規則**或運算**規則**組成或建造的系統。這個語言就是拿英文字母代表語句（或句式），這些規則就是十八條的有效涵蘊推演和有效等值取代，和兩條的如言證法和導謬法。在語句邏輯裡所做的推演（系統），叫做語句推演（系統），因為這個推演是以語句為對象做的。從第六章起，我們要在這語句邏輯的基礎上，建造和**擴大**更大的推演。這個推演就是**述詞推演**(predicate inference)或**量號推演**(quantifier inference)，因為在這個推演裡，除了拿語句當推演和運算的對象以外，還要拿述詞，量號，變詞和常詞當對象。

這種形式系統的**擴大**(extension)，我們在中小學的數學已經遇見和做過。在低年級，拿正整數當語言，加減當運算規則（被減數要大於減數），建造一個小運算系統。過一兩年，再引進乘除運算，這樣這個小系統就擴大些。又過一兩年，再引進分數和小數，系統又擴大了。到了初中，開始引進負數和開方，系統又繼續擴大。從這些可以看到，系統的擴大是從新語言和新運算的引進去做的。

我們現在做的從語句推演到量號推演的述詞邏輯或量號邏輯的擴大，也一樣要從新語言和新推演規則的引進來做的。在第六章，我們已引進一些新語言，尤其是**一元**(monadic)述詞邏輯所需要的。這些新語言就是述詞，量號，變詞和常詞，以及它們的結合方式。現在我們要在這

擴大的語言上，再引進一些的推演規則，來擴大語句邏輯，建造述詞邏輯或量號邏輯。這些新的規則，都是要處理和運行量號、變詞和常詞的。

最後，要記住的，我們要建造的述詞邏輯或量號邏輯，包括整個的語句邏輯。我們要建造的量號推演也包括整個的語句推演。

2.四個量號規則的初步解說

㈠通稱語句的例舉

為了說明量號規則(quantifier rules)的意義和運用，先說一下什麼是通稱語句或量辨語句的**例舉**(instances)。我們知道，通稱或量辨語句，是以整個語句為範圍的量號開始的語句。通稱或量辨語句的**例舉**，是刪除這個語句的頭一個量號，並且拿某一常詞取代原先被這個量號約束的每個變詞所得語句。試看下例。

例1　(a) $(x)Sx$
　　　　(1) Sa
　　　　(2) Sb
　　　　(3) Sc
這裡，(1), (2)和(3)都是(a)的例舉，因為它們是刪除 $(x)Sx$ 的 (x) 以後，分別拿 a, b 和 c 取代 Sx 的 x 得到的語句。設 $Sx =$「x 是甜的」，$a =$「月亮」，$b =$「我手上的筆」，$c =$「紐約的自由女神」。那麼，「月亮是甜的」，「我手上的筆是甜的」和「紐約的自由女神是甜的」，都是「所有的東西都是甜的」的例舉。

例2　(a) $(x)(Nx \supset Cx)$
　　　　(1) $Na \supset Ca$
　　　　(2) $Nb \supset Cb$
　　　　(3) $Nc \supset Cc$
　　　　(4) $Nd \supset Cx$
　　　　(5) $Nc \supset Cd$
這裡，(1), (2)和(3)是(a)的例舉，因為它們是刪除起首的量號 (x) 後，

分別拿 a, b 和 c 取代 $Nx \supset Cx$ 原來被該量號約束的變詞 x 所得。但
⑷和⑸則不是(a)的例舉，因為⑷並沒有拿 d 取代**每個**變詞 x，Cx
的 x 就沒有取代；而⑸是拿 c 和 d 分到取代 Nx 和 Cx 的 x，這樣的
取代得不到例舉。例舉必須做**一律**取代。

設 $Nx =$「x 是國家」，$Cx =$「x 有首都」，$a =$「美國」，$b =$「比
利時」，$c =$「智利」，$d =$「德國」。那麼上面(a)可寫成

　　(i)所有國家有首都，

或

　　(ii)對任何一個 x，如果 x 是國家，則 x 有首都。

而(1), (2), (3), (4)和(5)分別可寫成

　　(1')　如果美國是國家，則美國有首都。

　　(2')　如果比利時是國家，則比利時有首都。

　　(3')　如果智利是國家，則智利有首都。

　　(4')　如果德國是國家，則 x 有首都。

　　(5')　如果智利是國家，則德國有首都。

顯然可看出(1'), (2')和(3')是(i)，尤其是(ii)的例舉，但(4')和(5')不是。

例 3　(a) $(x)[(Ax \cdot Bx) \supset Cx]$

　　　　⑴ $(Aa \cdot Ba) \supset Ca$

　　　　⑵ $(Ab \cdot Bb) \supset Cb$

　　　　⑶ $(Ag \cdot Bg) \supset Cg$

　　　　⑷ $(Aa \cdot Bc) \supset Ca$

　　　　⑸ $(Ab \cdot Bb) \supset Cd$

　　　　⑹ $(Ax \cdot Bb) \supset Cb$

　　⑴, ⑵和⑶是(a)的例舉，但⑷, ⑸和⑹不是。

　　(b) $\exists x[(Ax \cdot \sim Bx) \vee (Bx \cdot \sim Dx)]$

　　　　⑴ $(Aa \cdot \sim Ba) \vee (Ba \cdot \sim Da)$

　　　　⑵ $(Ac \cdot \sim Bc) \vee (Bc \cdot \sim Dc)$

　　　　⑶ $(Ah \cdot \sim Bh) \vee (Bh \cdot \sim Dh)$

　　　　⑷ $(Ax \cdot \sim Bh) \vee (Bh \cdot \sim Dh)$

　　　　⑸ $(Ab \cdot \sim Bc) \vee (Bc \cdot \sim Db)$

　　　　⑹ $(Ad \cdot \sim Bd) \vee (Bb \cdot \sim Db)$

　　⑴, ⑵和⑶是(b)的例舉，但⑷, ⑸和⑹不是。

我們要使用諸如 ϕa（這裡 ϕ 是希臘字母，唸成 fi）的式子來表示通

稱用語 $(x)\phi x$ 和 $\exists x\phi x$ 的**例舉**(instances)。設 ϕx 爲任何簡單或複雜的句式，其中 x 爲自由變詞。那麼，我們可把 ϕa 定義爲拿 a 取代 ϕx 裡 x 的每個自由出現所得。也就是，除去 ϕx 裡的每個 x 的自由出現爲 a 取代以外，ϕa 是一個恰切像 ϕx 的語句。由於一個通稱語句的例舉，僅僅是刪除起首的量號 (x) 或 $\exists x$，並且拿 a 取代每個 x，因此顯然 ϕa 是 $(x)\phi x$ 或 $\exists x\phi x$ 的**一個例舉**。

除了**一個**通稱語句的**一個**例舉以外，我們也可以，並且也須要有一個通稱語句的**一些**，甚或**所有例舉**的觀念和表示。我們可用 ϕx 來表示 $(x)\phi x$ 或 $\exists x\phi x$ 的一些或所有的例舉。我們知道，在 ϕx 中，x 是自由的（在 ϕ 中還有其他什麼變詞或常詞，可暫時不管）。前面講自由變詞時我們講過的，在句式 ϕx 中，自由變詞 x 指稱的，一般的是：**或是**所論的一個特定元目，**或是**某些元目，或是**每個**元目。這樣，ϕx 表示的可以視爲是 $(x)\phi x$ 或 $\exists x\phi$ 的**一個例舉**，或**一些例舉**，或**所有例舉**。但由於沒有確定是這三者之中那一個，因此這是一種特別例舉。試看下例。

例 4　(a) $(x)\,Sx$

　　　　　⑴ Sa

　　　　　⑵ Sb

　　　　　⑶ Sx

　　　　　⑷ Sy

　　　⑴～⑷都是(a)的例舉。

　　　(b) $(x)[(Ax \cdot Bx) \supset Cx]$

　　　　　⑴ $(Ah \cdot Bh) \supset Ch$

　　　　　⑵ $(Ax \cdot Bx) \supset Cx$

　　　　　⑶ $(Ay \cdot By) \supset Cy$

　　　⑴～⑶都是(b)的例舉。

　　　(c) $\exists x[(Ax \cdot \sim Bx) \vee (Bx \cdot \sim Dx)]$

　　　　　⑴ $(Ag \cdot \sim Bg) \vee (Bg \cdot \sim Dg)$

　　　　　⑵ $(Ax \cdot \sim Bx) \vee (Bx \cdot \sim Dx)$

　　　　　⑶ $(Ay \cdot \sim By) \vee (By \cdot \sim Dy)$

　　　⑴～⑶都是(c)的例舉。

(二)四個量號規則

從邏輯推演的角度看，量號推演與語句推演的不同，基本上只在量號推演裡，要處量辨語句，也就是起首有量號以及其範圍及於整個語句的語句。這樣，如果我們有辦法去掉這樣的量號，然後經由語句推演，最後如果需要，再想辦法添加所需起首的量號，我們基本上就能夠做量號推演。這裡所謂辦法，講來講去，不離正確的邏輯推理所需考慮的基本事項：從真保證推演到真。很幸運的，當代邏輯找到了這種辦法。試看下例。

例5　所有的動物是終有一死的。

　　　所有的人是動物。

　　　所以，所有的人是終有一死的。

　　　這個論證顯然有效。但我們知道，僅僅使用語句邏輯的符示，無法顯示有效。現在我們要用述詞邏輯來處理。設 Ax ＝「x是動物」，Mx ＝「x是終有一死的」，Hx ＝「x是人」。那麼，可把上述論證符示並寫成

　　(a)　1. $(x)(Ax \supset Mx)$　　　　　　P

　　　　　2. $(x)(Hx \supset Ax)$　　　　　　P　　／∴ $(x)(Hx \supset Mx)$

現在要如何從前提 1 和 2 導出結論 3 呢？一個非常有用的想法是，把(a)裡前提的各量辨語句的量號去掉，並寫成

　　(b)　1. $Ax \supset Mx$　　　　　　　　P

　　　　　2. $Hx \supset Ax$　　　　　　　　P　　／∴ $(x)(Hx \supset Mx)$

　　　　　3. $Hx \supset Mx$　　　　　　　　1, 2 CS

使用如言三段論規則(CS)，顯然可從列 1 和 2 導出列 3。如果**依什麼**可給列 3 添加起首的全稱量號 (x)，我們就可獲得論證(a)的結論 $(x)(Hx \supset Mx)$。

　　　現在要問的是，我們可從(a)的列 1 和 2，去掉起首的 (x)，得到(b)的列 1 和列 2 嗎？又可從(b)的列 3，添加起首的 (x)，得到(a)的結論嗎？又這裡的**可不可**，指什麼？注意，這裡要做的是邏輯推演。邏輯推演的**可不可**，基本的是指是否從真必定推出真。所以，這裡的可不可是指，如果(a)的列 1 和 2 為真，(b)的列 1 和 2 是否一定真？如果(b)的列 3 真，

則(a)的結論是否一定眞？答案是肯定的。

　　通稱語句與其例舉之間，有若干重要的邏輯關連。這要分全稱量辨與存在量辨來講。先講全稱的。如果一個全稱語句爲眞，則其例舉也眞。反之，如果例舉假，則全稱語句也假。這時，這個爲假的例舉是這個全稱語句的**反例**。要注意的，一個爲假的全稱語句的例舉，可能爲眞也可能爲假。這樣，從一個全稱語句，我們可以正確和有效的推出其例舉當結論。在邏輯上，這種推演叫做**全稱例舉**(universal instantiation)，簡寫爲 UI，並可寫成如下的形式：

$$\frac{(x)\phi x}{/\therefore \phi y}$$

或

$$\frac{(x)\phi x}{/\therefore \phi a}$$

其中 y 爲任何變詞，a 爲任何常詞。這樣，依 UI，我們可從上面例 5(a) 的列 1 和 2 推出(b)的列 1 和 2。試看下例。

例 6　　1. $(x)[Ax \supset (Bx \cdot Cx)]$　　　　　P
　　　　　2. $(x)[(Dx \cdot Cx) \supset (Fx \vee Ax)]$　　P
　　　　　3. $Aa \supset (Ba \cdot Ca)$　　　　　　1 UI
　　　　　4. $(Dx \cdot Cx) \supset (Fx \vee Ax)$　　2 UI
　　　　　5. $Ax \supset (Bx \cdot Cx)$　　　　　　1 UI

　　現在要問的，我們爲什麼可給例 5(b)的列 3，即 $Hx \supset Mx$，添加起首的全稱量號(x)，從它推得(a)的結論，即 $(x)(Hx \supset Mx)$ 呢？在 $Hx \supset Mx$ 裡，x 是自由變詞。一般說來，一個自由變詞的指稱是：**或是**所論元目裡的一個特定元目，**或是**一些元目，**或是**每個元目。讓我們把這種指稱方式叫做**選言式指稱**(disjunctive reference)。但是，有些場合自由變詞的指稱，也可視爲是**每樣指稱**(everything reference)的，即指稱所論元目裡的每個元目。這樣，每樣指稱就涵蘊指稱一些元目，以及任一**特定**元目。在上述 $Hx \supset Mx$ 裡的自由變詞 x，就具有每樣指稱的功能，因爲它

是根據(b)的列 1 和 2 推演而來，而這兩列的變詞 x 就具有這種功能，因為它們是從取代具有這種功能的(a)的列 1 和 2 的全稱量辨語句裡的對應變詞而來的。這樣，我們就很可以給這裡的 $Hx \supset Mx$ 添加相應的起首全稱量號 (x)，得到 $(x)(Hx \supset Mx)$。有一點要問的，$(x)(Hx \supset Mx)$ 和 $Hx \supset Mx$ 有什麼不同。一般說來，$Hx \supset Mx$ 裡的 x 的指稱是選言式指稱，而 (x) $(Hx \supset Mx)$ 裡的約束變詞 x 的指稱是每樣指稱。但像出現在例 5(b)列 3 特定脈絡裡的 $Hx \supset Mx$，雖然在表面形式上和 $(x)(Hx \supset Mx)$ 不同，但在解釋上兩者可視為相同的語句。

這樣，在自由變詞 y 可視為具有每樣指稱的場合，我們可以正確和有效的從語句或句式 ϕy 推演到 $(x)\phi x$。這種推演，叫做**全稱推廣**(universal generalization)，簡記為 UG；並可寫成

$$\frac{\phi y}{/\therefore (x)\phi x}$$

其中 y 為具有每樣指稱的任何變詞。

這樣，我們可把上面例 5 的(a)和(b)合併寫成如下例。

例 7　　1. $(x)(Ax \supset Mx)$　　　　　P
　　　　2. $(x)(Hx \supset Ax)$　　　　　P　　/∴ $(x)(Hx \supset Mx)$
　　　　3. $Ax \supset Mx$　　　　　　　1 UI
　　　　4. $Hx \supset Ax$　　　　　　　2 UI
　　　　5. $Hx \supset Mx$　　　　　　　1, 2 CS
　　　　6. $(x)(Hx \supset Mx)$　　　　　5 UG

在數學裡，我們時常「暗中」使用全稱例舉(UI)和全稱推廣(UG)等邏輯教本列舉的推演規則。試看下列例子。

例 8　　一個數學老師可能這樣說：$x + a = a + x$，因為**任何**數加 a 等於 a 加該數。我們很可把老師這個說法寫成如下的邏輯形式：
　　　　1. $(x)(x + a = a + x)$　　　P　　/∴ $x + a = a + x$
　　　　2. $x + a = a + x$　　　　　　1 UI
　　　　老師在這裡暗中使用 UI。

例 9　　老師也可能這樣說：為什麼任何數 y 加 a 等於 a 加該數呢？因為任

何數 x 加 a 等於 a 加該數。我們可把這個說法寫成：

1. $(x)(x + a = a + x)$ P   /∴ $(y)(y + a = a + y)$
2. $x + a = a + x$ 1 UI
3. $(y)(y + a = a + y)$ 2 UG

老師在這裡暗中依次使用 UI 和 UG。

例 10 老師說：三角形 ABC 的兩股平方和等於斜邊平方，因為它是直角三角形，而**任何**直角三角形的兩股平方和等於斜方平方。

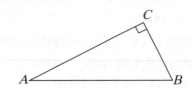

設 t =「三角形 ABC」，Rx =「x 是直角三角形」，Sx =「x 兩股平方和等於斜邊平方」。那麼，可把老師的說法寫成下面的推論形式：

1. $(x)(Rx \supset Sx)$ P
2. Rt P   /∴ St
3. $Rt \supset St$ 1 UI
4. St 2, 3 MP

老師在這裡暗中使用 UI 和 MP。

例 11 幾何學上的畢氏定理(Pythagorean theorm)是：（所有）直角三角形兩股平方和等於斜邊平方。數學教本上常可看到這個定理的這樣證明：

假定：$\triangle ABC$ 中，$\angle C$ 為直角。

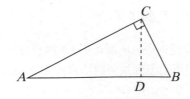

求證：$\overline{BC}^2 + \overline{AC}^2 = \overline{AB}^2$

證明：

　⑴由 C 作斜邊 $\overline{AB}$ 上的高 $\overline{CD}$，D 為垂足。那麼，$\triangle ACD \sim$
　　$\triangle ABC$，及$\triangle CBD \sim \triangle ABC$

　⑵因$\triangle ACD \sim \triangle ABC$，故 $\overline{AC} : \overline{AB} = \overline{AD} : \overline{AC}$
　　即 $\overline{AC}^2 = \overline{AB} \times \overline{AD}$

　⑶同理，由$\triangle CBD \sim \triangle ABC$，可得
　　$\overline{BC}^2 = \overline{AB} \times \overline{BD}$

　⑷由⑵和⑶可知
　$\overline{BC}^2 + \overline{AC}^2 = \overline{AB} \times \overline{BD} + \overline{AB} \times \overline{AD}$
　　　　　　　　$= \overline{AB} \times (\overline{BD} + \overline{AD})$
　　　　　　　　$= \overline{AB} \times \overline{AB}$
　　　　　　　　$= \overline{AB}^2$

　⑸所以此題得證。

現在設 $Rx = $「$x$是直角三角形」，$Sx = $「$x$的兩股平方和等於斜邊平方」。那麼，上面「整個」證明可以寫成這樣的導衍和證明形式：

```
→1.          Rx                  ACP（CP 的假設）
 ⋮                               ⋮
 (n–2)       Sx
 (n–1)       Rx ⊃ Sx             1–(n–2) CP
 (n)         (x)(Rx ⊃ Sx)        (n–1) UG
```

這個導衍的列 1(ACP)，即 CP 假定，相當於上面證明裡的「假定」。列 2 到 (n–2) 相當於證明裡的⑴到⑷。列 (n–1) 和 n 相當於證明裡的⑸。列 n 是說，所有直角三角形的兩股平方和等於斜邊平方。由此可知，在這個定理的一般證明中，暗中使用了 CP 和 UG。現在要問的，在這個導衍中，我們為什麼能夠對列 (n–1) 的自由變詞 x 做全稱推廣(UG)。這可從兩點來說。一，在列 1，Rx 裡的 x 是任意選的，也就是在證明中選的直角三角形是任意選的，因此它的指稱具有任意指稱性，即指稱每個直角三角形。因此可給它做全稱量辨。二，(n–1) 列，即 $Rx \supset Sx$，是一個定理，因它不依據特定前提，因此它裡面的變詞 x 具有任意性，因此可給它全稱量辨。

其次介紹**存在推廣**(existential generalization)，簡記爲 EG。設 $c =$ 「丘崎(Church)」，$Lx =$「x 是邏輯家」。我們從「丘崎是邏輯家」，可以正確和有效的推出「有邏輯家」，即從 Lc 可以推出 $\exists x Lx$；因爲丘崎是邏輯家這句話告訴我們有邏輯家丘崎；這也告訴我們至少有一個邏輯家，這就是 $\exists x Lx$ 的意思。從「x 是邏輯家」也可以推出「有邏輯家」，即從 Lx 可以推出 $\exists x Lx$；因爲在 Lx 中 x 的指稱是選言式指稱，不論它指稱一個特定元目，或一些元目，或每個元目，都可以說是至少指稱一個人。這樣，**存在推廣**就是從 ϕa 或 ϕy 到 $\exists x \phi x$，並可寫成

$$\frac{\phi a}{/\therefore \exists \phi x}$$

或

$$\frac{\phi y}{/\therefore \exists x \phi x}$$

其中 a 爲任意常詞，y 爲任意變詞。試看下例。

例 12　所有有重量的東西是有廣延性的。所有東西有重量。所以，有有廣延性的東西。

這個論證的有效性可這樣證得。設 $Wx =$「x 是有重量的東西」，$Ex =$「x 是有廣延性的」。那麼這個論證可以符示和證明如下：

1. $(x)(Wx \supset Ex)$　　　　P
2. $(x)Wx$　　　　　　　　　P　　$/\therefore \exists x Ex$
3. $Wx \supset Ex$　　　　　　1 UI
4. Wx　　　　　　　　　　2 UI
5. Ex　　　　　　　　　　3, 4 MP
6. $\exists x Ex$　　　　　　　5 EG

與存在推廣相對的是**存在例舉**(existential instantiation)，簡記爲 EI。這個規則的解說和處理，較棘手一點，邏輯教本的處理比較多樣。但在本書的自由變詞的選言式指稱和每個指稱的區分下，應該可以得到較好和易懂的解說和處理。從「有邏輯家」推論到「丘崎是邏輯家」，或

從 $\exists xLx$ 推論到 Lc ，當然不正確，因為「有邏輯家」說的未必指丘崎。這樣，我們不可從 $\exists x\phi x$ 推到 ϕa 。但是，從「有邏輯家」推論到「y 是邏輯家」，或從 $\exists xLx$ 推論到 Ly，在我們對自由變詞 y 做適當的了解和選擇下，是一個可接受的推論。所謂適當的了解，是把從存在量辨，譬如 $\exists xLx$ ，推論到的句式，譬如 Ly 裡的自由變詞 y，了解為是選言式指稱。這樣，從「至少有一個邏輯家」，推論說「或是有一個特定的元目是邏輯家，或是有些元目是邏輯家，或是每個元目是邏輯家」，是一個正確的推論。自由變詞 y 的適當選擇問題，將在下節討論。這樣，我們要把從 $\exists x\phi x$ 到 ϕy 的推演，叫做**存在例舉**，並寫成：

$$\frac{\exists x\phi x}{/\therefore \phi y}$$

其中 y 為適當選擇的自由變詞。

例 13　所有有重量的東西是有廣延性的。有些有重量的東西是氣體。所以，有些有廣延性的東西是氣體。

設 $Gx =$「x 是氣體」，其他字母如前例。這個論證可符示和證明如下：

1. $(x)(Wx \supset Ex)$　　　　　P
2. $\exists x(Wx \cdot Gx)$　　　　　P　$/\therefore \exists x(Ex \cdot Gx)$
3. $(Wx \cdot Gx)$　　　　　2 EI
4. $Wx \supset Ex$　　　　　1 UI
5. Wx　　　　　3 Simp
6. Ex　　　　　4, 5 MP
7. Gx　　　　　3 Simp
8. $(Ex \cdot Gx)$　　　　　6, 7 Conj
9. $\exists x(Ex \cdot Gx)$　　　　　8 EG

習題 7-1

給下列論證構作證明

1. $(x)[Fx \lor (Gx \cdot \sim Hx)], (x)Hx \quad / \therefore \exists x(Dx \supset Fx)$

2. $(x)(Ax \supset Dx), (x)(Cx \supset \sim Dx) \quad / \therefore (x)(Cx \supset \sim Ax)$

3. $(\sim Ab \lor Cb) \supset (Ab \lor Db), (x)(\sim Cx \supset Ax), (x)\sim Ax \quad / \therefore \exists x Dx$

4. $(x)[(Ax \lor Bx) \supset Cx], \exists y (Ay \cdot Dy) \quad / \therefore \exists y Cy$

5. $(x)[Ax \supset (Bx \lor Cx)], \exists x (Ax \cdot \sim Cx) \quad / \therefore \exists x Bx$

6. $(x)[(\sim Ax \cdot Fx) \cdot \sim Cx], Gb \supset Cb, \sim Hb \lor \sim Fb \quad / \therefore \exists x \sim (H \lor Gx)$

3. UI, EI, UG 與 EG 及其五個主要限制

前節，對 UI, EI, UG 與 EG 這四個量號規則，做了初步說明。本節，要進一步討論細節。一般說來，這四個規則的成立，只要說明清楚，在直覺上不難理解。但由於這些規則要處理語句內部裡呈現的複雜結構，以及容易混淆糾纏的變詞──不論是自由還是約束的，因此在實際做推演時，不像語句推演規則的使用那麼「直截了當」，而要對處理和使用的變詞，做字形甚或語意的識別和選擇，因此做起來要比較細心。

從要處理或可處理的語句結構的不同，可把量號邏輯裡的推演規則分爲五種。第一種是第四章引進的第一到第八個的單向有效涵蘊規則。這些規則處理主語句連詞所呈現的語句。第二種是同章引進的第九到第十八個的有效等值取代規則。這些規則處理任何部分語句或整個語句。第三種是如言證法和導謬法。這些規則處理整個語句。第四種是上節剛剛引進的四個量號規則。這些規則處理量辨語句，即起首爲量號並且以整個語句爲範圍的語句。第五種是將在下節引進的量號互換(exchange of quantifiers)規則，簡記爲 EQ。這些規則處理任何出現的量號。這樣，第一種規則不可處理非主連詞。量號規則不能處理，譬如如言 $(x)(Dx \supset Cx) \supset \exists y(Bx \cdot Cx)$ 的前件或後件裡的量辨語句。我們要先依第一種規則得到 $(x)(Dx \supset Cx)$ 或 $\exists x(Bx \cdot Cx)$ 以後，才可依量號規則處理這兩者。

現在進一步討論四個量號規則。

一個全稱量辨語句說，**每個**元目具有某一性質。這樣，從一個這樣的語句推論到它旳某一特定例舉，一些例舉或每一例舉，確實應該是正

確的。設 Wx ＝「x 有重量」，f ＝「我家那隻花貓剛聳起的那根毛」，g ＝「舊金山金門橋」，e ＝「地球」。那麼，如果每樣東西有重量，則我家那隻花貓剛聳起的那根毛，舊金山金門橋，和地球等是有重量的。也就是，如果 $(x)Wx$，則 $Wf, Wg, We, \cdots, Wx$。又設 Ox ＝「x 是大洋洲的國家」，Sx ＝「x 有海洋」，a ＝「澳大利亞」，n ＝「諾魯」，t ＝「吐瓦魯」。那麼，如果所有大洋洲的國家有海岸，則澳大利亞，諾魯，吐瓦魯等有海岸。也就是，如果 $(x)(Ox \supset Sx)$，則澳大利亞是大洋洲國家，則它有海岸；如果諾魯是大洋洲國家，則它有海岸；如果吐瓦魯是大洋洲國家，則它有海岸，等等。也就是，如果 $(x)(Ox \supset Sx)$，則 $Oa \supset Sa, On \supset Sn, Ot \supset St, Ox \supset Sx$。這樣，我們可把 UI 正式寫成：

(1) 全稱例舉(UI)

$$\frac{(x)\phi x}{/ \therefore \phi y}$$

其中：

或

$$\frac{(x)\phi x}{/ \therefore \phi a}$$

(1)ϕy 是拿一個在ϕy 裡為自由的 y 取代在ϕx 裡為自由的 x 的每個出現所得，而ϕa 是拿常詞 a 取代在ϕx 裡為自由的 x 的每個出現所得。

例 14 所有南美國家，巴拉圭和玻利維亞除外，都有海岸。阿根廷，巴西和智利是南美國家。所以，這些國家有海岸。

設 Sx ＝「x 是南美國家」，Cx ＝「x 有海岸」，a ＝「阿根廷」，b ＝「巴西」，c ＝「智利」，p ＝「巴拉圭」，l ＝「玻利維亞」。那麼，這個論證可符示和證明如下：

1. $(x)\{[(Sx \supset Cx) \cdot (Sp \cdot \sim Cp)] \cdot (Sl \cdot \sim Cl)\}$ P
2. $[(Sa \cdot Sb) \cdot Sc]$ P $/ \therefore [(Ca \cdot Cb) \cdot Cc]$
3. $(Sa \cdot Sb)$ 2 Simp
4. Sa 3 Simp
5. $\{[(Sa \supset Ca) \cdot (Sp \cdot \sim Cp)] \cdot (Sl \cdot \sim Cl)\}$ 1 UT
6. $Sa \supset Ca$ 5 Simp
7. Ca 4, 6 MP

8.	Sb	3 Simp
9.	$\{[(Sb{\supset}Cb)\cdot(Sp\cdot{\sim}Cp)]\cdot(Sl\cdot Cl)\}$	1 UI
10.	$Sb{\supset}Cb$	9 Simp
11.	Cb	8, 10 MP
12.	Sc	2 Simp
13.	$\{(sl\cdot cl)\}[(Sc{\supset}Cc)\cdot(Sp\cdot{\sim}Cp)]$	1 UI
14.	$Sc{\supset}Cc$	13 Simp
15.	Cc	12, 14 MP
16.	$(Ca\cdot Cb)$	7, 11 Conj
17.	$[(Ca\cdot Cb)\cdot Cc]$	15, 16 Conj

這樣，依 UI，我們可從一個全稱量辨語句，推出其任何例舉。在依 UI 除掉起首的全稱量號後，可對所得語句依需要做語句推演。

存在例舉(EI)無法像全稱例舉(UI)那麼自由進行。首先，我們不能說，如果有些東西是有重量的，則我家那隻花貓剛聳起的那根毛是有重量的，或舊金山金門橋是有重量的，或地球是有重量的。也就是，不能說，如果 $\exists xWx$ 則 Wf, Wg 或 We。這是因為，說有些東西是有重量的時，並沒有特指那些東西，因此推不出說那根毛，那座橋，那地球是有重量的，雖然這些東西是有重量的。這也就是說，我們不能說，如果有些南美國有海岸，則阿根廷，巴西，智利，巴拉圭有海岸。也就是，不能說，如果 $\exists x(Sx\cdot Cx)$，則 $(Sa\cdot Ca), (Sb\cdot Cb), (Sc\cdot Cc)$, 或 $(Sp\cdot Cp)$。因為，巴拉圭和玻利維亞就沒有海岸。雖然如此，但是我們卻可說，如果有些東西有重量，則 y 有重量；也就是，如果 $\exists xWx$，則 Wy。或者說，如果有些南美國家有海岸，則 y 有海岸；也就是，如果 $\exists x(Sx\cdot Cx)$，則 $(Sy\cdot Cy)$。當然在這裡，我們對 y 要有適當的了解。也就是，要把它了解為選言式指稱。我們講過的，所謂自由變詞 x 的**選言式指稱**，是指：y 或是指稱一個特定元目，或是一些元目，或是每個元目。這樣，在量號推演規則上，現在有下面兩個要注意的限制：

限制 1：在從 $\exists x\phi x$ 到ϕy 的 EI 推演上，y 不可以是確定的常詞 a 等。

限制 2：在從 $\exists x\phi x$ 到ϕy 的 EI 推演上，y 必須是選言式指稱。

除了這兩個限制上，EI 須有另一個限制。試看下例。

例 15 設 $Ex =$ 「x 是偶數」，$Ox =$ 「x 是奇數」。試看下面的導衍：

1. $\exists x Ex$　　　　　　　P
2. $\exists x Ox$　　　　　　　P
3. Ex　　　　　　　　1 EI
4. Ox　　　　　　　　2 EI　（**有問題**）
5. $(Ex \cdot Ox)$　　　　　3, 4 Conj
6. $\exists x(Ex \cdot Ox)$　　　5 EG

前提 1 說有偶數，2 說有奇數。這些是數學的眞理。但列 6 說有既是偶數又是奇數的數，這是假的。從眞前提導出假，推演過程必定有錯。錯在那裡呢？逐列檢查，我們發現列 3 和 4 間的 EI 推演有問題。我們說有偶數和有奇數，直覺上沒問題，因爲有偶數裡的「有」和有奇數裡的「有」，可以是**不同的數**的「有」。但在列 3 和 4 分別對列 1 和 2 做 EI 時，使用同樣的自由變詞 x，使得不同的**有**變成相同的**有**。這就有矛盾了。在對這裡的 x 沒做推廣以前，這個矛盾是潛在而沒有浮現，但在列 6 做 EG 時就浮現了。爲避免這個會導致不一致或矛盾的推演，必須做修正。列 3 的 EI 推演沒有問題。問題由列 4 採用與列 3 相同的自由變詞 x 引起的。列 4 的 EI 發生的問題不是**個案**，只要它採用與前面已出現的自由變詞相同的變詞，都可能導致類似的不一致，爲了**通案**解決，對 EI 要有這樣的限制：不可拿在先前出現爲自由的變詞做 EI。這樣在列 4 做 EI 時，不要拿和列 3 爲自由的變詞 x 相同的變詞來取代。譬如拿 y 來取代而得 Oy。這樣這裡的 y 就和 Ex 的 x 無關了，而前面出現的的矛盾就不會發生了。

例 16 依前面例 15 的字母約定，試看下列導衍：

1. $\exists x Ex$　　　　　　　P
2. $\exists x Ox$　　　　　　　P
3. Ex　　　　　　　　1 EI
4. Oy　　　　　　　　2 EI
5. $(Ex \cdot Oy)$　　　　　3, 4 Conj
6. $\exists x(Ex \cdot Oy)$　　　5 EG

這個導衍裡，每一步根據的規則和前例的完全一樣，只是在列 4，我們引進的變詞是 y 而不是 x。在列 6，同樣對列 5 進行 EG。但由於現在的列 5 是 $(Ex \cdot Oy)$，不是 $(Ex \cdot Ox)$，因而在列 6 得到的是 $\exists x(Ex \cdot Oy)$，這個結果是說，有偶數而 y 是奇數。這不像 $\exists x(Ex \cdot Ox)$，沒有什麼矛盾。

要注意的，在做 EI 時所引進的自由變詞，不但要和前面依 EI 引進的自由變詞不同，而且要和**所有**在此以前為自由的變詞不同，因為如果不這樣，會產生和剛才講的一樣或類似的不一致。這樣，對量號規則，我們有第三個限制。

限制 3：依 EI 引進證明裡為自由的變詞，必須在證明的先前諸列不出現為自由。

現在我們可把 EI 正式寫成：

(2)　**存在例舉**(EI)

$$\frac{\exists x \phi x}{/ \therefore \phi y}$$

其中：

(1) y 不是常詞。

(2) 在證明的先前諸列裡，y 不出現為自由。

(3) ϕy 是拿一個在 ϕy 裡為自由的 y，取代在 ϕx 裡為自由的 x 每個出現所得。

有人也許會說，只要我們不對像前面例 15 的列 6 做 EG，列 3 和 4 之間的不一致便不會顯現出來。這樣，做列 4 這樣的 EI 也不會顯現什麼毛病！這樣的設想有兩個問題。一，從邏輯觀點和考慮，任何矛盾，不論是顯現的還是隱含的，都是要不得的。因為任何矛盾在任何時刻都可能顯現出來。二，在一個導衍和證明裡，我們經常要做 UG 和 EG，尤其是 EG。我們要非常自由去做 EG，因此如果有上述矛盾隱含在一些列裡，會大大妨害做 EG 的自由。

在述詞邏輯系統，句式 ϕx 裡的自由變詞 x 實際上是兩種，雖然在字形或表面上沒有標識出來。一種是每個指稱，但另一種是選言式指稱。對這兩種指稱的變詞，都可做 EG（存在推廣）；但只對每個指稱的變

詞，可做 UG（全稱推廣）。試看下例。

例 17　地球環繞太陽運轉。所以，每樣東西環繞太陽運轉。

設 e＝「地球」，Mx＝「x 環繞太陽運轉」。我們可用下列符示和導衍，證明這個論證爲有效嗎？

1. Me　　　　　　　　P　／∴ $(x)Mx$
2. $(x)Mx$　　　　　　　1 UG　（**錯誤**）

顯然不可以。實際上這是一個無效的論證。

這樣，對量號規則，我們有第四個限制：

限制 4：對常詞不可做 UG。

不但如此，試看下例。

例 18　有些東西環繞太陽運轉。所以，每樣東西都環繞太陽運轉。

依前例的字母約定。那麼，可依下列導衍顯示這個論證爲有效嗎？

1. $\exists xMx$　　　　　　P　／∴ $(x)Mx$
2. Mx　　　　　　　　1 EI
3. $(x)Mx$　　　　　　　2 UG　（**無效**）

不可以。這個論證實際上無效，這個導衍貌似顯示它爲有效，是因爲導衍本身有錯誤。從列 2 不可依 UG 獲得列 3，因爲列 2 是依 EI 得來。依 EI 獲得的自由變詞 x，是選言式指稱。我們不能對選言式指稱的變詞做 UG。

這樣，對量號規我們有第五個限制：

限制 5：對由 EI 引進的自由變詞，不可做 UG。

UG 還有一個常被疏忽的限制。那就是，對前提裡出現爲自由的變詞，不能做 UG。試看下例。

例 19　x 是白狗。所以，每樣東西是白狗。

設 Wx＝「x 是白狗」。那麼，可用下列導衍顯示論證爲有效嗎？

1. *Wx* P　／∴ *(x)Wx*
2. *(x)Wx* 1 UG　（**無效**）

不可以，因爲在前提裡爲自由的變詞 *x*，必須解釋爲選言式指稱，所以列 2 的 UG 推演是錯誤。

另有一種情形可視爲是在前提出現爲自由的變詞。試看下例。

例 20　不是每樣東西是白狗。所以，每樣東西不是白狗。

依前例的字母約定。那麼，可用下列導衍顯示這個論證爲有效嗎？

1. ~*(x)Wx* P　／∴ *(x)*~*Wx*
2. *Wx* ACP
3. *(x)Wx* 2 UG　（**無效**）
4. [*(x)Wx* · ~*(x)Wx*] 2, 3 Conj
5. ~*Wx* 2-4 RAA
6. *(x)*~*Wx* 5 UG

不可以，因爲列 3 的 UG 推演無效。在列 2 假定的 *Wx* 裡的自由變詞 *x*，必須是選言式指稱的，因此對 *x* 不能做 UG。實際上，上面是一個無效的論證。

這樣，對量號規則我們有第 6 個限制：

限制 6：對前提或假定裡的自由變詞，不能做 UG。

但要注意下例裡 UG 的正確使用。

例 21
1. *Fx* ACP
2. *Fx*∨*Gx* 1 Add
3. *Fx*⊃(*Fx*∨*Gx*) 1-2 CP
4. *(x)*[*Fx*⊃(*Fx*∨*Gx*)] 3 UG

在列 4，對列 3 的自由變詞 *x* 做 UG，這有沒有對前提或假定裡的自由變詞做 UG 呢？沒有。因爲在列 3 經 CP（如言證法）後，已經不依任何前提或假定了。實際上列 3 已經是一個定理或套套言。在定理或套套言裡的任何變詞，都是每個指稱。

現在可給 UG（全稱推廣）正式敘述如下：

(3)　全稱推廣(UG)

$$\frac{\phi y}{/\therefore (x)\phi x}$$

其中：

⑴ y 不是常詞。

⑵ y 在由 EI 獲得的先前諸列裡不出現爲自由。

⑶ 在前提或在先前未撤銷的假定前提裡，y 不出現爲自由。

⑷ ϕx 是拿一個在 ϕx 裡爲自由的 x，取代在 ϕy 裡爲自由的 y 的每個出現所得，而且沒有 x 的其他出現已包含在 ϕx 裡。

這個敘述的第四條款最後一句話，「沒有 x 的其他出現已包含在 ϕx 裡」，是爲阻止諸如下例裡的錯誤推論。

例 22　1. $(x)(y)(Ax \supset Ay)$ 　　　　　P

2. $(y)(Ax \supset Ay)$ 　　　　　1 UI

3. $(Ax \supset Ay)$ 　　　　　2 UI

4. $(y)(Ay \supset Ay)$ 　　　　　3 UG　　（**無效**）

5. $Aa \supset Aa$ 　　　　　4 UI

前提列 1 不是一個恒眞的語句，但列 5 是套套言。從不是恒眞的語句，是推不出套套言的。因此，導衍一定有錯。錯在列 4 的 UG，因爲它是拿已出現在列 3 的 y 取代 x 從列 3 得來。這會使原來前後件不同的 $Ax \supset Ay$ 變成相同的 $Ay \supset Ay$，因而得出套套言 $Aa \supset Aa$。上面的條款 4，阻止發生這種不正確的推論。

下面是使用 UG 和 UI 的兩個例子。

例 23　1. $(x)(Fx \supset Gx)$ 　　　　　P

2. $(x)(Gx \supset Fx)$ 　　　　　P　　$/\therefore (x)(Fx \equiv Gx)$

3. $Fx \supset Gx$ 　　　　　1 UI

4. $Gx \supset Fx$ 　　　　　2 UI

5. $[(Fx \supset Gx) \cdot (Gx \supset Fx)]$ 　　　　　3, 4 Conj

6. $Fx \equiv Gx$		5 Bic
7. $(x)(Fx \equiv Gx)$		6 UG

例 24
1. $(x)[(\sim Lx \cdot Hx) \supset Gx]$	P	
2. $(x)(Lx \equiv Fx)$	P	
3. $(x)(\sim Fx \cdot Hx)$	P　 /∴ $(x)Gx$	
4. $(\sim Lx \cdot Hx) \supset Gx$	1 UI	
5. $Lx \equiv Fx$	2 UI	
6. $(\sim Fx \cdot Hx)$	3 UI	
7. Hx	6 Simp	
8. $[(Lx \supset Fx) \cdot (Fx \supset Lx)]$	5 Bic	
9. $Lx \supset Fx$	8 Simp	
10. $\sim Fx$	6 Simp	
11. $\sim Lx$	9, 10 MT	
12. $(\sim Lx \cdot Hx)$	7, 11 Conj	
13. Gx	4, 12 MP	
14. $(x)Gx$	13 UG	

　　EG（存在推廣）的行使，可以很自由。設 t =「頭前溪」，Rx =「x 是台灣的河川」。那麼，我們不但可從「頭前溪是台灣的河川」推出「有台灣的河川」，即從 Rt 推出 $\exists x Rx$，也可以從「x 是台灣的河川」推出「有台灣的河川」，即從 Rx 推出 $\exists x Rx$。實際上，EG 的行使還可以更自由。先讓我們正式寫出 EG 規則，再舉例。

　　(4)　存在推廣(EG)

$$\frac{\phi y}{/\therefore \exists x \phi x}$$

或

$$\frac{\phi a}{/\therefore \exists x \phi x}$$

其中：
(1)ϕx 是拿一個常詞或一個在 ϕx 裡為自由的 x 取代 ϕy 或 ϕa 裡的**至少一個** y 或 a 的出現所得，並且沒有 x 的其他出現已包含在 ϕx 裡。

　　EG 的使用有兩點要注意。一點和 UG 一樣的，要「沒有 x 的其他出現已包含在 ϕx 裡」。試看下例。

例 25　設 $Ox =$「x 是奇數」，$Ex =$「x 是偶數」。試看下列導衍：

1. $\exists xOx$　　　　　　　　　P
2. $\exists xEx$　　　　　　　　　P
3. Ox　　　　　　　　　　1 EI
4. Ey　　　　　　　　　　2 EI
5. $(Ox \cdot Ey)$　　　　　　　3, 4 Conj
6. $\exists y(Oy \cdot Ey)$　　　　　5 EG　　（**無效**）

在列 6，就拿在列 5 為**自由的** y 來取代列 5 的 x 做 EG 雖然是可以的，但由於 y 已經包含在列 5，因此使得列 5 裡的 Ox 和 Ey 裡的不同變詞 x 和 y，在列 6 變成相同的 y，因而產生有既是奇數又是偶數的假結論。

另一點是，在我們講 ϕa 或 ϕy 是 $(x)\phi x$ 或 $\exists x\phi x$ 的例舉或代換例中，ϕa 和 ϕy 是分別拿 a 和 y 代換 ϕx 裡的**每個**或**所有** x 的自由出現的。也就是，這種代換或取代是一律(uniform)代換或取代。在四個量號規則中，UI, EI 和 UG 所做代換，都必須是一律代換，但 EG 則**可以**不必一律代換。試看下例。

例 26　1. $(x)(Ax \lor \sim Ax)$　　　　P
　　　2. $Ay \lor \sim Ay$　　　　　　1 UI
　　　3. $\exists x(Ax \lor \sim Ay)$　　　2 EG（x 對列 2 的 y 只做部分代換，沒做一律代換）
　　　4. $Ax \lor \sim Ay$　　　　　　3 EI
　　　5. Ax　　　　　　　　　　ACP
　　　6. $\exists xAx$　　　　　　　　5 EG
　　　7. $Ax \supset \exists xAx$　　　　5-6 CP
　　　8. $\sim Ay$　　　　　　　　ACP
　　　9. $\exists x \sim Ax$　　　　　　8 EG
　　　10. $\sim Ay \supset \exists x \sim Ax$　　8-9 CP
　　　11. $\exists xAx \lor \exists x \sim Ax$　　4, 7, 10 Dil

前提 1 是一個定理。它說每樣東西具有性質 A 或不具性質 A，這應恒為

眞。列 11 也是一個定理。它說有些東西具有性質 A，或是有些東西不具有性質 A，這也應恒爲眞。從一個定理，導出另一定理，我們的導衍應該是正確的。上面的導衍中，列 3 以外的各列明顯是正確的，這顯示列 3 也應正確。

試看一些例子。

例 27 沒有鴨子願意跳華爾滋。沒有官吏不願意跳華爾滋。所有我的家禽是鴨子。所以，沒有我的家禽是官吏。

設 $Dx =$「x 是鴨子」，$Wx =$「x 願意跳華爾滋」，$Ox =$「x 是官吏」，$Px =$「x 是我的家禽」。那麼，可把這個論證符示和證明如下：

1. $(x)(Dx \supset \sim Wx)$	P
2. $(y)(Oy \supset Wy)$	P
3. $(z)(Pz \supset Dz)$	P $\quad / \therefore (x)(Px \supset \sim Ox)$
4. $Dx \supset \sim Wx$	1 UI
5. $Ox \supset Wx$	2 UI
6. $Px \supset Dx$	3 UI
7. $Px \supset \sim Wx$	4, 6 CS
8. $\sim Wx \supset \sim Ox$	5 Contra
9. $Px \supset \sim Ox$	7, 8 CS
10. $(x)(Px \supset \sim Ox)$	9 UG

例 28 所有蜜蜂住在蜂房裡。每個人怕蜜蜂恰好如果他不了解牠們。凡住在蜂房者了解蜜蜂。每個人怕蜜蜂。所以，有人怕蜜蜂，但不是蜜蜂。

設 $Bx =$「x 是蜜蜂」，$Lx =$「x 住在蜂房」，$Ax =$「x 怕蜜蜂」，$Ux =$「x 了解蜜蜂」。那麼，可用下列符示和導衍證明論證有效：

1. $(x)(Bx \supset Lx)$	P
2. $(x)(Ax \equiv \sim Ux)$	P
3. $(x)(Lx \supset Ux)$	P
4. $(x)Ax$	P $\quad / \therefore \exists x(Ax \cdot \sim Bx)$
5. $Bx \supset Lx$	1 UI
6. $Ax \equiv \sim Ux$	2 UI

7. $Lx \supset Ux$	3 UI
8. Ax	4 UI
9. $[(Ax \supset \sim Ux) \cdot (\sim Ux \supset Ax)]$	6 Bic
10. $Ax \supset \sim Ux$	9 Simp
11. $\sim Ux$	8, 10 MP
12. $\sim Lx$	7, 11 MT
13. $\sim Bx$	5, 12 MT
14. $(Ax \cdot \sim Bx)$	8, 13 Conj
15. $\exists x(Ax \cdot \sim Bx)$	14 EG

我們應該沒有忘記，存在例舉時，要拿新的變詞去取代。試看下例。

例 29 所有想當銀行家的人都很會算錢。所有想賺錢的人想當銀行家。有些人不會算錢。所以，有些人不想賺錢。

設 $Bx =$「x 是想當銀行家的人」，$Cx =$「x 很會算錢」，$Ex =$「x 想賺錢」。那麼，可用下列符示和導衍顯示論證有效。

1. $(x)(Bx \supset Cx)$	P
2. $(x)(Ex \supset Bx)$	P
3. $\exists x \sim Cx$	P　／∴ $\exists x \sim Ex$
4. $\sim Cx$	3 EI
5. $Bx \supset Cx$	1 UI
6. $Ex \supset Bx$	2 UI
7. $\sim Bx$	4, 5 MT
8. $\sim Ex$	6, 7 MT
9. $\exists x \sim Ex$	8 EG

前提 3 雖然排在列 3，但我們要對居先的列 1 和 2 做 UI 之前，先在列 4 對列 3 做 EI。這是因爲依 EI 引進自由變詞時，必須是**新的**；也就是，在先前諸列從未出現爲自由的。這樣，如果我們準備對 EI 所得語句中含所引變詞那部分的字詞做語句推演的中介的話，一定要先做 EI，後做 UI，否則永遠得不到該部分。例如，在上例，要對列 4 和 5 做 MT，其中中介是列 4 的～Cx 和列 5 的後件～Cx。由於做 UI 時，所引進的變

詞不受限制，因此在對列 1 做 UI 時，可牽就列 4 裡的 x 而在列 5 也用 x。這樣就有 MT 的中介 $\sim Cx$。這樣，當既要做 UI 也要做 EI 時，盡量先做 EI。但有人會說，既然 UI 可以引進和 EI 引進的相同的字母，那麼 UI 和 EI 那一個先做，實際上沒有什麼不同。關於這點，向來的邏輯教本似乎沒有清楚的解說。

　　就拿這個例子來說。在列 4 依 EI 引進 $\sim Cx$ 時，變詞 x 必須是選言式指稱的。但在列 5 依 UI 引進 $Bx \supset Cx$ 時，變詞 x 是每個指稱還是選言式指稱呢？就上面例 29 的實際導衍來說，我們可把它解釋爲選言式指稱，或是解釋爲**有**歧義的爲選言式指稱或每個指稱。在列 5 做 UI 時，我們之引進變詞字母 x，實際上已考慮到列 4 的 x，因爲我們準備把列 5 的後件 Cx 看成和列 4 $\sim Cx$ 裡的 Cx 完全相同的語句，尤其是 x 是選言式指稱的。因爲只有這兩者**完全相同**，我們才能對列 4 和 5 做 MT。當然我們也可把列 5 的變詞 x 看做有歧義的。這樣，在對 4 和 5 做 MT 時，我們是取其選言式指稱的，因爲唯有這種解釋，列 4 $\sim Cx$ 裡的 Cx 才會和列 5 的 Cx 完全相同。但一定不可把列 5 的 x 看成單義的每個指稱，因爲如果這樣，列 4 $\sim Cx$ 裡的 Cx 和列 5 的 Cx 就不是相同的語句；不相同的語句用相同的字母來表示，這在形式系統上是大混亂。如果這樣，我們也不能對列 4 和 5 做 MT。

　　就例 29 的導衍本身來說，我們還可寫成下例(a)和(b)兩種情形：

例 30　(a) 1. $(x)(Bx \supset Cx)$　　　　P
　　　　　2. $(x)(Ex \supset Bx)$　　　　P
　　　　　3. $\exists x \sim Cx$　　　　　P
　　　　　4. $\sim Cx$　　　　　　　3 EI
　　　　　5. $Bx \supset Cx$　　　　　1 UI
　　　　　6. $Ex \supset Bx$　　　　　2 UI
　　　　　7. $\sim Bx$　　　　　　　4, 5 MT
　　　　　8. $\sim Ex$　　　　　　　6, 7 MT
　　　　　9. $\exists x \sim Ex$　　　　8 EG（有不想賺錢的）
　　　　10. $Ex \supset Cx$　　　　　5, 6 CS
　　　　11. $(x)(Ex \supset Cx)$　　　10 UG（所有想賺錢的很會算錢）

(b) 1. $(x)(Bx \supset Cx)$　　　　　　P

　　2. $(x)(Ex \supset Bx)$　　　　　　P

　　3. $\exists x \sim Cx$　　　　　　　　P

　　4. $\sim Cx$　　　　　　　　　　3 EI

　　5. $Bx \supset Cx$　　　　　　　　1 UI

　　6. $Ex \supset Bx$　　　　　　　　2 UI

　　7. $\sim Bx$　　　　　　　　　　4, 5 MT

　　8. $\sim Ex$　　　　　　　　　　6, 7 MT

　　9. $\exists x \sim Ex$　　　　　　　8 EG（有不想賺錢的）

　10. $By \supset Cy$　　　　　　　　1 UI

　11. $Ey \supset By$　　　　　　　　2 UI

　12. $Ey \supset Cy$　　　　　　　　10, 11 CS

　13. $(x)(Ex \supset Cx)$　　　　　12 UG（所有想兼錢的很會算錢）

　　在(a)，把列 5 和 6 的變詞看成是有歧義的。在和列 4 直接間接做 MT 時，取選言式指稱。在列 5 和 6 做 CS 得列 10，並對列 10 做 UG 得列 11 時，取每個指稱。如果擔心被歧義混淆，我們可寫成(b)。在(b)，列 5 和 6 的 x 為選言式指稱。在列 10, 11 和 12 的 y 為每個指稱，因此可對列 12 做 UG。不同的變詞 x 和 y 以及量號規則的使用，把這兩種指稱區隔出來。

　　現在可以講為什麼 EI 要比 UI 先做了。有兩個理由。一個是，EI 引進的變詞，硬定是選言式指稱，而 UI 引進的，則可在每個指稱和選言式指稱之間做選擇。在導衍進行中，確定的事項最好盡量先寫好。另一個是，EI 引進的變詞要避開混同的是前此由前提，假定或 EI 引進的變詞，而不是由 UI 引進的變詞。如果 UI 先做，不但增加 EI 變詞選用閃避的麻煩，而且會使 EI 閃避不應閃避的變詞，而證不出可證明的論證，除非在寫 EI 時做除外的規定。試看下面簡單的例子。

例 31　所有的園丁是勤快的人。有園丁。所以，有勤快的人。

　　　設 $Gx =$「x 是園丁」，$Ix =$「x 是勤快的人」。試看下列兩個導衍：

　　(a)　1. $(x)(Gx \supset Ix)$　　　　P

$$2.\ \exists xGx \qquad\qquad\qquad P \quad /\therefore \exists xIx$$
$$3.\ Gx \qquad\qquad\qquad\qquad 2\ \text{EI}$$
$$4.\ Gx{\supset}Ix \qquad\qquad\qquad 1\ \text{UI}$$
$$5.\ Ix \qquad\qquad\qquad\qquad 3,4\ \text{MP}$$
$$6.\ \exists xIx$$

(b)
$$1.\ (x)(Gx{\supset}Ix) \qquad\qquad P$$
$$2.\ \exists xGx \qquad\qquad\qquad P \quad /\therefore \exists xIx$$
$$3.\ Gx{\supset}Ix \qquad\qquad\qquad 1\ \text{UI}$$
$$4.\ Gy \qquad\qquad\qquad\qquad 2\ \text{EI}$$

在(a)，我們順利從前提導出結論。但在(b)導不出來。因 Gx 和 Gy 不是相同句式，所以無法對列 3 和 4 做 MP。只要 UI 先做，依我們的 EI 規則，從列 2 永遠得不出列 3 的前件。所以，依我們的設計，EI 一定要先 UI 做。

4. 量號的互換

試看下例。

例 32　並沒有不懂數學的物理學家。並非所有的歷史教授懂數學。所以，有不是物理學家的。

設 $Mx =$「x 懂數學」，$Px =$「x 是物理學家」，$Hx =$「x 是歷史教授」。那麼，可直接符示這個論證如下：

$$1. \sim\exists x(\sim Mx \cdot Px) \qquad\qquad P$$
$$2. \sim(x)(Hx{\supset}Mx) \qquad\qquad P \quad /\therefore \exists x \sim Px$$

由於這兩個前提都有否言號在最左的量號前面，因此它們不是量辨語句，而是否言。再說，利用我們已有的有關否言的推演規則，對這些否言也無法做有用的推演。只要這些起首的否言號還在，這些前提就無法做例舉，因為它們不是量辨。如果這些前提無法做例舉，則導不出結論。我們可有兩個辦法處理這些起首的量號。一個是，從一開始就利用

說話的直覺，把原論證中出現為否言的前提，改寫為非否言。例如，可把例 32 的論證和符示相應改如下例：

例 33 所有不懂數學的不是物理學家。有些歷史教授不懂數學。所以，有不是物理學家的。

1. $(x)(\sim Mx \supset \sim Px)$ P
2. $\exists x(Hx \cdot \sim Mx)$ P $/\therefore \exists x \sim Px$
3. $(Hx \cdot \sim Mx)$ 2 EI
4. $\sim Mx \supset \sim Px$ 1 UI
5. $\sim Mx$ 3 Simp
6. $\sim Px$ 4, 5 MP
7. $\exists x \sim Px$ 6 EG

這樣改寫以後，就可對前提做 EI 和 UI，最後導出結論。然而，這樣的做法只有在否言的結構很簡單時才能做的好。只要稍微複雜，實際上就很難做了。例如，我們很難用直覺把 $\sim \exists x[(\sim Mx \vee Px) \cdot \sim (Mx \cdot \sim Px)]$ 改成非否言的。幸好有另一個好懂又簡便的辦法。我們可利用全稱量號和存在量號的互換，消除量號前面的否言號。在前面第六章第二節講全稱和存在量號時，已對這種互換做了一些說明。試看下例。

例 34 設 Sx ＝「x 是甜的」。試看下列各句及其符示：

(a) ⑴所有的東西是甜的。 $(x)Sx$
　　⑵並非有些東西不甜。 $\sim \exists x \sim Sx$
(b) ⑴有些東西是甜的。 $\exists xSx$
　　⑵並非所有的東西不甜。 $\sim (x) \sim Sx$

以前講過的，上例(a)和(b)中的⑴和⑵兩句，都等值。這樣，量號 (x) 與 $\sim \exists x \sim$，$\exists x$ 與 $\sim (x) \sim$ 可以互換。換句話說，可以拿 $\sim \exists x \sim$ 定義 (x)；反之，也可拿 $\sim (x) \sim$ 定義 $\exists x$。再看一個例子。

例 35 設 Rx ＝「x 是河川」，Fx ＝「x 向低處流」。試看下列各句及其符示。

(a) ⑴所有的河川向低處流。

$(x)(Rx \supset Fx)$

(2)並非有的河川不向低處流。

$\sim \exists x(Rx \cdot \sim Fx)$，依次依 DeM, DN 與 Cond，與$\sim \exists x \sim (\sim Rx \vee$
$\sim \sim Fx), \sim \exists x \sim (\sim Rx \vee Fx), \sim \exists x \sim (Rx \supset Fx)$ 等值。

(b) (1)有的河川向低處流。

$\exists x(Rx \cdot Fx)$

(2)並非所有的河川不向低處流。

$\sim (x)(Rx \supset \sim Fx)$，依次依 Cond, DN 與 DeM 與$\sim (x)(\sim Rx \vee$
$\sim \sim Fx), \sim (x)(\sim Rx \vee Fx), \sim (x) \sim (Rx \cdot \sim F)$ 等值。

從上例也可看到 (x) 與$\sim \exists x \sim$，$\exists x$ 與$\sim (x) \sim$ 可以互換。從這些，可以看到 $(x)\phi x$ 與$\sim \exists \sim \phi x$ 等值，$\exists x \phi x$ 與$\sim (x) \sim \phi x$ 等值。這樣，$\sim (x)\phi x$ 與$\sim \sim \exists x \sim \phi x$，$\exists x \sim \phi x$ 也依次等值；$\sim \exists x \phi x$ 與$\sim \sim (x) \sim \phi x$，$(x) \sim \phi x$ 也依次等值。在量號推演裡，我們可把這些等值推演規則引進來。由於這些規則可看做是全稱量號與存在量號的互換，所以叫做**量號互換**(exchange of quantifiers)規則，簡記為 EQ。現在正式寫成

(一) **量號互換規則：**EQ（標準式）

$(x)\phi x :: \sim \exists x \sim \phi x$　我們可拿一個存在量號取代一個全稱量號，
$\exists x \phi x :: \sim (x) \sim \phi x$　只要給這個存在量號的左右兩邊各放一個否言號。同樣的，可拿一個全稱量號取代一個存在量號，只要給這個全稱量號的左右兩邊各放一個否言號。

(二) **量號互換規則：**EQ（變式）

$\sim (x)\phi x :: \exists x \sim \phi x$　我們可拿一個存在量號取代一個全稱量號，只
$\sim \exists x \phi x :: (x) \sim \phi x$　要這個全稱量號左邊有一個否言號，以及這個存在量號的右邊有一個否言號。同樣的，可拿一個全稱量號取代一個存在量號，只要這個存在量號的左邊有一個否言號，以及這個全稱量號的右邊有一個否言號。

我們要把量號互換規則(EQ)的前兩個等值，當做是標準式。因為一則這兩個等值，可視為是可拿存在量號和否言號來定義全稱量號，和拿全稱量號和否言號來定義存在量號的，二則這些等值比較直覺，也容易記住。後兩個等值，當做變式，它們很容易很前兩者導出來。在導衍中不論引用那一等值，都將標識為 EQ。

例 36　下面是幾個使用標準式 EQ 的例子。

$$
\begin{array}{llll}
\text{(a)} & 1.\,(x)[Fx \supset (Gx \cdot Hx)] & & \text{P} \\
 & 2.\,{\sim}\exists x{\sim}[Fx \supset (Gx \cdot Hx)] & & 1\ \text{EQ} \\
\text{(b)} & 1.\,{\sim}\exists x{\sim}[Fx \supset (Gx \cdot Hx)] & & \text{P} \\
 & 2.\,(x)[Fx \supset (Gx \cdot Hx)] & & 1\ \text{EQ} \\
\text{(c)} & 1.\,(y)[Jx \vee (Tay \supset Py)] & & \text{P} \\
 & 2.\,{\sim}\exists x{\sim}[Jx \vee (Tay \supset Py)] & & 1\ \text{EQ}
\end{array}
$$

例 37　下面是幾個使用變式 EQ 的例子。

$$
\begin{array}{llll}
\text{(a)} & 1.\,{\sim}(x)[Hx \cdot (Gx \supset Fx)] & & \text{P} \\
 & 2.\,\exists x{\sim}[Hx \cdot (Gx \supset Fx)] & & 1\ \text{EQ} \\
\text{(b)} & 1.\,\exists x{\sim}[Ax \vee (Cx \equiv Dx)] & & \text{P} \\
 & 2.\,{\sim}(x)[Ax \vee (Cx \equiv Dx)] & & 1\ \text{EQ} \\
\text{(c)} & 1.\,(x){\sim}[Gxa \vee (Hy \supset Gax)] & & \text{P} \\
 & 2.\,\exists x[Gxa \vee (Hy \supset Gax)] & & 1\ \text{EQ} \\
\text{(d)} & 1.\,{\sim}\exists x[(Ax \equiv By) \cdot Cz] & & \text{P} \\
 & 2.\,(x){\sim}[(Ax \equiv By) \cdot Cz] & & 1\ \text{EQ}
\end{array}
$$

在使用 EQ 的四個等值式時，每個等值式做相同的三項工作：⑴改換所論量號——存在改為全稱或全稱改為存在；⑾去除該量號的左邊或右邊可能有的否言號；⑾這兩邊如果原來沒有否言號，則添置一個否言號。

有三種場合可用 EQ。一，為了做例舉，把否言改為量辨語句；二，為了使用推演規則需用否言；三，為了檢視兩個語句是否相同。

例 38　試構作導衍證明下列論證。

$$1.\,{\sim}(x)[Jx \supset (Kx \vee Lx)] \qquad\qquad \text{P}$$

2. $(x)(Gx \supset Kx)$	P /∴ $\sim(x)(Jx \supset Gx)$
3. $\exists x \sim [Jx \supset (Kx \vee Lx)]$	1 EQ
4. $\sim [Jx \supset (Kx \vee Lx)]$	3 EI
5. $Gx \supset Kx$	2 Cond
6. $\sim [\sim Jx \vee (Kx \vee Lx)]$	4 Cond
7. $[\sim\sim Jx \cdot \sim (Kx \vee Lx)]$	6 DeM
8. $\sim (Kx \vee Lx)$	7 Simp
9. $(\sim Kx \cdot \sim Lx)$	8 DeM
10. $\sim Kx$	9 Simp
11. $\sim Gx$	5, 10 MT
12. $\sim\sim Jx$	7 Simp
13. $(\sim\sim Jx \cdot \sim Gx)$	11, 12 Conj
14. $\exists x(\sim\sim Jx \cdot \sim Gx)$	13 EG
15. $\exists x \sim (\sim Jx \vee Gx)$	14 DeM
16. $\exists x \sim (Jx \supset Gx)$	15 Cond
17. $\sim(x)(Jx \supset Gx)$	16 EQ

結論有 Jx 和 Gx，因此想法從前提找出這兩項。在列 11 和 12 找到了。利用 Conj 把這兩項連結起來。結論的起首有 $\sim(x)$ 部分；這相對於 $\exists x \sim$。因此在列 14 做 EG。經列 15 和 16 的演算，在列 17 獲得結論。

例 39　如果有法院會做這種判決，則每個律師成員都錯了。然而有些律師成員沒錯。所以，沒有法院會做這種判決。

設 Cx =「x 是法院」，Dx =「x 做這種判決」，Mx =「x 是律師成員」，Wx =「x 錯」。那麼，這個論證可符示和證明如下：

1. $\exists x(Cx \cdot Dx) \supset (x)(Mx \supset Wx)$	P
2. $\exists x(Mx \cdot \sim Wx)$	P /∴ $(x)(Cx \supset \sim Dx)$
3. $\sim(x)\sim(Mx \cdot \sim Wx)$	2 EQ
4. $\sim(x)(\sim Mx \vee \sim\sim Wx)$	3 DeM
5. $\sim(x)(Mx \supset \sim\sim Wx)$	4 Cond
6. $\sim(x)(Mx \supset Wx)$	5 DN
7. $\sim \exists x(Cx \cdot Dx)$	1, 6 MT

8. $(x)\sim(Cx \cdot Dx)$　　　　　　　　7 EQ

9. $(x)(\sim Cx \lor \sim Dx)$　　　　　　　8 DeM

10. $(x)(Cx \supset \sim Dx)$　　　　　　　9 Cond

結論有 Cx 和 Dx 兩項，而前提 1 的前件也有這兩項。前提 1 的後件有 Mx 和 Wx 兩項，而前提 2 有這兩項。這些給我們提示，可嘗試去對這兩個前提做 MT。為了做 MT，我們需要前提 1 後件的否言。這個否言也許可對前提 2 做 EQ 獲得。於是有列 3 到 10 的推演。

5. 量號推演的熟練與錯誤避免

有關量號的推演規則，已經介紹完了。量號規則的基本觀念雖然不難理解，但實際使用時，由於運行的字母有許多不能無區分的使用，因此在規則敘述時，要對運行的字母有些限制。我們曾列舉這些限制，但讀者，不需一條一條記。記這些限制的最佳方法，應該是記住**使用每個**規則時應注意那些要點。相信讀者已做了一些量號推演，現在利用復習的機會，再注意一下我們應避免的錯誤。我們要舉例顯示推演的要點和錯誤的避免

例 40　1. $\sim(x)Hx$　　　　　　　　　　P

　　　　2. Hx　　　　　　　　　　　　ARAA

　　　　3. $(x)Hx$　　　　　　　　　　2 UG　　（**無效**）

　　　　4. $[(x)Hx \cdot \sim(x)Hx]$　　　　1, 3 Conj

　　　　5. $\sim Hx$　　　　　　　　　　2-4 RAA

　　　　6. $(x)\sim Hx$　　　　　　　　　5 UG

在量號推演裡當然可以使用 RAA。這裡的錯誤在列 3 對列 2 的 UG。列 2 的 Hx 是 RAA 所做假定，對這種假定不能做 UG，因這裡的自由變詞 x 是選言式指稱。

例 41　1. $(x)\sim Jx$　　　　　　　　　P　　／∴$(x)(Kx \supset \sim Jx)$

　　　　2. Kx　　　　　　　　　　　　ACP

　　　　3. $\sim Jx$　　　　　　　　　　1 UI

4. $Kx \supset \sim Jx$ 2-3 CP

5. $(x)(Kx \supset \sim Jx)$ 4 UG

這是一個正確的導衍。列 4 的 $Kx \supset \sim Jx$ 不依據列 2 和 3，因此它裡面的 x 在前提不出現為自由。列 1 裡的 x 不自由。因此對列 4 的 x 可做 UG。

例 42   1. $(x)[(Ax \lor Bx) \supset Cx]$ P

       2. $(x)[Cx \supset (Gx \cdot Hx)]$ P   ／∴ $(x)(Ax \supset Hx)$

       → 3. Ax ACP

         4. $(Ax \supset Bx) \supset Cx$ 1 UI

         5. $Cx \supset (Gx \cdot Hx)$ 2 UI

         6. $Ax \lor Bx$ 3 Add

         7. Cx 4, 6 MP

         8. $(Gx \cdot Hx)$ 5, 7 MP

         9. Hx 8 Simp

       10. $Ax \supset Hx$ 3-9 CP

       11. $(x)(Ax \supset Hx)$ 10 UG

列 10 的 x 在前提不出現為自由，故可對它做 UG。我們可引進任何東西當 CP 的假定，只要最後的結論不依據它，故可引進 Ax 當假定。

例 43   1. $(Fa \cdot Gb) \supset Hc$ P

       2. $(x)(Fx \cdot Gx)$ P

       3. $(Fa \cdot Gb)$ 2 UI   （**無效**）

       4. Hc 1, 3 MP

       5. $(x)Hx$ 4 UG   （**無效**）

在列 3 對列 2 做 UI 時，不可拿不同的常詞取代同一個變詞。在列 5 不可對列 4 的常詞 c 做 UG。

例 44   1. $(x)\exists y(Fx \equiv \sim Fy)$ P

       2. $\exists y(Fx \equiv \sim Fy)$ 1 UI

       3. $Fx \equiv \sim Fx$ 2 EI   （**無效**）

       4. $\exists x(Fx \equiv \sim Fx)$ 3 EG

       5. $\exists z(Fz \equiv \sim Fx)$ 3 EG   （**有效**）

列 3 的 x 在列 2 已出現為自由。列 5 對列 3 做 EG 時，對列 3 的 x
可以做部分取代。

例 45　1. $\sim\exists x\sim(Fx\vee Gx)$ 　　　　　P

　　　　2. $\sim\exists xFx$ 　　　　　　　　　P

　　　　3. $(x)[Gx\supset(Hx\cdot Lx)]$ 　　　　P　　　／∴ $\exists x\sim(Lx\cdot Fx)$

　→　4. $\sim\exists x\sim(Lx\cdot Fx)$ 　　　　ARAA

　　　　5. $(x)(Fx\vee Gx)$ 　　　　　　　1 EQ

　　　　6. $(x)\sim Fx$ 　　　　　　　　　2 EQ

　　　　7. $(x)(Lx\cdot Fx)$ 　　　　　　4 EQ

　　　　8. $(Lx\cdot Fx)$ 　　　　　　　7 US

　　　　9. $Gx\supset(Hx\cdot Lx)$ 　　　　3 US

　　　10. $Fx\vee Gx$ 　　　　　　　　5 US

　　　11. $\sim Fx$ 　　　　　　　　　6 US

　　　12. Fx 　　　　　　　　　　8 Simp

　　　13. $(Fx\cdot\sim Fx)$ 　　　　　11, 12 Conj

　　　14. $\exists x\sim(Hx\cdot Lx)$ 　　　　4-13 RAA

這是一個 RAA 證明。在做 RAA 或 CP 證明時，可用任何形式的語
句當假定，例如本例列 4 就拿量辨語句的否言當假定，例 40 的列
2 拿語句演算的句式當假定。導出的矛盾，可為語句演算的語句，
例如本例的列 13，也可為量辨語句，如例 40 的列 4。

例 46　1. $(Ja\cdot Ka)$ 　　　　　　　P

　　　　2. $(x)(Jx\cdot Kx)\supset\sim\exists yLy$ 　P

　　　　3. $(Ja\cdot Ka)\supset\sim\exists yLy$ 　　2 UI　（**無效**）

　　　　4. $\sim\exists yLy$ 　　　　　　　1, 3 MP

　　　　5. $\sim Ly$ 　　　　　　　　　4 EI　（**無效**）

　　　　6. $\exists x\sim Lx$ 　　　　　　　5 EG

列 2 只是如言，不是量辨語句，故列 3 不可對它做 UI。列 4 也不
是量辨，而是否言，故列 5 不可對它做 EI。

例 47　1. $(x)[Bx\supset\exists yCy]$ 　　　　P

　　　　2. $\exists zBz$ 　　　　　　　　　P

　　　　3. Bx 　　　　　　　　　　2 EI

4. $Bx \supset \exists yCy$	1 UI
5. $\exists yCy$	3, 4 MP
6. Cx	5 EI （**無效**）
7. $(Bx \cdot Cx)$	3, 6 Conj
8. $(x)(Bx \cdot Cx)$	7 UG （**無效**）

列 6 對列 5 做 EI 時，不可引進 x，因 x 已在列 3 出現爲自由。列 8 不可對列 7 的 x 做 UG，因在列 3，x 由 EI 引進爲自由。

例 48　如果有任何天才，則所有偉大的作曲家是天才。如果有人是喜怒無常的，則所有天才是喜怒無常的。所以，如果有人是喜怒無常的天才，則所有偉大的作曲家是喜怒無常的。

設 $Gx =$「x 是天才」，$Cx =$「x 是作曲家」，$Px =$「x 是人」，$Tx =$「x 是喜怒無常的」。那麼，這個論證可符示和證明如下：

1. $\exists xGx \supset (y)(Cy \supset Gy)$	P
2. $\exists x(Px \cdot Tx) \supset (y)(Gy \supset Ty)$	P　／∴ $\exists x[Px \cdot (Tx \cdot Gx)] \supset$ $(y)(Cy \supset Ty)$
3. $\exists x[Px \cdot (Tx \cdot Gx)]$	ACP
4. $[Px \cdot (Tx \cdot Gx)]$	3 EI
5. Px	4 Simp
6. $(Tx \cdot Gx)$	4 Simp
7. Tx	6 Simp
8. $(Px \cdot Tx)$	5, 7 Conj
9. $\exists x(Px \cdot Tx)$	8 EG
10. $(y)(Gy \supset Ty)$	2, 9 MP
11. Gx	6 Simp
12. $\exists xGx$	11 EG
13. $(y)(Cy \supset Gy)$	1, 12 MP
14. $Gy \supset Ty$	10 UI
15. $Cy \supset Gy$	13 UI
16. $Cy \supset Ty$	14, 15 CS
17. $(y)(Cy \supset Ty)$	16 UG
18. $\exists x[Px \cdot (Tx \cdot Gx)] \supset (y)(Cy \supset Ty)$	3-17 CP

這個論證的前提和結論都是如言，但前件和後件都是量辨。這個證明使用 CP，這是結論爲如言時，常用的證法。

例 49　　1. $(x)(Jx \supset Kx)$　　　　　　P

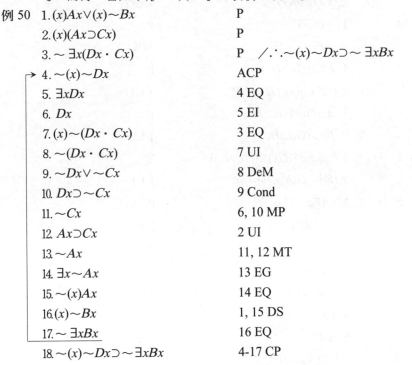

　2. Jx　　　　　　　ACP
　3. $Jx \supset Kx$　　　　　1 UI
　4. Kx　　　　　　　2, 3 MP
　5. $(x)Kx$　　　　　　4 UG　　（無效）
　6. $Jx \supset (x)Kx$　　　　2-5 CP
　7. $(x)Jx \supset (x)Kx$　　　6 UG　　（無效）

列 5 不可對列 4 的 x 做 UG，因 x 在列 2 的假定裡爲自由。在做量辨推演時，不論是例舉或推廣，一定要以整個語句爲範圍，不可對部分語句做。列 7 對列 6 的 UG 只對列 6 的前件做。如果對整個語句，而得，譬如 $(x)[Jx \supset (x)Kx]$ 或 $(y)[Jy \supset (x)Kx]$，則是正確的。

例 50　　1. $(x)Ax \lor (x) \sim Bx$　　　　　　P
　　　　　2. $(x)(Ax \supset Cx)$　　　　　　P
　　　　　3. $\sim \exists x(Dx \cdot Cx)$　　　　　P　　／∴ $\sim(x) \sim Dx \supset \sim \exists xBx$
　4. $\sim(x) \sim Dx$　　　　　ACP
　5. $\exists xDx$　　　　　　4 EQ
　6. Dx　　　　　　　5 EI
　7. $(x) \sim (Dx \cdot Cx)$　　　3 EQ
　8. $\sim(Dx \cdot Cx)$　　　　7 UI
　9. $\sim Dx \lor \sim Cx$　　　　8 DeM
　10. $Dx \supset \sim Cx$　　　　9 Cond
　11. $\sim Cx$　　　　　　6, 10 MP
　12. $Ax \supset Cx$　　　　　2 UI
　13. $\sim Ax$　　　　　　11, 12 MT
　14. $\exists x \sim Ax$　　　　　13 EG
　15. $\sim(x)Ax$　　　　　14 EQ
　16. $(x) \sim Bx$　　　　　1, 15 DS
　17. $\sim \exists xBx$　　　　　16 EQ
　　　　　18. $\sim(x) \sim Dx \supset \sim \exists xBx$　　　4-17 CP

注意前提 1 是選言，2 是量辨，3 是否言；結論是如言。用 CP 證法。列 14 對列 13 只可做 EG，不可做 UG，因列 13 的 x 是在列 6

由 EI 引進的。

習題 7-2

I. 下列各導衍中那些列是無效的？指出並説明錯誤所在。

1.	1. $(x)Fx \supset Ga$	P
	2. $Fx \supset Ga$	1 UI
2.	1. Hx	P
	2. $\exists xGx$	P
	3. Gx	2 EI
3.	1. $Jb \supset Kb$	P
	2. $(x)(Jx \supset Kx)$	1 UG
4.	1. $\sim(x)Fx$	P
	2. $\sim Fy$	2UI
5.	1. $Fx \supset (Gx \supset Hx)$	P
	2. $(x)Fx \supset (x)(Gx \supset Hx)$	1 UG
6.	1. $\exists x[Fb \vee (Gx \supset Hc)]$	P
	2. $Fb \vee (Ga \supset Hc)$	1 EI
7.	1. $(x)[(Fa \cdot Gx) \supset (Hx \vee Ic)]$	P
	2. $(Fa \cdot Ga) \supset (Hc \vee Ic)$	1 UI
8.	1. $\sim(Fa \cdot Ga)$	P
	2. $\sim \exists x(Fx \cdot Gx)$	1 EG
9.	1. $(x)[(Ax \cdot Bx) \supset Cx]$	P
	2. $\exists x(Ax \cdot Bx)$	P
	3. $(Ax \cdot Bx)$	2 EI
	4. Cx	1, 3 MT
	5. $\exists xCx$	4 EG
10.	1. $(x)[(Ax \cdot Bx) \supset Cx]$	P
	2. $\exists x(\sim Cx \cdot Dx)$	P

3. $(Ay \cdot By) \supset Cy$	1 UI
4. $(\sim Cy \cdot Dy)$	2 EI
5. $\sim Cy$	4 Simp
6. $\sim(Ay \cdot By)$	3, 4 MT
7. $(x)\sim(Ax \cdot Bx)$	6 UG

11.
1. $(y)\exists x(Fx \lor Gy)$	P
2. $\exists x(Fx \lor Gy)$	1 UI
3. $Fx \lor Gy$	2 EI
4. $(y)(Fx \lor Gy)$	3 UG
5. $\exists x(y)(Fx \lor Gy)$	4 EG

12.
1. $\exists x(y)[(Fx \cdot Gx) \supset Hy]$	P
2. $(y)[(Fz \cdot Gz) \supset Hy]$	1 EI
3. $(Fz \cdot Gz) \supset Hy$	2 UI
4. $\exists x[(Fx \cdot Gz) \supset Hy]$	3 EG
5. $(y)\exists x[(Fx \cdot Gy) \supset Hy]$	4 UG
6. $\exists x[(Fx \cdot Gx) \supset Hx]$	5 UI

Ⅱ.試構作導衍證明下列論證為有效。

1. $(x)Ax \supset \exists xBx, (x)\sim Bx$　／∴ $\exists x \sim Ax$

2. $\exists xAx \supset (x)Bx, \exists xCx \supset \exists xDx, (x)(Ax \cdot Cx)$　／∴ $\exists x(Bx \cdot Dx)$

3. $\exists xJx \supset (x)\sim Kx, \exists xHx \supset \sim(x)\sim Jx$　／∴ $\exists xHx \sim \exists xKx$

4. $(x)[Hx \supset (Gx \cdot Fx)], \sim(x)(Hx \supset \sim Bx)$　／∴ $\sim(x)(Fx \supset \sim Bx)$

5. $\exists xAx \supset (y)(By \supset Cy), \exists xDx \supset \exists yBy$　／∴ $\exists x(Ax \cdot Dx) \supset \exists yCy$

6. $(x)(Ax \cdot Bx) \lor (x)(Cx \cdot Dx), \sim(x)Dx$　／∴ $(x)Bx$

7. $(x)(Gx \lor Dx), \exists x[(\sim Kx \lor Ax) \lor \sim Dx], (x)[\sim Gx \cdot (\sim Ax \lor Fx)]$
　／∴ $\exists x[Hx \supset (Kx \supset Fx)]$

8. $(x)[(Fx \lor Gx) \supset (Hx \cdot Jx)]$　／∴ $\exists x(Fx \lor Jx) \supset \exists xJx$

9. $(x)[(Ax \lor Bx) \supset Cx], \exists x(\sim Ax \lor Dx) \supset (x)Ex$　／∴ $(x)Cx \lor (x)Ex$

10. $\exists xJx \supset (x)(Kx \lor Lx), (x)(Jx \supset \sim Kx)$　／∴ $\sim \exists xLx \supset (x)\sim Jx$

11. $\exists xAx \supset (x)(Bx \supset \sim Cx), \sim \exists x(Dx \cdot \sim Cx)$　／∴ $(x)Ax \supset \sim \exists x(Bx \cdot Dx)$

12. $(x)\{Ax \supset [(y)(By \supset Cy) \supset Dx]\}, (x)\{Dx \supset [(y)(By \supset Ey) \supset Fx]\}$

/∴.(y)[By⊃(Cy・Ey)]⊃(x)(Ax⊃Fx)

Ⅲ.依提示的字母符示並構作導衍，證明下列論證。

1.紅蘿蔔(C)是蔬菜(V)，而桃子(P)是水果(F)。再說，花園(G)裡有紅蘿蔔和桃子。所以，花園裡有蔬菜和水果。

2.如果有人喜歡阿奎納(A)，則他不喜歡康德(K)。每個人要嘛喜歡康德要嘛喜歡羅素(R)。有人不喜歡羅素。所以，有人不喜歡阿奎納。

3.所有病理學家(P)是專家(S)，而所有內科醫師(I)是通才(G)。所以，由於並非有些專家是通才，並非有些病理學家是內科醫師。

4.並不是有些醫生(P)在高爾夫球場(G)或在醫院(H)。所有神經科醫生(N)是在醫院的醫生。有些醫生是心臟專家(C)或有些醫生是神經科醫生。所以，有些心臟專家不在高爾夫球場。

5.所有放射性物質(R)非常短命(S)或有醫學價值(M)。具有放射性的鈾元素(U)非常短命。因此，如果所有鈾元素是放射性的，則所有鈾元素有醫學價值。

6.或是有白鶴(C)棲息在犛頭山(P)，或是有尼姑(N)深居在犛頭山(L)。如果有什麼棲息或深居在犛頭山，則有些尼姑是深思(M)的世界觀照者(O)。所以，有些深思者是世界觀照者。

6.述詞邏輯裡的定理與不一致

在第五章第六節，曾經講了語句邏輯的定理。述詞邏輯一樣有定理。其定理的觀念，和語句邏輯的完全一樣。所謂定理，就是在述詞邏輯裡恒為真的語句，因此它是**邏輯真理**(logical truths, truths of logic)，它不用適然的前提可以證得，也就是單單使用邏輯可以證得。這樣，在一個導衍裡最後一列的語句是一個定理，如果前面所有的列被框掉。

語句邏輯的所有定理當然都是述詞邏輯的定理。我們知道，語句邏輯的所有定理都是套套言，而所有的套套言也都是定理。由於在述詞邏輯裡能夠呈現更複雜的語句結構，因此許多在語句邏輯裡不能呈現套套言結構的語句，例如 (x)(Ax⊃Ax)，(x)Ax⊃∃xAx 等，在述詞邏輯裡能呈現為恒為真和邏輯真理。這樣，述詞邏輯就有更多的定理了。有的邏輯

教本把由量辨語句呈現的邏輯眞理，即恒爲眞的語句，叫做**有效**(valid)
語句或**句式**。

述詞邏輯定理的證明和語句邏輯的完全一樣，只是要增添加有關量
號推演的規則。不要忘記，我們使用記號「⊦」表示定理。

例 51　⊦(x)(Fx⊃Gx)⊃[(x)Fx⊃(x)Gx]

1. (x)(Fx⊃Gx)	ACP
2. (x)Fx	ACP
3. Fx⊃Gx	1 UI
4. Fx	2 UI
5. Gx	3, 4 MP
6. (x)Gx	5 UG
7. (x)Fx⊃(x)Gx	2-6 CP
8. (x)(Fx⊃Gx)⊃[(x)Fx⊃(x)Gx]	1-7 CP

由於定理沒有提供特別前提，所以證明一開始，須使用 CP 或
RAA。本定理爲如言，在列 1 拿前件當假定。後件也是如言，又
在列 2 拿後件的前件當假定。

例 52　⊦∼(x)Fx ≡ ∃x∼Fx

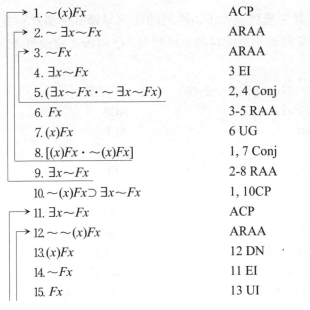

1. ∼(x)Fx	ACP
2. ∼∃x∼Fx	ARAA
3. ∼Fx	ARAA
4. ∃x∼Fx	3 EI
5. (∃x∼Fx · ∼∃x∼Fx)	2, 4 Conj
6. Fx	3-5 RAA
7. (x)Fx	6 UG
8. [(x)Fx · ∼(x)Fx]	1, 7 Conj
9. ∃x∼Fx	2-8 RAA
10. ∼(x)Fx⊃∃x∼Fx	1, 10CP
11. ∃x∼Fx	ACP
12. ∼∼(x)Fx	ARAA
13. (x)Fx	12 DN
14. ∼Fx	11 EI
15. Fx	13 UI

16. $(Fx \cdot \sim Fx)$	14, 15 Conj
17. $\sim (x)Fx$	12,16 RAA
18. $\exists x \sim Fx \supset \sim (x)Fx$	11-17 CP
19. $\{[\sim (x)Fx \supset \exists x \sim Fx] \cdot$	
$[\exists x \sim Fx \supset \sim (x)Fx]\}$	10, 18 Conj
20. $\sim (x)Fx \equiv \exists x \sim Fx$	19 Bic

這個定理是雙如言。雙如言的證明要先分兩個（單）如言做。要證
第一個如言$\sim (x)Fx \supset \exists x \sim F$ 時，在列 1 假定前件。為了能導出後
件 $\exists x \sim Fx$，在列 2 假定它的否言$\sim \exists x \sim Fx$。現在只有兩個途徑可
以導出一個矛盾。即導出一個 $(x)Fx$ 或 $\exists x \sim Fx$。我們發現，假定 F
x 導不出 $(x)Fx$，因不能對假定 Fx 裡的自由變詞 x 做 UG。因此，
先在列 3 假定$\sim Fx$，這樣在列 4 就可得 $\exists x \sim Fx$。

這個定理本身看似簡單，但它的證明卻需要一些技巧和洞見。

我們可依例 52 類似的導衍，證明下面三個定理：

$$\vdash \sim \exists x Fx \equiv (x) \sim Fx$$
$$\vdash (x)Fx \equiv \sim \exists x Fx$$
$$\vdash \exists x Fx \equiv \sim (x) \sim Fx$$

這四個定理恰好就是量號互換(EQ)規則的四個等值式。由此可見，EQ
在量號推演裡不是非有不可的規則，只是有 EQ 以後，會使許多證明減
少許多步驟。

例 53　$\vdash \exists x(Fx \lor Gx) \equiv (\exists x Fx \lor \exists x Gx)$

1. $\exists x(Fx \lor Gx)$	ACP
2. $\sim \exists x Fx$	ACP
3. $(x) \sim Fx$	2 EQ
4. $Fx \lor Gx$	1 EI
5. $\sim Fx$	3 UI
6. Gx	4, 5 DS
7. $\exists x Gx$	6 EG
8. $\sim \exists x Fx \supset \exists x Gx$	2-7 CP
9. $\sim \sim \exists x Fx \lor \exists x Gx$	8 Cond
10. $\exists x Fx \lor \exists x Gx$	8 DN

11. $\exists x(Fx \lor Gx) \supset (\exists xFx \lor \exists xGx)$	1-10 CP
12. $\exists xFx \lor \exists xGx$	ACP
13. $\exists xFx$	ACP
14. Fx	13 EI
15. $Fx \lor Gx$	14 Add
16. $\exists x(Fx \lor Gx)$	15 EG
17. $\exists xFx \supset \exists x(Fx \lor Gx)$	12-16 CP
18. $\exists xGx$	ACP
19. Gx	18 EI
20. $Fx \lor Gx$	19 Add
21. $\exists x(Fx \lor Gx)$	20 EG
22. $\exists xGx \supset \exists x(Fx \lor Gx)$	18-21 CP
23. $\exists x(Fx \lor Gx)$	12, 17, 22 Dil
24. $(\exists xFx \lor \exists xGx) \supset \exists x(Fx \lor Gx)$	12-23 CP
25. $\{[\exists x(Fx \lor Gx) \supset (\exists xFx \lor \exists xGx)] \cdot$	
$[(\exists xFx \lor \exists xGx) \supset \exists x(Fx \lor Gx)]\}$	11, 24 Conj
26. $\exists x(Fx \lor Gx) \equiv (\exists xFx \lor \exists xGx)$	25 Bic

在列 3，使用量號互換規則(EQ)。在導衍例 52 時，我們故意不用它。列 12, 17 和 22 所形成的二難論法(Dil)，值得注意。

例 54 $\vdash \exists x(Fx \supset P) \equiv [(x)Fx \supset P]$，其中 P 為不含自由變詞 x 的任何語句。

1. $\exists x(Fx \supset P)$	ACP
2. $(x)Fx$	ACP
3. $Fx \supset P$	1 EI
4. Fx	2 Simp
5. P	3, 4 MP
6. $(x)Fx \supset P$	2-5 CP
7. $\exists x(Fx \supset (x)) \supset [(x)Fx \supset P]$	1-6 CP
8. $(x)Fx \supset P$	ACP
9. $\sim \exists x(Fx \supset P)$	ARAA
10. $(x)\sim(Fx \supset (x))$	9 EQ
11. $\sim(Fx \supset P)$	10 UI
12. $\sim(\sim Fx \lor P)$	11 Cond

13. $(\sim\sim Fx \cdot \sim P)$	12 DeM
14. $\sim\sim Fx$	13 Simp
15. Fx	14 DN
16. $(x)Fx$	15 UG
17. P	8, 16 MP
18. $\sim P$	13 Simp
19. $(P \cdot \sim P)$	17, 18 Conj
20. $\exists x(Fx \supset P)$	9-19 RAA
21. $[(x)Fx \supset P] \supset \exists x(Fx \supset P)$	8-20 CP
22. $(\{ \exists x(Fx \supset P) \supset [(x)Fx \supset P]\} \cdot$	
$\{[(x)Fx \supset P] \supset \exists x(Fx \supset P)\})$	7, 21 Conj
23. $\exists x(Fx \supset P) \equiv [(x)Fx \supset P]$	22 Bic

例 55 ⊢ $\exists x[Fx \supset (x)Fx]$

1. $\sim \exists x[Fx \supset (x)Fx]$	RAA
2. $(x)\sim[Fx \supset (x)Fx]$	1 EQ
3. $\sim[Fx \supset (x)Fx]$	2 UI
4. $\sim[\sim Fx \lor (x)Fx]$	3 Cond
5. $[\sim\sim Fx \cdot \sim(x)Fx]$	4 DeM
6. $\sim\sim Fx$	5 Simp
7. Fx	6 DN
8. $(x)Fx$	7 UG
9. $\sim(x)Fx$	5 Simp
10. $\exists x \sim Fx$	9 EQ
11. $\sim Fy$	10 EI
12. Fy	8 UI
13. $(Fy \cdot \sim Fy)$	11, 12 Conj
14. $\exists x[Fx \supset (x)Fx]$	1-13 RAA

例 56 ⊢ $(x)Fx \equiv (y)Fy$

1. $(x)Fx$	ACP
2. Fx	1 UI
3. $(y)Fy$	2 UG
4. $(x)Fx \supset (y)Fy$	1-13 CP

$\longrightarrow$ 5. $(y)Fy$　　　　　　　　　ACP

6. Fy　　　　　　　　　　5 UI

7. $(x)Fx$　　　　　　　　　6 UG

8. $(y)Fy \supset (x)Fx$　　　　　5-7 CP

9. $\{[(x)Fx \supset (y)Fy] \cdot$

$\quad [(y)Fy \supset (x)Fx]\}$　　　4, 8 Conj

10. $(x)Fx \equiv (y)Fy$　　　　　Bic

這個定理以及定理 $\exists xFx \equiv \exists yFy$ 告訴我們，用那一變詞來當約束變詞，是無關緊要的，只要一個量號約束的變詞的位置保持一樣。在此前使用約束變詞時，都暗中假定這點。

　　我們也可使用述詞邏輯證明顯示一個論證的前提不一致。如同在語句邏輯那樣，只要從前提導出一個矛盾。一個**邏輯矛盾**(logical contradiction)或**邏輯假**(logical falsity)是一個不用藉助適然資訊可以證明為假的語句。我們可從一個語句導出一個矛盾，來顯示這個語句為邏輯假。有效的語句固然為邏輯真（理），但無效的語句未必是邏輯假，因為可以是適然真。

例 57　顯示下面的前提不一致。

1. $\exists xAx \lor \exists xFx$　　　　　P

2. $(x)(Ax \supset Fx)$　　　　　P

3. $\sim \exists xFx$　　　　　　　P

4. $\exists xAx$　　　　　　　　1, 3 DS

5. Ax　　　　　　　　　4 EI

6. $Ax \supset Fx$　　　　　　2 UI

7. Fx　　　　　　　　　5, 6 MP

8. $(x)\sim Fx$　　　　　　3 EQ

9. $\sim Fx$　　　　　　　　8 UI

10. $(Fx \cdot \sim Fx)$　　　　　7, 9 Conj

列 10 為矛盾，故前提不一致

例 58　所有嬰兒是不合邏輯的。沒有能夠駕馭鱷魚的人被人輕視。不合邏輯的人被人輕視。有能駕馭鱷魚的嬰兒。

　　假定這是一個論證的前提。設 Bx ＝「x 是嬰兒」，Lx ＝「x 是合邏

輯的」，$Mx = $「$x$ 能夠駕馭鱷魚」，$Dx = $「$x$ 被人輕視」。那麼，下列導衍顯示前提不一致。

1.	$(x)(Bx \supset \sim Lx)$	P
2.	$(x)(Mx \supset \sim Dx)$	P
3.	$(x)(\sim Lx \supset Dx)$	P
4.	$\exists x(Bx \cdot Mx)$	P
5.	$(Bx \cdot Mx)$	4 EI
6.	$Bx \supset \sim Lx$	1 UI
7.	$Mx \supset \sim Dx$	2 UI
8.	$\sim Lx \supset Dx$	3 UI
9.	Bx	5 Simp
10.	Mx	5 Simp
11.	$\sim Lx$	6, 9 MP
12.	$\sim Dx$	7, 10 MP
13.	Dx	8, 11 MP
14.	$(Dx \cdot \sim Dx)$	12, 13 Conj

量號規則及其必要限制

㈠初步定義

1. ϕx 是含自由變詞 x 的簡單或複雜句式。如果是複雜的，假定它圍在括號裡，因此任何前置量號的範圍都及於其本身，以及其右邊整個語句。

2. ϕa 是一個恰好像 ϕx 的語句或句式，除了 ϕx 裡的每個 x 出現都被 a 取代。

3. 一個通稱語句的代換例是刪掉起首的量號，並拿一個常詞或變詞取代該量號約束的每個變詞。

㈡四個量號規則
全稱例舉(UI)

$$\frac{(x)\phi x}{/ \therefore \phi y}$$

或

$$\frac{(x)\phi x}{/ \therefore \phi a}$$

其中：

1. ϕa 或 ϕy 是拿常詞 a 或在 ϕy 裡為自由的 y 取代 ϕx 裡為自由的 x 的每個出現所得。

存在例舉(EI)

$$\frac{\exists x \phi x}{/ \therefore \phi y}$$

其中：

1. y 不是常詞。

2. y 在證明的先前諸列，不出現為自由。

3. ϕy 是拿在 ϕy 裡為自由的 y，取代在 ϕx 裡為自由的 x 的每個出現所得。

全稱推廣(UG)

$$\frac{\phi y}{/ \therefore (x)\phi x}$$

其中：

1. y 不是常詞。

2. y 在證明的先前諸列裡，不出現為自由。

3. y 在尚未撤銷的先前假定，不出現為自由。

4. y 在前提不出現為自由。

5. ϕx 是拿在 ϕx 裡為自由的 x 取代在 ϕy 裡為自由的 y 的每個出現所得，並且沒有其他的 x 已包含於 ϕx。

存在推廣(EG)

$$\frac{\phi a}{/ \therefore \exists x \phi x}$$

或

$$\frac{\phi y}{/ \therefore \exists x \phi x}$$

其中：

1. ϕx 是拿常詞 a 或在 ϕx 裡為自由的 x，取代在 ϕx 裡的**至少**一個 a 出現或在 ϕx 裡的**至少**一個 y 出現所得，並且沒有其他的 x 已包含於 ϕx。

(三)量號互換規則(EQ)

(1)標準式

$(x)\phi x : : \sim \exists x \sim \phi x$

$\exists x \phi x : : \sim (x) \sim \phi x$

(2)變式

$(x) \sim \phi x : : \sim \exists x \phi x$

$\exists x \sim \phi x : : \sim (x) \phi x$

習題 7-3

給下列定理構作證明。字母 P 表示任何不含自由變詞 x 的語句。有除外的提示以外，都可使用 EQ。

1. $\vdash (\exists x Fx \supset \exists x Gx) \supset \exists x (Fx \supset Gx)$

2. $\vdash [(x)Fx \supset (x)Gx] \supset \exists x (Fx \supset Gx)$

3. $\vdash (x)Fx \equiv \sim \exists x \sim Fx$ （不可使用 EQ）

4. $\vdash \exists x Fx \equiv \sim (x) \sim Fx$ （不可使用 EQ）

5. $\vdash (x)(P \supset Fx) \equiv [P \supset (x)Fx]$

6. $\vdash \exists x(P \supset Fx) \equiv (P \supset \exists x Fx]$

7. $\vdash \exists x(\exists x Fx \supset Fx)$

8. $\vdash \sim (\exists x Fx \lor \exists x \sim Gx) \supset (x)(Fx \supset Hx)$

9. $\vdash [(x)Fx \supset \exists y Gy] \equiv \exists x \exists y (Fx \supset Gy)$

10. $\vdash [\exists x Fx \supset (y)Gy] \equiv (x)(y)(Fx \supset Gy)$

第八章
述詞邏輯裡的無效

1.反例與無效

在第五章第七節講導衍與論證的無效時，我們看到，導衍的證明方法只能顯示論證的有效，不能顯示論證的無效。如果我們確實給一個論證找到一個證明，則能夠確信前提涵蘊結論。但是如果**沒有**找到證明，我們不能推論什麼。可能這個論證沒有證明，即它為無效，但也可能因我們技術差或運氣不好，還沒找到。未能找到證明，不能當一個論證為無效的證據。還有，即使我們能夠推出結論的**否言**，也不能夠推論說這個論無效。因為，如果前提是不一致的，則我們可以證明結論及其否言**兩者**。那麼，在述詞邏輯，要怎樣顯示一個論證無效呢？

在基本原理上與語句邏輯的，可以說是一樣。我們需要**反例**。顯示一個論證為無效的反例，是一個前提真和結論假的實例或代換例。只有能夠找到一個這樣的代換例，我們才有理由下結論說這個論證無效。但由於在述詞邏輯，前提和結論的代換例要能夠呈現語句內部由量號和述詞顯示的結構，而不單是呈現語句連詞的結構，因此這些代換例要複雜的多。由於「量的雜多」，因而最終也會產生一些重要的「質異」的結果。

在此讀者可能問，我們能否像語句邏輯那樣，用簡潔明瞭的真值表法找到述詞邏輯論證的反例？答案很簡單：不能。因為真值表法只顯示

語句連詞呈現的結構，還不足處理述詞邏輯論證的有效性，除非把它處理到可以只由語句連詞決定的情形。

這樣，我們必須為量號論證另找構作反例的方法。有兩種方法：**自然解釋法**(natural interpretation)和**模體宇域法**(model universe)或簡稱**模體法**。在自然解釋法裡，我們去找會產生真前提和假結論的述詞字母的日常或自然語言的**意義**或解釋。在模體法裡，我們去找一個人造世界，使得其解釋能夠使前提真和結論假。

2. 自然解釋法

述詞邏輯的反例，和語句邏輯的一樣：具有所有前提都真和結論為假的論證形式的實例或代換例。這樣，要顯示論證無效時，先要**決定這個論證的形式**，尤其是**量辨形式**，然後**去找這個論證具有真前提和假結論的實例。**

像語句邏輯那樣，我們將用一個論證的符示，表示這個論證的**形式**。在述詞邏輯，為提供一個自然解釋，除了給語句可能含有的語句字母指定真假值外，我們必須做三項事。一，為了確定解釋的意義，尤其是真假，特定一個範域(domain)。二，為每個常詞指定在範域裡稱指那一個個子或元目。三，給每個述詞字母指定意義，尤其指定日常或自然語言裡的意義，使得很清楚的，在範域裡那些個子適合該述詞或具有該述詞表示的性質。這樣看來所謂解釋似乎很複雜，其實不然。把握兩點，更好了解。一，在邏輯上所謂解釋，基本上是給一個語句，尤其是語句的符示做的。二，依不同目的，我們希望獲得**為真**或**為假**的解釋。試看下例。

例 1　設 $(x)(Hx \supset Mx)$ 為一個量辨語句或某一個語句的符示。我們可給它許多不同的解釋。

(a)　範域：無限制的
　　$Hx = $「$x$ 是國家」，$Mx = $「$x$ 有海岸」。
　　在這個解釋，這個語句是：
　　⑴ $(x)($ x 是國家 $\supset x$ 有海岸 $)$

⑵ 每個國家有海岸。

這個解釋為**假**，因像奧地利，蒙古，巴拉圭等國家，就沒有海岸。

(b)　範域：大洋洲的國家

述詞字母的意義或解釋同(a)。那麼，這個解釋為**真**，因為的確大洋洲的每個國家有海岸。

從(a)和(b)可知，不同範域的相同述詞字母的解釋，有的解釋為真，有的為假。

(c)　範域：自然數

Hx =「x 是偶數」，Mx =「x 可被 2 整除」。

在這個解釋，這個語句是：

⑴ $(x)(x$ 是偶數⊃x 可被 2 整除)

⑵ 每個偶數可被 2 整除。

這個解釋為**真**。

(d)　範域：自然數

Hx =「x 是奇數」，Mx =「x 大於 3」。

在這個解釋下，這個語句是：

⑴ $(x)(x$ 是奇數⊃x 大於 0)

⑵ 每個奇數大於 0。

這個解釋為**假**，因為 1 是奇數，但不大於 3。

從(c)和(d)可知，相同範域的相同述詞字母的不同解釋，有的為真，有的為假。

(e)　範域：$\{2, 5, 7, 9, 12, 15\}$

Hx =「x 大於 7」，Mx =「x 可被 3 整除」。

在這個解釋，這個語句是：

⑴ $(x)(x$ 大於 7 ⊃ x 可被 3 整除)

⑵ 每個大於 7 的可被 3 整除。

在這個解釋下，這個語句為**真**，因為在範域裡每個大於 7 的數，即 9, 12 和 15，都可被 3 整除。

(f)　範域：$\{7, 9, 10\}$

述詞字母的解釋如(e)。在這個解釋，這個個語句為**假**，因為大於 7 的數 10，不可被 3 整除。

相對於(c)和(d)的範域為無限多，(e)和(f)的範域很小，只有幾個

分子或元素。(f)甚至只有三個分子。

例 2　試看語句 $\exists xLx \supset \sim(x)(Ax \supset Lx)$ 的一些解釋。

(a)　範域：無限制

$Lx =$「x 是新竹中學畢業的諾貝爾獎得主」

$Ax =$「x 是諾貝爾獎得主」

在這個解釋，這個語句是：

(1)$\exists x$(x 是新竹中學畢業的諾貝爾獎得主)$\supset \sim(x)$(x 是諾貝爾獎得主 $\supset x$ 是新竹中學畢業的諾貝爾獎得主)

(2)如果有新竹中學畢業的諾貝爾獎得主，則並不是每個諾貝爾獎得主都是新竹中學畢業的（諾貝爾獎得主）。

在這個解釋，這個語句為**真**，因為這如言的後件顯然為眞，而前件也眞，因為諾貝爾獎得主李遠哲是新竹中學畢業的。

(b)　範域：正整數$(1, 2, 3, \cdots)$

$Lx =$「x 是最大的數」，$Ax =$「x 是素數」。

在這個解釋，這個語句是：

(1)　$\exists x$(x 是最大的數)$\supset \sim(x)$(x 是素數$\supset x$ 是最大的數)

(2)如果有最大的數，則並不是每個素數是最大的數。

(3)如果有最大的數，則有不是最大數的素數。

在這個解釋，這個語句為**真**，因為前件為假，因為數學告訴我們沒有最大的數，而後件為眞，這很明顯。

(c)　範域：{ 維也納，馬德里 }

$Lx =$「x 是大河邊的大都市」，$Ax =$「x 是首都」。

在這個解釋，這個語句是：

(1)$\exists x$(x 是大河邊的大都市)$\supset \sim (x)$(x 是首都$\supset x$ 是大河邊的大都市)

(2)如果有大河邊的大都市，則並非每個首都是大河邊的大都市。

(3)如果有大河邊的大都市，則有的首都不是大河邊的大都市。

　　在這個解釋，這個語句為**真**；因為維也納是大河多瑙河邊的大都市，故前件為眞；而馬德里是西班牙的首都，不在大河邊，故後件也眞。

　　由前面兩例可知，對同一個語句或符示，相同範域的述詞字母的不同解釋，可產生為真或為假的解釋。不同範域的述詞字母的相同解釋，也可產為真或為假的解釋。解釋的範域可以有限制的或無限制的。有限制的範域可以有無限多或有限多個子。範域的個子可以少到一個，甚至零個。但一般避免零個，也就是避免空範域，因為會引起哲學的爭議和困難。

　　有幾點要注意的。首先，一個語句或符示有無限多個可能的解釋。在要顯示量辨語句結構的無限多個可能的解釋上，我們一般找不到有限的項目來表示這無限多的解釋。因此，量辨論證無法像語句論證，可用真值表的「解釋」來顯示論證為有效。其次，在做解釋時，一定要用有明白和明確真假可言的語言來解釋。例如，把 $(x)(Ax \supset Bx)$ 解釋為「所有的鬼是嚇人的」，就不是一個好解釋，因為什麼是鬼和怎樣才是嚇人，都很難說清楚。再說，一個解釋不但要有明白的真假可言，而且它的真假在常識和知識上沒有爭議。這樣，一般我們喜歡找**算術的解釋**，因為這種解釋不但真假容易判定，而且解釋的真假容易製作。

習題 8-1

給下列每一語句或符示提出三個完全不同的解釋。一個使用無限制範域，另一個讓範域為正整數，第三個選兩個象目為範域的分子。三個解釋中，至少有一個為真和有一個為假。

1. $\exists x(Jx \cdot \sim Kx)$
2. $(x)(Fx \supset \sim Gx)$
3. $\sim(x)(Fx \supset Gx)$
4. $\exists x[(Fx \cdot Gx) \cdot \sim Hx]$
5. $(x)[(Cx \lor Dx) \supset Ex]$
6. $(x)(Fx \supset Gx) \supset \exists x(Gx \cdot Hx)$

　　我們該記得的，一個論證為有效，恰好如果它具有一個有效的論證**形式**。一個論證形式為有效，恰好如果所有前提的代換例為真時，結論

的代換例為眞。在語句邏輯，由於前提和結論的代換例，可完全由眞(T)假(F)來表示，因此是有限的。這樣，我們即可用眞假表示的代換例來顯示論證有效，也可用它來顯示無效。眞值表就是一種這樣的眞假表示。但在述詞邏輯的量號論證，由於它的代換例有無限多個，而且一般無法用有限的眞假來表示。這樣，一般就無法用代換例來顯示論證有效。但和語句邏輯一樣，可用代換例來顯示論證無效，因爲只要找到**一個反例**，就顯示論證無效。所謂反例，就是一個使前提都眞和結論爲假的代換例或**解釋**。

在語句邏輯，找一個反例，相當直接了當。例如，

例3　要顯示論證 $C \equiv D, E \lor \sim D \ / \therefore E \supset C$ 無效，只需做 C 爲假，D 爲假和 E 爲眞的代換或解釋；即提出這樣的反例。

但在述詞邏輯，反例的尋找，一般不像語句邏輯那麼簡單。試看下例。

例4　所有的動物是終有一死的。有些人是動物。所以，所有的人是終有一死的。

這個論證有沒有效呢？直覺的答案很明顯，但我們先處理它的形式看看。設 $Ax = $「$x$ 是動物」，$Mx = $「$x$ 是終有一死的」，$Hx = $「$x$ 是人」。那麼，這個論證可符示如下：

$(x)(Ax \supset Mx)$
$\exists x(Hx \cdot Ax)$
$\overline{\ / \therefore (x)(Hx \supset Mx)}$

它的形式也是如這個符示顯示的。這個論證的前提和結論都眞，但這不能顯示這個論證形式爲有效，因爲這個論證只是這個論證形式的**一個**代換例。要**所有**的代換例的前提爲眞時，結論也眞，才能顯示這形式爲有效。反之，只要找到**一個反例**，即一個其前提爲**眞**，結論爲**假**的代換例，就顯示這個論證形式無效，也顯示這個論證無效。

現在給這個論證形式做個代換例或解釋如下：

範域：無限制

$Ax = $「$x$ 是美國公民」，$Mx = $「$x$ 具有美國國籍」，$Hx = $「$x$ 是黑人」。這個形式的代換例是：

(x)(x 是美國公民 $\supset x$ 具有美國國籍)　　　　**眞**

$\exists x$(x 是黑人・x 是美國公民)　　　　　**眞**

$\diagup \therefore (x)$(x 是黑人 $\supset x$ 具有美國國籍)　　**假**

也就是

所有美國公民具有美國國籍。　　　　　　**眞**

有些黑人是美國公民。　　　　　　　　　**眞**

$\diagup \therefore$ 所有黑人具有美國國籍。　　　　　　**假**

在這個解釋，前提都眞，但結論假，故構成反例，故論證形式無效，故原論證無效。

例 5　我們也可給前例的論證形式，做算術解釋。

範域：無限制

$Ax = $「$x$ 是偶數」，$Mx = $「$x$ 可被 2 整除」，$Hx = $「$x$ 大於 3」。

那麼，這個論證形式的代換例或解釋是：

所有偶數可被 2 整除。　　　　　　　　**眞**

有些大於 3 的數是偶數。　　　　　　　**眞**

$\diagup \therefore$ 所有大於 3 的數可被 2 整除。　　**假**

這是一個反例，故原論證無效。

例 6　所有的人是終有一死的。老子是終有一死的。所以，老子是人。

雖然前提和結論都眞，但論證無效。設 $Hx = $「$x$ 是人」，$Mx = $「$x$ 是終有一死的」，$l = $「老子」。這個論證可符示如下：

$(x)(Hx \supset Mx)$

Ml

$\diagup \therefore Hl$

這個論證形式可解釋如下：

範域：動物

$Hx = $「$x$ 是狗」，$Mx = $「$x$ 有四隻腳」，$l = $「台北市動物大象林旺」。解釋所得是：

所有的狗有四隻腳。　　　**眞**

林旺有四隻腳。　　　　　**眞**

所以，林旺是狗。　　　　**假**

前提眞，結論假，故構成反例，故原論證無效。

我們也可做算數解釋如下：

範域：{2, 3, 4, 8}

Hx =「x 是大於 3 的數」，Mx =「x 可被 2 整除」，I =「2」。解釋所得論證是：

所有大於 3 的數可被 2 整除。	眞
2 可被 2 整除。	眞
所以，2 大於 3。	假

前提眞，結論假。構成反例，故原論證無效。要注意的，常詞 I 要拿範域裡的一個個子來取代。例如拿大象林旺或數 2 取代。

例 7　用解釋法顯示下列論證無效：

$(x)[(Ax \cdot Bx) \supset Cx]$

$\exists x(Bx \cdot \sim Cx)$

$\exists x(Ax \cdot \sim Cx)$

$/ \therefore \exists x(\sim Ax \cdot \sim Bx)$

範域：正整數

Ax =「x 是素數」，Bx =「$x > 2$」，Cx =「x 是奇數」。解釋所得論證是：

所有大於 2 的素數是奇數。	眞
有些大於 2 的數不是奇數。	眞
有些素數不是奇數。	眞
$/ \therefore$　有不大於 2 的不是素數。	假

前提眞，結論假，故原論證無效。

3. 模體宇域法

在前面講量辨或量號語句的解釋時，我們認定一個量辨語句爲眞爲假，是什麼意思。爲了充分了解模體宇域法或模體法，我們必須知道一些關於量辨語句的語意或眞假條件。不要忘記，找反例就是找一個前提爲**眞**和結論爲**假**的代換例或解釋。這樣，所謂一個代換例或解釋的**眞假**，就變成一個重要觀念。

除了總要相對於一個特定的範域，量辨語句的眞假定義，恰好是我們期待給「所有(all)」和「有些(some)」這些字詞或邏輯字詞的意義的。由於一個全稱語句 $(x)\phi x$ 說的是，（在範域裡的）**每個**個子具有性質 ϕ 或適合 ϕ，因此如果每個個子事實上具有該性質，或適合 ϕ，則 $(x)\phi x$ 自然就眞。當 $(x)\phi x$ 眞時，意思是說，**每個實例或代換例 $\phi a, \phi b, \phi c, \cdots$ 為眞**，這裡 $a, b, c, \cdots\cdots$ 是範域裡個子的名稱。$(x)\phi x$ **為假恰好如果至少有一個實例或代換例為假**。

同理，由於一個存在語句 $\exists x \phi x$ 是說，**至少有一個**個子具有性質 ϕ 或適合 ϕ，那麼 $\exists x \phi x$ **為眞恰好如果至少有一個實例**或代換例 $\phi a, \phi b, \phi c, \cdots$ **為眞**。反之，$\exists x \phi x$ **為假恰好如果它的每個實例或代換例為假**。

全稱量辨語句與連言之間，有一個非常強的類似。$(x)\phi x$ 為眞恰好如果 $\phi a, \phi b, \phi c, \cdots$ **都**眞，這等於是說，**連言**$(\phi a \cdot \phi b \cdot \phi c \cdots)$為眞。存在量辨語句與選言之間，也有一個類似。$\exists x \phi x$ 為眞恰好如果 $\phi a, \phi b$ 或 $\phi c, \cdots$ 至少有一個為眞，這是說，**選言**$(\phi a \lor \phi b \lor \phi c \cdots)$ 為眞。但全稱語句和存在語句，與連言和選言並**不相同**，因為前者的成分是不確定的。在模體法中，這些類似很重要。

一個量辨論證形式要為**有效**，要在任何範域裡為眞函有效，因為一個有效論證形式是，前提的任何實例或代換例——不論什麼題材——為眞時，結論的相應實例或代換例也眞。這是說，如果一個論證形式在**某一個特定範域無效**，則為無效。這正如同，一個語句論證形式為無效，如果它有一個反例。

在**模體法**裡，僅僅取一個單一的範域，來顯示一個論證無效。並且使用極其**有限制的，人造**的範域。在這範域裡，我們相對容易提出一個反例。在使用模體法時，我們**選定範域**，這範域有時只由一個單一的個子組成；較常用兩個或三個個子組成。然後**在該範域裡重寫量辨語句**，使用上面所給的眞假定義。這些重寫所得語句，實際相當甚或就是可視為是語句邏輯的語句或語句字母。然後，**利用眞值表法或短切眞值表法，嘗試在該重寫的論證形式裡，找出一個前提為眞和結論為假的實例或代換例**。

像在自然解釋法，在為一個論證形式找一個解釋或反例時，第一件

必須做的是選定範圍。模體法裡似乎令人奇怪的是，**在範域裡是什麼個子無關緊要**；要計較的唯一事項是範域裡**有多少個個子**。初學的人對這點或許不好了解，而實際上，邏輯教本對這點向來似乎也沒有講明白。講清楚了，一點也不難了解。這樣，在選範域時，我們必須做的是選適當或正確的個子**數目**。怎樣才是**適當**或**正確的**個子數目，等一會再說。這樣，我們可以把這些個子以最方便方式名記為 a, b, c 等等，或 0, 1, 2 等等。在邏輯和數學上，通常用括波「{ }」把名記的名稱圍起來，用以表示範域——象目的集合。這樣，一個分子的範域名記為 {a} 或 {0}，兩個的為 {a, b} 或 {0, 1}，三個的為 {a, b,c} 或 {0, 1, 2} 等等。

一旦有了範域，我們就在**範域裡**，**應用量辨語句**的眞假定義，全稱語句與連言之間，和存在語句與選言之間的類似。一個全稱語句為眞，恰好如果它的**每個**實例或代換例為眞。因此，我們**把全稱語句改寫為範域裡所有實例或代換例的連言**。一個存在語句為眞，恰好如果它的實例或代換例**至少有一個**為眞。因此，我們**把存在語句改寫為範域裡所有實例或代換例的選言**。由於改寫的語句成為**語句邏輯**的語句，因此，我們可直接應用眞值表法，看看有沒有一個前提為眞和結論為假的實例或代換例。為了方便，常把範域(domain)簡寫為「D」。試看下例。

例 8　在下列各範域裡改寫語句 (x)Fx。

    (a)　$D_1 = \{a\}$

        Fa

    (b)　$D_2 = \{a, b\}$

        $(Fa \cdot Fb)$

    (c)　$D_3 = \{a, b, c\}$

        $(Fa \cdot Fb \cdot Fc)$

例 9　在下列各範域裡改寫語句 ∃xGx。

    (a)　$D_1 = \{a\}$

        Fa

    (b)　$D_2 = \{a, b\}$

        $Fa \vee Fb$

    (c)　$D_3 = \{a, b, c\}$

        $Fa \vee Fb \vee Fc$

例 10　在下列各範域裡改寫語句 $(x)[(Ax \lor Bx) \supset \sim Cx]$。

   (a)　$D_1 = \{a\}$

      $(Aa \lor Ba) \supset \sim Ca$

   (b)　$D_2 = \{a, b\}$

      $\{[(Aa \lor Ba) \supset \sim Ca] \cdot [(Ab \lor Bb) \supset \sim Cb]\}$

   (c)　$D_3 = \{a, b, c\}$

      $\{[(Aa \lor Ba) \supset \sim Ca] \cdot [(Ab \lor Bb) \supset \sim Cb] \cdot [(Ac \lor Bc) \supset \sim Cc]\}$

例 11　在下列各範域裡改寫語句 $\exists x[(Ax \lor Bx) \cdot \sim Cx]$。

   (a)　$D_1 = \{a\}$

      $[(Aa \lor Ba) \cdot \sim Ca]$

   (b)　$D_2 = \{a, b\}$

      $[(Aa \lor Ba) \cdot \sim Ca] \lor [(Ab \lor Bb) \cdot \sim Cb]$

   (c)　$D_3 = \{a, b, c\}$

      $[(Aa \lor Ba) \cdot \sim Ca] \lor [(Ab \lor Bb) \cdot \sim Cb] \lor [(Ac \lor Bc) \cdot \sim Cc]$

　　注意上面例 8 到 11。相對於全稱量辨的改寫為**連言**，相對於存在量號的改寫為**選言**。現在我們可以說清楚，為什麼選用範域時，只需計較分子的數目，不需考慮它的題材和實際性質。我們知道，在上面諸例裡，各量辨語句，例如 $(x)Fx$ 和 $\exists xGx$ 等，就各範域，例如 $\{a\}$, $\{a, b\}$ 等改寫所得語句，就是在各範域裡，與各量辨語句**等值**的語句。而這些語句，都是**語句邏輯**的語句，因為 $Aa, Ba, \cdots Ab, Bb, \cdots$ 等語句，完全可以視同是語句字母。這樣，這些語句的**真假可能**就完全可以由真值表顯示出來。而在真值表顯示真假可能時，範域裡的分子或個子的題材和性質，一點都不影響真假可能或真假分佈情形，因為這些真假可能和分佈，完全決定於這些改寫所得的語句由語句連詞呈現的語句結構，而與 $a, b, \cdots$ 這些個子的題材和性質無關。對**同一個**量辨語句的改寫，會影響改寫所得語句的語句結構的，由前面諸例可知，是範域分子或個子的**數目**。這樣，只要範域的個子數目相同的，不論題材和性質多麼不同，改寫所得語句的語句結構都相同。這樣，我們就可以用最方便的方式，用 $a, b, c \cdots$ 或 $0, 1, 2 \cdots$ 這些沒有表示題材和性質的字母或數字，來名指範域裡的個子。同時，在這些改寫中，我們只要記住 $Aa, Ba, Ca, \cdots$ 之中的 A, B, C 這些字母是表示述詞的，而不用，而且也不要這些字母表示實際什

麼性質或述詞。在這種範域的選定和述詞字母的認定下，所形成的語句的真假認定，意在**模仿**(model)**世界**(world)**或宇宙**(universe)**實體**，而不在**實際描寫**世界或宇宙，因此在邏輯上把這種方法，叫做模體法或模體宇域法。這種方法的合理性，在於可用它來顯示論證形式或論證的有效性。

　　一旦有了範域，和在範域裡改寫的量辨語句以後，我們可以進行尋找反例，一個前提都真和結論為假的實例。這基本上是語句邏輯裡短切真值表的運行，因為一旦改寫了量辨語句，最後得到的是一個語句論證形式。試看下例。

例 12　$(x)(Ax \supset Bx), (x)(Ax \supset Cx)$　／∴. $(x)(Bx \supset Cx)$

　　　　$D = \{a\}$

$Aa \supset Ba,$	$Aa \supset Ca$	$Ba \supset Ca$
F T T	F T F	T F F
2 1	2 1	1

　　　利用第三章第七節論證有效性的短切真值表法，上表顯示有前提真結論假的可能，故論證無效。

例 13　所有的動物是終有一死的。有些人是動物。所以，所有的人是終有一死的。

　　　這是前面例 4 的論證。依相同字母約定，符示如下：

　　　$(x)(Ax \supset Mx), \exists x(Hx \cdot Ax)$　／∴. $(x)(Hx \supset Mx)$

　　　(a) $D_1 = \{a\}$

$Aa \supset Ma,$	$(Ha \cdot Aa)$	$Ha \supset Ma$
F T F	T T T	T F F
? 1	1 ?	1 1

　　　上表顯示，不可能前提真結論假，故不是反例。

　　　(b) $D_2 = \{a, b\}$

$$[(Aa{\supset}Ma)\overset{\downarrow}{\cdot}(Ab{\supset}Mb),[(Ha\cdot Aa)\vee(Hb\cdot Ab)]\;|\;(Ha{\supset}Ma)\overset{\downarrow}{\cdot}(Hb{\supset}Mb)]$$

```
T TT  T TT F      T TT  TT TT   │ T TT  F TF F
2 12   21 ?       2 12   2 12   │ 2 12   21 ?
F TF  T TT T      T FF  TT TT   │ T FF  FT TT
2 12   212        2 12   2 12   │ 212    212
```

上表顯示，**可以**有前提真結論假的情形，故找到了反例，故論證無效。

在前面例 11，我們用單一個子的範域，就找到了反例。但在例 12，用單一個子的範域不能找到反例，也就是找不到前提真結論假的可能。這時候，我們當然不能說論證有效，因為還有兩個個子，三個個子，…，等範域的可能，我們還沒找。果然，在兩個個子的範域裡找到了。然而，有一個個子，兩個個子，三個個子，…，等的範域都找不到反例的情形；到了某一個地步，我們能說論證為有效嗎？

在邏輯的模體論(model theory)裡，有一個（後視）定理(metatheorem)告訴我們，在範域的大小上有一個上限我們需要檢試的。在某一地步之後，如果我們找不到反例，就可以下結論說，**沒有**反例了，因而論證或論證形式是有效的。這個上限決定於論證形式裡**述詞字母**的個數。**如果一個論證形式中不同述詞字母的數目是 n，則我們需要檢試的最大範域是具有 2^n 個個子的範域**。如果在這個範域裡沒有反例，則在任可較大範域裡也沒有。因此，如果已經檢試了到該地步的所有範域，我們可以下結論說，這個論證有效。

這麼說來，我們一開始就選定具有 2^n（n 為所論論形式裡不同述詞字母的個數）個個子的範域來檢試，不就好了嗎？就實際應用說，不盡然，因為這些數目的範域時常很大，不易進行。因此，在實務上，我們還是從一個個子的範域，逐次大檢試。這樣，如前面的例子顯示的，用模體法顯示論證無效，可依下列方式和步驟寫出來：

⑴選用一個範域，通常從一個個子，兩個個子等，逐次大的範域，逐次檢試。

⑵改寫量辨語句，把全稱語句變成範域裡所有實例的**連言**，把存在語句變成範域裡所有實例的**選言**。

(3)給改寫所得語句，依短切眞值表法，尋找反例。

再看下例。

例 14　所有的人是終有一死的。老子是終有一死的。所以，老子是人。

這是前面例 6 的論證。依相同的字母約定，可符示爲：

$(x)(Hx \supset Mx), Ml \quad / \therefore Hl$

$D = \{a\}$

$$\downarrow$$

$$\begin{array}{c|c} Ha \supset Ma, Ma & Ha \\ \text{F\ \ T\ \ T\ \ \ T} & \text{F} \\ \text{1}\quad\ \ \text{1} & \end{array}$$

可找到反例，故論証無效。常詞 *l* 要名指範域裡的一個個子。範域只有一個個子 *a*，故 *l* 名指 *a*，故用 *a* 取代 *l*。

在各範域裡，含有量辨語句當子語句的眞函複合語句，例如 $(x)Fx \supset \exists x(Gx \cdot \sim Hx)$，要如何改寫呢？很簡單，就依所選範域，把各該子量辨語句，依量辨語句改寫方式改寫。試看下例。

例 15　(a)　$(x)Fx \supset \exists x(Gx \cdot \sim Hx)$

　　　　　$D_1 = \{a\}$

　　　　　$Fa \supset (Ga \cdot \sim Ha)$

　　　　　$D_2 = \{a, b\}$

　　　　　$(Fa \cdot Fb) \supset [(Fa \cdot \sim Ha) \vee (Fb \cdot \sim Hb)]$

　　　　(b)　$[\exists x(Fx \vee Gx) \cdot (x)(Gx \supset \sim Fx)]$

　　　　　$D_1 = \{a\}$

　　　　　$[(Fa \vee Ga) \cdot (Ga \supset \sim Fa)]$

　　　　　$D_2 = \{a, b\}$

　　　　　$\{[Fa \vee Ga) \vee (Fb \vee Gb)] \cdot [(Ga \supset \sim Fa) \cdot (Gb \supset \sim Fb)]\}$

例 16　$(x)Fx \supset Fa \quad / \therefore (x)(Fx \supset Fa)$

　　　(a) $D_1 = \{a\}$

$$\begin{array}{c|c} \quad\downarrow & \quad\downarrow \\ Fa \supset Fa & Fa \supset Fa \\ \text{T\ \ T\ \ T} & \text{T\ \ F\ \ F} \\ \text{1}\quad\ \ \text{1} & \text{1}\quad\ \ \text{1} \\ \quad ? & \quad ? \end{array}$$

故找不到反例。

(b) $D_2 = \{a, b\}$

$$(Fa \overset{\downarrow}{\cdot} Fb) \supset Fa \quad \bigg| \quad [(Fa \supset Fa) \overset{\downarrow}{\cdot} (Fb \supset Fa)]$$

T	F F F　F　T
	2 1 2　　1
	?　?
F　FT　TF	FT F　FT FF
2 2 2　　2	2 1 2　　2 1 2

有反例，故無效。

例 17　$\exists xHx \supset (x)(Fx \supset Gx),\ \exists xFx \quad / \therefore \exists xHx \supset (x)Gx$

(a) $D_1 = \{a\}$

$$Ha \overset{\downarrow}{\supset} (Fa \supset Ga),\ Fa \quad \bigg| \quad Ha \overset{\downarrow}{\supset} Ga$$

T　T T　F F　T	T　F F
1　　2　1	1　1
?　　　?	

找不到反例

(b) $D_2 = \{a, b\}$

$$(Ha \lor Hb) \overset{\downarrow}{\supset} [(Fa \lor Ga) \cdot (Fb \supset Gb)],\ Fa \lor Fb \quad \bigg| \quad (Ha \lor Hb) \overset{\downarrow}{\supset} (Ga \cdot Gb)$$

T　T T　T　T T F T F　T　T F	T　F T F F
1　　1　4　1 2 4 3　1　2	1　4 1 3

找到了反例，故論證無效。

另有一些與範域的大小有關的事實。模體論的後視定理告訴我們，如果在一個有 m 個個子的範域裡**有**反例，則在所有較大範域裡也有反例。依質位同換，可以得知，如果在一個有 m 個個子的範域裡沒有反例，則在任何**較小的**範域裡也沒有反例。這樣，如果在一個有 2^n 個（n 為論證形式裡不同述詞字母的數目）個子的範域裡沒有反例，則在任何較大範域**或**較小範域裡，沒有反例。也就是說，在**任何**範域裡沒有反例，因而論證形式有效。這意味說，理論上我們只需檢試一個範域，即一個有 2^n 個個子的範域。然而，在實務上，這會頗為龐大而不易運行，因而一般較迅速和較容易的是從小範域，小到甚至從一個個子的開始，逐次大。

　　然而，即使沒有多大實用價值，但是有很大理論上興趣的是，我們只需檢試**一個**範域。設我們只有有限數目的述詞字母，則數 2^n 恆為有限，而這意味我們對**一元述詞邏輯，有一個決定程序**(decision procedure)。這是說，我們需要檢試的個子數目會是有限的，因而量辨語句改寫所得語句，會產生能夠依真值表法檢試的，有限多語句論證形式。

　　足夠有趣的是，當我們進至下章要講的，需要使用一個以上不同變詞的關係邏輯時，就不再有決定程序了。在關係邏輯裡，一些論證只會在一個有**無限多**個子的範域才無效，因此我們無法嘗試從 1 個，2 個，3 個等等個子的範域去檢試無效。而丘崎(A. Church, 1903-1995)教授在 1936 年提出的不可決定定理(undecidable theorem)告訴我們，在關係邏輯決有機械方法證明論證的有效或無效。因此，很可能有些論證我們無法知道它有效或無效，雖然它必定是其中之一。我們可能不能夠找到一個證明，但不能從這下結論說**沒有**證明，因為我們可能沒有找到門竅。我們也可能不能夠找到反例，但也不能夠下結論說**沒有**反例。這就是一個系統沒有一個決定程序的意思；也就是，沒有永不會失敗的機械方法，告訴我們每個論證是有效或無效。

4.述詞邏輯裡的一致與不一致

　　正如語句邏輯，述詞邏輯證明前提一致性的整個方法，是用來證明論証無效性方法的基本部分。為顯示一個論證或論證形式無效，我們要找反例，即前提為真和結論為假的解釋。為顯示前提一致，我們只需一個前提都真的解釋或實例。要記住的，每當我們證明一個論證為無效時，也證明了前提一致，因為，任何前提為真結論為假的解釋，是一個前提都真的解釋。

　　在語句邏輯，我們可用真值表法──也是一種解釋法，顯示語句邏輯的語句組的有效**和**無效。但在述詞邏輯，雖然可用自然解釋法或模體法，顯示述詞邏輯的語句組的一致，但卻無法用這些方法顯示不一致，因為我們無法檢試所有的解釋，因為任一語句組都有無限多個可能的解釋。為顯示前提的不一致，我們必須使用證明方法。如果從一個語句組

導出不一致或矛盾，就顯示這個語句組不一致。

習題 8-2

Ⅰ.在一個三個個子的範域裡，改寫下列各句。

1. $(x)(Jx \lor \sim Kx)$

2. $\exists x[Fx \cdot (Gx \supset \sim Hx)]$

3. $\exists x Fx \supset (x)Gx$

4. $(x)(Ex \supset \sim Fx) \supset \exists x(Gx \cdot \sim Fx)$

5. $(x)Fx \lor [(x)Gx \lor \exists x Hx]$

6. $\{\exists x Fx \cdot [(x)Gx \cdot \exists x Hx]\}$

Ⅱ.使用自然解釋法顯示下列論證為無效。

1. $\exists x(Fx \supset Fa)$　　$/\therefore \exists x Fx \supset Fa$

2. $(x)(Gx \lor Hx), \sim Ga$　　$/\therefore (x)Hx$

3. $\exists x(Hx \cdot \sim Gx), \exists x(Hx \cdot \sim Jx), \exists x(\sim Gx \cdot Jx)$　　$/\therefore \exists x[Hx \cdot (\sim Gx \cdot Jx)]$

4. $\exists x(Ax \cdot Bx), (x)(Ax \supset Cx)$　　$/\therefore \sim \exists x(Bx \cdot \sim Cx)$

5. $\sim \exists x(\sim Fx \cdot Gx), \exists x(Fx \cdot Hx)$　　$/\therefore \sim(x)(Hx \supset \sim Gx)$

6. $(x)(Ax \supset Bx), \exists x Bx \supset \exists x Cx$　　$/\therefore (x)(Ax \supset Cx)$

7. $\exists x(Fx \lor \sim Gx), (x)[(Fx \cdot \sim Gx) \supset Hx]$　　$/\therefore \exists x Hx$

8. $(x)[Ax \supset (Bx \supset Cx)], (x)(\sim Dx \supset \sim Cx)$　　$/\therefore (x)[\sim Dx \supset (Ax \lor Bx)]$

9. $(x)(Fx \supset \sim Gx), \exists x(Hx \cdot Fx), Ga$　　$/\therefore \exists x(Hx \cdot \sim Fx)$

10. $(x)Ax \supset (x)(Bx \supset Cx)$　　$/\therefore (x)[(Ax \cdot Bx) \supset Cx]$

Ⅲ.使用模體法顯示上面(Ⅱ)的論證為無效。

Ⅳ.顯示下列論證有一致的前提。

1. $(x)[Fx \supset (Gx \cdot Hx)], \exists x(Gx \cdot \sim Cx)$　　$/\therefore \exists x(Fx \cdot \sim Gx)$

2. $\sim(x)[Ax \supset (\sim Bx \lor Cx)], \exists x[Bx \cdot (Ax \lor \sim Cx)]$　　$/\therefore \exists x(Ax \cdot Bx)$

3. $(x)Fx \supset \exists x Gx, (x)Gx \supset \exists x Hx$　　$/\therefore \exists x Fx \supset (x)Hx$

4. $(x)Ax \supset (\exists x Bx \cdot \exists x Cx), \exists x(Bx \cdot Cx) \supset (x)Dx$　　$/\therefore (x)Ax \supset \exists x Dx$

Ⅴ.用提示的述詞字母，以自然解釋法或模體法，顯示下列論證為無效。

1. 不是所有的花(F)都在春天開(S)。所有的花是討人喜歡的(L)。所以，有些

討人喜歡的不是花。

2. 每個追求阿蘭的男生(B)選邏輯(L)，而有些選邏輯的學生喜歡釣魚(F)。沒有選海商法的學生(S)喜歡釣魚。所以，沒有選海商法的學生追求阿蘭。

3. 所有採茶娘(T)愛唱山歌(S)。如果有些採茶娘愛唱山歌，則有些邏輯家(L)住在獅頭山(H)。所以，所有採茶娘住在獅頭山。

4. 拉的好的(P)小提琴手(V)是多才多藝(A)的音樂家(M)。有些小提琴手住在番路(F)。所以，有些音樂家是多才多藝的。

第九章
關係述詞邏輯

1. 語句邏輯，一元述詞邏輯與關係述詞邏輯

如同在第六章開始時看到的，有些論證顯然有效或無效，但在語句邏輯無法顯示出來。例如下列論證就是：

例1　(a)　所有的人是終有一死的。老子是人。所以，老子終有一死。

（有效）

　　　(b)　所有的人是終有一死的。老子是終有一死的。所以，老子是人。

（無效）

　　　(c)　所有的動物是終有一死的。所有的人是動物。所以，所有的人是終有一死的。　　　　　　　　　　　　　　　　（有效）

　　　(d)　所有的動物是終有一死的。有些人是動物。所以，所有的人是終有一死的。　　　　　　　　　　　　　　　　（無效）

我們指出，這是由於這些論證的有效性不僅決定於語句連詞，還要決定於（簡單）語句內部的結構。為了顯現這些有關的內部結構，我們要進一步講述詞邏輯或量號邏輯，以便能夠處理這些問題。但是為了初學的方便，我們在前面三章，始終小心翼翼只處理一元(monadic, one place)述詞邏輯，也就是只處理只由一個個子——一個常詞或變詞——所呈現的語句結構的述詞。這樣的一元述詞邏輯，可以處理像上例各論證的有效

性。但現在又要遇到問題。試看下例各論證。

例 2　(a) 所有的馬是動物。所以，所有馬的頭是動物的頭。　　（有效）
　　　(b) 每個人有一個母親。所以，有人是每個人的母親。　　（無效）
　　　(c) 有些狗不喜歡任何貓。小貓是貓。所以，有些狗不喜歡小貓。
　　　　　　　　　　　　　　　　　　　　　　　　　　　　（有效）

　　雖然這些論證的有效或無效很顯然，但我們無法用迄今講的一元述詞邏輯顯示出來，因為這些論證的有效性，與更複雜的述詞結構有關。為能夠處理這些，我們要進一步引進**關係述詞**(relational predicates)或**多元**(polyadic, many places)述詞。一個關係（述詞）或多元述詞敘述兩個或更多個個子之間的關係（性質），而不像一元述詞，僅只敘述一個個子的性質。

　　在問一個語句含有**幾元**述詞時，要依我們的分析和處理，尤其是要利用符號表示，才有明確的回答。我們可用不同的詳略顯示述詞的結構。試看下例。

例 3　新竹在台北和嘉義之間。
　　　這句話可用詳略不同的述詞結構分析和表示如下：
　　　(1) 設 P ＝「新竹在台北和嘉義之間」。那麼，這句話就可表示為 P。
　　　(2) 設 h ＝「新竹」，$B_1^1 x$ ＝「x 在台北和嘉義之間」。那麼，這句話可表示為 $B_1^1 h$。
　　　(3) 設 t ＝「台北」，B_2^1 ＝「新竹在 x 和嘉義之間」。那麼，這句話可表示為 $B_2^1 t$。
　　　(4) 設 c ＝「嘉義」，$B_3^1 x$ ＝「新竹在台北和 x 之間」。那麼，這句話可表示為 $B_3^1 c$。
　　　(5) 設 $B_1^2 xy$ ＝「x 在 y 和嘉義之間」。那麼，這句話可表示為 $B_1^2 ht$。
　　　(6) 設 $B_2^2 xy$ ＝「x 在台北和 y 之間」。那麼，這句話可表示為 $B_2^2 hc$。
　　　(7) 設 $B_3^2 xy$ ＝「新竹在 x 和 y 之間」。那麼，這句話可表示為 $B_2^2 tc$。
　　　(8) 設 $B^3 xyz$ ＝「x 在 y 和 z 之間」。那麼，這句話可表示為 $B^3 xyz$。

　　在這個例子，P 為語句字母，因它表示一個語句。$B_1^1 x$，$B_2^1 x$ 和 $B_3^1 x$

爲一元述詞，因它們都述說一個個子。$B_1^2\,xy$，$B_2^2\,xy$ 和 $B_3^2\,xy$ 爲二元述詞，因它們都述說兩個個子。B^3xyz 爲三元述詞，因它述說三個個子。二元或更多元的述詞，也是關係述詞，因它述說兩個或更多個個子之間的關係。在邏輯上，可把語句字母視爲是零元述詞，因爲在語句字母上看不到述詞和個子。從這個例子可以看到，一個語句可以分析的述詞元數，下限爲零，上限依各個語句而定。上例的語句，述詞元數上限爲三。以語句字母爲限，即零元述詞爲爲述詞元數上限的邏輯，爲語句邏輯。以一元述詞字母爲述詞元數上限的邏輯，爲一元述詞邏輯。述詞字母元數沒有限制的邏輯爲關係述詞邏輯或多元述詞邏輯。我們要知道的，語句邏輯到一元述詞邏輯，是一個階段。一元述詞邏輯到關係述詞邏輯，又是一個階段。前面例 2 各論證的有效或無效，要關係述詞邏輯才能處理。傳統邏輯只講到一元述詞邏輯的一部分。現代邏輯才進入關係述詞邏輯。

2.關係述詞與多元述詞

一個述詞**被視爲**或被處理或符示爲兩個或更多個個子之間的關係，或述說兩個或更多個個子的，爲關係述詞或多元述詞。試看下例。

例4　試看下列各句及其關係述詞的符示：

(a) 維根斯坦(w)是羅素(r)的學生。　　　　　　　　　　Swr

（$Sxy =$「x 是 y 的學生」）

(b) 徐志摩(h)喜愛陸小曼(l)。　　　　　　　　　　　　Lhl

（$Lxy =$「x 喜愛 y」）

(c) 六家站(l)在台北站(t)與烏日站(w)之間。　　　　　$Bltw$

(d) 台北(t)到高雄(k)比洛杉磯(l)到舊金山(s)近。　　$Ntkls$

（$Nwxyz =$「w 到 x 比 y 到 z 近」）

(e) 羅素(r)到過中國(c)和美國(a)。　　　　　　　　　($Wrc \cdot Wr$
a)

（$Wxy =$「x 到過 y」）

(f) 如果台灣隊(t)打敗美國隊(a)，則日本隊(j)名次不比古巴隊(c)高。

$$（Dxy = 「x 打敗 y」，Hxy = 「x 名次比 y 高」） \quad D t a \supset \sim$$
$$Hjc$$

在關係邏輯的符示上，變詞和常詞的次序極其重要。台灣與菲律賓有**之北**的關係，但菲律賓與台灣沒有這個關係。爲避免次序混亂，一般要依約定述詞字母時，個子在述詞裡的次序，書寫相應變詞或常詞在述詞字母右邊出現的次序。例如，在上例(d)的約定述詞字母時，（代表）個子在述詞中的次序，由左至右爲 w, x, y, z，這樣在述詞字母右邊就依這個次序寫成 $Nwxyz$。

在分析和符示像上例(e)「羅素到過中國和美國」的**複合**(compound)語句時，要注意這是一個可分析爲兩個二元關係語句的**連言**，而不是一個單一的三元關係語句。這句話實際是說，羅素到過中國**而且**羅素到過美國，因此要符示爲 $(Wrc \cdot Wra)$。我們不要把它符示爲 $(Wrc \cdot a)$；這個符示不適合，在我們的邏輯系統裡沒有意思。連言號連結的是語句或句式，不是常詞或變詞。把它符示爲 $Wrca$ 也不對，因爲「到過」在這只可視爲**二元**述詞，不可視爲三元。

在關係述詞邏輯，有時需要**相同**的常詞或變詞，放在述詞後面的不同位置。試看下例。

例5　(a) 小葳(w)喜歡她自己。　　　　　Lww
　　　　（Lxy = 「x 喜歡 y」）
　　　(b) 小葳爲她自己做衣服。　　　　$Mwwc$
　　　　（$Wxyz$ = 「x 爲 y 做 z」）

要注意的，用不同的變詞，例如 x 和 y，所做的述詞字母約定，可用相同的常詞來取代這些不同的變詞。例如上例(a)和(b)裡不同的變詞 x 和 y，在符示各該語句時，就依各該語句的意思，拿相同的常詞 w 去取代。在述詞字母，例如上例的 Lxy 和 $Wxyz$ 的約定中，拿不同的變詞來佔據個子的位置，表示的是這些變詞代表**任意**個子。唯有使用代表任意個子的不同變詞，才能把這些述詞呈現的抽象**關係**的性質充分呈現出來。由於這些不同的變詞表示的是代表任意個子，因此必要時當然可以用相同的常詞去取代。反之，在譬如 Lxx 中，兩個相同的變詞 x，則不

可拿不同的常詞去取代，因為相同的變詞在要拿常詞取代時，就是必須拿相同的常詞去取代的意思。

像上面諸例，含關係述詞的簡單語句的符示，並不特別困難。關係述詞伴隨一個單一量號的語句的符示也一樣。試看下例。

例6 設範域為人，$Fxy = $「$x$ 是 y 的朋友」，$h = $「胡適」，$m = $「毛子水」。試看下列各句及其符示。

(a) 胡適是每個人的朋友。 $(x)Fhx$

(b) 每個人是胡適的朋友。 $(x)Fxh$

(c) 沒有人是胡適的朋友。 $\sim\exists xFxh$

(d) 胡適是沒有人的朋友。 $(x)\sim Fhx$

(e) 沒有人是胡適或毛子水的朋友。 $\sim\exists x(Fxh\vee Fxm)$

(f) 每個是胡適朋友的也是毛子水的朋友。 $(x)(Fxh\supset Fxm)$

(g) 胡適是每個不是毛子水的朋友的朋友。 $(x)(\sim Fxm\supset Fxh)$

(h) 每個毛子水的朋友不是胡適的朋友。 $(x)(Fxm\supset\sim Fxh)$

習題 9-1

使用提示的字母符示和範域，符示下列各式。

1. 殷海光(i)不是劉福增(f)的老師，就是李敖(l)的老師。（$Txy = $「$x$ 是 y 的老師」）

2. 如果殷海光有朋友，則夏道平(h)和陳宏正(c)是其中之一。（$Fxy = $「$x$ 是 y 的朋友」）

3. 斯賓諾沙(s)沒有和任何人結婚。（範域：人。$Mxy = $「$x$ 與 y 結婚」）

4. 有男同學寫信給阿蘭(l)，但她對他們沒有興趣。（$Bx = $「$x$ 是男同學」，$Wxy = $「$x$ 寫信給 y」，$Fxy = $「$x$ 對 y 有興趣」）

5. 北京(p)到天津(t)比到上海(s)近。（$Nxyz = $「$x$ 到 y 比到 z 近」）

6. 羅素(r)比他的老師懷德海(w)著作豐富。（$Rxy = $「$x$的著作比$y$的豐富」，$Txy = $「$x$ 是 y 的老師」）

7. 新加坡(s)沒有高山(m)，也沒有大河(r)。（$Mx = $「$x$ 是高山」，$Rx = $「$x$ 是大河」，$Hxy = $「$x$ 有 y」）

8. 亞里士多德(a)不是同為埃及(e)的公民和希臘(g)的公民。（ Ex ＝「x 是埃及公民」，Gx ＝「x 是希臘公民」，Cxy ＝「x 是 y 的公民」）

9. 如果有人沒趕上火車，那是阿火(h)或阿蘭(l)。（ Tx ＝「x 是火車」，Cxy ＝「x 趕上 y」）

10. 如果胡適(h)喜歡邏輯，他至少讀羅素的數理邏輯著作。（ Lx ＝「x 是邏輯」，Lxy ＝「x 喜歡 y」，Rxy ＝「x 讀 y」，Mxy ＝「x 是 y 的數理邏輯著作」）

3. 多重量號

由於關係述詞和多元述詞呈現較複雜的語句結構，在說明使用呈現這些結構的論證的有效無效，前提的一致不一致等的證明以前，對關係述詞語句本身，要注意一些事項：

(i)含關係述詞的多重量號語句的閱讀。

(ii)一個多重量號語句的前置相鄰量號互換的結果，前後兩個語句之間的等值，不等值，涵蘊，不涵蘊情形。

(iii)量辨語句的主結構與量號的增刪產生的主結構的改變。

(iv)約束變詞的改換產生的後果。

(v)連續量號的否定。

(vi)日常語句的量辨符示。

(vii)時間，空間，和人等的量辨符示。

我們可以拿常詞取代變詞，或前置適當的量號，從一個含自由變詞的句式，得到一個語句。在關係邏輯，由於有一個以上的變詞，我們有若干可能的結合。我們可取代所有變詞，得到語句。我們可用常詞取代一些變詞，添加量號來量辨一些或**所有**變詞。我們舉一些例子，看量辨的情形。

例 7　設範域＝人；Lxy ＝「x 喜愛 y」。

(a) (1) $(x)(y)(x$ 喜愛 $y)$　　　　　（假）

(2) $(x)(y)Lxy$

       (3) 逐字讀法：對每個 x 和每個 y，x 喜愛 y。

       (4) 口語講法：每個人喜愛每個人。

   (b) (1) $\exists x \exists y (x$ 喜愛 $y)$　　　　　（真）

       (2) $\exists x \exists y Lxy$

       (3) 逐字讀法：有一個 x 使得有一個 y，使得 x 喜愛 y。

       (4) 口語講法：有人喜愛一些人。

   (c) (1) $(x)\exists y (x$ 喜愛 $y)$　　　　　（真）

       (2) $(x)\exists y Lxy$

       (3) 逐字讀法：對每個 x 有個 y，x 喜愛 y。

       (4) 口語講法：每個人喜愛一些人。

   (d) (1) $\exists x(y)(x$ 喜愛 $y)$　　　　　（假）

       (2) $\exists x(y)Lxy$

       (3) 逐字讀法：有一個 x 對每個 y，x 喜愛 y。

       (4) 口語講法：有人喜愛每個人。

　　我們要在這個例子講的，最重要的是，相應於每個語句裡相鄰兩個相同（全稱與全稱，或存在與存在）或不同（全稱與存在，或存在與全稱）量號的語句，應有的**逐字讀法**；因為這些逐次讀法，最明白清楚呈現這些多重量號語句的邏輯結構，這是學習關係述詞邏輯首先要熟知的。我們也提示了在常理之下，這些多重量號語句的**真假值**。斷定各別語句的真假，不是邏輯研究要做。這裡提示這些語句的真假，主要是要利用它們的真假，來增進對多重量號的正確閱讀。在像前面例 6 和 7 兩例的多重量號的符示語句還相當簡單時，我們可用通暢的**口語**講出來。但有點複雜以後，就不容易了，甚至很難可以理解的通暢讀出。其實，不但在邏輯的符示語句是如此，在數學，物理，化學等任何科學的符示語句都如此。日常語言窮盡的地方，符號語言就要發揮力量了。

　　舉一個更容易了解的多重量號的例子。

　　例 8　設範域＝實數，$Axy = $「$x + 3y = 11$」。

   (a) (1) $(x)(y)(x + 3y = 11)$　　　　　（假）

       (2) $(x)(y)Axy$

       (3) 逐字讀法：對每個 x 和每個 y，$x + 3y = 11$。

       (4) 口語講法：任何數與任何數的三倍之和等於 11。

(b) (1) $\exists x \exists y(x + 3y = 11)$ （眞）

    (2) $\exists x \exists y A x y$

    (3) 逐字讀法：有一個數 x 使得有一個數 y，使得 $x + 3y = 11$。

    (4) 口語講法：有一個數與一些數之和等於 11。

(c) (1) $(x)\exists y(x + 3y = 11)$ （眞）

    (2) $(x)\exists y A x y$

    (3) 逐字讀法：對每個數 x 有一個數 y，使得 $x + 3y = 11$。

    (4) 口語講法：任何數與一些數的三倍之和等於 11。

(d) (1) $\exists x(y)(x + 3y = 11)$ （假）

    (2) $\exists x(y) A x y$

    (3) 逐字讀法：有一個數 x 對每一個數 y，使得 $x + 3y = 11$。

    (4) 口語講法：有一個數與任何數的三倍之和等於 11。

相信任何學過數學的人，都能夠看出這個例子裡各語句和符示的意義和眞假。

我們要注意多重量號語句中，連續諸量號的互換情形。連續的諸相同量號——不論是全稱量號或存在量號——的互換，不改變語句的意義，因此互換前後的語句是等值的。例如，

例 9 (a) $(x)(y)(2x + y = y + 2x)$ 與 $(y)(x)(2x + y = y + 2x)$ 等值，兩者都眞。

    (b) $(x)(y)(x + 3y = 11)$ 與 $(y)(x)(x)+ 3y = 11)$ 等值，兩者都假。

    (c) $(x)(y)($ x 是 y 的父親) 與 $(y)(x)($ x 是 y 的父母) 等值，兩者都假。

    (d) $\exists x \exists y(2x + y = y + 2x)$ 與 $\exists y \exists x(2x + y = y + 2x)$ 等值，兩者都眞。

    (e) $\exists x \exists y($ x 是 y 的父母) 與 $\exists y \exists x($ x 是 y 的父母) 等值，兩者都眞。

但是，連續的如果是不同的量號，則互換的結果會改變語句的意義，因此前後的語句不一定等值。例如，

例 10 設範域爲人。$(x)\exists y($ y 是 x 的父親) 的意思是每個人有父親，這是眞話。但 $\exists y(x)($ y 是 x 的父親) 的意思是有一個人是每個人的父親，這是假話。這兩句話，不但意思不同，而且一眞一假。

我們知道，等值取代或相等取代時，可對子語句或語句的部分去

做，但在使用涵蘊推演時，要對主連詞所呈現的整個語句去做。量號推廣和量號例舉，是一種涵蘊推演，因此它的使用，要針對**主連詞**。量辨語句的主連詞是最前最左一個量號。這樣，在對一個語句或句式的某一變詞做量號推廣或例舉時，一定要把添加的量號放在語句最前端，一次只能添加一個，而且要使它的範圍及於整個語句；或消掉語句最前端的量號，一次只能消掉一個。添加或消掉量號，不一定改變原語句的主結構。試看下例。

例 11　1. $(x)\exists y(Fxy\supset Gxy)$ 　　　　P 　　　（全稱量辨語句）

2. $\exists x(y)Fxy$ 　　　　P 　　　（存在量辨語句）

3. $(y)Fxy$ 　　　　2 EI 　　　（全稱量辨語句）

4. $\exists y(Fxy\supset Gxy)$ 　　　　1 UI 　　　（存在量辨語句）

5. $Fxy\supset Gxy$ 　　　　4 EI 　　　（如言）

6. Fxy 　　　　3 UI 　　　（簡單語句）

7. Gxy 　　　　5, 6 MP 　　　（簡單語句）

8. $\exists yGxy$ 　　　　7 EG 　　　（存在語句）

9. $\exists x\exists yGxy$ 　　　　8 EG 　　　（存在語句）

　　這是一個正確的導衍。我們要用這個例子說明兩點。一，注意**主連詞**呈現的各種語句的主結構和種類。例如，列 1 是全稱量辨，列 2 是存在量辨，列 5 是如言，列 6 和 7 是簡單語句。二，語句依推演規則推演和轉換以後，可能但不一定改變語句的主結構或種類。例如，列 2 的存在量辨經 EI 後，在列 3 變成全稱量辨。列 4 的存在量辨經 EI 後，在列 5 變成如言。列 8 的存在語句經 EG 後，在列 9 仍然是存在語句。試看下例。

例 12　(a)　1.　$(x)Fx\supset(y)\exists xGxy$ 　　　　P 　　　（如言）

　　　　　2.　$\sim\exists x\sim Fx\supset(y)\exists xGxy$ 　　　　1 EQ 　　　（如言）

　　　(b)　1.　$\exists xAx\vee[(P\supset Q)\cdot(x)Bx]$ 　　　　P 　　　（選言）

　　　　　2.　$\exists xAx\vee[(\sim P\vee Q)\cdot(x)Bx]$ 　　　　1 Cond 　　　（選言）

　　　(c)　1.　$(x)(y)Fxy$ 　　　　P 　　　（全稱量辨）

　　　　　2.　$(y)Fxy$ 　　　　1 UI 　　　（全稱量辨）

　　　(d)　1.　$\exists x\exists yFxy$ 　　　　P 　　　（存在量辨）

2.　∃yFxy　　　　　　　　　　1 EI　　　（存在量辨）

　　這個例子中，從列 1 到列 2 的推演，都沒有改變語句的主結構或種類。在做推演和語句的符示時，認識語句的主結構和種類是很重要的。

　　我們在第六章第三節講過量號的範圍。現在在討論多重量號時，再講一次是有必要的。一個在語句或句式裡出現的量號的**範圍**，是這個量號連同緊接在這個量號後面的最小語句或句式。試看下例。

　　例 13　下列各句裡，量號「∃x」的範圍由語句下面框線表示出來：

(a)　∃xFx∨(Gx · ~Hx)

(b)　(y)∃zFyz⊃[∃x(Hx∨Jx)≡(x)Kx]

(c)　(y)∃x[Bxy≡(z)(x)(Dxz⊃Fyz)]

(d)　∃x(y)[Hxy · (x)(z)(Fxz⊃Gzx)]

(e)　[∃x(y)Hxy · (x)(z)(Fxz⊃G zx)]

　　上例中語句裡的括號恒能以完全自然方式，清楚顯示一個量號緊接的最小語句或句式，是那一個部分句式。這樣，在(a)，「Fx」是緊接「∃x」的最小句式。在(b)，緊接在「∃x」後面的最小句式是「(Hx∨Jx)」。在(c)，緊接在「∃x」後面最小句式是括方「[　]」裡的整個句式。在(d)，「∃x」的範圍及於包括量號「(y)」的整個句式。在(e)，「∃x」後面緊接的最小句式是「(y)Hxy」。

　　在上例的(d)等語句裡，含相同變詞，譬如「∃x」和「(x)」裡的「x」有競合的情形，也就是有些含變詞「x」的句式，譬如 Fxz⊃Gzx，同時在這兩個量號的範圍裡，這時這個句式裡的變詞 x，要受那個量號約束呢？一個變詞同在兩個或更多量號範圍裡面，是常見的，但變詞的同一個出現不會受到兩個量號同時約束。試看下例。

　　例 14　(a)　∃x(y)[Hxy · (x)(z)(Fxz⊃Gzx)]

(b) $(x)\exists y\exists x Fxy$

在這裡，(a)(b)兩個語句都有兩個使用相同變詞字母的量號，如框線表示的重疊的部分。但這些量號不會同時約束相同的變詞出現。這是因為一個變詞同時落在使用相同變詞的兩個量號的範圍時，只為**最近**一個相應的量號約束；而且一個變詞成為約束以後，不再受任何其他量號的約束。這樣，在(a)，$Fxz \supset Gzx$ 裡的 x 只受量號 (x) 的約束，不受 $\exists x$ 的約束；$\exists x$ 只約束 Hxy 裡的 x。這樣 $\exists x$ 和 (x) 以及分別受它約束的 x 雖然是相同的字母，但這種相同只是巧合，它們之間沒有任何關連。在(b)，Fxy 裡的 x 只受 $\exists x$ 約束，因此最前面的量號 (x)，除了無意義的約束它本身以外，不約束其他任何變詞。這樣的量號，在一個語句裡是**虛的**(vacuous)。

在一個語句裡，我們可以對一個量號的變詞及受這個量號約束的變詞，做一律(uniform)的改換，而不改變這個語句的真假值，只要這個量號仍然約束改換的變詞，以及不會使原來不受這個量號約束的變詞，受到這個量號的約束。這樣的原語句和改換所得語句，互為**變式**(variants)。

例 15 (a) $(y)[By \supset \exists x(Ax \cdot Cxy)]$ 與 $(y)[By \supset \exists z(Az \cdot Czy)]$ 互為變式，也與 $(x)[Bx \supset \exists y(Ay \cdot Cyx)]$ 互為變式。

(b) $(y)[By \supset \exists x(Ax \cdot Cxy)]$ 與 $(y)[By \supset \exists y(Ay \cdot Cyy)]$ 不互為變式，因在前者 $\exists x$ 不約束 Cxy 裡的 y，但在後者 $\exists y$ 約束了 Cyy 裡的 y。

多重量辨語句裡量號的互換，和單量辨語句的完全一樣。記住「(x)」和「$\sim\exists x\sim$」以及「$\sim\exists x\sim$」和「(x)」在任何地方可以互換，就可以了。試看下例。

例 16 (a) 1. $(x)(y)(z)Fxyz$　　　　　　P
　　　　2. $\sim\exists x\sim(y)(z)Fxyz$　　　　1 EQ
　　　　3. $\sim\exists x\sim\sim\exists y\sim(z)Fxyz$　　2 EQ
　　　　4. $\sim\exists x\exists y\sim(z)Fxyz$　　　3 DN
　　　　5. $\sim\exists x\exists y\sim\sim\exists z\sim Fxyz$　4 EQ

$$6.\ \sim\exists x\exists y\exists z\sim Fxyz \qquad\qquad 5\ \text{DN}$$

(b)
$$1.\ \sim\exists x(y)\exists zFxyz \qquad\qquad\quad \text{P}$$
$$2.\ \sim\sim(x)\sim(y)\exists zFxyz \qquad\quad 1\ \text{EQ}$$
$$3.\ (x)\sim(y)\exists zFxyz \qquad\qquad\ 2\ \text{DN}$$
$$4.\ (x)\sim\sim\exists y\sim\exists zFxyz \qquad\quad 3\ \text{EQ}$$
$$5.\ (x)\exists y\sim\exists zFxyz \qquad\qquad\ 4\ \text{DN}$$
$$6.\ (x)\exists y\sim\sim(x)\sim Fxyz \qquad\quad 5\ \text{EQ}$$
$$7.\ (x)\exists y(x)\sim Fxyz \qquad\qquad\ 6\ \text{DN}$$

4.日常語句的多重量號符示

在前面各章講日常語句的邏輯符示時，我們的主要目的在例示日常論證的符示，不在特別討論日常語句的符示，大半直覺的進行。但在講多重量號的符示時，即使目的還在例示，但由於符示的結構已相當糾纏，因此已不能完全靠直覺。

日常語句的邏輯符示，實際上是一種翻譯(translation)。正如同一般兩種語言——譬如中文和英文——之間的翻譯那樣，沒有明確的指令可尋。但講一些方法策略是有用的。

在述詞邏輯，尤其是關係述詞邏輯，要符示一個日常語句時，可依下面要點思考和處理：

(i)這個語句的主結構和種類怎樣。是連言，否言，選言，如言，雙如言，還是量辨語句。但要注意的，同一個日常語句，時常可以用不同的主結構去處理。譬如一個語句處理為 $P\supset Q$，則為如言；處理為 $\sim P\vee Q$，則為選言。

(ii)符示時，一個好的方法策略是，依主結構，次結構，再次結構等先後次序。

(iii)如果是量辨語句，要先分辨全稱還是存在。如果語句中沒有諸如「所有」「每個」「有些」「有的」等量詞可依以決定，要依情況決定。

(iv)通常，相應於全稱量辨**內**的語句，是如言，主連號是**如言號**；相應於存在量辨**內**的語句，是連言，主連號是**連言號**。

⒱在符示和閱讀量辨語句時，心中至少要知道，這些語句所涉及的**範域**(domain)或**論域**(domain of discourse)是什麼，對範域通常有兩種處理。一種是雖然知道範域是什麼，但不明說。一種是明說是**無限制**範域，和那種**有限制**的範域。

例 17 每個人喜愛每個人。

    (a) 設 Lxy ＝「x 喜愛 y」。現在逐層符示如下：

        ⑴ $(x)(x$ 喜愛每個人 $)$

        ⑵ $(x)(y)(x$ 喜愛 $y)$

        ⑶ $(x)(y)Lxy$

        在這個符示，⑶是最後的。但⑶應該是說「每樣東西喜愛每樣東西」。但原句是說「每個人喜愛每個人」。兩者顯然不同。除非討論者間已認定討論的範域是**人**，否則這個符示並不適當。有下面(b)和(c)兩種修正。

    (b) 設範域爲人。這是有限制的範域。

        ⑴ $(x)(y)Lxy$

        因爲範域是人，因此變詞 x 和 y 指的是人。這樣⑴的意思就是「每個人喜愛每個人」。

    (c) 設 Px ＝「x 是人」。

        ⑴ $(x)(y)[(Px \cdot Py) \supset Lxy]$

        這是說，對每個 x 和 y，如果 x 和 y 是人，則 x 喜愛 y。這恰好是每個人喜愛每個人的意思。但這個符示顯然比 $(x)(y)Lxy$ 複雜。通常，在一個單純範域裡做討論時，採取(b)的做法比較簡單，但範域複雜或比較難以明確寫出時，應採(c)。

例 18 設範域爲人，Lxy ＝「x 喜愛 y」。試看下列語句及其符示：

    (a) 有些人喜愛有些人。 $\exists x \exists y Lxy$

    (b) 不是每個人喜愛每個人。 $\sim(x)(y)Lxy$

    (c) 沒有人喜愛人。 $(x)(y)\sim Lxy$ 或 $\sim\exists x \exists y Lxy$

    (d) 有人喜愛每個人 $\exists x(y)Lxy$

在上例，我們看到了量號否定的符示。在日常語言裡這種語句很多。試看下例。

例 19 蘇秦沒有介紹任何人給誰。

設範域爲人。s ＝「蘇秦」，$Ixyz$ ＝「x 介紹 y 給 z」。這句話可以有下列幾種等值的逐字讀法與符示：

(1) 對每個人，蘇秦沒有介紹他給誰。

對每個 x，s 有介紹 x 給某人是假的。

$(x)\sim(s$ 有介紹 x 給某 $y)$

$(x)\sim\exists yIsxy$

(2) 那是假的，蘇秦有介紹某人給某人。

$\sim(s$ 有介紹某 x 給某 $y)$

$\sim\exists x\exists yIsxy$

(3) 對每個人，蘇秦沒有介紹他給任何人。

$(x)(s$ 沒有介紹 x 給任何人$)$

$(x)(y)\sim(s$ 介紹 x 給 $y)$

$(x)(y)\sim Isxy$

由於蘇秦是人名，故用常詞 s 去表示。這樣，在這三元述詞的符示裡，只用到兩個量號。下例的三元述詞符示，就要用三個量號了。

例 20　沒有人介紹任何人給誰。

設範域爲人。$Ixyz$ ＝「x 介紹 y 給 z」。這句話可有下面幾種等值的逐字讀法和符示：

(1) 並非有人介紹某人給某人。

$\sim($ 有 x 介紹某 y 給某 $z)$

$\sim\exists x\exists y\exists zIxyz$

(2) 對每個人，沒有人介紹他給某人。

$(x)\sim($ 有人介紹 x 給某人$)$

$(x)\sim($ 有 y 介紹 x 給某 $z)$

$(x)\sim\exists y\exists zIyxz$

（注意述詞字母中各變詞的位置）

(3) 對每個人和每個人，沒有人介紹前者給後者。

$(x)(y)\sim($ 有人介紹 x 給 $y)$

$(x)(y)\sim\exists zIzxy$

（也注意各變詞在述詞的位置）

在做量辯，尤其是多重量辨的符示時，每使用一個量詞和量號，我

們要辨出，語句中相應於這個量號的變詞的**每個**個子的位置。然後盡快把所有該位置，用量號的變詞去取代，並且使這些取代的變詞受而且只受這個量號的約束。試看下例。

例 21　任何到東歐國家留學的學生，要先學會一些東歐語言，並且要喜歡吃波蘭的鴨肉。

顯然這是全稱量辨，它的整個結構是 $(x)(\underline{\quad\quad} \supset \cdots)$。這樣，第一步可部分符示為：

⑴　$(x)[x$ 是到東歐國家留學的學生$\supset(x$ 要先學會一些東歐語言$\cdot x$ 要喜歡吃波蘭的鴨肉$)]$

⑵　$(x)\{(x$ 是學生$\cdot x$ 到東歐國家留學$)\supset[(x$ 要先學一些東西$\cdot$這東西是語言$\cdot$這東西是東歐的$)\cdot(x$ 要喜歡吃一些東西$\cdot$這東西是鴨肉$\cdot$這東西是波蘭的$)]\}$

⑶　$(x)\{[x$ 是學生 $\cdot\ \exists y(y$ 是國家$\cdot y$ 是東歐的$\cdot x$ 到 y 留學$)]\supset[\exists z$ $(x$ 要先學 $z\cdot z$ 是語言$\cdot z$ 是東歐的$)\cdot\exists w(x$ 要喜歡吃 $w\cdot w$ 是鴨肉$\cdot w$ 是波蘭的$)]\}$

⑷　$(x)\{[Sx\cdot\exists y(Ny\cdot Ey\cdot Axy)]\supset[\exists z(Lxz\cdot Lz\cdot Ez)\cdot\exists w(Wxw\cdot Dw\cdot Pw)]\}$

對以前講的符示有良好把握的人，不難看懂上面的逐部符示。以前，我們總是先約定好述詞字母才做符示。但在本題，在步 3 到步 4 才自動寫好這種約定。要符示的語句不很複雜，或準備符示呈現的結構不複雜時，常可先約定好述詞字母。但這些是複雜時，常像本例那樣，先利用量號和連詞分析語句結構，到一定地步，在本例到步 4，才自動做約定。由於步 3 和 4 之間，述詞和述詞字母之間的對應很清楚，自動寫上，沒有表列。

時間(time)和地點(place)常出現在語句之中。在做符示時，我們常不知不覺把它融入其他述詞裡。但有些論證，如果不把時間和地點分離出來當述詞的一元，則不能確實顯示它的有效性。這時候，就非把時間和地點當一個元素來顯示不可。試看下例。

例 22　某些地方，農人生活十分艱辛。阿火生活不十分艱辛。所以，阿火不是有些地方的農人。

這個論證是有效的。但是以通常方式來符示第一個前提，則不能顯示有效。設 Fx =「x 是某些地方的農人」，h =「阿火」，Hx =「x 生活十分艱辛」。那麼，這個論證要符示爲：

1. $\exists x(Fx \cdot Hx)$ P
2. $\sim Hh$ P $/ \therefore \sim Fh$

一看就知道，論證形式無效。但如果把第一個前提的「某些地方」突顯爲二元述詞的一元，則可顯示這個論證爲有效。設 Px =「x 是一個地方」，Fxy =「x 是 y 裡的農夫」。那麼，這個論證可改符示爲：

1. $\exists x[Px \cdot (y)(Fyx \supset Hy)]$ P
2. $\sim Hh$ P $/ \therefore \exists x(Px \cdot \sim Fhx)$
3. $[Px \cdot (y)(Fyx \supset Hy)]$ 1 EI
4. Px 3 Simp
5. $(y)(Fyx \supset Hy)$ 3 Simp
6. $Fhx \supset Hh$ 5 UI
7. $\sim Fhx$ 2, 6 MT
8. $(Px \cdot \sim Fhx)$ 4, 7 Conj
9. $\exists x(Px \cdot \sim Fhx)$ 8 EG

例 23 窮人無時不有。所以，公元 3000 年有窮人。

這個論證是有效的。但如果不把時間列爲二元述詞的一元來符示第一個前提，則不能顯示有效。設 Px =「x 是窮人」，Ex =「x 無時不有」，a =「公元 3000 年」，Tx =「x 是一個時間」，Ixy =「x 在 y 的」。這個論證有一個顯然但沒有明文寫出的，即公元 3000 年是一個時間。這樣，論證可符示爲：

1. $(x)(Px \supset Ex)$ P
2. Ta P $/ \therefore \exists x(Ixa \cdot Ta)$

這個符示顯然不能顯示原論證有效。但下列符示則可：

1. $(x)[Tx \supset \exists y(Py \cdot Iyx)]$ P
2. Ta P $/ \therefore \exists x(Ixa \cdot Ta)$
3. $Ta \supset \exists y(Py \cdot Iya)$ 1 UI
4. $\exists y(Py \cdot Iya)$ 2, 3 MP

5. $(Py \cdot Iya)$ 4 EI

6. Iya 5 Simp

7. $(Iya \cdot Ta)$ 2, 6 Conj

8. $\exists x(Ixa \cdot Ta)$ 7 EG

如果不注意，有些語句應符示爲如言還是全稱量辨，常會弄錯。「有人」，「某人」，「某處」，「某時」或英文「someone」，「somewhere」，「sometime」出現的地方，就是一些情況。試看下例。

例 24 (a)   如果有虎頭蜂飛來，則遊客會驚慌。

      (b)   如果有虎頭蜂飛來，則遊客**受該蜂**驚慌。

設 $Wx = $「$x$ 是虎頭鋒」，$Fx = $「$x$ 飛來」，$Ex = $「$x$ 是遊客」，$Ax = $「$x$ 會驚慌」。那麼，(a)可符示爲

(a') $\exists x(Wx \cdot Fx) \supset (y)(Ey \supset Ay)$

但在文法上類似的語句(b)，必須做不同的符示。設 $Axy = $「$x$ 受 y 驚慌」，其他如前。但我們不能把(b)符示爲

    $\exists x(Wx \cdot Fx) \supset (y)(Ey \supset Ayx)$

因爲這個式子最後一個變詞x是自由的，因此這個式子是句式，不是語句，與(b)不等値。但我們不能只延伸存在量號的範圍來改正這個錯誤。也就是，把它符示爲

    $\exists x[(Wx \cdot Fx) \supset (y)(Ey \supset Ayx)]$

也不對。雖然這個式子是一個語句，沒有自由變詞，但它與(b)不等値。這個新語句斷說，至少有一個東西，如果該東西是虎頭蜂而且飛來，則每個遊客會受該虎頭蜂驚慌。但語句(b)是說，如果**任何**虎頭蜂飛來，則每個遊客會受該蜂驚慌。這樣，(b)的正確符示應是

(b') $(x)[(Wx \cdot Fx) \supset (y)(Ey \supset Ayz)]$。

在西方邏輯傳統上，有理髮師是否自己刮臉而引起的有趣的悖論(paradox)。我們不是要在這裡講悖論，而是要符示理髮師是否爲自己刮臉的種種有趣的語句。

例 25 設範域爲人，$Bx = $「$x$ 是理髮師」，$Sxy = $「$x$ 爲 y 刮臉」。試看下列各句及其符示：

(a) 所有不為自己刮臉的理髮師，不為任何理髮師刮臉。

$(x)[(Bx \cdot \sim Sxx) \supset \sim \exists y(By \cdot Sxy)]$

(b) 不為自己刮臉的理髮師，被某一理髮師刮臉。

$(x)[(Bx \cdot \sim Sxx) \supset \exists y(By \cdot Syx)]$

(c) 理髮師為所有而且僅僅為理髮師的刮臉。

$(x)[Bx \supset (y)(Sxy \equiv By)]$

(d) 如果有不為自己刮臉的理髮師，則有人沒有得到任何人刮臉。

$\exists x(Bx \cdot \sim Sxx) \supset \exists y(z)(Bz \supset \sim Szy)]$

(e) 如果有不為自己刮臉的理髮師，那麼如果沒有人被任何理髮師刮臉，則他不會被任何理髮師刮臉。

$(x) \sim Sxx \supset [(y) \sim \exists z(Bz \cdot Szy) \supset \sim \exists w(Bw \cdot Swx)]$

習題 9-2

I.試用提示的述詞字母，符示下列各句。

1.有人被每個人介紹給某一人。（$Ixyz =$「x 介紹 y 給 z」）

2.每個人介紹一些人給一些人。

3.有人介紹自己給每個人。

4.有人介紹某人給每個人。

5.每樣東西比每樣東西小。（$Sxy =$「x 比 y 小」）

6.有些東西比有些東西小。

7.沒有比任何東西都小的東西。

8.任何比每樣東西小的東西比自己小。

II.試用提示的述詞字母，符示下列各式。

1.到處都有騙子。（$Px =$「x 是一個地方」，$Cx =$「x 是騙子」，$Axy =$「x 在 y」）

2.只有一些地方有玫瑰。（Px 如 1，$Rx =$「x 是玫瑰」，Axy 如 1）

3.你能夠在某些時候欺騙所有的人。（$Tx =$「x 是一個時間」，$Px =$「x 是人」，$Fxy =$「你能夠欺騙 x 在 y」）

4.你能夠在所有時候欺騙某些人。（述詞字母如 3）

5.你不能夠在所有時候欺騙所有的人。

6.會吠的狗從不咬人。（$Bx =$「x 會吠」，$Dx =$「x 是狗」，$Tx =$「x 是一個

時間」，$Wxyz =$「x 在 y 咬 z」，$Px =$「x 是人」）

Ⅲ.用提示的述詞字母符示下列各句。

1.沒有人的情人是醜的。（$Sxy =$「x 是 y 的情人」，$Ux =$「x 是醜的」）

2.一張美好的臉可能隱藏一個邪惡的心。（$Fx =$「x 是臉」，$Gx =$「x 是美好」，$Hxy =$「x 隱藏 y」，$Ix =$「x 是邪惡」，$Jx =$「x 是心」）

3.沒有人曾學得任何東西，除非他把它教自己。（$Px =$「x 是人」，$Lxy =$「x 學得 y」，$Txyz =$「x 給 y 教 z」）

4.任何人完成什麼東西會被每個人羨忌。（$Px =$「x 是人」，$Axy =$「x 完成 y」，$Exy =$「x 羨忌 y」）

5.每個人讚美他或她遇見的一些人。（$Px =$「x 是人」，$Axy =$「x 讚美 y」，$Mxy =$「x 遇見 y」）

6.所有班上的學生能夠讀圖書館裡的任何書。（$Sx =$「x 是學生」，$Cx =$「x 是班上的」，$Rxy =$「x 能夠讀 y」，$Bx =$「x 是書」，$Lx =$「x 在圖書館裡」）

7.有些學生讀一些他們教授指定的一些書。（$Sx =$「x 是學生」，$Bx =$「x 是書」，$Rxy =$「x 讀 y」，$Px =$「x 是教授」，$Axyz =$「x 指定 y 給 z」）

8.任何讀所有他的教授指定的所有書的學生，是通才而且會得好成績。（$Wx =$「x 是通才」，$Gx =$「x 會得好成績」，其他述詞字母如 7）

9.所有政府都由撒謊者管理。（$Gx =$「x 是政府」，$Rxy =$「x 管理 y」，$Lx =$「x 是撒謊者」）

10.最後笑的人笑的最好。（$Px =$「x 是人」，$Ixy =$「x 等同 y」，$Lxy =$「x 在 y 之後笑」，$Bxy =$「x 笑的比 y 好」）

11.每個相信上帝的人，遵守祂的所有戒律。（$Px =$「x 是人」，$Bxy =$「x 相信 y」，$Cxy =$「x 是 y 的戒律」，$Oxy =$「x 遵守 y」，$g =$「上帝」）

12.每個相信上帝的人，始終遵守祂的所有戒律。（$Tx =$「x 是一個時間」，$Oxyz =$「x 在 y 遵守 z」，其他述詞字母約定如 11）

13.沒有人捐贈他的所有財產給任何單一的慈善機構。（$Px =$「x 是人」，$Dxyz =$「x 捐贈 y 給 z」，$Bxy =$「x 屬於 y」）

14.至少有一個人把他的所有捐贈給與一個單一的慈善機構。（述詞字母如 13）

15.建中的學生只喜歡北一女的學生。（ Cx =「 x 是建中的學生」， Lxy =「 x 喜歡 y 」， Fx =「 x 是北一女的學生」）

16.只有建中的學生喜歡北一女的學生。（述詞字母如 15）

5. 關係述詞邏輯的證明

　　如同一元述詞邏輯，在講完語言或語句及其符示後，要做的最重要的事是證明論證的有效和無效。先講證明有效。有關係述詞邏輯，我們要添加的新東西，只有從一元到多元的述詞。第七章爲（一元）述詞邏輯引進的推演規則，其設計一樣足夠適用於關係述詞邏輯，只是運行起來較複雜而已，尤其更要小心規則伴隨的各種限制。在關係述詞邏輯不須引進新規則。

　　如果有含多重量號的前提，只須從左至右，一次消去一個量號。記住，如果語句是從一個支配整個語句的量號開始，則只能使用 UI 或 EI。如果要導出一個多重量號開始的結論，以相反次序添加量號。用 EG 或 UG 添加量號時，量號的範圍必須包括整個語句。試看下例。

例 26　有些狗不喜歡任何貓。小貓是貓。所以，有些狗不喜歡小貓。

　　　　這是前面例 2 提過的論證。那時我們還無法證明這個論證的有效性，現在可以了。設 Dx =「 x 是狗」， Cx =「 x 是貓」， Kx =「 x 是小貓」， Lxy =「 x 喜歡 y 」。那麼，這個論證可符示和證明如下：

1. $\exists x[Dx \cdot (y)(Cy \supset \sim Lxy]$　　　　　　P
2. $(x)(Kx \supset Cx)$　　　　　　P　　／∴ $\exists x[Dx \cdot (y)(Ky \supset \sim Lxy)]$
3. $[Dx \cdot (y)(Cy \supset \sim Lxy)]$　　　　1 EI
4. Dx　　　　　　　　　　　　3 Simp
5. $(y)(Cy \supset \sim Lxy)$　　　　　3 Simp
6. $Cy \supset \sim Lxy)$　　　　　　5 UI
7. $Ky \supset Cy$　　　　　　　　2 UI
8. $Ky \supset \sim Lxy$　　　　　　6, 7 CS
9. $(y)(Ky \supset \sim Lxy)$　　　　8 UG
10. $[Dx \cdot (y)(Ky \supset \sim Lxy)]$　　　4, 9 Conj

11. $\exists x[Dx \cdot (y)(Ky \supset \sim Lxy)]$　　　　　10 EG

在導衍的技術上有一點要注意的。在列 6 準備從列 2 或 5 做 UI 時，從那一列都可以。但因結論有由兩個變詞表示的述詞 Lxy，因此從列 5 比較好，因爲可事先控制 Lxy 裡的**不同**變詞 x 和 y。如果從列 2 先 UI，可能弄亂配合 Lxy 的變詞。

例 27　所有老子的信徒喜歡莊子的信徒。沒有老子的信徒喜歡任何法家思想者。老子確實有信徒。所以，沒有莊子的信徒是法家思想者。

設 Lx ＝「x 是老子的信徒」，Cx ＝「x 是莊子的信徒」，Fx ＝「x 是法家思想者」，Hxy ＝「x 喜歡 y」。這個論證可符示和證明如下：

1. $(x)[Lx \supset (y)(Cy \supset Hxy)]$　　　　P
2. $(x)[Lx \supset (y)(Fy \supset \sim Hxy)]$　　　P
3. $\exists xLx$　　　　P　／∴ $(x)(Cx \supset \sim Fx)$
4. Lx　　　　3 EI
5. $Lx \supset (y)(Cy \supset Hxy)$　　　1 UI
6. $Lx \supset (y)(Fy \supset \sim Hxy)$　　　2 UI
7. $(y)(Cy \supset Hxy)$　　　4, 5 MP
8. $(y)(Fy \supset \sim Hxy)$　　　4, 6 MP
9. $Cy \supset Hxy$　　　7 UI
10. $Fy \supset \sim Hxy$　　　8 UI
11. $\sim \sim Hxy \supset \sim Fx$　　　10 Contra
12. $Hxy \supset \sim Fy$　　　11 DN
13. $Cy \supset \sim Fy$　　　9, 12 CS
14. $(x)(Cx \supset \sim Fx)$　　　13 UG

我們講過的，EI 要儘量先於 UI，故先對列 3 做 EI，然後對列 1 和 2 做 UI。

我們一再講的，許多導衍最好從結論做逆分析。在結論爲量辨語句時，甚至先消去量號再逆推。試看下例。

例 28　1. $(x)[(y)(Fxy \supset Kxy) \supset Jx]$　　　　P
　　　　2. $\sim \exists x(Dx \cdot Jx)$　　　　P
　　　　3. $(x)[(Dx \cdot \sim Jx) \supset \sim \exists y(Hyx \cdot Fxy)]$　　P　／∴ $(x)[Dx \supset$
　　　　　　　　　　　　　　　　　　　　　　　　　　$\exists y \sim (Hyx \lor Kxy)]$

4. Dx	ACP
5. $(x) \sim (Dx \cdot Jx)$	2 EQ
6. $\sim (Dx \cdot Jx)$	5 UI
7. $\sim Dx \lor \sim Jx$	6 DeM
8. $\sim \sim Dx$	4 DN
9. $\sim Jx$	7, 8 DS
10. $(Dx \cdot \sim Jx)$	4, 9 Conj
11. $(Dx \cdot \sim Jx) \supset \sim \exists y(Hyx \cdot Fxy)$	3 UI
12. $\sim \exists y(Hyx \cdot Fxy)$	10, 11 MP
13. $(y) \sim (Hyx \cdot Fxy)$	12 EQ
14. $(y)(Fxy \supset Kxy) \supset Jx$	1 UI
15. $\sim (y)(Fxy \supset Kxy)$	9, 14 MT
16. $\exists y \sim (Fxy \supset Kxy)$	15 EQ
17. $\sim (Fxy \supset Kxy)$	16 EI
18. $\sim (\sim Fxy \lor Kxy)$	17 Cond
19. $(\sim \sim Fxy \cdot \sim Kxy)$	18 DeM
20. $\sim \sim Fxy$	19 Simp
21. $\sim Kxy$	19 Simp
22. $\sim (Hyx \cdot Fxy)$	13 UI
23. $\sim Hyx \lor \sim Fxy$	22 DeM
24. $\sim Hyx$	20, 23 DS
25. $(Hyx \cdot \sim Kxy)$	21, 24 Conj
26. $\sim (Hyx \lor Kxy)$	26 DeM
27. $\exists y \sim (Hyx \lor Kxy)$	26 EG
28. $Dx \supset \exists y \sim (Hyx \lor Kxy)$	4-27 CP
29. $(x)[Dx \supset \exists y \sim (Hyx \lor Kxy)]$	28 UG

這個導衍長一點，但要注意的只有兩點。一，結論不是如言，但消去全稱量號後變成如言。這樣就可試著做 CP 了。二，對列 13 不要急著做 UI，因為後面還有 EI 要做。

二十世紀初，現代符號邏輯出現時，守舊的傳統亞里士多德邏輯的護衛者，起來反對，尤其反對在大學一般課程（即現在所謂通識教育課程）教符號邏輯。他們的理由是，邏輯是處理「思想」的東西，符號不

能處理思想。再說，傳統邏輯已足夠處理日常論證的有效性（現在我們已很清楚，這兩個理由都錯）。當時推展符號邏輯的年輕邏輯家羅素(B. Russell, 1872-1970)，就提出一個非常簡單和有趣的論證，來使那些護衛者出醜，叫他們用傳統方法做做看，能否證明有效。在前面例2，我們寫過這個論證。我們現在知道，傳統邏輯最多只能處理簡單的語句邏輯論證，和簡單的一元述詞邏輯論證。而這個論證看來非常簡單，但非用二元，即關係述詞邏輯處理不可，而且處理起來也滿複雜的。這個論證就是：

例29　所有的馬是動物。所以，所有馬的頭是動物的頭。

設 Px =「x 是馬」，Ax =「x 是動物」，Hxy =「x 是 y 的頭」。這個論證可符示和證明如下：

1. $(x)(Px \supset Ax)$	P
	$/ \therefore (x)[\exists y(Py \cdot Hxy) \supset \exists z(Az \cdot Hxz)]$
2. $\exists y(Py \cdot Hxy)$	ACP
3. $(Py \cdot Hxy)$	2 EI
4. $Py \supset Ay$	1 UI
5. Py	3 Simp
6. Hxy	3 Simp
7. Ay	4, 5 MP
8. $(Ay \cdot Hxy)$	6, 7 Conj
9. $\exists z(Az \cdot Hxz)$	8 EG
10. $\exists y(Py \cdot Hxy) \supset \exists z(Az \cdot Hxz)$	2-9 CP
11. $(x)[\exists y(Py \cdot Hxy) \supset \exists z(Az \cdot Hxz)]$	10 UG

有幾點要說明。一，前提語句簡單，結論複雜，這使得我們去思考做 CP 或 RAA 證明。結論是量辨語句，消去起首的量號後變成如言。這樣，可像例28那樣做CP證明。二，在列3，要先對列2做EI，然後在列4對列1做 UI。三，逐步符示結論如下：

⑴ $(x)($ 如果 x 是馬的頭，則 x 是動物的頭 $)$

⑵ $(x)($ x 是馬的頭 $\supset x$ 是動物的頭 $)$

⑶ $(x)[\exists y($ y 是馬 $\cdot x$ 是 y 的頭 $) \supset \exists z($ z 是動物 $\cdot x$ 是 z 的頭 $)]$

⑷ $(x)[\exists y(Py \cdot Hxy) \supset \exists z(Az \cdot Hxz)]$

6. 再講量號規則的限制

在第七章引進，迄今一直使用的四個量號規則——UI, EI, UG 和 EG——其背後的一般觀念雖然相當簡單和直覺，但由於它的運作在符號上牽連多樣和多重的變詞，因而容易造成錯誤的混同。爲避免這些混同，以及爲保持這些規則應有的推演力，我們必須小心翼翼給這些規則的使用，做適當的限制。在引進這些規則的同時，我們也說明了這些限制。在使用這些規則做了許多演證，尤其是在做多重量號的演證後，對這些限制做總的以及一些補充說明，一定有用。

爲了參看方便，再把量號規則列舉如下：

UI 規則

$$\frac{(x)\phi x}{/\therefore \phi y}$$

$$\frac{(x)\phi x}{/\therefore \phi a}$$

其中：

(i) ϕy 或 ϕa 是拿 ϕy 裡爲自由的 y，或拿 a，取代 ϕx 裡爲自由的 x 的每個出現得到的。

EI 規則

$$\frac{\exists x \phi x}{/\therefore \phi y}$$

其中：

(i) y 不是常詞。

(ii) 在導衍的先前列裡，y 不出現爲自由。

(iii) ϕy 是拿 ϕy 裡爲自由的 y，取代 ϕx 裡爲自由的 x 的每個出現得到的。

UG 規則

$$\frac{\phi x}{/\therefore (y)\phi y}$$

其中：

(i) x 不是常詞。

(ii) 在由 EI 獲得的先前列裡，x 不出現爲自由。

(iii) 在尚未撤消的先前假定裡，x 不出現爲自由。

(iv) ϕy 是拿 ϕy 裡爲自由的 y，取代 ϕx 裡爲自由的 x 的每個出現得到的，而且沒有 y 的其他出現已包含在 ϕy。

EG 規則

$$\frac{\phi x}{/\therefore \exists y \phi y}$$

$$\frac{\phi a}{/\therefore \exists y \phi y}$$

其中：

(i) ϕy 是拿 ϕy 裡爲自由的 y，取代 ϕy 裡爲自由的 x 的至少一個出現或取代 ϕa 裡的至少一個出現得到的，而且沒有 y 的其他出現已包含在 ϕy。

這些規則中的「其中」條件，就是使用這些規則應有的限制。

有十多種情況，量號規則的使用要小心，不要弄錯。可分三類來講。

(一)主要限制

這幾個限制是在構作量號規則本身時，爲了使量號規則具有邏輯正確性，即保證從眞推出眞，所須考慮的限制。

⑴使用 EI 來去掉存在量號時，因此而自由的變詞不可拿常詞，而須拿變詞去取代。（EI 限制(i)）

試看下例。

例 30　1. $\exists x Sx$　　　　　P　/∴ Sa
　　　2. Sa　　　　　　1 EI（**無效**）

顯然從「有些大都市在海邊」，不能正確推出「上海在海邊」，雖然上海實際在海邊，但論證的正確性不能由結論的眞來決定。我們很容易找出反例來顯示例 30 的論證無效。設範域爲大都市；Sx =「x 在海邊」，a =「巴黎」。那麼，「有些大都市在海邊」爲眞，「巴黎在海邊」爲假。故論證無效。

⑵在一個導衍裡由 EI 引進的變詞，在這個導衍的先前諸列不出現爲自由。（EI 限制(ii)）

試看下例。

例 31　1. $\exists x Dx$　　　　　　　　P

2. $\exists x Hx$	P　$/\therefore \exists x(Dx \cdot Hx)$
3. Dx	1 EI
4. Hx	2 EI（**無效**）
5. $(Dx \cdot Hx)$	3, 4 Conj
6. $\exists x(Dx \cdot Hx)$	5 EG

問題在列 4；使用 EI 時，拿已在列 3 出現爲自由的變詞 x 來做取代。現在假定 Dx =「x 是鹿」，Hx =「x 是馬」。「有些東西是鹿」和「有些東西是馬」顯然都眞。但**那些**是鹿的和**那些**是馬的，不會是相同的那些。在日常語言裡，由於「有些」一詞可以有歧義使用來指稱鹿和馬，因此剛才那兩句「有些」語句可以同眞。但在沒有任何約束的列 3 和列 4 的變詞 x，必須指稱相同的東西。這樣在列 5，尤其是在列 6——明白說有些東西**旣**是鹿**又是**馬，這顯然爲假。從眞推出假，推演本身必定有錯，錯在列 4。

⑶對常詞不可使用 UG。（UG 限制⑴）

試看下例。

例 32	1. Na	P　$/\therefore (x)Nx$
	2. $(x)Nx$	1 UG（**無效**）

這個推演有錯是非常明顯的，我們決不能從「公孫龍是名家」推出說「每個人是名家」，孔子就不是。

⑷對在導衍裡由 EI 引進的變詞，不可使用 UG。（UG 限制⑾）

試看下例。

例 33	1. $\exists x Dx$	P　$/\therefore (x)Cx$
	2. Dx	1 EI
	3. $(x)Dx$	2 UG（**無效**）

從「有 DNA」推不出「每樣東西有 DNA」。我們說過的，從 EI 引進的變詞，譬如列 2 的 Dx 裡的 x，其指稱是選言式的，不是每個的，因此對它不可使用 UG，否則從「有些」推出「所有」。

⑸對在導衍裡由 EI 獲得那列為自由的變詞，不可使用 UG。

試看下例。

例 34　1. $(x)\exists yMyx$ 　　　　　P　　／∴. $\exists y(x)Myx$

　　　2. $\exists yMyx$ 　　　　　　1 UI

　　　3. Myx 　　　　　　　　2 EI

　　　4. $(x)Myx$ 　　　　　　　3 UG（**無效**）

　　　5. $\exists y(x)Myx$ 　　　　　4 EG

設 Myx＝「x 是 y 的母親」，範域為人。那麼，前提 1 說，每個人有個母親；這是真的。但是列 5 的結論說，有個人是每個人的母親；這是假的。這樣，從列 1 到 5，我們從真前提通到假結論。這樣，這個導衍必定有錯的步驟。邏輯教本一致的說法是，列 3 到列 4 的 UG 推演的不當，才使從真前提推出假結論。但對為什麼這個步驟有錯，在直覺上沒有講的足夠明白。我們有弄清楚的必要。

　　我們講過，依 EI 引進的變詞，一定是而且只是選言式指稱，即指稱範域裡的「或是某一特定個子，或是一些個子，或是每個個子」。但依 UG 引進的變詞，則可依以及要依情況而確定它的指稱（如果引進的是常詞，則確定指稱某一特定個子）：每個指稱，選言式指稱，或有歧義的指稱──三者之一。這樣，依 UG 引進的變詞，未必都是每個指稱的。我們講過，一個含有由 UG 引進的變詞的述詞，依語句推演規則，與一個含有由 EI 引進的變詞的述詞作用時，前者的變詞以及所得結果中的該變詞，必須是選言式指稱的。舉個例子說明。

例 35　1. $(x)(Fx\supset Gx)$ 　　　　P

　　　2. $\exists xFx$ 　　　　　　　P

　　　3. Fx 　　　　　　　　　2 EI

　　　4. $Fx\supset Gx$ 　　　　　　1 UI

　　　5. Gx 　　　　　　　　　3, 4 MP

在這個導衍中，列 3 的 Fx 的變詞 x 一定是選言式指稱的。但列的 4 的 $Fx\supset Gx$ 的 x，確定是那一種指稱，在此列之前單從導衍本身看不出來。

但在列 5，依 MP 從列 3 和 4 導出列 Gx 時，可以確定，在這個推演「中」，列 4 的 x 一定是以選言式指稱與列 3 作用，因為這種指稱才可使列 4 的 Fx 和列 3 的 Fx **完全相同**；只有這樣完全相同，才可在列 5 用 MP。而在列 5 所得 Gx 的 x，也必須是選言式指稱。在這裡，由於列 3 和 4 及其原頭列 1 和 2，原本是分開的兩個式子。因此，列 4 的 x 要「屈就」列 3 的 x，要解釋和確定為選言式指稱，較容易看出來。前面例 34 的列 2 到 5 也有類似的情形。但由於這些列都由同一個列 1 的前提推演而來，令人較不容易看出。為容易說明，舉一個類似例 34 的例子。

例 36　1. $(x)\exists y(x + 2y = 7)$　　　　P　／∴ $\exists y(x)(x + 2y = 7)$
　　　　2. $\exists y(x + 2y = 7)$　　　　　1 UI
　　　　3. $x + 2y = 7$　　　　　　　　2 EI
　　　　4. $(x)(x + 2y = 7)$　　　　　3 UG（**無效**）
　　　　5. $\exists y(x)(x + 2y = 7)$　　　4 EG

要注意的，多重量辨語句的閱讀，一定要從最左一個量號逐個向右讀起。依量號規則所做的量號的消去和添加，要從最左一個做起，不可中間做。這樣，一個變詞要確定為那一種指稱時，一定要相對於這種自左至右的閱讀和消添來確定。在上面例 36 列 2 由 UI 引進的 x，即 $x + 2y = 7$ 裡的 x，是一個有歧義的指稱。而且那一種指稱都可以，所以從這一列，我們既可依 UG 推得 $(x)\exists y(x + 2y = 7)$，也可依 EG 推得 $\exists x \exists y(x + 2y = 7)$。但在列 3 對列 2 做 EI 時，給列 2 的 x 做了指稱的確定，即確定為選言式的。這樣，列 3 的 x 就成為選言式指稱，而不是每個指稱了。在列 4 給列 3 的 x 做 UG 而得到 $(x)(x + 2y = 7)$ 時，這種不是每個指稱的情形還不明顯，因為這個式子是一個句式，不是語句，因而沒有真假可言，看不出矛盾。但如果如列 5 那樣，進一步給它做 EG 而成為有真假可言的語句時，矛盾就浮現了。這樣，列 4 是無用的列。既然無用，而且跟著任何量號推演都會產生矛盾，我們最好就禁止像列 4 這樣的推演。

　　或者可用直覺這樣說明為什麼要這樣限制。現在假定「對每個 x 有

一個 y 使得一個關係或關係述詞 M」成立或適合。但從這我們推不出「有一個 y 對每個 x 使得 M」成立或適合。這很容易舉出反例。我們知道,「對每個人 x 有一個 y 使得 y 是 x 的母親」,即「每個人有一個母親」為真,但「有一個 y 對每個人 x 使得 y 是 x 的母親」,即「有一個人是每個人的母親」為假。為阻止這種無數的推演,也就是阻止從「對每個 x 有一個 y 怎樣怎樣」到「有一個 y 對每個 x 怎樣怎樣」的推演,我們需要這個限制。

(6)在一個假定範圍裡,不能對該假定裡為自由的變詞使用 UG。

試看下例。

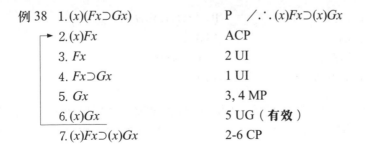

例 37　　1. $(x)Fx \supset (x)Gx$　　　　　　P　／∴ $(x)(Fx \supset Gx)$

　　　　2. Fx　　　　　　　　　　ACP

　　　　3. $(x)Fx$　　　　　　　　2 UG（**無效**）

　　　　4. $(x)Gx$　　　　　　　　1, 3 MP

　　　　5. Gx　　　　　　　　　4 UI

　　　　6. $Fx \supset Gx$　　　　　　2-5 CP

　　　　7. $(x)(Fx \supset Gx)$　　　　6 UG

這個論證是無效的。設 Fx =「x 是山豬」,Gx =「x 是穿山甲」。那麼,前提說,如果每樣東西是山豬,則每樣東西是穿山甲。這為真,因前件假。但結論說,所有山豬是穿山甲;這為假。但例 37 的導衍把它「證明」出來。因此,這證明本身有錯,錯在列 3 的 UG。我們講過的,在前提或假定裡出現的自由變詞,在這裡是 Fx 的 x,是選言式指稱。對這種變詞不可做 UG。但在下例假定範圍內的 UG 並不違規。

例 38　　1. $(x)(Fx \supset Gx)$　　　　P　／∴ $(x)Fx \supset (x)Gx$

　　　　2. $(x)Fx$　　　　　　　　ACP

　　　　3. Fx　　　　　　　　　2 UI

　　　　4. $Fx \supset Gx$　　　　　　1 UI

　　　　5. Gx　　　　　　　　　3, 4 MP

　　　　6. $(x)Gx$　　　　　　　　5 UG（**有效**）

　　　　7. $(x)Fx \supset (x)Gx$　　　　2-6 CP

列 6 對列 5 的 UG 是合法的，因列 5 的自由變詞 x 由 UI 得到。

(二)一律取代的考慮

在做符號語句的推演或導衍中，時常需要拿語句，句式取代另一語句或句式裡的某一或某些子語句或子句式，或拿字母——常詞、變詞或述詞字母，取代語句或句式裡的某一或某些字母。這些取代，除了等值取代或少數除外，爲了眞理保持或有效推演，通常都須**一律**(uniform)取代。這裡要討論的是涉及量號規則使用的變詞間，常詞間，和變詞與常詞間的一律取代。在引進量號規則時講的，ϕy 是拿在 ϕy 裡爲自由的 y 取代 ϕx 裡爲自由的 x 的每個出現得到時，這種取代就是一律取代。

例 39　(a)　1. $\exists x(Fx \cdot Gx)$　　　　　P
　　　　　　2. $(Fx \cdot Gx)$　　　　　1 EI
　　　　　　3. $(Fy \cdot Gy)$　　　　　1 EI
　　　　(b)　1. $(Fa \cdot Ga)$　　　　　P
　　　　　　2. $\exists y(Fy \cdot Gy)$　　　1 EG
　　　　　　3. $\exists z(Fz \cdot Gz)$　　　1 EG

這些導衍裡的 EI 和 EG，都是一律取代的。

問題是，是否所有 UI, EI, UG 和 EG 的正確和有效使用，都須一律取代。如果我們的述詞邏輯要完備(complete)，有一種情況不能要求這種一律取代。

(7)在 EG 的使用裡，可以不必一律取代。

試看下例。

例 40　1. $(x)Exx$　　　　　　　P　／∴ $(x)\exists yExx$
　　　　2. Exx　　　　　　　　1 UI
　　　　3. $\exists yExy$　　　　　　2 EG（**有效**）
　　　　4. $(x)\exists yFxy$　　　　3 UG

設 $Exy =$「x 與 y 等同」。那麼這個論證的前提說，每樣東西與它自己等同；這爲眞。而結論說，對任一東西，有一個東西與它等同；這也眞，

因為它自己就是一個與它等同的東西。這樣，如果前提真，結論也必定真。為了能夠在列 4 導出結論，我們必須允許諸如列 2 到 3 的推演。

但這種不必一律取代的情形，不適用於 UG；UG 一定要一律取代。試看下例。

例 41　1.$(x)Exx$　　　　　　　P　／∴$(x)(y)Exx$
　　　　2. Exx　　　　　　　　1 UI
　　　　3.$(y)Exy$　　　　　　　2 UG（**無效**）
　　　　4.$(x)(y)Exy$　　　　　　3 UG

再設 Exy ＝「x 與 y 等同」。那麼，前提說，每樣東西與它自己等同，這為真。但結論說，每樣東西與每樣東西等同，這為假。

㈢不可巧合而使變詞約束

量號是一種詞組連詞，它呈現語句的一種結構。它經由對變詞的約束呈現語句的結構。不同的約束，呈現不同的語句結構。使用量號規則添加量號時，要對一定位置的變詞做約束，使呈現一定的語句結構。因此，在添加量號時，因使用變詞的不當，而碰巧約束到不該約束的變詞時，就會產生不當推演。另一方面，在使用量號規則消去量號時，要是使一定的約束變詞變成自由，呈現另一種語句。因此，在消去量號時，因使用變詞的不當，而碰巧使原來不受某一量號約束的位置受到約束時，就會產生不當推演。UI 的限制(i)，EI 的限制(iii)，UG 的限制(iv)和 EG 的限制(iv)，在阻止這些不當。試看下列各例。

例 42　1.$(x)∃yFyx$　　　　　　P　／∴$∃yFyy$
　　　　2. $∃yFyy$　　　　　　　1 UI（**無效**）

設 Fyx ＝「y 是 x 的父親」，範圍為人。那麼，前提說每個人有父親；這為真。但結論說，有人是他自己的父親；這是假。列 2 對列 1 做 UI 時，不應拿已包含在 $∃yFyx$ 裡的變詞 y 來取代此式子的 x，因為這可使原本不受量號 $∃y$ 約束的 x 所佔位置受到約束。這樣，就可能從真推出假。

同樣的情況在下例使用 EI 裡出現。

例 43　1. $\exists x(y)Lxy$　　　　　　　P　／∴ $(y)Lyy$

　　　　2.$(y)Lyy$　　　　　　　　1 EI（**無效**）

設 $Lxy =$「$x \leq y$」，範域爲正整數。那麼，前提爲有小於或等於任何數的
數；這爲眞，因 1 就是這個數。但結論爲假，因它說每個數小於或等於
任何數。在列 2 做 EI 時，不應拿已包含在列 1 的變詞 y 取代 x，這會使
不該受量號 (y) 約束的 x 所在位置受到約束。

例 44　1. $\exists x(y)Lxy$　　　　　　　P　／∴ $(y)Lyy$

　　　　2.$(y)Lxy$　　　　　　　　1 EI

　　　　3. Lxy　　　　　　　　　　2 UI

　　　　4.$(y)Lyy$　　　　　　　　3 UG（**無效**）

前提和結論和例 43 完全一樣，故可用相同的反例顯示本例無效。但錯
誤的證明步驟在不同地方。列 4 使用 UG 時，不可拿已包含在列 3 的變
詞 y 來做取代。這樣的取代使原來不該在這次的 UG 中受約束的列 3 的
y 受到約束，因而從眞前提推出假結論來。

　　EG 的錯誤進行，也會產生和上例類似的毛病。試看下例。

例 45　1. $\exists x(y)Lxy$　　　　　　　P　／∴ $(y)Lyy$

　　　　2.$(y)Lxy$　　　　　　　　1 EG

　　　　3. $\exists y(y)Lyy$　　　　　　　2 EG（**無效**）

列 3 最左的量號 $\exists y$ 是虛的，因其右邊所有的 y 出現都已約束，故列 3 實
際是 $(y)Lyy$。列 3 的錯誤和上例列 4 的一樣，不應拿已包含在列 2 的 y
來取代。

習題 9-3

Ⅰ.指出下列各導衍裡無效的步驟，並說明量號規則如何設計來杜絕這種步驟。

　　1.　1. $\exists x[Fx \cdot (y)(Gy \supset Hxy)]$　　　　P　／∴ $(y)(Gy \supset Hyy)$

　　　　2.$[Fx \cdot (y)(Gy \supset Hxy)]$　　　　1 EI

　　　　3.$(y)(Gy \supset Hxy)$　　　　　　2 Simp

　　　　4. $Gy \supset Hxy$　　　　　　　　3 UI

	5. $(y)(Gy \supset Hyy)$	4 UG
2.	1. $(y)[Ay \supset \exists xBxy]$	P　／∴ $(x)[Ax \supset \exists xBxx]$
	2. $Ay \supset \exists xBxy$	1 UI
	3. $(x)[Ax \supset \exists xBxx]$	2 UG
3.	1. $\exists x(y)Jxy$	P
	2. $(y)(x)(Jxy \supset Kxy)$	P　／∴ $(x)(Jxx \supset Kxx)$
	3. $(y)Jxy$	1 EI
	4. Jxy	3 UI
	5. $(x)(Jxx \supset Kxx)$	2 UI
4.	1. $(x)\exists y[Ax \cdot (Bxy \supset Cy)]$	P　／∴ $(x)Ax$
	2. $\exists y[Ax \cdot (Bxy \supset Cy)]$	1 UI
	3. $[Ax \cdot (Bxy \supset Cy)]$	2 EI
	4. Ax	3 Simp
	5. $(x)Ax$	4 UG
5.	1. Gx	ACP　／∴ $(y)[Gy \supset (x)Gx]$
	2. $(x)Gx$	1 UG
	3. $Gx \supset (x)Gx$	1-2 CP
	4. $(y)[Gy \supset (x)Gx]$	3 UG
6.	1. $(x)[(y)Dxy \supset Ex]$	P　／∴ $\exists y\sim Ey \supset (x)\sim Dyx$
	2. $(y)Day \supset Ea$	1 UI
	3. $Day \supset Ea$	2 UI
	4. $\sim Ea$	ACP
	5. $\sim Day$	3, 4 MT
	6. $(x)\sim Dax$	5 UG
	7. $\sim Ea \supset (x)\sim Dax$	4-6 CP
	8. $\exists y\sim Ey \supset (x)\sim Dyx$	7 EG

Ⅱ.構作導衍證明下列論證為有效。

1. $\exists x(y)[\exists zHyz \supset Hyx], (y)\exists zHyz$　／∴ $\exists x(y)Hyx$

2. $\exists x[Fx \cdot (y)(Gy \supset Hxy)]$　／∴ $(x)(Fx \supset Gx) \supset \exists y(Gy \cdot Hyy)$

3. $\exists x(y)[(Fy \cdot Gy) \supset Hxy], (y)(Fy \supset Gy)$　／∴ $(y)(Fy \supset \exists xHxy)$

4. $(x)\exists yFxy \vee (x)(y)Gxy, (x)\exists y(Hx \supset \sim Gxy)$ 　　/∴ $(x)\exists y(Hx \supset Fxy)$

5. $(x)[\exists y(Fy \cdot Gxy) \supset \exists z(Hz \cdot Jxz)$ 　　/∴ $\sim \exists xHx \supset (x)\sim \exists y(Fy \cdot Gxy)$

6. $(x)(Fx \supset Gx), (x)[\exists y(Gy \cdot Hxy) \supset Jx], \exists y\{Ky \cdot \exists x[(Lx \cdot Fx) \cdot Hyx]\}$
　　/∴ $\exists x(Jx \cdot Kx)$

7. $\exists x \exists y(Fxy \vee Gxy) \supset \exists zHz, (x)(y)(Hx \supset \sim Hy)$ 　　/∴ $(x)(y) \sim Fxy$

8. $(x)\exists yAxy \supset (x)\exists yBxy, \exists x(y) \sim Bxy$ 　　/∴ $\exists x(y) \sim Axy$

9. $\sim \exists x(Jx \cdot Kx), (x)[(Jx \cdot \sim Kx) \supset \sim \exists y(Lyx \cdot Hxy)], (x)[(y)(Hxy \supset Txy) \supset Kx]$
　　/∴ $(x)[Jx \supset \exists y \sim (Lyx \vee Txy)]$

10. $(x)[\exists y(By \cdot Wyx) \supset (z)(Az \supset Sxz)], (x)(y)(Fxy \supset \sim Sxy), \sim(x)(Ax \supset \sim Bx)$,
　　$(x)[Tx \supset (y)Wyx]$ 　　/∴ $(x)[Tx \supset \exists y(By \cdot \sim Fxy)]$

Ⅲ. 依提示的字母，符示和證明下列論證。

1. 所有的圓是圖形。所以，所有畫圓的人畫圖形。($Cx = $「$x$ 是圓」，$Fx = $「$x$ 是圖形」，$Dxy = $「$x$ 畫 y」)

2. 有些教授喜歡所有杜甫的詩。沒有教授喜歡壞作品。所以，沒有杜甫的詩是壞作品。($Px = $「$x$ 是教授」，$Tx = $「$x$ 是杜甫的詩」，$Bx = $「$x$ 是壞作品」，$Lxy = $「$x$ 喜歡 y」)

3. 有被每個喜歡至少一個教授的學生喜歡的教授。每個學生喜歡一些教授。所以，有被所有學生喜歡的教授。($Px = $「$x$ 是教授」，$Sx = $「$x$ 是學生」，$Lxy = $「$x$ 喜歡 y」)

4. 沒有人尊敬不尊敬他自己的人。沒有人會僱請他不尊敬的人。因此，不尊敬任何人的人決不會被任何人僱請。($Px = $「$x$ 是人」，$Rxy = $「$x$ 尊敬 y」，$Hxy = $「$x$ 僱請 y」)

5. 凡是有人的地方我家的電話都到達。我家的電話沒有到達月亮。所以，月亮是沒有人的地方。($Px = $「$x$ 是有人的地方」，$Axy = $「$x$ 到達 y」，$t = $「我家的電話」，$m = $「月亮」)

6. 有些人是他們認得的每個人的朋友。每個人認得一些人。所以，至少有一個人是一些人的朋友。($Px = $「$x$ 是人」，$Fxy = $「$x$ 是 y 的朋友」，$Kxy = $「$x$ 認得 y」)

7. 關係述詞邏輯的定理

關係邏輯定理的證明，和一元述詞邏輯的沒有什麼不同，只是定理裡出現二元或更多元的述詞而已。在證明定理時，因沒有前提，所以總要在列 1 做個假定。要特別小心分析結論或定理的形式，看看要做什麼假定。如果是如言，爲 CP 假定前件。如果想用 RAA，假定想要證明的語句的否言。試看下面的例子。

例 46　$\vdash \exists y(x)Fxy \supset (x)\exists yFxy$

1. $\exists y(x)Fxy$	ACP
2. $(x)Fxy$	1 EI
3. Fxy	2 UI
4. $\exists yFxy$	3 EG
5. $(x)\exists yFxy$	4 UG
6. $\exists y(x)Fxy \supset (x)\exists yFxy$	1-5 CP

例 47　$\vdash (x)(\exists yFxy \supset \exists zFxz)$

1. $\exists yFxy$	ACP
2. Fxy	1 EI
3. $\exists zFxz$	2 EG
4. $\exists yFxy \supset \exists zFxz$	1-3 CP
5. $(x)(\exists yFxy \supset \exists zFxz)$	4 UG

例 48　$\vdash (x)(\exists yFxy \supset \exists yGxy) \equiv (x)(y)\exists z(Fxy \supset Gxz)$

1. $(x)(\exists yFxy \supset \exists yGxy)$	ACP
2. Fxy	ACP
3. $\exists yFxy \supset \exists yGxy$	1 EI
4. $\exists yFxy$	2 EI
5. $\exists yGxy$	3, 4 MP
6. Gxz	5 EI
7. $Fxy \supset Gxz$	3-6 CP
8. $\exists z(Fxy \supset Gxz)$	7 EI
9. $(y)\exists z(Fxy \supset Gxz)$	8 UG
10. $(x)(y)\exists z(Fxy \supset Gxz)$	9 UG

┌─► 11.$(x)(\exists yFxy \supset \exists yGxy) \supset (x)(y)\exists z(Fxy \supset Gxz)$	1-10 CP
┌─► 12.$(x)(y)\exists z(Fxy \supset Gxz)$	ACP
13. $\exists yFxy$	ACP
14. Fxy	13 EI
15.$(y)\exists z(Fxy \supset Gxz)$	12 UI
16. $\exists z(Fxy \supset Gxz)$	15 UI
17. $Fxy \supset Gxz$	16 EI
18. Gxz	14, 17 MP
19. $\exists yGxy$	18 EI
20. $\exists yFxy \supset \exists yGxy$	13-19 CP
21.$(x)(\exists yFxy \supset \exists yGxy)$	20 UG
22.$(x)(y)\exists z(Fxy \supset Gxz) \supset (x)(\exists yFxy \supset \exists yGxy)$	12-21 CP
23.$\{[(x)(\exists yFxy \supset \exists yGxy) \supset (x)(y)\exists z(Fxy \supset Gxz)] \cdot$	
$[(x)(y)\exists z(Fxy \supset Gxz) \supset (x)(\exists yFxy \supset \exists yGxy)]\}$	11, 22 Conj
24.$(x)(\exists yFxy \supset \exists yGxy) \equiv (x)(y)\exists z(Fxy \supset Gxz)$	24 Bic

8. 關係述詞邏輯裡的無效與一致

　　演證關係述詞邏輯裡的無效與一致的方法，只是一元述詞邏輯的延伸，原理上沒什麼新的。唯一的不同是關係述詞和多重量號的出現。在自然解釋法裡，我們仍在找可使前提眞結論假的述詞和常詞的解釋。但在閱讀多重量號語句時，要特別小心。例如，混淆 $(x)\exists yFxy$ 和 $\exists y(x)Fxy$ 會導致錯誤。在模體宇域法裡，仍然要把量號語句改寫爲連言和選言，但在處理多重量號語句時，必須小心從支配的，也就是最大的量號，即最左一個量號開始。

　　在自然解釋法裡，要給述詞字母和常詞，找到產生反例的意義。必須給一元述詞字母指定一元述詞，二元述詞字母指定二元述詞，等等。要記住的，一個多重量號語句的形式，是由最外層，也就是最左量號決定的。例如，$(x)\exists yFxy$ 是全稱量辨，$\exists y(x)Fxy$ 是存在量辨。試看下例。

　　例 49　顯示 $(x)\exists yFxy$　／∴.$\exists y(x)Fyx$ 無效。

這個問題在前面第 6 節已經舉例過。現在再舉兩個反例。

(a) 設範域爲整數；$Fxy =$「x 大於 y」。那麼，前提說，對任何一個數 x，有一數 y，y 大於 x；也就是，沒有最大的數。這是算數眞理。但結論說，有一個數大於任何數。這必定假，因沒有數大於它自己。

(b) 設範域爲集合；$Fxy =$「x 包含 y」。那麼，前提說，任何集合都包含某一集合；這爲眞，因任何集合都包含空集合，以及包含它自己。但結論說，有一個集合包含每個集合；這爲假，因沒有這樣的集合。

例 50　用自然解釋法顯示下列論證無效：

$$\exists x(Fx \cdot \exists yGxy), (x)(y)(Gxy \supset Hx) \quad /\therefore (x)(Fx \supset Hx)$$

設範域爲 $\{2, 4, 8, 9\}$。$Fx =$「x 是偶數」，$Gxy =$「x 大於 y」，$Hx =$「x 大於 2」。那麼，第一個前提說，有大於一些數的偶數；這爲眞，8 就是。第二前提說，任何兩數，如果其一大於其二，則前者大於 2；這爲眞。但結論說，任何偶數大於 2；這爲假，因 2 就不大於 2。

使用模體法時，我們選一個範域，然後從這個範域把量號語句改寫爲連言或選言的實例。如果語句是多重量號的，則一次改一個量號，從最左一個改起。試看下面的例子。

例 51　設 $Lxy =$「x 喜愛 y」。那麼，語句「每個人喜愛每個人」可符示爲 $(x)(y)Lxy$。試看這個符示在下面三個範域裡的改寫。

(a) 範域 $= \{a\}$

很簡單，改寫爲 Laa。

(b) 範域 $= \{a, b\}$

(1) $(x)(y)Lxy$ 說，每個 x 喜愛每個 y。這樣，首先要改寫爲 $[(y)Lay \cdot (y)Lby]$。

(2) $(y)Lay$ 說，對每個 y，a 都喜愛，即 a 喜愛每個 y，這要改寫爲 $(Laa \cdot Lab)$。同理，$(y)Lby$ 要改寫爲 $(Lba \cdot Lbb)$。

(3) 所以，$(x)(y)Lxy$ 要改寫爲 $[(Laa \cdot Lab) \cdot (Lba \cdot Lbb)]$。

(c) 範域 $= \{a, b, c\}$

(1) $(x)(y)Lxy$ 說，每個 x 喜愛每個 y。這樣，首先要改寫爲 $[(y)L$

$ay \cdot (y)Lby \cdot (y)Lcy]$。

(2) $(y)Lay$ 說，對每個 y，a 都喜愛，即 a 喜愛每個 y；這要改寫為 $(Laa \cdot Lab \cdot Lac)$。同理，$(y)Lby$ 要改寫為 $(Lba \cdot Lbb \cdot Lbc)$，$Lcy$ 改寫為 $(Lca \cdot Lcb \cdot Lcc)$。

(3) 最後，$(x)(y)Lxy$ 要改寫為 $[(Laa \cdot Lab \cdot Lac) \cdot (Lba \cdot Lbb \cdot Lbc) \cdot (Lca \cdot Lcb \cdot Lcc)]$。

例 52　語句「有些人喜愛一些人」可符示為 $\exists x \exists y Lxy$。這個符示在三個範域裡改寫如下。

(a)範域 $= \{a\}$

　　$\exists x \exists y Lxy$ 改寫為 Laa。

(b)範域 $= \{a, b\}$

(1) $\exists x \exists y Lxy$ 說，（至少）有一個 x 喜愛（至少）一個 y。這樣，首先要改寫為 $(\exists y Lay \vee \exists y Lby)$。

(2) $\exists y Lay$ 說，a 喜愛至少一個 y；這要改寫為 $(Laa \vee Lab)$。同理，$(y)Lby$ 要改寫為 $(Lba \vee Lbb)$。

(3) 最後，$\exists x \exists y Lxy$ 要改寫為 $(Laa \vee Lab) \vee (Lba \vee Lbb)$。

(c)範域 $= \{a, b, c\}$

(1) $\exists x \exists y Lxy$ 首先要改寫為 $(\exists y Lay \vee \exists y Lby \vee \exists y Lcy)$。

(2) $\exists y Lay$ 要改寫為 $(Laa \vee Lab \vee Lac)$。同理，$\exists y Lby$ 要改寫為 $(Lba \vee Lbb \vee Lbc)$，$\exists y Lcy$ 改寫為 $(Lca \vee Lcb \vee Lcc)$。

(3) 最後，$\exists x \exists y Lxy$ 改寫為 $(Laa \vee Lab \vee Lac) \vee (Lba \vee Lbb \vee Lbc) \vee (Lca \vee Lcb \vee Lcc)$。

例 53　設 $Lxy = $「$x$ 喜愛 y」。下面是在範域為 $\{a, b\}$ 之下各量號語句的改寫。

(a)　$(x)(y){\sim}Lxy$（沒有人喜愛任何一個人）

　　　改寫：$[({\sim}Laa \cdot {\sim}Lab) \cdot ({\sim}Lba \cdot {\sim}Lbb)]$

(b)　${\sim}\exists x \exists y Lx$（並非有人喜愛一些人）

　　　改寫：${\sim}[(Laa \vee {\sim}Lab) \vee (Lba \vee Lbb)]$

(c)　$\exists x \exists y {\sim}Lxy$（有人不喜歡一些人）

　　　改寫：$({\sim}Laa \vee Lab) \vee ({\sim}Lba \vee {\sim}Lbb)$

(d)　$(x)\exists y Lxy$（每個人喜愛一些人）

　　　改寫：$[(Laa \vee Lab) \cdot (Lba \vee Lbb)]$

(e)　$\exists x(y)Lxy$（有人喜愛每個人）

改寫：$(Laa \cdot Lba) \lor (Lab \cdot Lbb)$

現在用模體法顯示論證無效。試看下面的例子。

例 54　用模體法顯示例 49 的論證，即 $(x)\exists yFyx$　$/ \therefore \exists y(x)Fyx$ 無效。
　　　用一個分子的範域顯然無法顯示，因為在此範域下，前提和結論都改寫為 Faa。這樣，用兩個分子 a 和 b 的範域做做看。前提和結論改寫，並用數碼短切真值表法顯示如下：

$$
\begin{array}{c|c}
(Faa \lor Fab) \overset{\downarrow}{\cdot} (Fba \lor Fbb) & (Faa \cdot Fab) \lor (Fba \overset{\downarrow}{\cdot} Fbb) \\
\text{F T T T F T T} & \text{F F T F F F F T} \\
\text{2 1 2 2 1 2} & \text{2 1 2 2 1 2}
\end{array}
$$

這個表顯示前提真結論假，故無效。

例 55　用模體法顯示例 50 的論證，即 $\exists x(Fx \cdot \exists yGxy), (x)(y)(Gxy \supset Hx)$
　　　$/ \therefore (x)(Fx \supset Hx)$ 無效。

(1) 範域 $= \{a, b\}$

(2) 第一前提：$(Fa \cdot \exists yGay) \lor (Fb \cdot \exists yGby)$
　　　　　　　$[Fa \cdot (Gaa \lor Gab)] \lor [Fb \cdot (Gba \lor Gbb)]$

　　第二前提：$\{[(y)(Gay \supset Ha)] \cdot [(y)(Gby \supset Hb)]\}$
　　　　　　　$\{[(Gaa \supset Ha) \cdot (Gab \supset Ha)] \cdot [(Gba \supset Hb) \cdot (Gbb \supset Hb)]\}$

　　結論：$[(Fa \supset Ha) \cdot (Fb \supset Hb)]$

(3)
$$
\begin{array}{c}
[Fa \cdot (Gaa \overset{\downarrow}{\lor} Gab)] \lor [Fb \cdot (Gba \lor Gbb)] \\
\text{T} \quad \text{F F F} \quad \text{T T T T} \quad \text{T T} \\
\text{2} \quad \text{3 4 3} \quad \text{3 2 4} \quad \text{3 4}
\end{array}
$$

$$
\begin{array}{c|c}
\{[(Gaa \supset Ha) \cdot (Gab \supset Ha)] \overset{\downarrow}{\cdot} [(Gba \supset Hb) \cdot (Gbb \supset Hb)]\} & [(Fa \supset Ha) \overset{\downarrow}{\cdot} Fb \supset Hb)] \\
\text{F T F T F T F} \quad \text{T T} \quad \text{T T T} \quad \text{T} & \text{T F F F T} \quad \text{T} \\
\text{3 2 2 1 3 2 2} \quad \text{4} \quad \text{4 1 4} \quad \text{4} & \text{2 1 2} \quad \text{3 4}
\end{array}
$$

上面數碼真值表顯示前提真結論假，故論證無效。

例 56　用模體法顯示 $(x)(y)\exists yFxyz$　$/ \therefore (x)\exists zFzyz$ 無效。

(1) 範域 $= \{a, b\}$

(2) 前提：$[(y)\exists zFayz \cdot (y)\exists zFbyz]$
　　　　$[(\exists zFaaz \cdot \exists zFabz) \cdot (\exists zFbaz \cdot \exists zFbbz)]$

$$\{[(Faaa \lor Faab) \cdot (Faba \lor Fabb)] \cdot [(Fbaa \lor Fbab) \cdot (Fbba \lor Fbbb)]\}$$

結論：$(\exists zFzaz \cdot \exists zFzbz)$

$$[(Faaa \lor Fbab) \cdot (Faba \lor Fbbb)]$$

(3) $\{[(Faaa \lor Faab) \cdot (Faba \lor Fabb)] \overset{\downarrow}{\cdot} [(Fbaa \lor Fbab) \cdot (Fbba \lor Fbbb)]\}$

			F			T	T	T		T	T		T	T		T	T		T	

F　　　T　T　T　　T　T　　T　T　　TF　　T　T　　T
2　　2 3　1　　2　3　　　3　　2 2　　1 3　　2

$$[(Faaa \lor Fbab) \overset{\downarrow}{\cdot} (Faba \lor Fbbb)]$$

F　　F F　　F
2　　　2

上面數碼表顯示前提眞結論假，故論證無效。

9. 關係述詞邏輯的一致性，完備性與不可決定性

　　在第五章第八節，講過語句邏輯的若干重要的形式性質，譬如一致性，完備性和可決定性。在第八章第四節，也指出，一元述詞邏輯也同樣具有這些性質。現在要問的，這些性質有沒有延伸到關係述詞邏輯？

　　關於從眞推出眞的一致性，當然是有的。實際上，在我們提出的量號推演中，無區分的要適用於一元和多元述詞邏輯。這樣，一致性無疑可以延伸到關係述詞邏輯。關係述詞邏輯的**完備性**(completeness)，可以從語句邏輯和一元述詞邏輯的完備性推廣來說。那就是，在關係述詞邏輯裡爲眞的語句是否都可當定理證明出來，以及在這個邏輯裡爲有效的論證是否都可證明出來。1930 年，當代偉大的捷裔美籍邏輯家戈代爾(K.Gödel, 1906-1978)首次證明，在上述意義上，關係述詞邏輯是完備的——戈代爾的完備性定理。由於關係述詞邏輯的表達力(expressive power)比語句邏輯和一元述詞邏輯的強的很多，戈代爾的證明非常重要。

　　從一元述詞挺進到多元述詞，雖然延伸了一致性和完備性，但卻失去了一個重要性——**可決定性**(decidability)。在一個形式邏輯系統，一個性質(property)是**可決定的**(decidable)，恰好如果對該系統的任何和每個詞組，語句或其序列是否有一個**能行決定程序**(effective decision procedure)，用以能夠決定性的建立該詞組，語句或序列，具有或缺少所論

性質。換句話說，在邏輯和數學，一個解決問題的**能行**方法是一個**計算**(compute)答案的方法，使得如果正確的遵循它，則它在一個有限步驟裡，邏輯的必定提供正確的答案（以及不會提供錯誤的答案）。

我們知道，在語句邏輯（一個形式邏輯系統），至少有真值表法可以在有限步驟裡，機械的用來決定一個語句是否為套套言，以及一個論證在該邏輯裡是否有效。在一元述詞邏輯，延伸的真值表法，也可以做同樣的工作。語句邏輯和一元述詞邏輯具有這種決定程序，分別由波斯特(Emil Post)在 1920 年，和羅文漢(Leopold Löwenheim)在 1915 年證得。這樣，在 20 世紀的三十年代，數理界有個夢想，希望在述詞邏輯——一般的，即多元述詞邏輯——也能找到這種決定程序。如果能找到話，會有驚人的結果。由於多數雖然不是全部的數學問題，可由這種述詞邏輯的語言表示或寫出來，因此如果有這種機械程序的話，大半的數學問題，可機械的予以解決。但說來幸也不幸的，這個美夢很快被打破。1936 年，一個在美國普林斯頓大學數學系和哲學系任教的青年邏輯家丘崎(A.Church, 1903-1995)，非常嚴格證明，超出一元述詞部分，述詞邏輯實際上是**不可決定的**(undecidable)。這就是邏輯上著名的**丘崎定理**或丘崎不可決定定理。這個定理打破了許多人的美夢。這該是不幸的，但卻又是幸運的，因為它嚴格的「證明」人還有用，因為許多數學和論證問題，需要人一個個去解決。丘崎教授在該年，也夥同一些年青邏輯家創辦了數理邏輯季刊《符號邏輯》(*Journal of Symbolic Logic*)。自創刊至今，這個季刊一直是國際最著名最權威的數理邏輯學術刊物。丘崎教授一直負責該刊的「評論」(Reviews)部分。在 80 歲高齡，他才從該刊退休，真是鞠躬盡瘁。

習題 9-4

I.給下列定理構作證明。

　　1. ⊢ $(x)(y)Fxy \supset \exists x \exists y Fxy$

　　2. ⊢ $(x)(y)(z)Fxyz \equiv \sim \exists x \exists y \exists z \sim Fxyz$

　　3. ⊢ $(x)(\exists y Fxy \supset Gx) \supset (x)(y)(Fxy \supset Gx)$

4. ⊢ $(x)\exists y(Fxy \cdot Gy) \supset \exists x \exists y(Fxy \cdot Gx)$

5. ⊢ $\exists y[Fy \cdot (x)(Gx \supset Hxy)] \supset (x)[Gx \supset \exists y(Fy \cdot Hxy)]$

6. ⊢ $(x)(\exists yFxy \supset \exists zGxz) \equiv (x)(y)\exists z(Fxy \supset Gxz)$

II. 使用自然解釋法以及模體法，顯示下列論證無效。

1. $\exists x \exists y Fxy, \exists x \exists y Gxy$ ／∴ $\exists x \exists y(Fxy \cdot Gxy)$

2. $(x)\exists y(Fxy \supset Gxy), (x)\exists y(Gxy \supset Hxy)$ ／∴ $(x)\exists y(Fxy \supset Hxy)$

3. $(x)(\exists yFxy \supset \exists yGxy), (x)(Hx \supset \exists yFxy)$ ／∴ $(x)[Hx \supset (y)Gxy]$

4. $(x)(Jx \supset \exists yKxy)$ ／∴ $\exists x(y)(Jx \supset Kxy)$

5. $(x)(y)\exists zFxyz, (x)(y)(z)(Fxyz \supset Fyxz)$ ／∴ $(x)(y)\exists zFzxy$

6. $(x)\exists yFxy, \exists y \sim \exists xFxy$ ／∴ $\exists x \exists y(Fxy \cdot Fyx)$

第十章
等同與確定描述詞

1. 等同

　　許多表面上看來極簡單的東西，科學或哲學的追究起來，是頂複雜的。東西的等同(identity)或等同語句就是這樣的東西。在本章我們只準備從簡單的層面來講等同和等同語句。

　　我們這裡要講的等同，是個子(individuals)之間的等同與不等同。在日常的邏輯和數學的思考和推演裡，我們常直覺的，而且正確在使用這種等同。現在為了嚴格和形式系統的理由，我們要明文把等同規則引進推演規則裡。同時也要利用等同或等同號，更精確定義一些邏輯字眼和觀念，諸如只有(only)，最高級(superlatives)，至少(at least)，至多(at most)，恰好幾個(exactly)，除了…每個(everyone but)，確定描述詞等。

　　在日常語言裡，我們常用專名(proper name)或名稱稱指或代表個子。例如用「太陽」稱指天空中的太陽，用「李白」稱指詩人李白，用「日本」稱指日本這個國家。用「是」(is)表示兩個個子等同，「不是」表示兩個個子不等。但這兩詞也有其他用法。我們將用**等同號**(identity sign)「＝」表示等同意義的「是」，或兩個個子之間的等同。這樣，個子 a 與 b 等同可寫為「$a = b$」；不等同寫為「$\sim(a = b)$」，或簡寫為「$a \neq b$」。試看下例。

　　例 1　試看下列各句，及依提示字母所做符示。

(a) (i) 孫文(*w*)是孫中山(*c*)。 $w = c$

    (ii) 孫文是思想家(*T*)。 Tw

    (iii) 孫文思想開通(*O*)。 Ow

(b) (i) 台灣(*t*)是福爾摩沙(*f*)。 $t = f$

    (ii) 台灣是西太平洋的一個大島(*P*)。 Pt

    (iii) 台灣是美麗之島(*B*)。 Bt

(c) (i) 馬克吐溫(Mark Twain)(*t*)是克萊門斯

       (Samuel Clemenst)(*c*)。 $t = c$

    (ii) 馬克吐溫撰寫《湯姆・索耶歷險記》

       (*Tom Sawyer*)(*W*)。 Wt

上面是一些等同語句和單稱語句。等同語句是單稱語句的一種。

例2 試看下列各句，及依提示字母所做符示。

(a) (i) 《三國演義》(*s*)不是《三國誌》(*c*)。 $s \neq c$

    (ii) 《三國演義》是小說(*F*)。 Fs

    (iii) 《三國誌》不是小說。 $\sim Fc$

(b) (i) 《聖經》(*b*)不是《可蘭經》(*k*)。 $b \neq k$

    (ii) 《聖經》是基督教經典(*C*)。 Cb

    (iii) 《可蘭經》不是基督教經典。 $\sim Ck$

(c) (i) 摩納哥(Monaco)(*n*)不是摩洛哥(Morocoo)(*r*)。 $n \neq r$

    (ii) 摩納哥在歐洲(*U*)。 Un

    (iii) 摩洛哥不在歐洲。 $\sim Ur$

例3 試看下列各句及其符示。

(a) 有些東西除了它本身與每樣東西不同。

    $\exists x(y)(y \neq x \supset x \neq y)$

(b) 每樣東西與一些東西等同。

    $(x)\exists y(x = y)$

(c) 每樣東西與一些東西不同。

    $(x)\exists y(y \neq x)$

(d) 每樣與某一東西相同的東西，與每樣與該東西不同的東西不同。

    $(x)(z)[x = z \supset (y)(y \neq z \supset x \neq y)$

(e) 沒有與每樣東西不同的東西。

    $\sim \exists x(y)(x \neq y)$

(f) 與相同的東西相同的東西，彼此相同。

$$(x)(y)[\exists z(x = z \cdot y = z) \supset x = y]$$

(g) 沒有與它自己不同的東西。

$$\sim \exists x(x \neq x)$$

試看下例的論證：

例 3　孫文撰寫《孫文學說》。孫中山是孫文。所以，孫中山撰寫《孫文學說》。

　　一看就知道，這是一個正確有效的論證。但是，使用迄今引進的推演規則，無法證明這個論證為有效。我們要引進的關於等同的第一個規則，叫做**等同代換**(identity substitution)；簡寫為 I Sub。這一規則大致說，如果兩個東西是相同的，則如果其中一個具有某一性質，則另一個也必定具有這一性質。

㈠等同代換規則(I Sub)

$$x = y$$
$$\phi x$$
$$/ \therefore \phi y$$
$$y = x$$
$$\phi x$$
$$/ \therefore \phi y$$

這是說，在一個證明裡，每當有一個對 x 斷說什麼的語句時，則如果 $x = y$ 或 $y = x$，即 x 與 y 等同，則我們可以就 y 推出相同的語句。也就是，可以拿 y 取代 ϕx 裡的一些或所有 x 而得到 ϕy。注意裡 x 與 y 之間的取代**不必**一律取代。

有了這一規則後，我們可以符示並證明例 3 的論證如下例。

例 4　設 $w =$「孫文」，$Wxy =$「x 撰寫 y」，$s =$《孫文學說》，$c =$「孫中山」。那麼，例 3 的論證可符示和證明如下：

1. Wws 　　　　　　　　　　P
2. $w = c$ 　　　　　　　　　　P　／∴ Wcs
3. Wcs 　　　　　　　　　　1, 2 I Sub

例 5　下列是一些使用 I Sub 的證明例子：

(a)　1. $(x)[(x = b) \supset (Jx \lor Kx)]$ 　　P
　　　2. $a = b$ 　　　　　　　　　　P
　　　3. $a = c$ 　　　　　　　　　　P　／∴ $(Jc \lor Kc)$

$$4. a = b \supset (Ja \lor Ka) \qquad\qquad 1$$
$$5. Ja \lor Ka \qquad\qquad 2, 4 \text{ MP}$$
$$6. Jc \lor Kc \qquad\qquad 3, 5 \text{ I Sub}$$

(b)
$$1. (\exists x Fx \cdot \exists x \sim Fx) \qquad\qquad \text{P} \quad /\therefore \exists x \exists y (x \neq y)$$
$$2. \sim \exists x \exists y (x \neq y) \qquad\qquad \text{ARAA}$$
$$3. \exists x Fx \qquad\qquad 1 \text{ Simp}$$
$$4. Fx \qquad\qquad 3 \text{ EI}$$
$$5. \exists x \sim Fx \qquad\qquad 1 \text{ Simp}$$
$$6. \sim Fy \qquad\qquad 5 \text{ EI}$$
$$7. \sim \sim (x) \sim \exists y (x \neq y) \qquad\qquad 2 \text{ EQ}$$
$$8. (x) \sim \exists y (x \neq y) \qquad\qquad 7 \text{ DN}$$
$$9. (x) \sim \sim (y) \sim (x \neq y) \qquad\qquad 8 \text{ EQ}$$
$$10. (x)(y) \sim (x \neq y) \qquad\qquad 9 \text{ EQ}$$
$$11. (x)(y)(x = y) \qquad\qquad 10 \text{ DN}$$
$$12. (y)(x = y) \qquad\qquad 11 \text{ UI}$$
$$13. x = y \qquad\qquad 12 \text{ UI}$$
$$14. \sim Fx \qquad\qquad 6, 13 \text{ I Sub}$$
$$15. (Fx \cdot \sim Fx) \qquad\qquad 4, 14 \text{ Conj}$$
$$16. \exists x \exists y (x \neq y) \qquad\qquad 2\text{-}15 \text{ RAA}$$

我們要引進的第二個等同規則，將反映**對稱**(symmetry)性質，所以叫做**等同對稱**(identity symmetry)規則，簡記為 I Sym。這個規則實際只在告訴我們等同是可交換的。

(二)等同對稱規則(I Sym)

$$x = y \therefore y = x$$

這是說，在一個等同語句裡的詞項可以轉換次序。

這個規則寫成**等值取代**規則的形式，因此可在子句式和整個句式上使用。試看下例。

例6
$$1. \ b = a \qquad\qquad \text{P}$$
$$2. \ (x)[\exists y (x = y) \supset (Jx \cdot Lx)] \qquad\qquad \text{P} \quad /\therefore (Ja \cdot La)$$

3. $\exists y(a = y) \supset (Ja \cdot La)$ 2 UI
4. $a = b$ 1 I Sym
5. $\exists y(a = y)$ 4 EG
6. $(Ja \cdot La)$ 3, 5 MP

第三個要引進的等同規則，是**等同自返**(identity reflexivity)規則，簡寫為 I Ref。

(三)等同自返規則(I Ref)

$$\frac{p}{/\therefore (x)(x = x)}$$ 這是說，在證明的任何步驟，可以引進 $(x)(x = x)$。

這裡的 p 是任何語句，因此在實際推演上可有可無。大部分含等同號的有效論證，可不用 I Ref 能夠證明，但有一些不行。下面是一個例子。

例 7 1. $(x)[(x = a) \supset (Lx \lor Kx)]$ P $/\therefore La \lor Ka$
2. $a = a \supset (La \lor Ka)$ 1 UI
3. $(x)(x = x)$ I Ref
4. $a = a$ 3 UI
5. $La \lor Ka$ 2, 4 MP

例 8 嘉義市雞肉飯店林立。任何雞肉飯店林立的城市適合多數人遊閒。這個城市不適合多數人遊閒。所以這個城市不是嘉義市。
設 $c =$「嘉義」，$Cx =$「x 雞肉飯店林立」，$Sx =$「x 適合多數人遊閒」，$b =$「這個城市」。那麼這個論證可符示和證明如下：

1. Cc P
2. $(x)(Cx \supset Sx)$ P
3. $\sim Sb$ P $/\therefore \sim(b = c)$
4. $\sim\sim(b = c)$ ARAA
5. $b = c$ 4 DN
6. $Cc \supset Sc$ 2 UI
7. Sc 1, 6 MP
8. Sb 5, 7 I Sub

9. $(Sb \cdot \sim Sb)$	3, 8 Conj
10. $\sim(b = c)$	4-9 RAA

習題 10-1

I.給下列論證構作證明

1. $(x)(Fx \supset Gx), (x)(Gx \supset Hx), (Fa \cdot \sim Ha)$　／∴　$\sim(a = b)$

2. $(x)(Lx \supset \exists y Jyx), La, (y)\sim Jyb$　／∴$\sim(a = b)$

3. $\exists x(Fx \cdot \{(y)[Fy \supset (y = x)] \cdot Gx\}), \exists x \sim (\sim Fx \vee \sim Hx)$　／∴$\exists x(Hx \cdot Gx)$

4. $\exists x[Fx \cdot (y)(Fy \supset x = y) \cdot x = a], Fb \vee Fc$　／∴$a = b \vee a = c$

5. $(x)[Jx \cdot \exists y(Jy \cdot x \neq y)] \supset (Gxb \vee Gbx), (Ja \cdot Jb), (Ka \cdot \sim Kb)$　／∴$Gab \vee Gba$

6. $(x)(Fx \equiv Gx \vee Hx), \exists y(x)(Gx \equiv x = y), \exists y(x)(Hx \equiv x = y)$　／∴$\exists x \exists y(z)[Fz \equiv (z = x \vee z = y)]$

7. $[\exists x Fx \cdot \exists x \exists y(x \neq y)]$　／∴$\exists x \exists y[Fx \cdot x \neq y)$

II.僅用等同號及提示字母，符示和證明下列論證。

1. 魯迅(l)是周樹人(c)。《阿Q正傳》(a)是魯迅寫的(W)。所以，《阿Q正傳》是周樹人寫的。

2. 埃弗勒斯峰(e)是珠穆朗瑪峰(q)。埃弗勒斯峰是世界第一高峰(H)。珠穆朗瑪峰在中國(c)與尼泊爾(n)之間(B)。所以，有世界最高峰在中國與尼泊爾之間。

3. 除了懷德海(w)和羅素(r)沒有人寫《數理原論》(M)。有些寫《數理原論》的人使世人注意邏輯與數學的關連(A)。所以，要嘛懷德海要嘛羅素，使世人注意邏輯與數學的關連。

4. 撰寫《邏輯哲學論說》那個哲學家(p)，出生在維也納(w)。每個在維也納出生的人在奧地利出生(A)。每個在台灣出生的人(T)不在奧地利出生。李登輝(l)在台灣出生。所以，李登輝不是撰寫《邏輯哲學論說》那個哲學家。

2.等同與若干常用的邏輯字眼

有了等同和等同號以後，在述詞邏輯可用它來表示和定義若干常用的邏輯字眼。

㈠除外與「唯一（只有）(only)」

我們時常想做少於全稱的主張。例如，我們也許想說，冰島和愛沙尼亞**除外**，每個歐洲國家我都去過，或**除了**阿土和阿蘭，班上每個學生都感冒了。在本章引進等同號以前，我們無法符示這種語句，因為這需使用**等同否定**(negative identity)語句。在做「a 除外每個 F 是 G」這種形式的除外敘說時，我們實際在說的是，**對每個 x，如果 x 是 F 但 x 不是 a，則 x 是 G**；這裡「不是」，即「不等同」的意思。我們可把這符示為 $(x)[(Fx \cdot x \neq a) \supset Gx]$，在這個符示裡，我們做的是把 a 從全稱斷說所有 F 是 G 除去，但沒有明白符示出 a 也是 F，但 a 不是 G。在許多或大半場合，我們也有後者這些意思。在要明白符示出這些意思時，還要附加 $(Fa \cdot \sim Ga)$ 條款。試看下例。

例9 試看下列各句及其符示：
    (a) 巴拉奎和玻利維亞除外，所有南美國家都有海洋。（p ＝「巴拉奎」，l ＝「玻利維亞」，Sx ＝「x 是南美國家」，Cx ＝「x 有海岸」）

$$\{(x)[(Sx \cdot x \neq p \cdot x \neq l) \supset Cx] \cdot (Sp \cdot \sim Cp)(Sl \cdot \sim Cl)\}$$

    (b) 曾鞏和王安石除外，所有唐宋八大家的著作我都念過。（c ＝「曾鞏的著作」，w ＝「王安石的著作」，x ＝「x 是唐宋八大家的著作」，Rx ＝「我念過 x」）

$$\{(x)[(Tx \cdot x \neq c \cdot x \neq w) \supset Rx] \cdot (Tc \cdot \sim Rx \cdot Tw \cdot \sim Rw)\}$$

    (c) 每個行星地球除外，不是太熱就是太冷，不能維持生命。（Px ＝「x 是行星」，e ＝「地球」，Hx ＝「x 太熱不能維持生命」，Cx ＝「x 太冷不能維持生命」）

$$\{(x)[(Px \cdot x \neq e) \supset (Hx \vee Cx)] \cdot [Pe \cdot \sim (He \vee Ce)]\}$$

例10 試看下列否定式的除外語句及其符示：
    (a) 除了月亮沒有天體是地球的衛星。（m ＝「月亮」，Cx ＝「x 是天體」，Sx ＝「x 是地球的衛星」）

$$\{(x)[(Cx \cdot x \neq m) \supset \sim Sx] \cdot (Cm \cdot Sm)\}$$

(b) 除了曾鞏和王安石，沒有唐宋八大家的著作我念過。（字母約定如前例(b)）

$$\{(x)[(Tx \cdot x \neq c \cdot x \neq w) \supset \sim Rx] \cdot (Tc \cdot Rc \cdot Tw \cdot Rw)\}$$

在意義和結構上與除外語句非常接近的，另有一種語句。這種語句含有諸如「只有羅蜜歐」。例如「只有羅蜜歐得到茱麗葉的愛」。這種語句再次是一個連結一些適當單稱語句的全稱語句，因為在這個語句裡，我們說的是，**除了羅蜜歐得到茱麗葉的愛，別的每個人都沒有**得到。我們可析述這句話為「對每個 x，如果 x 是人而且 x 不是羅蜜歐，則 x 沒有得到茱麗葉的愛，而羅蜜歐是人並且得到茱麗葉的愛。」設 $r =$「羅蜜歐」，$Exy =$「x 得到 y 的愛」，$l =$「茱麗葉的愛」。那麼，這可符示為 $\{(x)[Px \cdot x \neq r) \supset \sim Exl] \cdot (Pr \cdot Erl)\}$。注意，這個形式恰好和例 10 各句的一樣。試看下例。

例 11　試看下列各句及其符示：

(a) 只有月亮是天體中地球的衛星。（字母約定如例 10 的(a)）

$$\{(x)[(Cx \cdot x \neq m) \supset \sim Sx] \cdot (Cm \cdot Sm)\}$$

(b) 唐宋八大家的著作中，我只念過曾鞏和王安石的。（字母約定如例 10 的(b)）

$$\{(x)[(Tx \cdot x \neq c \cdot x \neq m) \supset \sim Rx] \cdot (Tc \cdot Rc \cdot Tw \cdot Rw)\}$$

例 10(a)(b)和本例(a)(b)的符示完全相同。

(二)最高級語句

在關係邏輯，我們能夠處理含諸如「較高」「較貴」「較美」「較富」等比較級字眼的**比較級語句**(comparative sentences)。**最高級語句**(superlative sentenus)是使用「最」等表示最高級觀念字眼的語句。在有了等同以後，我們可以用比較級詞語結合一個等同否定條款，符示這些最高級語句。這種符示非常像除外語句的符示，其實只是後者的特別一種而已。當我們說埃弗勒斯峰是地球上最高的山時，我們的意思是，**這座山比地球上任何其他山都高**。我們不能僅只說這座山比地球上**任何山**都高，因為這樣說會意味這座山比它本身還高，這是不可能的。因此，設 $Mx =$「x 是地球上的山」，$Hxy =$「x 比 y 高」，$e =$「埃弗勒斯峰」。我

們不能把這句話僅只符示為 $(x)(Mx{\supset}Hex)$。我們說的是，**埃弗勒斯峰比它本身以外的地球上任何山都高**。我們可以析述這個語句為「對任何 x，如果 x 是地球上的山，而且 x 不是埃弗勒斯峰，則埃弗勒斯峰比 x 高，而且埃弗勒斯峰是地球上的山。」我們可把這符示為 $\{(x)[(Mx\cdot x{\neq}e){\supset}Hex]\cdot Me\}$。試看下面的例子。

例 12　試看下列各句及其符示：

(a) 新竹是台灣最多風的地方。（h＝「新竹」，Tx＝「x 是台灣的地方」，Wxy＝「x 比 y 多風」）

$\{(x)[(Tx\cdot x{\neq}h){\supset}Whx]\cdot Th\}$

(b) 林肯是最好的美國總統。（Ux＝「x 是美國總統」，Bxy＝「x 比 y 好」，l＝「林肯」）

$\{(x)[(Ux\cdot x{\neq}l){\supset}Blx]\cdot Ul\}$

(c) 薩爾斯堡是我所知道的最令人想念的地方。（s＝「薩爾斯堡」，i＝「我」，Kxy＝「x 知道 y」，Mxy＝「x 是比 y 令人想念」，Px＝「x 是地方」）

$\{(x)[(Px\cdot Kix\cdot x{\neq}s){\supset}Msx]\cdot(Ps\cdot Kis)\}$

㈢數量語句

有了含等同號的關係邏輯後，可以不必使用數字，符示數量語句 (numerical sentences)。所謂數量語句，是指含有「n 個」，「至少幾個 n」(at least n)，「至多幾個 n」(at most n)，「恰好幾個 n」等詞語的語句。

在 n 為任何正整數時，我們能夠這樣來符示有 n 個某種東西的語句。一方面說**至少有 n** 個這種東西，另一方面再說**至多有 n** 個這種東西。這樣就必定有**恰好**(exactly) n 個這種東西。如果至少有三隻猴子在樹上，而且至多三隻猴子在樹上，那麼就必定剛好有三隻猴子在樹上。這樣，符示數量語句需要做的是學習如何符示「至少」和「至多」，然後把它結合在一起。很幸運的，我們能夠使用等同號來表示下面三種數量語句：

(i) 至少有 n 個東西是 F。

(ii) 至多有 n 個東西是 F。

(iii) 恰好有 n 個東西是 F。

(i) **至少**

我們已經知道可用存在量號，符示含有「至少一個」詞組的數量語句。例如，設 Sx =「x 是太陽」。那麼，語句「至少有一個太陽」可符示為

(1) $\exists x Sx$

但語句「至少有兩個太陽」**不可**符示為下面之 1：

　　(a) $(\exists x Sx \cdot \exists y Sy)$

　　(b) $\exists x \exists y (Sx \cdot Sy)$

因為這兩者都和 $\exists x Sx$ 等值。(b)雖然說有兩個太陽，但這兩個可能是同一個，因為 x 和 y 可以稱指同一個個子。然而使用等同號，可把這句話正確符示為

(2) $\exists x \exists y (Sx \cdot Sy \cdot x \neq y)$

由於 $x \neq y$ 排除了 x 和 y 稱指同一個個子，因此(2)就正確的說，至少有兩個太陽。同理，語句「至少有三個太陽」可符示為

(3) $\exists x \exists y \exists z (Sx \cdot Sy \cdot Sz \cdot x \neq y \cdot x \neq z \cdot y \neq z)$

例 13　設 Tx =「x 在樹上」，Mx =「x 是猴子」。試看下列各句及其符示：

　　(a) 樹上有猴子。

　　　　$\exists x (Tx \cdot Mx)$

　　(b) 樹上至少有一隻猴子。

　　　　$\exists x (Tx \cdot Mx)$

　　　　注意(a)與(b)的等值。

　　(c) 樹上至少有兩隻猴子。

　　　　$\exists x \exists y (Tx \cdot Mx \cdot Ty \cdot My \cdot x \neq y)$

　　(d) 樹上至少有三隻猴子。

　　　　$\exists x \exists y \exists z (Tx \cdot Mx \cdot Ty \cdot My \cdot Tz \cdot Mz \cdot x \neq y \cdot x \neq z \cdot y \neq z)$

以相同方式，我們可以符示含有「至少有四個」，「至少有五個」等詞組的數量語句。

(ii) **至多**

要說**至多**(at most)有 n 個某種東西，我們使用**全稱**量號，雖然也可使用**否定**的存在量號，因爲「至多」語句並不意味**有**任何這種東西。說「至多有一個太陽」是說，或是沒有太陽或是只有一個太陽。因此，說「至多有一個太陽」是去否定「至少有兩個太陽」。這樣，「至多有一個太陽」可以符示爲

⑴　$\sim\exists x\exists y(Sx \cdot Sy \cdot x \neq y)$

這與

⑵　$(x)(y)[(Sx \cdot Sy)\supset x = y]$

等值。⑵是常用的符示。⑵讀成「對任何 x 和任何 y，如果 x 和 y 是太陽，則 x 與 y 等同」。「至多有兩個太陽」可符示爲

⑶　$(x)(y)(z)[(Sx \cdot Sy \cdot Sz)\supset(x = y\lor x = z\lor y = z)]$

這可讀成「對任 x, y 和 z，如果 x, y 和 z 是太陽，則或是 x 與 y 等同，或是 x 與 z 等同，或是 y 與 z 等同」。「至多有三個太陽」可符示爲

⑷　$(x)(y)(z)(w)[(Sx \cdot Sy \cdot Sz \cdot Sw)\supset(x = y\lor x = z\lor x = w\lor y = z\lor y = w\lor z = w)]$

例 14　設 $Tx =$「x 在樹上」，$Mx =$「x 是猴子」。試看下面各句及其符示：
(a)樹上至多有一隻猴子。
　$(x)(y)[(Tx \cdot Mx \cdot Ty \cdot My)\supset x = y]$
(b)樹上至多有二隻猴子。
　$(x)(y)(z)[(Tx \cdot Mx \cdot Ty \cdot My \cdot Tz \cdot Mz)\supset(x = y\lor x = z\lor y = z)]$
(c)樹上至多有三隻猴子。
　$(x)(y)(z)(w)[(Tx \cdot Mx \cdot Ty \cdot My \cdot Tz \cdot Mz \cdot Tw \cdot Mw)\supset(x = y\lor x = z\lor x = w\lor y = z\lor y = w\lor z = w)]$

以此方式，我們可符示含「至多四個」，「至多五個」，等等的數量語句。

(iii)　**恰好**

說**恰好**(exactly)有 n 個東西，不過是說，**至少有 n 個而且至多有 n**

個這些東西。這樣,「恰好有一個太陽」可以符示為

(1) $\{\exists xSx \cdot (x)(y)[(Sx \cdot Sy) \supset x = y]\}$

這適當的表示了我們想要的。這也可改短為

(2) $\exists x[Sx \cdot (y)(Sy \supset x = y)]$

這可念成「至少有一個太陽 x,而且對任何太陽 y,y 與 x 等同」。

同樣的,「恰好有兩個太陽」可符示為

(3) $\exists x \exists y\{Sx \cdot Sy \cdot x \neq y \cdot (z)[Sz \supset (z = x \lor z = y)]\}$

「恰好有三個太陽」可符示為

(4) $\exists x \exists y \exists z\{Sx \cdot Sy \cdot Sz \cdot x \neq y \cdot x \neq z \cdot x \neq z \cdot (w)[Sw \supset (w = x \lor w = y \lor w = z)]\}$

例 15　設 $Tx =$「x 在樹上」,$Mx =$「x 是猴子」。試看下列各句及其符示:
　　(a) 樹上恰好有一隻猴子。
　　　　$\exists x\{Tx \cdot Mx \cdot (y)[(Ty \cdot My) \supset x = y]\}$
　　(b) 樹上恰好有兩隻猴子。
　　　　$\exists x \exists y\{Tx \cdot Mx \cdot Ty \cdot My \cdot x \neq y \cdot (z)[(Tz \cdot Mz) \supset (z = x \lor z = y)]\}$

顯然相同的方式可用於符示詞組「恰好有三個」,「恰好有四個」等等。

這樣,原則上我們能夠符示任何含有限 n 個東西的數量語句,但是符示式子很快變成非常大,而且也沒有任何可縮短的方法,因此在實用上,沒有多大用處。然而,仍然有相當理論上的興趣,因為在原則上,不用數字而只用述詞邏輯和等同號,我們可符示數量語句。

例 16　範域為人,$Lxy =$「x 喜愛 y」。試看下列各句及其符示:
　　(a) 有人喜愛一些人。
　　　　$\exists x \exists y Lxy$
　　(b) 有人喜愛別人。
　　　　$\exists x \exists y(Lxy \cdot x \neq y)$
　　(c) 有人只喜愛其他人。

$\exists x(y)(Lxy \supset x \neq y)$

(d) 有人不喜愛別人。

$\exists x(y)(x \neq y \supset \sim Lxy)$

(e) 我們都只喜愛我們自己。

$(x)[(Lxx \cdot (y)(y \neq x \supset \sim Lxy)]$

(f) 至多，我們都只喜愛我們自己。

$(x)(y)(Lxy \supset x = y)$

(g) 每個人喜愛恰好一個人。

$(x)\exists y[Lxy \cdot (z)(Lxz \supset z = y)]$

例 17　給每個整數加 0 等於該整數本身。對任兩個整 x 和 y，$x + y = y +$ x。因此，恰好有一個整數，使得對任意整數 x，$x + y = x$。

這個論證可符示和證明如下：

1. $(x)(x + 0 = x)$	P	
2. $(x)(y)(x + y = y + x)$	P	$/\therefore (y)[(x)(x + y = x \supset 0 = y)]$
3. $(x)(x + y = x)$	ACP	
4. $y + 0 = y$	1 UI	
5. $0 + y = 0$	3 UI	
6. $(y)(0 + y = y + 0)$	2 UI	
7. $0 + y = y + 0$	6 UI	
8. $0 = y + 0$	5, 7 I Sub	
9. $0 = y$	4, 8 I Sub	
10. $(x)(x + y = x) \supset 0 = y$	3-9 CP	
11. $(y)[(x)(x + y = x) \supset 0 = y]$	10 UG	

習題 10-2

Ⅰ.使用提示的字母，符示下列各式。

1.新高山是玉山。（h =「新高山」，y =「玉山」）

2.陽明山不是草山。（y =「陽明山」，c =「草山」）

3.只有李遠哲是迄今新竹中學畢業和台大畢業的諾貝爾獎得主。（l =「李遠哲」，Hx =「x 是迄今新竹中學畢業」，Tx =「x 是迄今台大畢業」，N

$x =$「x是諾貝爾獎得主」）

4.木星至少有兩個衛星。（$m =$「木星」，$Sx =$「x是衛星」，$Hxy =$「x有 y」）

5.美國每個州選兩名參議員。（$Sx =$「x是美國的州」，$Nx =$「x是參議員」，$Exy =$「x選y」）

6.沒有一夫一妻制的人有超過一個配偶。（$Mx =$「x是一夫一妻制的人」，$Sxy =$「x是y的配偶」）

7.偶數又是素數的恰好有一個。（$Ex =$「x是偶數」，$Px =$「x是素數」，$Nx =$「x是數」）

8.至多一個學生做錯至多一個問題。（$Sx =$「x是學生」，$Mxy =$「x做錯y」，$Px =$「x是問題」）

9.除了你自己沒有人能打敗你。（$Px =$「x是人」，$Dxy =$「x打敗y」）

10.沒有動物除了鯨有噴口。（$Ax =$「x是動物」，$Wx =$「x是鯨」，$Sx =$「x有噴口」）

11.恰好有三個形式的神性。（$Dx =$「x是神性」）

12.一部機車是安全方便的，恰好如果它恰好有兩道鎖。（$Mx =$「x是機車」，$Sx =$「x是安全方便的」，$Kx =$「x是一道鎖」）

Ⅱ.證明下列三個式子彼此等值，這也顯示至少有三種方式符示「恰好有一個 F」。

(a) $\{\exists xFx \cdot (x)(y)[(Fx \cdot Fy) \supset x = y]\}$

(b) $\exists x[Fx \cdot (y)(Fy \supset y = x)]$

(c) $\exists x(y)(Fy \equiv y = x)$

Ⅲ.用提示的字母符示並證明下列論證。

1.我的左右手各有恰好一個番路柿子。沒有什麼同在我的左右手的。所以，恰好有兩個番路柿子在我的手。（$Px =$「x是番路柿子，$Rx =$「x在我的右手」，$Lx =$「x在我的左手」）

2.跳得最快的是台東人。所以，任何不是台東人的人，會有人追過。（$Tx =$「x是台東人」，$Px =$「x是人」，$Fxy =$「x跑得比y快」）

3.有一個人與每個人等同。所以，每個人是神聖的或每個人不是神聖的。（$Px =$「x是人」，$Dx =$「x是神聖的」）

4. 有不等於 6 的偶數。所以，有一個偶數，而且如果 6 是偶數，則至少有兩個偶整數。（$Ex =$「x 是偶數」）

5. 至多有兩樣東西。所以，要嘛每樣東西是神，或所有神是仁慈的，或沒有神是仁慈的。（$Gx =$「x 是神」，$Bx =$「x 是仁慈的」）

6. 恰好有兩樣東西。所以，每樣東西與恰好一樣東西不同。

3. 確定描述詞

在西方基本邏輯教本上所謂的**確定描述詞**(definite descriptions)，通常是指以某種詳細描述一個個子，用來唯一辨認(uniquely identify)該個子的，諸如英文的「the so-and-so（單數）」這種形式的詞組。英國哲學家和邏輯家羅素(B.Russell, 1872-1970)在 1905 年，首次提出迄今普遍被數理界採用的確定描述詞論。

在指稱一個特定個子上，描定描述詞像專名，但它不是用名稱來指稱，而是用一個設想只適合該東西的描述詞來挑出該東西。例如英文的「the sum of 3 and 5（3 與 5 之和）」，「the first president of the United States（美國第一任總統）」，「the first Tawanese Nobel prizes winner（第一個台灣人諾貝爾得主）」等，就是這種詞組。

設「the ϕ」是一個確定描述詞。依據羅素，當我們說「the ϕ is ψ」（ϕ 是 ψ）」時，我們實際上是說了三件事：

(i) 有一個 ϕ；

(ii) 沒有多過一個 ϕ；

(iii) 所有 ϕ 是 ψ。

試看下例。

例 18　The first Taiwanese Nobel prizes winner is a native of Hsin-chu（第一個台灣人諾貝爾獎得主是新竹人）。

依據羅素，這句話實際斷說了下列三個命題：

(i)（至少）有一個第一個台灣人諾貝爾獎得主。

(ii) 第一個台灣人諾貝爾獎得主沒有多於一個。

(iii) 所有第一個台灣人諾貝爾獎得主是新竹人。

設 Nx =「x是第一個台灣人諾貝爾獎得主」，Hx =「x是新竹人」。

上面三個命題可分別符示為

(i) $\exists x Nx$

(ii) $(x)(y)[(Nx \cdot Hy) \supset x = y]$

(iii) $(x)(Nx \supset Hx)$

這三個符示的連言，可以化為

$\exists x[Nx \cdot (y)(Ny \supset x = y) \cdot Hx]$

例 19 設 Cx =「〈再別康橋〉的作者」，h =「徐志摩」，Px =「x 是詩人」）。試看下列語句及其符示：

(a) 〈再別康橋〉的作者(the author)是徐志摩。

$\exists x[Cx \cdot (y)(Cy \supset x = y) \cdot x = h]$

(b) 〈再別康橋〉的作者(the author)是詩人。

$\exists x[Cx \cdot (y)(Cy \supset x = y) \cdot Px]$

關於這裡處理的確定描述詞，有幾點要注意的：

(1)我們這裡的處理是依羅素的講法。在現代邏輯哲學和語言哲學上還有其他一些講法。

(2)依羅素，單獨存在的確定描述詞是不完全詞組。要落在一個語句或命題裡，才有上面處理所呈現的意義。在語句系絡裡，確定描述詞 ϕ 的意義，相當於「恰好有一個 ϕ」，即「有而且只有一個 ϕ」。

(3)在我的研究裡，中文沒有相當於羅素所講的英文「the so-and-so（單數）」的一般詞組。如果勉強編造，就是加上「那個」。但由於中文的單複數沒有明顯區分，因此「那個」並不排除「多數」。這樣，在舉中文例子講確定描述詞時，是頗有「牽就」的。

例 20 那位教亞歷山大的哲學家是希臘人。亞里士多德是那位教亞歷山大的哲學家。所以，亞里士多德是希臘人。

設 Px =「x 是教亞歷山大的哲學家」，Gx =「x 是希臘人」，a =「亞里士多德」。這個論證可符示與證明如下：

1. $\exists x[Px \cdot (y)(Py \supset x = y) \cdot Gx]$ P

2. Pa P $/\therefore Ga$

3. $[Px \cdot (y)(Py \supset x = y) \cdot Gx]$ 1 EI

4.	$(y)(Py \supset x = y)$	3 Simp
5.	$Pa \supset x = a$	4 UI
6.	$x = a$	2, 5 MP
7.	Gx	3 Simp
8.	Ga	6, 7 I Sub

例 21

1.	$(x)(y)(z)[x +(y + z)=(x + y)+ z]$	P
2.	$(x)(x + 0 = x)$	P
3.	$(x)[x +(- x)= 0]$	P　／∴$(x)(y)(z)(x + z =$ $y + z \supset x = y)$
4.	$x + z = y + z$	ACP
5.	$(x)(x = x)$	I Ref
6.	$(x + z)+(- z)=(x + z)+(- z)$	5 UI
7.	$(x + z)+(- z)=(y + z)+(- z)$	4, 6 I Sub
8.	$x +(z +(- z))=(x + z)+(- z)$	1 UI
9.	$x +(z +(- z))=(y + z)+(- z)$	7, 8 I Sub
10.	$y +(z +(- z))=(y + z)+(- z)$	1 UI
11.	$x +(z +(- z))= y +(z +(- z))$	9, 10 I Sub
12.	$z +(- z)= 0$	3 UI
13.	$x + 0 = y + 0$	11, 12 I Sub
14.	$x + 0 = x$	2 UI
15.	$y + 0 = y$	2 UI
16.	$x = y + 0$	13, 14 I Sub
17.	$x = y$	15, 16 I Sub
18.	$x + z = y + z \supset x = y$	4-17 CP
19.	$(z)(x + z = y + z \supset x = y)$	18 UG
20.	$(y)(z)(x + z = y + z \supset x = y)$	19 UG
21.	$(x)(y)(z)(x + z = y + z \supset x = y)$	20 UG

習題 10-3

Ⅰ 用提示的字母符示下列各句。

1. 揚揚有而且只有一個女朋友，但她比班上任何其他女生都漂亮。（$Yx =$

「x 是揚揚的女朋友」，Gx =「x 是班上女生」，Bxy =「x 比 y 漂亮」）

2. 每個人讚美他自己勝於讚美任何其他的人。（Px =「x 是人」，Axy =「x 讚美 y」，$Mxyz$ =「x 讚美 y 勝於讚美 z」）

3. 每個人想使他自己快樂；只有一些但不是每個人想使別人快樂。（Px = 「x 是人」，Mxy =「x 想使 y 快樂」）

4. 對任何數 x，如果 x 小於或等於 0，則 x 是零。

5. 這兩個總統候選人彼此不喜歡。（Cx =「x 是總統候選人」，Lxy =「x 喜歡 y」）

6. 對李敖的每本書，殷海光至少有兩本書比它更富邏輯思辨。（Lx =「x 是李敖的書」，Yx =「x 是殷海光的書」，Sxy =「x 比 y 更富邏輯思辨」）

7. 小葳送的那個蘋果代表愛。（Ax =「x 是小葳送的蘋果」，Lx =「x 代表愛」）

8. 撰寫《戰爭與和平》那個人是一個俄國地主。（Px =「x 是人」，Wx = 「x 撰寫《戰爭與和平》」，Rx =「x 是俄國的」，Lx =「x 是地主」）

Ⅱ.用提示的字母，符示和證明下列論證。

1. 羅斯福路那家店的那唯一的皮箱很便宜。所以，羅斯福路那家店的所有皮箱很便宜。（Sx =「x 是那家店的皮箱」，Rx =「x 在羅斯福路」，Cx = 「x 很便宜」）

2. 任何魚能夠吃的比任何較小的魚多。所以，如果有一條最大的魚，則有一條吃的最多的魚。（Fx = x 是魚」，Lxy =「x 比 y 大」，Exy =「x 比 y 吃的多」）

3. 那個上邏輯課遲到的學生，昨晚開夜車。那個昨晚開夜車的學生昨晚沒睡好。所以，有些上邏輯課遲到的人，昨晚沒睡好。（Px =「x 是人」，Lx =「x 上邏輯課遲到」，Nx =「x 昨晚開夜車」，Sx =「x 昨晚睡好」）

4. 在花園裡有恰好三隻鳥。恰好有一隻在花園裡的鳥來自南方。任何不是來自南方的在花園裡的鳥是本地鳥。所以，在花園裡至少有兩隻本地鳥。（Bx =「x 是鳥」，Gx =「x 在花園」，Sx =「x 來自南方」，Nx =「x 是本地鳥」）

5. 木星是最大的行星。地球是木星以外的一個行星。所以，有些行星大於地球。（j =「木星」，e =「地球」，Lxy =「x 比 y 大」）

6. 阿俏是你家僅有的小貓。小白是你家僅有的寵物。你家有些寵物也是你家的小貓。所以，阿俏是小白。（c ＝「阿俏」，Yx ＝「x 是你家的」，Cx ＝「x 是小貓」，b ＝「小白」，Px ＝「x 是寵物」）

4. 關係的一些基本性質

有許多有趣的性質是關係本身可以具有的。現在我們要講一些重要和較熟知的。這些性質，不論在日常，還是在科學討論上經常用到。我們不但可用日常用語來講述這些性質，而且可用關係述詞邏輯，尤其是含等同號的，把這些性質講的和定義的更清楚。在邏輯上講的關係，是指個子與個子或元目與元目之間的關係；關係要講清楚的話，也要放到某一定範圍的個子講。在下面的講述中，為了簡潔，我們常省略不提範域。我們將用「Rxy」來表示一個（二元）關係。

㈠對稱

所有二元關係 Rxy 不是 **對稱**(symmetrical)，就是 **反對稱**(asymmetrical)，**扰對稱**(antisymmetric)，或 **非對稱**(nonsymmetrical)。一個關係是**對稱的**，恰好如果當一個東西與另一個東西具有這個關係時，這另一個東西也與該東西必定具有這個關係。例如，

例 22　下面的 x 與 y 的關係是**對稱的**：

x 與 y 結婚

x 與 y 相鄰

x 與 y 是兄弟姐妹

x 與 y 重量相同

x 與 y 相似

x 與 y 相等

x 與 y 等值

這樣，

關係 Rxy 是對稱的 $\Leftrightarrow (x)(y)(Rxy \supset Ryx)$

這裡符號「⇔」表示在定義上相同。

一個**反對稱**關係剛好是對稱關係的相反。這樣，一個關係是**反對稱的**，恰好如果當一個東西與另一個東西具有這個關係時，這另一個東西與該東西就不能具有這個關係。這樣，

關係 Rxy 是反對稱的 $\Leftrightarrow (x)(y)(Rxy \supset \sim Ryx)$

例 23　下面的 x 與 y 的關係是反對稱的：
x 是 y 的父親
x 高於 y
x 在 y 前面
x 征服 y
x 在 y 東邊

與對稱相關的一個有點怪異的關係是抗對稱關係。一個關係是**抗對稱關係**，恰好如果當一個東西與另一個東西具有這個關係，而這另一個東西也與這個東西具有這個關係時，這兩個東西等同。這樣，

關係 Rxy 是抗對稱的 $\Leftrightarrow (x)(y)[(Rxy \cdot Ryx) \supset x = y]$

例 24　下面的 x 與 y 關係是抗對稱的：
$x \le y$
$x \subseteq y$（x 包含於 y）

一個關係也可能既非對稱，也非反對稱，也非抗對稱。這種關係是**非對稱**。一個關係是**非對稱的**，如果對有些兩個東西，第一個與另一個具有這個關係，而這另一個與這第一個也有這個關係，同時對有些兩個東西，第一個與另一個具有這個關係，但這另一個與第一個卻沒有這個關係。例如，「x 愛 y」就是非對稱關係。這樣，

關係 Rxy 是非對稱的 $\Leftrightarrow [\exists x \exists y(Rxy \cdot Ryx) \cdot \exists x \exists y(Rxy \cdot \sim Ryx)]$

(二)傳遞

所有（二元）關係不是**傳遞**(transitive)，就是**反傳遞**(intransitive)，或**非傳遞**(nontransitive)。一個關係是**傳遞的**，恰好如果當一個東西與另一

個東西具有這個關係，並且這另一個東西與第三個東西也具有這個關係時，這個東西與第三個東西也必定具有這個關係。這樣，

關係 Rxy 是傳遞的 $\Leftrightarrow (x)(y)(z)[(Rxy \cdot Ryz) \supset Rxz]$

例 25　下列的 x 與 y 的關係是傳遞的：

x 小於 y

x 比 y 更有天才

x 是 y 的祖先

x 比 y 年長

$x \geq y$

$x \subseteq y$

一個關係是**反傳遞的**，恰好如果當一個東西與另一個東西具有這個關係，而這另一個東西與第三個東西也具有這個關係時，這個東西與第三個東西不能具有這個關係。這樣，

關係 Rxy 是反傳遞的 $\Leftrightarrow (x)(y)(z)[(Rxy \cdot Ryz) \supset \sim Rxz]$

例 26　下面的 x 與 y 的關係是反傳遞的：

x 是 y 的母親

$x \in y$

x 比 y 重三倍

x 是 y 的平方

所有不是傳遞，也不是反傳遞的關係，是非傳遞的。一個關係是**非傳遞的**，如果對有些三個東西，第一個與另一個具有這個關係，而這另一個與這第三個也具有這個關係，而第一個與第三個也具有這個關係；同時，對有些三個東西，第一個與另一個具有這個關係，這另一個與第三個也具有這個關係，但第一個與第三個沒有這個關係。這樣，

關係 Rxy 是非傳遞的 $\Leftrightarrow \{\exists x \exists y \exists z[(Rxy \cdot Ryz) \cdot Rxz] \cdot$
$\exists x \exists y \exists z[(Rxy \cdot Ryz) \cdot \sim Rxz]\}$

例 27　下面 x 與 y 的關係是非傳遞的：

x 愛 y

> x 是 y 的朋友
> x 是 y 的同學
> x 與 y 一致

不論在日常或科學討論，在提出論證時，時常把一些應有但在常識上被認做眞理的前提，省略不提。試看下例。

例 28　弗列格比羅素年長。羅素比丘崎年長。所以，弗列格比丘崎年長。

在直覺上大家都會認爲這是正確無誤的論證。但單單依據明白提供的前提，無法用述詞邏輯顯示爲有效。這裡，無疑被省略一個前提：即，「比⋯年長」是可傳遞的。設 $f=$「弗列格」，$r=$「羅素」，$c=$「丘崎」，$Oxy=$「x 比 y 年長」。那麼，在增添「比⋯年長」的可傳遞的前提以後，這個論證可符示和證明如下：

1. Ofr	P
2. Orc	P
3. $(x)(y)(z)[(Oxy \cdot Oyz) \supset Oxz]$	P（添回的）　　／∴ Ofc
4. $(y)(z)[(Ofy \cdot Oyz) \supset Ofz]$	3 UI
5. $(z)[(Ofr \cdot Orz) \supset Ofz]$	4 UI
6. $(Ofr \cdot Orc) \supset Ofc$	5 UI
7. $(Ofr \cdot Orc)$	1, 2 Conj
8. Ofc	6, 7 MP

例 29　任何馬能夠追過任何狗。有些靈提能夠追過狐狸。所以，任何馬能夠追過任何狐狸。

這個論證可能省略了兩個需要的前提：(i)「x 比 y 年長」的傳遞性；(ii)靈提是狗。現在添回這兩個前提，並設 $Hx=$「x 是馬」，$Dx=$「x 是狗」，$Gx=$「x 是靈提」，$Fx=$「x 是狐狸」，符示和證明論證如下：

1. $(x)[Hx \supset (y)(Dy \supset Oxy)]$	P
2. $\exists x[Gx \cdot (z)(Fz \supset Oxz)]$	P　／∴ $(x)[Hx \supset (z)(Fz \supset Oxz)]$
3. $(x)(y)(z)[(Oxy \cdot Oyz) \supset Oxz]$	P（添回的）
4. $(x)(Gx \supset Dx)$	P（添回的）
5. Hx	ACP
6. Fz	ACP

7. $[Gy \cdot (z)(Fz \supset Oyz)]$	2 EI
8. Gy	7 Simp
9. $Gy \supset Dy$	4 UI
10. Dy	8, 9 MP
11. $Hx \supset (y)(Dy \supset Oxy)$	1 UI
12. $(y)(Dy \supset Oxy)$	5, 11 MP
13. $Dy \supset Oxy$	12 UI
14. Oxy	10, 13 MP
15. $(z)(Fz \supset Oyz)$	7 Simp
16. $Fz \supset Oyz$	15 UI
17. Oyz	6, 16 MP
18. $(Oxy \cdot Oyz)$	14, 17 Conj
19. $(y)(z)[(Oxy \cdot Oyz) \supset Oxz]$	3 UI
20. $(z)[(Oxy \cdot Oyz) \supset Oxz]$	19 UI
21. $(Oxy \cdot Oyz) \supset Oxz$	20 UI
22. Oxz	18, 21 MP
23. $Fz \supset Oxz$	6-22 CP
24. $(z)(Fz \supset Oxz)$	24 UG
25. $Hx \supset (z)(Fz \supset Oxz)$	5-24 CP
26. $(x)[Hx \supset (z)(Fz \supset Oxz)]$	25 UG

(三)自返

自返的情況較複雜。一個關係是**全自返的**(totally reflexive)，恰好如果每樣東西必定與它自己具有這個問題。這樣，

關係 Rxy 是全自返的 $\Leftrightarrow (x)Rxx$

關係「x 與 y 等同」是一個例子，因為每樣東西必定與它自己等同。似乎所有有趣的關係是不全自返的。

一個關係是**自返的**，恰好如果每樣與任何東西具有這個關係時，必定與它自己具有這個關係。

關係 Rxy 是自返的 $\Leftrightarrow (x)(y)[Rxy \supset (Rxx \cdot Ryy)]$

例 30 (a) 「相同顏色」是自返，因為如果 x 與 y 相同顏色，則 x 和 y 必

定與它自己相同顏色，但不是全自返，因不是每樣東西都有顏色。

(b) 「同年」、「同黨」是自返，但不是全自返，因不是每樣東西都有所謂同年或同當。

(c) 「包含於(⊆)」是自返，但不是全自返，不是集合的東西無所謂包含關係。

當然，所有全自返關係是自返的。一個關係是**反自返的**(irreflexitive)，恰好如果沒有東西可以與它自己具有這個關係。這樣

關係 Rxy 是反自返的 $\Leftrightarrow (x){\sim}Rxx$

「大於」，「高於」，「父子」等關係是反自返的。最後，所有既非自返也非反自返的關係，是**非自返的**(nonreflexive)。一個關係是**非自返的**，恰好如果有些東西或個子具有這個關係，有些不具有這個關係。「愛」的關係就是非自返，因有些人愛自己，有些人不愛自己。

以上這些關係的性質之間，存有一些涵蘊關係。如果假定在一個範域裡的所有個子與某一個子是可比的(comparable)，即 $(x)\exists y(Rxy \lor Ryx)$，則可證明傳遞和對稱一起，涵蘊全自返。試看下例。

例31

1.	$(x)\exists y(Rxy \lor Ryx)$	P
2.	$(x)(y)(z)[(Rxy \cdot Ryz) \supset Rxz]$	P（傳遞）
3.	$(x)(y)(Rxy \supset Ryx)$	P（對稱）　／∴ $(x)Rxx$（全自返）
→ 4.	${\sim}(x)Rxx$	ARAA
5.	$\exists x{\sim}Rxx$	4 EQ
6.	${\sim}Rxx$	5 EI
7.	$\exists y(Rxy \lor Ryx)$	1 UI
8.	$Rxy \lor Ryx$	7 EI
9.	$(y)(z)[(Rxy \cdot Ryz) \supset Rxz]$	2 UI
10.	$(z)[(Rxy \cdot Ryz) \supset Rxz]$	9 UI
11.	$(Rxy \cdot Ryx) \supset Rxx$	10 UI
12.	$(y)(Rxy \supset Ryx)$	3 UI
13.	$Rxy \supset Ryx$	12 UI
14.	$Ryx \lor Rxy$	8 Com
15.	${\sim}{\sim}Ryx \lor Ryx$	14 DN

16.	$\sim Ryx \supset Rxy$	15 Cond
17.	$\sim Ryx \supset Ryx$	13, 16 CS
18.	$\sim \sim Ryx \vee Ryx$	17 Cond
19.	$Ryx \vee Ryx$	18 DN
20.	Ryx	19 Dup
21.	$(w)(Rwy \supset Ryw)$	12 UG
22.	$(z)(w)(Rwz \supset Rzw)$	21 UG
23.	$(w)(Rwx \supset Rxw)$	22 UI
24.	$Ryx \supset Rxy$	23 UI
25.	$\sim Rxy \supset \sim Ryx$	23 Contra
27.	$\sim Rxy \supset Rxy$	16, 25 CS
28.	$\sim \sim Rxy \vee Rxy$	27 Cond
29.	$Rxy \vee Rxy$	28 DN
30.	Rxy	29 Dup
31.	$(Rxy \cdot Ryx)$	20, 30 Conj
32.	Rxx	11, 31 MP
33.	$(Rxx \cdot \sim Rxx)$	6, 32 Conj
34.	$(x)Rxx$	4-33 RAA

這些性質之間的其他邏輯關係，參看後面習題。

5. 含等同號的定理

含等同號的定理，顧名思義，是指定理本身含有等同號，以及其證明需要用到有關等同號的推演規則。其證法和以前講的定理的證法沒有兩樣。由於定理本身沒有提供特定的前提，因此它的證明必須使用 CP 或 RAA，從假定開始。

例 32　$\vdash (x)(y)(x = y \supset y = x)$

1.	$x = y$	ACP
2.	$(x)(x = x)$	I Ref
3.	$x = x$	2 UI
4.	$y = x$	1, 3 I Sub

5. $x = y \supset y = x$ 1-4 CP

6. $(y)(x = y \supset y = x)$ 5 UG

7. $(x)(y)(x = y \supset y = x)$ 6 UG

例 33　$\vdash Fa \supset \exists x(x = a) \cdot Fx)$

   1. Fa ACP

   2. $(x)(x = x)$ I Ref

   3. $a = a$ 2 UI

   4. $(a = a \cdot Fa)$ 1, 3 Conj

   5. $\exists x(x = a \cdot Fx)$ 4 EG

   6. $Fa \supset \exists x(x = a \cdot Fx)$ 1-5 CP

例 34　$\vdash (Fa \cdot \sim Fb) \supset \sim(a = b)$

   1. $(Fa \cdot \sim Fb)$ ACP

   2. $\sim\sim(a = b)$ ARAA

   3. $a = b$ 2 DN

   4. Fa 1 Simp

   5. $\sim Fb$ 1 Simp

   6. $\sim Fa$ 3, 5 I Sub

   7. $(Fa \cdot \sim Fa)$ 4, 6 Conj

   8. $\sim(a = b)$ 2-7 RAA

   9. $(Fa \cdot \sim Fb) \supset \sim(a = b)$ 1-8 CP

例 35　$\vdash (x)(y)[(Fx \cdot x = y) \supset Fy]$

   1. $(Fx \cdot x = y)$ ACP

   2. Fx 1 Simp

   3. $x = y$ 1 Simp

   4. Fy 2, 3 I Sub

   5. $(Fx \cdot x = y) \supset Fy$ 1- 4 CP

   6. $(y)[(Fx \cdot x = y) \supset Fy]$ 5 UG

   7. $(x)(y)[(Fx \cdot x = y) \supset Fy]$ 6 UG

例 36　$\vdash (x)(y)[\sim(Fx \supset Fy) \supset x \neq y)$

   1. $\sim(Fx \supset Fy)$ ACP

   2. $\sim\sim(x = y)$ ARAA

   3. $x = y$ 2 DN

$$4. \sim(\sim Fx \vee Fy) \qquad 1\ Cond$$
$$5. (\sim\sim Fx \cdot \sim Fy) \qquad 4\ DeM$$
$$6. (Fx \cdot \sim Fy) \qquad 5\ DN$$
$$7. Fx \qquad 6\ Simp$$
$$8. \sim Fy \qquad 6\ Simp$$
$$9. \sim Fx \qquad 3, 8\ I\ Sub$$
$$10. (Fx \cdot \sim Fx) \qquad 7, 9\ Conj$$
$$11. \sim(x = y) \qquad 2\text{-}10\ RAA$$
$$12. \sim(Fx{\supset}Fy){\supset}\sim(x = y) \qquad 1\text{-}11\ CP$$

習題 10-4

I.就對稱，傳遞，和自返，決定下列關係的性質：

1.朋友　2.打　3.≥（數）　4.父子　5.同學　6.南北　7.語句一致　8.語句涵蘊

II.證明下列定理

1.⊢$Fa \equiv (x)(x{\equiv}a{\supset}Fx)$

2.⊢$\exists x(y)(Fy{\equiv}x = y) \equiv \exists x[Fx \cdot (y)(Fy{\equiv}x = y)]$

3.⊢$(x)(y)(z)[(x{\neq}y \cdot y = z){\supset}x{\neq}z]$

4.⊢$(x)[Fx{\supset}\exists y(x = y \cdot Fy)]$

5.⊢$(x)[Fx{\supset}(y)(x = y{\supset}Fy)]$

6.⊢$(x)(y)[(Fx \cdot x = y){\supset}(Fy \cdot x = y)]$

7.⊢$(Fa \cdot \sim Fb){\supset}\exists x\exists y(x{\neq}y)$

III.證明下列各題

1.對稱與傳遞涵蘊自返。

2.反對稱涵蘊反自返。

3.反傳遞涵蘊反自返。

4.傳遞與反自返涵蘊反對稱。

IV.下列是前提有所省略的論證，依提示字母，在添回省略的必要前提後符示並證明為有效。

1. 每個比阿城矮的人會被拒絕參加隊伍。阿德比阿城矮，而阿水比阿德更矮。因此他們兩人會被拒絕參加隊伍。（c =「阿城」，Sxy =「x 比 y 矮」，Ex =「x 被拒絕參加隊伍」，t =「阿德」，s =「阿水」）

2. 每個大三學生比任何大二學生選更多學分。有些大二學生比阿標選更多學分。因此，大三的阿土必定比阿標選更多學分。（Jx =「x 是大三學生」，Sx =「x 是大二學生」，Cxy =「x 比 y 選更多學分」，p =「阿標」，t =「阿土」）

3. 每個在舞會的男生與每個在那裡的女生跳舞。所以，每個在舞會的女生與每個在那裡的男生跳舞。（Bx =「x 是男生」，Gx =「x 是女生」，Px =「x 在舞會」，Dxy =「x 與 y 跳舞」）

4. 有些賣雞肉飯的人賺的比牛頓還多；而牛頓賺的比有些哲學家還多。所以，有些賣雞肉飯的人賺的比有些哲學家還多。（Cx =「x 是賣雞肉飯的人」，n =「牛頓」，Hxy =「x 賺的比 y 多」，Px =「x 是哲學家」）

5. 阿鳳是阿嬌的母親。阿嬌是阿妹的母親。所以，如果阿妹只喜愛她的母親，則她沒有喜愛阿鳳。（f =「阿鳳」，c =「阿嬌」，m =「阿妹」，Mxy =「x 是 y 的母親」，Lxy =「x 喜愛 y」）

6. 任何和一個罪犯同名的人是不幸的。所以，任何犯盜竊罪的人是不幸的。（Px =「x 是人」，Ux =「x 是不幸的」，Cx =「x 是罪犯」，Bx =「x 是盜竊」，Cxy =「x 犯 y」，Nxy =「x 和 y 同名」）

部三：其他論題

第十一章
范恩圖解與類稱論證

1. 范恩圖解

范恩圖解(Venn diagram)是利用幾何圖形，表示類(class)與類，或類與分子之間的關係的圖示方法。歷史上最先有系統的利用這種方法的，是十八世紀瑞士數學家歐樂(L. Euler, 1707-1783)。現代邏輯書上常見的范恩圖解，是十九二十世紀英國數學家和邏輯家范恩(J. Venn, 1834-1923)，就歐樂圖解修改而成的。本書講的范恩圖解，經作者一些修正。

我們可利用范恩圖解表示某一類型的語句，並且利用這種表示來判定某一類型的論證的有效或無效，前提的一致或不一致。這種方法雖然有限，但簡潔方便，可隨意在紙片上做，因此也可叫做「紙片方法」。

在邏輯上范恩圖解能夠處理的論證，是一元述詞邏輯裡的小部分論證。這種圖解本身是一個獨立的技術，不屬於述詞邏輯系統的部分。因此，獨立一章講。

在日常和科學討論上，時常使用和講到**類**(class)以及類的**分子**(member)或**元素**(element)。例如，講到人，整數，行星，恐龍，台大護理系男生等類，以及講到亞里士多德，老子，維根斯坦等人的分子，3, 7, 8 等整數的分子。我們有兩種方式來決定和定義一個類：列舉類的分子或說出一個類的所有分子共同而特有的性質。共同是指這個類的每個分子都具有；特有是指不是這個類的分子不具有。在邏輯和數學上，常用括波

「{ }」來表示一個類。$\{a_1, a_2, \cdots a_n\}$ 表示由而且只由 $a_1, \cdots, a_n$ 這些分子形成的一個類。$\{x \mid \phi x\}$ 表示由所有具有性質 ϕ 的個子 x 形成的一個類。試看下例。

例1　試看下列各個類：
(a)　⑴　$\{a, e, i, o, u\}$
　　　⑵　$\{x \mid x$ 是英文母音字母 $\}$
(b)　(i)　$\{1, 2, 3, \cdots\}$
　　　(ii)　$\{x \mid x$ 是自然數 $\}$
(c)　(i)　$\{$ 水星，金星，地球，火星，木星，土星，天王星，海王星，冥王星 $\}$
　　　(ii)　$\{x \mid x$ 是九大行星 $\}$
(d)　(i)　$\{$　$\}$
　　　(ii)　$\{x \mid x \neq x\}$

　　在講范恩圖解時，常用的一個有趣的類是空類。所謂**空類**(empty class)是指沒有分子的類。我們常用希臘字母 ϕ（念成 fi）或 { } 表示空類。

例2　試看下列各個類：
(a)　十八世紀的恐龍
(b)　昨天到你家偷東西的小偷
(c)　環繞月亮旋轉的天體
(d)　不能被 2 整除的偶數
(e)　愛過阿蘭的男人
(f)　$\{3, 8, 9\} - \{2, 3, 8, 7, 9\}$
(a)到(f)分別有六個類。十八世紀已沒有恐龍，故類(a)為空類。類(b)是否為空，依情況而定。如果昨天有小偷光顧你家，不論一個或多個，(b)就不空。如果沒有半個光顧，(b)就空。類(c)和(d)顯然是空的，因為沒有什麼天體環繞月亮旋轉，也沒有不能被 2 整除的偶數。類(e)是否為空，依情況而定。類(f)是空的，因為前者的分子減掉後者以後，就沒有分子了。

　　在范恩圖解裡，我們用希臘字母 ϕ 代表空類，有號或存在號「∃」代

表非空類。用正圓 A 代表類 A（正圓是爲了好看，任何封閉的圖形都可以）。如果類 A 爲空，可寫爲 $A = \phi$；把 ϕ 寫在圓 A 裡，如圖 1 所示。如果 A 不空，可寫成 $A \neq \phi$；把有號 ∃ 寫在圓 A 裡，如圖 2。

（圖 1）A 空（$A=\phi$）　　　　　（圖 2）A 不空（$A \neq \phi$）

在類 A 之外要講到類 B 時，要畫 A 和 B 兩個相交的圓，如圖 3 和 4。爲說明方便，可在圖的每個最小單一區，寫上數碼 1, 2, 3 和 4，代表

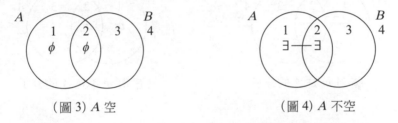

（圖 3）A 空　　　　　　　　（圖 4）A 不空

各該區。每個單一區表示一個單一的類。沒必要時，數碼不必寫。A 爲空時，要在**所有** A 區，即 1 區和 2 區寫上空類 ϕ，如圖 3。不可只在 1 或 2 之一寫。因爲，只在其中之一寫，只表示該區空，另一區是否空沒表示。反之，A 不空時，不但要在 1 和 2 兩區各寫有號 ∃，而且還要在這兩個有號之間畫一條表示「或者」的連線「—」。A 不空的意思是，1 區不空，或 2 區不空，或兩區都不空。A 不空沒有告訴我們二區中那一區不空，因此，要畫「或者線」。

當 m 是類 A 的一分子時，在 A 圓裡畫一個小點，並在旁邊寫 m，用來表示 m 在 A，也就是 m 是 A 的分子，如圖 5。當 m 不是 A 的分子時，在 A 圓裡畫個小叉，並在旁邊寫 m，用來表示 m 不在 A，如圖 6。在有 A 與 B 兩圓相交時，m 是 A 的分子的表示，要在 1 和 2 兩區各畫一個點，並用或者線連結這兩個點，表示 m 或在 1 區，或在 2 區，或在這兩區，這正是 m 在 A 的意思，如圖 7。在 m 不是 A 的分子，即 m 不

(圖 5) m 是 A 的分子　　　　　　(圖 6) m 不是 A 的分子

在 A 時，要在 1 和 2 兩區分別畫個小叉，並在旁邊寫 m，表示 m 既不在 1 也不在 2，如圖 8。唯有不在這兩區，才能說 m 不在 A。這時，兩個小叉之間不要畫或者線。在有三個圓彼此相交時，以此類推。我們的范恩圖解，這樣就規定好了。

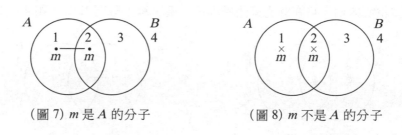

(圖 7) m 是 A 的分子　　　　　　(圖 8) m 不是 A 的分子

2. 類稱語句的范恩圖解

在一個語句，命題或敘說適合用范恩圖解來表示時，雖然我們可以從這個語句，很直覺的直接去做圖示，但一般西方的邏輯書本，還是喜歡經由源自亞里士多德的傳統邏輯的所謂**類稱**(categorical)語句，命題或敘說來處理。去掉傳統處理的細節，利用一下這個術語，也有方便之處。設 F 和 G 為詞語(terms)。西方邏輯傳統上，把斷說或否定兩個詞語或類之間的關係的語句，命題或敘說，叫做類稱語句，命題或敘說。由於這種語句可視為是講述類或類型(category)的東西之間的關係的，所以叫做**類稱**語句。設 F 和 G 表示詞語；那麼，傳統上，尤其是把「所有(all)F 是 G」，「沒有 F 是 G」，「有些(some) F 是 G」，和「有些 F 不是 G」這種形式的語句，叫做類稱的；並分別叫做，**全稱肯定**(universal affirmative)，**全稱否定**(universal negative)，**偏稱肯定**(particular affirmative)，和**偏稱否定**(particular negative)等語句。

設 F 和 G 代表類，可把這四種語句圖示如下：

⑴**全稱肯定語句**：*所有 F 是 G。*

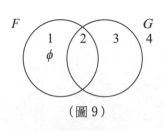

（圖 9）

即所有在類 F 的東西必定也在類 G。這是說，沒有是 F 但不是 G 的東西，即 1 區沒有東西，是空的。這樣，把 φ 寫在這區。

⑵**全稱否定語句**：*沒有 F 是 G。*

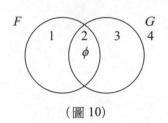

（圖 10）

即類 F 與類 G 沒有重疊的。這是說，即是 F 又是 G 的東西是沒有的，空的。這樣，把 φ 寫在兩圓相交部分（即 2 區）。

⑶**偏稱肯定語句**：*有些 F 是 G。*

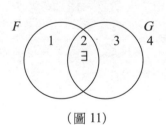

（圖 11）

即有類 F 的分子在於類 G 的。這是說，這兩類有重疊，有既是 F 又是 G 的東西，即 2 區是不空的，故把有號∃寫在重疊的 2 區。

⑷**偏稱否定語句**：*有些 F 不是 G。*

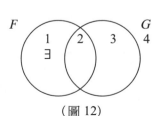

（圖 12）

即有是 F 但不是 G 的東西。這是說，類 F 部分在類 G 之外。把有號∃寫在 1 區，即是 F 但不是 G 的區。

例 3　設 $M = $ 人，$R = $ 理性的動物。試看下列各句及其范恩圖解。

(a) 全稱肯定：所有的人是理性的動物。

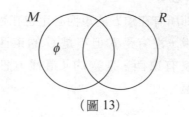

（圖 13）

(b) 全稱否定：沒有人是理性的動物。

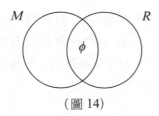

（圖 14）

(c) 偏稱肯定：有些人是理性的動物。

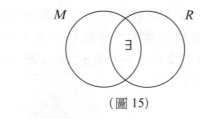

（圖 15）

(d) 偏稱否定：有些人不是理性的動物。

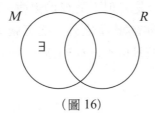

（圖 16）

習題 11-1

依提示字母，畫出下列各句的范恩圖解。

　1. 所有烏鴉(R)都是黑的(B)。

　2. 所有不是澳洲土產的天鵝(S)是白的(W)。

　3. 大部分的電影明星(S)是不快樂的(H)。

　4. 許多政客(P)是腐敗的(C)。

　5. 沒有不公開譴責持偏見行為的人(D)是好的自由主義者(L)。

　6. 沒有能管理鱷魚的人(C)被人輕視(D)。

　7. 有不產水果(F)的每年落葉的樹(T)。

　8. 不是每個吃昆蟲的東西(I)是爬蟲類(R)。

　9. 沒有吃貓食物的東西(C)不咪咪叫(M)。

　10. 不是只有蛇(S)吃老鼠(M)。

3. 類稱論證有效性的范恩圖解檢試

　　在西方邏輯傳統，一般意義的**三段論**(syllogism)，是指由兩個前提和一個結論組成的演繹論證。而**類稱三段論**是三段論的特別一種，其中前提和結論都是類稱語句，而且這三個語句總共只由三個詞語組成，每個詞語在其中兩個語句出現。試看下例。

　　例 4　下面是一些類稱三段論的例子：

　　　　(a) 所有的人是終有一死的。

　　　　　　所有的希臘人是人。

　　　　　　∴ 所有的希臘人是終有一死的。

　　　　(b) 沒有人是完美的。

　　　　　　所有的希臘人是人。

　　　　　　∴ 沒有希臘人是完美的。

　　　　(c) 所有哲學家是聰明的。

　　　　　　有些希臘人是哲學家。

　　　　∴有些希臘人是聰明的。

(d) 沒有哲學家是邪惡的。

　　　有些希臘人是哲學家。

　　　∴有些希臘人是不邪惡的。

(e) 所有希臘人是人。

　　　有些終有一死的不是人。

　　　∴有些終有一死的不是希臘人。

(f) 有些人不是希臘人。

　　　所有的人是終有一死的。

　　　∴有些終有一死的不是希臘人。

　　我們引進的范恩圖解，除了能夠處理類稱三段論的有效性外，也能夠處理由一個類稱語句和兩個單稱語句組成的三段論。單稱語句，例如，「地球是九大行星」，可以視為是講述分子與類關係的。這樣，在我們講的范恩圖解裡，要把所處理的論證從類稱三段論擴大到包含以單稱語句為前提和結論的論證。由於後者還必須含有一個類稱語句，以及單稱語句也涉及類，這些都可稱為**類稱論證**(categorical argument)。

　　用范恩圖解檢試類稱論證的做法很簡單。首先分別把所有，即兩個前提圖示在**同一個**前提圖解，把結論圖示在結論圖解。然後判定，如果前提圖解成立，結論圖解是否也必定成立，也就是，前提圖解是否涵蘊結論圖解。如果是，則論證有效；如果不是，則論證無效。試看下列例子。

例5　所有的人是終有一死的。老子是人。所以，老子是終有一死的。

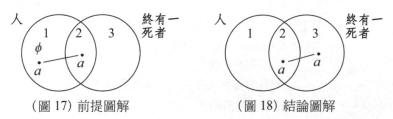

（圖17）前提圖解　　　　　　（圖18）結論圖解

這個論證只講到兩個類：人和終有一死者，因此只需兩個相交的圖，如圖17和18。先把兩個前提圖示在前提圖解，圖17。依第一前提「所有的人是終有一死的」，把空類 ϕ 寫在 1 區。依第二前提「老子是人」，設 a =「老子」，那麼，把點 a 分別寫在前提圖解

17 的 1 和 2 區，並用或者線連起來，表示 a 在 1 區或 2 區，或兩
區。其次，依結論「老子是終有一死的」，把點 a 分別寫在結論
圖解 18 的 2 和 3 區，並用或者線連起來，表示 a 在 2 或 3 區。最
後判定，由於前提圖解中 1 區爲空（即 φ），故 a 不在 1 區，因此
必在 2 區。當 a 在 2 區時，當然可說 a 在 2 或 3 區；這是結論圖
解顯示的。這樣，前提圖解成立時，結論圖解必定成立。故論證
有效。

例 6　所有的人是終有一死的。老子是終有一死的。所以，老子是人。

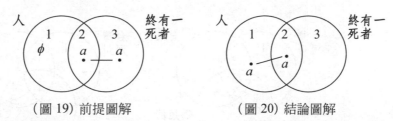

（圖 19）前提圖解　　　　　（圖 20）結論圖解

依第一前提「所有的人是終有一死的」，如前例那樣，在前提圖
解，圖 19 的 1 區寫 φ。依第二前提「老子是終有一死的」，把代表
老子的點 a，分別寫在 2 和 3 區，並用或者線連結起來，表示 a 在
2 或 3 區。依結論「老子是人」，把點 a 分別寫在 1 和 2 區，並用
或者線連結起來，如圖 20。前提圖解告訴我們，a 在 2 或 3 區，但
結論圖解告訴我們的是，a 在 1 或 2 區。當 a 在 3 而不在 2 區時，
不可說 a 在 1 或 2 區。故論證無效。

例 7　所有的人是終有一死的。所有的希臘人是人。所以，所有的希臘人
是終有一死的。（例 4 的(a)）

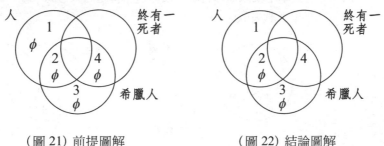

（圖 21）前提圖解　　　　　（圖 22）結論圖解

這個論證講到三個類：人，終有一死者，希臘人。因此需畫兩兩相

交的三個圓的圖解，如圖 21 和 22。依第一前提「所有的人是終有
一死的」，在前提圖解，圖 21 的 1 和 2 區分別寫 ϕ，表示沒有不終
有一死的人，即所有的人是終有一死的。依第二前提「所有的希臘
人是人」，在 3 和 4 區分別寫 ϕ，表示沒有不是人的希臘人。依結
論「所有的希臘人是終有一死的」，在結論圖解，圖 22 的 2 和 3
區分別寫 ϕ，表示沒有不終有一死的希臘人。結論 2 和 3 區的 ϕ，
在前提的 2 和 3 區都有了。故論證有效。

例 8　有些台灣河川向東流。所有台灣河川都很短。所以，有些很短的河
　　　川向東流。

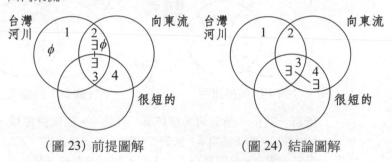

（圖 23）前提圖解　　　　　（圖 24）結論圖解

論證講到三個類：台灣河川，向東流河川，很短的河川。依第一前
提「有些台灣河川向東流」，在前提圖解，圖 23 的 2 和 3 區寫有
號 ∃，並用或者線連起來，表示在 2 或 3 區有東西。依第二前提
「所有台灣河川都很短」，在 1 和 2 區寫 ϕ，表示沒有不是很短的
台灣河川。兩個前提合起來告訴我們，3 區確定不空。3 區不空時，
當然可說 3 或 4 區不空，如結論圖解。故論證有效。

例 9　有些學生沒做邏輯習題。沒做邏輯習題的人考試失敗。所以，有些
　　　學生考試失敗。

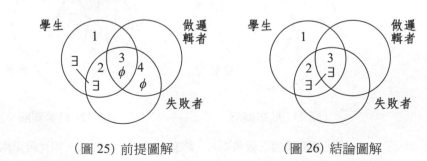

（圖 25）前提圖解　　　　　（圖 26）結論圖解

論證講到三個類：學生，做邏輯習題者，考試失敗者。依第一前提「有些學生沒做邏輯習題」，在前提圖解，圖 25 的 1 和 2 區寫 ∃，並用或者線連起來，表示 1 或 2 區不空。依第二前提「沒有做了邏輯習題的人考試失敗」，在 3 和 4 區寫 φ。依結論「有些學生考試失敗」，在結論圖解，圖 26 的 2 和 3 區寫 ∃，並用或者線連起來，表示 2 或 3 區不空。現在前提圖解告訴我們，1 或 2 區不空。如果是 1 區不空，我們不能有結論圖解說的 2 或 3 區不空，故論證無效。

例 10　有些愛斯基摩人到過台灣。凡到過台灣的人不是書呆人。所以，有些愛斯基摩人不是書呆子。

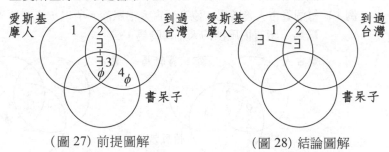

（圖 27）前提圖解　　　（圖 28）結論圖解

論證講到三個類：愛斯基摩人，到過台灣的人，書呆子。依第一前提「有些愛斯基摩人到過台灣」，在前提圖解，圖 27 的 2 和 3 區寫 ∃，並用或者線連起來，表示有在 2 或 3 區的人。依第二前提「凡到過台灣的人不是書呆人」，在前提圖解的 3 和 4 區寫 φ。由於 3 區空，故 2 區確定不空。在 2 區不空時，當然可說 1 或 2 區不空；這正是結論「有些愛斯基摩人不是書呆子」告訴我們，如結論圖解，圖 28 所表示的。故論證有效。

例 11　有些陰天不是沒下雨。有些雨天寒冷又有風。所以，有些陰天寒冷又有風。

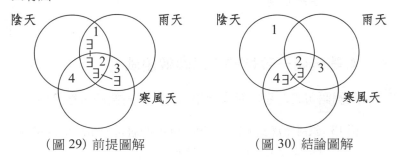

（圖 29）前提圖解　　　（圖 30）結論圖解

論證講到四個類：陰天，雨天，寒冷天，和有風天，但因在論證中始終把寒冷又有風的天當一個類，因此可視爲只講到三個類，即陰天，雨天，和寒風天。依第一前提「有些陰天不是沒下雨」，也就是「有些陰天是雨天」，在前提圖解，圖 29 的 1 和 2 區寫∃，並用或者線連起來。依第二前提「有些雨天寒冷又有風」，在 2 和 3 區寫∃，也用或者線連結。依結論「有些陰天寒冷又有風」，在結論圖解，圖 30 的 2 和 4 區寫∃，並用或者線連起來。前提圖解告訴我們，2 和 4 區有同時爲空的可能。在這兩區都空時，不能如結論圖解顯示的，2 或 4 區不空。故論證無效。

例 12　每個蒙古人善騎馬。沒有蒙古人怕風沙。所以，沒有怕風沙的人善騎馬（所有怕風沙的人不善騎馬）。

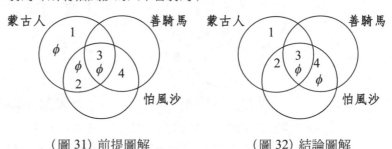

（圖 31）前提圖解　　　　　　（圖 32）結論圖解

論證講到三個類：蒙古人，善騎馬者，怕風沙者。依第一前提「每個蒙古人善騎馬」，在前提圖解，圖 31 的 1 和 2 區寫 φ。依第二前提「沒有蒙古人怕風沙」，也就是沒有怕風沙的蒙古人，因此在 2 和 3 區寫 φ。2 區已寫了 φ，故這次不必寫。依結論「沒有怕風沙的人善騎馬」，即沒有旣怕風沙又善騎馬的人，故在結論圖解，圖 32 的 3 和 4 區寫 φ。前提圖解的 4 區沒寫 φ，故結論不可寫。因此論證無效。

4.等值與一致性的范恩圖解檢試

兩個語句的范恩圖解完全相同時，這兩個語句爲等值。

例 13　試用范恩圖解顯示下列(a)和(b)的語句(1)和(2)是否等值。

(a) (1)沒有肯亞人是冰島人。

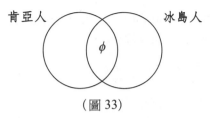

（圖 33）

(2)有些肯亞人不是冰島人。

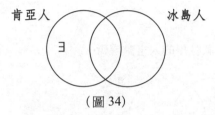

（圖 34）

(1)和(2)的圖解不一樣，故語句(1)和(2)不等值。
(b)　(1)有些火龍果是紅色的。

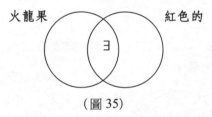

（圖 35）

(2)有些紅色的是火龍果。

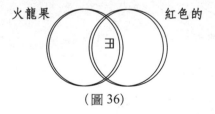

（圖 36）

(1)(2)兩個圖解完全相同，故語句(1)和(2)等值。

　　兩個語句的范恩圖解，如果在同一類區有確定的 ϕ，又有確定的 ∃，則這兩個語句彼此不一致。

例 14 試用范恩圖解顯示下列(a), (b)和(c)的語句(1)和(2)是否彼此一致。

(a) (1)沒有喜歡邏輯的人不喜歡數學。

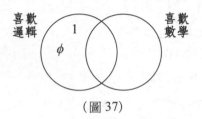

（圖 37）

(2)有些不喜歡數學的人喜歡邏輯。

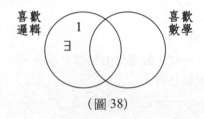

（圖 38）

(1)的 1 區寫 φ，(2)的 1 區寫 ∃，故(1)與(2)彼此不一致。

(b) (1)有些書沒有趣。

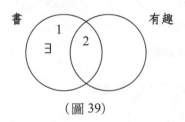

（圖 39）

(2)沒有有趣的書。

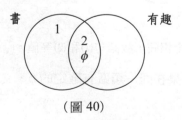

（圖 40）

⑴的 1 區不空，⑵的 2 區空，顯然可以並立，故⑴和⑵彼此一致。

(c) ⑴所有反芻動物是草食的。

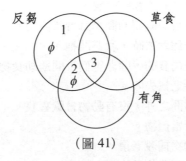

（圖 41）

⑵有有角的反芻動物。

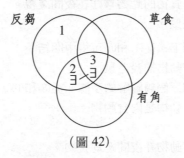

（圖 42）

要比較的語句講到三個類時，范恩圖解也要畫兩兩相交的三個圓。⑴的 2 區為 ϕ，而⑵的 2 區雖然有彐，但有或者線與 3 區的彐相連，故⑵的 2 區的彐不是確立的，故⑴和⑵並不不一致。

5. 范恩圖解的限制

對可以使用范恩圖解來顯示其有效或無效的論證來說，范恩圖解是一個非常方便有力的技術。但這種技術顯然有它的缺點。首先，雖然可用兩兩相交的橢圓給含四個詞語或類的論證，構作范恩圖解，但需要小心繪製。而對超過五個或更多詞語或類的論證，就無法直接構作范恩圖解。然而，在牽涉許多詞語或類的場合，我們可以試圖把論證，分解成

包含可以處理的少數詞語或類的部分。試看下例。

例 15 下面是卡羅爾(Lewis Carroll, 1832-1898)提供的一個論證例子：
前提：(1)這個房子裡僅有的動物是貓。
　　　(2)每個喜好在夜間凝視的動物適合當寵物。
　　　(3)當我憎惡一個動物時，我避開牠。
　　　(4)沒有動物是肉食的，除非牠們夜間巡劫食物。
　　　(5)沒有貓捕殺老鼠失敗。
　　　(6)除了在這房間之外，沒有動物曾歡喜我。
　　　(7)袋鼠不適合當寵物。
　　　(8)只有肉食動物捕殺老鼠。
　　　(9)我憎惡不歡喜我的動物。
　　　(10)在夜間巡劫食物的動物喜好在夜間凝視。
結論：我一直避開袋鼠。

這個論證可以分解如下。從(1)和(5)可得中間結論：
(11)這個房子裡的所有動物捕殺老鼠。
這是一個適合簡單的三個類圖解的步驟。從(8)和(11)，同理可得：
(12)這個房子裡的所有動物是肉食動物。
從(4)和(12)可得：
(13)這個房子裡的所有動物在夜間巡劫食物。
從(6)和(13)可得：
(14)所有喜好我的動物在夜間巡劫食物。
以此方式一步步我們能夠進行得到所要結論，任何一個步驟決不使用超過三個類的圖解。

另有兩種顯然為類稱（三段）論證，但似乎無法使用迄今講的范恩圖解來顯示有效：

例 16 所有的狗是四腳動物。有些聰明的狗不是四腳動物。所以，沒有狗是聰明的狗。
現在構作前提和結論的范恩圖解如下：

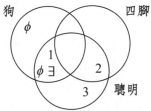
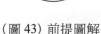
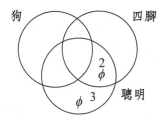

（圖 43）前提圖解　　　　　　　（圖 44）結論圖解

依這個圖解，論證是無效的；因爲前提的 2 和 3 區沒寫 ϕ，但結論的同區有寫 ϕ。但這個論證是有效的，因爲前提不一致。在第五章第三節講導謬法時講過，當前提不一致時，不論結論是什麼，論證必定有效。這樣，在前提圖解顯示前提不一致時（1 區既寫 ϕ 又寫 $\exists$），不論結論的圖解如何，就能判定論證有效。但這個判定不是完全依據范恩圖解。

　　這個例子顯示，應給范恩圖解一個這樣附加條款：當前提圖解顯示前提不一致或矛盾時，不必繪畫結論圖解，即可判定論證有效。

　　關於有效的論證還有一個特別的情形，即當結論爲邏輯的眞(logically true)時，不論前提如何，論證也必定有效，這從述詞演算的完備性定理即可推得。現在的問題是，一個邏輯的眞語句，其范恩圖解會呈現如何的形態呢？試看下例。

例 17　設 $Cx =$「x 是貓」，$Rx =$「x 愛在屋頂睡覺」。試看下列邏輯眞的全稱語句和偏稱語句的范恩圖解：

(a) 所有的貓是貓或愛在屋頂睡覺的。

　　　$(x)[(Cx \supset (Cx \vee Rx)]$

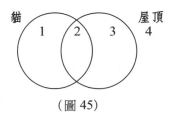

（圖 45）

這句話是說，對任何一個個子，如果它是貓，則它是貓或是在屋頂上睡覺。這樣，這句話沒做任何存在斷說，因此，在圖解的任何區都不可寫ᴲ。對貓類或屋頂上睡覺類以外的類，即4區，也沒做空的表示，因此不可在該區寫φ。這句話說，如果有貓的話，貓是貓或是在屋頂上睡覺的，因此在1,2和3區不可寫φ。這樣，在這范恩圖解上就不可做任何表示。

(b) 有些貓或非貓是愛或不愛在屋頂睡覺的。

$$\exists x[(Cx \lor \sim Cx) \cdot (Rx \lor \sim Rx)]$$

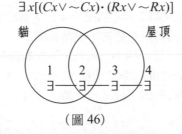

（圖46）

貓或非貓就含蓋了整個討論範域，即含蓋了1,2,3和4區；同理，在屋頂睡覺或不在屋頂睡覺的也含蓋了整個範域，即1,2,3和4區。這樣，這句話說的是，範域是不空的。這樣，就得到各區寫ᴲ，並用或者線連起來，如圖46所示。這樣，在範域不空時，這句話就真，範域空時，這句話就假。

這個例子顯示，應給范恩圖解另一個附加條款：結論無法做范恩圖解的圖示時，論證有效；結論在范恩圖解的每個區都須寫ᴲ，並且用或者線連結時，只要範域不空，論證就有效。

習題 11-2

Ⅰ.用范恩圖解顯示下列那些論證有效，那些無效？

1. 所有中子星是產生強烈重力的東西。所有中子星是極其密實的物體。所以，所有極其密實的物體是產生強烈重力的東西。

2. 沒有吃蚊子的昆蟲是應被捕殺的。所有蜻蜓是吃蚊子的昆蟲。所以，沒有蜻蜓是應被捕殺的。

3. 不是所有的勇者是善的，而沒有懦者是勇者。所以，有些善人不是懦者。

4. 有些有假前提的論證是有效的，因為具有不一致前提的論證是有效的，而且含有不一致前提的論證含有假前提。

5. 因為所有可靠的動物是理性的，所以沒有野獸是可靠的，因為理性的動物不是野獸。

6. 即使每個戰爭是不義的，有些戰爭是可理解的。所以，不義但可理解的事確實存在。

7. 所有希臘人是終有一死的。沒有人是希臘人。所以，沒有人是終有一死。

8. 多數罪人是非謀殺者，因為多數來生被懲罰的人是非謀殺者，而罪人是來生被懲罰的。

II. 用范恩圖解顯示下列各題諸語句是否等值，是否一致。

1. (a)所有摩托車是兩輪的。
   (b)沒有兩輪的是摩托車。

2. (a)不是沒有台灣的學生到肯亞留學。
   (b)有些到肯亞留學的是台灣的學生。

3. (a)有些巴樂在燕巢出產。
   (b)有些非巴樂不在燕巢出產。

4. (a)沒有選邏輯的學生是愛蹺課的。
   (b)有些愛蹺課的不是選邏輯的學生。

5. (a)有些戰爭是地獄般的。
   (b)沒有戰爭是地獄般的。
   (c)有些戰爭是不地獄般的。

6. (a)沒有議員是性貪者。
   (b)有些議員不是性貪者。
   (c)所有議員是性貪者。

第十二章
眞値樹法

1.語句邏輯的眞值樹法

在第三章我們看到，可以使用眞值表檢試語句邏輯裡的有效和無效，一致和不一致。眞值表的問題是，會非常冗長。檢試含六個不同字母的語句，就需要構作 64 列的眞值表。短切法雖然比較有效率，但也有缺點。在檢試有效和不一致時，可能也需冗長的列。

本章我們要引進另一種有系統的程序，**眞值樹法**(truth tree method)。這種方法，迅速而且有效率；在語句邏輯裡，能夠機械的，不會失敗的告訴我們，任何論證有效或無效，任何語句組一致或不一致。

2.語句邏輯裡的一致與不一致

最容易了解眞值樹法，也許先看如何構作一個**一致樹**(consistency tree)，來決定一個語句組的一致或不一致。我們知道，要建立一個語句組的一致，是找這組的每個語句同爲眞的情況，也就是找出一個同爲眞的眞值指定或解釋。

理論上，眞值樹法和眞值表法，既可分開獨立去講，也可互相參照講。但由於直覺上直值表比較好了解，以及實際上我們已在第三章講了，並且一直使用它來講述有關的論題，在此也要利用它來討論眞值樹

法。試看下例。

例 1 　試用眞值樹法顯示下列前提組一致：

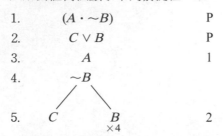

1. 　　　$(A \cdot \sim B)$ 　　　　　　P
2. 　　　　$C \vee B$ 　　　　　　　P
3. 　　　　　A 　　　　　　　　1
4. 　　　　　$\sim B$
5. 　　C 　　　　B 　　　　　　2
　　　　　　　　　$\times 4$

列 1 和 2 是要檢試的前提組。我們可以寫出一個八列的眞值表，然後去找兩個語句都眞的列決定它們是否一致。但能夠不用寫出整個表做這，即要這兩個複合語句爲眞時，必須要爲眞的**較簡語句**。要列 1 的連言爲眞，顯然要爲眞的較簡語句是列 3 的 A 和列 4 的 $\sim B$，也就是列 1 連言的兩個連項。列 3 的最右欄寫有數碼 1，列 4 的沒有寫。我們約定，沒有寫的就以前一列的數碼爲數碼。這樣，列 4 最右欄的數碼爲 1。這種省略，節省，又一目了然，這些列的根據和來源是同一個列的。列 3 和 4 右欄數碼有兩個表示：一，這些列是根據列 1 來的；二，這些列的同眞充分保證列 1 的連言爲眞。

要列 2 的選言爲眞，不須也不應像列 1 的連言要**兩個**連項都眞，只須一個選項眞就夠。這樣，要這個選言眞，兩個選項都可能。爲了顯示有這兩種可能，需像列 5 那樣，把列 2 的兩個選項**分支**出來，並考慮這兩個情況。列 5 的每個分支，可以視爲是這個選言可以爲眞的一個方式。列 5 右欄的數碼 2 表示列 5 是根據和來自列 2 的。現在，如果列 1 和 2 的原語句組的每個分子都要眞，則右邊的分支不會正確。因爲，要這分支爲眞，則要列 5 的 B 爲眞。但是已在列 4 列出 $\sim B$ 爲眞是列 1 爲眞的必要事項。但 B 和 $\sim B$ 不能同眞，所以右分支不正確，因此在列 5 的分支 B 下面，畫個叉號「$\times$」，表示這支不可能，到此爲止，不必再繼續考慮這個分支。叉號右邊數碼 4 表示，本列的 B 和列 4 的 $\sim B$ 相矛盾。但左邊分支的可能性仍然保持。如果 A 和 C 爲眞，則原語句組的兩個語句爲眞。這樣，這左邊樹支顯示了原語句組的一致。

　　像這個例子那樣的語句眞假展開和寫法，原語句的上下排列像樹幹，較短語句的向下左右分開寫像樹支，只是樹頭和樹尾倒過來而已。這樣，邏輯文獻上就把這樣的依眞假觀念，像樹支那種形狀的表列展開寫法，叫做**眞値樹法**(truth tree method)。我們將把像上例的，自列 1 的 $(A \cdot \sim B)$ 開始，和 C 結束的**通路**(path)，叫做原語句組的一個**眞通路**(true path)。這眞通路顯示，要使原語句組爲眞，我們可給成分字母什麼眞假值。在眞値樹上，每個眞通路顯示構作一個眞解釋或眞眞値指定的方式。在眞通路上列出的成分字母必須爲眞，而列出的否定成分字母顯示該成分字母必須爲假。例如，上例列 3 的 A 和列 5 的 C 必須爲眞，而列 4 的 $\sim B$ 必須爲眞，故 B 必須爲假。

　　一個通路在兩種情況下**完成**。一，它在一列出現其一語句，在另一列出現該語句的否言，則它**關閉**(closed)，並且完成。二，每列出現的是成分字母或其否言，則它也完成。我們以完成一個每個通路都關閉的，來顯示不一致；以找出一個**開放**(open)完成的通路，來顯示一致。試看下例。

　　例2　用眞値樹法顯示下列語句組爲一致：

1.	$\sim B \vee C$	P
2.	$A \supset B$	P
3.	$\sim C$	P
4.	$\sim B \quad \diagdown \quad C$	1
5.	$\sim A \quad \diagdown \quad B \quad \times 3$	2
	$\times 4$	

　　要使列 1 的選言爲眞，兩個選項之一要爲眞，因此，在列 4 把兩個選項 $\sim B$ 和 C **並列**寫在左右兩邊。這時我們發現，右邊的 C 和在同一個通路上列 3 的 $\sim C$ 矛盾。這樣，就在列 4 的 C 下面寫「$\times 3$」，表示這個 C 和列 3 的 $\sim C$ 矛盾，並關閉這個通路。其次在列 5 根據列 2 的如言 $A \supset B$，在列 4 的左支或左通路的 $\sim B$ 下面並列寫 $\sim A$ 和 B。這樣寫可以視爲是，由於這個如言和選言 $\sim A \vee B$ 等値，因此並列寫這個選言的選項 $\sim A$ 和 B。

現在在列 5 右邊的 B 通路，發現和列 4 的 $\sim B$ 矛盾；因此在 B 下面寫「×4」。但左邊的 $\sim A$ 通路「暢通」無阻，也就是沒有發現矛盾，所以是開放的。這是一個一致樹支，顯示原語句組爲一致。

例3　用眞値樹法顯示下列語句組一致或不一致：

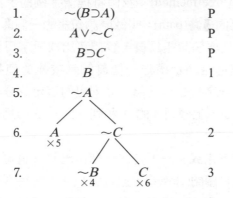

1.　　　　$\sim(B \supset A)$　　　　　　P
2.　　　　$A \vee \sim C$　　　　　　P
3.　　　　$B \supset C$　　　　　　P
4.　　　　B　　　　　　1
5.　　　　$\sim A$
6.　　A　　$\sim C$　　　　2
　　　×5
7.　　　　$\sim B$　　C　　3
　　　　　×4　　×6

因列 1 的否言 $\sim(B \supset A)$ 依次與 $\sim(\sim B \vee A),\ (\sim\sim B \cdot \sim A),\ (B \cdot \sim A)$ 等值，而這最後一個是連言。因此根據列 1，在列 4 和 5 分別寫這個連言的連項 B 和 $\sim A$。在列 6，根據列 2 的選言，左右並列寫選項 A 和 $\sim C$。左邊的 A 和相同通路列 5 的 $\sim A$ 矛盾，因此在它下面寫「×5」，並關閉這個通路。在列 7，根據列 3，接列 6 右邊的 $\sim C$，並列寫 $\sim B$ 和 C，因爲列 3 的如言和選言 $\sim B \vee C$ 等值。現在列 7 左邊的 $\sim B$ 和相同通路列 4 的 B 矛盾，右邊的 C 和相同通路列 6 的 $\sim C$ 矛盾，因此分別在 $\sim B$ 和 C 下面寫「×4」和「×6」。現在所有通路都關閉了，找不到一致樹路，因此原語句組不一致。

3.眞値樹規則

從前面三個例子我們看到，眞値樹是由一種可以說是**分解**(decomposition)和連接的程序建立的。在分解裡，較長的語句被相關的較短語句取代，這些語句沿著像一棵倒立的樹的結構安放。這些較短的語句代表使這較長的語句爲眞所需語句。因此，構作眞値樹的基本觀念是，把語句分解成逐漸較短的語句，依一種設計的方式，沿這樹支安排這些語

句，使得明顯可知是否可使原語句組爲眞或一致。

　　讀一個眞值樹的方式是去檢查這個樹的分支。從樹幹或通路向下發展的每個分支，相當於去使包含在樹幹裡的原語句爲眞的一個企圖，也就是去找一個使該原語句爲眞的一致樹。通常有些這些企圖會失敗，因爲它會要求一個語句及其否言同爲眞。每當這發生時，我們在該分支或通路的底下寫「×n」，這裡 n 爲與該列語句同一分支或通路上矛盾語句的列碼。這樣一個分枝或通路是**關閉的**，不再發展。如果一個樹的所有分支或通路都關閉，這就決定性的顯示，不可能使原語句組的所有語句同眞。換句話說，原語句組顯示爲不一致(inconsistent)。反之，當這樹完成時，有任何分支或通路仍然開放，則原語句組一致(consistent)，而這些沿開放分支安排的較短語句，就形成使原語句組爲眞的一個方案。

　　在前節的眞值樹法舉例裡，我們用直覺方式說明如何去分解一個語句爲較短語句。現在我們要把這些分解明文化，形成眞值樹法的**分解**或**發展**(development)規則。我們也要給這些規則一些名稱及其簡寫，以便引用。這些規則只是爲眞值樹法使用的，因此如果名稱有與語句邏輯或述詞邏輯雷同的，只是巧合。

　　爲每種基本形式的複合語句，否定的字母除外，有一個規則告訴我們，該語句如何分解。設 p, q 爲任何語句。這些**分解**或**發展**規則，共有下列九個：

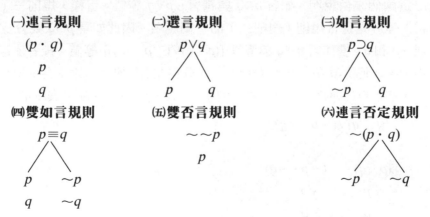

(一)**連言規則**　　　　(二)**選言規則**　　　　(三)**如言規則**

$(p \cdot q)$　　　　　　$p \vee q$　　　　　　$p \supset q$

　　p

　　q

　　　　　　p　　q　　　　　$\sim p$　　q

(四)**雙如言規則**　　　(五)**雙否言規則**　　　(六)**連言否定規則**

$p \equiv q$　　　　　　$\sim\sim p$　　　　　　$\sim(p \cdot q)$

　　　　　　　　　　　p

p　　$\sim p$

q　　$\sim q$　　　　　　　　　　$\sim p$　　$\sim q$

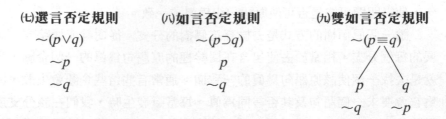

(七)**選言否定規則**　　(八)**如言否定規則**　　(九)**雙如言否定規則**

　　這些規則告訴我們的是，一個語句在它那些可分解的成分語句為眞的情況下為眞。這些規則基本上分三類。一類是把成分語句依線性，一上一下垂直放在通路，並且告訴我們，這些成分語句都眞時，原語句或被分解的語句就眞，例如規則(一)，(七)和(八)。另一類是把成分語句向左右兩邊分支，並且告訴我們，只要有一支的成分語句為眞，原語句或被分解的語句就眞，例如規則(二)，(三)和(六)。第三類可以說是前兩類的一種結合。一方面有左右兩邊的分支，二方面在每一分支上又有上下垂直放的。它告訴我們只要每一分支上的上下兩個成分語句為眞，原語句或被分解語句就眞。例如規則(四)和(九)。規則(五)很簡單，成分語句就是原語句的等值語句。

　　規則一（連言）是說，一個連言 $(p \cdot q)$ 要為眞，兩個連項 p 和 q 都要眞。規則二（選言）是說，選言 $p \lor q$ 要為眞，只要選項 p 和 q 之一為眞。這兩個規則很基本，規則五（雙否言）除外，其他六個規則都可利用這兩個來做說明。如言 $p \supset q$ 與選言 $\sim p \lor q$ 等值。這樣，規則三（如言）等於是選言規則（規則二）的一個應用。因此如言 $p \supset q$ 要分支寫成 $\sim p$ 和 q。雙如言 $p \equiv q$ 與選言 $[(p \cdot q) \lor (\sim p \cdot \sim q)]$ 等值。後者依選言規則，要把選項 $(p \cdot q)$ 和 $(\sim p \cdot \sim q)$ 分為左右兩點。這兩支各依連言規則，在各自的通路上，上下放 p 和 q，以及 $\sim p$ 和 $\sim q$，如下表所示：

$$(p \cdot q) \lor (\sim p \cdot \sim q)$$

$(p \cdot q)$	$(\sim p \cdot \sim q)$
p	$\sim p$
q	$\sim q$

這個表和下面的雙如言規則（規則四）相同：

雙否言～～p 與 p 等值，這是雙否言規則（規則五）所呈現的。連言否定～$(p \cdot q)$ 與選言 $(\sim p \vee \sim q)$ 等值。依選言規則，後者要把選項～p 和～q 分爲左右兩支，這是連言否定規則（規則六）所呈現的。選言否定～$(p \vee q)$ 與連言 $(\sim p \cdot \sim q)$ 等值。依連言規則，後者要把連項～p 和～q 上下放在通路上。這是選言否定規則（規則七）所呈現的。如言否定～$(p \supset q)$ 依次與～$(\sim p \vee q)$, $(\sim\sim p \cdot \sim q)$，和連言 $(p \cdot \sim q)$ 等值。依連言規則，後者要把連項 p 和～q 上下放在通路上。這是如言否定規則（規則八）呈現的。

雙如言否定～$(p \equiv q)$ 依次與～$[(p \supset q) \cdot (q \supset p)]$, ～$(p \supset q) \vee \sim(q \supset p)$, ～$(\sim p \vee q) \vee \sim(\sim q \vee p)$, $(\sim\sim p \cdot \sim q) \vee (\sim\sim q \cdot \sim p)$，和選言 $(p \cdot \sim q) \vee (q \cdot \sim p)$ 等值。後者依選言規則要把選項 $(p \cdot \sim q)$ 和 $(q \cdot \sim p)$ 左右分支。這兩支再各依連言規則把連項 p 和～q，以及 q 和～p 上下放在通路上，如下表所示：

$$(p \cdot \sim q) \vee (q \cdot \sim p)$$

$$(p \cdot \sim q) \qquad (q \cdot \sim p)$$
$$p \qquad\qquad q$$
$$\sim q \qquad\qquad \sim p$$

這個表和下面的雙如言否定規則（規則九）相同：

$$\sim(p \equiv q)$$

$$p \qquad q$$
$$\sim q \qquad \sim p$$

我們知道，在語句邏輯有五種基本形式的語句：連言，否言，選言，如言，和雙如言。扣掉否言本身，加上這五種形式語句的否言，就是前面九個真值樹規則要處理的九種基本形式的語句。有這樣了解，就不難把握這些規則了。下面我們要明文引用這些規則，更完整寫出真值樹法的證明。在此要指出的，在前面三個樹法證明裡，為了發展和書寫方便，盡量先做**連言**，即先做分解時，需在通路**上下**放的。次做選言，即要**左右分支**的。試看下列例子。

例 4　用樹法決定下列前提組是否一致：

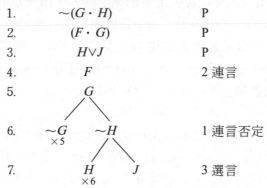

1.	$\sim(G \cdot H)$	P
2.	$(F \cdot G)$	P
3.	$H \lor J$	P
4.	F	2 連言
5.	G	
6.	$\sim G$　$\sim H$	1 連言否定
7.	H　J	3 選言

首先，有一個，即最右一個通路是開放的，故這個前提組一致。現在，在最右欄除了寫根據的列碼，也寫根據規則的名稱。因列 2 是連言，故先分解。列 1 實際是一個選言，故後分解。要特別注意的，在所有通路都關閉以前，所有複合語句（一個字母的單一否定除外），不論是前提的或分解過程中的，都要充分分解。

例 5　用樹法決定下列前提組是否一致：

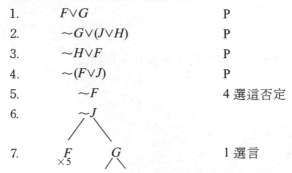

1.	$F \lor G$	P
2.	$\sim G \lor (J \lor H)$	P
3.	$\sim H \lor F$	P
4.	$\sim(F \lor J)$	P
5.	$\sim F$	4 選這否定
6.	$\sim J$	
7.	F　G	1 選言

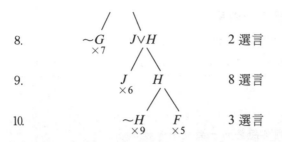

8.　～G　J∨H　　　　　2 選言
　　×7

9.　　　J　H　　　　　8 選言
　　　×6

10.　　　～H　F　　　　3 選言
　　　　×9　×5

所有通路都關閉，故前提組不一致。有兩點要注意。一，乍看起來，所有前提都不是連言。當然，列 1, 2 和 3 明顯是選言。但列 4 卻是連言 (～F·～J)，因此先從本列分解。二，列 8 的右支是未充分分解的複合語句，因此在列 9 對它做進一步分解。

　　眞値樹法其實就是一致樹法。所有利用眞値樹法顯示的問題，都要化成一致樹法來分解和發展。現在把眞値樹法──一致樹法的要點列述如下：

眞值樹法（一致樹法）：

1. 眞値樹法用來檢試一個語句組或前提組的一致或不一致。

2. 一個語句組是一致的，恰好如果該組的每個語句可以同時爲眞。這樣，證明或顯示一致是找一個每個語句都眞的解釋或眞値指定。

3. 在眞値樹法，以給一個語句組構作一個一致樹來進行；在這構作裡，依前面提出的九個眞値樹規則，分解成簡單的成分語句。

4. 一個樹的每個分支或通路表示一個企圖；這個企圖是給組成語句的語句字母指定眞假值，使得所有這些語句都眞。如果一個分支或通路含有矛盾，則該分支或通路就關閉。一個不會含矛盾的分支或通路，是開放的。一個關閉的分支或通路，表示一個會產生不一致的眞假指定。一個開放的分支或通路，表示一個不會產生不一致的眞假指定。如果每個指定都產生不一致，則原語句組不一致。如果有一個指定不會產生不一致，則這組語句一致。

遵循下列程序構作一致樹

　　1.在各別列上列出每個語句，上下接著。

　　2.仔細考慮每種語句，在所有選言之前，分解和發展連言。

習題 12-1

用真值樹法決定下列各組語句一致或不一致。

1. $\sim Q \vee P,\ (\sim R \cdot P),\ \sim(\sim Q \cdot R)$

2. $A \supset (B \vee C),\ \sim(\sim A \vee C),\ \sim B$

3. $(A \cdot B) \supset (C \supset D),\ E \supset \sim D,\ (B \cdot E)$

4. $A \supset (B \cdot \sim C),\ A \equiv D,\ [(B \cdot C) \cdot \sim D],\ A \vee C$

5. $A \supset (B \vee C),\ (C \cdot A) \supset E,\ (\sim F \supset (\sim E \cdot \sim D)$

6. $P \vee Q,\ \sim(Q \vee R),\ \sim(Q \vee \sim S)$

7. $P \vee \sim Q,\ Q \vee R,\ \sim[R \cdot \sim(S \cdot P)],\ \sim P$

8. $\sim Q \supset \sim P,\ (P \cdot \sim Q) \vee (\sim P \cdot \sim Q),\ \sim P \supset Q$

9. $P \supset (P \cdot Q),\ \sim P \supset \sim(P \vee Q),\ \sim(P \cdot Q) \equiv (\sim P \cdot \sim Q)$

10. $P \vee (Q \vee R),\ \sim(R \cdot \sim Q),\ \sim P \vee Q,\ \sim[Q \vee (P \cdot R)]$

4.語句邏輯裡的有效與無效

　　除了檢試語句組的一致和不一致以外，真值樹法的重要使用是檢試論證的有效和無效。在這兩種使用上，樹法本身的運行沒有什麼不同，只是在檢試有效性時，要把結論的**否言**添到出發的前提組裡。

　　為使用真值樹法檢試有效性，我們需要知道，一個論證的有效與某一個語句組的某一關係有關。設一個前提為 $p_1, \cdots, p_n$ ，結論為 q 的論證為有效。那麼，我們知道的：

　　(1)　不可能 $p_1, \cdots, p_n$ 為真而 q 為假。也就是，

　　(2)　不可能 $p_1, \cdots, p_n$ 和 $\sim q$ 都真。也就是，

　　(3)　$\{p_1, \cdots, p_n, \sim q\}$ 為不一致。

這樣，每個有效的論證與某一個不一致的語句組有關。實際上，我們可

以說，

> 一個論證 $p_1, \cdots, p_n / \therefore q$ 是有效的，恰好如果 $\{p_1, \cdots, p_n, \sim q\}$ 是不一致的。

這樣，我們就可以檢試有關的語句組的一致性，來檢試一個論證的有效性。這個有關的語句組就是這個論證的前提連同結論的否言。試看下例。

例6　用眞値樹法檢試下列論證的有效性：

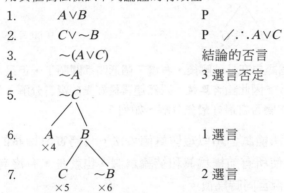

1.　　　$A \lor B$　　　　　　　P
2.　　　$C \lor \sim B$　　　　　　P　$/\therefore A \lor C$
3.　　　$\sim(A \lor C)$　　　　　結論的否言
4.　　　$\sim A$　　　　　　　3 選言否定
5.　　　$\sim C$

6.　　A　　B　　　　　1 選言
　　　$\times 4$

7.　　　　C　　$\sim B$　　2 選言
　　　　$\times 5$　$\times 6$

為了檢試論證的有效或無效，首先把結論的否言放進前提組，進行一致性的檢試。列 3 可化為連言，故先於列 1 和 2 分解。所有的通路都關閉了，所以語句組 { 前提，結論的否言 } 不一致。這是說原論證有效，因為沒有使前提眞結論假的方式。

在眞値樹法的分解和發展中，所有的通路都關閉時，是否就像是語句邏輯和述詞邏輯的導衍，導出一個矛盾。是的，不但是，而且**裡面**的邏輯原理可以說完全一樣。這樣，眞値樹法的證明豈不是導謬法(RAA)的「翻版」？對的。在導謬法中，我們也把結論的否言添進前提組。當導出一個矛盾時，就是顯示這個 { 前提＋結論的否言 } 是不一致的。這時我們就可宣稱論證**有效**。試看下例。

例7　1.　　　　　　　　$F \supset J$　　　　　　P
　　　2.　　　　　　　$\sim(H \lor J)$　　　　　P

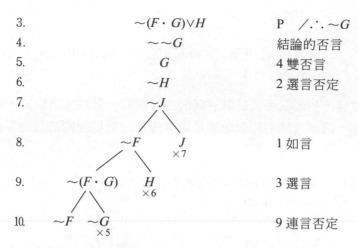

3.	~(F · G)∨H	P　　/∴. ~G
4.	~~G	結論的否言
5.	G	4 雙否言
6.	~H	2 選言否定
7.	~J	
8.	~F　　　J 　　　　×7	1 如言
9.	~(F · G)　　H 　　　　　　×6	3 選言
10.	~F　~G 　　×5	9 連言否定

在每個語句充分分解後，右邊三個通路都關閉了，但最左一個，仍然開放。因此論證**無效**。雖然連言最好先於選言分解，但如果有雙否言，雙否言最好最先分解，如列 5。

有效性的樹法檢試，類似短切真值表法。我們實際檢試的是，看看是否有任何可能使所有前提為真和結論為假。也就是，有沒有可能使所有前提和結論的否言同時為真。

在樹法的發展裡，所有未關閉的分支或通路上的語句都充分分解後，如果仍有通路是開放的，則所有起始的語句——前提加結論的否言——會為真；這意味著，可能前提真結論假；這是說，論證無效。實際上，任何開放的通路會產生一個反例：如果使該通路上未否定的字母為真，否定的字母為假（例如，如果~F 出現，使 F 為假），會有真前提和假結論的情形。例如在上面例 7，最左的通路是開放的，在這通路上，有~F, G, ~H 和 J。如果 G 真，而 F, H 和 J 都假，則顯然前提 F⊃J，~(H∨J) 和~(F · G)∨H 都真，而結論~G 則假。

為什麼所有通路都關閉時，就可以判定論證為有效呢？(i)如果所有通路都關閉，則不會有所有起始的語句都真。這意味，(ii)不可能前提和結論的否言同為真，這意味，(iii)如果前提真，則結論的否言必為假，因此(iv)結論為真。這樣，(v)如果所有通路都關閉，則如果所有前提都真，則結論也必定為真，所以論證有效。再看下例。

例 8　用樹法決定下列論證的有效：

1. $A \equiv H$　　　　　　　　　P
2. $\sim A \vee \sim H$　　　　　　　　P
3. $J \supset A$　　　　　　　　　P　／∴.$\sim(H \vee J)$
4. $\sim\sim(H \vee J)$　　　　　　結論的否言
5. $H \vee J$　　　　　　　　4 雙否言
6. 　　　　A　　　$\sim A$　　　1 雙如言
7. 　　　　H　　　$\sim H$
8. 　　$\sim A$　$\sim H$　$\sim A$　$\sim H$　　2 選言
　　　　×6　　×7
9. 　　　$\sim J$　A　$\sim J$　A　　3 如言
　　　　　　　×8　　　×6
10. 　　H　J　H　J　　5 選言
　　　×7　×9　×8　×9

所有通路都關閉，故論證有效。前面七例都未使用雙如言「 ≡ 」，本例在列 1, 6 和 7 第一次使用。

例 9　用樹法決定下列論證的有效性：

1. 　　　　　$\sim(A \cdot B) \supset C$　　　　　P
2. 　　　　　$C \supset (D \vee E)$　　　　　　P　／∴.$\sim A \supset D$
3. 　　　　　$\sim(\sim A \supset D)$　　　　　結論的否言
4. 　　　　　$\sim A$　　　　　　　　3 如言否定
5. 　　　　　$\sim D$
6. 　　　$\sim C$　　　　$D \vee E$　　　2 如言
7. 　　　　　　　　D　　　E　　　6 選言
　　　　　　　　×5
8. $\sim\sim(A \cdot B)$　C　$\sim\sim(A \cdot B)$　C　1 如言
　　　　　　×6
9. 　$(A \cdot B)$　　　　　$(A \cdot B)$　　　8 雙否言

10.	*A* .... *A*	9 連言
11.	*B* .... *B*	

因有一個通路，即最右以 *C* 結束的通路開放，故論證無效。記號
「×*n*」的意思是，這一分支或通路在此關閉，因為上面這個語句
與同一通路上 *n* 列的語句矛盾。但是如果這個記號上面的兩列語
句，是根據同一個樹法規則，從同一個語句分解得來的，例如本例
列 10 和 11 的 *A* 和 *B*，和列 *n* 語句矛盾的不一定是這列的語句，
可能是上列的語句。例如，本例最左通路和列 4 的～*A* 矛盾的，是
列 10 的 *A*，不是列 11 的 *B*。這是要注意的。

我們最好，雖然不是非這樣不可，先應用樹法規則一（連言），七
（選言否定），和八（如言否定）這些非分支規則，因為這會使得到的
樹較簡單。其次，在幾個分支分解的語句間要做選擇時，先分解那些會
迅速導致關閉的。不能看出那一個迅速時，先分解最長的語句。長短相
差無幾時，依習慣，先做排在前面的。也要注意的，如同使用導謬法那
樣，一個矛盾不一定只是一個單一字母與其否言。一個複合語句與其否
言也是。兩個互相矛盾的語句，可在分支或通路的**任何地方**出現，不一
定彼此鄰近。這是說，我們必須仔細檢查分支或通路，確定沒有忽略任
何矛盾。再看下例。

例 10　用樹法檢試下列論證的有效：

1.	$(P \supset Q) \supset S$	P
2.	$\sim[(\sim Q \vee \sim K) \supset P]$	P
3.	$\sim S \vee (K \cdot P)$	P
4.	$\sim Q \equiv \sim P$	P　／∴～$(Q \vee K)$
5.	$\sim\sim(Q \vee K)$	結論的否言
6.	$Q \vee K$	5 雙否言
7.	$\sim Q \vee \sim K$	2 如言否定
8.	$\sim P$	
9.	$\sim Q \quad\quad \sim\sim Q$	4 雙如言
10.	$\sim P \quad\quad \sim\sim P$ ×8	

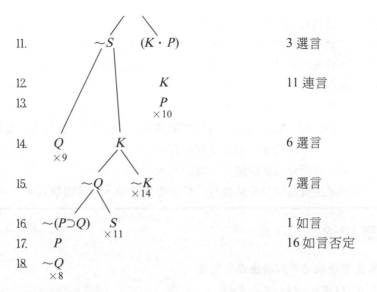

11.	~S	(K · P)	3 選言
12.		K	11 連言
13.		P ×10	
14.	Q ×9	K	6 選言
15.		~Q ~K ×14	7 選言
16.		~(P⊃Q) S ×11	1 如言
17.		P	16 如言否定
18.		~Q ×8	

所有通路都關閉，故論證有效。讓我們從頭講起：

(i)首先，在前提列 1, 2, 3 和 4 下面，添加列 5 結論的否言。

(ii)其次，找非分支的分解。我們可不分支分解列 5 結論的否言和列 2。如列 6, 7 和 8。

(iii)不十分清楚，其次應分解那一列。就做列 4 吧，因為它的分解最複雜，並且其一個分支立即會關閉。如列 9 和 10。

(iv)同理，分解列 3，對列 6 的 Q∨K 可立即產生關閉。如列 11 和 14。對列 11 的 (K · P) 也會關閉。如列 12 和 13。

(v)現在只剩列 1 和 7 未分解。列 1 需兩次分解，如列 15, 16, 17 和 18。

有效性的真值樹法檢試

1. 依序列舉前提和結論的否言。

2. 依樹法規則進行語句分解之前，先檢視一下。最好先處理雙否言，其次先分解非分支，後分解分支的。可立即產生矛盾關閉的，優先處理。每列已分解一次的語句，不要再分解。

3. 繼續做分解，但要注意：

(a)如果在一個分支或通路上出現一個語句及其否言，關閉該分支，

> 並且在它下面寫叉號和數碼「×n」，其中 n 為同一分支上與此列
> 語句矛盾的語句所在列碼。一個分支或通路一旦關閉，不要對該
> 分支再做什麼；不需對留在分支上的複合語句做分解。
>> (b)在分解一個語句時，把分解所得成分語句附在該語句所在**每個**開
>> 放的分支或通路下面。（不在同一分支的不要附加。）
> 4.繼續分解，直到每個分支關閉**或者**在未關閉的分支上的所有複合語
> 句，都分解成單一字母或其否言。
> 5.如果每個分支都關閉了，論證有效。
> 6.如果所有語句都分解後有些分支仍然開放，則論證無效。

習題 12-2

用真值樹法決定下列論證的有效性：

1. $P \lor Q, R \lor \sim Q$　／∴$P \lor R$

2. $\sim(P \lor R), \sim(Q \cdot \sim R)$　／∴$(\sim P \cdot \sim Q)$

3. $A \supset B, C \supset D, B \lor C$　／∴$A \lor D$

4. $F \supset \sim G, \sim(F \lor G) \lor F, \sim(F \cdot Q) \supset (G \lor F)$　／∴$\sim(F \cdot G) \supset \sim F$

5. $(A \supset B) \lor (B \supset C), \sim C \supset (A \cdot B)$　／∴$B \supset \sim A$

6. $P \supset (Q \cdot R), \sim P \supset \sim(Q \cdot R), (Q \cdot \sim P)$　／∴$\sim R$

7. $(F \cdot G) \equiv H, F \supset G$　／∴$F \equiv H$

8. $L \supset [M \supset (N \lor O)], M \supset \sim N$　／∴$L \supset (\sim M \lor O)$

9. $A \supset (B \supset \sim C), [B \cdot (D \supset \sim E)], (E \lor F) \supset (C \lor H)$　／∴$A \supset H$

10. $(A \lor \sim B) \supset (C \supset \sim D), \sim C \equiv (E \cdot \sim F), \sim(E \lor \sim H), D \lor (F \cdot H)$　／∴$F \supset B$

5.等值，套套言，矛盾言與適真言

　　在檢試語句組的一致性和論證的有效性上，真值樹法非常有用。樹
法也可用來檢試語句對的等值性，但時間上並不時常比真值表節省。

　　我們知道的，在真值樹法上，要利用檢試一個語句組，即｛前提＋
結論的否言｝是否一致，來檢試一個論證是否有效。同樣，語句間是否
等值的檢試也要利用一致樹法。語句 p 和 q 是等值的，恰好如果它們的

眞假值完全相同，也就是當 p 眞時 q 不可能爲假，**以及**當 q 眞時 p 不可能爲假。後一個說法對我們有用。所謂 p 眞時 q 不可能爲假，也可以說是，p 眞時～q（q 的否言）可能爲眞，也就是 p 與～q，即{p, ～q}是一致的。

　　這樣，我們可檢試 {p, ～q} **以及** {q,～p} 是否一致，來檢試 p 與 q 是否等值。如果這兩者都一致，則 p 與 q 等值；有一不一致，則不等值。試看下例。

　　例 11　用眞值樹法檢試 $A\lor\sim(B\lor C)$ 與 $(A\cdot\sim B)\lor\sim C$ 是否等值。

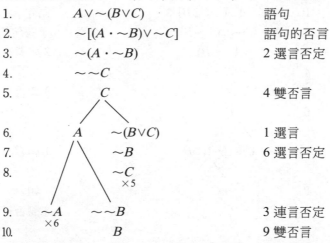

1.	$A\lor\sim(B\lor C)$	語句
2.	$\sim[(A\cdot\sim B)\lor\sim C]$	語句的否言
3.	$\sim(A\cdot\sim B)$	2 選言否定
4.	$\sim\sim C$	
5.	C	4 雙否言
6.	A　　$\sim(B\lor C)$	1 選言
7.	$\sim B$	6 選言否定
8.	$\sim C$　×5	
9.	$\sim A$　$\sim\sim B$	3 連言否定
	×6	
10.	B	9 雙否言

左起第二個通路——以 B 爲末端的，是開放的。這樣第一個語句爲眞時，第二個可以爲假，故兩個語句不等值。注意，列 1 和 2 的最右欄，寫的是「語句」或「語句的否言」。這裡的「語句」是指受檢試的語句。以前這裡寫的是「P」（前提）或結論的否言。因現在不論及論證，故沒有前提和結論。

　　在這裡用眞值樹檢試等值，看來還滿簡單，但試看下例。

　　例 12　用樹法檢試 $(A\cdot\sim B)\supset C$ 和 $A\supset(\sim C\supset B)$ 是否等值。

1.	$(A\cdot B)\supset C$	語句
2.	$\sim[A\supset(\sim C\supset B)]$	原語句的否言
3.	A	2 如言否定
4.	$\sim(\sim C\supset B)$	

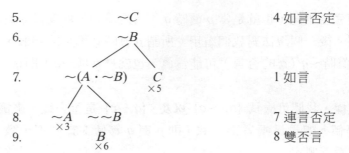

5.		~C		4 如言否定
6.		~B		
7.	~(A · ~B)		C ×5	1 如言
8.	~A ×3	~~B		7 連言否定
9.		B ×6		8 雙否言

所有通路都關閉，故第一個語句眞時第二個不可能假。但這只顯示 {p,~q} 爲一致，我們還需顯示 {q, ~p} 的一致。

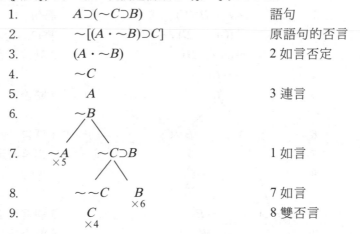

1.	A⊃(~C⊃B)	語句
2.	~[(A · ~B)⊃C]	原語句的否言
3.	(A · ~B)	2 如言否定
4.	~C	
5.	A	3 連言
6.	~B	
7.	~A ×5　~C⊃B	1 如言
8.	~~C　B ×6	7 如言
9.	C ×4	8 雙否言

所有通路都關閉，這樣第二個語句眞時第一個語句不可能假。這顯示兩個語句等值。

　　使用眞值表檢試此例的兩個語句是否等值，也不過是八列而已，但使用樹法卻要做兩個樹法的展開，顯然沒節省時間。

　　我們知道，可用眞值表或短切眞值表來決定，一個語句是套套言，矛盾言，或適眞言。我們也可用眞值樹法做這。但樹法時常並不比眞值表法節省時間。我們使用樹法來檢試，是否有一個方式使這個語句爲眞。如果沒有，則是矛盾言。但是如果有，我們必須看是否也有一個方式使它爲假。如果沒有，則是套套言。如果旣可使爲眞，也可使爲假，則它適眞。試看下例。

例 13 用樹法決定 $[(C⊃D)·∼C]⊃∼D$ 是套套言，矛盾言或適眞言。

1.	$[(C⊃D)·∼C]⊃∼D$	語句
2.	$∼[(C⊃D)·∼C]$　　$∼D$	1 如言
3.	$∼(C⊃D)$　　$∼∼C$	2 如言否定
4.	C	3 雙否言
5.	A	3 如言否定
6.	$∼D$	

有開放的通路，故不是矛盾言。我們要檢試它的否言，看看是套套言還是適眞言。

1.	$∼\{[(C⊃D)·∼C]⊃∼D\}$	原語句的否言
2.	$[(C⊃D)·∼C]$	1 如言否定
3.	$∼∼D$	3 雙否言
4.	D	2 連言
5.	$C⊃D$	
6.	$∼C$	
7.	$∼C$　　　D	5 如言

有開放的通路，故可使原語句爲假，故原語句**不是套套言**，是適眞言。

例 14 用樹法決定 $[A·∼(B∨A)]$ 是套套言，矛盾言或適眞言。

1.	$[A·∼(B∨A)]$	語句
2.	A	1 連言
3.	$∼(B∨A)$	
4.	$∼B$	3 選言否定
5.	$∼A$ ×2	

所有通路都關閉，故爲矛盾言。

例 15 用樹法決定 $A∨∼(B·A)$ 是套套言，矛盾言或適眞言。

1.	$A∨∼(B·A)$	語句
2.	A　　　$∼(B·A)$	1 選言

3.	~B　　~A	2 連言否定

有開放的通路，故不是矛盾言。現在再檢試原語句的否言如下：

1.	~[A∨~(B · A)]	原語句的否言
2.	~A	1 選言否定
3.	~~(B · A)	
4.	(B · A)	3 雙否言
5.	B	4 連言
6.	A ×2	

所有通路都關閉，故原語句不可爲假，故爲套套言。

習題 12-3

Ⅰ.用真值樹法決定下列各題的兩個語句是否等值。

1.(A · ~B) 與 ~(B∨~A)

2.[~(A · B)· C] 與 [~A ·(B · C)]

3.~[A ·(B · C)] 與 ~A∨(~B · ~C)

4.~[A∨(B · C)] 與 (~A · ~B)∨(~A · ~C)

5. A⊃(B⊃A) 與 B⊃(A⊃B)

6.~(H · ~K) 與 (~H · ~K)∨(H∨K)

7.(H · K)∨(K · L) 與 (~H · ~K)∨(~K · ~L)

8.[~(P⊃Q)· Q] 與 [(P · Q)·(P≡~Q)]

Ⅱ.用樹法決定下列語句那些是套套言，矛盾言或適真言？

1.[P∨(~P · Q)]

2.[(P · Q)· ~(P∨Q)]

3.~[~(P · Q)∨R]∨[~P∨(~Q∨R)]

4.[(P · Q)∨(R · S)]∨(~P∨~Q)

5.[(E⊃F)⊃F]⊃E

6.[(A⊃B)·(A∨B)]⊃B

7.{[G⊃(N⊃~G)]·[(G≡N)·(G∨N)]}

8. $[S \cdot (T \vee J)] \equiv [(\sim S \vee \sim T) \cdot (\sim S \vee \sim J)]$

9. $[(E \vee F) \cdot (G \vee H)] \equiv [(E \cdot G) \vee (F \cdot H)]$

10. $\{A \supset [(B \vee C) \vee (D \vee \sim B)]\} \vee \sim A$

6. 述詞邏輯的眞值樹法

從前面幾節我們知道，如同眞值表那樣，眞值樹法也給語句邏輯的一致性和有效性，提出一個**決定程序**(decision procedure)。樹法也可推廣到述詞邏輯。樹法對一元述詞邏輯，也提供一個決定程序，但對關係述詞邏輯則沒有。先從一元述詞開始。

前面講的語句邏輯樹法的九個分解規則，一樣適用於述詞邏輯樹法。此外，我們需要增加三個處理量號的規則。幸好，這三個規則和前面第七章述詞邏輯證明裡的量號互換(EQ)，全稱例舉(UI)，和存在例舉(EI)非常接近。量號互換幾乎一樣，唯有使用於樹法這一事實的不同。它可敘述如下：

(i) **量號互換**(EQ)：如果一個$\sim (x) \sim \phi x$這種形式的語句在一個開放分支或通路出現，則在該分支或通路的底部寫$\exists x \phi x$。如果一個$\sim \exists x \sim \phi x$這種形式的語句在一個開放分支或通路出現，則在該分支或通路的底部寫$(x)\phi x$。

全稱例舉(UI)也與線性證明的 UI 類似，只是在樹分解上要給已在一個分支或通路的**每個**實例字母——常詞或自由變詞，寫下該實例字母。它可敘述如下：

(ii) **全稱例舉**(UI)：如果在一個分支有語句$(x)\phi x$出現，則在該分支底下給在該分支出現的**每個**實例字母 a 或 y 寫語句ϕa或ϕy（除非ϕa或ϕy已在該分支）。如果在該分支沒有實例字母出現，選任意字母，譬如a或y，在該分支底下寫ϕa或ϕy。這樣的書寫，必要時可以無限制寫下去。

存在例舉(EI)規則非常像線性證明裡的 EI。如同那裡那樣，在應用

UI 之前要先應用 EI。EI 基本上是要選一個新字母當存在語句的實例。樹法的 EI 規則可敘述如下：

(iii)**存在例舉**(EI)：如果在一個分支有 ∃x𝜙x 這種形式的語句，則在該分支底下寫 𝜙y，但 y 要在該分支尚未出現為自由。

7.述詞邏輯裡的一致與不一致

除了遇到含有量號的語句可能需要 EQ, UI 或 EI 規則來發展以外，述詞邏輯裡一致或不一致的檢試，尤其是一元述詞邏輯，和語句邏輯的樹法沒有兩樣。試看下列例子。

例 16　用樹法檢試下列前提組的一致性：

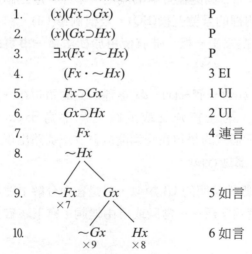

1.	(x)(Fx⊃Gx)	P
2.	(x)(Gx⊃Hx)	P
3.	∃x(Fx · ~Hx)	P
4.	(Fx · ~Hx)	3 EI
5.	Fx⊃Gx	1 UI
6.	Gx⊃Hx	2 UI
7.	Fx	4 連言
8.	~Hx	
9.	~Fx　　Gx	5 如言
	×7	
10.	~Gx　　Hx	6 如言
	×9　　×8	

因所有分支都關閉，故前提組不一致。

在有些例子裡，如果所有量辨語句，包括當成分語句的量辨語句，都用過一次的例舉規則以後，有些分支是開放的，則這組語句是一致的，因為至少在該分支的所有實例為真，就足以顯示這組語句有同真的情形。試看下例。

例 17　用樹法決定下列前提組的一致性：

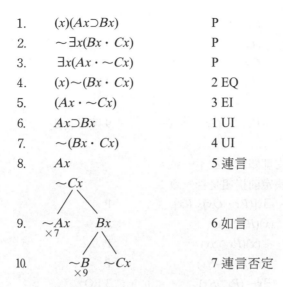

1.	$(x)(Ax \supset Bx)$	P
2.	$\sim \exists x(Bx \cdot Cx)$	P
3.	$\exists x(Ax \cdot \sim Cx)$	P
4.	$(x)\sim(Bx \cdot Cx)$	2 EQ
5.	$(Ax \cdot \sim Cx)$	3 EI
6.	$Ax \supset Bx$	1 UI
7.	$\sim(Bx \cdot Cx)$	4 UI
8.	Ax	5 連言

由於每一個量辨語句都至少例舉一次，而且有一個分支，最右一個，是開放的，故語句組一致。

從這個例子，我們要講的是，雖然對完全的述詞邏輯沒有有系統的決定程序，但是對僅只含一元述詞的語句組一致性的檢試，可以這樣說。設有一組一元述詞語句。我們構作一個眞值樹，其中在每個分支上有給該分支的每個存在量辨語句引進某個自由變詞。而且假定，樹上的每個全稱量辨已用樹上的每個常詞或自由變詞使用一次 UI。並且又假定，所有眞函複合語句都已充分分解。如果還有分支開放的話，則這個語句組一致。這個開放的分支就可用來構作眞的解釋或眞值指定。這樣，在一元述詞邏輯，我們恒可使用眞值樹決定一組語句是否一致。試看下列例子。

例18　用樹法決定前提組是否一致：

1.	$\sim \exists x(Fx \cdot Gx)$	P
2.	$\exists x[(Hx \cdot Gx)\cdot Fx]$	P
3.	$(x)\sim(Fx \cdot Gx)$	1 EQ
4.	$[(Hx \cdot Gx)\cdot Fx]$	2 EI
5.	$(Hx \cdot Gx)$	4 連言

6.	Fx	
7.	Hx	5 連言
8.	Gx	
9.	$\sim(Fx \cdot Gx)$	3 UI

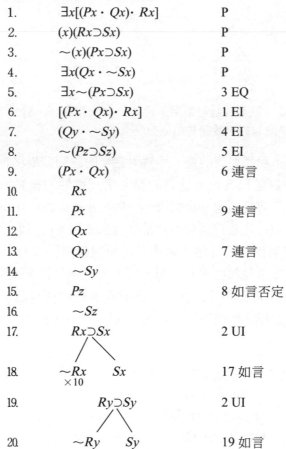

10.	$\sim Fx$	$\sim Gx$	9 連言否定
	$\times 6$	$\times 8$	

所有分支都關閉，故不一致。

例 19　用樹法決定前提組是否一致：

1.	$\exists x[(Px \cdot Qx)\cdot Rx]$	P
2.	$(x)(Rx{\supset}Sx)$	P
3.	$\sim(x)(Px{\supset}Sx)$	P
4.	$\exists x(Qx \cdot \sim Sx)$	P
5.	$\exists x\sim(Px{\supset}Sx)$	3 EQ
6.	$[(Px \cdot Qx)\cdot Rx]$	1 EI
7.	$(Qy \cdot \sim Sy)$	4 EI
8.	$\sim(Pz{\supset}Sz)$	5 EI
9.	$(Px \cdot Qx)$	6 連言
10.	Rx	
11.	Px	9 連言
12.	Qx	
13.	Qy	7 連言
14.	$\sim Sy$	
15.	Pz	8 如言否定
16.	$\sim Sz$	
17.	$Rx{\supset}Sx$	2 UI

18.	$\sim Rx$	Sx	17 如言
	$\times 10$		
19.		$Ry{\supset}Sy$	2 UI

20.	$\sim Ry$	Sy	19 如言
		$\times 14$	

21.　　　　$Rz \supset Sz$　　　　　　　　　2 UI

22.　$\sim Rz$　　Sz　　　　　　　　21 如言
　　　　　　　×16

在做完所有必要的例舉和分解後，以$\sim Rz$結尾的左邊分支爲開放，故一致。

習題 12-4

用眞値樹法決定一列各語句組是否一致。

1. $(x)[Fx \supset (Gx \cdot Hx)]$, $\exists x(Gx \cdot \sim Hx)$

2. $\exists x(Ax \cdot Cx)$, $(x)(Bx \supset \sim Cx)$, $\exists x(Ax \cdot Bx)$

3. $\exists x[(Fx \cdot Gx) \cdot Hx]$, $(x)(Gx \supset Jx)$, $(x)(Hx \supset Jx)$

4. $\sim(x)[Ax \supset (\sim Bx \lor Cx)]$, $\exists x[Bx \cdot (Ax \lor Cx)]$

5. $(x)[Ax \supset (Bx \lor Cx)]$, $\sim(x)(Ax \supset Bx)$, $\sim\exists x(Ax \cdot Cx)$

6. $(x)(Px \supset Qx)$, $\sim(x)(Qx \supset Px)$, $\exists x(Px \cdot Qx)$

8.述詞邏輯裡的有效與無效

　　我們可以用樹法顯示語句組一致或不一致的程序，來顯示述詞邏輯裡的論證的有效或無效。這顯示一致或不一致的程序，在前節已做了。爲了更明白，我們要把顯示有效或無效的程序，摘述如下：

(i)構作一個述詞邏輯有效性樹法證明時，首先寫下前提和結論的否言。如同語句邏輯樹法，要先應用不分支的規則；這會相當簡化樹，並減少錯誤。記住，量號規則沒有分支的。

(ii)如果可以，應用 EQ。

(iii)應用任何非分支語句邏輯規則，並且如果可以，再應用 EQ。

(iv)應用 EI 獲取存在量辨語句的一個實例。在做 UI 之前先做 EI，如果有存在語句的話。

(v)對全稱語句應用 UI，如果在分支或通路已有常詞或自由變詞，就使用這些常詞或變詞；如果沒有，使用任何字母。

(vi)應用適當的語句邏輯樹法規則，如果所有分支都關閉，則論證有效，而如果在所有應例舉或分解的都做完以後，仍有開放的分支，則論證無效。

試看下列例子。

例 20　用樹法決定論證的有效或無效：

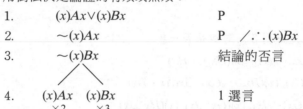

1.　　　$(x)Ax \lor (x)Bx$　　　　　P
2.　　　$\sim(x)Ax$　　　　　　　P　　$/\therefore (x)Bx$
3.　　　$\sim(x)Bx$　　　　　　　結論的否言

4.　　$(x)Ax$　$(x)Bx$　　　1 選言
　　　　$\times 2$　　$\times 3$

　　所有分支都關閉，故有效。列 2 和列 3 雖然是量辨語句，但本題的發展只用語句邏輯的分解規則，沒用述詞邏輯的。

例 21　用樹法決定論證的有效或無效：

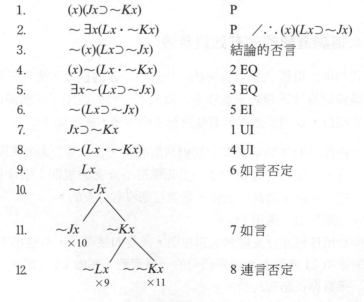

1.　　　$(x)(Jx \supset \sim Kx)$　　　　P
2.　　　$\sim \exists x(Lx \cdot \sim Kx)$　　　　P　　$/\therefore (x)(Lx \supset \sim Jx)$
3.　　　$\sim(x)(Lx \supset \sim Jx)$　　　結論的否言
4.　　　$(x)\sim(Lx \cdot \sim Kx)$　　　2 EQ
5.　　　$\exists x \sim(Lx \supset \sim Jx)$　　　3 EQ
6.　　　$\sim(Lx \supset \sim Jx)$　　　　5 EI
7.　　　$Jx \supset \sim Kx$　　　　　　1 UI
8.　　　$\sim(Lx \cdot \sim Kx)$　　　　4 UI
9.　　　Lx　　　　　　　　　　6 如言否定
10.　　　$\sim\sim Jx$

11.　　$\sim Jx$　　$\sim Kx$　　　7 如言
　　　　$\times 10$

12.　　$\sim Lx$　　$\sim\sim Kx$　　8 連言否定
　　　　$\times 9$　　　$\times 11$

所有分支都關閉，故論證有效。

例 22　用樹法決定論證的有效性：

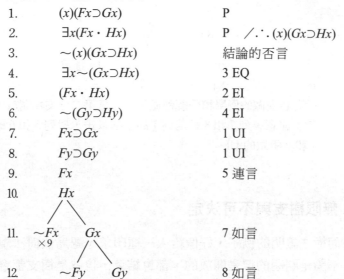

1.	$(x)(Fx \supset Gx)$	P
2.	$\exists x(Fx \cdot Hx)$	P　／∴ $(x)(Gx \supset Hx)$
3.	$\sim(x)(Gx \supset Hx)$	結論的否言
4.	$\exists x \sim(Gx \supset Hx)$	3 EQ
5.	$(Fx \cdot Hx)$	2 EI
6.	$\sim(Gy \supset Hy)$	4 EI
7.	$Fx \supset Gx$	1 UI
8.	$Fy \supset Gy$	1 UI
9.	Fx	5 連言
10.	Hx	
11.	$\sim Fx$　　Gx	7 如言
12.	$\sim Fy$　　Gy	8 如言

所有必須做的例舉（例如列 7 和 8 分別對列 5 和 6 的變詞 x 和 y 都做了 UI）和分解都做了，右邊仍有兩個開放的分支，故論證無效。

例 23　用樹法決定論證的有效性：

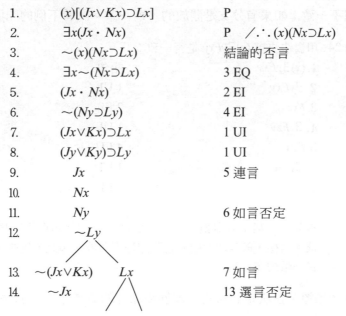

1.	$(x)[(Jx \lor Kx) \supset Lx]$	P
2.	$\exists x(Jx \cdot Nx)$	P　／∴ $(x)(Nx \supset Lx)$
3.	$\sim(x)(Nx \supset Lx)$	結論的否言
4.	$\exists x \sim(Nx \supset Lx)$	3 EQ
5.	$(Jx \cdot Nx)$	2 EI
6.	$\sim(Ny \supset Ly)$	4 EI
7.	$(Jx \lor Kx) \supset Lx$	1 UI
8.	$(Jy \lor Ky) \supset Ly$	1 UI
9.	Jx	5 連言
10.	Nx	
11.	Ny	6 如言否定
12.	$\sim Ly$	
13.	$\sim(Jx \lor Kx)$　　Lx	7 如言
14.	$\sim Jx$	13 選言否定

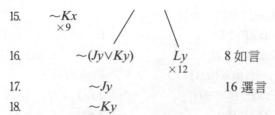

15.　　　　～*Kx*
　　　　　　×9

16.　　　　～(*Jy*∨*Ky*)　　　　*Ly*　　　8 如言
　　　　　　　　　　　　　　　　×12

17.　　　　～*Jy*　　　　　　　　　　　16 選言

18.　　　　～*Ky*

所有必須做的例舉和分解都做了，左邊第二分支為開放，故論證無效。注意，列 7 和 8 是為列 1 的全稱量辨，對列 5 和 6 的自由變詞 *x* 和 *y* 所做的 UI。

9. 無限樹支與不可決定

前面樹法證明的例子，好像給人一種印象，認為依樹法規則發展的分支，不論是關閉的還是開放的，都會結束，也就是樹支都會完成。但事實並不是如此，有些真值樹不會完成。處理關係述詞邏輯時，不會完成就可能發生。

假定我們要查看語句 (*x*)∃*yFxy* 是否一致。如果樹的所有分支都關閉，則不一致；如果有分支是開放的，則一致。試看下例的開展。

例 24　用樹法決定 (*x*)∃*yFxy* 是否一致：

1. (*x*)∃*yFxy*　　　　　　　語句
2. ∃*yFxy*　　　　　　　　　1 UI
3. *Fxz*　　　　　　　　　　　2 EI
4. ∃*yFzy*　　　　　　　　　1 UI
5. *Fzw*　　　　　　　　　　　4 EI
6. ∃*yFwy*　　　　　　　　　1 UI
7. *Fwv*　　　　　　　　　　　6 EI
　　⋮

等等，要無限制繼續下去，無法做完。因此這個樹或樹支無法完成。這樣，既無法關閉，也不知是否開放。因此，無法決定原語句是一致或不一致。

我們知道，在決定語句的一致性和論證的有效性上，樹法和真值表

法一樣，主要在找在某種情況下，使所論語句組爲眞的實例。在對一個存在量辨語句做 EI，例如上例列 3 對列 2 做 EI 時，我們就在爲該存在語句，例如 ∃yFxy 找一個使它爲眞的某某實例 z，但這某某不是任意一個。列 1 的全稱語句是要對任一實例都眞的，因此在 z 對列 3 爲眞的假定下，它也要對列 1 爲眞。爲做檢試，在列 4 拿它對列 1 做 UI。不巧的，在列 4 又引進了一個存在語句。現在又須爲這個新的存在語句找個實例。在列 5 爲它找了 w 這個某某實例。這個 w 是一個新的實例，因此，也要檢試它是否適合列 1 的全稱語句。這樣，又須在列 6 拿 w 對列 1 做 UI。這樣返復去做，新的實例不斷出現，沒有止境。這樣，我們的例舉做不完，因爲新的存在語句不斷產生。這種有潛在無限延伸可能的眞值樹，叫做**無限樹**(infinite trees)。在樹支無法結束，無法完成時，我們就無法利用它來決定一組語句是否一致。上面的講述可以這樣綜述。當有全稱量號和存在量號結合在一起時，可能這樣產生，爲存在量號挑選一個新字母，然後所有**全稱**語句必須例舉這些新字母。這些例舉依次可能產生新的**存在**語句，這些存在語句又需更多新的實例字母，等等沒有止盡的繼續下去。試看下例。

例 25　用樹法決定論證的有效性：

1.	$(x)[Ax \supset (y)(By \supset \sim Fxy)]$	P
2.	$(x)[Ax \supset \exists y(Cy \cdot Fxy)]$	P
3.	$\exists xAx$	P　／∴ $\exists x(Cx \cdot \sim Bx)$
4.	$\sim \exists x(Cx \cdot \sim Bx)$	結論的否定
5.	$(x)\sim(Cx \cdot \sim Bx)$	4 EQ
6.	Ax	3 EI
7.	$Ax \supset (y)(By \supset \sim Fxy)$	1 UI
8.	$Ax \supset \exists y(Cy \cdot Fxy)$	2 UI

9. $\sim Ax$　　　$(y)(By \supset \sim Fxy)$　　　　7 如言
　　　　×6

10. 　　　$\sim Ax$　　　$\exists y(Cy \cdot Fxy)$　　　8 如言
　　　　　×6

11. 　　　　　　$(Cz \cdot Fxz)$　　　10 EI

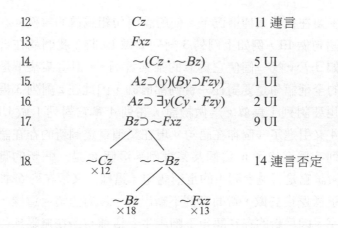

12.	Cz	11 連言
13.	Fxz	
14.	$\sim(Cz \cdot \sim Bz)$	5 UI
15.	$Az\supset(y)(By\supset Fzy)$	1 UI
16.	$Az\supset\exists y(Cy \cdot Fzy)$	2 UI
17.	$Bz\supset\sim Fxz$	9 UI

所有分支都關閉，故論證有效。

　　仔細查閱這個所有分支都關閉的樹，我們發現，雖然列 15 和 16 的 UI 是樹法應有的例舉，但這個樹最後所有的關閉，都沒有應用到這兩列。這到底怎麼回事？至少對樹法說，這是矛盾和關閉優先原則。在做樹法發展時，雖有各種應做的程序，但只要已做的程序是對的，則遇到矛盾時，立即可關閉，不必計較未做的程序。在這個例子裡，列 15 和 16 未做也沒關係，做了也多餘。試看下例。

例 26　用樹法決定論證的有效性：

1.	$(x)\exists y(Ax \cdot Bxy)$	P　／∴$\exists y(x)(Ax \cdot Bxy)$
2.	$\sim\exists y(x)(Ax \cdot Bxy)$	結論的否言
3.	$(y)\sim(x)(Ax \cdot Bxy)$	2 EQ
4.	$(y)\exists x\sim(Ax \cdot Bxy)$	3 EQ
5.	$\exists x\sim(Ax \cdot Bxy)$	4 UI
6.	$\sim(Ax \cdot Bxy)$	5 EI
7.	$\exists y(Ax \cdot Bxy)$	1 UI
8.	$(Ax \cdot Bxz)$	7 EI
9.	Ax	8 連言
10.	Bxz	
11.	$\underset{\times 9}{\sim Ax}$　　$\sim Bxy$	6 連言否定

12.	$\exists y(Az \cdot Bzy)$	1 UI
13.	$(Az \cdot Bzw)$	12 EI
14.	Az	13 連言
15.	Bzw	
16.	$\exists y(Aw \cdot Bwy)$	1 UI
17.	$(Aw \cdot Bwu)$	16 EI
18.	Aw	17 連言
19.	Bwu	

⋮

　　這個樹會無止盡繼續發展下去，因此我們無法用樹法決定這個論証有效或無效。在列 17 對列 16 做 EI 後，又引進新字母 u，我們現在又需爲它對列 1 做 UI 的例舉。一旦這樣做，又會得到要有其他新字母的**存在**語句。這新字母又要我們爲它對列 1 做 UI，這又會提出新的存在語句。這新的存在語句又會要我們再做 UI，諸如此類，沒有終止繼續下去。這樣，這是一個永不會關閉的無限樹。我們不能確實推論說這論證無效，因爲只有在每樣必須做的程序都做了，仍有開放的分支時，才可這樣說。由於在這個證明裡我們不能夠做每樣必須做的程序，因此就不能夠下結論說無效。我們也不能夠說有效。這說明一個事實，關係邏輯沒有決定程序。

　　含等同號的樹法證明，原則上沒有什麼新的。只需引進等同規則，像其他規則那樣使用。第一個規則是，$x \neq x$ 這個形式的語句，恒可允許我們關閉一個分支，因爲 $x \neq x$ 本身就是一個矛盾。第二個規則很像線性證明的等同取代。這一規則說，如果有 $x = y$ 以及 ϕx，則可以有 ϕy。現在把這兩個規則接前面講的三個規則的數序，敘述如下。

(iv) $\neq$ **規則**(R$\neq$)：如果 $x \neq x$ 出現在某一分支，其中 x 是任一實例字母或自由變詞，則關閉這個分支。

(v) $=$ **規則**(R$=$)：如果一個開放分支含有語句 $x = y$ 或 $y = x$，以及 ϕx，則在這個分支底下寫 ϕy（除非 ϕy 已在這個分支）。

例 27 用樹法決定論證的有效性：

1.	$\exists x[Fx \cdot (y)(Fy \supset y = x)]$	P ／∴ $\exists x(y)(Fy \equiv y = x)$
2.	$\sim\exists x(y)(Fy \equiv y = x)$	結論的否言
3.	$(x)\sim(y)(Fy \equiv y = x)$	2 EQ
4.	$(x)\exists y\sim(Fy \equiv y = x)$	3 EQ
5.	$[Fx \cdot (y)(Fy \supset y = x)]$	1 EI
6.	Fxy	5 連言
7.	$(y)(Fy \supset y = x)$	
8.	$\exists y\sim(Fy \equiv y = x)$	4 UI
9.	$\sim(Fy \equiv y = x)$	8 EI

10.	Fy	$\sim Fy$	9 雙如言否定
11.	$y \neq x$	$y = x$	
12.		$\sim Fx$	6, 10, 11 R=
		$\times 6$	

13.	$Fy \supset y = x$	7 UI

14.	$\sim Fy$	$y = x$	13 如言
	$\times 10$	$\times 11$	

所有分支都關閉，故論證有效。

例 28 用樹法決定論證的有效性：

1.	$\exists xHx$	P
2.	$(x)(y)[(Hx \cdot Hy) \supset x = y]$	P ／∴ $\exists x[Hx \cdot (y)(Hy \supset x = y)]$
3.	$\sim\exists x[Hx \cdot (y)(Hy \supset x = y)]$	結論的否言
4.	$(x)\sim[Hx \cdot (y)(Hy \supset x = y)]$	3 EQ
5.	Hx	1 EI
6.	$\sim[Hx \cdot (y)(Hy \supset x = y)]$	4 UI

7.	$\sim Hx$	$\sim(y)(Hy \supset x = y)$	6 連言否定
	$\times 5$		

8.	$\exists y\sim(Hy \supset x = y)$	7 EQ
9.	$\sim(Hy \supset x = y)$	8 EI
10.	Hy	9 如言否定

11.	$x \neq y$	
12.	$(y)[(Hx \cdot Hy) \supset x = y]$	2 UI
13.	$(Hx \cdot Hy) \supset x = y$	12 UI

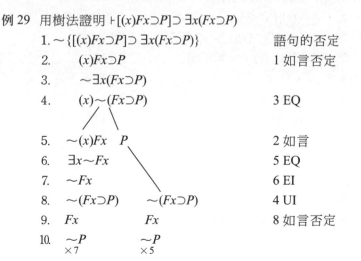

14. $\sim(Hx \cdot Hy)$　$x = y$　　12 如言
　　　　　　　　　　　　　　$\times 11$

15. $\sim Hx$　$\sim Hy$　　14 連言否定
　　$\times 5$　　$\times 10$

所有分支都關閉，故論證有效。

10.定理與眞値樹法

顯然，我們可以用樹法證明邏輯定理。在第五節，我們用樹法證明一個語句爲套套言。每個套套言都是語句邏輯的一個定理。所以，證明一個語句爲套套言，就證明語句邏輯的一個定理。在述詞邏輯，用樹法證明定理，和語句邏輯的沒有兩樣。首先假定要證明爲定理的語句的否言，然後構作一個樹。如果所有分支都關閉，則這個語句的否言沒有辦法成爲眞；也就是說，這個語句本身沒有辦法成爲假。這樣，這個語句就是一個定理。試看下列例子。

例29　用樹法證明 $\vdash [(x)Fx \supset P] \supset \exists x(Fx \supset P)$

1.	$\sim \{[(x)Fx \supset P] \supset \exists x(Fx \supset P)\}$	語句的否定
2.	$(x)Fx \supset P$	1 如言否定
3.	$\sim \exists x(Fx \supset P)$	
4.	$(x)\sim(Fx \supset P)$	3 EQ
5.	$\sim(x)Fx$　　P	2 如言
6.	$\exists x \sim Fx$	5 EQ
7.	$\sim Fx$	6 EI
8.	$\sim(Fx \supset P)$　　$\sim(Fx \supset P)$	4 UI
9.	Fx　　　　　Fx	8 如言否定
10.	$\sim P$　　　$\sim P$	
	$\times 7$　　$\times 5$	

　　　所有分支都關閉，故這個語句為定理。

例 30　用樹法證明 ⊢(x)(Fx≡Gx)⊃(∃xFx≡∃xGx)

1. ~[(x)(Fx≡Gx)⊃(∃xFx≡∃xGx)]　　　　語句的否定
2. 　　　(x)(Fx≡Gx)　　　　　　　　　　1 如否
3. 　　　~(∃xFx≡∃xGx)

4. 　　∃xFx　　　　~∃xFx　　　　　　3 雙如言否定
5. 　　~∃xGx　　　　∃xGx
6. 　　(x)~Gx　　　　　　　　　　　　5 EQ
7. 　　　　　　　　　(x)~Fx　　　　　4 EQ
8. 　　Fx　　　　　　　　　　　　　　4 EI
9. 　　~Gx　　　　　　　　　　　　　6 UI
10. 　　　　　　　　Gx　　　　　　　　5 EI
11. 　　　　　　　　~Fx　　　　　　　7 UI
12. 　　Fx≡Gx　　　　Fx≡Gx　　　　　2 UI

13. 　Fx　~Fx　　Fx　~Fx　　　　　12 雙如言
14. 　Gx　~Gx　　Gx　~Gx
　　×9　×8　　×11　×10

　　　所有分支都關閉，故這個語句為定理。

例 31　用樹法證明 ⊢(x)[Fx⊃(y)(x = y⊃Fy)]

1. 　　~(x)[Fx⊃(y)(x = y⊃Fy)　　　　語句的否定
2. 　　∃x~[Fx⊃(y)(x = y⊃Fy)]　　　　1 EQ
3. 　　~[Fx⊃(y)(x = y⊃Fy)]　　　　　2 EI
4. 　　Fx　　　　　　　　　　　　　　3 如言否定
5. 　　~(y)(x = y⊃Fy)
6. 　　∃y~(x = y⊃Fy)　　　　　　　　5 EQ
7. 　　~(x = y⊃Fy)　　　　　　　　　6 EI
8. 　　x = y　　　　　　　　　　　　7 如言否定
9. 　　~Fy
10. 　　~Fx　　　　　　　　　　　　　4, 8, 9 R＝

　　　所有分支關閉，故這個語句為定理。

習題 12-5

Ⅰ.用真值樹法決定下列論證的有效或無效。

1. $\exists xAx, (x)(\sim Bx \supset \sim Ax), (x)Cx$ ／∴ $(\exists xBx \cdot \exists xCx)$

2. $(x)(Jx \supset Kx), \exists xKx \supset \sim \exists yLy$ ／∴ $(x)(\exists yJy \supset \sim Lx)$

3. $\sim(x)[Ax \supset (Bx \vee Cx)], (x)(Bx \supset Dx), \exists x(Cx \cdot Dx)$ ／∴ $\exists x(Ax \cdot Dx)$

4. $(x)(Ax \supset \sim Bx), \sim[(x)(Bx \supset Cx)], \exists x(Bx \cdot Cx)$ ／∴ $(x)(Ax \supset \sim Cx)$

5. $(x)(Ax \supset \exists yBxy)$ ／∴ $\exists x(y)(Ax \supset Bxy)$

6. $(x)[(Ax \cdot Bx) \supset Cx], \exists x(Bx \cdot \sim Cx)$ ／∴ $\exists x \sim Ax$

7. $\exists x(Ax \cdot Bx) \equiv \exists xCx, (x)(Ax \supset Bx)$ ／∴ $(x)Ax \equiv \exists xCx$

8. $\exists x(y)(Fy \equiv y = x)$ ／∴ $\exists x[Fx \cdot (y)(Fy \supset y = x)]$

9. $(x)[Fx \equiv (Gx \vee Hx)], \exists y(x)(Gx \equiv x = y), \exists y(x)(Hx \equiv x = y)$

　　／∴ $\exists x \exists y(Gx \equiv x = y)$

10. $\exists x \exists y(x \neq y)$ ／∴ $\exists x \exists y[x \neq y \supset (z)(z = x \vee z = y)]$

11. $\exists x \exists y[x \neq y \equiv (z)(z = x \vee z = y)]$ ／∴ $\exists x \exists y[x \neq y \cdot (z)(z = x \vee z = y)]$

12. $(y)[Fy \vee \exists x(x \neq y \cdot \sim Fx)]$ ／∴ $(y)Fy \vee (y)\exists x(x \neq y \cdot \sim Fx)$

13. $(x)\exists y \sim Fxy$ ／∴ $\exists x(y)\sim Fxy$

14. $\exists xFx \supset (x)[Px \supset \exists yQxy], (x)(y)(Qxy \supset Gx)$ ／∴ $(x)[(Fx \cdot Px) \supset \exists yGy]$

Ⅱ.用樹法證明下列定理。

1. $(x)\exists y(Fx \cdot Gy) \supset \exists y(x)(Fx \cdot Gy)$

2. $\sim \exists y(x)(Fxy \equiv \sim Fxx)$

3. $\exists y(x)(Fxy \equiv Fxx) \supset \sim(x)\exists y(z)(Fzy \equiv \sim Fzx)$

4. $\exists y(x)(z)(\sim Fzx \supset Fyx) \equiv \exists x(y)Fxy$

5. $(x)(y)[(Fx \cdot Fy) \equiv x = y] \equiv \exists x[(y)(y = x) \cdot Fx]$

6. $\exists y(x)(Fx \equiv x = y) \supset [(x)(Fx \supset Gx) \equiv \exists x(Fx \cdot Gx)]$

第十三章
設基系統

1. 自然演繹系統與設基系統

在前面的討論裡，基本上我們引進四種方法，演證語句邏輯和述詞邏輯裡的定理和論證的有效性：真值表，自然演繹(natural deduction)，范恩圖解，和真值樹。由自然演繹建構的系統，叫做自然演繹系統。一個自然演繹系統是由一組推演規則(inference rules)所組成，利用這組規則我們能夠從設有的假定(assumption, supposition)導出論結(consequences)。這些設有的假定，不是定理，更不是設基(axiom)，而是語句或論證的證明時，暫時所做的假定或認定。因為這種導衍和推演，和日常推理的樣態不是相同，就是非常接近或相似，因此做起來非常「自然」(naturally)，故名「自然演繹」。

邏輯上第一個自然演繹系統，為了和由弗列格(Frege, 1848-1925)（1879 年）創始的傳統設基(axiomatic)探究對照區分，在 1934 年分別由德國邏輯家耿成(Gentzen)和波蘭邏輯家賈斯維基(Jaskowski)獨立設計的。耿成說：「我們希望建立一個形式系統，它盡可能像在數學證明裡出現的那種實際的邏輯推論。」

任何一個演繹系統，可以說是一組 $\{A, R\}$ 所構成，其中 A 是一組設基(axiom)，R 是一組推演（推論）規則。如果 A 是不空的，則在證明和推演裡，設基和導出的定理，被當前提來使用；這種系統是設基系統。

反之，*A* 是空的，在做推演時，只使用推演規則和暫時假定的前提或假定，則是自然演繹系統。我們在前面幾章講的語句邏輯和述詞邏輯，在做證明或推演時，只使用推演規則和暫時假定的前提，所以是自然演繹的。

在當代的邏輯和數學系統的建構上，不是使用自然演繹，就是使用設基探究，尤其在邏輯建構上更為典型。在邏輯上，明白使用這兩種建構方式是現代的事。因為在十九世紀末弗列格以現代形式重建以前，基本上是以技術和方法的形態傳世。但在數學，設基法和設基系統，卻在公元三百年前歐基里德(Euclid)的《幾何原本》(*The Element*)就顯著和相當完整建立起來，並且世代相傳。

我們要在本書最後一章，以在前面經由自然演繹學過的語句邏輯和述詞邏輯為背景，扼要講述一個述詞邏輯——包括語句邏輯的設基系統，有幾個用意。一，熟悉設基系統的一些樣態和技術。二，有關邏輯系統的一致性，正確性，和完備性等後視邏輯(metalogical)問題，就設基系統比就自然演繹系統容易回答。三，在前面進行自然演繹系統的展開時，因為是初學，要顧及基本邏輯概念的講解，以及日常例子的應用，不便追問和說明一些邏輯理論的問題。現在在有了自然演繹邏輯的背景，以及和設基系統的對照，很可以做些這種工作。

2.歐基理德幾何與設基系統

歐基理德幾何是人類系統化知識或科學的最古例子，也是迄今最典型的例子之一。英國哲學家和邏輯家羅素(Russell, 1872-1970)曾斷然的說：西方歷史上，以一個人的著作影響學術思想最廣的，是公元三百前歐基理德撰作的《幾何原本》，每個人想到如何使自己的學術思想系統化時，都會想到並參考歐氏幾何。

一般都認為，當做一門科學，幾何學是由希臘人創始和發展的。其中最重要的貢獻者，是公元前六百年的哲學家和數學家畢達哥拉斯(Pythagoras)和公元前三百年的歐基理德。然而，在早幾千年前，一些幾何真理已由埃及人的埃及塔所驗證。記錄還顯示，巴比倫人甚至更早，已

熟悉種種幾何原理。如果幾何知識在這些希臘人之前就已存在，那麼在什麼意義上，希臘人創始幾何這門科學呢？在畢達哥拉斯以前，人們的幾何知識在收集或編錄幾乎全然分離的事實。幾何真理只在列舉測量土地，構作橋樑和建築，而沒有有系統的幾何真理的知識。希臘人把僅只分離碎片的知識，轉換成一門科學。

希臘人是這樣把零碎的幾何知識，轉換成一門有系統的幾何科學的。他們首先把講述各別事實的幾何命題一般化。然後把這些一般化所得命題，用**演繹**連接起來，即使一些命題可以從其他當前提的命題嚴格推演出來，很有次序的這樣一一安排，形成一個幾何知識體系。

這種幾何的系統化自畢達哥拉斯開始，他的後繼者繼續。在歐基理德的《幾何原本》達到高峰。在《原本》裡，所有幾何命題被有次序的安排。從公理（設基）(axiom)，定義，和設準(postulate)開始，繼續從起始命題導出定理(theorem)。幾何被希臘人鑄造成一個演繹系統的形式。這是人類首創的第一個演繹系統。這是一個偉大的成就，如同羅素指出的，它一直到今天當做科學思想的典範。即使在今天，最高深的科學，是那些幾乎接近一個演繹系統形成的科學。

歐基理德從他的幾何發展裡使用的一些詞語的定義，開始展開他的幾何。例如，定義 1 說：「一個點是沒有部分的什麼」，定義 2 說：「一個線是沒有寬的長」。歐基理德沒有打算定義他的所有詞語。這頭兩個定義，分別定義了「點」和「線」。在這些定義裡**使用**的字詞，諸如「部分」，「長」，和「寬」本身，是沒有定義的，它們是歐氏系統裡的一些**無定義的詞語**(undefined terms)。與它相對的，「點」與「線」是**有定義的詞語**(defined terms)。在引進更多詞語時，使用先前已定義的詞語連同原先無定義的來做定義。例如，定義 4：「一個直線是…〔一個線〕…這個線均勻位於它的極端諸部分之間」，不但使用諸如「均勻」和「…之間」這些無定義的詞語，而且也使用先前已定義的詞語「點」和「線」。至於從今天看來，這些定義適不適當，這不是本書要討論的。

在建造他的幾何演繹系統裡，歐基理德把他的無證明命題分成兩組，一組叫做「公理」(axiom)，另一組叫做「設準」(postulates)。他沒有給這個區分的理由，這樣畫分似乎沒有清楚的根據。可能，他感覺其

中一組比另一組更**一般**或心理上更**顯然**。在當代的慣例上沒做這種區分，把一個演繹系統的所有無證明的起始命題，都當做具有相同的地位。現在，習慣上都無區分的把它們稱為「設基」或「設準」，沒有給這兩詞任何不同意義。在「axiom」一詞的中文翻譯要注意。在後面要提的非歐幾何還沒出現以前，人們的確把歐氏幾何的「axiom」當做「普天之下的公理」。可是非歐幾何出現以後，尤其是多設基系統出現以後，看清楚了，原來所謂「axiom」是沒有證明的，只是「一個」系統假定為真的命題而已。像歐氏幾何和非歐幾何甚至可把相反的命題當各自的「axiom」，這樣誰都不能說誰的是真，誰的是假。這樣，「axiom」就不可再說是「公理」了。最好把它譯為「設基」了。因為所謂「axiom」或設基者，只是一個系統所**設定**為**基礎**的假定為真的命題而已。這樣，以後我們就把「axiom」一律叫做設基。

　　每個演繹系統，為避免陷入循環或惡性後退，必須含有一些被認定而在該系統裡面沒被證明的設基。這些設基可能是非常小心和令人信服建立的，但它們**在該系統本身裡面不被證明**。任何企圖去建立設基為真的論證，一定是在該系統**之外**或**系統外**的論證。

　　舊觀念的歐氏幾何堅持，它的所有定理都從它的設基邏輯的跟隨而來，因而和設基一樣**真**。歐氏幾何也堅持，設基是**自明的**。但如同我們前面註明，現在所謂設基，不再有舊觀念的歐氏幾何那種**自明真理**的意味。

　　歐氏設基的自明真理被相信很久。然而，也不是十分心服口服被相信。大部分的設基，例如有個設基說：「全部大於部分」，不被質疑。現在通常被當歐氏幾何的第五個設基，相當於認定說，過直線外一點有而且只有一個線與該線平行。這是幾何書上所謂平行設基。由於所謂兩個直線平行，被定義為兩個直線永不相交。原來對這個設基的**真理**雖不質疑，但卻相當懷疑它的「自明」，因為它的真牽涉很遠很遠的空間直覺，因此，並不自明。這種不自明，使許多人不安，尤其是一些數學家。

　　古代幾何學家一直企圖，從其他設基或這些設基添補一些幾近「自明」的另外假定，把這個平行設基當定理導出來。後一企圖沒有成功，

因爲每個證明足夠強來導出平行設基的另外假定，都沒有比歐基理德自己的假定更自明。第一種企圖也失敗，因爲就是不可能從其他設基導出平行設基。這種努力歷經中世紀。在十八世紀，義大利數學家薩克里(G. Saccheri, 1667-1733)，做了一個最有收獲的嘗試。他以平行設基的否言**取代**平行設基，然後連同歐氏的其他設基，企圖導出一個矛盾。如果他這個導謬法(RAA)的策略成功，則他就會得到平行設基的一個導謬法證明。他導出許多他認爲是**謬誤**(absurd)的定理，因爲這些與常識或日常幾何的直覺很不一樣。他相信因此他已成功演證平行設基和「證明歐基理德有理」。他導出的定理在違反日常幾何直覺這意味上，是「謬誤」了，但在邏輯或數學意味的自相矛盾上卻不「謬誤」。薩克里沒有證明平行設基，代之，他不知不覺做了更重要的事：他第一個建造和發展了一個非歐(non-Euclidean)幾何系統。

平行設基實際上是**獨立於**其他歐氏設基的，雖然在現代才證得這。這裡所謂獨立於其他設基，意思是，這平行設基或其否言，都不可從這些設基演繹出來，導出來。另外的「幾何」系統，非歐幾何，隨後在十九世紀，尤爲著名的，由匈牙利數學家波萊(J. Bolyai, 1802-1860)，俄國數學家洛白斯基(M. I. L. Lobachevsky, 1793-1856)，和德國數學家黎曼(G. F. B. Riemann, 1826-1866)，各自獨立發展出來。這些幾何，與過去一直被認爲是「眞實」講述我們的空間的歐氏幾何對照，很長時間被視爲是智巧的虛構，只是數學的玩物。但是後來沿著愛因斯坦相對論線索的物理學和天文學研究，傾向顯示這個問題到有意義的程度。「眞實的」或物理空間更可能是非歐式，而不是歐氏的。無論如何，設基的眞或假是任何演繹系統的一個純**外在**性質。一個演繹系統的命題的眞假是一個系統外的考慮。當然，在把知識有次序的安排上，一個演繹系統是重要的。在我們把注意放在系統本身時，它的次序是它更重要的徵性。

從純邏輯或純數學的觀點，一個演繹系統可以視爲是一個廣大而複雜的論證。它的前提是設基，結論是所導出的所有定理的連言。如同任何其他論證，邏輯的問題不涉及前提的眞假，只處理推論的有效或無效。邏輯家和數學家關心的問題是，假定設基爲眞時，定理的眞是否必然跟隨而來。當然，答案是，是的，**如果**定理的演證所有都是有效的論

證的話。因此，任何演繹系統的最重要層面是，定理證明的強有力的可靠性和令人信服性。

習題 13-1

簡單回答下列各題。

1. 羅素對歐基理德幾何有什麼評價？
2. 如果歐氏幾何的每個設基都可以從任何其他設基導出，結果會如何？
3. 在幾何的發展裡那一點上直覺瓦解了？
4. 法國思想家和數學家巴斯哥(B. Pascal, 1623-1662)說是想要為超人有一個系統，其中所有詞語會有定義，所有命題會有演證。這種系統可能嗎？
5. 非歐幾何的出現對知識系統，尤其是形式系統的認識，有什麼啟示？
6. 一個系統裡的設基必須具有理知上自明的特徵嗎？

3. 語句邏輯的設基系統(SAS)

我們在前面第四，五和十二章，提出真值表，自然演繹和真值樹法，來演證語句邏輯的論證有效性和定理。在自然演繹裡，我們使用而且僅僅使用十八個推演規則，如言證法(CP)和導謬法(RAA)（這兩個證法也是推演規則）來做這個工作。現在我們要用設基方法來做和自然演繹相同的工作，也就是來演證語句邏輯的定理。由於演證論證 p /∴ q 為有效和 $p \supset q$ 是一個定理，在邏輯上是相同或等值的工作，因此，「演證論證的有效和定理」和「演證定理」是相同的工作。

一個設基演繹系統應具有的最重要性質是嚴格(rigor)。一個系統是有嚴格的，如果在這個系統的每個項目都交待清楚，尤其是沒有語句被斷說是一個定理，除非它為設基所涵蘊。為了嚴格，以任意的符號而不以熟悉的符號當無定義的(undefined)或始原(primitive)詞語，而系統要**形式的**(formally)發展。清楚列出所有無定義的詞語，以及明確規定怎樣的詞語組合才是系統裡的語句或**良形句式**(well-formed formula)。明白敘述所有當做定理的前提的設基。這些會幫助精確特定那些語句要視為定

理。此外，一個嚴格的系統要求它的定理是從它的設基邏輯的證明或導
出的。**邏輯的證明**或邏輯的導出這概念，也要精確特定。

現在我們要提出語句邏輯的一個設基系統，這個系統基本上採取羅
素(Russell)和懷德海(A. N. Whitehead, 1861-1947)合著的經典之作《數理
原論》(*Principia Mathematica*)(1910-13)的系統，通稱為 PM 系統。我們
現在就稱它為語句設基系統(sentential axiom system)，簡寫為 SAS。

SAS 具有任何設基系統的結構。一個設基系統的**詞彙**(vocabulary)是
由符號或詞組構成，可結合成語句，講述這個系統的題材。首先，SAS
的詞彙由語句變詞，連詞，和用來當標點或歸組的括號組成。其次，有
決定把詞彙結合成正確語句的規則。這些正確的詞句，叫做**良形句式**
(well-formed formulas)。第三，有**設基**(axiom)。這些設基可視為表示
SAS 的「自明真理」。除了表示自明真理外，這些真理具有產生定理的
力量。在導出這個系統的定理上，這些設基可當前提使用。最後，有**定
理**(theo-rem)；這些是從設基或其他定理導出的結論。第四，有推演規
則，這是在定理的導衍裡使用或預設的邏輯真理。最後，有定理；這是
從設基或其他定理導出的結論。如果設基確實為真，定理的導衍使用能
保持邏輯真理的推演規則，則定理也必定為真。沒有定義的符號或詞
語，叫做**始原詞組**(primitive expression)。時常，有些詞組由始原詞組或
和其他有定義的詞組來定義。在 SAS 裡，將把「～」和「∨」當始原的
語句連詞，其他語句連詞可由這兩個來定義。

㈠ SAS 的**詞彙**是：

⑴語句變詞：$p, q, r, \cdots$。

⑵語句連詞：～ 和 ∨。

⑶括號：(　), [　] 和 {　}。

㈡ SAS 的**形成規則**(formation rules)：詞彙依以結合而為良形句式
（ well-formed formulus，簡寫為 wff ）的規則：

⑴每個語句變詞是良形句式(wff)。

⑵如果 A 是良形句式，則～A 也是。

⑶如果 A 和 B 是良形句式，則 $(A \vee B)$ 也是。

這裡，大寫字母 A 和 B 等可代表任何句式——簡單或複合的。這組形成規是 SAS 的文法，給 SAS 的良形句式提供一個決定程序(decision procedure)，即一個機械方法，使我們在一個有限步驟，能夠決定 SAS 的任何詞組是或不是良形句式。

例 1　下列各詞組是否是 wff？
(i) $[p \lor \sim(q \lor p)]$
依規則(1)，p 和 q 是 wff。依規則(3)，因 p 和 q 是 wff，而且使用了括號，故 $(q \lor p)$ 也是 wff。依規則(2)，因 $(q \lor p)$ 是 wff，故 $\sim(q \lor p)$ 也是。依規則(3)，$[p \lor \sim(q \lor p)]$ 是 wff，因兩個選項是 wff，而且整個由括號圍起來。故(i)是 wff。
(ii) $(q \lor pq)$
依規則(1)，p 和 q 是 wff。但 pq 不合乎任一規則，故不是 wff。由於 pq 不是 wff，故 $(q \lor pq)$ 也不合乎任一規則，故(ii)不是 wff。
(iii) $p \lor \sim q$
雖然 p 和 $\sim q$ 分別依規則(1)和(2)，是 wff，但 $p \lor \sim q$ 不是 wff，因為它不完全合乎規則(3)，因沒有用括號圍起來，故(iii)不是 wff。

這個例子的(iii) $p \lor \sim q$ 不是良形句式。然而省略一些括號，是有方便的。外層的括號沒有任何邏輯作用，因此我們現在要約定，除了主連詞是連言號「‧」以外的，去掉所有外層的括號。

㈢**定義**：在 SAS 裡，「$\sim$」和「$\lor$」當始原連詞或無定義的連詞。
為了推演及其他方便，我們要利用這兩個始原連詞，定義和引進另三個連詞：

D1（如言定義）：$A \supset B$ 定義做 $\sim A \lor B$
D2（連言定義）：$(A \cdot B)$ 定義做 $\sim(\sim A \lor \sim B)$
D3（雙如言定義）：$A \equiv B$ 定義做 $[(A \supset B) \cdot (B \supset A)]$

這裡像前面那樣，A 和 B 代表任意良形句式。這些定義裡的左邊和右邊的句式，可以彼此**定義取代**(definitional replacement)或**定義形變**(definitional tranformations)。也就是在定理的導衍裡，一列可以依定義取代從另一列得到。這種取代既可就**整個**句式去做，也可就**子句式**或**部分句**

式去做。在應用一**次**定義取代裡，可以做一個，多個，或每個取代。這裡所謂取代都可視爲是**彼此**取代。

例2　下列各題的(i)和(ii)句式，都是依定義 1(D1)所做彼此取代：

(a) (i) $\sim(p \cdot q) \supset r$　　　　　　　(ii) $\sim\sim(p \cdot q) \vee r$

(b) (i) $\sim\sim p \vee q$　　　　　　　　　(ii) $\sim p \supset q$

(c) (i) $q \supset (\sim p \vee q)$　　　　　　(ii) $q \supset (p \supset q)$

(d) (i) $\sim(p \supset \sim q)$　　　　　　　(ii) $\sim(\sim p \vee \sim q)$

(a)和(b)兩者的(i)和(ii)，是就整個句式做（彼此）取代。(c)和(d)的(i)和(ii)，是就部分句式取代。(c)是$\sim p \vee q$ 和 $p \supset q$ 取代；(d)是 $p \supset \sim q$ 和$\sim p \vee \sim q$ 取代。

例3　下列各題的(i)和(ii)句式，**不是**依 D1 彼此做取代的：

(a) (i) $\sim p \supset q$　　　　　　　　　(ii) $p \vee q$

(b) (i) $(p \cdot r) \vee q$　　　　　　　　(ii) $\sim(p \cdot r) \supset q$

如果(a)的(i)和(ii)是依 D1 取代的話，(ii)應爲$\sim\sim p \vee q$。如果(b)是依 D1 取代的話，(i)應爲$\sim\sim(p \cdot r) \vee q$。

㈣**設基**：SAS 的設基是下列五個語句或句式。爲了好懂，我們用有定義的如言「$\supset$」的形式寫。只用始原連詞$\sim$和$\vee$寫，會較難理解它的意含：

A1：$(p \vee p) \supset p$

A2：$p \supset (q \vee p)$

A3：$(p \vee q) \supset (q \vee p)$

A4：$(p \supset q) \supset [(r \vee p) \supset (r \vee q)]$

A5：$[p \vee (q \vee r)] \supset [q \vee (p \vee r)]$

㈤**推演規則**：SAS 有兩個（始原的）推演規則。一個是肯定前件 (*modus ponens*)，簡寫爲 MP，另一個是代換(substitution)，簡寫爲 Sub。

MP：如果 $A \supset B$ 和 A，則可以推出 B。

Sub：任何良形句式(wff)可以拿來代換一個句式裡的任何語句變詞，只要這個代換是對這個變詞的每個出現都做。

我們已經熟悉肯定前件規則，以及如何使用它從先前的列推出一列。如果 B 是依 Sub 從 A 得到的，則 B 是 A 的一個代換例。Sub 的代換是一個一律代換。一個句式顯然可有無限多個代換例。讓我們把寫法「$p/\sim q$」，讀成「拿 $\sim q$ 代換每個 p 的出現」。試看下例各導衍裡的代換及其寫法。

例 4　(a) 1. $p \supset (q \lor p)$　　　　　　　　A2

　　　　　　 2. $\sim p \supset (q \lor \sim p)$　　　　　　 1 Sub　$p/\sim p$

　　　　列 1 右欄「A2」註明的是「設基 2」。列 2 右欄的「1 Sub $p/\sim p$」，註明的是「依 Sub 拿 $\sim p$ 代換列 1 的每個 p 出現所得列或句式」。

　　(b) 1. $p \supset (q \lor p)$　　　　　　　　A2

　　　　 2. $(\sim p \supset r) \supset [q \lor (\sim p \supset r)]$　　 1 Sub　$p/\sim p \supset r$

　　　　列 2 是拿 $\sim p \supset r$ 代換列 1 的（每個）p 所得。

　　(c) 1. $p \supset (p \lor q)$　　　　　　　　A2

　　　　 2. $(q \cdot p) \supset [\sim r \lor (q \cdot p)]$　　 1 Sub　$p/(q \cdot p), q/\sim r$

　　　　這個例子告訴我們，在一個列裡可以同時做兩個或更多不同的代換。例如，列 2 是拿 $(p \cdot q)$ 和 $\sim r$ **分別**代換列 1 的 p 和 q 得到的。要注意，不同的代換要**同時**進行，不可一個做完後再做另一個，不然會弄錯。例如，不可等 $(q \cdot p)$ 代 p 做完，再 $\sim r$ 代 q。如果這樣，可能會出現這樣錯誤的代換：$(q \cdot p)$ 代 p 得 $(q \cdot p) \supset [q \lor (q \cdot p)]$，再用 $\sim r$ 代 q 得 $(\sim r \cdot p) \supset [\sim r \lor (\sim r \cdot p)]$。

例 5　下列是一些錯誤的代換：

　　(a) 1. $(p \supset q) \supset [(r \lor p) \supset (r \lor q)]$　　 A4

　　　　 2. $(p \supset \sim r) \supset [(r \lor p) \supset (r \lor q)]$　　 1 Sub　$q/\sim r$（**有錯**）

　　　　列 2 要做的是拿 $\sim r$ 對列 1 的 q 做**一律**（每個）代換，但在列 2 只對列 1 的第一個出現做了代換，沒對第 2 個做，所以有錯。

　　(b) 1. $(p \supset q) \supset [(r \lor p) \supset (r \lor q)]$　　 A4

　　　　 2. $(p \supset q) \supset [p \supset (r \lor q)]$　　　 1 Sub　$r \lor p/p$（**有錯**）

　　　　在 Sub 的使用上，雖然代換項可以是任何句式，但被代換項只能是（語句）變詞，但在列 2 卻對列 1 的句式但非變詞 $r \lor p$ 做代換，這是不可以的。

習題 13-2

Ⅰ.下列那些詞組是 SAS 的良形句式(wff)，那些不是？（除了連言，所有外層
括號都省略沒寫）

1. $\sim q \vee p \supset r$

2. $p \supset \sim(q \cdot r)$

3. $q \equiv r \vee \sim p$

4. $q \vee [q \vee (q \vee q)]$

5. $p \supset (q \supset (r \supset q))$

6. $(p \cdot q \cdot r \cdot s)$

Ⅱ.下列那一題的(i)和(ii)兩個句式可以視為是 SAS 的定義取代？

1. (i) $p \vee \sim q$ (ii) $\sim(\sim p \cdot q)$

2. (i) $\sim p \supset \sim p$ (ii) $p \vee \sim p$

3. (i) $p \vee q$ (ii) $\sim p \supset q$

4. (i) $\sim(\sim p \supset r)$ (ii) $\sim\sim(\sim\sim p \vee r)$

5. (i) $\sim(p \equiv q)$ (ii) $\sim[(p \supset q) \cdot \sim(q \supset p)]$

6. (i) $(\sim p \cdot \sim q)$ (ii) $\sim(p \vee \sim\sim q)$

7. (i) $\sim(p \cdot q)$ (ii) $\sim\sim(\sim p \vee \sim q)$

8. (i) $\sim\sim(\sim p \vee \sim\sim q)$ (ii) $\sim(p \cdot \sim q)$

Ⅲ.下列那一題的代換推演(Sub)是正確的？

1. 1. $(p \vee q) \supset (q \vee p)$ A3

   2. $(q \vee q) \supset (q \vee q)$ 1 Sub p/q

2. 1. $(p \vee p) \supset p$ A1

   2. $p \supset p$ 1 Sub $p \vee p/p$

3. 1. $p \supset (q \vee p)$ A2

   2. $q \supset (r \vee q)$ 1 Sub $p/q, q/r$

4. 1. $(p \supset q) \supset [(r \vee p) \supset (r \vee q)]$ A4

   2. $(q \supset r) \supset [(p \vee q) \supset (p \vee q)]$ 1 Sub $p/q, q/r, r/p$

4. SAS 的展開：定理與導出規則

前節提出的詞彙，形成規則，定義，設基和推演規則，可以說是
SAS 的**基礎建造**。一個演繹系統做好基礎建告以後，下面一個主要工作
是定理的推出和證明。

SAS 裡的一個**證明**(proof)是一個有限個序列的良形句式，其中每個
句式或是一個設基，或是依推演規則之一或依定義，從先前列的句式推
演出來的。一個**定理**(theorem)是一個證明的最後一列。去做一個證明是
去構作一個這樣的序列。

SAS 的證明和證明的構作，和前面自然演繹講的，在邏輯原理上沒
有兩樣，只有敘述的方式和構作的樣態有些不同而已。我們將用大寫字
母「T」當定理的簡寫。為了參照方便，要給每個定理一個依序的數
碼。有的定理右邊括號內附有該定理習慣的稱呼。

先看下面第一個定理的證明。

T1　　$p \supset (q \supset p)$

　　　1. $p \supset (q \vee p)$　　　　　　A2
　　　2. $p \supset (\sim q \vee p)$　　　　1 Sub, $q/\sim q$
　　　3. $p \supset (q \supset p)$　　　　　2, D1

　　　在這個證明裡，列 1 是設基 2。所有設基是 SAS 的所有定理的
　　　公共前提，這樣，在證明裡可以引進任何一個設基當一列。列
　　　2 是依 Sub 拿 $\sim q$ 代換列 1 的 q 從列 1 得到的。我們就把每列
　　　的根據和來由寫在該列右欄。這一部分只是為參考而寫，不是
　　　證明的一部分。列 3 依如言定義 D1 從列 2 得到。

在這個證明裡，每一列不是一個設基，就是依一個推演規則或定義
從先前的列得來的。證明的最後一列就是一個定理。列 3 是最後一列，
是 T1。這樣，T1 的一個證明就構作好了。這個證明例示證明一個定理
的一個策略，即**代換**。我們對設基做代換，並使用定義，獲得所要定
理。

此外，在這個以及可以看到的每個證明裡，每個步驟可以**能行的**(effectively)檢核看出，它是一個設基或是依肯定前件(MP)或代換從先前的列推演得到的。由於可以這樣檢核，所以定理的**證明**是**能行可決定的**(effectively decisive)。

T2 $(p \supset q) \supset [(r \supset p) \supset (r \supset q)]$

       1. $(p \supset q) \supset [(r \vee p) \supset (r \vee q)]$ A4

       2. $(p \supset q) \supset [(\sim r \vee p) \supset (\sim r \vee q)]$ $r/\sim r$

       3. T2   D1

在這個以及以後的證明書，為了簡潔，書寫的方式有所省略。$r/\sim r$ 表示 Sub 的一個應用，同時由於除非另有表明，Sub 的應用是針對直接前列做的，因此列 2 的理由欄可以簡單寫為 $r/\sim r$。對定義的書寫也一樣。列 3 的 T2 指的當然是定理 2 的全部。

T3 $[p \supset (q \supset r)] \supset (q \supset (p \supset r))$

       1. $[p \vee (q \vee r)] \supset [(q \vee (p \vee r)]$ A5

       2. $[\sim p \vee (\sim q \vee r)] \supset [\sim q \vee (\sim p \vee r)]$ $p/\sim p, q/\sim q$

       3. T3   D1

T4 $(p \supset q) \supset [(q \supset r) \supset (p \supset r)]$ （如言的傳遞性）

       1. $\{(q \supset r) \supset [(p \supset q) \supset (p \supset r)]\} \supset T4$ T3, $p/q \supset r, q/p \supset q, r/p \supset r$

       2. $(q \supset r) \supset [(p \supset q) \supset (p \supset r)]$ T2, $p/q, q/r, r/p$

       3. T4   1, 2 MP

這裡，我們也有一些省略和簡寫。首先，把一個先前已證明的定理 T3，經代換所得引進來當列 1，列 1 右欄也寫了這些訊息。嚴格說，這列 1 不是 SAS 裡一個證明的部分。然而，我們可拿前面 T3 證明的三列序列，取代 T4 的這個引進，然後使用 Sub 得到 T4 這個證明的列 1。這樣，提出一個先前已證明的定理，不論應用或沒應用 Sub，是簡化一個證明的方式。這樣，嚴格說，在列 1 的理由欄寫 T3，其要點應該是「在這裡提出

T3 的一個證明」。也要注意的，在列 1 寫的「⊃T4」裡的「T4」不是指已證明的 T4，而是指 T4 那個句式。列 3 的「T4」才是指已證明的 T4。

在證明 T4 裡，使用了肯定前件規則(MP)的推演。在對一個設基或先前已證明的定理做代換時，我們可能得到 $A \supset B$ 這種形式的一列，其中 B 是所要定理。如果現在 A 是一個先前已證明的定理，設基，或這兩者之一的一個代換例，則依 MP，我們可以得到 B。在 T4 的證明裡，如果做適當的代換，則可以發現 T4 是 T3 的後件。在 T4 上做所示代換時，T2 爲所示代換的前件。這樣，依 MP 從列 1 和 2，在列 3 得到定理 T4。

T5　　$p \supset p$　　（等同律）

1.	$(p \vee p) \supset p$	A1
2.	$p \supset (q \vee p)$	A2
3.	$p \supset (p \vee p)$	q/p
4.	$(p \supset q) \supset [(q \supset r) \supset (p \supset r)]$	T4
5.	$(3) \supset [(1) \supset (6)]$	$q/p \vee p, r/p$
6.	T5	3, 5, 1 MP（兩次）

這個證明裡，使用了 MP。然而，爲獲得列 5 內部的後件，即 (6)，需要兩個設基和一個先前的定理。在證明裡採用一個新寫法。在列 5，有「(3)」，「(1)」和「(6)」這三個數碼，分別表列 1, 3 和 6 這三個句式。在寫列 5 時，我們之可預先寫表示列 6 的「(6)」，一定要做到兩點。一，列 6 的句式要和「(6)」表示的完全一樣；二，這個列一定要在**次列**出現；如果再隔一列以上就不適合了。列 6 右欄寫的「3, 5, 1 MP（兩次）」表示使用兩次的 MP；第一次對列 3 和 5，第二次對第一次所得，即 (1) ⊃ (6) 與列 1。

構作證明時，怎麼知道引用那一個設基，定理，和怎樣做代換(Sub)呢？這些可能有一些要項和策略，但沒有法則可尋。主要要靠經驗、技巧、靈感，和耐心的嘗試。

T6　　$p\vee\sim p$

　　　　1. $p\supset p$　　　　　　　　　　　　　　　　T5

　　　　2. $\sim p\vee p$　　　　　　　　　　　　　　　D1

　　　　3. $(p\vee q)\supset(q\vee p)$　　　　　　　　　A3

　　　　4. $(\sim p\vee p)\supset(p\vee\sim p)$　　　　　$p/\sim p,\, q/p$

　　　　5. $p\vee\sim p$　　　　　　　　　　　　　　2, 4 MP

T7　　$p\supset\sim\sim p$

　　　　1. $p\vee\sim p$　　　　　　　　　　　　　　T6

　　　　2. $\sim p\vee\sim\sim p$　　　　　　　　　　$p/\sim p$

　　　　3. $p\supset\sim\sim p$　　　　　　　　　　　D1

T8　　$\sim\sim p\supset p$

　　　　1. $p\supset\sim\sim p$　　　　　　　　　　　T7

　　　　2. $\sim p\supset\sim\sim\sim p$　　　　　　　$p/\sim p$

　　　　3. $(p\supset q)\supset[(r\vee p)\supset(r\vee q)]$　　　A4

　　　　4. (2)⊃(5)　　　　　　　　　　　　　　　$p/\sim p,\, q/\sim\sim\sim p,\, r/p$

　　　　5. $(p\vee\sim p)\supset(p\vee\sim\sim\sim p)$　　　2, 4 MP

　　　　6. $p\vee\sim p$　　　　　　　　　　　　　　T6

　　　　7. $p\vee\sim\sim\sim p$　　　　　　　　　　5, 6 MP

　　　　8. $(p\vee q)\supset(q\vee p)$　　　　　　　　A3

　　　　9. $(p\vee\sim\sim\sim p)\supset(\sim\sim\sim p\vee p)$　　$q/\sim\sim\sim p$

　　　10. $\sim\sim\sim p\vee p$　　　　　　　　　　7, 9 MP

　　　11. T8

T9　　$p\supset[q\supset(p\cdot q)]$　　（連言律）

　　　　1. $(\sim p\vee\sim q)\vee\sim(\sim p\vee\sim q)$　　　T6

　　　　2. $(q\vee r)\supset(r\vee q)$　　　　　　　　　A3

　　　　3. $[(q\vee r)\supset(q\vee r)]\supset\{[p\vee q\vee r)]\supset[p\vee(r\vee q)]\}$　　A4

　　　　4. $[p\vee(q\vee r)]\supset[p\vee(r\vee q)]$　　　2, 3 MP

　　　　5. $[(p\vee q)\vee r]\supset[r\vee(p\vee q)]$　　　A3

　　　　6. $[r\vee(p\vee q)]\supset[p\vee(r\vee q)]$　　　A5

7. (5)⊃[(6)⊃(8)]   T4

8. $[(p \vee q) \vee r] \supset [p \vee (r \vee q)]$ 5, 6, 7 MP（兩次）

9. $[p \vee (r \vee q)] \supset [p \vee (q \vee r)]$ 4 $q/r, r/q$

10. (8)⊃[(9)⊃(11)]   T4

11. $[(p \vee q) \vee r] \supset [p \vee (q \vee r)]$ 8, 9, 10 MP（兩次）

12. (1)⊃(13)   11 $p/{\sim}p, q/{\sim}q,$
                                                     $r/{\sim}({\sim}p \vee {\sim}q)$

13. ${\sim}p \vee [{\sim}q \vee {\sim}({\sim}p \vee {\sim}q)]$ 1, 12 MP

14. $p \supset [q \supset (p \cdot q)]$ D1（兩次），D2

在本例中，使用一個新的簡寫。在代換(Sub)不是很複雜，一看就知道什麼句式代換什麼變詞時，省略了代換的書寫，只列出代換所得句式。例如，列 1 是引用 T6 代換所得，本來在右邊理由欄要書寫「$p/{\sim}p \vee {\sim}q$」代換的，但一看就知道是這種代換，故省略沒寫。又如列 2，本來應寫「$p/q, q/r$」，但省略了。又如列 6，本來應寫「$p/r, q/p, r/q$」，也省略了。

現在可以利用定理 9 來做兩個工作。一個是利用它和已證的 $A \supset B$ 和 $B \supset A$ 定理或句式，來導出雙如言定理。另一個是利用它來做出第一個導出規則。先例示第一個。

T10　　$p \equiv {\sim}{\sim}q$　　（雙否言律）

1. $p \supset {\sim}{\sim}p$ T7

2. ${\sim}{\sim}p \supset p$ T8

3. (1)⊃[(2)⊃(4)]   T9

4. [(1)·(2)]   1, 2, 3 MP（兩次）

5. T10   D3

我們給 SAS 提出的**始原推演規則**只有肯定前件(MP)和代換(Sub)兩個。在做推演時，如果始終只用這兩個始原規則，會使證明冗長和困難。在我們做過的一些簡單定理的證明裡，已經要使用許多簡寫和省略。為了使定理的證明做起來較簡單，我們要使用所謂**導出規則**(derived rules)，簡記 DRs。一個導出規則，只是可以使用設基和始原規則做出來

的程序的一種簡化代替做法而已。這樣，使用導出規則並不增加 SAS 的定理。實際上，導出規則的使用會呈現一個簡化的證明，與在證明裡引進定義當列類似。

　　使用導出規則的理由，和使用定義的理由類似。在邏輯和數學上，定義是把較長詞組寫成較短形式的方便方式。同樣的，導出規則可使我們能夠，以較少步驟恰切做出使用始原規則和設基能夠做的。這是說，在證明裡，所有使用導出規則的地方，如果想要的話，都可以提出一個不省略的證明。一個導出規則的使用，相當於在證明裡引進一個定理。這樣，一個導出規則的證明，實際上等於制定做一個不省略的證明所需的一切機制。如果在一個特定證明裡，想不用導出規則而完整寫出證明，一切所需是在這個規則的證明裡使用的機制。在證明裡，「DRs」的意思是：遵循 DRs 證明，把這一列 A 轉換成 A 的一個證明。

　　我們要提出的第一個導出規則，叫做**連言**(conjunction)規則，簡寫為 Conj：

　　　　DR1(Conj)：如果 A 和 B，則可以推出 (A・B)。

要演證一個導出規則，或顯示一個規則是導出規則，一切所需是顯示這個規則是可以不需要的。現在讓我們顯示 DR1，即連言規則如下：

　　　　1. A　　　　　　　　　DR1 裡的假定
　　　　2. B　　　　　　　　　DR1 裡的假定
　　　　3. $p \supset [q \supset (p・q)]$　　　T9
　　　　4. $A \supset [B \supset (A・B)]$　　　$p/A, q/B$
　　　　5. $(A・B)$　　　　　　1, 2, 4 MP（兩次）

這個顯示是說，凡我們依 Conj（連言規則）從 A 和 B 進行到 (A・B) 的地方，都可以轉換成使用 T9, Sub 和兩次 MP 的一個 (A・B) 證明。後者如果不用簡寫，需要寫的很冗長。在要證明一個雙如言為定理時，Conj 格外有用。現在使用 Conj 證明前面 T10 看看。

例 5　T10　$p \equiv \sim\sim q$

1. $p \supset \sim\sim p$　　　　　　　　　T7
2. $\sim\sim p \supset p$　　　　　　　　　T8
3. $[(1) \cdot (2)]$　　　　　　　　1, 2 DR1（連言）
4. T10　　　　　　　　　　　D3

表面上，這個證明只比前面 T10 的少了一列，其實不只，因爲在這個使用 Conj 的證明裡，除了使用 Conj 外，沒有任何因這個使用而被省略的列，但在前面 T10 的證明裡，列 4 的**兩次**使用 MP 就省略了一列，而在列 3 如果不做簡化式的寫法，要寫的很長。使用導出規則的證明，輪廓要明顯多了，因此比較一目了然。

T11　$(p \supset q) \supset (\sim q \supset \sim p)$

1. $(q \supset \sim\sim q) \supset [(p \supset q) \supset (p \supset \sim\sim q)]$　　　T2, $p/q, q/\sim\sim q, r/p$
2. $q \supset \sim\sim q$　　　　　　　　　　　T7, p/q
3. $(p \supset q) \supset (p \supset \sim\sim q)$　　　　　1, 2 MP
4. $(\sim p \vee \sim\sim q) \supset (\sim\sim q \vee \sim p)$　　　A3, $p/\sim p, q/\sim\sim q$
5. $(p \supset \sim\sim q) \supset (\sim q \supset \sim p)$　　　　D1
6. $(3) \supset [(5) \supset (7)]$　　　　　　　T4, $p/p \supset q, q/p \supset \sim\sim q,$
　　　　　　　　　　　　　　　　　$r/\sim q \supset \sim p$
7. T11　　　　　　　　　　　　　3, 5, 6 MP（兩次）

T12　$(\sim q \supset \sim p) \supset (p \supset q)$

2. $(\sim p \vee \sim q) \supset (\sim q \vee \sim p)$　　　A3, $p/\sim p, q/\sim q$
2. $(p \supset \sim q) \supset (q \supset \sim p)$　　　　D1
3. $(\sim q \supset \sim p) \supset (p \supset \sim\sim q)$　　　$p/\sim q, q/p$
4. $\sim\sim q \supset q$　　　　　　　　　　T8　p/q
5. $(\sim\sim q \supset q) \supset [(p \supset \sim\sim q) \supset (p \supset q)]$　　T2　$p/\sim\sim q, r/p$
6. $(p \supset \sim\sim q) \supset (p \supset q)$　　　　4, 5 MP
7. $(3) \supset [(6) \supset (7)]$　　　　　　T4, $p/\sim q \supset \sim p,$
　　　　　　　　　　　　　　　　　$q/p \supset \sim\sim q, r/p \supset q$
8. T12　　　　　　　　　　　　　3, 6, 7 MP（兩次）

T13　$(p \supset q) \equiv (\sim q \supset \sim p)$　　　（質位同換律(contraposition)）

1. $(p \supset q) \supset (\sim q \supset \sim p)$ 　　　　T11
2. $(\sim q \supset \sim p) \supset (p \supset q)$ 　　　　T12
3. $[(1) \cdot (2)]$ 　　　　　　　　DR1（連言）
4. T13 　　　　　　　　　　　D3

　　現在要演證的第二個導出規則，叫做**如言三段論**(conditional syllogism)，簡寫爲 CS。在證完 T4 時，就可提出這個規則。我們故意多使用幾次 T4，再提出。這一規則可演證如下：

　　DR2(CS)：如果 $A \supset B$ 和 $B \supset C$，則可以推出 $A \supset C$。

1. $A \supset B$ 　　　　　　　　　　　假定
2. $B \supset C$ 　　　　　　　　　　　假定
3. $(p \supset q) \supset [(q \supset r) \supset (p \supset q)]$ 　　　T4
4. $(A \supset B) \supset [(B \supset C) \supset (A \supset C)]$ 　　$p/A, q/B, r/C$
5. $(B \supset C) \supset (A \supset C)$ 　　　　1, 4 MP
6. $A \supset C$ 　　　　　　　　　　　2, 5 MP

T4 是從 SAS 的始原基礎導出的，因此這個證明是，可拿 DR2（如言三段論）做的，可用 T4，代換和兩次 MP 做出的一個證明。前面有幾個證明，可用這個導出規則來做。試看下例。

　　例 6　T11　$(p \supset q) \supset (\sim q \supset \sim p)$
　　　1. $(q \supset \sim \sim q) \supset [(p \supset q) \supset (p \supset \sim \sim q)]$ 　　$T2, p/q, q/\sim \sim q, r/p$
　　　2. $q \supset \sim \sim q$ 　　　　　　　　　　　$T7, p/q$
　　　3. $(p \supset q) \supset (p \supset \sim \sim q)$ 　　　　　1, 2 MP
　　　4. $(\sim p \vee \sim \sim q) \supset (\sim \sim q \vee \sim p)$ 　　$A3, p/\sim p, q/\sim \sim q$
　　　5. $(p \supset \sim \sim q) \supset (\sim q \supset \sim p)$ 　　　　D1
　　　6. T11 　　　　　　　　　　　　　　3, 5 CS (DR2)
　　　讀者可仔細比較前面和這裡的證明。

　　下個證明使用 DR2(CS)

　　T14　$(p \cdot q) \supset p$ 　　（簡化律(simplification)）

1. $\sim p \supset (\sim q \vee \sim p)$	A2
2. $(\sim q \vee \sim p) \supset (\sim p \vee \sim q)$	A3
3. $\sim p \supset (\sim p \vee \sim q)$	1, 2 CS
4. $(3) \supset (5)$	T11
5. $\sim (\sim p \vee \sim q) \supset \sim \sim p$	3, 4 MP
6. $\sim \sim p \supset p$	T8
7. $\sim (\sim p \vee \sim q) \supset p$	5, 6 CS
8. T14	D2

T15　$(p \cdot q) \supset q$　（簡化律）

T16　$[p \supset (q \supset r)] \supset [q \supset (p \supset r)]$

T17　$(p \vee q) \equiv (\sim p \supset q)$

T18　$(p \equiv q) \supset (\sim p \equiv \sim q)$

T19　$(p \supset q) \supset [(p \vee r) \supset (q \vee r)]$

T20　$[(p \supset q) \cdot (p \supset r)] \supset [p \supset (q \cdot r)]$

T21　$[(p \equiv q) \cdot (r \equiv s)] \supset [(p \vee r) \equiv (q \vee s)]$

　　我們要引進的第三個，而且是最後一個導出規則，是**等值取代**(equivalence replacement)規則，簡寫爲 ER。這個規則的證明要利用一個所謂**等值定理**(equivalence theorem)。設 M 和 N 爲句式；A_M 爲 M 在其中出現的一個句式，A_N 爲拿 N 取代 A_M 裡的 M 的一個或多個出現所得句式。那麼，

　　　　等值定理：$(M \equiv N) \supset (A_M \equiv A_N)$

　　這個定理的證明要用到所謂的**數學歸納法**(mathematical induction)或**值進歸納法**(course-of-values induction)。數學歸納法常在數論裡用來證明定理。要證明一個含有自然數或正整數的語句或命題時，時常做使用這個方法的證明。邏輯裡的定理會以不同方式含有數。例如，一個定理可能講到一個句式裡的 $1, 2, 3, \cdots, n$ 個變詞，或 n 個邏輯連詞。或者講到一個證明裡的 n 個步驟。時常數學歸納法可用來建立這種語句和命題。

　　所謂**數學歸納法**可以說是一個從兩個前提到一個結論的推演規則。也就是，從**兩個前提**：

基點	(i)0 或 1 具有性質 F。
歸納步驟	(ii)對任何一個正整數 k，如果 k 具有性質 F，則 $k+1$ 也具有性質 F。

可以推出結論：

結論	所有（自然）數具有性質 F。

這第一個前提叫做歸納的**基點**(basis)，第二個叫做**歸納步驟**(induction step)。

這裡「歸納」一詞也許暗示說，數學歸納法是歸納的，不是絕對可靠的，因爲歸納法不是絕對可靠的。但實際不是這樣。數學歸納法所以叫做「歸納」，不是由於這個方法或原理有什麼設想的不可靠，而是由於它和諸如單純枚舉的歸納原理的眞正的歸納原理，外貌上有相似。而眞正的歸納原理，事實上不是絕對可靠的。不像這些歸納原理，數學歸納原理是絕對可靠的，因爲它不會從眞前提導致假結論。剛剛所說的絕對可靠的推演原理，叫做**演繹**(deductive)原理。

爲顯示數學歸納是一個演繹原理，我們將論證說，假設它從眞前提會導致一個假結論，是會產生矛盾的。現在設對某一性質 F，基點和歸納步驟（即前提）都眞，但結論卻假。因爲結論爲假，因此至少有一個正整數必定缺少性質 F。那麼，設 k 爲缺少 F 的一數。從基點我們知道 0 具有 F。因此依歸納步驟，可得 1 具有 F。而因 1 具有 F，依歸納步驟，可得 2 也具有 F。純然重複這個推論，終究可以下結論說，k 也具有 F。但這和 k 缺少 F 的假定矛盾。由於數學歸納會從眞前提導致假結論的假定，會產生矛盾，所以，我們可以下結論說，它是一個眞正的演繹原理，縱使它的名稱叫「歸納」。

一個數學歸納證明由三部分組成：

部 1.　一個**驗證**

使待證語句 A 成立的最小值 n 的一個驗證。爲使學生熟悉語句 A 的意義，可以做其他驗證，雖然不是必須。

部 2.　一個**證明**

　　證明如果語句 A 對 k 眞，則對 $k + 1$ 也眞；也就是，如果 A 對 n 的任何特定值眞，則對比 n 其次大的值必定眞。

部 3.　一個結論

在用數學歸納證明邏輯定理以前，先看在數學題目的應用。

例 7　用數學歸納證明

$$1^2 + 2^2 + 3^2 + \cdots\cdots + n^2 = \frac{1}{6} n(n + 2)(2n + 1)。$$

證明：

部 1. 驗證

對 $n = 1$　$1^2 = \frac{1}{6}(1)(2)(3)$　　　　　　　$1 = 1$　　　　　　　眞。

對 $n = 2$　$1^2 + 2^2 = \frac{1}{6}(2)(3)(5)$　　　　　$5 = 5$　　　　　　　眞。

對 $n = 3$　$1^2 + 2^2 + 3^2 = \frac{1}{6}(3)(4)(7)$　$14 = 14$　　　　　眞。

部 2.

設 k 爲 n 的任何特定值。對 $n = k$，句式成爲

$$1^2 + 2^2 + 3^2 + \cdots + k^2 = \frac{1}{6} k(k + 1)(2k + 1) \qquad (H)$$

對 $n = k + 1$，句式成爲

$$1^2 + 2^2 + 3^2 + \cdots + k^2 + (k + 1)^2$$
$$= \frac{1}{6}(k + 1)[(k + 1) + 1][2(k + 1) + 1]$$
$$= \frac{1}{6}(k + 1)(k + 2)(2k + 3) \qquad (G)$$

我們要顯示，如果這個句式對 $n = k$ 眞，則對 $n = k + 1$ 也必定眞。換句話說，我們必須顯示(G)從(H)跟隨而來。(H)的左邊可以僅僅添加 $(k + 1)^2$ 而轉變成(G)的左邊。剩下要演證的是，在把 $(k + 1)^2$ 添加給(H)的右邊時，得到的是(G)的右邊：

$$\frac{1}{6} k(k + 1)(2k + 1) + (k + 1)^2$$
$$= (k + 1)[\frac{k(2k + 1)}{6} + k + 1]$$
$$= (k + 1)(\frac{2k^2 + k + 6k + 6}{6})$$
$$= \frac{(k + 1)(2k^2 + 7k + 6)}{6}$$
$$= \frac{1}{6}(k + 1)(k + 2)(2k + 3)。$$

這樣我們就建立了如果(H)真，則(G)必定真；也就是，如果這個句式
對 $n = k$ 真，則 $n = k + 1$ 也真。換句話說，我們證明了**如果**這個
句式對某一數 k 真，則它對其次大的數 $k + 1$ 也真。

部 3.

這個句式對 $n = 1, 2, 3$ 真（部 1）。由於它對 $n = 3$ 真，則對 $n =$
4 真（部 2，$k = 3$ 和 $k + 1 = 4$）。由於它對 $n = 4$ 真，對 $n = 5$
真，以此類推，對所有（正整）數都真。

現在我們要用數學歸納法證明等值定理了。

$$(M \equiv N) \supset (A_M \equiv A_N)$$

等值定理的證明是要對 A_M 裡的 n 個語句連詞做歸納。我們假定只
使用始原連詞「$\sim$」和「$\vee$」。

基點：如果 $n = 0$，則 A_M 是 M。那麼 A_N 是 N，而依 T5，$(M \equiv N) \supset$
$(A_M \equiv A_N)$。

歸納步驟：假定這定理對每個含 n 或較少個連詞的句式都成立，那
麼看看含 $n + 1$ 個連詞 $(n > 0)$ 的 A_M 是否成立。這個第「$+1$」個連詞
必定是 $\sim$ 或 $\vee$。這樣，下面兩個情況就試盡 A_M 的各種可能。

情況 1：A_M 是 $\sim B_M$。依我們的假定（這個定理對每個含 n 或較少
個連詞的句式都成立）：

$$(M \equiv N) \supset (B_M \equiv B_N) \qquad \text{(i)}$$

其中 B_N 是拿 N 取代 B_M 裡 M 的（一個或多個）出現所得。依 T18，

$$(B_M \equiv B_N) \supset (\sim B_M \equiv \sim B_N) \qquad \text{(ii)}$$

從(i)和(ii)，依 CS，得

$$(M \equiv N) \supset (\sim B_M \equiv \sim B_N)$$

情況 2：A_M 是 $(B_M \vee C_M)$。設 B_M 和 C_M 定義如情況 1。依我們的假定

$$(M \equiv N) \supset (B_M \supset B_N)$$
$$(M \equiv N) \supset C_M \supset C_N)$$

從這些假定，依 Conj，得

$$\{[M \equiv N) \supset (B_M \supset B_N)] \cdot [(M \equiv N) \supset (C_M \supset C_N)]\}$$

從這依 T20，得

$$\{[(M \equiv N) \supset (B_M \supset B_N)] \cdot [(M \equiv N) \supset (C_M \supset C_N)]\}$$
$$\supset \{(M \equiv N) \supset [(B_M \supset B_N) \cdot (C_M \supset C_N)]\}$$

從上面兩個式子，依 MP，得

$$(M \equiv N) \supset [(B_M \supset B_N) \cdot (C_M \supset C_N)]$$

從這個式子及 T21，依 MP，得

$$(M \equiv N) \supset [(B_M \vee C_M) \equiv (B_N \vee C_N)]$$

從等值定理，我們可以很容易證明所要的等值取代規則。讓 M, N, A_M 和 B_N 如同在等值定理那樣。

DR3(ER)：如果 $M \equiv N$ 和 A_M，則可推出 B_N。

證明：
1. $M \equiv N$ 假定
2. A_M 假定
3. $(M \equiv N) \supset (A_M \equiv B_N)$ 等值定理
4. $A_M \equiv B_N$ 1, 3 MP
5. B_N 2, 4 D3, T15, MP

T22 $(p \cdot q) \equiv \sim(\sim p \vee \sim q)$ （狄摩根律(DeMorgan's law)）

T23 $(p \vee q) \equiv \sim(\sim p \cdot \sim q)$ （狄摩根律）

     1. $\sim(\sim p \cdot \sim q) \equiv \sim(\sim p \cdot \sim q)$ T5, Conj, D3

     2. $\sim\sim(\sim\sim p \vee \sim\sim q) \equiv \sim(\sim p \cdot \sim q)$ D2

     3. $(p \vee q) \equiv \sim(\sim p \cdot \sim q)$ 2,   T10,   ER
(DR3)

T24 $(p \vee q) \equiv (q \vee p)$ （交換律）

T25 $(p \cdot q) \equiv (q \cdot p)$ （交換律）

T26 $[(p \vee q) \vee r] \equiv [p \vee (q \vee r)]$ （結合律）

T27 $[(p \cdot q) \cdot r] \equiv [p \cdot (q \cdot r)]$ （結合律）

T28　　$[p\vee(p\cdot r)]\equiv[(p\vee q)\cdot(p\vee r)]$ 　（分配律）

T29　　$[p\cdot(q\vee r)]\equiv[(p\cdot q)\vee(p\cdot r)]$ 　（分配律）

T30　　$[(p\cdot q)\supset r]\supset[p\supset(q\supset r)]$ 　（移出律(exportation)）

　　　　1. $[(p\cdot q)\supset r]\supset[(p\cdot q)\supset r]$ 　　　　　　　　T5

　　　　2. $[(p\cdot q)\supset r]\supset[\sim(\sim p\vee\sim q)\supset r]$ 　　　1, D2

　　　　3. $[(p\cdot q)\supset r]\supset[\sim\sim(\sim p\vee\sim q)\vee r]$ 2, D1　　2, D1

　　　　4. $[(p\cdot q)\supset r]\supset[(\sim p\vee\sim q)\vee r]$ 　　　　　T5, ER

　　　　5. $[(p\cdot q)\supset r]\supset[\sim p\vee(\sim q\vee r)]$ 　　　　　T26, ER

　　　　6. T30　　　　　　　　　　　　　　　　　　　　　　　　　D1

T31　　$[p\supset(q\supset r)]\supset[(p\cdot q)\supset r]$ 　（移入律(importation)）

T32　　$[p\supset(q\supset r)]\supset[(p\supset q)\supset(p\supset r)]$ 　（分配律）

習題 13-3

Ⅰ.僅僅使用始原推演規則，證明 T1 到 T32 未證明的定理。

Ⅱ.可使用導出規則證明 T1 到 T32 未證明的定理。

Ⅲ.用數學歸納證明

1. $1+2+3+\cdots+n=\dfrac{1}{2}n(n+1)$

2. $1\cdot 2+2\cdot 3+3\cdot 4+\cdots+n(n+1)=\dfrac{1}{3}n(n+1)(n+2)$

3. 不論 n 是任何正整數，$10^n+3\cdot 4^n+5$ 都可被 9 整除。

4. $1^2+3^2+5^2+\cdots+(2n-1)^2=\dfrac{1}{3}n(4n^2-1)$

5. $\dfrac{1}{2}+\dfrac{1}{2^2}+\dfrac{1}{2^3}+\cdots+\dfrac{1}{2^n}=\dfrac{2^n-1}{2^n}$

Ⅳ.謝法(Sheffer)的單畫連詞「｜」定義如下：

p	｜	q
T	F	T
T	T	F
F	T	T
F	T	F

試僅僅使用這個連詞建造 SAS。

5. 後視語言與 SAS 的後視定理

人們一直不知不覺，甚至小心翼翼，暗中有區分的使用**象目語言**(object language)與**後視語言**(meta-language)。但在當代的語言哲學和邏輯，才開始明白提出這兩者的區分。它們的區分，有相對同絕對意義的。在相對意義上，一個象目語言是一個在一個後視語言裡討論到的語言。這種象目語言本身，可能會是相對於某一第三個語言的後視語言。這樣，如果一篇用中文寫的討論英文的文章裡的英文是象目語言，則中文是後視語言。然而，如果我們使用中文討論中文，則中文既是象目語言，又是後視語言。這樣，一個在某一討論裡使用做後視語言的語言，在另一討論裡可以成為象目語言。在絕對意義上，一個象目語言是用來講僅只諸如物理象目或數等非語言題材的語言。

在邏輯，尤其是像我們現在講的形式設基系統講的象目語言和後視語言之分，是相對意義的。這樣，在 SAS 裡的詞彙、設基和定理裡所使用的符號和語言，可以說是象目語言，而講到這些象目語言的語言，諸如講形成規則和推演規則的，是後視語言。我們使用中文和一些特別符號，譬如代表語句或句式的 A, B, C 等字母的，當後視語言。

現在我們要把 SAS 這個形式系統當討論的象目，這個討論使用的是後視語言。我們也有講到 SAS 這個系統的性質和定理的，這種定理，是**後視定理**(metatheorem)。後視定理當然用後視語言寫出來。

我們要在下面討論 SAS 的一致性，設基的獨立性，和完備性等幾個重要的後視定理和性質。

6. SAS 的一致性

一個設基系統有三個意義可以說是一致的(consistent)：

(1)就否言來說的一致性，或單純一致性(simple consistency)：一個系

統是**否言一致**的，如果沒有良形句式 A 及其否言～A，都是可導出的，也就是都是這個系統的定理的。

(2)絕對一致性(absolute consistency)：一個系統是**絕對一致**的，如果這個系統至少有一個句式不是這個系統的定理。

(3)**波斯特**（E. L. Post，美國邏輯家）**意義的一致性**：一個系統是一致的，如果這個系統裡沒有由單獨一個語句變詞組成的定理。

　　一個系統如果否言不一致，則有一個句式 A 及其否言～A 會都是這個系統的定理。我們知道，A 和～A 是不一致的。從一個不一致的前提，可以導出任何一個語句或句式。一個演繹系統的有用之至低條件，是能挑出我們要的語句。任何語句都能導出的系統，不能做這種區分。因此，一個否言不一致的系統是無用的。

　　另兩個意義的一致性，也防止系統的無用。一個知識領域的任何形構和系統化，只有一些可能的句式──那些被視為可接受的──是所要定理。如果一個系統絕對不一致，則每個句式會是一個定理；這樣，這個系統就無用了。如果一個系統在波斯特意義的不一致，則在有代換規則下，也會變成每個句式是定理。

　　把第二個意義的一致性叫做絕對一致，是有好理由的。首先，一個形式系統可能沒有否言號當它的一個詞語。如果真的沒有，則它就不會有否言不一致了；這樣，它就會虛空的否言一致。依次，一個沒有語句變詞的系統，也會在波斯特意義上一致。然而，一個形式系統不可能是虛空的絕對一致。其次，一個虛空否言一致和波斯特意義一致的系統如果是絕對不一致的話，會是全然無用的，因為一個每個句式都是定理的系統，是無用的。然而，如果一個系統絕對一致，就不會遭受這種結局。第三，如果一個形式系統絕對一致，而且 $(p \cdot \sim p) \supset q$ 是定理，則它必定是否言一致和波斯特意義的一致。我們可以證明下面兩點來證明這：

(i)如果一個系統否言不一致，則不絕對一致。

(ii)如果一個系統具有一個只由一個語句變詞組成的定理，則它不是絕對一致。

如果一個系統是否言不一致的，則如果 $(p \cdot \sim p) \supset q$ 是定理，則任何句式是定理。這樣，(i)真。如果 p 是一個定理，則任何句式是定理。這樣，(ii)就真。

現在我們要證明 SAS 是否言一致，絕對一致，和波斯特意義一致的。爲證明否言一致，我們首先證明每個定理都是套套言。因爲，如果每個定理是套套言，則 A 和 $\sim A$ 不會都是定理。一個系統是**健全的**(sound)，如果它的所有定理是可接受的。因套套言是 SAS 的可接受的句式，因此，證明 SAS 的每個定理是套套言，就是證明 SAS 的健全性。

SAS 的一致性證明，是一個對 SAS 這個系統的證明。這可以說是一種**後視證明**(meta-proof)，因爲這種證明使用的，是後視語言。這種證明不能夠在 SAS 裡面形構；SAS 是一致的這個斷說，不是 SAS 的一個定理，因爲只有由 SAS 的詞彙形成的句式可以是定理。獨立性和完備性的證明也一樣。這些證明都是講到 SAS 本身的——不是從設基導出的定理。

SAS 的一致性證明的輪廓，由下列步驟組成：

(i)顯示 SAS 的每個設基是套套言。

(ii)顯示就 MP（肯定前件）和 Sub（代換）這兩個推演規則，爲一個套套言是有傳承性的。也就是顯示，任一這兩個規則應用於套套句式，所得句式也是套套句式。

(iii)設有(i)和(ii)，則 SAS 的每個定理是套套言，因爲一個定理是一序列句式的最後列；這個序列的每一列不是一個設基，就是依規則之一從前面的列跟隨而來的。換句話說，設有(i)和(ii)，則 SAS 是健全的。

(iv)如果 SAS 健全，則每個定理是套套言。這樣，對任何句式 A，沒有 A 和 $\sim A$ 都是定理的，因爲 A 和 $\sim A$ 不能都是套套言。這樣，SAS 就否言一致。

從上面的證明要點，可以看到，(i)和(ii)的演證就足以顯示 SAS 是否言一致的。使用標準的真值表程序，可以很容易證得每個設基是套套言。剩下要做的是證明 SAS 的每個推演規則，會傳承套套言這性質。

先看 MP（肯定前件）：如果 A 和 $A \supset B$ 是套套言，則 B 也是。

設 A 和 $A \supset B$ 都是套套言，但 B 不是。如果 B 不是套套言，則當 A 和 $A \supset B$ 都眞時，B 可以爲假。但這和 $A \supset B$ 爲眞，即爲套套言的假定相矛盾。所以，如果 $A \supset B$ 和 A 都是套套言，則 B 也是。

再看 Sub（代換規則）：設 A 爲套套言，B 爲 A 裡的語句變詞。那麼，拿一個（良形）句式代換 A 裡 B 的每個出現所得句式，也是套套言；也就是 A 的每個代換例是套套言。

這個規則的證明，實在很簡單，因爲依套套言的**定義**，一個句式 A 爲套套言的意義，是指 A 的每個代換例都眞，也就是 A 具有爲套套言的一個形式。任何具有這個形式的句式也都是套套言，而 A 的每個代換例都具有這個形式，因此所有這些代換例也是套套言。

由於每個設基是套套言，並且就 MP 和 Sub，套套言這個性質是傳承的，所以每個定理是套套言，也就是 SAS 是健全的。如果每個定理都是套套言，而 A 和 $\sim A$ 不會都是套套言，因此，A 和 $\sim A$ 不會都是定理。這樣，SAS 是否言一致的。

由於 A 和 $\sim A$ 不會都是定理，設 A 爲定理 1，即 $p \supset (q \supset p)$，那麼，$\sim[p \supset (q \supset p)]$ 就不會是定理。這樣，在 SAS 裡至少有一個句式不是定理。因此，SAS 是絕對一致的。

設 A 爲任一由單一語句變詞組成的句式。那麼，A 不是套套言，因爲 A 有爲假的可能。這樣，A 就不是 SAS 的定理。所以，SAS 是波斯特意義的一致。

總結起來，可得 SAS 的

後設定理 1（一致性定理）：SAS 是一致的。

習題 13-3

Ⅰ. 試舉例顯示一個適真言(contingency)的代換例可爲適真言，套套言，或矛盾言。

Ⅱ. 試顯示一個矛盾言(contradication)的代換例也是矛盾言。

Ⅲ. 試證如果另加 $p \supset q$ 當 SAS 的設基，則它就會否言不一致。

Ⅳ.從 SAS 的設基很久沒有導出矛盾，可不可說 SAS 為一致？為什麼？

Ⅴ.在什麼意義上一個系統沒有否言一致？

7. SAS 設基的獨立性

一個系統 S 的設基 *A* 是**獨立於**(independent of) S 的其他設基的，恰好如果在 S 裡 *A* 不可從 S 的其他設基證明或導出來。一個不一致的系統沒有用；但一個系統有不獨立的設基，不傷害所在系統。不獨立的設基，只是邏輯上多餘而已。邏輯上多餘的東西，在其他方便也許有用。

設基獨立和不獨立的證明，方法不同。當我們實際從其他設基導出譬如設基 *A* 時，就證明 *A* 不獨立於其他設基。SAS 的第五設基，即 $[p \lor (q \lor r)] \supset [q \lor (p \lor r)]$，就是一個不獨立設基的例子。使用設基 1 到 4 加上兩個推演規則，可以把它當一個定理導出來。但是，在我們沒有導出 *A* 時，卻不可以說，*A* 獨立於其他設基。理由很簡單，可能只是因缺少智巧或不巧而沒導出來。為證明設基的獨立，我們必須使用別的方法。我們要使用的方法，基本並不新，雖然是有點進一步發展的。證明 SAS 一致性使用的方法，可以用來證明獨立性。

在證明 SAS 的一致性時，我們使用了套套言的概念，也就是使用了**真假**和眞值表的概念。在前面建造 SAS 的基礎，以及展開定理時，不像在前面講自然演繹那樣，一點都沒有觸及眞假概念和使用眞值表。在前節講 SAS 的一致性時，我們才開始使用這些。我們這樣做是故意沒給 SAS 的基礎和定理做超出**語句**或**句式**的解釋。在做 SAS 的一致性的討論時，為了種種方便，甚至實質的必要，我們要給 SAS 的基礎做進一步的**解釋**。

在 SAS 一致性的證明裡，我們發現諸設基具有的一個性質，即套套言。在應用兩個推演規則時，這個性質具有傳承性。我們用熟知的眞值表給（語句）連詞「～」「∨」和「⊃」等做解釋，形成設基為套套言的性質。例如，在眞值表下，下面兩個設基的主行都為眞(T)，因此為套套言：

$$\text{A1}\quad (p \lor p) \overset{\downarrow}{\supset} p$$

```
T T T  T T
F F F  T F
```

$$\text{A2}\quad (p \lor q) \overset{\downarrow}{\supset} (q \lor p)$$

```
T T T  T  T T T
T T F  T  F T T
F T T  T  T T F
F F F  T  F F F
```

這裡的「T」（眞）和「F」（假），也可以分別用數碼或數值「1」和「0」表示如下：

$$\text{A1}\quad (p \lor p) \overset{\downarrow}{\supset} p$$

```
1 11  11
0 00  10
```

$$\text{A2}\quad (p \lor q) \overset{\downarrow}{\supset} (q \lor p)$$

```
1 1 1  1  1 1 1
1 1 0  1  0 1 1
0 1 1  1  1 1 0
0 0 0  1  0 0 0
```

這樣，一個設基或句式具有套套言的性質，恰好如果它的眞值表的主行的值都是 1。這裡的 1 了解爲眞或假，都無所謂。重要的是這些設基主行的值**都是**這個性質，以及兩個推演規則都有傳承主行這個性質的力量。這兩個規則不只有傳承這個性質 1 的力量，它們有傳承這些設基主行所具有的一切特性的力量。這是我們要注意的。在證明 SAS 的一致性時，我們只需利用上面顯示的性質 1 或套套言這個性質。但在顯示設基的獨立性時，尤其是不獨立性時，我們還需利用套套言以外設基主行所具有的性質。

當我們依 MP 和 Sub 從 A 導出 B 時，如果 A 具有套套言這個性質，則 MP 或 Sub 會把 A 的這個性質傳給 B。由於 MP 和 Sub 具有這個傳承力量，而且由於 SAS 的所有設基都具有套套言的性質，因此 SAS 的每個定理都具有套套言的性質。所以，SAS 是一致的。

但我們不能利用套套言，也就是不能利用標準的眞值表解釋，來顯示 SAS 的設基之一獨立於其他設基，因爲所有設基 A1, A2, A3 和 A4 都具有套套言這性質。因此，我們無法證明 MP 或 Sub **不能**或**沒有**把其中三個設基的這個性質傳承給第四個。當我們利用眞值表找反例來顯示一

個論證 p ／∴ q 無效時，我們找的是前提眞和結論假的情況。有這種情況就告訴我們，利用推演規則，不能把前提的眞傳承給結論，因此論證無效，因此這個論證的結論 q 獨立於 p。現在譬如要顯示設基 A1 獨立於 A2, A3 和 A4 時，要去找 A2, A3 和 A4 共有的某一性質，A1 沒有。我們可利用標準眞值表的一種擴大，一種數值表，一種數值解釋來找尋這個性質。這等於給語句連詞一個不同的、新的解釋。

為了處理的方便，我們回到始原連詞來做。讓語句變詞取值 0, 1 和 2，連詞 $\sim$ 和 $\vee$ 解釋如下表：

(a)

p	$\sim p$
0	1
1	0
2	2

(b)

p	q	$p \vee q$
0	0	0
1	0	0
2	0	0
0	1	0
1	1	1
2	1	2
0	2	0
1	2	2
2	2	0

這兩個表可以更方便寫成：

(c)

$\sim$	
0	1
1	0
2	2

$\vee$	0	1	2
0	0	0	0
1	0	1	2
2	0	2	0

有了這些解釋和數值表後，設基的值可用標準眞值表決定句式眞值的類似方式，來決定。首先使用定義，用 $\sim$ 和 $\vee$ 把設基改寫如下：

A1　$\sim(p \vee p) \vee p$

A2　$\sim p \vee (q \vee p)$

A3　$\sim(p \vee q) \vee (q \vee p)$

A4　$\sim(\sim p \vee q) \vee [\sim(r \vee p) \vee (r \vee q)]$

其次，決定 A1 的值如下：

A1
$$\overset{\downarrow}{\sim(p \vee p) \vee p}$$

1	0	00	0	0	
0	1	11	0	1	
1	2	02	2	2	

在 A1 的主行（有箭號「↓」的）下，其值是 0, 0 和 2。A2 的值可決定如下：

A2
$$\overset{\downarrow}{\sim p \vee (q \vee p)}$$

1 0 0	0	0 0			
0 1 0	0	0 1			
2 2 0	0	0 2			
1 0 0	1	0 0			
0 1 0	1	1 1			
2 2 0	1	2 2			
1 0 0	2	0 0			
0 1 0	2	2 1			
2 2 0	2	0 2			

這個表主行的值都是 0。這是說，不論給 A2 的語句變詞取值 0, 1 或 2，A2 的值都是 0。當做習題，讀者可以驗證，在 ～ 和 ∨ 如上面(a)和(b)或(c)和(d)的定義下，A3 和 A4 的值都是 0。正如同 MP 和 Sub 會傳承套套言那樣，MP 和 Sub 也會傳承值都是 0 這個性質。這樣，所有從 A2, A3 和 A4 導出的句式，都具有 0 這個值，但 A1 不具有，所以，A1 獨立於其他三個設基。在下個習題裡，完成 A2, A3 和 A4 的獨立性證明後，就完成下面定理的證明：

　　後視定理 2（**獨立性定理**）：SAS 的頭四個設基是獨立的。

習題 13-4

Ⅰ.顯示 $[(p \supset q)\cdot q] \supset p$ 不是 SAS 的定理。

Ⅱ.證明 A2, A3 和 A4 的獨立。

Ⅲ.試從 SAS 的其他四個設基導出 A5。注意，不要使用用 A5 證明的定理或導出規則。

Ⅳ.為什麼連詞的主要解釋不能用來證明 SAS 設基的獨立性。

Ⅴ.不獨立的設基沒有害處，只是多餘而已。然而有時候，探問一個設基是否獨立會有重要的結果。試以幾何的歷史發展為例，舉例說明。

8. SAS 的完備性

最總括說，一個設基系統是**完備的**(complete)，如果它有可能使所有可接受的良形句式都導出來，也就是都可當定理證明出來。在 SAS，可接受的句式就是套套言。套套言，是恒為真的。因此，所有套套言都可導出來這種完備，是**語意完備性**(semantic completeness)。我們要證明 SAS 的這種語意完備性。

有一種**能行方法**(effective method)，可把 SAS 的任何句式變成一種標準形式，叫做**連言範形**(conjunctive normal form)，簡寫為 CNF。為定義連言範形，讓我們從所謂一個**單一句式**(single formula)開始。一個單一句式是一個語句變詞或是一個否言語句變詞。雙否言語句變詞不算做單一句式。讓 $A_1, \cdots, A_n$ 為一表列的 n 個單一句式，那麼一個具有

$$A_1 \vee A_2 \vee \cdots \vee A_n$$

這個形式的句式，叫做一個**基本選言**(elementary disjunction)。這樣，一個基本選言是一串選項，其中每個選項都是單一句式。

例 8　下列各句式都是基本選言

$p \vee q$

$p \vee q \vee \sim p$

p

$\sim p$

最後兩個是極端情況。這樣，一個單獨的單一句式算做一個基本選言。

我們現在可以說，一個句式在**連言範形**，恰好如果它具有

$$(A_1 \cdot A_2 \cdot \cdots\cdot A_n)$$

這個形式，其中 A_1, $\cdots$, A_n 為基本選言。在 $n = 1$ 時，上面例 8 的所有例子都算做在 CNF。

例 9　下面各句式是在 CNF 的句式：

$[(p \vee \sim q) \cdot (p \vee \sim q)]$

$[\sim p \cdot (q \vee r)]$

$[(r \vee \sim q) \cdot (p \vee \sim r \vee s)]$

忽視 $n = 1$ 的情況，一個句式在 CNF 如果它是一個由選言形成的連言，並且所有否言號都否定單一變詞。注意下例。

例 10　下面各句式**不**是 CNF 的：

$(\sim p \cdot q) \vee \sim r$

$(p \cdot q) \vee (p \cdot r)$

$\sim (\sim p \vee q)$

$[\sim (r \vee q) \cdot (p \vee \sim p)]$

任何句式可依下面四個步驟，寫成一個 CNF：

(i)使用 D1 和 D3 獲得一個只含連詞 $\vee$、$\cdot$ 和 $\sim$ 的句式。

(ii)使用狄摩根和雙否言律，消除所有在括號外面的否言號。

(iii)使用雙否言律，消除所有雙否言號。

(iv)依必要次數，使用分配律產一個由單一句式形成的選言的連言，即形成一個在 CNF 的句式。

例 11　依序把句式 $q \supset [p \supset (q \supset p)]$ 化成 CNF：

1. $q \supset [p \supset (q \supset p)]$　　　　　原句式

2. $\sim q \vee [\sim p \vee (\sim q \vee p)]$　　　　使用 D1 三次

3. $\sim q \vee \sim p \vee \sim q \vee p$　　　　　列 2 是一串選言，故可去掉括號

列 3 是一個基本選言。在 $n = 1$ 的極端情況裡，一個基本選言是在 CNF 的。

例 12　依序把句式 $p \equiv (p \vee q)$ 化成 CNF：

1. $p \equiv (p \lor q)$ 　　　　　　　　　　　原句式
2. $\{[p \supset (p \lor q)] \cdot [(p \lor q) \supset p]\}$ 　　　　　D3
3. $\{[\sim p \lor (p \lor q)] \cdot [\sim (p \lor q) \supset p]\}$ 　　　D1
4. $\{[\sim p \lor (p \lor q)] \cdot [\sim (\sim \sim p \lor \sim \sim q) \lor p]\}$ 　雙否言律
5. $\{[\sim p \lor (p \lor q)] \cdot [(\sim p \cdot \sim q) \lor p]\}$ 　狄摩根律
6. $\{[\sim p \lor (p \lor q)] \cdot [p \lor (\sim p \cdot \sim q)]\}$ 　交換律
7. $[(\sim p \lor p \lor q) \cdot (p \lor \sim p) \cdot (p \lor \sim q)]$ 　分配律

　　上面化成 CNF 所需的雙如言定理，都可在 SAS 的定理裡找到。設 A 為任意句式，A' 為它的連言範形。那麼，因 $p \equiv p$ 是 SAS 的定理，故可得 $A \equiv A$ 是 SAS 的一個定理。使用前面的雙如言定理加等值取代規則 (ER)，可得對任意句式 A 的 SAS 裡的一個定理

　　　$A \equiv A'$

這樣，我們可有一個預備定理：

　　預備定理 1：如果 A 是 SAS 裡的一個良形句式，則在 SAS 有一個在 CNF 的良形句式 A'，使得 $A \equiv A'$ 是 SAS 的一個定理。

　　在 CNF 的句式和 SAS 的所有句式一樣，可分為套套言，不一致（矛盾）言，和適真言三種。每個套套 CNF 有一個特徵，即對**每個**基本選言，有一個語句變詞出現在某個地方，而該變詞的否言出現在另一個地方。前面例 11 化成的 CNF $\sim q \lor \sim p \lor \sim q \lor p$，例示這個特徵。在這裡，我們恰有一個基本選言，其中有 p 和 $\sim p$ 出現。再看下例。

　　例 13 把下面列 1 的句式化成 CNF：

1. $[(p \supset q) \cdot (q \supset r)] \supset (p \supset r)$
2. $\sim [(\sim p \lor q) \cdot (\sim q \lor r)] \lor (\sim p \lor r)$ 　　　　1 D1
3. $[\sim (\sim p \lor q) \lor \sim (p \lor r)] \lor (\sim p \lor r)$ 　　　　2 狄摩根律
4. $[(p \cdot \sim q) \lor (q \cdot \sim r)] \lor (\sim p \lor r)$ 　　　　3 狄摩根律
5. $[(p \lor q) \cdot (p \lor \sim r) \cdot (q \lor \sim q) \cdot (\sim q \lor \sim r)] \lor (\sim p \lor r)$ 　4 分配律（兩次）
6. $[(p \lor \sim p \lor q \lor r) \cdot (p \lor \sim p \lor r \lor \sim r) \cdot$
　　$(\sim p \lor q \lor \sim q \lor r) \cdot (\sim p \lor \sim q \lor \sim r \lor r)$ 　　5 交換律

列 6 在 CNF。每個基本選言裡，都有一個語句變詞及其否言出現。所以列 6 是套套言，因而列 1 也是。

從例 11 和 13 可以看出，CNF 是語句邏輯的一種**決定程序**，可決定一個句式是或不是套套言。

我們可以利用下列程序，證明

　　預備定理 2：每個在 CNF 的套套句式是 SAS 的一個定理。

(i)利用 T6：$p \vee \sim p$ 及其代換例。

(ii)使用 A2：$p \supset q \vee p$，或由 A2 引出的導出規則，**添加規則**(addition, Add)，即如果 A，則 $A \vee B$，我們可給 $p \vee \sim p$ 添加任何句式。

(iii)重複使用(i), (ii)和連言律，我們可得到任何套套 CNF。然後，如果必要，使用等值取代，結合律和交換律，可證得任何套套 CNF 是 SAS 的一個定理。

試看下例的例示。

例 14　$[(p \supset q) \cdot \sim q] \supset \sim p$ 的 CNF 是 $[(p \vee \sim p \vee q) \cdot (\sim p \vee q \vee \sim q)]$，顯然是套套的。現在利用上面講的程序證明。

　　1. $p \vee \sim p$　　　　　　　　　T6
　　2. $p \vee \sim p \vee q$　　　　　　　1 Add
　　3. $q \vee \sim q$　　　　　　　　　T6　p/q
　　4. $(q \vee \sim q \vee \sim p)$　　　　　3 Add
　　5. $(\sim p \vee q \vee \sim q)$　　　　　4 交換律
　　6. $[(2) \cdot (5)]$　　　　　　　　2, 5 連言

　　在前面 CNF 裡有兩個基本選言。由於這個 CNF 是套套的，這些基本選言必定也是套套的，因此它們一定有某一個變詞及其否言的出現。這個部分，可由 T6 或其代換獲得，如列 1 和 3。除此以外的部分，可使用添加律得到，如列 2 和 4。其他可用交換式或結合律來調整。這些程序是**一定的**，機械的。因此任何套套 CNF 可證明為是 SAS 的一個定理。

　　這樣，可由上述的三個程序證得每個套套 CNF 是 SAS 的一個定理。

從前面兩個預備定理，可以推得

後視定理 3（**完備性定理**）：SAS 的每個套套言是 SAS 的一個定理。

習題 13-5

Ⅰ.依照四個步驟程序，把下列各句式化成 CNF：

1. $p \supset q$

2. $p \equiv \sim (p \cdot \sim q)$

3. $p \supset (\sim p \supset q)$

4. $p \equiv (p \lor q)$

5. $(p \cdot q) \equiv \sim (\sim p \lor \sim q)$

6. $(p \equiv q) \equiv \sim (p \equiv \sim q)$

Ⅱ.依上題各句的 CNF，決定那些是套套言。把是套套言的使用文中所給三個程序，證明它們是 SAS 的定理。

Ⅲ.舉例説明 CNF 是套套言的一種決定程序。

Ⅳ.如果給 SAS 添加 A 而且 SAS $+ A$ 是不一致的，那麼 $\sim A$ 是 SAS 的定理嗎？

9. 述詞邏輯的設基系統(PSA)

正如同自然演繹系統裡那樣，述詞邏輯是語句邏輯的擴大，述詞邏輯的設基系統——簡稱**述詞設基系統**(predicate axiom system)(PSA)，是語句設基系統(SAS)的擴大。PAS 也是從 SAS 的詞彙，形成規則，定義，設基和推演規則的增加做起。主要爲了技術上的方便，做了 SAS 裡的一些改變。將消去代換規則(Sub)，但這不會影響定理的導出，因爲SAS 的設基將以所謂**設基格式**(axiom schemes)的方式重述。兩個新的設基也將敍述做設基格式。這種改變，結果會產生一個具有無限多個設基，而不是有限數目設基的系統。

在 SAS，第一個設基是

$(p \lor p) \supset p$

使用 A 代表 SAS 的任何良形句式，與這個設基相當的設基格式是

$$(A \lor A) \supset A$$

這個格式決定無限多個設基，即所有那些為 $(A \lor A) \supset A$ 的實例的句式。

例 15　下面各句式都是設基格式 $(A \lor A) \supset A$ 的實例，也是 SAS 的設基：

$(p \lor p) \supset p$

$(q \lor q) \supset q$

$[(\sim p \cdot q) \lor (\sim p \cdot q)] \supset (\sim p \cdot q)$

這樣，在建造一個系統的基礎，把 $(A \lor A) \supset A$ 當一個設基格式時，這個系統就有一種無限多個的設基，即這個格式的所有實例。實例上，$(A \lor A) \supset A$ 將是 PSA 的一個設基格式。然而，在 PSA，A, B 和 C 等會是語句邏輯和述詞邏輯兩者句式的後視變詞(metavariable)。當然，PSA 還有其他設基格式。在 PSA 的建造上，選用設基格式而不用設基，主要理由之一是，有了格式就不需代換規則。在為述詞邏輯上，代換規則的敘述很麻煩，難處理。

　　PSA 的句式將由語句變詞，語句連詞，述詞變詞，個(individual)變詞，和量號組成。所有在 PSA 基礎上出現的語言都是後視語言，它們用來稱指象目語言的符號和句式。在這裡的象目語言，當然是述詞邏輯語言，而後視語言是用來講到形成規則裡的象目語言的，以及用來稱指設基格式和定理格式裡的象目語言的。一個**簡單**句式(simple formula)是指英文大寫字母後面跟著 n 個變詞的句式，例如：

$P, Fx, Fxy, Fxyz$

等；在第一個的 P 裡，$n = 0$。

　　我們要提出的 PSA 的基礎是：

㈠**始原符號：**

　　⑴語句變詞和述詞變詞：$F, G, H, \cdots$

　　⑵個變詞：$x, y, z, \cdots$

　　⑶全稱量號：$(x), (y), \cdots$

⑷語句連詞：～ 和 ∨

㈡形成規則：

⑴所有的簡單句式是良形句式(wff)。

⑵如果 A 是 wff，則～A 是 wff。

⑶如果 A 和 B 是 wff，則 $(A \lor B)$ 是 wff。

⑷如果 A 是一個 wff，含有一個自由變詞 v 如，則 $(v)A$ 是 wff。

㈢定義：

⑴如言：$A \supset B$ 定義爲 $(\sim A \lor B)$

⑵連言：$(A \cdot B)$ 定義爲 $\sim(\sim A \lor \sim B)$

⑶雙如言：$A \equiv B$ 定義爲 $[(A \supset B) \cdot (B \supset A)]$

⑷存在量號：$\exists vA$ 定義爲 $\sim(v) \sim A$

㈣設基格式：

AS1　$(A \lor A) \supset A$

AS2　$A \supset (B \lor A)$

AS3　$(A \lor B) \supset (B \lor A)$

AS4　$(A \supset B) \supset [(C \lor A) \supset (C \lor B)]$

AS5　$(v)(A \supset B) \supset [A \supset (v)B]$，其中 A 不含變詞 v 的自由出現。

AS6　$(v)A \supset B$，其中 B 是拿 t 取代 P 裡 v 的所有出現，從 A 得來的。

㈤推演規則：

⑴肯定前件(MP)：如果 A 和 $A \supset B$，則 B。

⑵全稱推廣(UG)：如果 A，則 $(v)A$。

　　PSA 的定理的定義，和 SAS 的相同。但我們不去發展定理了，因爲本章的主要目的在講述設基法的特徵，和比較自然演繹和設基系統這兩種建造。就這兩個目的來說，拿語句邏輯當例子，輪廓最明顯，題材較簡單易懂。就述詞邏輯定理的證明來說，我們在自然演繹和樹法上，已經講了很多。

　　在後視性質上，PSA 是完備性的，因爲所有邏輯定理都可在 PSA 裡

證得。PSA 是一致的。此外，PSA 的設基格式是獨立的。然而，PSA 不但沒有已知的決定程序，而且如同丘崎(Church)定理告訴我們的，不可能有這種決定程序。這個事實非常重要，因為述詞邏輯的決定程序的存在，會使可能以一種純機械方式，構作一種能夠回答述詞邏輯的一切問題的機器。

10. 自然演繹法與設基法的對照

邏輯之外，有許多知識的題材，都可以用自然演繹和設基法來建造。但在今天看來，邏輯這門知識的自然演繹和設基系統的建造和展開，是所有可以這樣建造和展開的知識系統中，輪廓最明顯，形式最嚴密的。因此，邏輯的自然演繹系統和設基系統，可以說是這兩種知識建造和展開的典範。

現在，雖然不限於，但主要就本書講的語句邏輯的自然和設基系統做比較。首先，一個自然演繹系統具有顯著的優點。一個是，它的演繹資具單單由推演規則組成，因而消除了邏輯設基的不便的，難以應付的職務。另一個是，檢試論證的有效和推出結論的形態，更接近日常的推理模式、形態和直覺。

就語句設基系統(SAS)來說，在開始證明定理，尚未演證出所謂**導出規則**以前，定理的證明，比起自然演繹的——尤其是使用如言證明(CP)和導謬法(RAA)的，在線索的找尋上，的確要難的多。但設基系統，也有不少優點。在基礎的建造上簡潔又清楚。由於所有的定理，是由**極少數**在直覺上簡單明白的**一定為真**的設基和推演推出來的，因此整個系統的定理的邏輯關連性和真理性，在直覺和邏輯感上，非常明白和確定。這種高度的明白和確定，在自然演繹系統的定理上，是遠不及的。SAS 的設基少又簡單，其獨立或不獨立，較容易演證或驗證出來。始原的推演規則只有樣態很不相同的兩個，它們互相獨立，很容易查看出來。在語句的自然演繹系統裡，由於沒有設基，因此沒有設基的獨立性問題。但有許多推演規則，而且我們已經知道，並且證過其中一些不獨立於另一些。但那些規則之間是彼此獨立的，我們沒有證過。雖然不

獨立，不是邏輯上的毛病，但如果能像 SAS 清楚交待設基的獨立性那樣，清楚交待諸多推演規則的獨立性，至少從笛卡兒（R. Descartes, 1596-1650，法國哲學家及數學家）以清楚和明辨爲眞理的最高標準來說，是一件好事。在系統的一致性證明上，SAS 比自然演繹要簡明的多，因爲只要顯示設基是一致的，尤其是套套言的，顯示兩個始原推演原則是有套套的傳承力量，就好了。但在自然演繹系統裡，由於有很多推演規則，所以做起來就繁重的多。

語句邏輯的自然演繹系統和 SAS 雖然各有優拙，但如同卡納普（R. Carnap, 1891-1970，德國出生美國哲學家）在 1934 年就已指出的，邏輯設基和推演規則之間的選擇，是一種實用的選擇，不是原理的選擇；因爲對任何邏輯設基，我們可以寫成一個等值的推演規則。相同的演繹力量可以發展成這兩種語句邏輯。它們可以說是語法上確定語句連詞的邏輯性質的二擇一方式。這些性質也可以用眞值表語意的予以確定。在適當使用時，所有這三種設計，都會給語句連詞強加相同的行爲。

對 SAS 的設基 2: $p \supset (q \vee p)$，可以寫出一個等值的添加推演規則，對設基 1: $(p \vee p) \supset p$ 和 2，可以寫出一個等值的選言重同推演規則。對設基 3: $(p \vee q) \supset (q \vee p)$，可以寫出等值的選言交換推演規則。對任何定理，也可以寫出一個等值的推演規則，前面演證導出規則時，已做過一些。

在自然演繹系統中有一個非常有用和有力的規則，即如言證法 (CP)。在 SAS 中，我們也可以引進對應於 CP 的一個等值的定理，叫做演繹定理(deduction theorem)的。這個導出規則可以寫成：

演繹定理：如果從 $A_1, A_2, \cdots, A_n$ 可以推出 B，則從 $A_1, A_2, \cdots, A_{n-1}$ 可以推出 $A_n \supset B$。

這裡從 A_1, A_2, A_n 推出 B 的**演繹**序列是一個有限個句式序列，其中每個句式是下面三者之一：

(i) 一個設基或其代換例。

(ii) 一個定理或其代換例。

(iii) 一個假定(assumption)。

(iv) 一個從前面諸列推出來的句式。

要注意的，我們使用演繹定理推出的要為**定理**時，也就是 $A_n \supset B$ 要為定理時，$A_1, \cdots, A_{n-1}$ 之中要沒有**假定**。試看下面使用演繹定理的證明。

例 16 用演繹定理證明定理 $(p \supset q) \supset \{[p \supset (q \supset r)] \supset (p \supset r)\}$

1.	$p \supset q$	假定
2.	$p \supset (q \supset r)$	假定
3.	p	假定
4.	$q \supset r$	2, 3 MP
5.	q	1, 3 MP
6.	r	4, 5 MP

這個演繹顯示的是：

(i) 從 $p \supset q, p \supset (q \supset r), p$ 推出 r。

應用演繹定理於(i)，得

(ii) 從 $p \supset q, p \supset (p \supset r)$ 推出 $p \supset r$。

應用演繹定理於(ii)，得

(iii) $p \supset q$ 推出 $[p \supset (q \supset r)]$ 推出 $p \supset r$。

應用演繹定理於(iii)，得

(iv) $(p \supset q) \supset \{[p \supset (q \supset r)] \supset (p \supset r)\}$

(iv)就是本定理，是連續應用演繹定理於(i)得到的。在這個證明中，沒有使用任何設基和定理。

例 17 用演繹定理證明 $[(p \supset q) \supset (p \supset r)] \supset [p \supset (q \supset r)]$。

1.	$(p \supset q) \supset (p \supset r)$	假定
2.	p	假定
3.	q	假定
4.	$p \supset (q \vee p)$	A2
5.	$p \supset (\sim q \vee p)$	$q/\sim q$
6.	$p \supset (q \supset p)$	D1
7.	$q \supset (p \supset q)$	$p/q, q/p$
8.	$p \supset q$	3, 7 MP
9.	$p \supset r$	1, 8 MP
10.	r	2, 9 MP

這個演繹顯示的是：

從 $(p \supset q) \supset (p \supset r), p, q$ 可推出 r。連續應用演繹定理三次於這，即得

　　　　本定理。這個證明使用了 A2。

　　在把演繹定理當導出定理引進 SAS 以後，SAS 和語句自然演繹系統，幾乎變成一模一樣了。

習題 13-6

Ⅰ.如果把存在量號 $\exists x$ 當 PSA 的始原符號，全稱量號 (x) 當有定義的符號，問必須做一些什麼改變？

Ⅱ.全稱推廣規則(UG)提供多少個定理？

Ⅲ.PSA 的設基數目是無限多個。我們怎麼知道那個句式是或不是設基？

Ⅳ.設基的數目既然是無限多個，還可以添加新設基嗎？

Ⅴ.為什麼在 PSA 中不需要代換規則？

Ⅵ.試從下列定理推出一個等值的導出規則。

　1. $p \supset (q \supset p)$

　2. $\sim p \supset (p \supset q)$

　3. $\{[(p \supset q) \cdot (r \supset s)] \cdot (p \lor r)\} \supset (q \lor s)$

　4. $[\sim p \supset (r \cdot \sim r)] \supset p$

　5. $[(p \cdot \sim q) \supset (r \cdot \sim p)] \supset (p \supset q)$

Ⅶ.試用演繹定理證明下列定理。

　1. $(p \supset \sim p) \supset \sim p$

　2. $(p \supset \sim q) \supset (q \supset \sim p)$

　3. $(p \supset q) \supset \{[r \supset (s \supset p)] \supset [r \supset (s \supset q)]\}$

　4. $(p \supset q) \supset [(p \cdot r) \supset q]$

習題偶數題解答

習題 1-1

甲、演練題

2. 政客是人。

∴政客是自私的。

4. 對每樣存在的東西上帝願望某些善。

愛任何東西不過是對該東西願望善。

∴上帝愛每樣存在的東西

6. 這個論證裡不含論證指示詞，但顯然有下面的論證：

我們觀察到一個反映一個基底的空間膨脹之有系統的銀河群星的膨脹。

這種銀河群星的膨脹，十分近似相配我們的銀河系裡最古老群星的年代。

∴宇宙的膨脹是根據已知的物理學，應用於天文的觀察。

8. 飛彈位置小而堅固，城市大而易受攻擊。

飛彈位置的防禦被看做有效的，如果能保全飛彈的一半，而城市的防禦必須要保全全部。

∴飛彈比城市容易防禦。

10. 思考是人不朽靈魂的一個功能。

上帝給每個男女，但沒給任何其他動物或機器一個不朽靈魂。

∴沒有動物或機器會思考。

12. 理性的人使他自己適應世界。

不理性的人使世界適應他自己。

∴所有進步依靠不理性的人。

14. 這個論證不但沒有論證指示詞，而且其結論「一個自由社會需要教育」，沒有明白說出。這樣，這個論證是：

一個自由社會是一個多元社會。

一個多元社會是一個從許多來源的無數宣傳的社會。

對付宣傳，主要需要教育產物的廣泛有批判的理知。

∴一個自由社會需要教育。

16. 動物的生命沒有水的供給不能生存。

月球上沒有水。

∴月球上沒有生命。

18.為日常和一些科學的目的，我們想要知道鐘點，以便安排事情的先後。

　　在大部分的科學工作裡，我們想要知道一個事情持續多久。

　　∴任何時間標準，必須能夠回答「那是什麼時」和「它持續多久」的問題。

20.世界政府意指一個中央權力，一個恒長的世界警察力量，以及這個力量會行動的清楚規定的條件。

　　一個權力平衡系統具有許多最高權力，每個控制它自己的軍隊。

　　∴世界政府和權力平衡在許多方面是對立的。

習題 1-2

（甲）演練題

2.這是一段描述，描述殷老師的形象。

4.是論證。形式是：

　　沒有新聞自由，我們其他的自由會立即受到威脅。

　　新聞自由提供增進新自由的支點。

　　∴新聞自由是憲法保障的最大自由。

6.是解說。待解說項是，現在的和史前的環境的結合，給橫跨蒙古首都烏蘭巴托南和西數百哩地區，促成如此多化石的保存。解釋項是：(1)在恐龍和哺乳動物起源的時代，這地區是大盆地，埋放在沙地裡的骨頭確實更會變成化石；(2)自 40 百萬年以來，這地區很少受到地質騷動或人的干擾；(3)風和氣候的浸蝕，已暴露許多恐龍和早期哺乳動物的遺跡。

8.是論證。但對已相信證據很豐富的人來說，也可以說是解說的。

　　史前和原始部落，顯示他們的宗教衝動在信仰靈魂和圖騰的儀式。

　　從文明的黎明以來，多樣宗教發展，每樣都很複雜。

　　人類的無可救藥是，信奉宗教的證據很豐富。

10.是解說。

12.不是論證，是對什麼是黑洞的簡短說明，以及解說黑洞為什麼像是黑的。

14.是解說。待解說項是商人讚揚競爭，喜愛獨佔。解說項是，不是如一些經濟學家講的，獨佔保證一個「平靜的生活」，但很少有這回事，而是獨佔有更大利潤的希望。

16.是論證。

　　只有運算的形式法則，機器可以構作來遵守。

　　機器沒有知覺數字的意義。

　　∴計算機的存在證明，計算不涉及數字的意義，只涉及運算的形式法則。

18.是論證。

　　如果地球的磁場消失，則范艾倫輻射帶會被摧毀。

　　如果范艾倫輻射帶被摧毀，則強烈的宇宙線會衝擊地球。

　　∴如果地球的磁場消失，強烈的宇宙線會衝擊地球。

20.這是一個報告。

習題 1-3

（甲）演繹題

2.①一株樹被暴風雨吹倒了。因而②電力被切斷了，因為③吹倒的樹在倒下時壓倒電線桿。
①→③→②

4.①許多專家認為，美國加州灣區可能很快會有大地震。②因此，加州當局應預謀未來幾年地震的可能。③災禍保險是在災禍發生時，保護你和你的財產的方法。④因此，為你自己和家庭，你要參加我們的災禍保險。

①→②
③ } →④

6.①幾乎每個你看到的廣告，顯然以某種方式，設計來欺騙顧客的：②他們不想你去讀的，印得很小；③話寫的含混。顯然，④產品不是以科學和平衡的方式提出。因此，⑤在買賣的事情上，缺少正直。

②
  ↘
①→④→⑤
  ↗
③

8.①超級新星似乎都在它們最高亮度發出約相同量的光。②如果它們是微暗的，它們一定

很遙遠；③如果是光亮的，則它們依一種可預知的程度接近。這樣，④它們被認為是相當可靠的距離指示者。

  ②
①↗↘ } →④
  ③

10.①一個疾病的存在由客觀的，即器官的決定因素決定。這樣，②疾病是器官的。由於③心理失常不是器官的，因此，④心理疾病不是疾病。

①→②
③ } →④

12.死刑的反對者，有時候主張廢止的理由說，死刑太殘酷和異常，因此是不容許的懲罰。根據這些反對者，①沒有剝奪一個人生命的，可以是通常的懲罰，而且②這是殘酷的，要一個人等一段要被吊死，電刑，或以毒氣結束他的生命的時間。因此，③無論它當一種阻止犯罪的方法是多麼有效，處死是錯誤而必須避免的。

①
  } ③→④
②

習題 1-4

2.演繹。在歐基理德幾何，可演繹的證明這個結果。

4.歸納。至少可由「所以」後面的指示詞「很可能」看出。

6.歸納。類比論證，結論也只可能從前提跟隨而來。

8.演繹。

10.演繹。類稱三段論。結論必然從前提跟隨而來。

12.演繹。假言三段論。

14.歸納。「或許」是歸納指示詞。結論只或然從前提跟隨而來。

習題 1-5

（甲）演練題

2.演繹，有效。

4.歸納，弱。

6.演繹，有效。

8.演繹，無效。

10.歸納，強。

習題 1-6

2. 所有 F 是 R。　　　　　所有老虎是哺乳動物。（眞）

　有些 R 是 P。　　　　　有些哺乳動物是兩腳動物。（眞）

　所以，有些 F 是 P。　　所以，有些老虎是兩腳動物。（假）

　（無效）

4. 所有 G 是 S。　　　　　所有貓是動物。（眞）

　所有 Q 是 S。　　　　　所有狗是動物。（眞）

　所以，所有 G 是 Q。　　所有，所有貓是狗。（假）

　（無效）

6. 如果 A 是 E。　　　　　如果玉山高於聖母峰，則玉山高於阿里山。（眞）

　不是 A。　　　　　　　玉山不高於聖母峰。（眞）

　所以，不是 E。　　　　所以，玉山不高於阿里山。（假）

　（無效）

8. W 或是 H。　　　　　　不是曹雪芹寫《紅樓夢》就是老子寫《道德經》。（眞）

　W　　　　　　　　　　曹雪芹寫《紅樓夢》。（眞）

　所以，不是 H。　　　　所以，不是老子寫《道德經》。（假）

　（無效）

習題 2-1

-1)　2. 複合的，是由簡單語句「蘇洵是蘇軾的父親」和「蘇洵是蘇轍的父親」組成。　4. 複合的，是由簡單語句「吾生有涯」和「知有涯」組成。注意，「知無涯」是「知有涯」的否言，也是複合的。　6. 簡單的。　8. 複合的，簡單語句是「颱風要來」和「風和日麗」。　10. 複合的，簡單語句是「道覆萬物」和「道載萬物」。

-1)　2. 蹄號「∨」　4. 三槓號「≡」　6. 第一個蹄號「⊃」

習題 2-2

（甲）-1)　2. 假　4. 假　6. 眞　8. 眞　　　　-1)　2. $(G \cdot O \cdot Q)$　4. $(\sim G \cdot \sim O \cdot Q)$

　　　-1)　2. 假　4. 眞　6. 假　8. 假　　　　　　6. $\sim(G \cdot O)$　8. $(G \vee O) \vee \sim(Q \cdot C)$

　　　-1)　2. 眞　4. 假　6. 眞　8. 假

習題 2-3

2. $(\sim P \supset \sim R)$　4. $P \supset (\sim Q \vee \sim R)$　6. $\sim P \supset (\sim Q \cdot \sim R)$　8. $(P \vee \sim P) \cdot (Q \vee R)$　10. $\sim P \supset (\sim R \supset \sim Q)$

12. $[(P \vee \sim P) \cdot Q]$　14. $\sim[\sim P \supset (\sim Q \cdot \sim R)]$

習題 3-1

Ⅰ. 2. F　4. T　6. F　8. T

Ⅱ. 2. T　4. 算不出來，因算不出 $(D \supset G)$ 和 I 的眞值。　6. F

習題 3-2

Ⅰ. 2. 套套言　4. 適眞言　6. 矛盾言　8. 套套言　10. 套套言

Ⅱ. 2. 套套言　4. 非此三類　6. 適眞言　8. 矛盾言

習題 3-3

Ⅰ.2.不等值　4.等值　6.不等值　8.等值

Ⅱ.2.(a)涵蘊(b)　4.(a)涵蘊和(b)，(b)不涵蘊(a)　6.(b)涵蘊(a)

Ⅲ.2.不一致　4.一致　6.不一致

Ⅳ.2.彼此不涵蘊　4.不等值，但(a)涵蘊(b)　6.等值

Ⅴ.2.一致　4.一致　6.一致

Ⅵ.2.A, B 和 C 都眞，A 眞 B 假 C 假，A 假 B 眞 C 假，A 假 B 假 C 眞。　4.A 假 B 眞。

Ⅶ.例如

左右兩表末行的眞值完全相同。

習題 3-4

Ⅰ.2.有效　4.有效　6.無效（第三列使無效）　8.有效　10.無效（第一列使無效）

Ⅲ.2.

$$[(p \cdot q) \overset{\downarrow}{\cdot} \sim r], \quad (p \lor q) \supset \sim r, \quad \sim (p \supset q) \supset \sim (q \supset p) \quad \Big| \quad \overset{\downarrow}{\sim}(p \supset r)$$

$$\begin{array}{cccc} \text{T T T T T F} & \text{T T T T T F} & \text{T T T T T T T} & \quad\Big|\quad \text{F F T F} \\ 2\,1\,2\quad 1\,2 & 2\,3\,2\quad 1\,2 & 2\,3\,2\quad\quad 2\,3\,2 & \quad\Big|\quad 3\,1\,2 \\ & & & \quad\Big|\quad ? \end{array}$$

結論 p 與 F 與其他出現的 p 的 T 相矛盾，故論證**有效**。

4.

$$\overset{\downarrow}{p \supset q}, \quad \overset{\downarrow}{\sim(q \lor r)}, \quad \overset{\downarrow}{s \supset (r \lor p)}, \quad \overset{\downarrow}{t \supset (s \lor u)} \quad \Big| \quad \overset{\downarrow}{\sim t}$$

$$\begin{array}{cccc} \text{F T F} & \text{T F F F} & \text{T T F F F} & \text{T T T T} \quad\Big|\quad \text{F T} \\ 3\quad 2 & 2\,1\,2 & 5\quad 2\,4\,3 & 1\quad 5 \quad\quad\Big|\quad 1 \end{array}$$

上表所列各基行的眞，已構成反例，故論證**無效**。第四個前提裡的 u 可 T 或 F，故沒列。

6.

$$\overset{\downarrow}{(p \lor q) \supset r}, \quad \overset{\downarrow}{(r \lor s) \supset \sim t} \quad \Big| \quad \overset{\downarrow}{p \supset \sim t}$$

$$\begin{array}{cc} \text{T T T T} & \text{F F T F T} \quad\Big|\quad \text{T F F T} \\ 1\,2\quad 3 & 3\,2\quad 1\,2 \quad\quad\Big|\quad 1\quad 1\,2 \\ \quad ? & \quad ? \end{array}$$

第一前提 r 的 T 和第二前提 r 的 F 矛盾，故**有效**。

8.

$$\overset{\downarrow}{(r \supset \sim p) \lor (q \cdot \sim s)}, \quad \overset{\downarrow}{\sim q \equiv (p \supset s)}, \quad (p \overset{\downarrow}{\cdot} \sim r) \quad \Big| \quad \overset{\downarrow}{p \supset (s \lor \sim q)}$$

$$\begin{array}{ccc} \text{F T F T T T F} & \text{T T T F F} & \text{T T T F} \quad\Big|\quad \text{T F F F F T} \\ 2\,3\,2\quad 3\quad 2 & 3\quad 1\,3\,2 & 1\quad 1\,2 \quad\quad\Big|\quad 1\quad 2\,1\,2\,3 \end{array}$$

上表所列各基行的眞值，已構成反例，故**無效**。

10.

$$(p \lor q) \supset r, \quad r \supset (q \lor s), \quad p \supset (\sim t \supset q), \quad (t \supset p) \supset \sim s \quad \Big| \quad q \equiv r$$

F TT	T T F T T	FT T F	T FF T F T		F FT
1 1	1 3 2 5	6 1	6 4 5 3 2		1 1

上表所列各基行的真值，已構成反例，故**無效**。

Ⅳ.2.

$$C \supset G, \quad G \supset T \quad \Big| \quad C \supset T$$

T T T	F T F		T F F
1 2 2 1		1 1
? ?		

第一前提 G 的 T 和第二前提 G 的 F 相矛盾，故沒有反例，論證**有效**。

4.

$$\sim (D \cdot E) \supset W, \quad E \supset \sim (T \lor L), \quad \sim V \supset (D \supset T), \quad \sim V \quad \Big| \quad W$$

F TTT TF	TT T FFF	TFTTTT	T F	F
2 434 1	4 5 767	11 425	1	1
?		?		

第二前提 T 的 F 和第三前提 T 的 T 相矛盾，故**有效**。

6.

$$M \supset (N \supset O), \quad N \quad \Big| \quad O \supset M$$

F T	T		T F F
1		1 1

上表所示真值構成反例，論證無效。

8.

$$W \supset M, \quad I \supset E, \quad W \supset \sim E, \quad I \supset \sim M, \quad W \lor I \quad \Big| \quad E \equiv \sim M$$

F TT	FTT	FT FT	FTFT	F TF	T F F T
4 2	3 1	4 21	3 12	4 3	1 1 2
—	—	—		?__?	
F F	F F	F TF	TF	F F	F TF
3 2	2 1	3 21	1 2	3 2	1 1 2

上表及第五個前提的兩個問號顯示，所有可能的逆算都產生矛盾，故沒有反例，論證**有效**。

10.

$$E \supset (\sim W \lor \sim A), \quad O \supset A, \quad B \supset W, \quad G \supset (O \cdot B), \quad E \quad \Big| \quad \sim G$$

TT F TTT F	TTT	TTT	TT TTT	T	F T
1 5 42 67	3 7	3 4	1 323		1
?	?				

上表第一前提 A 的 F 和第二前提 A 的 T 矛盾，故沒有反例，論證**有效**。

習題 4-1

Ⅰ.1.(b)是，拿 $\sim A$ 代 p。$(B \supset C)$ 代 q。 (d)不是，$\sim (A \supset B)$ 是否言，不是如言。

2.(b)不是，$\sim (\sim A \supset B)$ 是（單）否言，不是雙否言。 (d)是，拿 $\sim A$ 代 p。

3.(b)是，拿 C 代 p 和 q，$\sim A$ 代 r。 (d)不是，句式後件是否言，其原句是連言，但(d)後件的原句是選言。

4.(b)不是，(b)是如言，不是選言。　(d)不是，沒有拿相同的語句代 p 的兩個出現。

Ⅱ. 2. $p, p \supset q, \sim p \supset q, p \supset \sim q, \sim p \supset \sim q$

4. $p, \sim p, \sim(p \lor \sim q)$

6. $p, p \equiv q, p \equiv \sim q, (p \cdot q) \equiv r, (p \cdot q) \equiv \sim r, (p \cdot q) \equiv \sim p$

習題 4-2

Ⅰ. 2. 　6. 1, 3 HS

7. 5, 6 MP

8. 2, 4 DS

9. 7, 8 MT

4. 　4. 2 Add

5. 3, 4 MP

6. 5 Simp

7. 6 Add

8. 1, 7 MP

9. 8 Simp

10. 6, 9 Conj

6. 　5. 1, 4 CS

6. 3 Simp

7. 5, 6 MP

8. 3 Simp

9. 7, 8 MP

10. 9 Add

Ⅱ. 2. 　6. 1 Simp

7. 2, 5 CS

8. 6, 7 MT

9. A, 4

10. 9 Add

11. 3, 10 MP

12. 5, 11 CS

4. 　1. $\sim A \lor \sim B$

3. $\sim A$

5. $\sim A$, Add

6. 5

7. $\sim C \lor \sim F$, Dil

9. $\sim F$

10. $\sim(\sim A \lor \sim B)$

11. $\sim(\sim A \lor \sim B) \lor G$, Add

6. 　4. 3 Simp

5. $\sim E$, Add

6. $\sim E \lor \sim F$, Add

7. $(A \cdot C)$, 1, 2, 6, Dil

8. 3 Simp

9. $\sim D$, 8 DS

10. $\sim F$, 2, 8

Ⅲ. 2. 　1. $(A \supset B) \supset C$ 　　P

2. $\sim D \lor A$ 　　P

3. $\sim D \supset (A \supset B)$ 　　P

4. $\sim A$ 　　P 　／∴ C

5. $\sim D$ 　　2, 4 DS

6. $A \supset B$ 　　3, 5 MP

7. C 　　1, 6 MP

4. 　5. $\sim A$ 　　4 Simp

6. $B \supset C$ 　　1, 5 DS

7. $B \supset D$ 　　2, 6 CS

8. E 　　3, 7 MP

9. F 　　4 Simp

10. $(E \cdot F)$ 　　8, 9 Conj

6. 　5. N 　　3, 4 DS

6. $N \lor O$ 　　5 Add

7. P 　　1, 6 MP

8. $P \lor Q$ 　　7 Add

9. R 　　2, 8 MP

Ⅳ. 2. 論證可符示爲：$M \supset H, \sim M \supset L, M \lor \sim M$ ／∴ $H \lor L$。至少有兩個方式可反駁。一，指出選言未舉盡。譬如，可同居，既可享受同伴之樂，也無家室之累。二，提出一個反兩難論：「如果我結婚，有伴侶之樂(H)。如果不結婚，我自由自在(F)。我要嘛結婚，要嘛不結婚。所以，我不

是有伴侶之樂，就是自由自在。」$M \supset H, \sim M \supset F, M \vee \sim M$ /∴$H \vee F$。

4. 論證可符示為：$D \supset C, S \supset R, D \vee S$ /∴$C \vee R$。至少可用閃避鋒角和反兩難論兩個方式對付。例如，在閃避上，我們可說，律師可「私下」只為委託人不應受不公平審判部分辯護。在反兩難論上，可這樣：如果律師替有罪的人辯護，可使被告得到公害審判；如果把有罪的人打發走，則可警告世人不要犯法。

6. 反駁這兩難論的關鍵在揭示關鍵詞「超出」的歧義；這歧義是「邏輯的超出不被涵蘊的東西」，或「心理的超出不被提示的東西。」在弄清這個歧義後，我們可依「超出」的意思，抓住一個鋒角。一個有理但不是拒絕的反駁可在這裡提出。

習題 4-3

Ⅰ. 2.
1. $(\sim G \cdot \sim H) \supset J$	P	
2. $G \supset K$	P	
3. $H \supset K$	P	
4. $\sim K$	P	
/∴J		
5. $\sim G$	2, 4 MT	
6. $\sim H$	3, 4 MT	
7. $(\sim G \cdot \sim H)$	5, 6 Conj	
8. J	1, 7 MP	

4.
1. $(\sim D \cdot A)$	P
2. $B \supset C$	P
3. $(A \vee B) \supset (D \supset E)$	P
4. $C \supset D$	P
/∴$C \supset E$	
5. $\sim D$	1 Simp
6. $B \supset D$	2, 4 CS
7. $\sim B$	6, 7 MT
8. A	1 Simp
9. $A \vee B$	8 Add
10. $D \supset E$	3, 9 MP
11. $C \supset E$	4, 10 CS

6.
1. $(A \vee B) \supset (\sim C \vee D)$	P
2. $[B \cdot (\sim D \supset \sim E)]$	P
3. $\sim C \supset \sim F$	P
/∴$\sim E \vee \sim F$	
4. B	2 Simp
5. $A \vee B$	4 Add
6. $\sim C \vee \sim D$	1, 5 MP

7. $\sim D \supset \sim E$	2 Simp
8. $\sim E \vee \sim F$	3, 6, 7 Dil

8.
1. $\sim P \supset [P \vee (S \supset R)]$	P
2. $\sim R \supset [R \vee (P \supset R)]$	P
3. $(S \vee E) \supset \sim R$	P
4. $S \vee E$	P
/∴E	
5. $\sim R$	3, 4 MP
6. $R \vee (P \supset R)$	2, 5 MP
7. $P \supset R$	5, 6 DS
8. $\sim P$	5, 7 MT
9. $P \vee (S \supset R)$	1, 8 MP
10. $S \supset R$	8, 9 DS
11. $\sim S$	5, 10 MT
12. E	4, 11 DS

10.
1. $[\sim E \cdot (S \vee G)]$	P
2. $J \supset (\sim S \vee E)$	P
3. $B \supset C$	P
4. $\sim C$	P
5. $(\sim B \vee C) \supset J$	P
/∴$[(J \vee H) \cdot \sim S]$	
6. $\sim B$	3, 4 MT
7. $\sim E$	1 Simp
8. $S \vee G$	5 Simp
9. $(\sim B \vee C) \supset (\sim S \vee E)$	2, 5 CS
10. $\sim B \vee C$	6 Add
11. $\sim S \vee E$	9, 10 MP
12. $\sim S$	7, 11 DS

13. J　　　　5, 10 MP

14. $J \lor H$　　　13 Add

15. $(J \lor H) \cdot \sim S$　　12, 14 Conj

Ⅱ.2. 1. $W \supset (P \lor C)$　P

2. $\sim P$　P

3. W　P

　/∴.C

4. $P \lor C$　1, 3 MP

5. C　2, 4 DS

4. 1. $C \supset N$　P

2. $N \supset I$　P

3. $I \supset S$　P

4. $(C \supset S) \supset (N \supset C)$　P

5. $\sim C$　P

　/∴.$\sim N$

6. $C \supset I$　1, 2 CS

7. $C \supset S$　3, 6 CS

8. $N \supset C$　4, 7 MP

9. $\sim N$　5, 8 MT

習題 4-4

Ⅰ.2. 1. $(A \cdot B) \supset \sim C$　P

2. $A \lor D$　P

3. B　P

　/∴.$\sim C \lor D$

4. $(B \cdot A) \supset \sim C$　1 Com

5. $B \supset (A \supset \sim C)$　4 Exp

6. $A \supset \sim C$　3, 4 MP

7. $\sim\sim C \supset \sim A$　6 Contra

8. $\sim\sim A \lor D$　2 DN

9. $\sim A \supset D$　8 Cond

10. $\sim\sim C \supset D$　7, 9 CS

11. $C \supset D$　10 DN

12. $\sim C \lor D$　11 Cond

4. 1. $C \lor A$　P

2. $A \equiv (B \cdot C)$　P

3. $\sim A \supset B$　P

　/∴.A

4. $[A \cdot (B \cdot C)] \lor$　2 Bic

　$[\sim A \cdot \sim (B \cdot C)]$

5. $\sim\sim A \lor B$　3 Cond

6. $A \lor B$　5 DN

7. $A \lor C$　1 Com

8. $[(A \lor B) \cdot (A \lor C)]$　6, 7 Conj

9. $A \lor (B \cdot C)$　8 Dist

10. $\sim\sim A \lor (B \cdot C)$　9 DN

11. $\sim\sim A \lor \sim\sim (B \cdot C)$　10 DN

12. $\sim [\sim A \cdot \sim (B \cdot C)]$　11 DeM

13. $[A \cdot (B \cdot C)]$　4, 12 DS

14. A　13 Simp

6. 1. $[A \cdot (B \lor C)]$　P

2. $A \supset [B \supset (D \cdot E)]$　P

3. $(A \cdot C) \supset \sim (D \lor E)$　P

　/∴.$D \equiv E$

4. $(A \cdot B) \supset (D \cdot E)$　2 Exp

5. $(A \cdot C) \supset (\sim D \cdot \sim E)$　3 DeM

6. $(A \cdot B) \lor (A \cdot C)$　1 Dist

7. $(D \cdot E) \lor (\sim D \cdot \sim E)$　4, 5, 6 Dil

Ⅱ.2. 1. $A \supset B$　P

2. $C \equiv D$ P

3. $\sim C \supset \sim B$ P

　/∴.$A \supset D$

4. $B \supset C$ 3 Contra

5. $[(C \supset D) \cdot (D \supset C)]$ 2 Bic

6. $C \supset D$ 5 Simp

7. $B \supset D$ 4, 6 CS

8. $A \supset D$ 1, 7 CS

4. 1. $B \supset (C \supset E)$　P

2. $E \supset \sim (J \lor H)$　P

3. $\sim S$　P

4. $J \lor S$　P

　/∴.$B \supset \sim C$

5. J　　3, 4 DS

6. $J \lor H$	5 Add	
7. $\sim \sim (J \lor H)$	6 DN	
8. $\sim E$	2, 7 MT	
9. $(B \cdot C) \supset E$	1 Exp	
10. $\sim (B \cdot C)$	8, 9 MT	
11. $\sim B \lor \sim C$	10 DeM	
12. $B \supset \sim C$	11 Cond	

6. 1. $(E \cdot G)$　　P
  2. $[(D \supset E) \cdot (E \supset D)]$　　P
  3. $(D \equiv E) \supset \sim (G \cdot \sim H)$　　P
  　　/∴ $(G \cdot H)$
  4. G　　1 Simp
  5. $D \equiv E$　　2 Bic
  6. $\sim (G \cdot \sim H)$　　3, 5 MP
  7. $\sim G \lor \sim \sim H$　　6 DeM
  8. $\sim \sim G$　　4 DN

9. $\sim \sim H$	7, 8 DS
10. H	9 DN
11. $(G \cdot H)$	4, 10 Conj

8. 1. $(T \cdot P)$　　P
  2. $P \supset R$　　P
  3. $Q \supset S$　　P
  4. $T \supset (\sim R \lor \sim S)$　　P
  　　/∴ $\sim Q$
  5. T　　1 Simp
  6. P　　1 Simp
  7. R　　2, 6 MP
  8. $\sim R \lor \sim S$　　4, 5 MP
  9. $\sim \sim R$　　7 DN
  10. $\sim S$　　8, 9 DS
  11. $\sim Q$　　3, 10 MT

習題 4-5

I. 十三個小論證，有一半以上已在本章第 9 節例 76 中證明了。故在此不再提出證明。

II. 2. 1. $[(J \cdot K) \cdot L] \supset M$　　P
  2. $N \supset [(L \cdot J) \cdot K]$　　P
  　　/∴ $\sim N \lor M$
  3. $[L \cdot (J \cdot K)] \supset M$　　1 Com
  4. $[(L \cdot J) \cdot K] \supset M$　　3 Assoc
  5. $N \supset M$　　2, 4 CS
  6. $\sim N \lor M$　　5 Cond

4. 1. $\sim B \supset (C \cdot E)$　　P
  2. $B \equiv \sim D$　　P
  3. $B \supset \sim E$　　P
  4. $[(B \supset \sim D) \cdot (\sim D \supset B)]$　　2 Bic
  5. $B \supset \sim D$　　4 Simp
  6. $\sim \sim D \supset \sim B$　　5 Contra
  7. $D \supset \sim B$　　6 DN
  8. $D \supset (C \cdot E)$　　1, 7 CS
  9. $\sim D \lor (C \cdot E)$　　8 Cond
  10. $[(\sim D \lor C) \cdot (\sim D \lor E)]$　　9 Dist
  11. $\sim D \lor E$　　10 Simp
  12. $D \supset E$　　11 Cond

13. $\sim D \supset B$	4 Simp
14. $\sim D \supset E$	3, 13 CS
15. $E \supset D$	14 Contra
16. $[(D \supset E) \cdot (E \supset D)]$	12, 15 Conj
17. $D \equiv E$	16 Bic

6. 1. $(M \supset N) \supset (L \cdot J)$　　P
  2. $G \supset (H \cdot I)$　　P
  3. $[(L \supset \sim G) \cdot M] \supset N$　　P
  4. $J \supset (H \cdot K)$　　P
  　　/∴ $I \lor K$
  5. $(L \supset \sim G) \supset (M \supset N)$　　3 Exp
  6. $(L \supset \sim G) \supset (L \cdot J)$　　1, 5 CS
  7. $\sim (L \supset \sim G) \lor (L \cdot J)$　　6 Cond
  8. $\sim (\sim L \lor \sim G) \lor (L \cdot J)$　　7 Cond
  9. $(L \cdot G) \lor (L \cdot J)$　　8 DeM
  10. $[(L \cdot G) \lor L] \cdot$
  　　$[(L \cdot G) \lor J]$　　9 Dist
  11. $(L \cdot G) \lor J$　　10 Simp
  12. $J \lor (L \cdot G)$　　11 Com

13. $[(J\lor L)\cdot(J\lor G)]$	12 Dist	2. $\sim(C\lor\sim P)$	P
14. $J\lor G$	13 Simp	／∴$\sim D$	
15. $\sim G\lor(H\cdot I)$	2 Cond	3. $\{[(P\cdot D)\supset C]\cdot$	1 Bic
16. $[(\sim G\lor H)\cdot(\sim G\lor I)]$	15 Dist	$[C\supset(P\cdot D)]\}$	
17. $\sim G\lor I$	16 Simp	4. $(P\cdot D)\supset C$	3 Simp
18. $G\supset I$	17 Cond	5. $(\sim C\cdot\sim\sim P)$	2 DeM
19. $J\lor(H\cdot K)$	4 Cond	6. $\sim C$	5 Simp
20. $[(\sim J\lor H)\cdot(\sim J\lor K)]$	19 Dist	7. $\sim(P\cdot D)$	4, 6 MT
21. $\sim J\lor K$	20 Simp	8. $\sim P\lor\sim D$	7 DeM
22. $J\supset K$	21 Cond	9. $\sim\sim P$	5 Simp
23. $I\lor K$	14, 18, 22 Dil	10. $\sim D$	8, 9 DS

8.
1. $H\supset(I\supset F)$	P	4. 1. $P\supset S$	P
2. $H\equiv I$	P	2. $S\supset\sim(B\lor D)$	P
3. $\sim(H\lor I)\supset F$	P	3. $\sim B\supset(T\cdot\sim T)$	P
／∴F		4. D	P
4. $[(H\cdot I)\lor(\sim I\cdot\sim H)]$	2 Bic	／∴$\sim P$	
5. $(H\cdot I)\supset F$	1 Exp	5. $P\supset\sim(B\lor D)$	1, 2 CS
6. $(\sim H\cdot\sim I)\supset F$	3 DeM	6. $\sim\sim(B\lor D)\supset\sim P$	5 Contra
7. $F\lor F$	4, 5, 6 Dil	7. $(B\lor D)\supset\sim P$	6 DN
8. F	7 Dup	8. $B\lor D$	4 Add

Ⅲ. 2.
1. $(P\cdot D)\equiv C$	P

前提 3 顯然多餘。

9. $\sim P$ | 7, 8 MP

習題 5-1

Ⅰ. 2. (a)使用 CP

1. $P\supset Q$	P	6. $(Q\lor S)\lor\sim P$	5 Com
2. $R\supset S$	P	7. $\sim R\lor S$	2 Cond
／∴$(P\lor R)\supset(Q\lor S)$		8. $(\sim R\lor S)\lor Q$	7 Add
3. $P\lor R$	ACP	9. $\sim R\lor(S\lor Q)$	8 Assoc
4. $Q\lor S$	1, 2, 3 Dil	10. $(S\lor Q)\lor R$	9 Com
5. $(P\lor R)\supset(Q\lor S)$	3-4 CP	11. $(Q\lor S)\lor R$	10 Com
(b)不使用 CP		12. $[(Q\lor S)\lor\sim P]\cdot$	6, 11 Conj
1. $P\supset Q$	P	$[(Q\lor S)\lor\sim R]$	
2. $R\supset S$	P	13. $(Q\lor S)\lor(\sim P\cdot\sim R)$	12 Dist
／∴$(P\lor R)\supset(Q\lor S)$		14. $(\sim P\cdot\sim R)\lor(Q\lor S)$	13 Com
3. $\sim P\lor Q$	1 Cond	15. $\sim(P\lor R)\supset(Q\lor S)$	14 DeM
4. $(\sim P\lor Q)\lor S$	3 Add	16. $(P\lor R)\supset(Q\lor S)$	15 Cond
5. $\sim P\lor(Q\lor S)$	4 Assoc	4. (a)使用 CP	
		1. $\sim A\supset(B\supset C)$	P

2. $D \supset \sim C$	P		
3. $\sim E \supset D$	P		
4. $\sim(C \cdot E)$	P	(a)雖然比(b)長，但每一	
$/ \therefore B \supset A$		步驟似乎比較容易做。	

5. B	ACP	6. (a)使用 CP	
6. $(\sim A \cdot B) \supset C$	1 Exp	1. $(A \vee B) \supset C$	P
7. $(B \cdot \sim A) \supset C$	6 Com	2. $K \supset [(L \vee \sim M) \supset A]$	P
8. $B \supset (\sim A \supset C)$	7 Exp	$/ \therefore K \supset (\sim M \supset C)$	
9. $\sim A \supset C$	5, 8 MP	3. K	ACP
10. $\sim C \supset \sim \sim A$	9 Contra	4. $\sim M$	ACP
11. $D \supset \sim \sim A$	2, 10 CS	5. $(L \vee \sim M) \supset A$	2, 3 MP
12. $\sim C \vee \sim E$	4 DeM	6. $L \vee \sim M$	5 Add
13. $C \supset \sim E$	12 Cond	7. A	5, 6 MP
14. $C \supset D$	3, 13 CS	8. $A \vee B$	7 Add
15. $\sim A \supset D$	9, 14 CS	9. C	1, 8 MP
16. $\sim A \supset \sim \sim A$	11, 15 CS	10. $\sim M \supset C$	4-9 CP
17. $A \vee \sim \sim A$	16 Cond	11. $K \supset (\sim M \supset C)$	3-10 CP
18. $A \vee A$	17 DN	(b)不使用 CP	
19. A	18 Dup	1. $(A \vee B) \supset C$	P
20. $B \supset A$	5-19 CP	2. $K \supset [(L \vee \sim M) \supset A]$	P
(b)不使用 CP		$/ \therefore K \supset (\sim M \supset C)$	
1. $\sim A \supset (B \supset C)$	P	3. $\sim(A \vee B) \vee C$	1 Cond
2. $D \supset \sim C$	P	4. $(\sim A \cdot \sim B) \vee C$	3 DeM
3. $\sim E \supset D$	P	5. $C \vee (\sim A \cdot \sim B)$	4 Com
4. $\sim(C \cdot E)$	P	6. $(C \vee \sim A) \cdot (C \vee \sim B)$	5 Dist
$/ \therefore B \supset A$		7. $C \vee \sim A$	6 Simp
5. $\sim C \vee \sim E$	4 DeM	8. $\sim A \vee C$	7 Com
6. $C \supset \sim E$	5 Cond	9. $A \supset C$	8 Cond
7. $C \supset D$	3, 6 CS	10. $[K \cdot (L \vee \sim M)] \supset A$	2 Exp
8. $C \supset \sim C$	3, 7 CS	11. $[(L \vee \sim M) \cdot K] \supset A$	10 Com
9. $\sim C \vee \sim C$	8 Cond	12. $(L \vee \sim M) \supset (K \supset A)$	11 Exp
10. $\sim C$	9 Dup	13. $\sim(L \vee \sim M) \vee (K \supset A)$	12 Cond
11. $(\sim A \cdot B) \supset C$	1 Exp	14. $(\sim L \cdot \sim \sim M) \vee (K \supset A)$	13 DeM
12. $\sim(\sim A \cdot B)$	10, 11 MT	15. $(K \supset A) \vee (\sim L \cdot \sim \sim M)$	14 Com
13. $\sim \sim A \vee \sim B$	12 DeM	16. $[(K \supset A) \vee \sim L] \cdot$	15 Dist
14. $A \vee \sim B$	13 DN	$[(K \supset A) \vee \sim \sim M]$	
15. $\sim B \vee A$	14 Com	17. $(K \supset A) \vee \sim \sim M$	16 Simp
16. $B \supset A$	15 Cond	18. $\sim \sim M \vee (K \supset A)$	17 Com

19. $\sim M \supset (K \supset A)$	18 Cond
20. $(\sim M \cdot K) \supset A$	19 Exp
21. $(\sim M \cdot K) \supset C$	9, 20 CS
22. $(K \cdot \sim M) \supset C$	21 Com
23. $K \supset (\sim M \supset C)$	23 Exp

8.　(a)使用 CP

1. $\sim D \vee A$	P
2. $\sim D \supset (E \cdot \sim F)$	P
3. $A \supset (B \cdot C)$	P
／∴ $\sim F \vee B$	
4. F	ACP
5. $\sim E \vee F$	4 Add
6. $\sim (E \cdot \sim F)$	5 DeM
7. $\sim \sim D$	2, 6 MT
8. A	7 DN
9. $(B \cdot C)$	3, 8 MP
10. B	9 Simp
11. $F \supset B$	4-10 CP
12. $\sim F \vee B$	11 Cond

(b)不使用 CP

1. $\sim D \vee A$	P
2. $\sim D \supset (E \cdot \sim F)$	P
3. $A \supset (B \cdot C)$	P
／∴ $\sim F \vee B$	
4. $D \supset A$	1 Cond
5. $D \supset (B \cdot C)$	3, 4 CS
6. $\sim (B \cdot C) \supset \sim D$	5 Contra
7. $\sim (B \cdot C) \supset (E \cdot \sim F)$	2, 6 CS
8. $\sim \sim (B \cdot C) \vee$ $(E \cdot \sim F)$	7 Cond
9. $(B \cdot C) \vee (E \cdot \sim F)$	8 DN
10. $[(B \cdot C) \vee E] \cdot$ $[(B \cdot C) \vee \sim F]$	9 Dist
11. $(B \cdot C) \vee \sim F$	10 Simp

習題 5-2

Ⅰ. 2. (a)不使用 RAA

12. $\sim F \vee (B \cdot C)$	11 Com
13. $(\sim F \vee B) \cdot (\sim F \vee C)$	12 Dist
14. $\sim F \vee B$	13 Simp

Ⅱ. 2. 1. $R \supset S$

	P
2. $\sim \sim R \supset (S \supset A)$	P
3. $\sim \sim S \supset (A \supset D)$	P
／∴ $R \supset D$	
4. R	ACP
5. S	1, 4 MP
6. $(\sim \sim R \cdot S) \supset A$	2 Exp
7. $(S \cdot \sim \sim R) \supset A$	6 Com
8. $S \supset (\sim \sim R \supset A)$	7 Exp
9. $\sim \sim R \supset A$	5, 8 MP
10. $R \supset A$	9 DN
11. A	4, 10 MP
12. $(\sim \sim S \cdot A) \supset D$	3 Exp
13. $(A \cdot \sim \sim S) \supset D$	12 Com
14. $A \supset (\sim \sim S \supset D)$	13 Exp
15. $\sim \sim S \supset D$	11, 14 MP
16. $S \supset D$	15 DN
17. D	5, 16
18. $R \supset D$	4-17 CP

4.　1. $J \supset D$

	P
2. $(J \cdot D) \supset C$	P
3. $(N \cdot C) \supset I$	P
／∴ $J \supset (N \supset I)$	
4. J	ACP
5. N	ACP
6. D	1, 4 MP
7. $(J \cdot D)$	4, 6 Conj
8. C	2, 7 MP
9. $(N \cdot C)$	5, 8 Conj
10. I	3, 9 MP
11. $N \supset I$	5-10 CP
12. $J \supset (N \supset I)$	4-11 CP

1. $(J \vee K) \supset (L \cdot M)$	P

2. $L \supset \sim M$	P	16. $A \lor D$	15 Add
$/ \therefore \sim J$		17. M	1, 16 MP
3. $\sim L \lor \sim M$	2 Cond	18. $(M \cdot \sim C)$	6, 17 Conj
4. $\sim (L \cdot M)$	3 DeM	19. $\sim (\sim W \lor \sim \sim C)$	18 DeM
5. $\sim (J \lor K)$	1, 4 MT	20. $\sim (\sim W \lor C)$	19 DN
6. $(\sim J \cdot \sim K)$	5 DeM	21. $\sim (W \supset C)$	Cond
7. $\sim J$	6 Simp	(b)使用 RAA	
(b)使用 RAA		1. $(A \lor D) \supset M$	P
1. $(J \lor K) \supset (L \cdot M)$	P	2. $\sim (B \lor C)$	P
2. $L \supset \sim M$	P	3. $R \equiv (C \cdot T)$	P
$/ \therefore \sim J$		4. $\sim R \equiv A$	P
3. $\sim \sim J$	ARAA	$/ \therefore \sim (M \supset C)$	
4. J	3 DN	5. $M \supset C$	ARAA
5. $J \lor K$	4 Add	6. $(A \lor D) \supset C$	1, 5 CS
6. $(L \cdot M)$	1, 5 MP	7. $(\sim B \cdot \sim C)$	2 DeM
7. L	6 Simp	8. $\sim C$	7 Simp
8. $\sim M$	2, 7 MP	9. $\sim M$	5, 8 MT
9. M	6, Simp	10. $\sim (A \lor D)$	1, 9 MT
10. $(M \cdot \sim M)$	8, 9 Conj	11. $(\sim A \cdot \sim D)$	10 DeM
11. $\sim J$	3-10 RAA	12. A	11 Simp
4. (a)不使用 RAA		13. $[(\sim R \supset A) \cdot (A \supset \sim R)]$	4 Bic
1. $(A \lor D) \supset M$	P	14. $\sim R \supset A$	13 Simp
2. $\sim (B \lor C)$	P	15. $\sim \sim R$	12, 14 MT
3. $R \equiv (C \cdot T)$	P	16. R	15 DN
4. $\sim R \equiv A$	P	17. $[R \supset (C \cdot T)] \cdot$	3 Bic
$/ \therefore \sim (M \supset C)$		$[(C \cdot T) \supset R]$	
5. $(\sim B \cdot \sim C)$	2 DeM	18. $R \supset (C \cdot T)$	17 Simp
6. $\sim C$	5 Simp	19. $(C \cdot T)$	16, 18 MP
7. $[R \supset (C \cdot T)] \cdot$	3 Bic	20. C	19 Simp
$[(C \cdot T) \supset R]$		21. $(C \cdot \sim C)$	8, 20 Conj
8. $R \supset (C \cdot T)$	7 Simp	22. $\sim (M \supset C)$	5-21 RAA
9. $\sim (C \cdot T) \supset \sim R$	8 Contra	6. (a)不使用 RAA	
10. $(\sim C \lor \sim T) \supset \sim R$	9 DeM	1. $C \lor D$	P
11. $\sim C \lor \sim T$	6 Add	2. $\sim B \lor \sim D$	P
12. $\sim R$	10, 11 MP	3. $\sim A \supset (B \lor C)$	P
13. $[(\sim R \supset A) \cdot (A \supset \sim R)]$	4 Bic	$/ \therefore A \lor C$	
14. $\sim R \supset A$	13 Simp	4. $B \supset \sim D$	2 Cond
15. A	12, 14 MP	5. $\sim \sim C \lor D$	1 DN

6. $\sim C \supset D$	5 Cond	13. $(C \cdot \sim C)$	8, 12 Conj
7. $\sim D \supset C$	6 Contra	14. $A \lor C$	4-13 RAA
8. $B \supset C$	4, 7 CS	II.2. 1. $(C \cdot R) \supset (I \cdot D)$	P
9. $\sim A \supset (\sim \sim B \lor C)$	3 DN	2. $R \supset D$	P
10. $\sim A \supset (\sim B \supset C)$	9 Cond	／∴$\sim C \lor \sim R$	
11. $(\sim A \cdot \sim B) \supset C$	10 Exp	3. $\sim (\sim C \lor \sim R)$	ARAA
12. $(\sim B \cdot \sim A) \supset C$	11 Com	4. $(\sim \sim C \cdot \sim \sim R)$	3 DeM
13. $\sim B \supset (\sim A \supset C)$	12 Exp	5. $(C \cdot \sim \sim R)$	4 DN
14. $\sim (\sim A \supset C) \supset B$	13 Contra	6. $(C \cdot R)$	5 DN
15. $\sim (\sim A \supset C) \supset C$	8, 14 CS	7. $(I \cdot D)$	1, 6 MP
16. $\sim (\sim \sim A \lor C) \supset C$	15 Cond	8. D	7 Simp
17. $\sim (A \lor C) \supset C$	16 DN	9. R	6 Simp
18. $\sim \sim (A \lor C) \lor C$	17 Cond	10. $\sim D$	2, 9 MP
19. $(A \lor C) \lor C$	18 DN	11. $(D \cdot \sim D)$	8, 10 Conj
20. $A \lor (C \lor C)$	19 Assoc	12. $\sim C \lor \sim R$	3-11 RAA
21. $A \lor C$	20 Dup	4. 1. $N \lor S$	P
(b)使用 RAA		2. $N \supset A$	P
1. $C \lor D$	P	3. $B \supset \sim S$	P
2. $\sim B \lor \sim D$	P	／∴$B \supset A$	
3. $\sim A \supset (B \lor C)$	P	4. $\sim (B \supset A)$	ARAA
／∴$A \lor C$		5. $\sim (\sim B \lor A)$	4 Cond
4. $\sim (A \lor C)$	ARAA	6. $\sim \sim B \cdot \sim A$	5 DeM
5. $(\sim A \cdot \sim C)$	4 DeM	7. $\sim \sim B$	6 Simp
6. $\sim A$	5 Simp	8. B	7 DN
7. $B \lor C$	3, 6 MP	9. $\sim S$	3, 8 MP
8. $\sim C$	5 Simp	10. $\sim A$	6 Simp
9. B	7, 8 DS	11. $\sim N$	2, 10 MT
10. $\sim \sim B$	9 DN	12. S	1, 11 DS
11. $\sim D$	2, 10 DS	13. $(S \cdot \sim S)$	9, 12 Cond
12. C	1, 11DS	14. $B \supset A$	4-13 RAA

習題 5-3

2. 1. $F \lor D$	P	6. $\sim \sim B$	4 DN
2. $E \supset C$	P	7. $\sim (C \lor D)$	5, 6 DS
3. $\sim [B \cdot (C \lor D)]$	P	8. $(\sim C \cdot \sim D)$	7 DeM
／∴$B \supset (F \cdot \sim E)$		9. $\sim C$	8 Simp
4. B	ACP	10. $\sim E$	2, 9 MT
5. $\sim B \lor \sim (C \lor D)$	3 DeM	11. $\sim D$	8 Simp

12. F	2, 11 DS	11.$(\sim C \cdot \sim D)$	2DeM
13.$(F \cdot \sim D)$	11, 12 Conj	12.$\sim C$	11 Simp
14. $B \supset (F \cdot \sim D)$	4-13 CP	13.$\sim D$	11 Simp

4.　1. $F \supset (G \vee \sim J)$　　　　P

　　2. $J \supset (\sim G \vee K)$　　　　P

　　3.$(F \cdot J) \supset \sim K$　　　　P

　　　∴$\sim F \vee \sim J$

4. $\sim(\sim F \vee \sim J)$	ARAA	14.$\{[K \supset \sim(B \supset C)] \cdot$	3 Bic
5. $(\sim\sim F \cdot \sim\sim J)$	4 DeM	$[\sim(B \supset C) \supset K]\}$	
6. $\sim\sim F$	5 Simp	15.$\sim(B \supset C) \supset K$	14 Simp
7. F	6 DN	16.$\sim\sim(B \supset C) \vee K$	15 Cond
8. $G \vee \sim J$	1, 7 MP	17.$(B \supset C) \vee K$	16 DN
9. $\sim\sim J$	5 Simp	18.$(\sim B \vee C) \vee K$	17 Cond
10. G	8, 9 DS	19.$(C \vee \sim B) \vee K$	18 Assoc
11. J	9 DN	20. $C \vee (\sim B \vee K)$	19 Assoc
12.$\sim G \vee K$	2, 11 MP	21.$\sim B \vee K$	12, 20 DS
13.$\sim\sim G$	10 DN	22.$\sim\sim(H \cdot S)$	1, 13 MT
14. K	12, 13 DS	23.$(H \cdot S)$	22 DN
15.$\sim\sim K$	14 DN	24. S	23 Simp
16.$\sim(F \cdot J)$	3, 15 MT	25.$\sim\sim S$	24 DN
17.$\sim F \vee \sim J$	16 DeM	26.$\sim(H \cdot K)$	10, 25 DS
18.$[(\sim F \vee \sim J) \cdot$	4, 17 Conj	27.$\sim H \vee \sim K$	26 DeM
$\sim(\sim F \vee \sim J)]$		28. H	23 Simp
19.$\sim F \vee \sim J$	4-18 RAA	29.$\sim\sim H$	28 DN
		30.$\sim K$	27, 29 DS
		31.$\sim B$	21, 30 DS
		32. $J \supset \sim B$	

6.　1.$\sim(H \cdot S) \supset D$　　　P

　　2.$\sim(C \vee D)$　　　　　P

　　3. $K \equiv \sim(B \supset C)$　　　P

　　4.$\sim(S \cdot J) \vee \sim(H \cdot K)$　　P

　　　∴$J \supset \sim B$

8.　1.$(J \vee K) \supset \sim L$　　　P

　　2. $M \supset (\sim A \cdot \sim B)$　　　P

　　　∴.$(J \vee M) \supset \sim(L \cdot A)$

5. J	ACP	3. $J \vee M$	ACP
6.$(\sim S \vee \sim J) \supset$	4 DeM	4.$\sim\sim(L \cdot A)$	ARAA
$\sim(H \cdot K)$		5.$(L \cdot A)$	4 DN
7.$(\sim J \vee \sim S) \vee$	6 Assoc	6. L	5 Simp
$\sim(H \cdot K)$		7.$\sim\sim L$	6 DN
8.$\sim J \vee [\sim S \vee$	7 Assoc	8.$\sim(J \vee K)$	1, 7 MT
$\sim(H \cdot K)]$		9.$(\sim J \cdot \sim K)$	8 DeM
9.$\sim\sim J$	5 DN	10.$\sim J$	9 Simp
10.$\sim S \vee \sim(H \cdot K)$	8, 9 DS	11. M	3, 10 DS
		12.$(\sim A \cdot \sim B)$	2, 11 MP
		13.$\sim A$	12 Simp
		14. A	5 Simp

| 15.$(A \cdot \sim A)$ | 13, 14 Conj | 17.$(J \vee M) \supset \sim (L \cdot A)$ | 3-16 CP |
| 16.$\sim (L \cdot A)$ | 4-15 RAA | | |

習題 5-4

Ⅰ.2. 1. $p \vee \sim q$	ACP	8. 1. $\sim (p \equiv q)$	ACP
2. $\sim p \vee r$	ACP	2. $\sim [(p \supset q) \cdot (q \supset p)]$	1 Bic
3. q	ACP	3. $\sim (p \supset q) \vee \sim (q \supset p)$	2 DeM
4. $\sim \sim q$	3 DN	4. $\sim (\sim p \vee q) \vee \sim (q \vee p)$	3 Cond
5. p	1, 4 DS		（兩次）
6. $\sim \sim p$	5 DN	5. $(\sim \sim p \cdot \sim q) \vee$	4 DeM
7. r	2, 6 DS	$(\sim \sim q \cdot \sim p)$	（兩次）
8. $q \supset r$	3-7 CP	6. $(p \cdot \sim q) \vee (q \cdot \sim p)$	5 DN
9. $(\sim p \vee r) \supset (q \supset r)$	2-8 CP	7. $\sim (p \equiv q) \supset [(p \cdot \sim q) \vee$	1-6 CP
10.$(p \vee \sim q) \supset [(\sim p \vee r) \supset$	1-9 CP	$(q \cdot \sim p)]$	
$(q \supset r)]$		8.$(p \cdot \sim q) \vee (q \cdot \sim p)$	ACP
4. 1. $\sim \sim [(p \supset \sim p) \cdot$	ARAA	9.$(\sim \sim p \cdot \sim q) \vee$	8 DN
$(\sim p \supset p)]$		$(\sim \sim q \cdot \sim p)$	（兩次）
2.$[(p \supset \sim p) \cdot (\sim p \supset p)]$	1 DN	10.$\sim (\sim p \vee q) \vee \sim (q \vee p)$	9 DeM
3.$p \supset \sim p$	2 Simp		（兩次）
4.$\sim p \vee \sim p$	3 Cond	11.$\sim (p \supset q) \vee \sim (q \supset p)$	10 Cond
5.$\sim p$	4 Dup		（兩次）
6.$\sim p \supset p$	2 Simp	12.$\sim [(p \supset q) \cdot (q \supset p)]$	11 DeM
7.$\sim \sim p \vee q$	6 Cond	13.$\sim (p \equiv q)$	12 Bicn
8.$p \vee p$	7 DN	14.$[(p \cdot \sim q) \vee (q \cdot \sim p)] \supset$	8-13 CP
9.p	8 Dup	$\sim (p \equiv q)$	
10.$(p \cdot \sim p)$	5, 9 Conj	15.$\{ \sim (p \equiv q) \supset [(p \cdot \sim q) \vee$	7-14 Conj
11.$\sim [(p \supset \sim p) \cdot$	1-10 CP	$(q \cdot \sim p)] \cdot [(p \cdot \sim q) \vee$	
$(\sim p \supset p)]$		$(q \cdot \sim p)] \supset \sim (p \equiv q) \}$	
6. 1. $\sim p \vee q$	ACP	16.$\sim (p \equiv q) \equiv [(p \cdot \sim q) \vee$	15 Bic
2. $p \vee \sim q$	ACP	$(q \cdot \sim p)]$	
3. $p \supset q$	1 Cond	Ⅱ.2. 1.$(A \cdot \sim B)$	P
4. $\sim q \vee p$	2 Com	2. $A \supset C$	P
5. $q \supset p$	4 Cond	3. $C \supset (B \vee \sim A)$	P
6. $[(p \supset q) \cdot (q \supset p)]$	3, 5 Conj	$\diagup \therefore \sim B \vee \sim C$	
7. $p \equiv q$	6 Bic	4. A	1 Simp
8. $(p \vee \sim q) \supset (p \equiv q)$	2-7 CP	5. $\sim B$	1 Simp
9. $(\sim p \vee q) \supset [(p \vee \sim q) \supset$	1-8 CP	6. C	2, 4 MP
$(p \equiv q)]$		7. $B \vee \sim A$	3, 6 MP

8. $\sim A$	5, 7 DS	7. $[(\sim B \lor \sim C) \cdot (C \lor B)]$	6 DN
9. $(A \cdot \sim A)$	4, 8 Conj	8. $[\sim(B \cdot C) \cdot \sim(\sim C \cdot \sim B)]$	7 DeM
4.　1. $(\sim A \cdot \sim B)$	P		（兩次）
2. $B \lor (\sim B \cdot C)$	P	9. $[\sim(B \cdot C) \cdot \sim(\sim B \cdot \sim C)]$	8 Com
3. $\sim(A \lor B) \supset \sim(B \lor C)$	P	10. $\sim[(B \cdot C) \lor (\sim B \cdot \sim C)]$	9 DeM
/∴ $B \supset \sim C$		11. $\sim(B \equiv C)$	10 Bic
4. $\sim B$	1 Simp	12. A	1, 11 MP
5. $(\sim B \cdot C)$	2, 4 DS	13. $(D \cdot C)$	3, 12 MP
6. C	5 Simp	14. D	13 Simp
7. $\sim\sim(A \lor B) \lor \sim(B \lor C)$	3 Cond	15. $\sim A$	2, 14 MP
8. $(A \lor B) \lor \sim(B \lor C)$	7 DN	16. $(A \cdot \sim A)$	12, 15 Conj
9. $B \lor C$	6 Add	Ⅲ.2.　1. $(B \cdot S) \lor (H \cdot C)$	P
10. $\sim\sim(B \lor C)$	9 DN	2. $(P \lor H) \supset S$	P
11. $A \lor B$	8, 10 DS	/∴ S	
12. A	4, 11 DS	3. $\sim S$	ARAA
13. $\sim A$	1 Simp	4. $\sim(P \lor H)$	2, 3 MT
14. $(A \cdot \sim A)$	12, 13 Conj	5. $(\sim P \cdot \sim H)$	4 DeM
6.　1. $\sim(B \equiv C) \supset A$	P	6. $[(B \cdot S) \lor H] \cdot [(B \cdot S) \lor C]$	1 Dist
2. $D \supset \sim A$	P	7. $(B \cdot S) \lor H$	6 Simp
3. $A \supset (D \cdot C)$	P	8. $\sim H$	5 Simp
4. $B \equiv \sim C$	P	9. $(B \cdot S)$	7, 8 DS
/∴ $\sim C \supset A$		10. S	9 Simp
5. $[(B \supset \sim C) \cdot (\sim C \supset B)]$	4 Bic	11. $(S \cdot \sim S)$	3, 10 Conj
6. $[(\sim B \lor \sim C) \cdot (\sim\sim C \lor B)]$	5 Cond	12. S	3-11 RAA
（兩次）			

4. $M\overset{\downarrow}{\supset}(I \equiv S),\quad K\overset{\downarrow}{\supset}(I \equiv D),\quad L\overset{\downarrow}{\supset}(I \supset F),\quad F\overset{\downarrow}{\supset}T,\quad [(\sim D \cdot \sim T) \cdot I]$　　$\sim(M \lor K \lor L)$
　　 F T　　　　　F T　　　　　F T　　　　FT　　　　FT F TT　　　　F F　 F F

上面的賦值可以成立，故論證無效。

6. $(\sim P \lor \sim S)\overset{\downarrow}{\supset}(M \supset \sim L),\quad \sim M\overset{\downarrow}{\equiv}(C \cdot \sim I),\quad \overset{\downarrow}{\sim}(C \lor \sim H),\quad L\overset{\downarrow}{\lor}(I \cdot E)$　　$I \supset \sim L$
　　FT FFT T TFFT　　　T T FFF　　　T F F　　　T TT　　　TF　T

在上列可能的賦值下，前提眞結論假，故論證無效。

習題 6-1

2. $(Ck \cdot \sim Wk) \cdot (Cr \cdot Wr)$　4. $\{[(Gx \cdot Yx) \supset (\sim Hx \lor \sim Fx)] \cdot \sim Yx\}$　6. $[\sim(\sim At \supset Wa) \cdot (Aj \supset Rs)]$

習題 6-2

2. $(x)(Ex \supset Cx)$　4. $(x)(Ex \supset \sim Cx)$　6. $\sim Ir \supset (x)(Px \supset \sim Ix)$

習題 6-3

I. 2.~∃xGx　4.~∃xGx　6.∃xGx　8.∃x(Wx・~Tx)⊃R

II. 2.(a)~(x)Bx，(b)~∃xBx，不等值。　4.(a)~∃x~Px，(b)(x)Px，等值。　6.(a)∃x(Dx・Fx)，(b)∃x(Dx・Fx)，等值。

習題 6-4

2. By 的 y 和 Cx 的 x 是自由的。∃x 和 Ax 的 x 是約束的，都受 ∃x 的約束。　4.~Gx 和 Fx 的 x 是自由的。(x) 和 Bx 的 x 是約束的，受 (x) 的約束。∃y 和 Fy 的 y 是約束的，受 ∃y 的約束。　6. y > 0 裡的 y 是自由的。∃y 和 y < 0 的 y 是約束的，受 ∃y 的約束。

習題 6-5

I. 2.連言　4.全稱量辨　6.存在量辨

II. 2.∃x(Sx・Lx)　4.(x)[(Ox∨Lx)⊃Cx]　6.(x)[Ax⊃Bx≡Fx)]　8.(x){[(Cx∨Dx)・(Fx∨Hx)]⊃Bx}　10.~(x)[(Rx・Ax)⊃Ex]⊃(x)[(Gx・Ax)⊃~Px]　12.(x){[(Px∨Ax)・Sx]⊃[(Cx∨Rx)⊃Lx]}　14.[(~Pn・~Po)・∃x(Cx・Px)]

習題 7-1

2.	1.(x)(Ax⊃Dx)	P	
	2.(x)(Cx⊃~Dx)	P	
	╱∴(x)(Cx⊃~Ax)		
	3. Ax⊃Dx	1 UI	
	4. Cx⊃~Dx	2 UI	
	5.~Dx⊃~Ax	3 Contra	
	6. Cx⊃~Ax	4, 5 CS	
	7.(x)(Cx⊃~Ax)	6 UG	
4.	1.(x)[(Ax∨Bx)⊃Cx]	P	
	2.∃y(Ay・Dy)	P	
	╱∴∃yCy		
	3.(Ay・Dy)	2 EI	
	4.(Ay∨By)⊃Cy	1 UI	
	5. Ay	3 Simp	
	6. Ay∨By	4 Add	
	7. Cy	4, 6 MP	

8.∃yCy	7 EG	
6. 1.(x)[(~Ax・Fx)・~Cx]	P	
2. Gb⊃Cb	P	
3.~Hb∨~Fb	P	
╱∴∃x~(Hx∨Gx)		
4.[(~Ab・Fb)・~Cb]	1 UI	
5.(~Ab・Fb)	4 Simp	
6.~Cb	4 Simp	
7.~Gb	2, 6 MT	
8. Fb	5 Simp	
9.~~Fb	8 DN	
10.~Hb	3, 9 DS	
11.(~Hb・~Gb)	7, 10 Conj	
12.~(Hb∨Gb)	11 DeM	
13.∃x~(Hx∨Gx)	12 EG	

習題 7-2

I. 2. x 在列 1 出現爲自由，故在列 3 不能由 EI 引進 x。　4.列 1 不是量辨語句，故對它不可做 UI。　6.不能由 EI 引進常詞 a。　8.由 EG 或 UG 引進的量號，必須放在整個式子前面。故正確的是 ∃x~(Fx・Gx)。　10. y 已在列 3 出現爲自由，故在列 4 不能由 EI 引進 y。列 6 的 y 是經由列 4 的 EI 得來的，故在列 7 不能對它做 UG。　12.列 5 不能對列 4 的 z 做 UG，因 z 在列 2 由 EI 引進。在 5 也不能拿 y 對列 4 的 z 做 EG 或 UG，因 y 已在列 4 出現。列 6 也不可使用 UI 拿 x

取代列 5 的 y，因 x 在列 5 不自由。

Ⅱ.2.
1. $\exists x Ax \supset (x)Bx$	P	
2. $\exists x Cx \supset \exists x Dx$	P	
3. $(x)(Ax \cdot Cx)$	P	
$\diagup\therefore \exists x(Bx \cdot Dx)$		
4. $(Ax \cdot Cx)$	3 UI	
5. Ax	4 Simp	
6. Cx	4 Simp	
7. $\exists x Ax$	5 EG	
8. $\exists x Cx$	6 EG	
9. $(x)Bx$	1, 7 MP	
10. $\exists x Dx$	2, 8 MP	
11. Dy	10 EI	
12. By	9 UI	
13. $(By \cdot Dy)$	11, 12 Conj	
14. $\exists x(Bx \cdot Dx)$	13 EG	

4.
1. $(x)[Hx \supset (Gx \cdot Fx)]$	P
2. $\sim(x)(Hx \supset \sim Bx)$	P
$\diagup\therefore \sim(x)(Fx \supset \sim Bx)$	
3. $\exists x \sim(Hx \supset \sim Bx)$	2 EI
4. $\sim(Hx \supset \sim Bx)$	3 EI
5. $\sim(\sim Hx \vee \sim Bx)$	4 Cond
6. $(Hx \cdot Bx)$	5 DeM
7. $Hx \supset (Gx \cdot Fx)$	1 UI
8. Hx	6 Simp
9. $(Gx \cdot Fx)$	7, 8 MP
10. Fx	9 Simp
11. Bx	6 Simp
12. $(Fx \cdot Bx)$	10, 11 Conj
13. $\exists x(Fx \cdot Bx)$	12 EG
14. $\sim(x)\sim(Fx \cdot Bx)$	13 EQ
15. $\sim(x)(\sim Fx \vee \sim Bx)$	14 DeM
16. $\sim(x)(Fx \supset \sim Bx)$	15 Cond

6.
1. $(x)(Ax \cdot Bx) \vee (x)(Cx \cdot Dx)$	P
2. $\sim(x)Dx$	P
$\diagup\therefore (x)Bx$	
3. $\exists x \sim Dx$	2 EQ
4. $\sim Dx$	3 EI

5. $\sim Cx \vee \sim Dx$	4 Add
6. $\exists x(\sim Cx \vee \sim Dx)$	5 EG
7. $\sim(x)\sim(\sim Cx \vee \sim Dx)$	6 EQ
8. $\sim(x)(Cx \cdot Dx)$	7 DeM
9. $(x)(Ax \cdot Bx)$	1, 8 DS
10. $(Ay \cdot By)$	9 UI
11. By	10 Simp
12. $(x)Bx$	11 UG

8.
1. $(x)[(Fx \vee Gx) \supset (Hx \cdot Jx)]$	P
$\diagup\therefore \exists x(Fx \vee Jx) \supset \exists x Jx$	
2. $\exists x(Fx \vee Jx)$	ACP
3. $\sim \exists x Jx$	ARAA
4. $(x)\sim Jx$	3 EQ
5. $Fx \vee Jx$	2 EI
6. $\sim Jx$	4 UI
7. Fx	5, 6 DS
8. $Fx \vee Gx$	7 Add
9. $(Fx \vee Gx) \supset (Hx \cdot Jx)$	1 UI
10. $(Hx \cdot Jx)$	8, 9 MP
11. Jx	10 Simp
12. $(Jx \cdot \sim Jx)$	6, 11 Conj
13. $\exists x Jx$	3-12 RAA
14. $\exists x(Fx \vee Jx) \supset \exists x Jx$	2-13 CP

10.
1. $\exists x Jx \supset (x)(Kx \vee Lx)$	P
2. $(x)(Jx \supset \sim Kx)$	P
$\diagup\therefore \sim \exists x Lx \supset (x)\sim Jx$	
3. $\sim(x)\sim Jx$	ACP
4. $\exists x Jx$	3 EQ
5. $(x)(Kx \vee Lx)$	1, 4 MP
6. Jx	4 EI
7. $Jx \supset \sim Kx$	2 UI
8. $\sim Kx$	6, 7 MP
9. $Kx \vee Lx$	5 UI
10. Lx	8, 9 DS
11. $\exists x Lx$	10 EG
12. $\sim(x)\sim Jx \supset \exists x Lx$	3-11 CP
13. $\sim \exists x Lx \supset (x)\sim Jx$	12 Contrap

為了適應前提，先依質位同換(Contrap)把
結論調整，再引進 CP 的假定。

12.　1. $(x)\{Ax \supset [(y)(By \supset Cy) \supset Dx]\}$ P

2. $(x)\{Dx \supset [(y)(By \supset Ey) \supset Fx]\}$ P

／∴ $(y)[By \supset (Cy \cdot Ey)] \supset$

$(x)(Ax \supset Fx)$

3. $(y)[By \supset (Cy \cdot Ey)]$　　ACP

4. Ax　　ACP

5. $Ax \supset [(y)(By \supset Cy) \supset Dx]$　1 UI

6. $(y)(By \supset Cy) \supset Dx$　4, 5 MP

7. $By \supset (Cy \cdot Ey)$　　3 UI

8. $\sim By \lor (Cy \cdot Ey)$　　7 Cond

9. $[(\sim By \lor Cy) \cdot (\sim By \lor Ey)]$　8 Dist

10. $\sim By \lor Cy$　　9 Simp

11. $By \supset Cy$　　10 Cond

12. $(y)(By \supset Cy)$　　11 UG

13. Dx　　6, 12 MP

14. $Dx \supset [(y)(By \supset Ey) \supset Fx]$　2 UI

15. $(y)(By \supset Ey) \supset Fx$　13, 14 MP

16. $\sim By \lor Ey$　　9 Simp

17. $(y)(\sim By \lor Ey)$　　16 UG

18. $(y)(By \supset Ey)$　　17 Cond

19. Fx　　15, 18 MP

20. $Ax \supset Fx$　　4-19 CP

21. $(x)(Ax \supset Fx)$　　20 UG

22. $(y)[By \supset (Cy \cdot Ey)] \supset$

$(x)(Ax \supset Fx)$　　2-21 CP

習題 7-3 　（本題答案只提供符示，讀者自己做導衍）

2. $(x)(Ax \supset \sim Kx)$，$(x)(Kx \lor Rx)$，$\exists x \sim Rx$ ／∴ $\exists x \sim Ax$　4. $\sim \exists x[Px \cdot (Gx \lor Hx)]$，$(x)[Nx \supset (Px \cdot Hx)]$，$\exists x(Px \cdot Cx) \lor \exists x(Px \cdot Nx)$／∴ $\exists x(Cx \cdot \sim Gx)$　6. $\exists x(Cx \cdot Px) \lor \exists x(Nx \cdot Lx)$，$\exists x(Px \lor Lx) \supset$
$\exists x[Nx \cdot (Mx \cdot Ox)]$／∴ $\exists x(Mx \cdot Ox)$

習題 7-4

2.　　1. $(x)Fx \supset (x)Gx$　　ACP

2. $\sim (x)Fx \lor (x)Gx$　　1 Cond

3. $\sim (x)Fx$　　ACP

4. $\exists x \sim Fx$　　3 EQ

5. $\sim Fx$　　4 EI

6. $\sim Fx \lor Gx$　　5 Add

7. $Fx \supset Gx$　　6 Cond

8. $\exists x(Fx \supset Gx)$　　7 EG

9. $\sim (x)Fx \supset \exists x(Fx \supset Gx)$　3-8 CP

10. $(x)Gx$　　ACP

11. Gx　　10 UI

12. $\sim Fx \lor Gx$　　11 Add

13. $Fx \supset Gx$　　12 Cond

14. $\exists x(Fx \supset Gx)$　　13 EG

15. $(x)Gx \supset \exists x(Fx \supset Gx)$　10-14 CP

16. $\exists x(Fx \supset Gx)$　　2, 9, 15 Dil

17. $[(x)Fx \supset (x)Gx] \supset \exists x(Fx \supset Gx)$ 1-16 CP

4.　　1. $\exists xFx$　　ACP

2. $\sim \sim (x)\sim Fx$　　RAA

3. $(x)\sim Fx$　　2 DN

4. Fx　　1 EI

5. $\sim Fx$　　3 UI

6. $(Fx \cdot \sim Fx)$　　4, 5 Conj

7. $\sim (x)\sim Fx$　　2-6 RAA

8. $\exists xFx \supset \sim (x)\sim Fx$　　1-7 CP

9. $\sim (x)\sim Fx$　　ACP

10. $\sim \exists xFx$　　ARAA

11. $\sim \sim Fx$　　ARAA

12. Fx　　11 DN

13. $\exists xFx$　　12 EG

13. $(\exists xFx \cdot \sim \exists xFx)$　　10, 13 Conj

14. $\sim Fx$　　11, 13 RAA

15. $(x)\sim Fx$　　14 UG

16. $[(x)\sim Fx \cdot \sim (x)\sim Fx]$　　9, 15 Conj

	17. ∃xFx	10, 16 RAA	7. Fx⊃Hx	6 Cond
	18. ~(x)~Fx⊃ ∃xFx	9-17 CP	8. (x)(Fx⊃Hx)	7 MG
	19. {[∃xFx⊃~(x)~Fx]·		9. ~(∃xFx∨ ∃x~Gx)⊃	
	[~(x)~Fx⊃ ∃xFx]}	9, 18 Conj	(x)(Fx⊃Hx)	1-9 CP
	20. ∃xFx≡~(x)~Fx	19 Bic	10. 1. ∃xFx⊃(y)Gy	ACP
6.	1. ∃x(P⊃Fx)	ACP	2. Fx	ACP
	2. P	ACP	3. ∃xFx	2 EG
	3. P⊃Fx	1 EI	4.(y)Gy	1, 3 MP
	4. Fx	2, 3 MP	5. Gy	4 UT
	5. ∃xFx	4 EG	6. Fx⊃Gy	2-5 CP
	6. P⊃ ∃xFx	2-5 CP	7.(y)(Fx⊃Gy)	6 UG
	7. ∃x(P⊃Fx)⊃(P⊃ ∃xFx)	1-6 CP	8.(x)(y)(Fx⊃Gy)	7 UG
	8. P⊃ ∃xFx	ACP	9. [∃xFx⊃(y)Gy]⊃	
	9. P	ACP	(x)(y)(Fx⊃Gy)	1-9 CP
	10. ∃xFx	8, 9 MP	10.(x)(y)(Fx⊃Gy)	ACP
	11. Fx	10 EI	11. ∃xFx	ACP
	12. P⊃Fx	9-11 CP	12. Fx	11 EI
	13. ∃x(P⊃Fx)	12 EG	13.(y)(Fx⊃Gy)	10 UI
	14.(P⊃ ∃xFx)⊃ ∃x(P⊃Fx)	8-13 CP	14. Fx⊃Gy	13 UT
	15. {[∃x(P⊃Fx)⊃(P⊃ ∃xFx)]·		15. Gy	12, 14 MP
	[(P⊃ ∃xFx)⊃ ∃x(P⊃Fx)]}	7, 14 Conj	16.(y)Gy	15 UG
	16. ∃x(P⊃Fx)≡(P⊃ ∃xFx)	15 Bic	17. ∃xFx⊃(y)Gy	11-16 CP
8.	1. ~(∃xFx∨ ∃x~Gx)	ACP	18.(x)(y)(Fx⊃Gy)⊃	
	2.(~ ∃xFx · ~ ∃x~Gx)	1 DeM	[∃xFx⊃(y)Gy]	10-17CP
	3. ~ ∃xFx	2 Simp	19.({[∃xFx⊃(y)Gy]⊃(x)(y)(Fx⊃Gy)}·	
	4.(x)~Fx	3 EQ	{(x)(y)(Fx⊃Gy)⊃[∃xFx⊃(y)Gy]})	
	5. ~Fx	4 UT		9, 18 Conj
	6. ~Fx∨Hx	5 Add	20.[∃xFx⊃(x)Gy]≡(x)(y)(Fx⊃Gy)19 Bic	

習題 8-1

2. 真：

　Fx =「x 是人」

　Gx =「x 用腮呼吸」

　假：

　Fx =「x 是偶數」

　Gx =「x 可被 2 整除」

　假：

　範域：{頭前溪，鳳山溪}

Fx =「x 是台灣西部河川」

Gx =「x 向東流」

4. 假：

　Fx =「x 在大洋洲」

　Gx =「x 是國家」

　Hx =「x 有海岸」

　真：

　Fx =「x 大於 4」

$Gx = \lceil x$ 小於 7」

$Hx = \lceil x$ 可被 2 整除」

眞：

範域：{ 羅素，庫律基 }

$Fx = \lceil x$ 是英國人」

$Gx = \lceil x$ 是哲學家」

$Hx = \lceil x$ 是詩人」

6. 眞：

$Fx = \lceil x$ 是國家」

$Gx = \lceil x$ 有首都」

$Hx = \lceil x$ 在大河川」

假：

$Fx = \lceil$ 大於 1 的數」

$Gx = \lceil x$ 可被 2 整除」

$Hx = \lceil x$ 大於 2 的數」

眞：

範域：{1, 3}

$Fx = \lceil x$ 大於 1」

$Gx = \lceil x$ 是偶數」

$Hx = \lceil x$ 小於 3」

習題 8-2

Ⅰ. 2. $D = \{a, b, c\}$　$[Fa \cdot (Ga \supset \sim Ha)] \lor [Fb \cdot (Gb \supset \sim Hb)] \lor [Fc \cdot (Gc \supset \sim Hc)]$

4. $D = \{a, b, c\}$　$[(Ea \supset \sim Fa) \cdot (Eb \supset \sim Fb) \cdot (Ec \supset \sim Fc)] \supset [(Ga \cdot \sim Fa) \lor (Gb \cdot \sim Fb) \lor (Gc \cdot \sim Fc)]$

6. $D = \{a, b, c\}$　$[(Fa \lor Fb \lor Fc) \cdot (Ga \cdot Gb \cdot Gc) \cdot (Ha \lor Hb \lor Fc)]$

Ⅱ. 2. $D = \{1, 3, 7\}$　$Gx = \lceil x > 3 \rfloor$, $Hx = \lceil x < 7 \rfloor$。解釋所得：所有的數不是大於 3 就是小於 7（眞）。1 不大於 3（眞）。／∴所有的數小於 7（假）。

4. $D =$ 整數。$Ax = \lceil x$ 是偶數」，$Bx = \lceil x$ 大於 7」，$Cx = \lceil x$ 可被 2 整除」。解釋所得：有些偶數大於 7（眞）。所有偶數可被 2 整除（眞）。／∴並不是有些大於 7 的數可被 2 整除（假）。

6. $D =$ 動物。$Ax = \lceil x$ 是兔子」，$Bx = \lceil x$ 是四隻腳」，$Cx = \lceil x$ 是肉食動物」。解釋所得：所有兔子是四隻腳的（眞）。如果有四隻腳的動物則有肉食動物（眞）。／∴所有兔子是肉食動物（假）。

8. $D =$ 正整數。$Ax = \lceil x > 25 \rfloor$，$Bx = \lceil x > 20 \rfloor$，$Cx = \lceil x > 15 \rfloor$，$Dx = \lceil x > 10 \rfloor$。解釋所得：任何大於 25 和 20 的數大於 15（眞）。任何不大於 10 的數不大於 15（眞）。／∴任何不大於 10 的數或是大於 25 或是大於 20（假）。

10. $D = \{6, 8, 12\}$。$Ax = \lceil x > 6 \rfloor$，$Bx = \lceil x$ 可被 2 整除」，$Cx = \lceil x$ 可被 3 除」。解釋所得：如果每個數大於 6，則每個可被 2 整除的數可被 3 整除（眞，因前件假）。／∴每個大於 6 而且可被 2 整除的可被 3 整除（假，8 就不可被 3 整除）。

Ⅲ. 2. $D = \{a, b\}$

$[(Ga \lor Ha) \cdot (Gb \lor Hb)]$,	$\sim Ga$	$(Ha \cdot Hb)$
F T T　TT TF	T F	T F F
1 1 2　4　3	1	2　3

有反例，故無效。

4. $D = \{a, b\}$

$[(Aa \cdot Ba) \lor (Ab \cdot Bb)]$,	$[(Aa \supset Ca) \cdot (Ab \supset Cb)]$	$\sim [(Ba \cdot \sim Ca) \lor (Bb \cdot \sim Cb)]$
T T T　TT	T TT TT TT	F T TFT T　T
2 3 2　4	2 13　4 1 4	2 3 2 3　4

有反例，故論證無效。

6. $D = \{a, b\}$

$[(Aa \supset Ba) \overset{\downarrow}{\cdot} (Ab \supset Bb)],\quad (Ba \lor Bb) \overset{\downarrow}{\supset} (Ca \lor Cb)$
$\quad$T TT T TT$\quad\quad$T TT T T TF
$\quad$4 1 5$\quad$2 1 6$\quad\quad$5 1 6$\quad$3 1 2

$\Big|\ [(Aa \supset Ca) \overset{\downarrow}{\cdot} (Ab \supset Cb)]$
$\quad$T TT FT FF
$\quad$4 1 3$\quad$2 12

有反例，故無效。

8. $D = \{a\}$

$Aa \overset{\downarrow}{\supset} (Ba \supset Ca),\quad \sim Da \overset{\downarrow}{\supset} \sim Ca$
$\quad$F T F$\quad$F$\quad\quad$TF TT F
$\quad$2$\quad$2$\quad$2$\quad\quad$1 2$\quad$1 2

$\Big|\ \sim Da \overset{\downarrow}{\supset} (Aa \lor Ba)$
$\quad$TF FF FF
$\quad$1 2$\quad$2 1 2

有反例，故無效。

10. $D = \{a, b\}$

$(Aa \cdot Ab) \supset [(Ba \supset Ca) \cdot (Bb \supset Cb)]$
$\quad$T FF T T$\quad$F
$\quad$2 3$\quad$2$\quad$1

$\Big|\ \{[(Aa \cdot Ba) \supset Ca] \cdot [(Ab \cdot Bb) \supset Cb]\}$
$\quad$T TT FF F$\quad$F
$\quad$2 1 2 1 1

有反例，故論證無效。

Ⅳ. 2.(a)自然解釋法　（不必考慮結論，以下同）

$D = $ 正整數，$Ax = $「$x$ 是偶數」，$Bx = $「$x$ 是素數」，$Cx = $「$x$ 是奇數」。解釋所得：並非每個偶數或不是素數就是奇數（眞）。有是素數但是偶數或非奇數（眞）。

(b)模體法

$\{a\}$

$\sim [Aa \overset{\downarrow}{\supset} (\sim Ba \lor Ca)],\quad [Ba \overset{\downarrow}{\cdot} (Aa \lor \sim Ca)]$
$\quad$T TF FT FF$\quad\quad$T TTT F
$\quad$2 1 21 23$\quad\quad$1$\quad$2 1$\quad$3

前提同眞，故一致。

4.(a)自然解釋法

$D = \{1, 3, 5\}$，$Ax = $「$x$ 是偶數」，$Dx = $「$x$ 是奇數」。因在此解釋，第一前提的前件爲假，故爲眞；第二前提的後件爲眞，故爲眞。故前提一致。

(b)模體法

$D = \{a\}$

$Aa \supset (Ba \cdot Ca),\quad (Ba \cdot Ca) \supset Da$
$\quad$F T$\quad\quad\quad\quad$T T
$\quad$1$\quad\quad\quad\quad\quad$1

有同眞可能，故一致。

Ⅴ.2.只提供符示：$(x)(Bx \supset Lx),\ \exists x(Lx \cdot Fx),\ (x)(Sx \supset \sim Fx)\quad /\therefore (x)(Sx \supset \sim Bx)$ 4.$(x)[(Vx \cdot Px) \supset (Ax \cdot Mx)],\ \exists x(Vx \cdot Fx)\quad /\therefore \exists x(Mx \cdot Ax)$

習題 9-1

2. $\exists xFxi \supset (Fhi \cdot Fhc)$　4. $\exists x[(Bx \cdot Wxl) \cdot \sim Ilx]$　6. $(Rrw \cdot Twy)$　8. $\sim(Cae \cdot Cag)$　10. $Lhl \supset \exists x(Mxr \cdot Rhx)$

習題 9-2

Ⅰ. 2. $(x)\exists y\exists zIxyz$　4. $\exists x\exists y(z)Ixyz$　6. $\exists x\exists ySxy$　10. $(x)[(y)Sxy \supset Sxx]$

Ⅱ. 2. $\sim(x)[Px \supset \exists x(Rx \cdot Axy)]$　4. $(x)[(Tx \supset \exists y(Py \cdot Fyx)]$　6. $(x)\{(Dx \cdot Bx) \supset (y)[Ty \supset (z)(Pz)\sim Mxyz]\}$

Ⅲ. 2. $\exists x\exists y[(Fx \cdot Gx) \cdot (Jy \cdot Iy) \cdot Hxy]$　4. $(x)\{Px \supset[\exists yAxy \supset (z)(Pz \supset Ezx)]\}$　6. $(x)\{(Sx \cdot Cx) \supset (y)[(By \cdot Ly) \supset Rxy]\}$　8. $(x)(\{Sx \cdot (y)(z)[(Fy \cdot Hxy \cdot Bz \cdot Ayzx) \supset Rxz]\} \supset (Wx \cdot Gx))$　10. $(x)(y)\{[(Px \cdot Py) \cdot \sim Iyx] \supset (Lxy \supset Bxy)\}$　12. $(x)\{(Px \cdot Bxy) \supset (y)(z)[(Cyz \cdot Tz) \supset Oxzy]\}$　14. $\exists x\{Px \cdot \exists y\{Cy \cdot (z)[\exists uDxzu \cdot \sim Dyzx)]\}$　16. $(x)[\exists y(Lxy \cdot Fy) \supset Cx]$

習題 9-3

Ⅰ. 2. 列 3 無效。拿包含在列 2 的變詞 x 取代 y，使最後一個 y 的位置不當的受到 $\exists x$ 的約束。UG 的限制 (ⅳ) 杜絕這個錯誤。　4. 列 5 無效，因 x 在 EI 列爲自由。UG 的限制 (ⅱ) 杜絕這。　6. 列 3 無效，因列 2 的 (y) 沒有及於整句。列 8 也無效，因 $\exists y$ 的範圍沒有及於整句。

Ⅱ. 2.

1. $\exists x[Fx \cdot (y)(Gy \supset Hxy)]$		P
／∴ $(x)(Fx \supset Gx) \supset$		
$\exists y(Gy \cdot Hyy)$		
2. $(x)(Fx \supset Gx)$		ACP
3. $[Fx \cdot (y)(Gy \supset Hxy)]$		1 EI
4. Fx		3 Simp
5. $Fx \supset Gx$		2 UI
6. Gx		4, 5 MP
7. $(y)(Gy \supset Hxy)$		3 Simp
8. $Gx \supset Hxx$		7 UI
9. Hxx		6, 8 MP
10. $(Gx \cdot Hxx)$		6, 9 Conj
11. $\exists x(Gx \cdot Hxx)$		10 EG
12. $(x)(Fx \supset Gx) \supset \exists x(Gx \cdot Hxx)$		2-11 CP

4.

1. $(x)\exists yFxy \vee (x)(y)Gxy$	P
2. $(x)\exists y(Hx \supset \sim Gxy)$	P
／∴ $(x)\exists y(Hx \supset Fxy)$	
3. Hx	ACP
4. $\exists y(Hx \supset \sim Gxy)$	2 UI
5. $Hx \supset \sim Gxy$	4 EI
6. $\sim Gxy$	3, 5 MP
7. $\exists y\sim Gxy$	6 EG
8. $\exists x\exists y\sim Gxy$	7 EG

9. $\exists x\sim(y)\sim\sim Gxy$	8 EQ
10. $\exists x\sim(y)Gxy$	9 DN
11. $\sim(x)\sim\sim(y)Gxy$	10 EQ
12. $\sim(x)(y)Gxy$	11 EQ
13. $(x)\exists yFxy$	1, 12 DS
14. $\exists yFxy$	13 UI
15. Fxz	14 EI
16. $Hx \supset Fxz$	3-15 CP
17. $\exists y(Hx \supset Fxy)$	16 EG
18. $(x)\exists y(Hx \supset Fxy)$	17 UG

6.

1. $(x)(Fx \supset Gx)$	P
2. $(x)[\exists y(Gy \cdot Hxy) \supset Jx]$	P
3. $\exists y\{Ky \cdot \exists x[(Lx \cdot Fx) \cdot Hyx\}$	P
／∴ $\exists x(Jx \cdot Kx)$	
4. $\{Kz \cdot \exists x[(Lx \cdot Fx) \cdot Hzx\}$	3 EI
5. Kz	4 Simp
6. $\exists y(Gy \cdot Hzy) \supset Jz$	2 UI
7. $\exists x[(Lx \cdot Fx) \cdot Hzx]$	4 Simp
8. $[(Lx \cdot Fx) \cdot Hzx]$	7 EI
9. $(Lx \cdot Fx)$	8 Simp
10. Fx	9 Simp
11. $Fx \supset Gx$	1 UI
12. Gx	10, 11 MP
13. Hzx	8 Simp

14.$(Gx \cdot Hzx)$	12, 13 Conj		6.$\sim\sim\exists x\sim(Ax\supset\sim Bx)$	3 EQ
15. $\exists y(Gy \cdot Hzy)$	14 EG		7.$\exists x\sim(Ax\supset\sim Bx)$	6 DN
16. Jz	6, 15 mp		8.$\sim(Ay\supset\sim By)$	7 EI
17.$(Jz \cdot Kz)$	5, 16 Conj		9.$\sim(\sim Ay\vee\sim By)$	8 Cond
18.$\exists x(Jx \cdot Kx)$	17 EG		10.$(\sim\sim Ay \cdot \sim\sim By)$	9 DeM

8.
1.$(x)\exists yAxy\supset(x)\exists yBxy$ — P
2. $\exists x(x)\sim Bxy$ — P
/∴ $\exists x(x)\sim Axy$

11. $Tx\supset(y)Wyx$ — 4 UI
12.$(y)Wyz$ — 5, 11 MP
13. Wyx — 12 UI

3.$\sim\exists x(x)\sim Axy$ — ARAA
4.$\sim\sim(x)(y)\sim Axy$ — 3 EQ
5.$(x)\sim(y)\sim Axy$ — 4 DN
6.$(x)\exists yAxy$ — 5 EQ
7.$(y)\sim Bxy$ — 2 EI
8.$(x)\exists yBxy$ — 1, 6 MP
9. $\exists yBxy$ — 8 UI
10. Bxy — 9 EI
11.$\sim Bxy$ — 7 UI
12.$(Bxy \cdot \sim Bxy)$ — 10, 11 Conj
13. $\exists x(y)\sim Axy$ — 3-12 RAA

14.$\sim\sim By$ — 10 Simp
15. By — 14 DN
16.$(By \cdot Wyx)$ — 13, 15 Conj
17. $\exists y(By \cdot Wyx)$ — 16 EG
18. $\exists y(By \cdot Wyx)\supset(z)(Az\supset Sxz)$ — 1 UI
19.$(z)(Az\supset Sxz)$ — 17, 18 MP
20. $Ay\supset Sxy$ — 19 UI
21.$\sim\sim Ay$ — 10 Simp
22.Ay — 21 DN
23. Sxy — 20, 22 MP
24.$(y)(Fxy\supset\sim Sxy)$ — 2 UI
25. $Fxy\supset\sim Sxy$ — 24 UI
26.$\sim\sim Sxy$ — 24 DN
27.$\sim Fxy$ — 25, 26 MT
28.$(By \cdot \sim Fxy)$ — 15, 27 Conj
29. $\exists y(By \cdot \sim Fxy)$ — 28 EG
30. $Tx\supset\exists y(By \cdot \sim Fxy)$ — 5-29 CP
31.$(x)[Tx\supset\exists y(By \cdot \sim Fxy)]$ — 30 UG

10.
1.$(x)[\exists y(By \cdot Wyx)\supset(z)(Az\supset Sxz)]$ — P
2.$(x)(y)(Fxy\supset\sim Sxy)$ — P
3.$\sim(x)(Ax\supset\sim Bx)$ — P
4.$(x)[Tx\supset(y)Wyx]$ — P
/∴ $(x)[Tx\supset\exists y(By \cdot \sim Fxy)]$
5. Tx — ACP

Ⅲ.本題只提供符示。 2.$\exists x[Px \cdot (y)(Ty\supset Lxy)],(x)(y)[(Px \cdot By)\supset\sim Lxy]$ /∴ $(x)(Tx\supset\sim Bx)$ 4.$(x)[(Px \cdot \sim Rxx)\supset(y)(Py\supset\sim Ryx)], (y)\{Py\supset(x)[(Px\sim Ryx)\supset\sim Hyx]\}$ /∴ $(x)\{[Px \cdot (z)(Pz\supset\sim Rxz)]\supset(y)(Py\sim Hyx)\}$ 6. $\exists x\{Px \cdot (y)[(Py \cdot Kxy)\supset Fxy]\}, (x)[Px\supset\exists y(Py \cdot Kxy)]$ /∴ $\exists x\exists y[(Px \cdot Py) \cdot Fxy]$

習題 9-4

Ⅰ.本題不提供答案。

Ⅱ.只提供模體法答案。 2.範域＝$\{a, b\}$

$\{[(Faa\supset Gaa)\vee(Fab\supset Gab)] \cdot [(Fba\supset Gba)\vee Fbb\supset Gbb)]\}$
　T TT　TT FF　TT TT　TT F F
　3 2 3　1 3　2 3　　3　2 3　1 3　2 3

$\{[(Gaa\supset Haa)\vee(Gab\supset Hab)] \cdot [(Gba\supset Hba)\vee Gbb\supset Hbb)]\}$
　T FF　TF T　　TT FF　TF TF
　3 2 3　1 3　2　　3　2 3　1 3　2 3

{[(Faa⊃Haa)∨(Fab⊃Hab)]ː[(Fba⊃Hba)∨Fbb⊃Hbb)]}
　T　FF　　FT　FF　　　F　T　FF　　FT　FF
　3　2 3　　1 3　2 3　　　3　2 3　　1 3　2 3

上表顯示前提眞結論假，故論證無效。

4. 範域＝{a, b}

{[Ja⊃(Kaa∨Kab)]ː[Jb⊃(Kba∨Kbb)]}　　{[(Ja⊃Kaa)·(Ja⊃Kab)]∨[(Jb⊃Kba)·(Jb⊃Kbb)]}
　T　T F　TT　　T T T F　T　　　　　T　F　FT　　　FT　F　FT T
　2 1 2　2 3　　2 1 2　3　　　　　2　2　2　　　　2 2　1 2　3

上表顯示前提眞結論假，故論證無效。

6. 必須用四個分子的範域{a, b, c, d}

({[(Faa∨Fab∨Fac∨Fad)· Fba∨Fbb∨Fbc⊃Fbd]·(Fca∨Fcb∨Fcc · Fcd)}ː
　F　T　　　　　T　　T　　T　　T　　T　T
　2　3　　　　　2　　3　　1　　　　2

(Fda · Fdb∨Fdc∨Fdd)), (∼Faa∨ ∼Fba∨ ∼Fca∨ ∼Fda)∨(∼Fab∨……
　　T　　　　　　T F　　　　　　　T
　　1　　　　　　1 2

{[(Faa · Faa)∨(Fab · Fba)]∨(Fac · Fca)}∨(Fad · Fda))∨[(Fba · Fab)∨(Fbb · Fbb)
F　　　　　　　F　　　F　　　　F　F　　　　F
2　　　　　　　1　　　1　　　　1　1　　　　1

∨(Fbc · Fcb∨(Fbd · Fdb)]∨[(Fca · Fac)∨(Fcb · Fbc)∨(Fcc · Fcc)∨(Fcd · Fdc)]
　F　F　　　　F　　　F　　　　F　　　F　　　　F
　1　1　　　　1　　　1　　　　1　　　1　　　　1

∨[(Fda · Fad)∨(Fdb · Fbd)∨(Fdc · Fcd)∨(Fdd · Fdd)]
　F　　　　　F　F　　　　F
　1　　　　　1 1　　　　1

第二前提每一否言項都是選項，故寫到如上面所示部分，就可顯示這一前提爲眞時必須考慮的賦
值。上面顯示前提眞結論假的可能，故論證無效。

習題 10-1

Ⅰ.2.　1.(x)(Lx⊃ ∃yJyx)　　　　P　　　　　　10.∼Jya　　　　　　　　8, 9 I Sub

　　2. La　　　　　　　　　　　P　　　　　　11.(Jya · ∼Jya)　　　　7, 10 Conj

　　3.(y)∼Jyb　　　　　　　　P　　　　　　12.∼(a = b)　　　　　　4-11 RAA

　　　／∴∼(a = b)　　　　　　　　　　　　4.　1. ∃x[Fx ·(y)(Fy⊃x = y)·

　　4. ∼∼(a = b)　　　　　　ARAA　　　　　　　x = a]　　　　　　　P

　　5. La⊃ ∃yJya　　　　　　1 UI　　　　　2. Fb∨Fc　　　　　　　P

　　6. ∃yJya　　　　　　　　2, 5 MP　　　　　／∴ a = b∨a = c

　　7. Jya　　　　　　　　　6 EI　　　　　3.[Fd ·(y)(Fy⊃d = y)· d = a] 1 EI

　　8. ∼Jyb　　　　　　　　3 UI　　　　　4.(y)(Fy⊃d = y)　　　　3 Simp

　　9. a = b　　　　　　　　4 DN

5. *Fb*	ACP	4. *Fz*	ACP
6. $Fb \supset d = b$	4 UI	5. $(x)(Gx \equiv x = y)$	2 EI
7. $d = b$	5, 6 MP	6. $(x)(Hx \equiv x = w)$	3 EI
8. $b = d$	7 I Sym	7. $Fz \equiv Gz \lor Hz$	1 UI
9. $d = a$	3 Simp	8. $\{[Fz \supset (Gz \lor Hz) \cdot [(Gz \lor Hz) \supset Fz]\}$ 7 Bic	
10. $b = a$	8, 9 I Sub	9. $Fz \supset (Gz \lor Hz)$	8 Simp
11. $a = b$	10 I Sym	10. $Gz \equiv z = y$	5 UI
12. $Fb \supset a = b$	5-11 CP	11. $[(Gz \supset z = y) \cdot (z = y \supset Gz)]$	10 Bic
13. *Fc*	ACP	12. $Gz \supset z = y$	11 Simp
14. $Fc \supset d = c$	4 UI	13. $Hz \equiv z = w$	6 UI
15. $d = c$	13, 14 MP	14. $[(Hz \supset z = w) \cdot (z = w \supset Hz)]$	13 Bic
16. $d = a$	3 Simp	15. $Hz \supset z = w$	14 Simp
17. $a = d$	16 I Sym	16. $Gz \lor Hz$	4, 9 MP
18. $a = c$	15, 17 I Sub	17. $z = y \lor z = w$	12, 15, 16 Dil
19. $Fc \supset a = c$	13-18 CP	18. $Fz \supset (z = y \lor z = w)$	4-17 CP
20. $a = b \lor a = c$	2, 12, 19 Dil	19. $z = y \lor z = w$	ACP

6.　1. $(x)(Fx \equiv Gx \lor Hx)$　　　P　　　　依列 5 到 17 類似程序可得

　　2. $\exists y(x)(Gx \equiv x = y)$　　　P　　　　$(z = y \lor z = w) \supset Fz$

　　3. $\exists y(x)(Hx \equiv x = y$　　　P　　　　依 Bic 得

　　／∴ $\exists x \exists y(z)[Fz \equiv (z = x \lor z = y)]$

　　　　　　　　　　　　　　　　　$Fz = (z = y \lor z \equiv w)$，再依 UG, EG。

Ⅱ.只提供符示。2. $e = q, He, Bqcn$　　／∴ $\exists x(Hx \cdot Bxcn)$　　4. $Wp, (x)(Wx \supset Ax), (x)(Tx \supset \sim Ax), Tl$　　／∴
$\sim(l = p)$

習題 10-2

Ⅰ.2. $y \neq c$　4. $\exists x \exists y(Sx \cdot Hmx \cdot Sy \cdot Hmy \cdot x \neq y)$　6. $(x)\{Mx \supset (y)(z)[(Syx \cdot Szx) \supset y = z]\}$　8. (x)
$(y)\{Sx \cdot \exists z \exists w[(Pz \cdot Pw \cdot Mxz \cdot Mxw) \supset z = w] \cdot Sy \cdot (z)(w)[(Pz \cdot Pz \cdot Myz \cdot Myw) \supset z = w] \supset x =$
$y\}$　10. $(x)[(Ax \cdot \sim Wx) \supset \sim Sx]$　12. $(x)(Mx \supset \{Sx \equiv \exists y \exists z[y \neq z \cdot (w)(Kw \equiv w = y \lor w = z)]\})$

Ⅲ.本題只提供符示。2. $\exists x\{Px \cdot (y)[(Py \cdot x \neq y) \supset Fxy] \cdot Sx\}$／∴ $(y)[(Py \cdot \sim Sy) \supset \exists x(Px \cdot Fxy)]$　4. $\exists x$
$(x \neq 6 \cdot Ex)$／∴ $(\exists xEx \cdot [E6 \supset \exists x \exists y(x \neq y \cdot Ex \cdot Ey)]$　6. $\exists x \exists y[x \neq y \cdot (z)(z = x \lor z = y)]$／∴ $(x)\exists$
$z(y)(x \neq y \equiv y = z)$

習題 10-3

Ⅰ.2. $(x)[(Px \cdot Axx \cdot (y)(y \neq x \supset Mxxy)]$　4. $(x)[(x < 0 \lor x = 0) \supset x = 0]$　6. $(x)[Lx \supset \exists y \exists z(y \neq z \cdot Yy \cdot Y$
$z \cdot Syx \cdot Szx)]$　8. $\exists x\{Px \cdot Wx \cdot (y)[(Py \cdot Wy) \supset x = y] \cdot Rx \cdot Lx\}$

Ⅱ.本題只提供符示。2. $(x)\{Fx \supset (y)[(Fy \cdot Lxy) \supset Exy]\}$／∴ $\exists x\{Fx \cdot (y)[(Fy \cdot x \neq y) \supset Lxy]\} \supset \exists x\{Fx \cdot (y)$

[(*Fy* · *x*≠*y*)⊃*Exy*}　4.∃*x*∃*y*∃*z*{*Bx* · *By* · *Bz* · *Gx* · *Gy* · *Gz* · *x*≠*y* · *x*≠*z* · *y*≠*z* · (*w*)[(*Bw* · *Gw*)⊃(*w* = *x*∨*w* = *y*∨*w* = *z*)]},∃*x*{*Bx* · *Gx* · *Sx* · (*y*)[(*By* · *Gy* · *Sy*)⊃*x* = *y*]},(*x*)[(*Bx* · *Gx* · ~*Sx*)⊃*Nx*]∕∴∃*x*∃*y*(*Nx* · *Ny* · *Gx* · *Gy* · *x*≠*y*)　6.(*x*)[*x*≠*c*⊃~(*Yx* · *Cx*)],(*x*)[(*x*≠*b*)⊃~(*Yx* · *Px*)],∃*x*(*Px* · *Yx* · *Cx*)∕∴*c* = *b*

習題 10-4

Ⅰ.2.非對稱，非傳遞，非自返　4.反對稱，反傳遞，反自返　6.反對稱，傳遞，反自返　8.非對稱，傳遞，自返

Ⅱ.本題不提供證明

Ⅲ.本題不提供證明

Ⅳ.2.(*x*)[*Jx*⊃(*y*)(*Sy*⊃*Cxy*)], ∃*x*(*Sx* · *Cxp*), *Jt*, (*x*)(*y*)(*z*)[(*Cxy* · *Cyz*)⊃*Cxz*]（添回的）∕∴.*Ctp*　4.∃*x*(*Cx* · *Hxn*), ∃*x*(*Px* · *Hnx*),(*x*)(*y*)(*z*)[(*Hxy* · *Hyz*)⊃*Hxz*]（添回的）∕∴.∃*x*∃*y*(*Cx* · *Py* · *Hxy*)　6.(*x*)({*Px* · ∃*y*[*Py* · ∃*z*(*Cz* · *Cyz*)· *Nxy*]}⊃*Ux*),(*x*)(*Bx*⊃*Cz*)（添回），(*x*)*Nxx*（添回）∕∴.(*x*){[*Px* · ∃*z*(*Bz* · *Cxz*)]⊃*Ux*}

習題 11-1

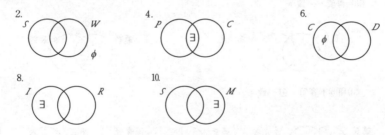

習題 11-2

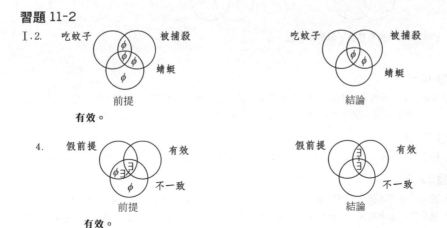

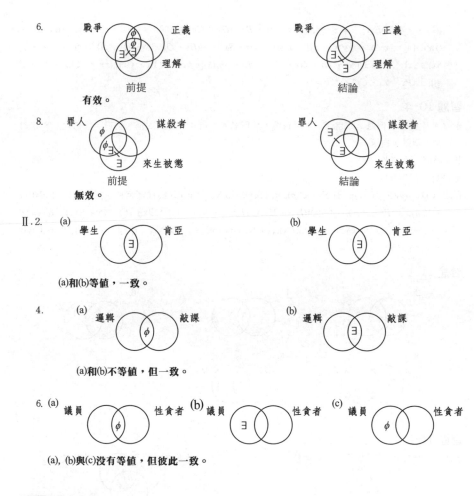

6.

戰爭　　正義
理解
前提

有效。

戰爭　　正義
理解
結論

8. 罪人　　謀殺者
來生被懲
前提

無效。

罪人　　謀殺者
來生被懲
結論

Ⅱ.2. (a) 學生　　肯亞

(b) 學生　　肯亞

(a)和(b)**等值，一致。**

4. (a) 邏輯　　蹺課

(b) 邏輯　　蹺課

(a)和(b)**不等值，但一致。**

6. (a) 議員　　性貪者 (b) 議員　　性貪者 (c) 議員　　性貪者

(a), (b)與(c)**沒有等值，但彼此一致。**

習題 12-1

因本章已舉不少例子，習題只提供最後答案。讀者自己應寫出整個樹法發展。1.一致　2.不一致　3.一致　4.不一致　5.一致　6.一致　7.不一致　8.不一致　9.一致　10.不一致

習題 12-2

1.有效　2.有效　3.無效　4.無效　5.無效　6.有效　7.有效　8.有效　9.無效　10.無效

習題 12-3

Ⅰ.1.等值　2.不等值　3.不等值　4.等值　5.等值　6.不等值　7.不等值　8.等值

Ⅱ.1.適真言　2.矛盾言　3.套套言　4.套套言　5.適真言　6.套套言　7.矛盾言　8.矛盾言　9.適真言　10.套套言

習題 12-4

1.一致　2.一致　3.不一致　4.一致　5.不一致　6.一致

習題 12-5

1.有效　2.有效　3.無效　4.無效　5.樹無法完成　6.有效　7.無效　8.有效　9.無效　10.有效
11.無效　12.有效　13.無效　14.有效

習題 13-1

2.只需一個設基就可以。　4.不可能。在一個系統裡有些命題——設基——必須被假定，有些詞
語——始原詞語是無定義的。　6.一個設基的邏輯地位是，它是一個假定，從它一個命題組可
以邏輯的導出來。邏輯上說，這些命題甚至不需要眞。

習題 13-2

I.2.是　4.是　6.不是

II.2.不是　4.是　6.不是　8.是

III.2.不正確，句式 $p \lor p$ 不是變詞，不可被代換。　4.正確。

習題 13-4

II.可分別用下面(i)和(ii), (iii)和(iv), (v)和(vi)證明 A2, A3 和 A4 的獨立。

(i)

~	
0	2
1	1
2	0

(ii)

v	0	1	2
0	0	0	0
1	0	1	2
2	0	2	2

(iii)

~	
0	1
1	0
2	2
3	2

(iv)

v	0	1	2	3
0	0	0	0	0
1	0	1	2	3
2	0	2	2	0
3	0	3	3	3

(v)

~	
0	1
1	0
2	3
3	0

(vi)

v	0	1	2	3
0	0	0	0	0
1	0	1	2	3
2	0	2	2	0
3	0	3	0	3

IV.因為主要解釋顯示出諸設基的共同性質，即套套言，每個設基都有。

習題 13-6

I.至少需要一個定義：$(x)A$ 定義爲 $\sim \exists x \sim A$。　II.無限多個。UG 可以用在設基格式提供的每個設
基。　III.一個句式是一個設基，恰好如果它具有六個可辨識的設基格式的形式之一。　IV.可
以，只要這個設基不具有六個可辨識的設基格式的形式之一。　V.因爲所有設基格式和定理格
式含蓋所有可能的代換例。

參考書目

Byerly, H. C., *A Primer of Logic*. 1973.

Carney, J. D.和 R. K. Scheer, *Fundamentals of Logic*.紐約，The Macmillan Company, 1978 二版.

Carney, J. D., *Introduction to Symbolic Logic*.紐約，Prentice-Hall,Inc., 1970.

Church, A. *Introduction to Mathematical*.新澤西普林斯頓大學，1956.

Copi, I. M., *Symbolic Logic*.紐約，The Macmillan Company, 1979.

Copi, I. M.和 C. Cohen., *Introduction to Logic*.紐約，The Macmillan Company, 1994.

Hurley, P. J., *A Concise Introduction to Logic*.加州 Wadsworth Publishing Company, 1988.

Jeffrey, R., *Formal Logic: Its Scope and Limits*.紐約 McGraw-Hill Book Company, 1967.

Kahane, H.和 P. Tidman, *Logic and Philosophy: A Modern Introduction*.紐約 Wadsworth Publishing Company, 1999.劉福增編譯《邏輯與哲學》，台北心理出版社，1999。

Kalish, D.和 R. Montague, G. Mar, *Logic; Techniques of Formal Reasoning*.紐約 Harcourt Brace Jovanovich, 1980.劉福增譯《邏輯：形式推理的技術》，1986。

Kleene, S. C., *Introduction to Metamathematics*，普林斯頓，1952.

Klenk, V., *Understanding Symbolic Logic*，新澤西 Prentice Hall, 1994.劉福增譯《邏輯新論》，台北心理出版社，1998。

Mates, B., *Elementary Logic*.牛津大學，1972.

Mckay, T. J., *Modern Formal Logic*.紐約 The Macmillan Company.

Quine. W. V. O., *Mathematical Logic*，哈佛大學，1958.劉福增譯《數理邏輯》，台北幼獅文化事業，1987。

Quine, W. V. O., *Methods of Logic*，哈佛大學，1982.

Suppes, P., *Introduction to Logic*，普林斯頓，1957.劉福增譯《現代邏輯與集合》，台北水牛出版社，1968。

Tomassi, P., *Logic*，紐約 Routledge, 1999.

中英名詞索引

本索引按照中文羅馬拼音次序排列。
注意字母和表音字母對照表如下：

ㄚ a	ㄉ d	ㄎ k	ㄓ zh	ㄘ c	ㄢ an
ㄅ b	ㄊ t	ㄏ h	ㄔ ch	ㄙ s	ㄦ er
ㄆ p	ㄋ n	ㄐ j	ㄕ sh	ㄞ ai	一 y
ㄇ m	ㄌ l	ㄑ q	ㄖ r	ㄠ ao	ㄨ w
ㄈ f	ㄍ g	ㄒ x	ㄗ z	ㄡ ou	ㄩ yu

(a) ㄚ
阿培拉德 (Peter Abe-lard), 2

ao (ㄠ)
奧康 (Occam), 2

b (ㄅ)
比較級詞 (comparatives), 428
比較的真值表 (comparative truth table), 130-33
必要條件 (necessary condition), 19, 79
不可兼容選言 (exclusive disjunction), 70
不一致 (inconsistency), 122-24
　　不一致的定義 (definition), 122
　　設基系統的不一致 (in axiom system), 530-31
　　前提的不一致 (in premises), 122-28
　　述詞邏輯的不一致 (in predicate logic), 273, 276
不一致語句 (inconsistent sentences), 122, 273
不獨立的設基 (dependent axioms), 533-34
不完備定理 (incompleteness theorem), 4
不可決定的 (undecidable), 376, 419
彼此矛盾的語句 (contradictory sentences), 122
波扎諾 (Bolzano), 3
波號「～」(tilde symbol), 67
波秀斯 (Boethius), 2
波斯特 (Post), 418, 531

波萊 (Bolyai), 509
變詞 (variable), 151, 286, 289
　　約束變詞 (bound), 299-306
　　自由變詞 (free), 299-306
　　句式變詞 (formula variables), 542-45
　　個變詞 (individual variables), 283
　　性質變詞 (property variables), 283
變式 (variant), 234, 389
布爾 (Boole), 3
不健全的論證 (unsound argument), 41
畢達哥拉斯 (Pythagoras), 506
巴斯哥 (Pascal), 510

c (ㄘ)
CP 和 RAA 的假定 (assumptions for CP and RAA), 226, 229, 231, 246
　　撤消假定 (discharge), 259
　　假定的範圍 (scope), 281, 300
　　定理裡的假定 (in theorem), 273
存在推廣 (existential generalization), 323-24
存在意含 (existential import), 290
存在語句 (existential sentence), 291
存在例舉 (existential instantiation), 324-25
存在量號 (existential quantifier), 294
策略原則 (principle of strategy), 189-95

582　基本邏輯

如言證法的 (for conditional proof), 267-72
導謬法的 (for reductio ad absurdum), 267-72
關係述詞邏輯的, 397
詞語 (terms), 1

ch (ㄔ)

常詞 (constant), 151, 286
撤消假定 (discharging assumptions), 259
重同規則 (duplication), 201-02
除外語句 (exceptive sentences), 427
傳統邏輯 (traditional logic), 3-4
傳遞關係 (transitive relation), 167, 440-441
充分條件 (sufficent condition), 19, 79

d (ㄉ)

狄摩根 (De Morgan), 3, 202
狄摩根規則 (De Morgan's rule), 202-04
笛卡兒 (R. Descartes), 545
點號「‧」(dot symbol), 63
代換例 (substitution instance), 110, 151, 287
獨立性 (independence), 277, 534
獨立的設基 (independent axioms), 534
導衍 (derivation), 187-89
導出的推演規則 (derived inference rules), 520
導謬法 (*reductio ad absurdum* proof), 240
單純一致性 (simple consistency), 531
單稱語句 (singular sentences), 284
單一句式 (single formula), 538
單現 (unique occurence), 218
對稱關係 (symmetric relation), 120, 439
等同（等號）自反規則 (identity reflexivity), 425
等同語句 (identity sentence), 421
等同號 (identity sign), 421
等同代換規則 (identity substitution), 423
等同對稱規則 (identity symmetry), 424
等同否定 (negative identity), 427
等值 (equivalence), 115-22
等值取代 (equivalence replacement), 524
等值定理 (equivalence theorem), 524
定理 (theorem), 267-72, 516
　定理的定義 (definition), 268, 516
　述詞邏輯定理 (in predicate logic), 412

語句邏輯定理 (in sentential logic), 267-72
定義取代 (definitional replacement), 512
定義形變 (definitional transformation), 512
多值 (many-valued), 60
多重量號 (multiple quantifiers), 384-88
短切真值表檢試 (short truth table test), 129, 137-44
　一致性短切真值表檢試 (for consistency), 137-44
　真值樹與短切真值表檢試 (truth trees and), 478
　有效性短切真值表檢試 (for validity), 137-44
導謬法 (*reductio ad absurdum*), 240-51
　樹法與導謬法 (tree method and), 493
待解說項 (explanandum), 20
多元述詞 (many place predicate), 380

er (ㄦ)

二難論規則 (dilemma), 173-79
二值邏輯 (two-valued logic), 60, 76
二元述詞 (two-place connective), 55
二元運算 (binary operation), 64

f (ㄈ)

複合語句 (compound sentence), 53-54
反例 (counter example), 50, 130, 320
　反例的定義, 50, 130
　述詞邏輯裡的反例 (in predicate logic), 361
　證明樹裡的反例 (in proof trees), 478, 493
反自反關係 (irreflexive relation), 445
反對稱關係 (asymmetrical relation), 439
反傳遞關係 (intransitive relation), 441
反事實如言 (couterfactual conditional), 79
分子 (member), 449
分解 (decomposition), 472-3
分配規則 (distribution), 209
否連言 (negated conjunction), 203
否選言 (negated disjunction), 203
一元連詞 (one-place connective), 55
否言 (negation), 55, 67
否言詞 (negative connective), 67
否言的範圍 (scope negation), 58
否言一致 (consistency with respect to negation), 530

否定前件 (denying the antecedent), 166
　否定前件的謬誤 (fallacy of), 166
否定後件 (*modus tollens*), 164-66
非歐幾何 (non-Euclidean geometry), 509
非自反關係 (nonreflexive relation), 445
非對稱關係 (nonsymmetrical relation), 439, 440
非傳遞關係 (nontransitive relation), 441
非眞函複合 (non-truth-functional compounds), 92
非眞函連詞 (non-truth-functional connective), 92
範域 (domain), 362
範圍 (scope), 58, 300, 302
範圍標號 (scope marker), 281
范恩 (Venn), 3, 449
范恩圖解 (Venn diagram), 449-52
　語句的范恩圖解 (for sentence), 452-54
　有效性檢試的范恩圖解 (for testing validity),
　455-59
弗列格 (Frege), 3-4, 503
符號邏輯 (symbolic logic), 6
符示（符號化）(symbolization), 62
分子語句 (molecular sentence), 53

g (ㄍ)
戈代爾 (K. Gödel), 4, 418
個子 (individual), 284
個常詞 (individual constant), 302
個變詞 (individual variable), 302
關係述詞 (relational predicate), 381-83
括號 (parentheses), 58
規則 (rules),
　基本推演規 (basic inference), 160, 196
　等同規則 (for identity),
　眞值樹規則 (for truth tree), 472
　量號互換規則 (exchange for quantifiers), 340-44
　取代規則 (replacement), 196-212
　推演規則 (rule of inference), 185
　規則的一致性 (consistency of rules), 276-82
歸納論證 (inductive argument), 30-31
歸納推廣 (inductive generalization), 35
歸納步驟 (induction step), 525
擴張式 (expanded form), 156
關係邏輯 (relational logic), 380-81

關係述詞 (relational predicate), 380-81
耿成 (Gentzen), 503

h (ㄏ)
涵蘊 (implication), 115-21
涵蘊推演 (implication inference), 151-179
後件 (consequent), 17, 56, 74
　肯定後件 (affirming the consequent), 165
後視語言 (meta-language), 2, 530
後視邏輯 (metalogic), 276
後視語句字母 (meta-sentential letter), 185
後視證明 (meta-proof), 532
後視定理 (meta-theorem), 280, 373, 530, 533, 537,
　541
後視變詞 (metavariable), 543
混合量號 (mixed quantifiers), 284
懷德海 (Whitehead), 4, 511
函應 (function), 90
橫式法 (horizontal method), 97

j (ㄐ)
結合規則 (association), 200
結論 (conclusion), 8
結論指示詞 (conclusion indicator), 11
基本推演規則 (basic inference rules), 160-84
基點 (basis), 525
基本選言 (elementary disjunction), 538
假 (false), 8
交換規則 (commutation), 199
賈斯維基 (Jaskowski), 503
句式 (formula), 56, 152
　良形句式 (well-formed), 510-11
句式變詞 (formula variables), 511
簡單語句 (simple sentence), 53-54
簡化規則 (simplification), 168-69
簡化選言的謬誤 (fallay of simplification of dis-
　junction), 169
健全的論證 (sound argument), 41
解說 (explanation), 20
解說項 (explanans), 20
解釋 (interpretation), 110
決定程序 (decision procedure), 145, 375, 489

加林 (Galen), 2
絕對一致性 (absolute consistency), 530
傑芳斯 (Jevons), 3
箭頭法 (arrow method), 97-99
機械方法 (mechanical method), 144
間接證法 (indirect proof), 240

k (ㄎ)
可決定性 (decidability), 418
可比的 (comparable), 444
可兼容選言 (inclusive disjunctive), 70
柯比 (Copi), 7
肯定前件規則 (*modus ponens*), 162-64
肯定選項的誤謬 (fallacy of affirming the disjunct), 171
肯定後件的謬誤 (fallacy of affirming the consequent), 165
克里西帕 (Chrysippus), 2
卡納普 (Carnap), 545
康德 (Kant), 3
蒯英 (Quine), 5
抗對稱 (antisymmetric), 439-40
空類 (empty class), 450

l (ㄌ)
兩難論 (dilemma), 173-79
論證 (argument), 7-22
　演繹論證與歸納論證 (deductive vs inductive), 30-36
　論證的定義 (definition), 7
　健全的論證 (sound), 37
　有效論證 (valid), 46
論證形式 (argument form), 46
　論證形式的有效性 (validity), 46
論證的結論 (conclusion of argument), 7-16
論證的前提 (premises of argument), 7-16
論證指示詞 (argument indicators), 9, 11
論證圖示 (argument diagram), 24-48
論域 (domain), 362
類 (class), 449
類稱語句 (categorical proposition), 452
類稱三段論 (categorical syllogism), 33, 455

類稱論證 (categorical argument), 456
類分子關係 (class membership), 452
類比論證 (argument by analogy), 35
連項 (conjunct), 55, 63
連言 (conjunctions), 55, 63
　符示連言 (symbolizing), 63-66
　連言真值表 (truth table for), 63
連言規則 (conjunction), 169, 521
連言範形 (conjunctive normal form), 538
連詞 (connective), 55
連鎖推論 (chain inference), 167
邏輯 (logic), 1-7
　述詞邏輯 (predicate logic), 2
　量號邏輯 (quantifier logic), 284
　真函邏輯 (truth-functional), 90-84
　二值邏輯 (two-valued), 60, 72
邏輯矛盾 (logical contradiction), 357
邏輯等值 (logical equivalence), 116
邏輯等值句 (logical equivalent sentence), 124
邏輯假 (logical falsity), 357
邏輯涵蘊 (logical implication), 119
邏輯涵言 (logical implicative sentence), 124
邏輯有機體 (logical organism), 6
邏輯機器 (logical machine), 6
邏輯線 (logical line)
邏輯字詞 (logical words), 53
邏輯真理 (logical truths), 352
量號（詞）(quantifiers), 289-90
　全稱量號 (universal quantifiers), 290
　存在量號 (existential), 294
量號推演 (quantifier inference), 315
量號（詞）邏輯 (quantifier logic), 284
量號互換 (exchange of quantifiers), 326, 342
量號規則 (quantifier rules), 316
　存在推廣 (existential generalization), 323-25
　存在例舉 (existential instantiation), 324-25
　全稱推廣 (universal generalization), 321, 332-33
　全稱例舉 (universal instantiation), 320
量號的範圍 (scope of a quantifier), 300-06, 387
量辨語句 (quantified sentence), 288, 290, 312
羅素 (B. Russell), 4, 7, 401, 435, 506, 511
羅文漢 (Löwenheim), 419

良形句式 (well-formed formula), 510-11
來布尼茲 (Leibniz), 3
例舉 (instance), 316
洛白斯基 (Lobachevsky), 509
黎曼 (Riemann), 509

m (ㄇ)
矛盾（言）(contradiction), 110
瞄準逆算法 (method of zero in backward computing), 138-44
名稱 (names), 284
名稱字母 (name letter), 284
命題 (proposition), 5
命題邏輯 (propositional logic), 54
謬誤 (fallacies), 165
穆勒 (Mill), 3
模體宇域法（模體法）(model universe), 362, 368-76

n (ㄋ)
能行決定程 (effective decision procedure), 418, 516-17
逆算 (inverse compute), 138-44

on (ㄡ)
歐基理德 (Euclid), 150, 240, 506
歐基理德幾何 (Euclidean geometry), 150, 506
歐樂 (Euler), 449

p (ㄆ)
偏稱肯定語句 (particular affirmative sentence), 295, 452
偏稱否定語句 (particular negative sentence), 295, 453
偏稱量詞 (particular quantifier), 294
皮亞士 (Peirce), 5
平列法 (tabular method), 98

q (ㄑ)
丘崎 (Alonzo Church), 4, 376
丘崎定理 (Church's theorem), 376, 419
前提 (premises), 8

前提指示詞 (premiss indicator), 12
前件 (antecedent), 17, 56, 74
　　否定前件的謬誤 (fallacy of denying the antecedent), 166
確定描述詞 (definite description), 435
「恰好 n 個」(exactly n), 431-432
全稱語句 (universal sentence), 291
全稱肯定語句 (universal affirmative), 291, 452
全稱否定語句 (universal negative), 292-93, 452
全稱推廣規則 (universal generalization), 321, 332-33
全稱例舉 (universal instantiation), 320
全稱量號 (universal quantifiers), 290
全自返 (totally reflexive), 443
取代規則 (replacement rule), 196-97
《求知工具》(Organon), 1-2
強歸納論證 (strong inductive argument), 41

r (ㄖ)
如言 (conditional), 17, 55, 74
　　如言眞值表 (truth table for), 77
　　反事實如言 (counterfactual), 79
　　一般化如言 (generalized), 78
如言證法 (conditional proof), 229
如言化 (conditionalization), 229
如言規則 (conditional rule), 207
如言三段論 (conditional syllogism), 34, 523
然態邏輯 (model logic), 2
弱歸納論證 (weak inductive argument), 41

s (ㄙ)
三段論 (syllogism), 1, 33, 455
三槓號 (triple bar), 81
算法 (algorithm), 145
斯多哥 (Stoic), 2
薩克里 (Saccheri), 509

sh (ㄕ)
始原推演規則 (primitive inference rules), 520
始原符號 (primitive symbol), 511
適眞言 (contingency), 110
　　適眞言的眞值樹 (truth tree),

雙如言 (biconditional), 55, 77, 80
　符示雙如言 (symbolizing), 81-82
　　雙如言眞值表 (truth table for), 81
　　雙如言眞值樹 (truth tree for), 274
雙如言規則 (biconditional rule), 204
雙否言規則 (double negation), 196, 197-99
實例 (instance), 49
實質雙如言 (material biconditional), 80
實質如言 (material conditional), 77
實質等值 (material equivalence), 80
實質涵蘊 (material implication), 77
述詞 (predicate (term)), 283-87
述詞設基系統 (predicate axiom system), 542
述詞推演 (predicate inference), 315
述詞字母 (predicate letter), 284
述詞邏輯 (predicate logic), 284
數學歸納法 (mathematical induction), 277, 524
《數理原論》(Principia Mathematica), 4
數量語句 (numerical sentence), 429-33
　「至少 n 個」(at least n), 429
　「至多 n 個」(at most n), 430-31
　「恰好 n 個」(exactly n), 431-33
數函 (number function), 92
設基 (axiom), 280, 503, 513
設基的獨立性 (independence of axioms), 533
設基系統 (axiom system), 4, 503
設基系統的完備性 (completeness), 542
設基格式 (axiom schemes), 542
式子 (formula), 152

t (ㄊ)
添加規則 (addition), 170, 172
通路 (path), 471
通稱語句 (general sentence), 288, 290
通稱句式的實例 (instance of general formula), 288
套套言 (tautology), 110
　套套言的眞值樹 (truth tree for), 485
套套涵蘊 (tautologically implication), 119
套套等值 (tautologically equivalent), 116
推演規則 (inference rules), 160, 513
塔斯基 (Tarski), 7

蹄號 (horseshoe), 75

w (ㄨ)
無效性 (invalidity), 39
　述詞邏輯的無效 (predicate logic invalidity), 361-76, 493
　無效性的證明 (proofs of), 361-76, 493
無限眞值樹 (infinite truth tree), 496-500
完備性 (completeness), 4, 279-80, 417-18, 538
　述詞邏輯的完備性, 418-19, 538
　語句邏輯的完備性, 276-82
　SAS 的完備性, 541
位佔者 (place holder), 62
唯一 (only), 427

x (ㄒ)
選言 (disjunctions), 55, 70
選言三段論 (disjunctive syllogism), 34, 170
選項 (disjunct), 55, 70
象目語言 (object language), 530
敘說 (statement), 5
形式 (form), 49
形式邏輯 (formal logic), 6
形成規則 (formation rules), 511
楔號「～」(wedge), 70
小證明 (proof bits), 214

y (ㄧ)
亞里士多德邏輯 (Aristotelian logic), 1
亞里士多德 (Aristotte), 1
移出規則 (exportation), 208
演繹論證 (deductive argument), 30-31, 149
演繹原理 (principle of deduction), 525
演繹定理 (deduction theorem), 546
演算 (calculus), 3
有效論證 (valid argument), 49-50
有效論證形式 (valid argument form), 49-50
有效語句 (valid sentence), 352
有效推演 (valid inference), 5
有效性 (validity), 39, 49-50
　有效性與形式 (and form), 46
　有效性與眞假 (and truth), 37

論證形式的有效性 (of argument form), 46
反例組 (counter example set), 361
述詞邏輯的有效性 (in predicate logic), 361-76
語句邏輯的有效性 (in sentential logic), 46
短切眞值表檢試 (short truth table test for), 137
眞值表檢試 (truth table test for), 129
一元述詞 (one-place predicate), 379
一致性 (consisteny), 4, 122-24, 277
一律代換 (uniform substitution), 154
意圖 (intention), 9
因果推論 (causal inference), 36

yu (ㄩ)
約束變詞 (bound variable), 302, 305
語句 (sentence), 5, 152
　簡單語句 (simple), 53-54
　設基系統的語句 (in axiom system), 511
　複合語句 (compound), 53-54
　矛盾語句 (contradictory), 109
　語句形式與語句 (sentence form and),
語句演算 (sentential calculus), 149
語句連詞 (sentence connective), 53, 55
語句常詞 (sentence constant), 62, 152
語句形式 (sentence form), 46
語句變詞 (sentence variable), 62, 152
語句字母 (sentence letter), 110
語句邏輯 (sentence logic), 53
語句推演 (sentential inference), 149
語句邏輯設基系統 (sentential logic axiom system), 511
語意完備性 (semantic completeness), 538
預測 (prediction), 34
原子語句 (atomic sentence), 53, 154
運算詞 (operator), 90

z (ㄗ)
自由變詞 (free variable), 302, 304
自反關係 (reflexive relation), 443
自然演繹 (natural deduction), 2, 149, 503
自然解釋法 (natural interpretation), 362
子句式 (subformula), 58
子導衍 (subderivation), 231

子證明 (subproof), 231
最高級詞 (superlatives), 428

zh (ㄓ)
「至少 n 個」 (at least n), 492-30
「至多 n 個」 (at most n), 430-31
眞 (true), 8
眞函連詞 (truth-functional connectives), 2, 90-93
眞函複合 (truth-functional compound), 2, 90-93
眞函邏輯 (truth-functional logic), 90-93
眞值 (truth value), 95
眞值保持 (truth preserving), 186
眞值表 (truth table), 61, 95-109
　論證形式有效性的眞值表檢試 (argument form, validity of), 129-36
　眞值計算 (computing truth-value), 95-109
　一致性的檢試 (consistency, test of), 122-24
　基行 (base columns for), 61, 102
　始行 (initial columns for), 61, 102
　主行 (main column), 62, 102
　中行 (middle column), 102
　終行 (final column), 62, 102
　列數 (number of rows in), 62, 102
　有效性的檢試 (validity, test of), 129-137
　語句連詞眞值表 (for sentential connective), 95-6
　　雙如言眞值表 (biconditional), 81
　　如言眞值表 (conditional), 74
　　連言眞值表 (conjunction), 63
　　選言眞值表 (disjunction), 70
　　否言眞值表 (negation), 67
　套套言，矛盾言，與適眞言眞值表 (for tautology, contradiction, and contingency), 109-14
眞值樹 (truth tree), 467-502
　一致樹 (consistency tree), 467-72, 477
　無限樹 (infinite tree), 496-502
　述詞邏輯眞值樹法 (predicate logic method), 489-502
　眞值樹規則 (rules for), 473
　語句邏輯眞值樹法 (sentential logic method), 467-88
眞值樹的關閉支 (closed branchs of truth tree), 471

眞値樹的開放支 (open branchs of truth tree), 471
眞値 (truth-value), 60
眞通路 (true path), 471
質位同換規則 (contraposition), 205
證明 (proof), 50, 149, 162, 187-89, 516
　基本證明 (basic), 162
　如言證明 (conditional), 226-39
　導謬法 (*reductio ad absurdum*), 240-51

無效論證的證明 (of invalidity), 129, 361-76
　無效性的論證 (of invalidity), 129, 361-76
　述詞邏輯的證明 (in predicate logic), 315-51
值進歸納法 (course-of-value induction), 524
主張 (claim), 8
主連詞 (major connectives), 58
主-述詞語句 (subject-predicate sentence), 283-87
「只」語句 (「only」sentence), 427

本書作者著作一覽表

現代邏輯引論（編譯　裴森和奧康納原著　商務版）

集合論導引（譯　黎蒲樹著　水牛版）

命題演算法（編譯　倪里崎原著）

現代邏輯與集合（編譯　修斐士原著）

數理邏輯發展史（編譯　倪里崎原著）

集合、邏輯和設基理論（譯述　史陶原著）

初級數理邏輯（編述　修斐士和席爾合著　水牛版）

現代邏輯導論（編述　波洛原著）

邏輯與設基法（自撰　三民版）

開放社會（自撰）

語言哲學（自撰　三民版）

政治也要講理的（自撰　遠流版）

民主的眞信徒（自撰　遠流版）

邏輯思考（自撰　心理板）

數理邏輯（譯　哈佛大學蒯英著　幼獅版）

邏輯：形式推理的技術（譯　嘉理錫，孟塔庫，和馬爾原著）

維根斯坦哲學——他的前期哲學的詮釋、批評及深究（自撰）

思想與台灣之愛（自撰　前衛版）

民主與台灣之春（自撰　前衛版）

新憲法新希望（自撰）

奧斯丁（自撰　三民版）

維根斯坦（譯　福吉林原著　國立編譯館）

邁向台灣時代（自撰　前衛版）

邏輯與哲學（編譯　卡漢與狄曼原著　心理版）

邏輯哲學（譯　沃福拉姆著　國立編譯館）

哲學問題（譯註解　羅素原著　心理版）

邏輯新論（編譯　克蘭克著　心理版）

老子哲學新論（自撰　三民版）

語意學新論（編譯　萊昂茲著　心理版）

Between Language and Philosophy（自撰　書林版）

實用邏輯（編譯　黎布蘭著　心理版）

眞理與意義（自撰　水牛版）

21 世紀：公理正義和平（自撰　前衛版）

公孫龍子新論（自撰　文津版）

基本邏輯（自撰　心理版）

國家圖書館出版品預行編目資料

基本邏輯／劉福增著. --初版.-- 臺北市：
　心理，2003（民 92）
　　面；　公分.--（通識教育系列；33013）
參考書目：面
含索引
ISBN 978-957-702-584-5（平裝）

1.理則學

150　　　　　　　　　　　　　　92006176

通識教育系列 33013

基本邏輯

作　　者：劉福增
總 編 輯：林敬堯
發 行 人：洪有義
出 版 者：心理出版社股份有限公司
地　　址：231 新北市新店區光明街 288 號 7 樓
電　　話：(02) 29150566
傳　　真：(02) 29152928
郵撥帳號：19293172　心理出版社股份有限公司
網　　址：http://www.psy.com.tw
電子信箱：psychoco@ms15.hinet.net
駐美代表：Lisa Wu（lisawu99@optonline.net）
排 版 者：辰皓國際出版製作有限公司
印 刷 者：辰皓國際出版製作有限公司
初版一刷：2003 年 5 月
初版八刷：2017 年 8 月
I S B N：978-957-702-584-5
定　　價：新台幣 640 元